■2025年度中学受験用

市川中学校

5年間(＋3年間HP掲載)スーパー過去問

●収録内容一覧

入試問題と解説・解答の収録内容

2024年度　1回 (一般・帰国生)	算数・社会・理科・国語	実物解答用紙DL
2024年度　2回	算数・社会・理科・国語	実物解答用紙DL
2023年度　1回 (一般・帰国生)	算数・社会・理科・国語	実物解答用紙DL
2023年度　2回	算数・社会・理科・国語	実物解答用紙DL
2022年度　1回 (一般・帰国生)	算数・社会・理科・国語	実物解答用紙DL
2022年度　2回	算数・社会・理科・国語	実物解答用紙DL
2021年度　1回 (一般・帰国生)	算数・社会・理科・国語	
2021年度　2回	算数・社会・理科・国語	
2020年度　1回 (一般・英語選択・帰国生)	算数・社会・理科・英語・国語 (英語は解答のみ)	
2019～2017年度(HP掲載) 「カコ過去問」 (ユーザー名) koe (パスワード) w8ga5a1o	問題・解答用紙・解説解答DL ◇著作権の都合により国語と一部の問題を削除しております。 ◇一部解答のみ(解説なし)となります。 ◇９月下旬までに全校アップロード予定です。 ◇掲載期限以降は予告なく削除される場合があります。	

～本書ご利用上の注意～　以下の点について，あらかじめご了承ください。

★別冊解答用紙は巻末にございます。実物解答用紙は，弊社サイトの各校商品情報ページより，一部または全部をダウンロードできます。
★編集の都合上，学校実施のすべての試験を掲載していない場合がございます。
★当問題集のバックナンバーは，弊社には在庫がございません(ネット書店などに一部在庫あり)。

合格を勝ち取るための『スーパー過去問』の使い方

本書に掲載されている過去問をご覧になって,「難しそう」と感じたかもしれません。でも,多くの受験生が同じように感じているはずです。なぜなら,中学入試で出題される問題は,小学校で習う内容よりも高度なものが多く,たくさんの知識や解き方のコツを身につけることも必要だからです。ですから,初めて本書に取り組むさいには,点数を気にしすぎないようにしましょう。本番でしっかり点数を取れることが大事なのです。

過去問で重要なのは「まちがえること」です。自分の弱点を知るために,過去問に取り組むのです。当然,まちがえた問題をそのままにしておいては意味がありません。

本書には,長年にわたって中学入試にたずさわっているスタッフによるていねいな解説がついています。まちがえた問題はしっかりと解説を読み,できるようになるまで何度も解き直しをしてください。理解できていないと感じた分野については,参考書や資料集などを活用し,改めて整理しておきましょう。

このページも参考にしてみましょう!

◆どの年度から解こうかな 「入試問題と解説・解答の収録内容一覧」

本書のはじめには収録内容が掲載されていますので,収録年度や収録されている入試回などを確認できます。

※著作権上の都合によって掲載できない問題が収録されている場合は,最新年度の問題の前に,ピンク色の紙を差しこんでご案内しています。

◆学校の情報を知ろう!! 「学校紹介ページ」

このページのあとに,各学校の基本情報などを掲載しています。問題を解くのに疲れたら息ぬきに読んで,志望校合格への気持ちを新たにし,再び過去問に挑戦してみるのもよいでしょう。なお,最新の情報につきましては,学校のホームページなどでご確認ください。

◆入試に向けてどんな対策をしよう? 「出題傾向&対策」

「学校紹介ページ」に続いて,「出題傾向&対策」ページがあります。過去にどのような分野の問題が出題され,どのように対策すればよいかをアドバイスしていますので,参考にしてください。

◇別冊「入試問題解答用紙編」

本書の巻末には,ぬき取って使える別冊の解答用紙が収録してあります。解答用紙が非公表の場合などを除き,(注)が記載されたページの指定倍率にしたがって拡大コピーをとれば,実際の入試問題とほぼ同じ解答欄の大きさで,何度でも過去問に取り組むことができます。このように,入試本番に近い条件で練習できるのも,本書の強みです。また,データが公表されている学校は別冊の1ページ目に過去の「入試結果表」を掲載しています。合格に必要な得点の目安として活用してください。

本書がみなさんの志望校合格の助けとなることを,心より願っています。

株式会社　声の教育社　編集部

市川中学校

所在地	〒272-0816 千葉県市川市本北方2-38-1
電　話	047-339-2681
ホームページ	https://www.ichigaku.ac.jp/
交通案内	JR・都営地下鉄「本八幡駅」，JR「市川大野駅」よりバス11分 京成線「鬼越駅」より徒歩20分/各線「西船橋駅」よりバス20分

くわしい情報は
ホームページへ

トピックス

★例年，第1回入試の試験会場は，幕張メッセ国際展示場の展示ホール。
★下校時には正門前のバスターミナルからスクールバスが運行される。

創立年 昭和12年 / 男女共学 / 高校募集あり

応募状況

年度	募集数			応募数	受験数	合格数	倍率
2024	①	男	180名	1761名	1703名	760名	2.2倍
		女	100名	912名	884名	298名	3.0倍
	②	男	40名	322名	302名	35名	8.6倍
		女		238名	215名	17名	12.6倍
2023	①	男	180名	1815名	1774名	760名	2.3倍
		女	100名	927名	895名	313名	2.9倍
	②	男	40名	326名	308名	57名	5.4倍
		女		238名	224名	29名	7.7倍
2022	①	男	180名	1607名	1561名	757名	2.1倍
		女	100名	913名	869名	330名	2.6倍
	②	男	40名	248名	235名	34名	6.9倍
		女		196名	184名	18名	10.2倍

※2024～22年度①は帰国生含む。

入試情報（参考：昨年度）

【12月帰国生入試】
出願期間：2023年11月17日～2023年11月30日
試 験 日：2023年12月３日
試験科目：英Ⅰ・英Ⅱ・国・算
※英ⅠはListeningとWriting，英ⅡはReading

【第１回入試】（一般・帰国生）
出願期間：2023年12月15日～2024年１月16日
試 験 日：2024年１月20日
試験科目：国・算・社・理
※一般・帰国生いずれも同一問題

【第２回入試】
出願期間：2024年１月22日～2024年２月３日
試 験 日：2024年２月４日
試験科目：国・算・社・理

教育理念

個性の尊重と自主自立を教育方針としています。これを明確に打ち出すべく，「独自無双の人間観」「よく見れば精神」「第三教育」の三本の柱を立て，生徒一人ひとりの個性を見つめ育て，生徒が自分で自分を教育していく喜びと出会えるよう指導していきます。

2023年度の主な大学合格実績

＜国公立大学・大学校＞
東京大，京都大，東京工業大，一橋大，東北大，北海道大，筑波大，東京外国語大，千葉大，埼玉大，横浜国立大，東京学芸大，東京農工大，お茶の水女子大，防衛医科大，東京都立大

＜私立大学＞
慶應義塾大，早稲田大，上智大，国際基督教大，東京理科大，明治大，青山学院大，立教大，中央大，法政大，学習院大，順天堂大，昭和大，日本医科大，東京医科大

編集部注―本書の内容は2024年2月現在のものであり，変更されている場合があります。正確な情報は，学校のホームページ等で必ずご確認ください。

算数　出題傾向＆対策

◆基本データ（2024年度１回）

試験時間／満点	50分／100点
問　題　構　成	・大問数…５題 計算・応用小問１題（５問） ／応用問題４題 ・小問数…17問
解　答　形　式	解答だけを書きこむ形式となっている。必要な単位などはあらかじめ解答用紙に印刷されている。作図もある。
実際の問題用紙	Ｂ５サイズ，小冊子形式
実際の解答用紙	Ｂ４サイズ，両面印刷

◆過去５年間の出題率トップ５

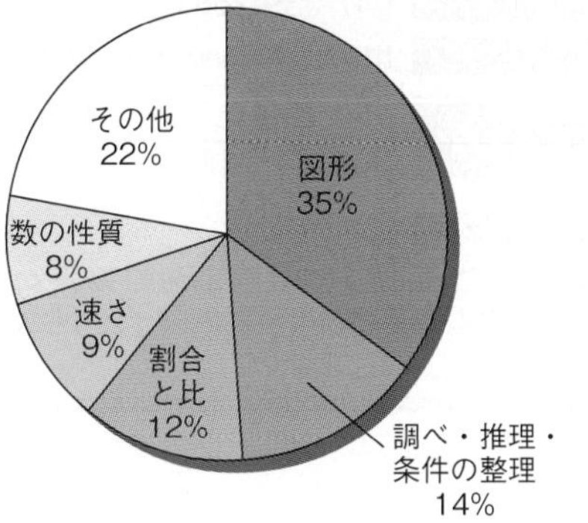

※　配点（推定ふくむ）をもとに算出

◆近年の出題内容

【 2024年度１回 】		
大問	1	四則計算，濃度，条件の整理，場合の数，面積
	2	整数の性質
	3	平面図形―作図，面積
	4	時計算
	5	ニュートン算，場合の数，条件の整理

【 2023年度１回 】		
大問	1	四則計算，年齢算，比の性質，整数の性質，植木算，割合と比
	2	流水算，速さと比
	3	平面図形―図形上の点の移動，旅人算，周期算，角度
	4	立体図形―展開図，作図，長さ，面積
	5	図形と規則

◆出題傾向と内容

極端な難問は見られず，**大半が基本的，標準的な文章題**ですが，あまり見慣れない新傾向の問題が出されることもあり，柔軟な対応力も求められるようです。また，問題量に比べて時間がやや短いため，それぞれの問題を手ぎわよく処理していく必要があります。

●計算・応用小問…分数や小数をふくんだ基本的な四則計算と，割合や図形などの各分野の応用小問からなっています。

●応用問題…数の性質に関する文章題（約数と倍数，小数と分数，規則性，場合の数など）が毎年出題されています。特殊算では，流水算，旅人算，相当算，消去算，周期算などが条件を整理して解く形式で出されています。

図形の分野は，面積と比の問題，場合の数や組み合わせとの複合問題，図形上の点の移動と速さ，グラフとからめたもの，立方体をある平面で切り取ったときの切り口の面積を求める問題など，正確な図形のイメージをえがけないと解けないものが多く見られます。なお，数の性質の大問では，公式にたよらず自分で推理したり調べあげていく必要のある問題も見られるので注意が必要です。

◆対策～合格点を取るには？～

本校の入試対策としては，計算力の養成と応用小問の攻略があげられます。まず，正確ですばやい計算力を毎日の計算練習でモノにしましょう。また，文章題は例題にあたって解法を身につけ，問題集で練習して解法を確認しましょう。

算数の学力を一朝一夕でつけることはできません。毎日コツコツと学習することが大切です。そのさい留意したいのは，**ノートを最大限に活用すること**です。ふだんからノートに自分の考え方，線分図，式をしっかりと書く習慣をつけておきましょう。答え合わせをしてマルやバツをつけるだけではなかなか進歩しません。同じまちがいを二度とくり返さないよう，**自分の弱点をそのつど発見するように心がけましょう。**

算数　出題分野分析表

分野	年度	2024 1回	2024 2回	2023 1回	2023 2回	2022 1回	2022 2回	2021 1回	2021 2回	2020
計算	四則計算・逆算	○	○	○	○	○	○	○	○	○
計算	計算のくふう				○			○		
計算	単位の計算									
和と差	和差算・分配算									
和と差	消去算							○		
和と差	つるかめ算									
和と差	平均とのべ									
和と差	過不足算・差集め算								○	
和と差	集まり									
和と差	年齢算			○						
割合と比	割合と比			○						
割合と比	正比例と反比例							○		
割合と比	還元算・相当算									
割合と比	比の性質			○	○					
割合と比	倍数算									○
割合と比	売買損益									
割合と比	濃度	○	○			○	○			
割合と比	仕事算				○			○		
割合と比	ニュートン算	○				○			○	
速さ	速さ									
速さ	旅人算		○	○	○		○		○	○
速さ	通過算									
速さ	流水算			○						
速さ	時計算	○								
速さ	速さと比			○		○				
図形	角度・面積・長さ	◎	◎	●	●	◎	○	●	○	
図形	辺の比と面積の比・相似				○	○	○	○	◎	○
図形	体積・表面積						○	◎	◎	◎
図形	水の深さと体積									
図形	展開図			○	○					
図形	構成・分割		○					○		
図形	図形・点の移動			○	◎	○	◎	○	○	○
表とグラフ										
数の性質	約数と倍数									
数の性質	N進数									
数の性質	約束記号・文字式						○	○		○
数の性質	整数・小数・分数の性質	○		○	○		○			○
規則性	植木算			○						
規則性	周期算			○						○
規則性	数列									
規則性	方陣算									
規則性	図形と規則			○						
場合の数		◎	○		○	◎	○			
調べ・推理・条件の整理		◎	●		○	◎	○	○	○	○
その他										

※　○印はその分野の問題が1題，◎印は2題，●印は3題以上出題されたことをしめします。

社会 出題傾向＆対策

◆基本データ（2024年度１回）

試験時間／満点	40分／100点
問題構成	・大問数…４題 ・小問数…26問
解答形式	記号の選択・正誤・並べかえ・用語記入・論述など，バラエティーに富んでいる。用語記入は，漢字指定のものもある。論述は，１～２行程度で書くものとなっている。
実際の問題用紙	Ｂ５サイズ，小冊子形式
実際の解答用紙	Ｂ４サイズ

◆過去５年間の分野別出題率

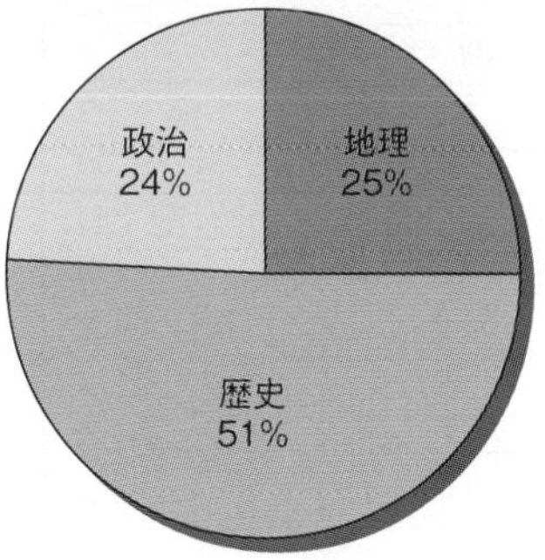

※　配点（推定ふくむ）をもとに算出

◆近年の出題内容

【 2024年度１回 】			【 2023年度１回 】		
大問	1	〔歴史〕古代～近世のできごと	大問	1	〔歴史〕古代～近世の政治や外交
	2	〔歴史〕近現代の産業とできごと		2	〔歴史〕近現代の外交
	3	〔地理〕自然災害を題材にした問題		3	〔地理〕九州を題材にした問題
	4	〔政治〕政治的思考を題材にした問題		4	〔政治〕民主主義を題材にした問題

◆出題傾向と内容

各分野とも**基本的な知識を問うものが多い**ので，かたよりのない正確な知識が必要です。

●**地理**…地図，表，グラフなどの統計資料を見て答えを語群から記号で選択させるものや，語句を記入させる問題がよく出題されています。年度・回によって重点は異なりますが，国土や人口，農林水産業，工業など，出題される範囲は全単元・全項目にわたっているとみてよいでしょう。

●**歴史**…歴史分野は，いわゆる一問一答式が多く見られ，語句を記入する問題が目立ちます。なかには漢字で書かせるものもあります。史料や年表などを用いて歴史の流れのなかで知識を問うものが多く，内容は基本的なことがらが問われているので，得点しやすい分野といえます。近年は，産業や外交など，あるテーマに沿って，関連することがらを問う形式がよく見られます。また，近現代史の出題も多くなっています。

●**政治**…歴史・地理分野に比べると出題は少なめですが，かわりに時事に関する問題が歴史・地理などをふくめた総合問題として出題される傾向が見られます。たとえば，近年のニュース（近年行われた国政選挙，話題になった事件など）を題材にした問題などです。

◆対策～合格点を取るには？～

地理では，日本の産業を自然的条件や世界とのむすびつきと合わせておさえておく必要があります。産業分布図，雨温図，貿易についての**表やグラフをよく見ておきましょう**。地図，地形図や**統計資料**もひじょうに多く出されますので，白地図での勉強が効果的だといえます。

歴史では，日本の歴史上のふし目となった**重要なできごと**は，起きた年号や時代名，関連する人名などを，**制度や改革**については，それらが行われた原因やもたらした結果などをおさえておいてください。資料を用いた問題が多いので，学習するさいには**資料集**を常に横に置き，ふだんから親しんでおくことも大切です。

政治では，**日本国憲法の基本原則**，旧帝国憲法とのちがい，三権分立と選挙のしくみ，環境・エネルギー問題，国連などをおさえておきましょう。この分野では時事問題もよく出されるので，話題となったできごとについては，日ごろからよく関心を持っておくことが必要です。

社会　出題分野分析表

分野＼年度			2024		2023		2022		2021		2020
			1回	2回	1回	2回	1回	2回	1回	2回	
日本の地理		地図の見方	○				○		○		○
		国土・自然・気候	○	○	○	○	○	○	○	○	
		資源			○			○			
		農林水産業	○		○		○		○		○
		工業	○	○		○		○	○	★	○
		交通・通信・貿易				○		○	○		○
		人口・生活・文化		○			○				○
		各地方の特色	○	○	○	○					
		地理総合	★	★	★	★	★	★	★		★
世界の地理						○	○	○			
日本の歴史	時代	原始～古代	○	○	○	○	○	○	○	○	○
		中世～近世	○	○	○	○	○	○	○	★	○
		近代～現代	★	★	○	○	○	○	○	○	★
	テーマ	政治・法律史									
		産業・経済史									
		文化・宗教史									
		外交・戦争史									
		歴史総合	★	★	★	★	★	★	★	★	★
世界の歴史											
政治		憲法	○		○	○		○		○	○
		国会・内閣・裁判所	○	○	○	○	○	○	○	○	
		地方自治	○			○					
		経済							○		○
		生活と福祉		○		○			○	○	
		国際関係・国際政治	○	○			○			○	
		政治総合	★	★	★	★	★	★	★	★	
環境問題					○	○	○		○		
時事問題			○								○
世界遺産											
複数分野総合											★

※　原始～古代…平安時代以前，中世～近世…鎌倉時代～江戸時代，近代～現代…明治時代以降
※　★印は大問の中心となる分野をしめします。

理科 出題傾向＆対策

◆基本データ(2024年度1回)

試験時間／満点	40分／100点
問題構成	・大問数…4題 ・小問数…25問
解答形式	記号選択や記述，数値記入など解答形式は多彩である。記号選択は，あてはまるものを複数選択するものもある。記述は1行程度のものになっている。
実際の問題用紙	B5サイズ，小冊子形式
実際の解答用紙	B4サイズ

◆過去5年間の分野別出題率

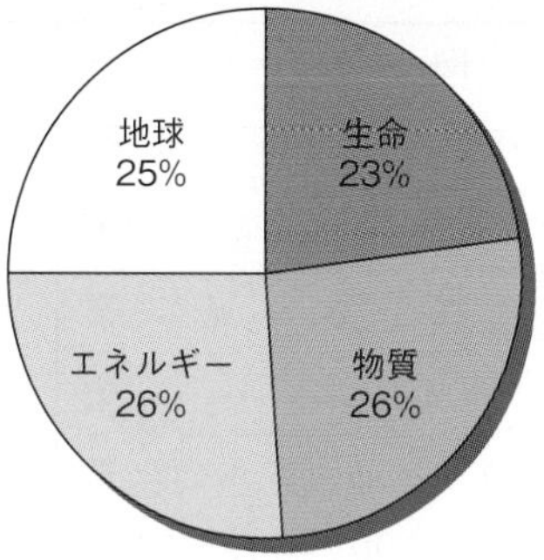

※　配点(推定ふくむ)をもとに算出

◆近年の出題内容

【2024年度1回】		【2023年度1回】	
大問 1	〔エネルギー〕豆電球の回路	大問 1	〔生命〕種子の発芽
2	〔物質〕中和，気体の発生	2	〔地球〕火山のふん出物
3	〔地球〕流れる水のはたらき	3	〔エネルギー〕てこ
4	〔生命〕ウイルスと抗原検査	4	〔物質〕空気の成分

◆出題傾向と内容

「生命」「物質」「エネルギー」「地球」の各分野からまんべんなく出題されているので，かたよりがない学習が必要です。実験や観察をもとにした問題が多く，**基本をふまえたうえでどれだけ思考力をはたらかせられるかを見る問題**だといえます。

●**生命**…動物・植物と環境，海の生物，植物のしくみと成長，動物のたん生，人体のしくみ，食物連鎖などが出されています。

●**物質**…気体や水溶液の性質がよく取り上げられているほか，実験器具のあつかい方や実験方法を問うものも見られます。

●**エネルギー**…力のつり合いを中心とする力学分野からかなりの頻度で出題されています。ここでは，輪軸やてんびんの基本的な考え方をマスターしていることを前提に，応用レベルの問題として出されることが多くなっています。

●**地球**…あたえられた図やグラフから考える問題などが見られ，天体，地形，気象もふくめてはば広く出題されています。

◆対策〜合格点を取るには？〜

各分野からまんべんなく出題されていますから，**基礎的な知識をはやいうちに身につけ，そのうえで問題集で演習をくり返しながら実力アップをめざしましょう。**「生命」は，身につけなければならない基本知識の多い分野ですが，楽しみながら確実に学習する心がけが大切です。「物質」では，気体や水溶液，金属などの性質に重点をおいて学習しましょう。「エネルギー」は，かん電池のつなぎ方や磁力の強さなどの出題が予想されます。「地球」では，太陽・月・地球の動き，季節と星座の動き，天気と気温・湿度の変化，地層のでき方などが重要なポイントです。どの分野も実験や観察，計算問題にも注意しましょう。

なお，環境問題・身近な自然現象・新しい技術開発のニュースなどに日ごろから注意をはらうことや，テレビの科学番組，新聞・雑誌の科学に関する記事，読書などを通じて多くのことを知るのも大切です。

理科 出題分野分析表

分野	年度	2024		2023		2022		2021		2020
		1回	2回	1回	2回	1回	2回	1回	2回	
生命	植物			★		★		○	★	
生命	動物						★	○		★
生命	人体		★							
生命	生物と環境				★			★		
生命	季節と生物									
生命	生命総合	★								
物質	物質のすがた							○		
物質	気体の性質	○	★	★						
物質	水溶液の性質	★					★			★
物質	ものの溶け方					★		○		
物質	金属の性質									
物質	ものの燃え方									
物質	物質総合							★	★	
エネルギー	てこ・滑車・輪軸		★	★					★	
エネルギー	ばねののび方						○			
エネルギー	ふりこ・物体の運動									
エネルギー	浮力と密度・圧力			○	★					★
エネルギー	光の進み方									
エネルギー	ものの温まり方									
エネルギー	音の伝わり方									
エネルギー	電気回路	★				★		★		
エネルギー	磁石・電磁石				★					
エネルギー	エネルギー総合						★			
地球	地球・月・太陽系		★			★				○
地球	星と星座									○
地球	風・雲と天候							★		
地球	気温・地温・湿度						★			○
地球	流水のはたらき・地層と岩石	★			★				★	
地球	火山・地震			★						
地球	地球総合									★
実験器具							○			
観察										
環境問題									○	
時事問題										
複数分野総合										

※　★印は大問の中心となる分野をしめします。

国語　出題傾向＆対策

◆基本データ（2024年度１回）

試験時間／満点	50分／100点
問題構成	・大問数…４題 文章読解題３題／知識問題１題 ・小問数…19問
解答形式	記号選択が多いが，文章中のことばを使ってまとめる記述問題（字数制限あり）も出題されている。
実際の問題用紙	Ｂ５サイズ，小冊子形式
実際の解答用紙	Ｂ４サイズ

◆過去５年間の分野別出題率

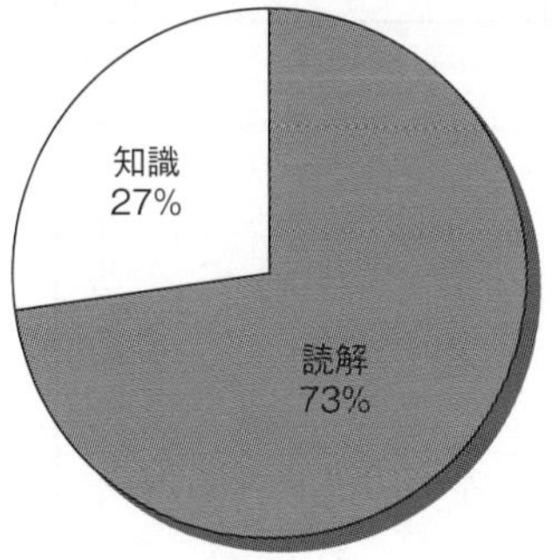

※　配点（推定ふくむ）をもとに算出

◆近年の出題内容

【 2024年度１回 】			【 2023年度１回 】		
大問	一－一	〔説明文〕江原由美子・山田昌弘『ジェンダーの社会学入門』（約4200字）	大問	一	〔説明文〕佐藤喜和「となりのヒグマ―アーバン・ベア問題とはなにか」（約3900字），『アーバン・ベア―となりのヒグマと向き合う』（約300字）
	一－二	〔随筆〕スヴェトラーナ・アレクシエーヴィチ著／三浦みどり訳『戦争は女の顔をしていない』（約4700字）		二	〔小説〕大島真寿美「うまれたての星」（約4700字）
	二	〔小説〕浅田次郎『流人道中記』（約3300字）		三	〔知識〕漢字の書き取り
	三	〔知識〕漢字の書き取り			

◆出題傾向と内容

本校の国語は，**文章の内容が的確に読み取れるかを，表現力もあわせて見ようとする問題**です。

●**文章読解題**…小説・物語文から１題，説明文・論説文から１題という組み合わせが多く見られます。平明な表現で書かれた作品を取り上げ，難しいことばには説明が加えられているので，全体を読みとおすのに苦労することはありません。設問の中心は，内容・文脈・心情の読み取りで，文章のポイントをつかまないと答えられないような練られた問題になっています。また，設問どうしのつながりを意識しながら解いていくと，最終的に主題や筆者の考えの中心にたどり着くという設問構成なので，受験生にとっては取り組みやすいはずです。過去の問題に取り組み，解答・解説を参考にしっかり復習することで力をつけることができる，良質の設問構成といえます。

●**知識問題**…漢字の知識や，読み・書き取りが独立題として出されるほか，文章読解題の設問として語句の意味を問うものなどが出されることがあります。

◆対策～合格点を取るには？～

本校の国語は，読解力と表現力をみる問題がバランスよく出題されていますから，**まず読解力をつけ，その上で表現力を養う**ことをおすすめします。

読解力をつけるためには読書が必要ですが，長い作品よりも短編のほうが主題が読み取りやすいので，特に国語の苦手な人は短編から入るとよいでしょう。

次に表現力ですが，これには内容をまとめるものと自分の考えをのべるものとがあります。内容をまとめるものは，数多く練習することによって，まとめ方やポイントのおさえ方のコツがわかってきます。自分の考えをのべるものは，答えに必要なポイントをいくつか書き出し，それらをつなげるような練習を心がけましょう。

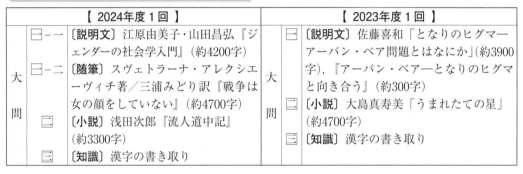

国語 出題分野分析表

分野		年度	2024		2023		2022		2021		2020
			1回	2回	1回	2回	1回	2回	1回	2回	
読解	文章の種類	説明文・論説文	★	★	★	★	★	★	★	★	★
		小説・物語・伝記	★	★	★	★	★	★	★	★	★
		随筆・紀行・日記	★								
		会話・戯曲									
		詩									
		短歌・俳句									
	内容の分類	主題・要旨	○	○	○						
		内容理解	○	○	○	○	○	○	○	○	○
		文脈・段落構成							○		
		指示語・接続語				○		○			
		その他	○	○	○	○	○	○	○	○	○
知識	漢字	漢字の読み									
		漢字の書き取り	★	★	★	★	★	★	★		★
		部首・画数・筆順									
	語句	語句の意味			○		○		○		○
		かなづかい									
		熟語				○					
		慣用句・ことわざ		○						○	
	文法	文の組み立て									
		品詞・用法									
		敬語									
	形式・技法			○							
	文学作品の知識										
	その他									★	
	知識総合										
表現	作文										
	短文記述										
	その他										
放送問題											

※　★印は大問の中心となる分野をしめします。

カコを追いかけ
ミライをつかめ
「今の説明、もう一回」を何度でも
web過去問
ストリーミング配信による入試問題の解説動画
もっと古いカコモンないの？
カコ過去問
「さらにカコの」過去問をHPに掲載（DL）
声の教育社
詳しくはこちらから

2025年度 中学受験用

市川中学校 5年間スーパー過去問

をご購入の皆様へ

お詫び

本書、市川中学校の入試問題につきまして、誠に申し訳ございませんが、以下の問題は著作権上の都合により掲載することができません。設問と解説、解答は掲載してございますので、ご必要とされる方は原典をご参照くださいますよう、お願い申し上げます。

記

2021年度〈第1回試験〉社会 3 と

理科 1 の問題文

以上

株式会社　声の教育社　編集部

2024 年度　市川中学校

【算　数】〈第１回試験(一般・帰国生)〉（50分）〈満点：100点〉

【注意】 1．コンパス・直線定規を利用してもよい。
2．円周率は3.14とする。
3．比を答える場合には，最も簡単な整数の比で答えること。

1 次の問いに答えなさい。

(1) $2-\left(\frac{7}{2}\times0.8-1\right)\div6+\frac{4}{15}-\frac{1}{20}$ を計算しなさい。

(2) ４％の食塩水110ｇに食塩を10ｇ加えてよくかき混ぜたあと，できた食塩水を10ｇ捨てます。その後，水を何ｇか加えてよくかき混ぜたところ，４％の食塩水ができました。このとき，水を何ｇ加えたか求めなさい。

(3) １組から４組まである学校に通っているＡ，Ｂ，Ｃ，Ｄの４人が次のように話しています。このとき，Ａの今年の組を答えなさい。ただし，昨年，今年ともにＡ，Ｂ，Ｃ，Ｄの４人のうち，どの２人も同じ組にはいないものとします。

Ａ「４人中３人は昨年と今年で違《ちが》う組になったね。」
Ｂ「ぼくは昨年も今年も偶数《ぐうすう》組だった。」
Ｃ「私は昨年も今年も同じ組だったわ。」
Ｄ「私は昨年４組だった。」

(4) 下の図１のような，１列目と２列目は２人がけ，３列目は３人がけの７人乗りの車に，大人３人，子ども４人が乗るときの座り方を考えます。運転席には大人が座り，各列とも子どもが座る隣《となり》に最低１人の大人が座るとき，座り方は何通りあるか答えなさい。

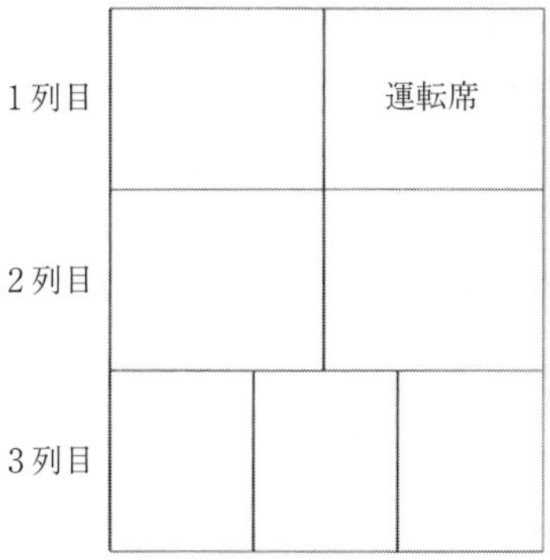

図１

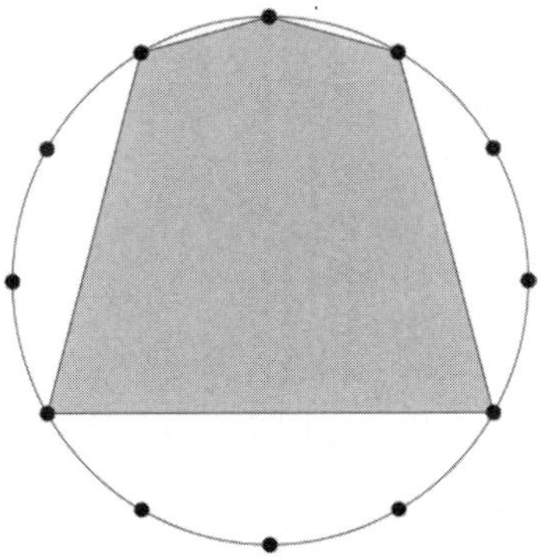

図２

(5) 上の図２は半径２cmの円で，円周上の点は円周を12等分する点です。１辺が１cmの正方形をＡ，１辺が１cmの正三角形をＢとするとき，灰色部分の面積は，Ａが［あ］枚分の面積とＢが［い］枚分の面積の合計になります。［あ］と［い］にあてはまる数をそれぞれ答えなさい。

2　次の図において，以下の操作を考えます。

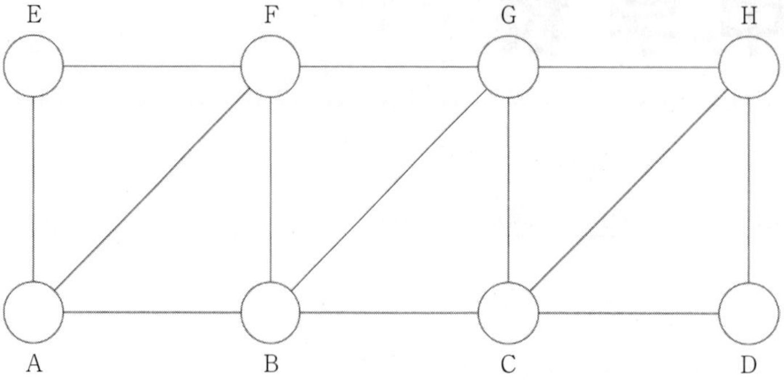

操作：○の中に書き入れた整数を３で割ったとき

・余りが０であれば右に１つ進み，進んだ先の○に商を書き入れる。

・余りが１であれば右ななめ上に１つ進み，進んだ先の○に商を書き入れる。

・余りが２であれば上に１つ進み，進んだ先の○に商を書き入れる。

最初，Ａに整数を書き入れて操作を繰《く》り返し，Ｄ，Ｅ，Ｆ，Ｇ，Ｈのいずれかに整数を書き入れると終了《しゅうりょう》します。例えば，Ａに15を書き入れたとき，15は３で割ると余りが０なのでＢに進み，Ｂに商の５を書き入れます。次に，５は３で割ると余りが２なのでＦに進み，Ｆに商の１を書き入れて終了します。このとき，次の問いに答えなさい。

(1)　Ａに111を書き入れたとき，最後にＤ，Ｅ，Ｆ，Ｇ，Ｈのどこの場所にどんな整数が書き入れられて終了するか答えなさい。

(2)　Ａに書き入れたとき，最後にＤに進んで終了する整数は，１から2024までに何個あるか求めなさい。

(3)　Ａに書き入れたとき，最後にＧに進んで終了する整数は，１から2024までに何個あるか求めなさい。

3　円に対して，右の図のような規則で円をかき加えていく操作を繰り返していきます。操作を１回行ったあとの図を１番目の図，操作を２回行ったあとの図を２番目の図としていくとき，次の問いに答えなさい。

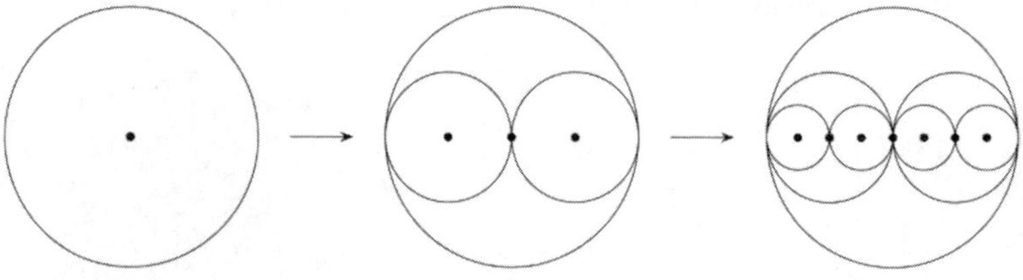

１番目の図　　２番目の図

(1)　次の図に，コンパスと定規を用いて円をかき加えて１番目の図を完成させなさい。ただし，作図に用いた線は消さないこと。

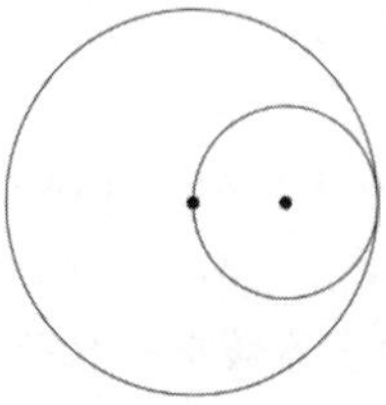

白く塗《ぬ》られている半径２cm の円に対して，奇数《きすう》回目の操作でかき加える円は灰色で塗り，偶数《ぐうすう》回目の操作でかき加える円は白色で塗ることを繰り返します。

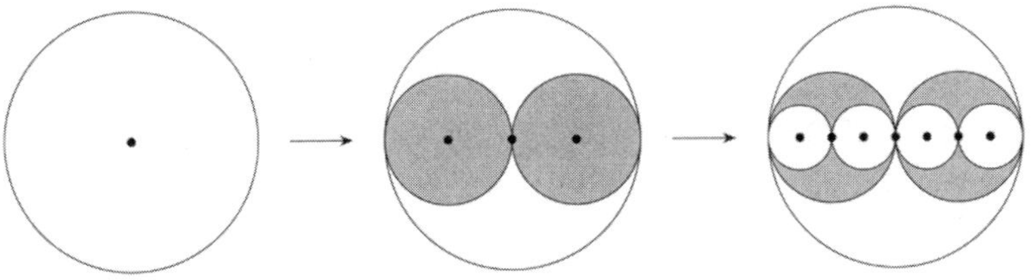

１番目の図　　２番目の図

(2)　３番目の図の灰色の部分の面積を求めなさい。

(3)　５番目の図の白色の部分と灰色の部分の面積の比を求めなさい。

4　次の図のように，長針をＬ，短針をＳ，６を指す動かない針をＡとする時計があります。この時計の短針は時計回りに動きますが，長針は壊《こわ》れており，反時計回りに動きます。ここで，ＳとＬが作る角をＡが二等分する状態をＸとします。状態Ｘとなる例は次のような場合です。

例　状態Ｘの例

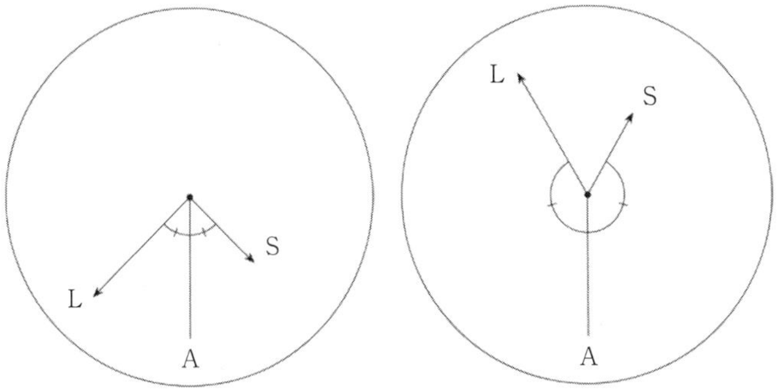

同様にＬとＡが作る角をＳが二等分する状態をＹ，ＡとＳが作る角をＬが二等分する状態をＺとします。このとき，次の問いに答えなさい。

(1)　８時から時計を動かしたとき，はじめて状態Ｘになるのは何分後か答えなさい。

(2)　８時から90分間時計を動かしたとき，状態Ｘ，Ｙ，Ｚはどのような順で起こるか次の例のように答えなさい。

例　Ｘ，Ｙ，Ｚ，Ｘの順で起こるとき。

Ｘ→Ｙ→Ｚ→Ｘ

(3)　８時から時計を動かしたとき，２回目の状態Ｚになるのは何分後か答えなさい。

5 牧草地に100kgの草が生えています。この牧草地に牛１頭を放つとちょうど25日後に，豚《ぶた》２頭ではちょうど100日後に，牛１頭と豚３頭ではちょうど10日後に食べ終えます。草は１日に決まった量だけ生え，すべての草を食べ終えると生えてこないものとします。また，牛と豚は毎日決まった量の草を食べるものとします。このとき，次の問いに答えなさい。

(1) 牛１頭と豚１頭が１日に食べる草の量はそれぞれ何kgか求めなさい。

牛と豚が１頭ずついるとします。毎日最低１頭を選んでこの牧草地に放ったところ，ちょうど22日後に草を食べ終えました。

(2) 牛が放たれた日数として考えられる日数をすべて求めなさい。

(3) 牛が放たれた日数として考えられる日数のうち，最も少ない日数における牛，豚の放ち方の例を次のルールにしたがって１つ答えなさい。

ルール

- 牛と豚１頭ずつを放つ日はA，牛１頭のみを放つ日はB，豚１頭のみを放つ日はCで表す。
- 牛と豚１頭ずつを放つ日が２日連続するときはA×2，３日連続するときはA×3と表し，B，Cについても同様に表す。

例えば，牛１頭のみを２日連続で放った後，牛と豚１頭ずつを１日放ち，その後，豚１頭のみを５日連続で放つ場合は

B×2→A→C×5

と表す。

【社　会】〈第１回試験(一般・帰国生)〉（40分）〈満点：100点〉

【注意】　１．解答の際には，句読点や記号は１字と数えること。

２．コンパス・定規は使用しないこと。

1　**中学１年生の市川さんと船橋先生が，古代から近世の日本で用いられていた貨幣《かへい》について話しています。会話文を読み，あとの問いに答えなさい。**

市川さん：日本で初めてつくられた貨幣は何ですか。

船橋先生：(　**1**　)です。A7世紀に，天武天皇が発行した貨幣です。

市川さん：どのような目的で発行されたのですか。

船橋先生：都を建設するための費用や，建設を行う労働者の賃金に活用されたほか，まじないのために使われたという説もあるそうです。ところで，貨幣が発行される以前は，どのように取り引きをしていたと思いますか。

市川さん：麻《あさ》などの布や，米・塩などが貨幣として使われていたんですよね。

船橋先生：そのとおりです。８世紀のはじめに(　**2**　)が発行されると，B調を貨幣で納めることを朝廷が認めました。

市川さん：(　**2**　)のあとにも貨幣は発行されたのでしょうか。

船橋先生：C奈良時代からD平安時代にかけて，朝廷は何度か貨幣を発行しました。

市川さん：E鎌倉時代や室町時代には，貨幣は使われていなかったのですか。

船橋先生：このころは，日本では貨幣が発行されなかったので，宋や明から輸入された貨幣が使われていました。

市川さん：日本国内でふたたび貨幣がつくられるようになるのは，いつからですか。

船橋先生：江戸幕府が，F金貨・銀貨・銭貨の鋳造《ちゅうぞう》を行い，これらの三貨が全国で使われるようになりました。

市川さん：江戸時代には，外国との貿易も行われていましたが，その取り引きにも金貨や銀貨が使われたのでしょうか。

船橋先生：そうです。江戸時代のはじめ，長崎での貿易では，金貨や銀貨は主要な輸出品でした。

市川さん：そういえば，江戸幕府がG金貨や銀貨が外国に流出することを防ぐために，貿易を制限する法令を出したと聞いたことがあります。

船橋先生：そうですね。ほかにも金や銀の採掘《さいくつ》量が減少したことや，貿易をしていくなかでさまざまな問題に直面したことで，金貨にふくまれる金の量を調節したり，大きさを小さくするなどいろいろな対策を行いながら貨幣を発行したのです。

市川さん：貨幣発行については，さまざまな歴史があったんですね。

問１　(**1**)・(**2**)にあてはまる語句を，それぞれ漢字で答えなさい。

問２　下線**A**について，７世紀のできごととしてあやまっているものはどれですか，**ア**～**エ**から１つ選び，記号で答えなさい。

ア　天智天皇のもとで，初めての全国的な戸籍がつくられました。

イ　中臣鎌足らが蘇我氏をほろぼし，「大化」という元号が定められました。

ウ　百済の王が，倭に仏像と経典を送ったことで仏教が伝来しました。

エ　聖徳太子が，天皇に仕える役人の心構えとして十七条の憲法をまとめました。

問３　下線**B**について，律令制度のもとでの税に関する説明**a**～**c**の正誤の組み合わせとして正しいものはどれですか，下の**ア**～**ク**から１つ選び，記号で答えなさい。

a　租は，口分田をあたえられた男子のみから集められました。

b　防人は，九州北部で３年間警備を行うという負担でした。

c　調は各地の特産品で，庸はおもに布で納められ，地方の財源になりました。

ア　**a**—正　**b**—正　**c**—正　　**イ**　**a**—正　**b**—正　**c**—誤

ウ　**a**—正　**b**—誤　**c**—正　　**エ**　**a**—正　**b**—誤　**c**—誤

オ　**a**—誤　**b**—正　**c**—正　　**カ**　**a**—誤　**b**—正　**c**—誤

キ　**a**—誤　**b**—誤　**c**—正　　**ク**　**a**—誤　**b**—誤　**c**—誤

問４　下線**C**の時代の政策について説明した次の文を読んで，□にあてはまる表現を15字以内で書きなさい。

> 聖武天皇は，□という考えにもとづいて，国分寺の建立や大仏の造立などの政策を行いました。

問５　下線**D**について，平安時代のできごと**ア**～**エ**を古いものから順番に並べ，記号で答えなさい。

ア　菅原道真が，遣唐使の派遣《はけん》中止を提案しました。

イ　藤原道長が天皇に次々と娘《むすめ》をとつがせ，政治の実権をにぎりました。

ウ　最澄や空海によって，中国から新しい仏教がもたらされました。

エ　平将門が，東国で朝廷に対して反乱を起こしました。

問６　下線**E**について，鎌倉時代と室町時代のできごととして適切な文をそれぞれ選んだとき，その組み合わせとして正しいものはどれですか，下の**ア**～**エ**から１つ選び，記号で答えなさい。

[鎌倉時代]

a　後鳥羽上皇率いる軍が幕府軍にやぶれた後，鎌倉幕府は京都所司代を置いて朝廷への監《かん》視《し》を強化しました。

b　法然が，「南無阿弥陀仏」を唱えればだれでも極楽浄土に生まれ変われるとして，浄土宗を開きました。

[室町時代]

c　貿易の利益に目をつけた足利義満は，朝貢貿易の形式で日明貿易を開始しました。

d　有力な守護大名が中心となって村民をまとめ，惣という自治組織がつくられました。

ア　**a**—**c**　　**イ**　**a**—**d**　　**ウ**　**b**—**c**　　**エ**　**b**—**d**

問７　下線**F**について，江戸時代の貨幣に関する説明**a**・**b**の正誤の組み合わせとして正しいものはどれですか，下の**ア**～**エ**から１つ選び，記号で答えなさい。

a　江戸では金貨が，大阪では銀貨がおもに使われたように，地域により流通する貨幣が異なりました。

b　年貢として大名に納められた米は，おもに藩内で金貨や銀貨に交換《こうかん》されました。

ア　**a**—正　**b**—正　　**イ**　**a**—正　**b**—誤

ウ　**a**—誤　**b**—正　　**エ**　**a**—誤　**b**—誤

問８　下線**G**について，この法令は，ある儒学者の提案で出されました。６代家宣・７代家継の政治を補佐したこの儒学者とは誰《だれ》ですか，漢字で答えなさい。

2　**中学２年生の授業で，生徒たちが班ごとに近代から現代にかけての生糸に関する調べ学習を行いました。次の①～⑦班がまとめたメモを読み，あとの問いに答えなさい。**

①班　開港直後の生糸輸出

A開国して貿易が開始されると，貿易額は急速に増加し，1867年の貿易額(輸出額と輸入額の総額)は1860年の約５倍となりました。生糸は主な輸出品となり，横浜港を通じて，イギリスを中心とする欧米に向けて輸出されました。

②班　殖産興業と生糸

明治時代に入ると，殖産興業政策のなかで，群馬県につくられた(１)が1872年に操業を開始しました。フランス人技師ブリューナによってもたらされた※1器械製糸の技術は，製糸技術の習得を求める多くの人に伝えられ，(１)は「安定した品質の生糸を生産する」という明治政府のねらいを実現する役割をもちました。

※１…水力や蒸気などの動力で糸をつむぐ方法。それ以前は手動であった。

③班　産業革命と製糸業

1880年代後半から始まった日本の産業革命のなかで，B製糸業は外貨獲得《かくとく》産業として発展し，生糸はひき続き欧米に向けた主要な輸出品としての地位をたもっていました。

④班　日本の製糸業と朝鮮

1910年の韓国併合後，朝鮮の統治機関である(２)は，朝鮮でも養蚕《ようさん》業を奨励《しょうれい》しました。これは，日本に生糸の原料である繭《まゆ》を安く供給させるためでした。

⑤班　大戦景気と製糸業

C第一次世界大戦が始まると，日本は大戦景気と呼ばれる好況《こうきょう》となりました。好況をもたらした要因の１つに，アメリカ向けの生糸輸出が増加したことがあげられます。

⑥班　昭和初期の製糸業

1929年，世界恐慌が発生すると，日本もD昭和恐慌と呼ばれる不況におちいりました。アメリカ向けの生糸輸出が激減したことで，国内では繭・生糸の価格が暴落し，養蚕・製糸業も打撃《だげき》を受けました。その後，アジア・太平洋戦争が始まると，製糸業は不要不急のものとされ，製糸工場は次々と軍需《ぐんじゅ》工場に変わりました。

⑦班　戦後の製糸業

アジア・太平洋戦争後，ナイロンやポリエステルなどの合成繊維《せんい》が普及《ふきゅう》するとともに，生糸の需要は減少し，製糸工場の閉業が相次ぎました。E1960年代に入り，戦後初めて中国から生糸を輸入して以降，日本は生糸の輸入国となりました。

問１　(**１**)・(**２**)にあてはまる語句を，それぞれ漢字で答えなさい。

問２　下線**Ａ**について，ペリー艦隊《かんたい》が日本に来航した際の航路をしめした＜**地図**＞および＜**資料**＞を見て，下の問いに答えなさい。

＜**地図**＞

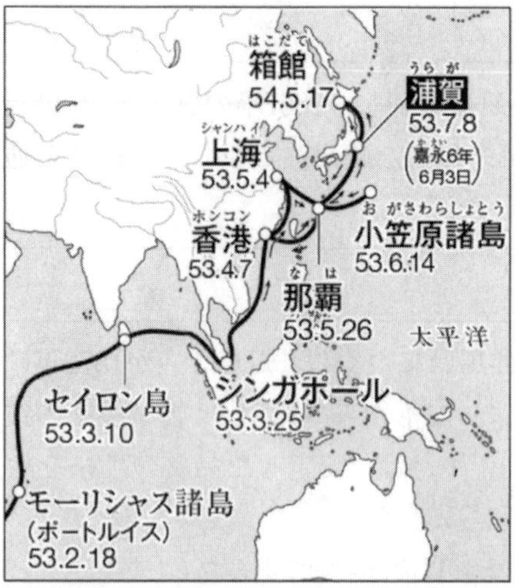

山川出版社『中学歴史 日本と世界』より作成

＜**資料**＞

ペリー艦隊の乗組員の１人として来日した羅森《らしん》のもとには，連日，幕府の役人や知識人など多くの日本人が訪れ，それらの日本人と羅森は，筆談で交流をもちました。その中で，幕府の役人の１人が「高い教養をもつあなたが，なぜアメリカの言葉などを話すのか」という質問をしたといわれています。

問い　ペリーが羅森を乗組員として同行させる必要があったのはなぜですか，羅森がどこの国の人であるかをあきらかにして説明しなさい。

問３　下線**Ｂ**について，次の文章中の(**あ**)にあてはまる語句を漢字で答えなさい。

> **「男軍人　女は工女　糸をひくのも国のため」**
> これは，製糸工場で働く工女たちが歌ったといわれる「工女節」の一節です。明治政府が(**あ**)をめざして殖産興業を進めるなか，この歌からは男は軍人として，女は工女としてそれぞれの役割を求められたことが読み取れます。

問４　下線**Ｃ**について，次の文章中の(**い**)・(**う**)にあてはまる語句を，それぞれ答えなさい。

> 第一次世界大戦が始まると，日本は1915年，中国に(**い**)をつきつけ，ドイツが中国にもっていた権益を日本にゆずることなどを要求しました。1919年，ドイツに対する講和条約である(**う**)条約により，それらの要求は認められることになりました。

問５　下線**Ｄ**について，この間に発生した満州事変に関する説明**ａ**・**ｂ**の正誤の組み合わせとして正しいものはどれですか，下の**ア**～**エ**から１つ選び，記号で答えなさい。

ａ　関東軍による満州国建国を認めない犬養毅首相が，海軍将校により暗殺される五・一五事件が発生しました。

ｂ　リットン調査団の報告を受けた国際連盟総会は，満州国を正式な国家として認めず，日本は国際連盟から脱退《だったい》することになりました。

ア　**ａ**―正　**ｂ**―正　　**イ**　**ａ**―正　**ｂ**―誤
ウ　**ａ**―誤　**ｂ**―正　　**エ**　**ａ**―誤　**ｂ**―誤

問６　下線**Ｅ**について，1960年代のできごととしてあやまっているものはどれですか，**ア**～**エ**から１つ選び，記号で答えなさい。

ア　岸信介内閣のもとで，日米新安全保障条約が結ばれました。
イ　公害問題が表面化したことで，対策のために環境《かんきょう》庁が設置されました。
ウ　日韓基本条約で，日本は韓国を朝鮮半島における唯一《ゆいいつ》の政府と認めました。
エ　東京オリンピックの開催《かいさい》にあわせて，東海道新幹線が開通しました。

3　**日本の自然災害に関する次の問いに答えなさい。**

問１　台風に関して，＜**図１**＞は日本周辺の台風の月別のおもな経路をしめしています。７月～10月の台風は西方に進んだ後，弧《こ》をえがくようにして東方に経路を変えていますが，これには日本周辺の気圧や風が影響《えいきょう》しています。東方に大きく経路を変えることに，特に影響をあたえている気圧と風の名称《めいしょう》の組み合わせとして正しいものはどれですか，下の**ア**～**エ**から１つ選び，記号で答えなさい。

＜**図１**＞

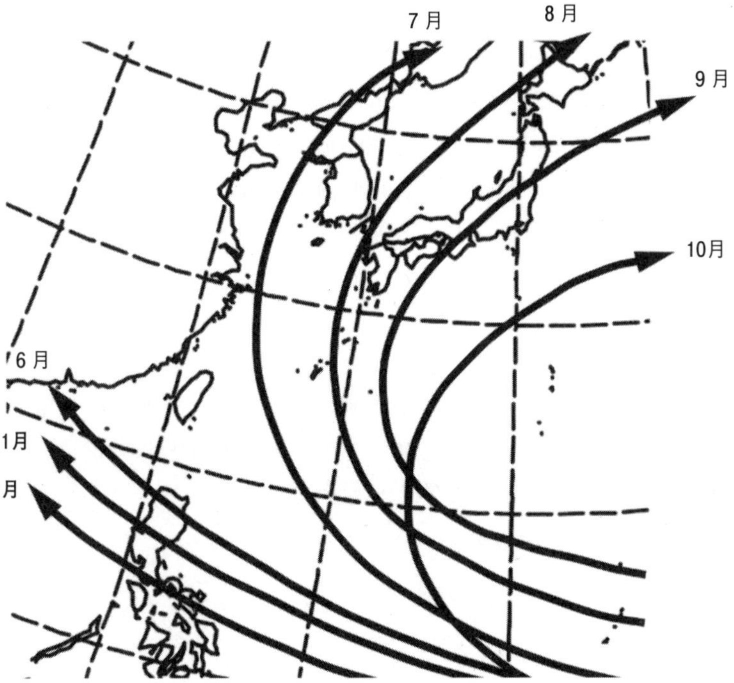

気象庁HP(https://www.jma.go.jp)より作成

ア　気圧―シベリア高気圧　風―南東季節風
イ　気圧―シベリア高気圧　風―偏西風
ウ　気圧―太平洋高気圧　　風―南東季節風
エ　気圧―太平洋高気圧　　風―偏西風

問２　冷害に関して，1993年，2003年の日本は全国的に冷夏となり，農業に影響が出ました。＜**グラフ１**＞中の**a**～**d**は1992年から2021年の秋田県，新潟県，北海道，宮城県の米の収穫量の推移をしめしています。秋田県と北海道の組み合わせとして正しいものはどれですか，下の**ア**～**ク**から１つ選び，記号で答えなさい。

＜グラフ１＞

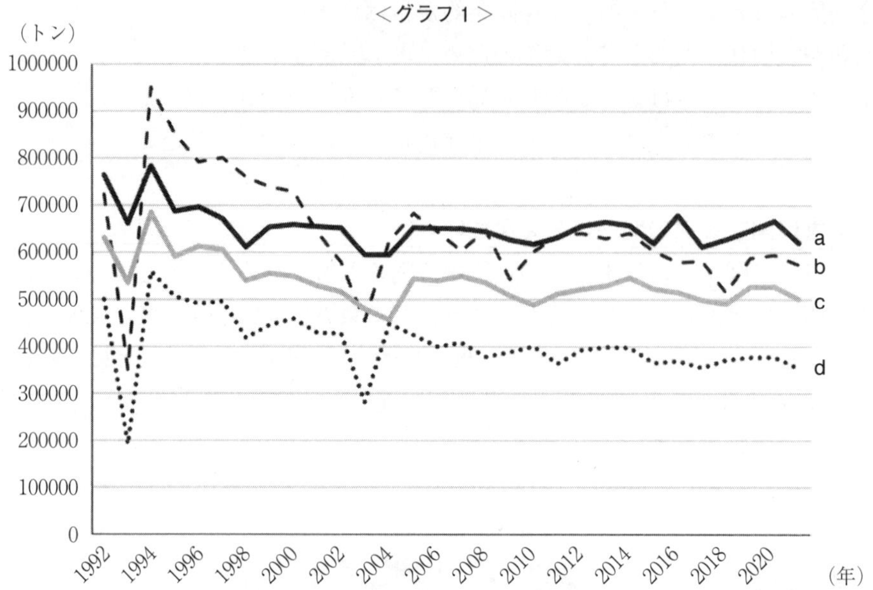

政府統計の総合窓口(e-Stat)HP(https://www.e-stat.go.jp)より作成

ア　秋田県—**a**　北海道—**c**　　**イ**　秋田県—**a**　北海道—**d**

ウ　秋田県—**b**　北海道—**c**　　**エ**　秋田県—**b**　北海道—**d**

オ　秋田県—**c**　北海道—**a**　　**カ**　秋田県—**c**　北海道—**b**

キ　秋田県—**d**　北海道—**a**　　**ク**　秋田県—**d**　北海道—**b**

問３　洪水に関して，次の問いに答えなさい。

(1)　豪《ごう》雨《う》などによって河川の水量が増して，大きな災害につながることがあります。**＜グラフ２＞**は＜**図２**＞中の**Ｘ～Ｚ**でしめした地点で観測された2019～2021年の月平均河川流量の３か年平均値をしめしています。**a～c**と**Ｘ～Ｚ**の組み合わせとして正しいものはどれですか，下の**ア～カ**から１つ選び，記号で答えなさい。

＜グラフ２＞

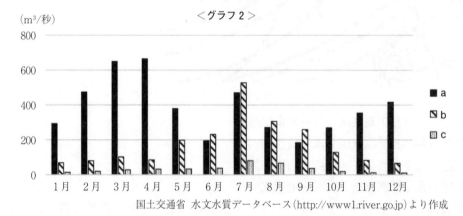

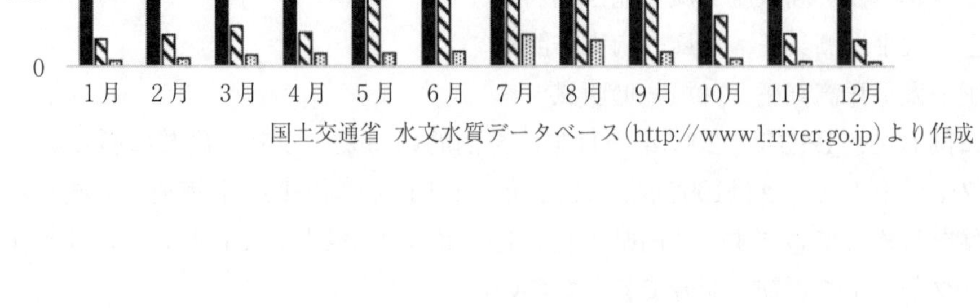

国土交通省 水文水質データベース(http://www1.river.go.jp)より作成

＜**図２**＞

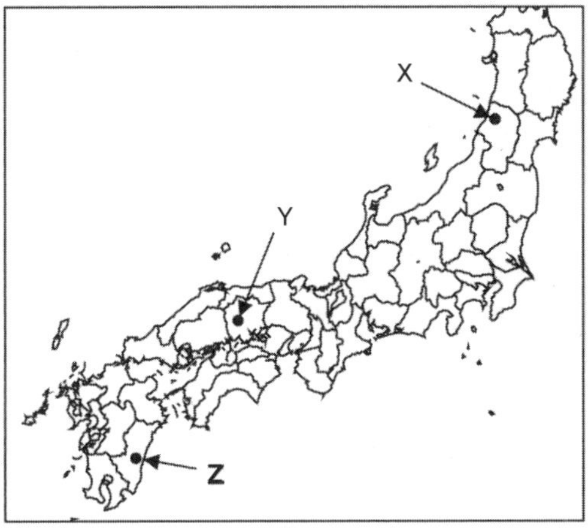

ア　a―X　b―Y　c―Z　　イ　a―X　b―Z　c―Y
ウ　a―Y　b―X　c―Z　　エ　a―Y　b―Z　c―X
オ　a―Z　b―X　c―Y　　カ　a―Z　b―Y　c―X

(2)　揖斐川，長良川，木曽川が集まる濃尾平野では，＜**写真１**＞でしめした地域のように，低地に堤防《ていぼう》をめぐらせて洪水対策をしています。このように堤防をめぐらせた地域を何といいますか，漢字で答えなさい。

＜**写真１**＞

帝国書院『図説地理資料 世界の諸地域NOW 2023』より作成

問４　地震に関して，今後南海トラフ地震が発生すると，太平洋ベルトに集中する日本の工業地帯や工業地域も被害《ひがい》を受けることが予測されます。＜**表１**＞は2019年度における太平洋ベルト上の各工業地帯・工業地域の，工業ごとの製造品出荷額等の全国の合計に対する割合をしめし，**a**～**c**は瀬戸内工業地域，中京工業地帯，阪神工業地帯のいずれかです。＜**グラフ３**＞は日本全体の製造品出荷額等の産業別構成の変化をしめし，**X**～**Z**は金属工業，機械工業，化学工業のいずれかです。これを見て，あとの問いに答えなさい。

＜**表１**＞

	金属工業	機械工業	化学工業	食品工業	繊維工業	その他
a	12.8%	27.5%	10.9%	7.0%	10.9%	10.6%
b	16.0%	8.6%	11.3%	9.4%	10.9%	8.9%
c	13.0%	7.4%	14.5%	6.1%	17.4%	7.6%

二宮書店『データブック オブ・ザ・ワールド 2023版』より作成

<**グラフ 3** >

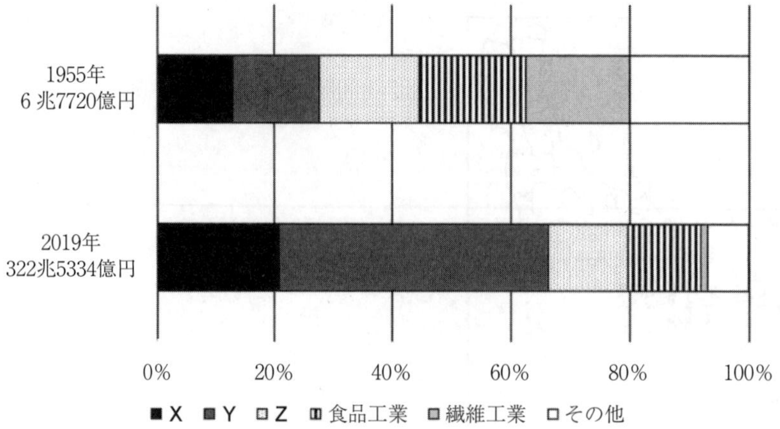

二宮書店『データブック オブ・ザ・ワールド 2023版』より作成

問い　瀬戸内工業地域と金属工業の組み合わせとして正しいものはどれですか，**ア**～**ケ**から1つ選び，記号で答えなさい。

ア　a―X　　**イ**　a―Y　　**ウ**　a―Z
エ　b―X　　**オ**　b―Y　　**カ**　b―Z
キ　c―X　　**ク**　c―Y　　**ケ**　c―Z

問5　次の**a**～**c**の図は，東日本における洪水，地震，津波の自然災害伝承碑《ひ》の位置をしめしています。**a**～**c**と災害の組み合わせとして正しいものはどれですか，下の**ア**～**カ**から1つ選び，記号で答えなさい。

地理院地図HP(https://maps.gsi.go.jp)より作成

ア　a―洪水　b―地震　c―津波　　**イ**　a―洪水　b―津波　c―地震
ウ　a―地震　b―洪水　c―津波　　**エ**　a―地震　b―津波　c―洪水
オ　a―津波　b―洪水　c―地震　　**カ**　a―津波　b―地震　c―洪水

問6　一般的にせきは川の流れの調節や川底の保護などを目的としてつくられています。しかし，<**図3**>中の ◯ でしめしたせきは，近くに河川がないにもかかわらず設置されています。<**図3**>中のせきの役割とこの地域にせきが設置されている理由を説明しなさい。

＜図３＞

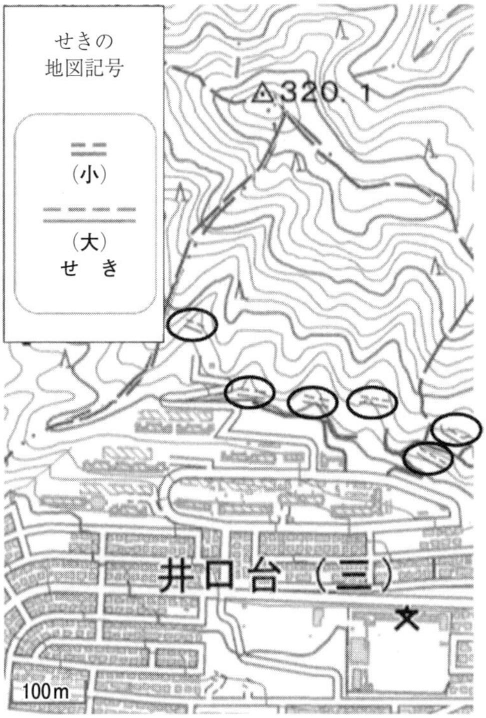

国土地理院HP(https://www.gsi.go.jp)より
地理院地図HP(https://maps.gsi.go.jp)より作成

4　**中学３年生の公民の夏休み課題は自分で選んだ新書を１冊読むことでした。千葉さんが選んだ新書は，杉《すぎ》田《た》敦《あつし》著『政治的思考』(岩波新書)です。千葉さんとクラスメイトの松戸さんの会話文を読み，あとの問いに答えなさい。**

千葉さん：国会のしくみなどについての学習は公民の授業で行いましたが，政治とは何か，よくわからないなという思いがあり，この本を選びました。

松戸さん：そもそも，政治とはいったい何なのでしょうか。

千葉さん：政治とは，みんなのことについて決めることを指すと書いてあります。

松戸さん：では，クラスの文化祭の企《き》画《かく》を決定するのも政治なのでしょうか。

千葉さん：みんなのことについて決めているので，政治と考えられますね。この本では，政治の決定を「誰《だれ》が」「何を」「いつ」「どのように」決めるか，の４つの視点から検討しています。第一に，A「誰が」決めるのかという点についてです。物事は，誰が決めるかを確定しなければ，決めることはできません。

松戸さん：クラスのことはクラスメイトみんなで話し合って決めるのが普《ふ》通《つう》です。となると，日本のことは，日本の国民が決めるのではないでしょうか。

千葉さん：たしかに，憲法では国民主権が定められています。しかし，B近年ではグローバル化が進んでいるため，重要なことがらのすべてを国民という単位だけでは決めきれなくなっています。

松戸さん：決める人が変われば，議論の結果も変わるかもしれませんね。

千葉さん：そのとおりです。第二は，「何を」決めるのかという点です。議題の設定のしかたによって，決定の内容が左右されることがあります。つまり，C何を議題に取りあげるかということ自体が大きな意味をもっています。

松戸さん：何を取りあげるかについても注意が必要ですね。

千葉さん：三番目に，D「いつ」決めるのかという点です。

松戸さん：議論をいつまで続けるか決めなくてはいけませんね。

千葉さん：例えば，自分たちが納得できない決定が行われないように，議論するふりをして決定を先送りさせるということもできますよね。

松戸さん：結局は，ほどほどに議論をして，決定するしかありませんね。

千葉さん：しかし，何がほどほどか，人によって考え方がちがってきてしまいます。議論の期間に対する正解がないなかで，期間を設定しなければいけません。その決定も政治的な営みです。四番目は，E「どのように」決めるのかという点です。これは「誰が」決めるのかということともかかわってきます。クラスでの話し合いのときを考えてみてください。

松戸さん：全員の意見が一致《いっち》することはほとんどありません。場合によっては，学級委員がすべて決めてしまってもよいと思います。

千葉さん：しかし，物事は決める過程こそが大切です。そうでなければ，みんなが納得できる結論にはならないのではないでしょうか。

松戸さん：みんなのことについて決める場合は，ただ決めればよいというわけではないので，とても大変なのですね。

千葉さん：国や自治体の政治は民主政治で行われていて，選挙で政治家を選び，その政治家が議論をし，調整をした上で物事は決まります。Fこのような非効率で手間のかかる面倒《めんどう》なしくみを手放さないのはなぜなのでしょうか。早く，簡単に決めることばかりが，必ずしも「良い政治」ではないと，筆者は伝えたいのだと思います。

問１　下線**A**に関する千葉さんと松戸さんの会話文を読み，あとの問いに答えなさい。

千葉さん：「誰が」決めるかによって議論の結果が変わるのであれば，国会議員が「誰か」ということにも注目する必要がありそうですね。

松戸さん：若い世代や女性が国会議員に多い国ほど，SDGsの達成度が高くなっていると，新聞の記事で読みました。2022年に発表された各国のSDGsの達成状況《じょうきょう》によると日本のSDGsの達成指数は163か国中19位で，年々順位を落としているようです。

千葉さん：日本の国会議員は女性の割合が低いと授業で習いましたね。たしかに，女性議員の数が少ないと，SDGsの目標「５．ジェンダー平等を実現しよう」の達成に影響《えいきょう》が出そうです。

松戸さん：実は，「１．貧困をなくそう」という目標の達成にも，女性議員の割合が影響をあたえると記事には書いてありました。この目標についても，日本には課題が残っているという評価を受けています。

千葉さん：貧困の問題の解決にも女性議員の割合が関係しているのは，意外ですね。貧困はアフリカなどの発展途上《とじょう》国の問題ではないのですか。

松戸さん：実は，日本にも解決しなくてはならない貧困の問題があるのです。近年では，特に20～64歳の勤労世代の女性の貧困が問題になっています。

問い　日本の国会議員の女性の割合が低いと，「１．貧困をなくそう」という目標の達成が遠ざかる可能性があるのはなぜでしょうか。会話文中の下線部にしめされている貧困の例を具体的にあげながら説明しなさい。

問２　下線**B**のような状況は，日本だけでなく世界でも見られます。このような状況を具体的にしめした例として，ふさわしくないものはどれですか，**ア**～**エ**から１つ選び，記号で答えなさい。

ア　環境《かんきょう》問題の解決のために，水鳥の保護を定めたラムサール条約など，多くの国際的な取り決めがあります。

イ　イギリスでは，国内の移民の急増などをきっかけとして，国民投票を行った結果，EU離脱《りだつ》が決まりました。

ウ　先進国と発展途上国の経済格差を解決するために，国連の機関としてUNCTADが中心となって，発展途上国への経済援助《えんじょ》を行っています。

エ　国際社会における核《かく》兵器の廃絶に向けて，核兵器の使用や開発，使用の威嚇《いかく》をふくめた行為を禁止する核兵器禁止条約が発効されました。

問３　下線**C**について，日本で取りあげられた議題に関する説明として，あやまっているものはどれですか，**ア**～**エ**から１つ選び，記号で答えなさい。

ア　原子力発電所から出る放射性廃棄《はいき》物の最終処分場をどこにつくるかについては，国や地方で議論をしていますが，決められていません。

イ　沖縄の普天間飛行場の移転先について国会で議論が行われ，日米政府の合意に基づき辺野古への移転が決まりました。

ウ　選択《せんたく》的夫婦別姓の導入については，法案が国会で審議《しんぎ》されたものの否決されたため，導入にいたっていません。

エ　政府は，男性の育児休業取得をうながすために制度の見直しを行い，仕事を休む人への給付金についても議論をしています。

問４　下線**D**について，次の日本国憲法の条文は，「いつ」決めるのかという問題に関する条文です。これを読み，下の問いに答えなさい。

第59条④　参議院が，衆議院の可決した法律案を受け取つた後，国会休会中の期間を除いて(　**1**　)日以内に，議決しないときは，衆議院は，参議院がその法律案を否決したものとみなすことができる。

第60条②　予算について，参議院で衆議院と異なつた議決をした場合に，法律の定めるところにより，両議院の協議会を開いても意見が一致しないとき，又《また》は参議院が，衆議院の可決した予算を受け取つた後，国会休会中の期間を除いて(　**2**　)日以内に，議決しないときは，衆議院の議決を国会の議決とする。

第69条　内閣は，衆議院で不信任の決議案を可決し，又は信任の決議案を否決したときは，（　**3**　）日以内に衆議院が解散されない限り，総辞職をしなければならない。

(1)　（**1**）～（**3**）にあてはまる数字の組み合わせとして正しいものはどれですか，**ア**～**カ**から１つ選び，記号で答えなさい。

ア　**1**—10　**2**—30　**3**—60

イ　**1**—10　**2**—60　**3**—30

ウ　**1**—30　**2**—10　**3**—60

エ　**1**—30　**2**—60　**3**—10

オ　**1**—60　**2**—10　**3**—30

カ　**1**—60　**2**—30　**3**—10

(2)　日本国憲法第69条のような決まりが存在するのは，日本の内閣は国会の信任に基づいて成り立つというしくみになっているからです。このしくみを何といいますか，漢字で答えなさい。

問５　下線**Ｅ**について，次の問いに答えなさい。

(1)　裁判の判決を「どのように」決めるのか，ということに関する説明として正しいものはどれですか，**ア**～**エ**から１つ選び，記号で答えなさい。

ア　裁判官は，国会議員と審議を重ねながら判決を決めることで，国民の意見を裁判に反映させようとしています。

イ　裁判の結果に納得できない場合，上級の裁判所に裁判のやり直しを請求《せいきゅう》することができ，原則として１つの事件について２回まで裁判を受けられます。

ウ　国会が定めた法律や内閣の行う政治に対して，違憲審査権の行使という形で最高裁判所のみが憲法に違反していないかを審査します。

エ　裁判員制度では，被告人の有罪を決めるときは，１人以上の裁判官が多数意見に賛成していなければなりません。

(2)　「どのように」決めるのかということと深い関連をもつ，「誰が」決めるのかということに関する説明**a**～**c**の正誤の組み合わせとして正しいものはどれですか，下の**ア**～**ク**から１つ選び，記号で答えなさい。

a　地方公共団体の長は，地方議会の議員とは異なる選挙で選ばれるため，議会での多数派をしめる政党とは異なる政党に所属していることもあります。

b　最高裁判所長官は内閣総理大臣によって指名されますが，その他の裁判官の任命は国会が行います。

c　男女がともに参加する国民投票で過半数の賛成を得られたことによって，日本国憲法が成立しました。

ア　**a**—正　**b**—正　**c**—正　　**イ**　**a**—正　**b**—正　**c**—誤

ウ　**a**—正　**b**—誤　**c**—正　　**エ**　**a**—正　**b**—誤　**c**—誤

オ　**a**—誤　**b**—正　**c**—正　　**カ**　**a**—誤　**b**—正　**c**—誤

キ　**a**—誤　**b**—誤　**c**—正　　**ク**　**a**—誤　**b**—誤　**c**—誤

問6　下線**F**について，日本国憲法第12条には，民主政治に参加する権利もふくめて，私たちがもつ権利を手放さずに守りぬくという理念があらわされています。次の条文中の(**X**)にあてはまる語句を答えなさい。

> 第12条　この憲法が国民に保障する自由及《およ》び権利は，国民の(　**X**　)によつて，これを保持しなければならない。又，国民は，これを濫用《らんよう》してはならないのであつて，常に公共の福祉《ふくし》のためにこれを利用する責任を負ふ。

【理　科】〈第１回試験(一般・帰国生)〉（40分）〈満点：100点〉

【注意】１．解答の際には，句読点や記号は１字と数えること。
２．コンパス・定規は使用しないこと。
３．円周率は3.14とする。
４．計算問題の答えは，整数または小数で答え，割り切れない場合は小数第２位を四捨五入して，小数第１位まで答えること。

1　次の会話文を読み，あとの問いに答えなさい。

［先生］　今日は豆電球，スイッチ，電池を用いて回路をつくり，豆電球の明るさを比較《ひかく》してみよう。必要なものは，同じ種類のものを十分に用意してあるから遠慮《えんりょ》なく使っていいよ。

［生徒］　それは楽しみですね。それでは，まずは単純な回路(図１)をつくってみます。

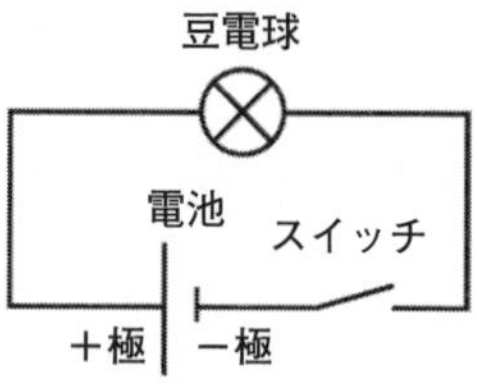

図１

［先生］　スイッチを入れると確かに豆電球はつくね。それでは，電池をもう１つ増やした①このような回路はどうかな。

［生徒］　豆電球の明るさは変わりませんね。電池を２つに増やしたのに残念です。

［先生］　確かに明るさは変化していないが，何も変わっていないわけではないよ。［　あ　］。

［生徒］　リモコンに電池を２本入れる場合もそれが理由なのですね。

［先生］　いいや，リモコンに入っている電池は違《ちが》うつなぎ方をしているよ。［　い　］ことからすぐに確かめられるね。
　次に，電池の数を１つにして，豆電球の数を２つにしてみよう。

［生徒］　２つの回路ができました。豆電球を並列に接続した回路(図２)は豆電球の明るさが変化していないのに対して，豆電球を直列に接続した回路(図３)では，豆電球の明るさは２つとも暗くなりました。

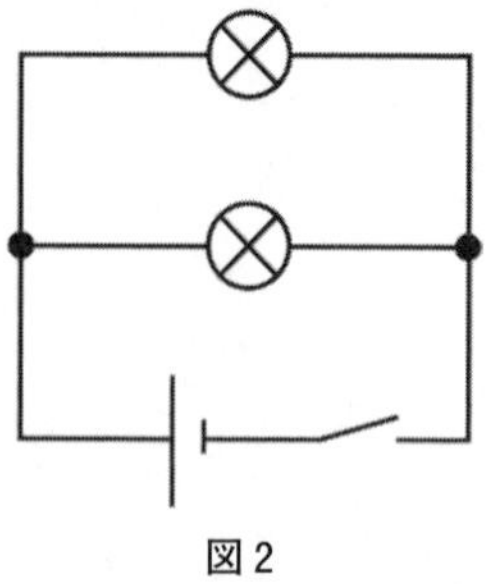
図２

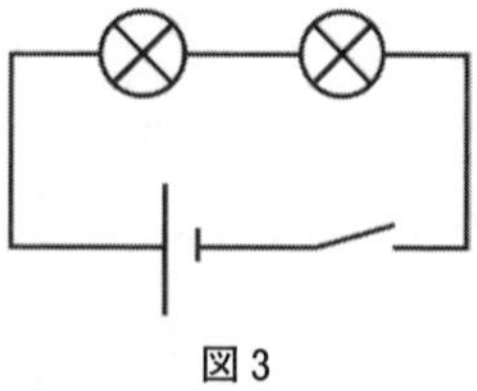
図３

［先生］　そうですね。豆電球のつなぎ方で明るさが変わる場合もあるのですね。それでは，複雑な回路(図４)をつくってみよう。

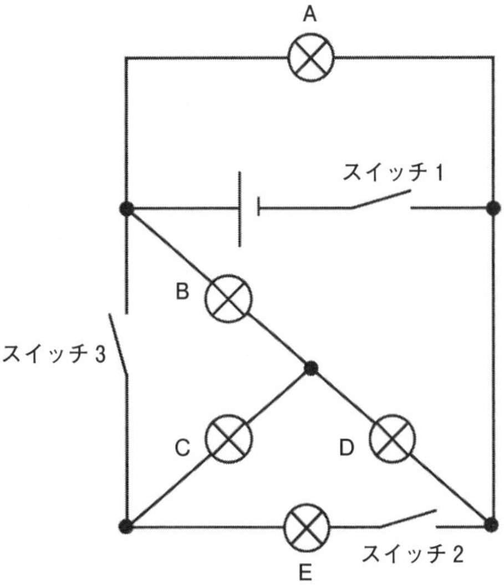

図４

［生徒］　できました。

［先生］　正しくつなげることができたね。それでは，スイッチ１だけを入れてみよう。

［生徒］　②つかない豆電球もありますね。

［先生］　それでは，スイッチ２も入れてみよう。

［生徒］　豆電球は全部つきましたが，③明るさは等しくありませんね。

［先生］　④スイッチ３も入れるとどうなるかな。

［生徒］　明るさに変化がある電球と変化がない電球がありました。

［先生］　ところで，豆電球を手に取ってよく観察してごらん。ガラス球の中も回路のように金属線がつながっているのがわかるかな。

［生徒］　はい。フィラメントはばねのような形になっていますね。

［先生］　よく観察できたね。フィラメントは2000℃から3000℃まで高温になって光を放っているんだよ。だから，⑤ばねのような形にしておくと都合がいいんだ。

(1)　下線部①の「このような回路」はどれですか。

ア
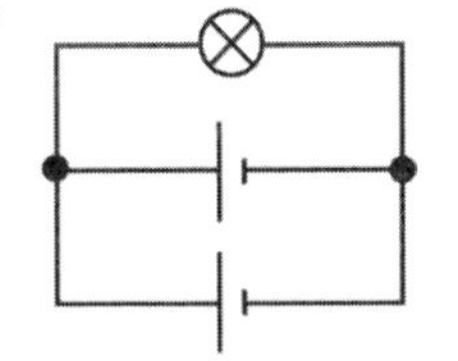

イ
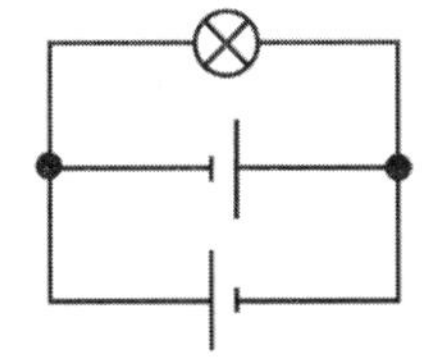

ウ
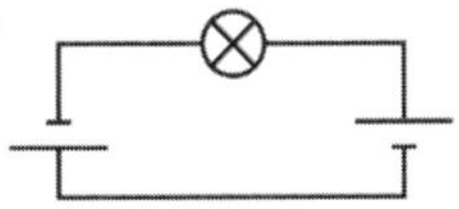

エ
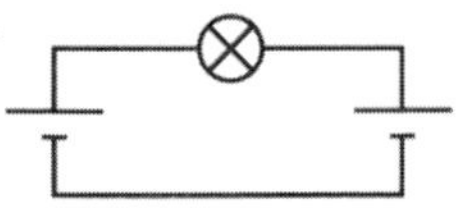

(2)　あ　に入れることができる文はどれですか。**すべて**選びなさい。

ア　電池が長持ちするよ

イ　電池が長持ちしなくなるよ

ウ　豆電球の点灯時間が長くなるよ

エ　豆電球の点灯時間が短くなるよ

オ　豆電球に流れる電流が大きくなるよ

カ　豆電球に流れる電流が小さくなるよ

(3)　い　には，ある操作をすると，ある結果が得られるという内容が入ります。　い　に入る内容を答えなさい。

(4)　下線部②について，つかない豆電球は図４のＡ～Ｅのどれですか。**すべて**選びなさい。

(5)　下線部③について，２番目に明るい豆電球は図４のＡ～Ｅのどれですか。

(6)　下線部④について，スイッチ３を入れることで，電流の流れる向きが変わる豆電球は図４のＡ～Ｅのどれですか。

(7)　下線部④について，図４のＡ～Ｅのうち，同じ明るさになる豆電球の組み合わせはどれですか。**すべて**答えなさい。ただし，組み合わせは次の[解答例]のように表しなさい。

[解答例]

Ａ・Ｂが同じ明るさの場合　→（ＡＢ）

Ａ・Ｂ・Ｃが同じ明るさで，Ｄ・Ｅが同じ明るさの場合　→（ＡＢＣ），（ＤＥ）

(8)　下線部⑤について，ばねのような形にすることで都合がいい理由はどれですか。

ア　電流を流しにくくすることができるから。

イ　電流を流しやすくすることができるから。

ウ　フィラメントからでる光がいろいろな方向に向かうから。

エ　熱によるフィラメントの変形をやわらげるから。

2　ある濃《こ》さの塩酸Ａや水酸化ナトリウム水溶液《すいようえき》Ｂをアルミニウムと反応させ，気体の発生量を調べる実験を行いました。

【実験１】

図１のような装置を用いて，ＡまたはＢそれぞれ100cm³と，いろいろな重さのアルミニウムを反応させたところ，発生した気体の体積は表１のような結果になった。

表１

アルミニウムの重さ（g）	0.05	0.1	0.2	0.3	0.4
Ａ100cm³から発生した気体の体積（cm³）	60	120	120	120	120
Ｂ100cm³から発生した気体の体積（cm³）	60	120	240	360	360

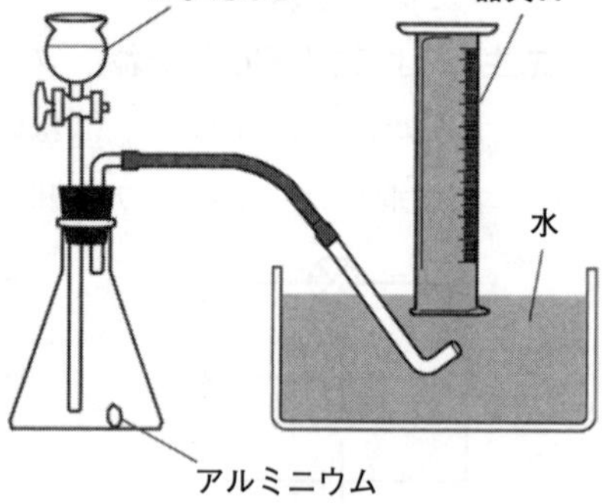

図１

【実験２】

ＡとＢを混ぜて，溶液《ようえき》ａ～ｅをつくった。それらの溶液を用いて，図１の装置で0.2ｇのアルミニウムと反応させた。混ぜたＡ，Ｂの体積と発生した気体の体積を表２にまとめた。

表２

	a	b	c	d	e
Ａ（cm³）	0	25	50	75	100
Ｂ（cm³）	100	75	50	25	0
気体の体積（cm³）	240	①	0	②	120

(1)　【実験１】，【実験２】で発生した気体はすべて同じ気体でした。その気体は何ですか。

(2)　発生した気体を集めた器具Ｘの名称《めいしょう》は何ですか。

(3)　図１の装置では，発生した気体だけでなく三角フラスコ内の空気も一緒《いっしょ》に集めてしまいますが，気体の発生量を調べる上で問題ありません。その理由は何ですか。

(4)　気体の発生が止まって，気体の体積を測定するときには，図２のように水面をそろえました。図３や図４のように測定すると，気体の体積は図２のときと比べてどうなりますか。組み合わせとして正しいものを選びなさい。ただし，図３や図４の体積が正しく表示されているとはかぎりません。

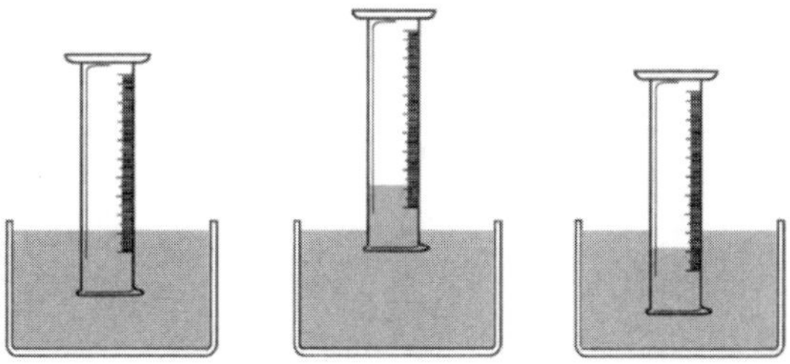

図２　　図３　　図４

	図３	図４
ア	小さくなる	小さくなる
イ	小さくなる	大きくなる
ウ	変わらない	変わらない
エ	大きくなる	小さくなる
オ	大きくなる	大きくなる

(5)　【実験１】で0.3ｇのアルミニウムを入れたとき，気体が発生し終わった後の状態はどうなっていますか。

ア　Ａ，Ｂともにアルミニウムが残っている。

イ　Ａ，Ｂともにアルミニウムが残っていない。

ウ　Ａにはアルミニウムが残っているが，Ｂには残っていない。

エ　Ｂにはアルミニウムが残っているが，Ａには残っていない。

(6)　表２の①，②に入る数値として，最も近いものはどれですか。

ア　0　　イ　30

ウ　60　　エ　120

オ　180　　カ　240

キ　300　　ク　360

(7)　【実験２】で，アルミニウムを入れる前に水を蒸発させたとき，２種類の結晶《けっしょう》が出てくる溶液は表２のａ～ｅのどれですか。

3　ある地域を流れるＡ川とＢ川で，れきの種類と大きさを調べ，結果を表１にまとめました。図１はＡ川とＢ川の位置と，調査をした地点Ｏから地点Ｔの位置を示しています。図１の１マスは100ｍです。Ａ川やＢ川の調査で見られたれきのうち，石灰岩とチャートは主に生物の遺《い》骸《がい》が固まってできた岩石です。玄武岩《げんぶがん》や花崗岩《かこうがん》は火山の近くでマグマが冷え固まってできた岩石です。調査の結果，チャートに対する泥岩《でいがん》の割合はＢ川の方が大きいことがわかりました。

図２は図１の地形をＸ，Ｙで切った模式断面図です。表２は地点Ｏから地点Ｔの各地点の標高です。地点Ｓと地点Ｔでは，10万年前に川によって運ばれたと考えられる，れきの地層が地表から10ｍ下に見つかりました。なお，海水面の高さは10万年前と現在とで変わらないものとします。

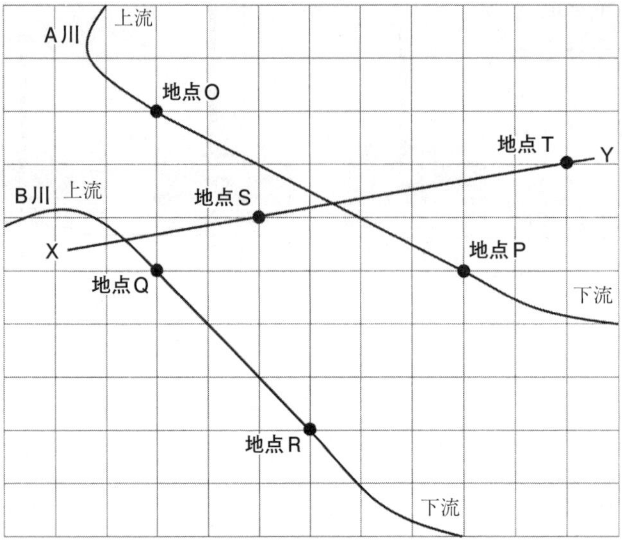

図１

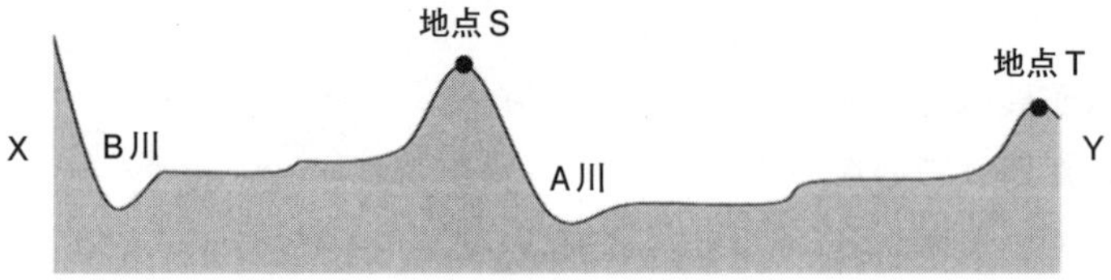

図２

表１

れきの割合(%)	①	②	③	④	地点S	地点T
砂岩	78	68	75	83	87	87
泥岩	10	12	9	8		
石灰岩	7			5		
チャート	5	4	3	4		
玄武岩		11	8		13	13
花崗岩		5	5			
れきの平均の大きさ(cm)	5	5	10	15	10	2

表２

地点	O	P	Q	R	S	T
標高(m)	35.0	31.7	52.2	48.0	183.4	146.8

(1)　川が運んできた石や砂を積もらせるはたらきは何といいますか。

(2)　川の流れがどのような状態になると運ばれた石や砂は積もりはじめますか。

(3)　図１の地点Oから地点Rと，表１の①から④との組み合わせを示したものはどれですか。

	地点Ｏ	地点Ｐ	地点Ｑ	地点Ｒ
ア	①	③	②	④
イ	①	④	②	③
ウ	②	③	①	④
エ	②	④	①	③
オ	③	①	④	②
カ	③	②	④	①
キ	④	①	③	②
ク	④	②	③	①

(4)　Ａ川の地点ＯとＢ川の地点Ｑからそれぞれ下流に向かって進んだとき，標高が１ｍ変わるのはどちらが先で，川沿いに何ｍ進んだときですか。図３を参考に答えなさい。

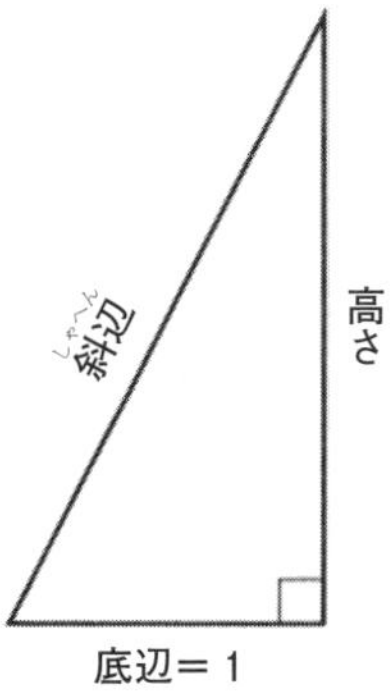

		底辺の長さを１としたときの斜辺の長さ
高さ	1	1.4
	2	2.2
	3	3.2
	4	4.1
	5	5.1
	6	6.1

図３

(5)　地点Ｓで見られる地層のれきが10万年前は海水面から50ｍの高さにあったとすると，地点Ｓの土地が隆起《りゅうき》する速度は，10年あたり何cm ですか。ただし，このれきの地層の厚さは考えないものとします。

(6)　地点Ｓや地点Ｔの地層中に玄武岩が見られるのはなぜですか。20字以内で説明しなさい。

4　新型コロナウイルス感染症《かんせんしょう》(COVID−19)は，①新型コロナウイルス(SARS-CoV-2)による感染症です。ウイルスによる感染症はウイルスが体内で増殖《ぞうしょく》することで発症《はっしょう》します。ウイルスは，ヒトなどの細胞《さいぼう》や細菌《さいきん》に侵入《しんにゅう》して，侵入した細胞や細菌に複製(コピー)を「作らせて」増殖します。

新型コロナウイルスが感染しているかどうかは，※抗原《こうげん》検査や②PCR 検査という方法を使って，新型コロナウイルスが体内に「いるか，いないか」で判断します。

新型コロナウイルスの主な感染経路は，飛沫《ひまつ》感染，接触《せっしょく》感染，空気感染です。これらへの対策として「マスクをつける」,「アルコールで手指やドアノブなどを消毒する」,「換気《かんき》をする」などが行われてきました。

※抗原：ウイルスがもつ特有のタンパク質

(1)　下線部①について，図１は５種類の生物および細胞を大きさ順に並べたものです。新型コロナウイルスは，図１のア～カのどの範囲《はんい》に入りますか。

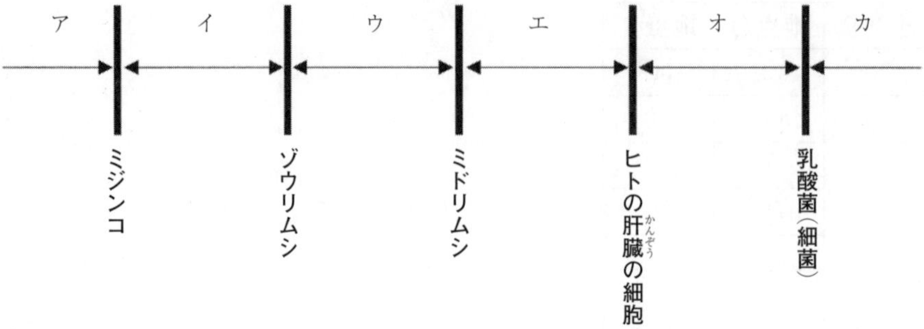

図１

(2)　下線部②について，PCR 検査で用いられるポリメラーゼ連鎖《れんさ》反応法(PCR 法)は，目的とする※核酸を多量に増幅する方法です。PCR 法１回の反応で，目的の核酸を２倍に増幅することができます。この反応を10回繰《く》り返すと，目的の核酸は理論上何倍に増幅されますか。最も近い数値を選びなさい。

　※核酸：形や性質を決定するための情報を含《ふく》む物質

ア　10　　イ　20　　ウ　100　　エ　500　　オ　1000

図２のように，ウイルスには「エンベロープウイルス」と「ノンエンベロープウイルス」という構造の異なる２種類が存在します。一般《いっぱん》に，③アルコール消毒は，「エンベロープウイルス」の不活化(感染力がなくなること)には有効であるが，「ノンエンベロープウイルス」には効果が薄《うす》いといわれています。

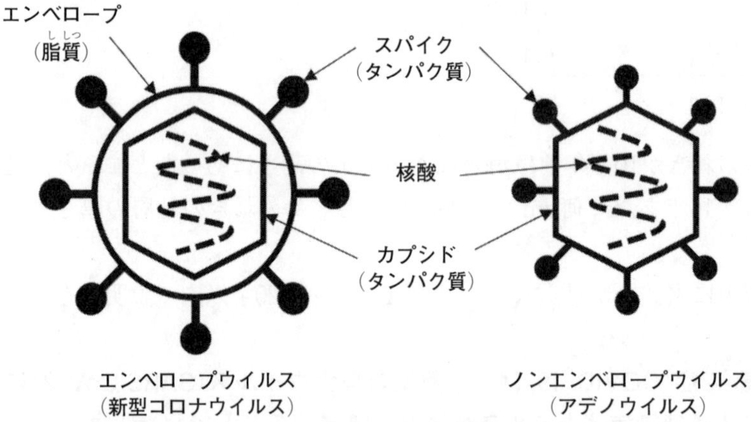

図２

(3)　下線部③について，アルコールはウイルスに対してどのように作用しますか。ただし，スパイクとは，ウイルスが細胞に感染する際に必要な構造です。

ア　スパイクを壊《こわ》す

イ　エンベロープを壊す

ウ　核酸を壊す

エ　カプシドを壊す

オ　ウイルス全体を包む

抗原検査は，抗体というタンパク質を用いて，検体(唾液《だえき》等)に含まれる抗原の有無を確認します。図３のように，抗体は可変部と定常部の２つの部位からなり，定常部はすべての抗体で同じ構造をしています。抗体内の２か所の可変部は同一の構造をもっていますが，抗体ごとに

構造が異なり，可変部の構造によって特定のタンパク質とのみ結合することができます。

抗原検査の結果は図4のように，コントロールライン（C）とテストライン（T）の2か所の判定線のパターンによって判断しています。コントロールラインは検査が有効かどうかを判定し，テストラインは陽性か陰性《いんせい》かを判定します。

図5は抗原検査の様子を示しています。まず，検体内のほとんどの抗原は標識抗体と結合します。標識抗体には着色粒子《りゅうし》がついています。次に，抗原と結合した標識抗体は図の左側から右側に移動し，テストラインにたどり着きます。テストライン上には捕捉《ほそく》抗体Tが存在していて，標識抗体と結合している抗原に結合します。そして，テストラインで結合しなかった標識抗体はコントロールライン上の捕捉抗体Cと結合します。ライン上で結合した標識抗体の量が多くなると着色粒子も多くなり，判定線が見えるようになります。

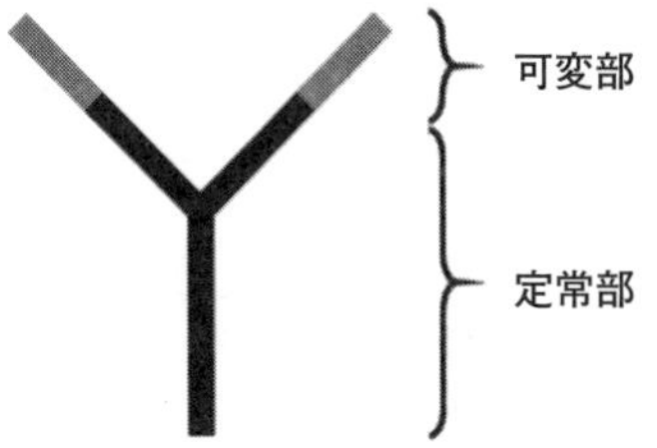

図3

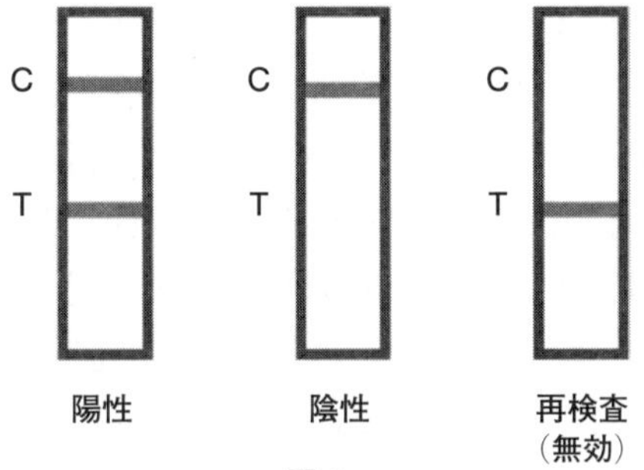

図4

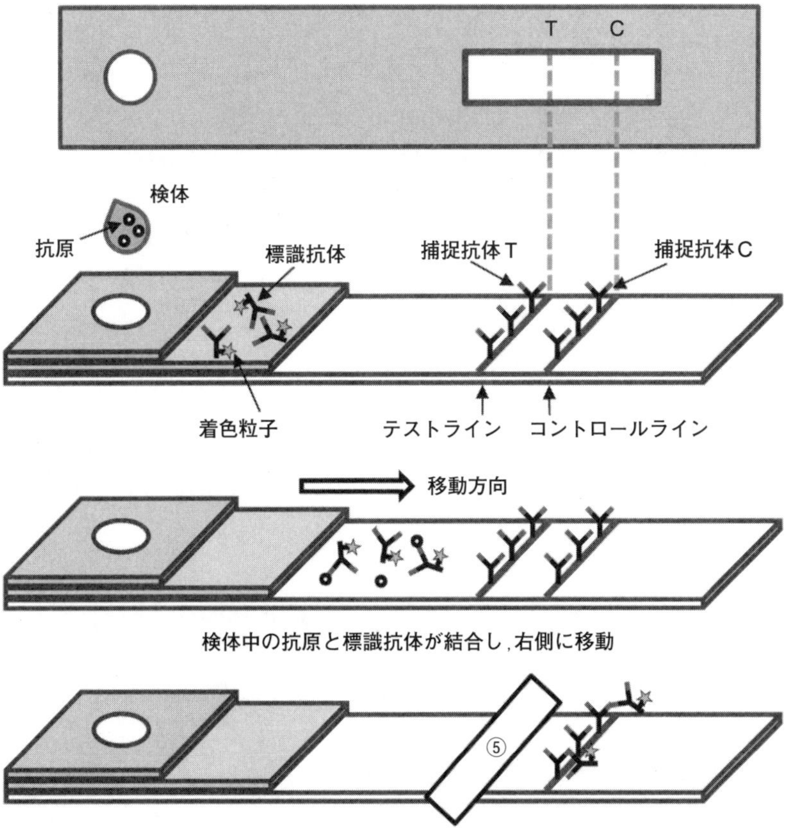

図5

⑷　抗原検査で陽性の場合，図５のテストライン ⑤ では標識抗体・着色粒子および抗原はどのような状態で捕捉抗体Ｔと結合していますか。

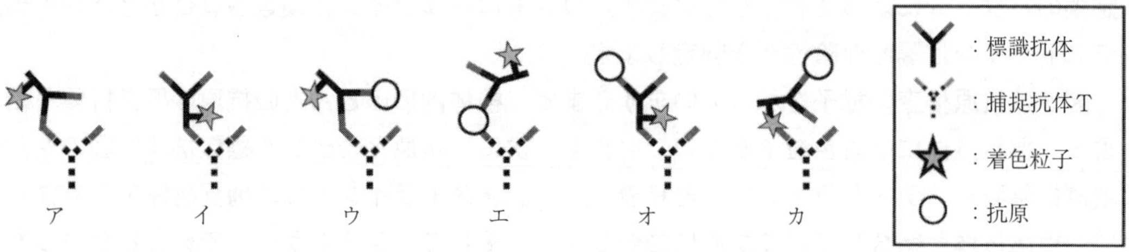

⑸　抗原検査では，新型コロナウイルスが感染しているにもかかわらず，陰性と判断される「偽《ぎ》陰性《いんせい》」という結果が出ることがあります。この原因は何ですか。ただし，検体の取り方には問題がなかったものとします。

⑹　新型コロナウイルス感染症の位置づけが2023年５月に「５類感染症」になって以降，新型コロナウイルス感染症だけでなく，インフルエンザ，ヘルパンギーナ，RS ウイルス感染症といった，例年夏や冬に感染が増加する感染症が，同年６月に同時に増加しました。2023年６月以降の感染者の多くは，これらの感染症にこれまで感染したことがなかったり，抵抗力《ていこうりょく》が低かったりする乳幼児や小学生でした。これらの感染症に対して，新たに抵抗力をつけることや，抵抗力を高めるために，どのようなことが対策として考えられますか。

三 次の各文の――線のカタカナを漢字に直しなさい。

1 スポーツのサイテンが四年ぶりに開催《かいさい》された。
2 各国のシュノウが集まる会議。
3 地域のデンショウについて調べる。
4 懐中《かいちゅう》デントウをつける。
5 セイコウ雨読の生活を送る。
6 雑誌のソウカン号を手に入れる。
7 偉人《いじん》たちのザユウの銘《めい》について調べる。
8 子どものニュウシが抜《ぬ》けた。

のをわかっていて、「やっと俺と別れられるな、嬉《うれ》しいだろ」という思いで乙次郎に笑いかけたんじゃない？

ウ　生徒C　乙次郎がわざわざ松前藩の家来衆に「新御番士青山玄蕃頭様」と罪人になる前の玄蕃の正式な役職名を述べて、さらに「くれぐれも御無礼なきよう、御案内下されよ」と付け加えたのは、玄蕃を憎く思いながらも、押送人としての仕事だけは立派に果たそうと思ったからなんだね。そんな乙次郎を見た玄蕃には、「最後だけは立派な仕事をしているフリをするじゃねえか」という、冷やかしの思いもあったんだろうね。

エ　生徒D　「おのれの幼さに、僕は眦を決したまま泣いた。父を送る子と同じように。」って書いてあるから、乙次郎は、肉親に対する感情に似たものを玄蕃に対して持つようになったんだと思う。逆に玄蕃からすると、乙次郎がだんだん息子に近い存在になっていったんじゃない？　子どもを気遣うように「あんた、ひとりで帰れるかえ」と聞いたり、乙次郎が別れの際に子どものように取り乱すのではないかと心配して「ここでよい」と言ったりしたのも、みんな、父親のような目で乙次郎を気遣っていることの表れだと思うんだ。

オ　生徒E　乙次郎は玄蕃のことを最後は立派な武士として尊敬していたと思う。玄蕃が旅の途中で何度も人々を救うのを見ているし、乙次郎は玄蕃から武士のあり方についてまだまだ「訊きたいことは山ほどある」と思っているしね。玄蕃が切腹を拒んだのには深い考えがあったからだということにも、乙次郎は最後に気付いたんだよ。だから乙次郎の丁寧な口上は、「この方を丁重に扱《あつか》ってくれ」という思いの表れなんだと思うんだ。玄蕃にはそれがわかったから、「にっかりとほほえんだ」んだと思う。

問5　本文について説明したものとして最も適当なものを次の中から選び、記号で答えなさい。

ア　＝線**A**「浜道は砂から細石に変わり、やがて波に磨かれた石くれとなった」という表現からは、長い旅を続けている二人の疲労がたまっていった結果、二人の精神状態も穏やかでなくなってきたことがうかがえる。

イ　＝線**B**「足は棒切れのように固まり、体が石のように重くなった」という表現は、玄蕃を罪人として護送するという自分の仕事に対して積極的になれない、乙次郎の沈んだ気持ちを表している。

ウ　＝線**C**「白い鷗や黒い鵜」という表現は、思いどおり自由に飛び回る鳥の様子と、玄蕃と乙次郎が視界の悪いなか歩きにくい道を苦労して進む様子を、対照的に表している。

エ　＝線**D**「浜茄子の赤い花を蹴散らし」という表現からは、乙次郎の、美しい花をも蹴散らしたくなるほどのやりきれなさと、江戸から津軽までの長い距離を歩き通した辛さの両方を読み取ることができる。

オ　この文章は、順番に、玄蕃、乙次郎、作者の視点で描《えが》かれているため、二人の考え方が読者によくわかるだけでなく、その二人を読者が客観的に眺めることができるように工夫されている。

オ　武士である以上、戦がなくなっても大小二本の刀を常に腰《こし》に差していなければならず、そのせいで時代に合わない奇怪な姿をした化物になってしまったこと。また、そのために武士が持っていた権威そのものも低下しつつあること。

問2　――線**2**「僕は気付いた」とあるが、乙次郎はどのようなことに気付いたのか。その説明として最も適当なものを次の中から選び、記号で答えなさい。

ア　玄蕃は「武士」や「家」について疑問を持ったが、それは、玄蕃が他の武士には持ち得ない「町人」としての誇《ほこ》りを持っているからであり、その根底には、母親から愛情を受けて育てられた「一助」時代の楽しい思い出と、養子として迎《むか》えられ継母に冷たくされた「捨松」時代の辛《つら》い思い出の両方があるということ。

イ　玄蕃は「武士」や「家」について疑問を持ったが、それは、玄蕃が武士の道徳に対して他の人には持ち得ない客観的な視点を持っているからであり、その根底には、「家」や「武士」の道徳に縛られなかった「一助」時代の町人の感覚と、武家に養子入りした後に身につけた「捨松」時代の武士の価値観の両方があるということ。

ウ　玄蕃は「武士」や「家」について疑問を持ったが、それは、玄蕃が他の武士が持っていないすぐれた金銭感覚を持っているからであり、その根底には、武士の息子《むすこ》となって何不自由ない「捨松」時代を経験する前に、町人の息子として貧しい生活をした「一助」時代の経験があるということ。

エ　玄蕃は「武士」や「家」について疑問を持ったが、それは、玄蕃が他の人よりも高いレベルで剣術や学問を身につけているからであり、その根底には、町人であった「一助」時代には学べなかった剣術や学問を、武士の養子である「捨松」になってから地道に身につけるという辛抱《しんぼう》強さがあるということ。

オ　玄蕃は「武士」や「家」について疑問を持ったが、それは、玄蕃が武士の道徳観に対して他の武士が持ち得ない冷静な判断力を持っているからであり、その根底には、武家の養子になり「捨松」と名前を変えた後も、町人の息子であった「一助」時代の道徳観を活かして生きていた経験があるということ。

問3　――線**3**「おのれに近き者から目をかけるはあやまりぞ。武士ならば男ならば、おのれのことは二の次ぞ。まして大身の旗本ならば、妻子のこととて二の次ぞ」とあるが、この言葉から乙次郎は玄蕃をどのような人物だと理解したのか。70字以内で説明しなさい。

問4　次のア～オは、この小説全体を読んだ生徒たちの、――線**4**「すれちがう一瞬、玄蕃はにっかりとほほえんだ」についての発言である。――線**4**に関する発言として**適当でないもの**を次の中から**二つ**選び、記号で答えなさい。

ア　生徒A　押しつけられた罪を受け入れ、贖罪として、武士道という幻想を否定し青山の家を破却する、という玄蕃の考えを聞いた乙次郎は、最後の場面で堂々と口上を述べたよね。玄蕃はそれを聞いて、自分の本当の気持ちを乙次郎が理解してくれているとわかって、うれしくなったんじゃないかな。

イ　生徒B　乙次郎はおよそ一ヶ月におよぶ旅の途中《とちゅう》で玄蕃がさんざん勝手な行いをしてきたことに対してかなり腹を立てていたはずだから、最後の最後に玄蕃の考えを聞いたくらいでその怒《いか》りが消えるとは思えないな。玄蕃は、乙次郎が自分と別れられるのを内心喜んでいる

「※新御番士《しんごばんし》青山玄蕃頭《かしら》様、ただいまご着到《ちゃくとう》にござる。くれぐれも御無礼なきよう、松前伊豆守《いずのかみ》様御許《おんもと》福山御城下まで御案内下されよ」

僕は踵《きびす》を返して歩き出した。4すれちがう一瞬《いっしゅん》、玄蕃はにっかりとほほえんだ。

餞《はなむけ》の言葉は要《い》らない。鷗の声と寄する波音を聴《き》きながら、僕は真ッ白な霧の帳《とばり》を押し開けた。

※破廉恥…恥知らず。ここでは、玄蕃が罪を犯《おか》したこと、および切腹《せっぷく》を申しつけられたがそれを拒《こば》んだことを指す。

※道中～襤褸が出てしもうた…江戸から津軽に向かうおよそ一ヶ月にわたる道中で、玄蕃が事情を抱《かか》えた人々を救うのを、乙次郎に見られてしまったことを指す。

※敵の屋敷に討ち入る…玄蕃の妻や家来は、玄蕃に罪を押しつけた大出対馬守の屋敷に討ち入ろうとしたが、玄蕃がそれを制止した。

※糞…玄蕃の罪は大出対馬守から押しつけられたものだったため、玄蕃は大出対馬守のことを「糞野郎」と言っていた。

※贖罪…罪を償うこと。罪滅《ほろ》ぼし。

※元和偃武…戦乱の世の中が平和になったこと。

※罪障…自分の目的を果たそうとするときに妨《さまた》げとなるもの。

※悲しい話…玄蕃は町人の家に生まれたが、幼いころに生母を亡《な》くし、武家の家の養子となった。しかし継母《ままはは》は実の子ではない玄蕃のことを疎《うと》んじて、生母が付けた「一助」という名前では呼ばず、「捨松」と名付けた。

※押送人…護送人。

※贄…いけにえ。

※勝手…道中で乙次郎が制するにもかかわらず何度も人助けをしたことを指す。

※眦を決したまま…目を大きく見開いたまま。怒《おこ》ったり決意したりする様子。

※一丁…約一〇九メートル。

※初めて名を呼んだ…乙次郎は、自分よりはるかに身分が高い玄蕃を呼び捨てにすることができず、かといって罪人である玄蕃に「様」や「殿《との》」を付けて呼ぶのもおかしいので、今まで名を呼んだことはなかった。

※新御番士青山玄蕃頭様…「新御番士」は将軍が外出する際の先導役。玄蕃は江戸ではその「頭」を務めていた。

問１ ——線１「われら武士はその存在自体が理不尽であり、罪であろう」とあるが、玄蕃がこのように考える根拠《こんきょ》として最も適当なものを次の中から選び、記号で答えなさい。

ア　戦国の世が終わって二百六十年も経過しているにもかかわらず、戦を本分とする道徳を捨てようとせず、武士やその家族は時代遅《おく》れの儀礼と慣習に縛《しば》られていること。また、その武士が「家」を背景にして権威を持っていること。

イ　戦国時代では、血族か同じ主君に忠誠を誓《ちか》う家柄しか信じられず、それらの人々は強い結束力がある反面、武士自身やその家族に自己犠牲を強いることになること。また、そうであるにもかかわらず武士に権力は与《あた》えられていないこと。

ウ　他人の非道を暴き、敵討ちをし、その責任を取って切腹するのが武士の誉れだと考える人はもういないのに、いまだに従来の武士らしさを捨てられないこと。また、そのような状況《じょうきょう》を変えようとすると「家」が取りつぶされてしまうこと。

エ　町人であれば「武士」や「家」という存在を疑うこともできるが、武士は自分たちの尊厳を守ることにこだわり続け、武士という存在について疑うことができないこと。また、武士自身が権威を持っていることに気付いていないこと。

た。

「何を願ったのだ」

並んで掌《てのひら》を合わせたあと、僕は訊《たず》ねた。

「あんたが無事に帰れますよう、南無観世音《なむかんぜおん》、ナム、ナム」

「まじめに答えてくれ」

玄蕃の顔からあどけない一助が去り、捨松が現われた。

「乙次郎。ひとこと言うておく」

合掌《がっしょう》をほどいて、観音様の祠を真向に見つめながら玄蕃は言った。

「3おのれに近き者から目をかけるはあやまりぞ。武士ならば男ならば、おのれのことは二の次ぞ。まして大身の旗本ならば、妻子のこととて二の次ぞ」

僕は心打たれた。その気構えのあったればこそ、武士は権威なのだ。むろん胸のうちに嵐《あらし》はあろうけれど、玄蕃は毅然《きぜん》として信ずるところを僕に告げた。この人は破廉恥漢ではない。そうと見せておのが身を、千年の武士の世の※贄《にえ》としたのだ。

それから僕らは物も言わずに、海峡《かいきょう》の波がからからと石を研《と》ぐ浜辺をひたすら歩いた。いくつもの難所を越《こ》して岬に立ったとき、海と空の究《きわ》まる彼方《かなた》に、蝦夷の山なみが見えた。

「乙次郎。俺は※勝手をしたか」

いや、と言いかけたが声にはならなかった。僕は黙《だま》って彼岸《ひがん》を眺《なが》めていた。思うところの何ひとつとして言葉にならぬおのれの幼さに、僕は※眦《まなじり》を決したまま泣いた。父を送る子と同じように。

海の面《おもて》を霧《きり》が寄せてきた。僕らはしばらくの間、時も場所もわからぬ浜道を、寄する波音だけを頼《たよ》りに歩いた。

ときおりC白い鷗《かもめ》や黒い鵜《う》が、鰯《いわし》の群でも見つけたのであろうか、鳴き騒《さわ》ぎながら目の前をよぎった。海のほかには何もないところに来てしまった。

磯場をめぐり、峠道《とうげみち》をたどり、僕らはひたすら歩み続けた。

「あんた、ひとりで帰れるかえ」

子供の足を気遣《きづか》うように玄蕃が言った。僕は答えられずに肯《うなず》いた。

浜道はやがて陸《おか》に上がり、海風に撓《たわ》んだ松並木に変わった。旅の終わりを僕は悟《さと》った。霧の中に枡形《ますがた》の木柵《もくさく》が見えた。

「乙次郎やい」

「はい」

「存外のことに、苦労は人を磨かぬぞえ。むしろ人を小さくする」

やはり言葉にできぬまま、僕はかぶりを振って否《いな》んだ。

…〈中略〉…

浜辺にそそり立つ奇岩《きがん》の先に小さな船着場があり、潮風に撓んだ松林のほとりに蝦夷福山の陣屋《じんや》があった。しかし霧の中にぼんやりと佇《たたず》むそれは、松前侯《こう》の参勤が五年に一度ゆえであろうか、陣屋と呼ぶにはあまりにわびしくて、どうかすると気の利《き》いた浜茶屋に見えた。

二百幾十里の涯ての終《しま》いの※一丁が、どうしてもたどり着けぬ隔《へだた》りに感じられた。僕はD浜茄子《はまなす》の赤い花を蹴《け》散らし、石くれを踏《ふ》みたがえながらよろめき歩んだ。

陣屋の前には松前様の御家来衆が、幾人かぼんやりと佇んでいた。潮がよいのだろうか、石を積んだ桟橋《さんばし》には帆《ほ》を下ろした舟が待っていた。これで海峡を渡《わた》るつもりかと、怪《あや》しむほど小さな舟だった。

「ここでよい。苦労であった」

立ち塞《ふさ》がるようにして玄蕃は言った。取り乱す僕を見兼《か》ねたにちがいなかった。

「いいえ、玄蕃様――」

※初めて名を呼んだ。僕にとってのこの人は、けっして流人ではない。立ちこめる霧を腹一杯《いっぱい》に吸いこんでから、僕は陣屋に向かって進み出た。

しかるに、戦国の世を勝ち抜《ぬ》いて幕府を開かれた権現《ごんげん》様も、その跡《あと》を襲《と》られた台徳院《にだい》様も、そもそもは天下の政《まつりごと》とは無縁《むえん》の武将にあらせられた。よって太平の世は力ずくに保たれるものと信じておられた。

そうして、政を担《にな》う武士の道徳は戦国のまま硬直《こうちょく》した。御歴代様の遺徳を蒙《こうむ》って二百六十年もの間、戦をせずにすんだというに、今もこうして大小の二本差しを捨てられぬ。変革を忌避《きひ》し、万事《ばんじ》を先例に倣《なら》い続けた末、甚《はなは》だ理屈《りくつ》に合わぬ儀礼《ぎれい》と慣習で身を鎧《よろ》った、奇怪《きかい》な武士が出来上がった。さような化物《ばけもの》は存在そのものが罪だ。

たちの悪いことに、そうした武士は権威《けんい》なのだ。御大名から足軽《あしがる》まで、貧富《ひんぷ》のちがいはあっても権威であることに変わりはない。そしてその身分は「家」によって保たれる。

なにゆえに。それは血で血を洗う戦国の世には、信じられる者が血族ばかりであったからだ。あるいは、代々が忠節を尽《つ》くして裏切らぬ、譜代《ふだい》の家柄《いえがら》であったからだ。われらを縛《いまし》めている道徳ばかりではなく、こうした「家」の尊厳についても、戦国のまま硬直してしもうた。

武士に生まれついた者は、けっしてかような疑問は抱《いだ》くまい。おぬしも同様であろう。だが、幸い素《す》町人からふいに武士となった俺は、疑うことができた。俺の人生を捻《ね》じ曲げ、かくも苦労を強《し》いる「武士」とは何か、「家」とは何か、と。

考えてもみよ、乙次郎。

おぬしの父母も兄も弟妹も、みなその犠牲《ぎせい》者ではないのか。婿《むこ》入りの先の父母も、幼いまま妻となった人も。武士である限り、家がある限り、この苦悩《くのう》は続く。すなわち、武士はその存在自体が罪なのだ。

大出対馬守は敵ではなく※罪障《ざいしょう》であった。しからば俺は、憎《にく》む前に憐《あわ》れまねばなるまい。よって、同じ武士としてその罪障を背負い、武士道という幻想《げんそう》を否定し、青山の家を破却《はきゃく》すると決めた。青山玄蕃の決着だ。

A 浜道は砂から細石《さざれいし》に変わり、やがて波に磨《みが》かれた石くれとなった。歩きづらさはこのうえなく、僕は流木を杖《つえ》にしてよろめきながら進んだ。

風はいよいよ冷たく、雲は空一面を低く蓋《おお》い、海は黝《くろず》んでいた。この浜と海の涯《は》てに福山の御城下があるなどと、聞いたところで誰《だれ》が信じよう。むしろ玄蕃が言った通り、僕らはすでに死んでいて、死出《しで》の旅路をたどっているのかもしれない。

玄蕃の語るところは腑《ふ》に落ちた。僕も武士というおのれの看板に懐《かい》疑《ぎ》していたから。それでも僕は、そうした僕自身の苦悩を、鉄炮《てっぽう》足軽の家に生まれたがゆえの僻《ひが》みだと思っていた。だが、食うに困らぬ御旗本も、やはり懐疑していたのだ。

むろん、貧しさを知らぬ武士は疑いを抱くまいが。

物思いつつ歩いているうちに置き去られてしまった。遥《はる》か先で玄蕃が「おおい」と手を振《ふ》った。

「やい、乙次郎。ここまで来て音《ね》を上げたか。オーイ、舟《ふね》が出るぞえ」

2 僕は気付いた。玄蕃のうちには一助《いちすけ》と捨松《すてまつ》が棲《す》んでいる。

それは※悲しい話にはちがいないが、もし青山玄蕃という快傑《かいけつ》の最もすぐれた点をひとつ挙げるとするなら、剣《けん》の腕前《うでまえ》でも学識でもなく、一助と捨松をともに忘れずにおのが根としたことだと思う。そればかりは、誰も真似《まね》ができないから。

まさか音を上げたわけではない。訊《き》きたいことは山ほどあるが、僕は僕の務めを怠《おこた》ってはならなかった。玄蕃は流人で、僕は※押送人《おうそうにん》なのだ。そう思い定めれば、B 足は棒切れのように固まり、体が石のように重くなった。

磯場《いそば》を巡《めぐ》った岬《みさき》に岩屋があり、赤い小さな祠《ほこら》に観音《かんのん》様が祀《まつ》られてい

ということ。

イ　「私」は命の危険を冒して何度も任務を果たす中で「男らしく」なったため、戦争が終わると「男らしさ」を否定している一般の女性たちから攻撃《こうげき》されただけでなく、「私」は「女らしさ」を捨ててしまったため、男たちは攻撃される「私」をかばってくれなかったということ。

ウ　「私」は命の危険を冒し任務を果たすことで「男らしさ」を身につけていったものの、自分を助けようとした男性兵士が死んだり負傷したりすることが何度もあり、自分が助けた兵士と再会して感謝の言葉を聞かされても、「私」はそんな辛い記憶を忘れることができなかったということ。

エ　戦場で任務を必死に果たす中で「女らしさ」を捨てた「私」は、命を救った男性兵士から感謝の言葉をもらっても、「女らしさ」を回復できず、「女らしさ」を規範とする一般の女性たちからは「女らしく」するように責められただけでなく、男たちからも見捨てられたということ。

オ　「私」は戦場で任務を必死に果たすことで「男らしさ」を身につけたため、「女らしさ」を大切にしている一般の女性から異質な女性として否定されただけでなく、そんな「私」を男たちが助けてくれなかったことが、「女らしさ」を失わなかった「私」には辛かったということ。

二　**次の文章は、浅田次郎《あさだじろう》『流人道中記《るにんどうちゅうき》』の最後の部分である。武士の青山玄蕃《あおやまげんば》（文中では「俺《おれ》」）は、上司である大出対馬守《おおいでつしまのかみ》に罪を押《お》しつけられ、蝦夷《えぞ》（北海道）松前藩《まつまえはん》への流罪《るざい》となった。十九才の武士、石川乙次郎《いしかわおつじろう》（文中では「僕《ぼく》」）は、護送役として玄蕃とともに津軽《つがる》へ向かった。これを読んで、後の問いに答えなさい。なお、出題に際して、本文には省略および表記を一部変えたところがある。**

それにしても江戸《えど》より二百幾《いく》十里、よくも歩いてきたものじゃのう。叶《かな》うことなら※破廉恥《はれんち》な侍《さむらい》のまま、おぬしに斬《き》られるなり蝦夷地に送られるなりしたかったが、※道中あれこれあって襤褸《ぼろ》が出てしもうた。

かくなるうえは、おぬしが得心ゆくよう語るべきは語っておこうと思う。

俺はのう、乙次郎。1われら武士はその存在自体が理不尽《りふじん》であり、罪ですらあろうと思うたのだ。

よって、その理不尽と罪とを、背負って生きようと決めた。非道を暴《あば》くは簡単、ただ義に拠《よ》ればよい。まして※敵《かたき》の屋敷《やしき》に討《う》ち入るは簡単、そのうえ腹切って死ぬれば、あっぱれ武士の誉《ほまれ》よとほめそやされるであろう。だが、それでは俺も※糞《くそ》になる。

しからば、俺の選ぶ道はひとつしかない。武士という罪を、おのが身で償《つぐな》う。千年の武士の世のささやかな※贖罪《しょくざい》とする。青山玄蕃にしかできぬ決着はそれだ。

武士の本分とは何ぞや。

考えるまでもあるまい。それは戦《いくさ》だ。よって大坂の陣《じん》が終わり徳川の天下が定まり、※元和偃武《げんなえんぶ》が唱えられた折に、われら武士は変容せねばならなかった。

地では「看護婦さん」「大事な看護婦さん」という言葉しか聞いたことがなかったのに。あたしはめだたない娘ではなく、べっぴんさんだったんだよ。あたしは新しい制服を着ていったの。

夕方になってみんなでお茶を飲もうとテーブルについた時、彼のお母さんが台所へ息子を呼び出して泣いているの。「なんだって戦場の花嫁《はなよめ》なんかを？　おまえは妹がまだ二人いるのに、もう貰《もら》い手はないよ」今でもこの時のことを思い出すと泣きたくなる。想像できるかい？　私は大好きなレコードを持って行った。大好きだったさ。「本当はしゃれたハイヒールを履《は》く資格だってあるのよ」とレコードは歌っていた。戦地にいた娘たちのことさ。私がこれをかけたら、彼の姉が私の見ている前で、「あんたには何の資格もないわ」と割ってしまった。私の戦場の思い出の写真は全部捨てられてしまった。ねえ、あんた、これを説明する言葉もないよ……言葉がない……

その頃《ころ》、軍人用の無料乗車証を使って食料を手に入れていた。私と夫はその無料乗車証を二人分合わせて品物に換《か》えていた。特別の倉庫があって、そこへ行くと、私たちは行列に並ぶ。私の順番が近づくと、店の奥《おく》にいた男の人が売り台を飛び越《こ》えて私の前に来た。キスして、抱《だ》きしめて、叫んでいるの。「おーい！　みんな見つけたぞ。あの人を見つけたぞ！　見つけたかったんだ、会いたかったんだ。ほら、この人が僕《ぼく》を救ってくれたんだ」夫は私のそばに立っている。その元傷病兵は私が戦火の中から救い出した人だったんだよ。銃撃《じゅうげき》をかいくぐって。それで私を憶《おぼ》えていてくれた。私？　全員を憶えていることなんかできないよ。あまりにたくさんいて。ある時は駅で、「看護婦さん……」って。私に気づいた人が泣きながら言う、「会ったら跪《ひざまず》こうって思ってた」と。その人は片足はなかったよ……

2戦地にいたことのある娘たちは大変だったよ。戦後はまた別の戦いがあった。それも恐《おそ》ろしい戦いだった。男たちは私たちを置き去りにした。かばってくれなかった。戦地では違《ちが》ってた。這《は》って行く時、弾丸《だんがん》や破片が飛んでくれば男たちが叫んでいた。「伏《ふ》せろ」、でなければ覆《おお》い被《かぶ》さってくれた。身をもって弾丸を受けてくれた。死んでしまったり負傷したり。私は三回もそうやって救われたんだよ。

※褒章…戦場で果たした功績によって与《あた》えられた勲章《くんしょう》のこと。

問1　――線1「私は自分がもらった褒章を全部身につけた」とあるが、「私」が戦争中に果たしていたのは、どのような任務か。これを［一］―一の**【文章Ⅰ】**の「表3-1」に基づいて説明したものとして最も適当なものを次の中から選び、記号で答えなさい。

ア　重い傷を負った兵士を戦場で助ける看護婦として「女性性スケール」の要素のすべてが求められる任務。

イ　兵士を助けるため「女性性スケール」の要素と、戦場で活動するため「男性性スケール」の要素が求められる任務。

ウ　看護婦ではあっても命の危険がある戦場で活動するため、「男性性スケール」の要素だけが求められる任務。

エ　たくさんの兵士を助けるために「女性性スケール」の要素が求められ、「男性性スケール」の要素は必要とされない任務。

オ　死と隣《とな》り合わせの戦場で任務を果たすので、「女性性スケール」や「男性性スケール」の要素は一切必要とされない任務。

問2　――線2「戦地にいたことのある娘たちは大変だったよ」とあるが、「私」にとっては、どのような「大変」なことがあったのか。これを［一］―一の**【文章Ⅰ】**の内容に基づいて説明したものとして最も適当なものを次の中から選び、記号で答えなさい。

ア　戦場で危険な任務を何度も果たしていた時は、男たちが命がけで「私」を守ってくれたのに、戦場から帰ってくるとまわりの人々は「私」のことを無視しただけでなく、一般《いっぱん》の女性からも「私」の戦場での功績を疑う言葉を投げかけられて辛《つら》かった

て、「女らしさ」を身につけるということ。

エ　女の子は多少の危険があっても屋外で遊ぶと、周囲から評価されて、「女らしさ」を身につけるということ。

オ　女の子はすぐに助けを求めず自分で問題を解決すると、周囲から評価されて、「女らしさ」を身につけるということ。

問3　――線**3**「女らしさ」とあるが、これを考える際に注意する必要があると【文章Ⅰ】で指摘されているのは、どのようなことか。その説明として**適当でないもの**を次の中から一つ選び、記号で答えなさい。

ア　「女らしさ」は規範とはなっているが、女性たちはこれに従わなくてもよいということ。

イ　「女らしさ」として挙げられた特徴を持っていない女性が多くいるということ。

ウ　「女らしさ」として挙げられている特徴を全部持った女性はほとんどいないということ。

エ　「女らしさ」の特徴には、現実の女性たちを集団として見た場合の特徴とは異なるものが多くあるということ。

オ　「女らしさ」は女性のあるべき姿を人々に示すものになってしまっているということ。

問4　――線**4**「言語における『女』と『男』というカテゴリーの非対称性」とあるが、それはどういうことか。このような「非対称性」が生じる理由を含めて80字以内で説明しなさい。ただし、**「男性を表す言葉」・「女性を表す言葉」を必ず使うこと。**また「解答らん」に「男性を表す言葉」・「女性を表す言葉」と書くとき、「　」をつける必要はない。

二　次の**【文章Ⅱ】**は、スヴェトラーナ・アレクシエーヴィチ著、三浦《みうら》みどり訳『戦争は女の顔をしていない』の一部である。これは第二次世界大戦中ソビエト連邦《れんぽう》がナチス・ドイツと戦った際に、ソビエト軍兵士として従軍した女性の証言である。これを読んで、後の問いに答えなさい。なお、出題に際して、本文には表記を一部変えたところがある。

【文章Ⅱ】

一九四五年の五月の日々。私たちはたくさん写真を撮《と》ったよ。とても幸せだった。五月九日にはみんなが叫《さけ》んでいた、「勝利だ、勝利だ」と。兵士たちは草の上を転げ回った……「勝ったあ!!!」足を踏《ふ》みならしたりして踊《おど》り興じた。

空に向けて発砲《はっぽう》する。それぞれが持っているもので……

誰《だれ》が何を言っても聞こえていたのは、「勝利」の一言。そして、ふと、生きていたいと熱烈《ねつれつ》に思った。これからどんなにすてきな生活が始まるんだろう！　写真を撮ってもらっておこうと思って、**1**私は自分がもらった※褒章《ほうしょう》を全部身につけた。なぜか花をバックにして。どこかの花壇《かだん》で撮ってもらったんだよ。

六月七日は幸せな日だった。あたしの結婚式《けっこんしき》。部隊では盛大に祝ってくれた。夫とはずっと前からの知り合いだった。大尉《たいい》で中隊長だった。戦場で生き残れたら、戦争が終わってから結婚しようと誓《ちか》い合っていたんだよ。一ヶ月の休暇《きゅうか》をもらった……

あたしたちはイワノヴォ州のキニェシマに行った。彼《かれ》の両親の所に。あたしはいつも英雄《えいゆう》だったから、あんなふうに戦地にいた娘《むすめ》たちが迎《むか》えられるって思っても見なかったんだよ。あんなにたくさんの戦場で、どれだけたくさんの母親たちの息子《むすこ》を、妻たちにはその夫を救ってやったかしれないのに。それが突然《とつぜん》、侮辱《ぶじょく》の言葉を言われたんだよ。戦とが知られている。英語においては、manという単語は、男性と訳すことも人間と訳すこともできる。これが「人間＝男性」規則である。人間を指す場合は男性で代用することができるが、女性を人間一般《いっぱん》の意味で使用することは文法違反《いはん》なのである。同様のことは日本語においても指摘《してき》できる。「少年」は男の子を意味することも、性別を問わない若い人間一般を意味することもできるが、「少女」という言葉はその意味で使用することができない。こうした規則は一見単に文法規則にすぎないように思える。しかしこうした規則が不便さを指摘されないまま妥当してきた背景には、文化や規範の語り手も聞き手も男性であること、すなわち「何が文化か」を定義する者が無意識的に自分の性別を前提としてきており、「人間＝男性＝我々」という前提で語ってきたことが、あると思われる。こうした前提があるならば、「女性は男でないから人間ではない、つまり我々ではない」ことになってしまう。このように、人間＝男性中心主義を前提とした文化において定義される「女」とは、人間ではない「他者」となってしまうのである。

※第二波フェミニズム運動…一九六〇年代～一九七〇年代初めに世界に広がった、女性に対する差別や不平等をなくそうとする女性解放運動のこと。

※「人は女に生まれない。女になるのだ」（ボーヴォワール）…20世紀後半に女性解放運動に貢献《こうけん》したフランスの哲学者《てつがくしゃ》シモーヌ・ド・ボーヴォワールの言葉。

※パーソナリティ…人間の個性や人柄《ひとがら》のこと。

※先に定義した狭義の性役割…〈中略〉部分で述べられている男性・女性の性の違《ちが》いに基づいた具体的な役割分担のこと。「夫は外で働き、妻は家事を行う」などを指す。

問1 ――線**1**「もっとも大きな問題」とあるが、それはどのような「問題」か。その説明として最も適当なものを次の中から選び、記号で答えなさい。

ア　女性が経済的な自立を目指しても、女性であることから十分な教育を受けられず必要な能力を得られないだけでなく、女性の就ける職業が限られている状況では、自立をためらってしまうという問題。

イ　女性の自立を阻む社会構造があるだけでなく、女性自身が職業上で高い評価を得て自立を目指しても「女らしさ」のない女性として否定されるため、自立を躊躇してしまうという問題。

ウ　女性の社会的な自立を阻む仕組みが多いだけでなく、女性自身が自立を目指しても「女らしさ」の中にそれを阻む要素がもともとあるため、自立に積極的になれないという問題。

エ　女性の自立を阻む仕組みが社会にあるだけでなく、女性自身が自立を求めても「女らしさ」が持つ矛盾に直面したり、「女らしさ」がないとされるため、自立をためらってしまうという問題。

オ　「女らしさ」を強《し》いる社会的な仕組みがあるだけでなく、女性は男性より経済力が弱く、「女らしさ」をどうしても優先してしまうため、自立を望んでいても躊躇してしまうという問題。

問2 ――線**2**「女になる」とあるが、それはどういうことか。**【文章Ⅰ】**に基づいた具体的な説明として適当なものには○を、適当でないものには×をそれぞれ書きなさい。

ア　女の子は他人に思いやりを持つと、周囲から評価されて、「女らしさ」を身につけるということ。

イ　女の子は自分の考えをしっかり主張すると、周囲から評価されて、「女らしさ」を身につけるということ。

ウ　女の子は人の話をよく聞き相手に従うと、周囲から評価され

⑩ではこのような「規範」としての「女らしさ」は、※先に定義した狭義《きょうぎ》の性役割と、どのような関連性を持っているのだろうか。

⑪ 表3-1を再度みてみよう。ここに挙げられている女性性項目は、大きく二つのグループに分けられるように思われる。一つのグループは、「情愛細やかな」「同情的な」「困っている人への思いやりがある」「人の気持ちを汲んで理解する」「あわれみ深い」などを中核《ちゅうかく》とするグループである。こうした項目を並べ、重ね合わせていくと、優しく情愛に溢《あふ》れて人の世話や手助けをしないではいられない女性像が描《えが》かれてくる。もう一つのグループは、「従順な」「おだてにのる」「忠実な」「だまされやすい」「子どものように純真な」などの項目を中核とするグループである。これらの項目を並べ、重ね合わせていくと、子どものように可愛いが知恵《ちえ》がなく愚《おろ》かで、忠実で従順に人に従うだけという女性像が描かれてくる。

…〈中略〉…

⑫ しかし、この二つの「女らしさ」を同時に持つことは、なかなか難しい。なぜなら「人の世話をする」ということは、自分の欲求を後回しにできる成熟性や他者のニーズを的確に把握《はあく》できる聡明性《そうめいせい》など、「可愛く愚か」というパーソナリティとは両立しがたい特性を要請《ようせい》するからである。

⑬ しかもこの二つの「女らしさ」はいずれも、「仕事の上での有能さ」や「リーダーとして他者から信頼《しんらい》される能力」とは異なっている。「競争心」や「野心的」などの、仕事の意欲に関わる特性は、「男らしさ」の項目に挙げられている。「分析的」であったり、「自分の判断や能力を信じて」行動する力も「男らしさ」ということであるなら、「女らしい」ということは、そうした能力に欠けるということになってしまいがちである。つまり、男性は「仕事の上で認められたい」と努力するとそのまま「男らしく」なれるが、女性は「仕事の上で認められたい」と努力すると「男らしく」なってしまう、つまり「女らしさ」に反することになってしまうのだ。「女らしさ」は、仕事の上で評価されることと矛盾《むじゅん》するのである。

⑭ このように、現代社会における「女らしさ」は、その内部に矛盾を抱《かか》え込《こ》んでいるだけでなく、現代日本の社会成員の多くが置かれている状況《じょうきょう》(すなわち職業上高い評価を得なければ生きていきにくいという状況)とも矛盾する項目構成を含《ふく》んでいる。表3-1で挙げた「女らしさ」が問題になってしまう状況とは、けっして女性という性別を持つこと自体から生まれるのではなく、現代社会における「女らしさ」が矛盾をはらんだ項目からなっており、その一部を実現しようとすると他と両立しがたくなって不安を感じてしまったり、経済的に自立しようとすると「女らしくない」と否定されてしまったりすることから生じてきたと考えることができるのである。

⑮ ではなぜ「女らしさ」は、その内容において矛盾するような構成要素を含んでいるのだろうか。現代社会における「女らしさ」は、「事実」というよりも「規範」として維持《いじ》されていることなどを考えあわせていくと、現代社会において「女らしさ」とは、男性にとって都合が良い女性像を示したものなのではないかということがみえてくる。この視点からみた場合、「女らしさ」と「男らしさ」、「女」と「男」とは、けっして対称的《たいしょうてき》な位置にはなく、非対称的だということになる。

⑯「女らしさ」や「男らしさ」についての知識や信念は文化の一部としてある。これまでこうした文化を作ってきたのは、基本的に男性であった。このことは、4言語における「女」と「男」というカテゴリーの非対称性においてもみてとることができる。

⑰「女性」と「男性」は一見対称的なカテゴリーにみえる。しかし実のところ、言語の中では、「人間=男性」規則を持つ言語が多いこ

には、パーソナリティ以外に、「背が低い」「華奢《きゃしゃ》」「可愛《かわい》い」「体の線が丸みをおびている」などの外見的特徴や、「筋力が弱い」「瞬発力《しゅんぱつりょく》は劣《おと》るが持久力はある」などの身体的能力上の特徴、「語学が得意」「理系科目が苦手」などの能力上の特徴などが挙げられる場合もある。

⑦　これらの様々な「女らしさ」を考える際に留意するべき第一の点は、現実の個々の女性の多くが、これらの「女らしさ」とは一致《いっち》しない特徴を備えているということである。「従順」でない女性も多くいるし、「背が高い」女性もいる。「筋力がある」女性もいるし、「理系科目が得意」な女性もいる。つまり先に挙げた「女らしさ」とは、あくまで、「多くの女性は……だ」とか「女性はどちらかといえば……のことが多い」など、女性を集団としてみた場合の、女性集団と男性集団の集団としての特徴を、挙げているにすぎない。つまり、上記に挙げた様々な「女らしさ」を全て備えた女性は、単にイメージの中に存在するにすぎず、現実にはほとんどいないのである。

⑧　第二に、単に個々の女性が「女らしさ」と考えられていることに一致しない場合が多いだけでなく、女性集団の特徴とすることもできないような特徴が「女らしさ」として挙げられている場合も多いということにも留意するべきである。パーソナリティにおける「女性性／男性性」を計るテストにおいては、「男性の方が男らしく、女性の方が女らしい」とは必ずしもいえないという結果が出ている。パーソナリティや精神的能力における性差は、社会通念において信じられているものよりもずっと少ないのだ。運動能力や体力の性差はある程度存在すると考えるのが妥当《だとう》であるが、訓練によって変化する場合も多く、現在存在すると考えられている性差が不変なのかどうかに関しては注意が必要である。

⑨　これらのことを考慮《こうりょ》すると、私たちの社会において「女らしさ」と考えられていることは、現実の女性たちから経験的に導かれた「事実」としての「女らしさ」から構成されているというよりむしろ、現実の女性たちがどのような特徴を持っているかということとは関わりなく構築された「あるべき女性像」、すなわち理念型としての「女性」を示していると考えた方が適切だということが分かる。つまり上記に挙げられた「従順」などの「女らしさ」は、「女は従順である」という「事実」を意味しているというよりも、「女ならば従順であるべきだ」という「規範《きはん》」を意味していると、考えられるのである。

表3-1

男性性スケール	女性性スケール
自分の判断や能力を信じている	従順な
自分の信念を曲げない	明るい
独立心がある	はにかみ屋の
スポーツマンタイプの	情愛細やかな
自己主張的な	おだてにのる
個性が強い	忠実な
自分の意見を押《お》し通す力がある	女性的な
分析的《ぶんせきてき》な	同情的な
リーダーとしての能力を備えている	困っている人への思いやりがある
危険を冒《おか》すことをいとわない	人の気持ちを汲んで理解する
意思決定がすみやかにできる	あわれみ深い
人に頼らないで生きていけると思っている	傷ついた心をすすんで慰《なぐさ》める
支配的な	話し方がやさしくておだやかな
男性的な	心が温かい
はっきりした態度がとれる	優しい
積極的な	だまされやすい
リーダーとして行動する	子どものように純真な
個人主義的な	ことば使いのていねいな
競争心のある	子ども好きな
野心的な	温和な

（注）　Bem Sex Role Inventory テストの日本語版。意識調査において、「男らしさ」「女らしさ」と評価された特性を挙げている。

2024年度

市川中学校

【国　語】〈第一回試験（一般・帰国生）〉（五〇分）〈満点：一〇〇点〉

【注意】解答の際には、句読点や記号は一字と数えること。

一　次の【文章Ⅰ】は、江原《えはら》由美子《ゆみこ》・山田昌弘《やまだまさひろ》『ジェンダーの社会学入門』の一部である。これを読んで、後の問いに答えなさい。なお、出題に際して、本文には省略および表記を一部変えたところがある。また各段落の冒頭《ぼうとう》に①～⑰の番号を入れてある。

【文章Ⅰ】

①　女性の経済的・社会的自立を一つの目標として※第二波フェミニズム運動が展開されると、すぐに女性たちは、1もっとも大きな問題を自分自身の内部に見出すことになった。男性と同じように経済的に自立し自分自身の意志で生きることを強く望んでいる女性の多くも、心のどこかで自立することに躊躇《ちゅうちょ》してしまう自分がいることを発見したのだ。

②　女性が自立を前に躊躇してしまう理由の一つは、女性の自立を阻《はば》む様々な社会構造があるゆえである。女性であるからという理由で十分な教育を受けさせてもらえず、職業能力も不十分であり、その上職業世界では性差別が厳然と存在しているとなれば、経済的自立の困難さを前に呆然《ぼうぜん》としてしまっても当然とすらいってよい。けれども女性たちは、こうした社会構造だけでは説明できない、自分自身の心の動き自体に潜《ひそ》む「自立への躊躇」をも発見した。十分に能力があり成功を期待された女性でも、自分に自信を持っていない。あるいは成功してしまうと、誰《だれ》からも好かれないのではないかと不安になる。結婚《けっこん》するとたちどころに男性を頼《たよ》ってしまう。常に男性よりも、一歩下がっていようとする。責任を負うことがこわい……。こうした心の動きは、「依存心《いぞんしん》・依頼心《いらいしん》」「ひかえめ・おとなしさ」など、これまで社会が「女らしさ」として規定してきたことそのものであった。「女らしさ」は、女性たちの「自立」を阻むもう一つの「問題」となったのである。

③　※「人は女に生まれない。2女になるのだ」（ボーヴォワール）。ならば、どうして多くの女性が「女らしさ」を身につけてしまうのかということこそ問題となってくる。

④　このような問いに対しては従来、「性役割」(gender role)という概念《がいねん》を用いた説明がなされてきた。性役割とは、もっとも広義には、「性別を理由に割りふられた一連の性格と態度と行為《こうい》の類型」を意味する。この性役割概念を使用するならば、社会は「女」あるいは「男」にそれぞれ「一連の性格と態度と行為の類型」を割りふっており、社会成員は自己の性別の認知にしたがって、割りふられた「一連の性格と態度と行為の類型」を学習していく結果、「女らしさ」「男らしさ」を身につけていくと説明されることになる。

…〈中略〉…

⑤　「3女らしさ」として挙げられる特徴《とくちょう》にはどのようなものがあるのだろうか。

⑥　表3-1は、※パーソナリティの男性性・女性性を測定する代表的な心理テストの一部である。ここで女性性を示す特性と考えられている項目《こうもく》には、「従順」「はにかみ屋」「情愛細やか」「おだてにのる」「思いやりがある」「人の気持ちを汲《く》んで理解する」「優しい」「だまされやすい」「純真」「子ども好き」などがある。これらの項目は、現代社会において「女らしさ」として挙げられているパーソナリティ特性であるといってよいだろう。また「女らしさ」と考えられている特徴

2024年度

市川中学校 ▶解説と解答

算数 ＜第１回(一般・帰国生)試験＞（50分）＜満点：100点＞

解答

1 (1) $1\frac{11}{12}$　(2) 220g　(3) ２組　(4) 288通り　(5) **あ**…６，**い**…４　**2** (1) **場所**…G，**整数**…12　(2) 74個　(3) 300個　**3** (1) (例) 解説の図１を参照のこと。　(2) 4.71cm^2　(3) 21：11　**4** (1) $43\frac{7}{11}$分後　(2) Y→Z→X→Z→Y→Z　(3) 52.8分後　**5** (1) **牛**…７kg，**豚**…２kg　(2) 18日，20日，22日　(3) (例) C×４→A×16→B×２

解説

1 **四則計算，濃度《のうど》，条件の整理，場合の数，面積**

(1) $2-\left(\frac{7}{2}\times0.8-1\right)\div6+\frac{4}{15}-\frac{1}{20}=2-\left(\frac{7}{2}\times\frac{4}{5}-1\right)\div6+\frac{4}{15}-\frac{1}{20}=2-\left(\frac{14}{5}-\frac{5}{5}\right)\div6+\frac{4}{15}-\frac{1}{20}=2-\frac{9}{5}\times\frac{1}{6}+\frac{4}{15}-\frac{1}{20}=2-\frac{3}{10}+\frac{4}{15}-\frac{1}{20}=\frac{120}{60}-\frac{18}{60}+\frac{16}{60}-\frac{3}{60}=\frac{115}{60}=\frac{23}{12}=1\frac{11}{12}$

(2) ４％の食塩水110gに含《ふく》まれている食塩の重さは，110×0.04＝4.4(g)である。ここへ食塩を10g加えると，食塩の重さは，4.4＋10＝14.4(g)，食塩水の重さは，110＋10＝120(g)になるから，濃度は，14.4÷120×100＝12(％)になる。よって，この食塩水を10g捨てると，濃度が12％の食塩水が，120－10＝110(g)残る。この中に含まれている食塩の重さは，110×0.12＝13.2(g)であり，水を加えても食塩の重さは変わらないので，水を加えた後の食塩水の重さを□gとすると，□×0.04＝13.2(g)と表すことができる。したがって，□＝13.2÷0.04＝330(g)と求められるから，加えた水の重さは，330－110＝220(g)である。

(3) 昨年のDは４組である。また，Bは昨年も今年も偶数《ぐうすう》組なので，昨年のBは残りの２組と決まる。さらに，C以外の３人は昨年と今年の組が違《ちが》うから，今年のBは４組であり，下の図１のようになる。もし，昨年と今年のCが１組だとすると下の図２，昨年と今年のCが３組だとすると下の図３のようになる。どちらの場合も，今年のAは２組とわかる。

図１

	A	B	C	D
昨年		２組	□組	４組
今年		４組	□組	

図２

	A	B	C	D
昨年	３組	２組	１組	４組
今年	２組	４組	１組	３組

図３

	A	B	C	D
昨年	１組	２組	３組	４組
今年	２組	４組	３組	１組

(4) 下の図４で，アの席が大人だとすると，残りの大人は１人なので，２列目と３列目のどちらかが子どもだけになってしまう。これは条件に合わないから，アの席は子どもである。また，残りの２人の大人が２列目または３列目だけに座ることもできないので，残りの２人の大人は２列目と３列目に１人ずつ座る必要がある。さらに，３列目の大人の席はオと決まるから，下の図５または図６のようになる。図５の場合，大人３人の座り方は，３×２×１＝６(通り)，子ども４人の座り方は，４×３×２×１＝24(通り)なので，７人の座り方は，６×24＝144(通り)となる。図６の場合

も同様だから，全部で，144×２＝288(通り)と求められる。

図４

１列目	ア	大人	
２列目	イ	ウ	
３列目	エ	オ	カ

図５

子ども	大人	
大人	子ども	
子ども	大人	子ども

図６

子ども	大人	
子ども	大人	
子ども	大人	子ども

図７

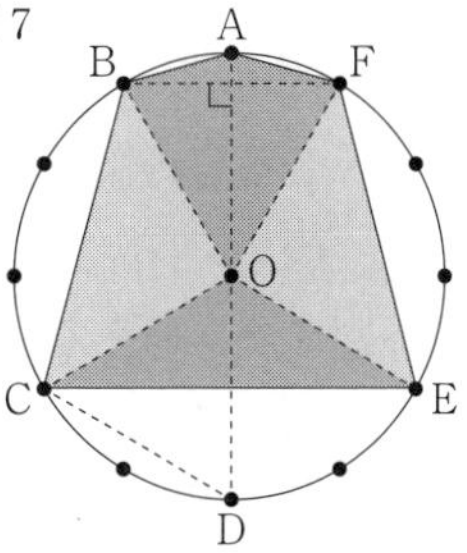

⑸　上の図７のように，円の中心Ｏと円周上の点を結ぶ。四角形ABOFは対角線が垂直に交わる四角形である。また，三角形BOFは正三角形だから，BFの長さは２cmであり，四角形ABOFの面積は，２×２÷２＝２(cm^2)と求められる。また，２つの三角形OBCとOEFを合わせると正方形になり，その面積は，２×２＝４(cm^2)となる。よって，これらの面積の合計は，２＋４＝６(cm^2)であり，これはＡ６枚分とわかる。次に，三角形OCEの面積は三角形OCDの面積と等しい。さらに，三角形OCDは１辺２cmの正三角形であり，これは１辺１cmの正三角形の面積の，２×２＝４(倍)である。したがって，灰色部分の面積は，Ａ６枚分とＢ４枚分の合計になる。

２　整数の性質

⑴　はじめに，111÷３＝37より，Ｂに進み，Ｂに37を書き入れる。次に，37÷３＝12余り１より，Ｇに進み，Ｇに12を書き入れる。よって，Ｇに12を書き入れて終了する。

⑵　Ａ→Ｂ→Ｃ→Ｄと進むから，Ａに書き入れる数は，３で３回割り切れる数である。つまり，３×３×３＝27の倍数である。よって，2024÷27＝74余り26より，１から2024までには74個ある。

⑶　Ａ→Ｂ→Ｇと進む場合と，Ａ→Ｂ→Ｃ→Ｇと進む場合がある。Ａ→Ｂ→Ｇと進む場合，最後にＧに書き入れる数を□とすると，Ｂに書き入れる数は，３×□＋１となるので，Ａに書き入れる数は，(３×□＋１)×３＝９×□＋３と表すことができる。ここで，2024÷９＝224余り８より，□に入る数は０～224の，１＋224＝225(個)あることがわかる。次に，Ａ→Ｂ→Ｃ→Ｇと進む場合，最後にＧに書き入れる数を△とすると，Ｃに書き入れる数は，３×△＋２となるから，Ａに書き入れる数は，(３×△＋２)×３×３＝27×△＋18と表すことができる。ここで，⑵の＿の計算から，△に入る数は０～74の，１＋74＝75(個)あることがわかる。よって，Ａに書き入れる数の個数は全部で，225＋75＝300(個)と求められる。

３　平面図形ー作図，面積

⑴　右の図１のように，２つの円の中心ＡとＢを通る直線を引く。次に，Ａを中心として半径がABの長さに等しい円の一部をかき，直線と交わる点をＣとする。最後に，Ｃを中心として半径がCAの長さに等しい円をかくと１番目の図が完成する。

図１

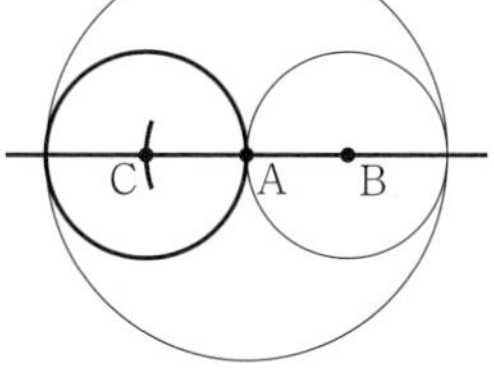

図２

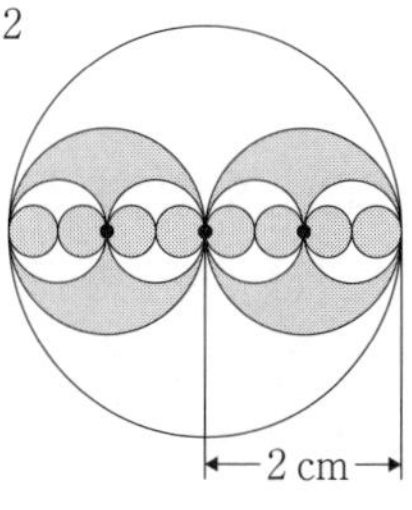

⑵　右上の図２で，１番目の図でかき加える灰色の部分は，半径が，２÷２＝１(cm)の円が２個だから，その面積は，１×１×3.14×２＝２×3.14(cm^2)である。また，２番目の図でかき加える白色の部分は，半径が，１÷２＝$\frac{1}{2}$(cm)の円が，２×２＝４(個)なので，その面積は，$\frac{1}{2}\times\frac{1}{2}\times$

$3.14\times4=1\times3.14$(cm²)となる。さらに，３番目の図でかき加える灰色の部分は，半径が，$\frac{1}{2}\div2=\frac{1}{4}$(cm)の円が，$4\times2=8$(個)なので，その面積は，$\frac{1}{4}\times\frac{1}{4}\times3.14\times8=\frac{1}{2}\times3.14$(cm²)とわかる。よって，３番目の図の灰色の部分の面積は，$\left(2-1+\frac{1}{2}\right)\times3.14=\frac{3}{2}\times3.14=4.71$(cm²)と求められる。

(3)　４番目の図でかき加える白色の部分は，半径が，$\frac{1}{4}\div2=\frac{1}{8}$(cm)の円が，$8\times2=16$(個)だから，その面積は，$\frac{1}{8}\times\frac{1}{8}\times3.14\times16=\frac{1}{4}\times3.14$(cm²)となり，５番目の図でかき加える灰色の部分は，半径が，$\frac{1}{8}\div2=\frac{1}{16}$(cm)の円が，$16\times2=32$(個)なので，その面積は，$\frac{1}{16}\times\frac{1}{16}\times3.14\times32=\frac{1}{8}\times3.14$(cm²)とわかる。よって，５番目の図の灰色の部分の面積は，$\left(\frac{3}{2}-\frac{1}{4}+\frac{1}{8}\right)\times3.14=\frac{11}{8}\times3.14$(cm²)と求められる。さらに，円全体の面積は，$2\times2\times3.14=4\times3.14$(cm²)だから，５番目の図の白色の部分の面積は，$\left(4-\frac{11}{8}\right)\times3.14=\frac{21}{8}\times3.14$(cm²)である。したがって，５番目の図の白色の部分と灰色の部分の面積の比は，$\frac{21}{8}:\frac{11}{8}=21:11$となる。

4 時計算

(1)　右の図１で，角アと角イの大きさが等しくなるときである。長針は１分間に，360÷60＝６(度)，短針は１分間に，360÷12÷60＝0.5(度)動くから，８時ちょうどから図１のときまでに長針と短針が動いた角の大きさはそれぞれ，$\boxed{6}$度，$\boxed{0.5}$度と表すことができる。また，時計の「６」と「８」の間の角の大きさは，360÷12×２＝60(度)なので，角アの大きさは(60＋$\boxed{0.5}$)度，角イの大きさは($\boxed{6}$－180)度と表すことができる。これが等しいから，60＋$\boxed{0.5}$＝$\boxed{6}$－180，$\boxed{6}$－$\boxed{0.5}$＝60＋180，$\boxed{5.5}$＝240より，$\boxed{1}$＝240÷5.5＝$43\frac{7}{11}$(度)と求められる。よって，図１のようになるのは，８時から，$43\frac{7}{11}\times6\div6=43\frac{7}{11}$(分後)である。

図１

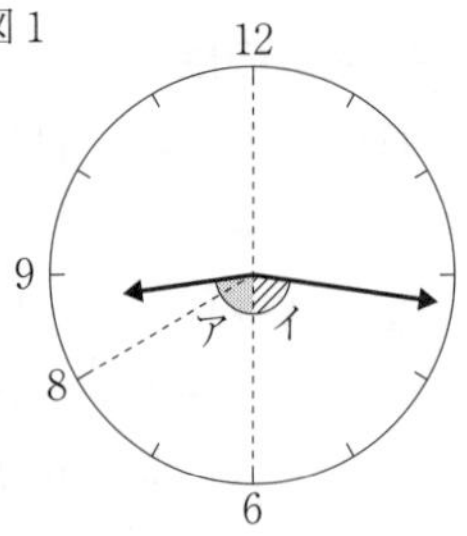

(2)　下の図２のように変化するので，Y→Z→X→Z→Y→Zとなる。

図２

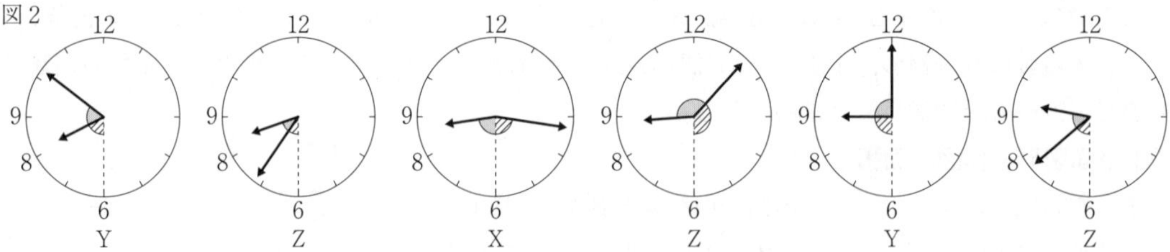

(3)　８時30分から考える。右の図３で，８時30分には長針は「６」，短針は「※」を指していて，「６」と「※」の間の角の大きさは，360÷12×2.5＝75(度)である。また，８時30分から図３のときまでに長針と短針が動いた角の大きさはそれぞれ，$\boxed{6}$度，$\boxed{0.5}$度と表すことができるから，$\boxed{6}$＋$\boxed{6}$＋$\boxed{0.5}$＝$\boxed{12.5}$にあたる角の大きさが，360－75＝285(度)とわかる。よって，$\boxed{1}$＝285÷12.5＝22.8(度)と求められるので，図３のようになるのは８時30分から，22.8×６÷６＝22.8(分)たったときである。

図３

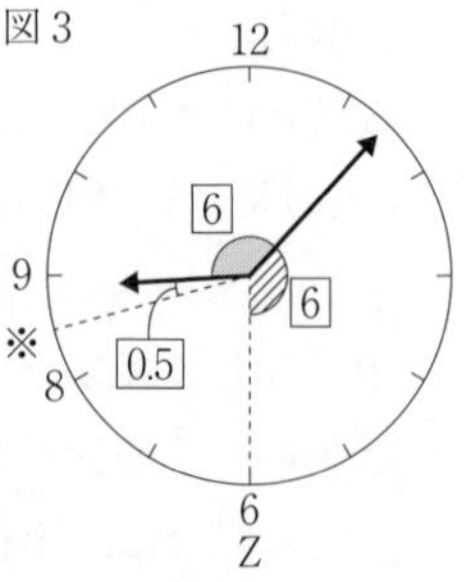

したがって，２回目のＺになるのは８時から，30＋22.8＝52.8(分後)である。

[5] ニュートン算，場合の数，条件の整理

(1)　１日に生える草の量を**1**とする。また，牛１頭が１日に食べる草の量を①，豚《ぶた》１頭が１日に食べる草の量を[1]とすると，下の図１のように表すことができる。よって，下の図２のア，イ，ウの式を作ることができ，これらの式の等号の両側をそれぞれ25，100，10で割って簡単にすると，それぞれエ，オ，カのようになる。ここで，エとカの＿部分は共通だから，[3]＋４＝10(kg)より，[1]＝(10－４)÷３＝２(kg)とわかる。また，これをオにあてはめると，**1**＝２×２－１＝３(kg)と求められ，さらにこれをエにあてはめると，①＝４＋３＝７(kg)となる。したがって，牛１頭が１日に食べる草の量は７kg，豚１頭が１日に食べる草の量は２kgである。

図１

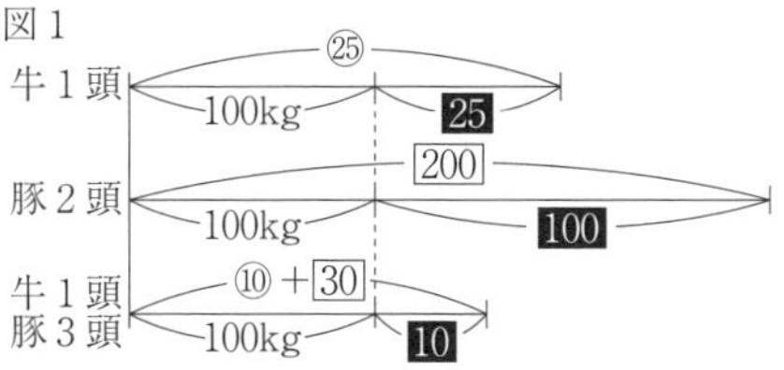

図２

㉕－**25**＝100(kg)　…ア　→　①－**1**＝４(kg)　…エ
[200]－**100**＝100(kg)　…イ　→　[2]－**1**＝１(kg)　…オ
⑩＋[30]－**10**＝100(kg)…ウ　→　①＋[3]－**1**＝10(kg)…カ

(2)　１日に生える草の量は３kgなので，22日間で生えた草の量は，３×22＝66(kg)である。よって，22日間で牛と豚が食べた草の量の合計は，100＋66＝166(kg)となる。そこで，牛が放たれた日数を□日，豚が放たれた日数を△日とすると，７×□＋２×△＝166(kg)と表すことができる。また，□と△は22以下だから，これを満たす□と△の組み合わせは右上の図３の３通りである。したがって，牛が放たれた日数は18日，20日，22日とわかる。

図３

□	22	20	18
△	6	13	20

(3)　牛が18日，豚が20日放たれた場合である。たとえば，㋐牛と豚を16日連続→㋑牛のみを２日連続→㋒豚のみを４日連続とすると，牛は全部で，16＋２＝18(日)，豚は全部で，16＋４＝20(日)放たれることになり，条件に合う。ただし，㋐の日は１日あたり，７＋２－３＝６(kg)の割合で減り，㋑の日は１日あたり，７－３＝４(kg)の割合で減るので，㋐と㋑の段階で，６×16＋４×２＝104(kg)減ってしまう。つまり，途《と》中《ちゅう》で草がなくなってしまう。一方，㋒の日は１日あたり，３－２＝1(kg)の割合で増えるから，途中でなくならないようにするには，たとえば，㋒→㋐→㋑の順番にすればよい。よって，たとえば，Ｃ×４→Ａ×16→Ｂ×２となる。

社　会　＜第１回(一般・帰国生)試験＞(40分)＜満点：100点＞

解　答

[1] **問１**　**１**　富本銭　**２**　和同開珎　**問２**　ウ　**問３**　カ　**問４**　(例)　仏教の力で社会の不安をおさえる　**問５**　ウ→ア→エ→イ　**問６**　ウ　**問７**　イ　**問８**　新井白石

[2] **問１**　**１**　富岡製糸場　**２**　朝鮮総督府　**問２**　(例)　中国人の羅森は英語を話すことができるので，英語を話せない日本人との交渉で通訳になってもらう必要があったから。　**問３**　富国強兵　**問４**　**い**　二十一か条の要求　**う**　ベルサイユ　**問５**　ア　**問６**　イ

[3] **問１**　エ　**問２**　カ　**問３**　(1)　イ　(2)　輪中　**問４**　ケ　**問５**　オ　**問６**　(例)　大雨が降ったときに洪水や土砂くずれが起こりやすい山のふもとのいくつかの谷にせきを

築くことで，住宅地への被害を防ぐため。　**4** **問１**　(例)　女性は男性に比べ正規雇用率も収入も低いため貧困になりやすいが，国会で女性議員の割合が低いと，女性の貧困問題を国会で審議する機会が減ると考えられるから。　**問２**　イ　**問３**　ウ　**問４**　(1)　カ　(2)　議院内閣制　**問５**　(1)　エ　(2)　エ　**問６**　不断の努力

解　説

1　古代から近世に用いられた貨幣《かへい》を題材にした問題

問１　**1**　富本銭は天武天皇の治世である683年ごろ(７世紀)に鋳造《ちゅうぞう》された日本初の貨幣と考えられている。流通貨幣として使用された可能性があるが，流通は限定的で，まじないのための厭勝《えんしょう》銭《せん》として使用されたとする考えもある。　**2**　和同開珎《わどうかいちん》は武蔵《むさし》国秩父《ちちぶ》(埼玉県)から銅が献上《けんじょう》されたことをきっかけに708年(８世紀)に朝廷が元号を和銅と改め，鋳造した貨幣で，以後平安時代にかけて12種類の貨幣(皇朝十二銭)が鋳造されている。

問２　日本に仏教が公式に伝来したのは，古墳時代の538年(一説に552年，６世紀)で，当時の朝鮮で日本と友好関係にあった百済《くだら》の聖明王が仏像と経典を送ったことによるという(ウ…×)。なお，アの初めての全国的な戸籍《こせき》(庚午年籍《こうごねんじゃく》)がつくられたのは670年，イの乙巳《いっし》の変は645年，エの十七条の憲法の制定は604年のことである。

問３　律令制度の下で，６歳以上の男子に２段，女子にはその３分の２の口分田が支給された(ａ…×)。防人《さきもり》は北九州の大宰府《だざいふ》の警備にあたる兵役で，３年間勤めなければならなかった(ｂ…○)。税のうち，租は地方に，調(各地の特産物)と庸《よう》(都での労役の代納としての布)は都に納められた(ｃ…×)。

問４　聖武天皇は仏教を厚く信仰し，仏教の力で国家を安らかに治めようと考え，国ごとに国分寺・国分尼《に》寺を建立《こんりゅう》させ，都の平城京には東大寺大仏を造立した。

問５　アは894年(遣唐使の廃止《はいし》)，イは11世紀初め(藤原道長らによる摂関政治)，ウは９世紀初め(最澄と空海の帰国)，エは939年(平将門の乱の始まり)のことなので，年代の古い順にウ→ア→エ→イとなる。

問６　1221年に起こった承久の乱に勝利した鎌倉幕府は，朝廷と西国御家人を監視《かんし》するため，京都に六波羅探題を設置した。なお，京都所司代は江戸時代に京都に置かれた江戸幕府の出先機関である(ａ…×)。室町時代に全国に広がった惣《そう》と呼ばれる自治組織は農民や村人がつくり，寄合を開いて村のおきてを決め，横暴な領主に対しては一揆《いっき》を結んで反抗した(ｄ…×)。

問７　江戸時代には江戸では主に金貨，大阪では主に銀貨が商取引に用いられた(ａ…○)。大名に納められた年貢米は大阪や江戸の蔵屋敷《くらやしき》に送られ，貨幣と交換された(ｂ…×)。

問８　新井白石は朱子学者で，江戸幕府第６代将軍の徳川家宣《いえのぶ》，第７代家継《いえつぐ》に仕え，正徳の治を行った。白石は正徳小判などの良貨を発行して物価の安定に努めるとともに，海舶互市新例(長崎新令)を発し，これまで輸入超過であった長崎貿易を制限して金銀の流出を防いだ。

2　近代から現代にかけての生糸を題材にした問題

問１　**1**　明治政府は殖産《しょくさん》興業政策の一環《いっかん》として，1871年に群馬県に官営工場である富岡製糸場の建設を始め，翌72年に操業を開始した。フランス人技師のブリューナの指導で，フランス製機械を導入し，製糸業の近代的な技術を持った熟練工を養成した。　**2**　1910年，韓国併合で朝鮮を

日本の植民地とすると，その統治機関として京城(現在のソウル)に朝鮮総督府を設置した。

問２　1853年，アメリカ合衆国の東インド艦隊司令長官のペリーが浦賀(神奈川県)に来航し，日本に開国を要求した。江戸幕府は翌54年に再来航したペリーと日米和親条約を結び，開国した。ペリーは幕府との交渉《こうしょう》において，英語を話せない日本人との通訳を必要としたため，中国(清)人の羅《ら》森《しん》をやとったと考えられる。羅森は英語に精通しているが，日本語はわからなかったため，中国語を使って日本人と交渉した。

問３　明治政府は，富国強兵をスローガンに日本の近代化を進め，国を富ませるための殖産興業の担《にな》い手として女性を工女に，強兵の担い手として男性を軍人にしようとした。資料の工女節の「男は軍人　女は工女　糸を引くのも国のため」にも，明治政府の富国強兵政策が表れていると読み取れる。

問４　**い**　第一次世界大戦(1914～18年)が始まると，1915年に日本は中国(中華民国)に対し，二十一か条の要求をつきつけ，中国にあるドイツの利権を日本に譲《ゆず》ることなどを要求した。　**う**　第一次世界大戦後の1919年に結ばれた連合国とドイツとの講和条約はベルサイユ条約である。ベルサイユ条約ではドイツが全ての植民地を失うことや多額の賠償《ばいしょう》金を支払うことなどが決められ，ドイツの中国における利権は二十一か条の要求の通り日本に譲られることとなった。

問５　1931年に中国東北部(満州)にある南満州鉄道の線路が爆破された柳条湖事件をきっかけに満州事変が起こり，翌32年には満州国建国が宣言されたが，犬養毅首相はこれを認めなかった。そのため，首相官邸に乱入した海軍青年将校らに暗殺される五・一五事件が起こった(ａ…○)。満州事変が起こると，国際連盟はリットン調査団を派遣した。リットン調査団は満州国が正式な国家ではなく日本の傀儡《かいらい》国家であると報告し，国際連盟は満州国を承認しない方針を示したため，1933年に日本は国際連盟を脱退することを通告した(ｂ…○)。

問６　1960年代，公害が深刻化したことを受け，1967年に公害対策基本法が制定され，その後，1971年に環境庁が設置された(イ…×)。なお，アの日米新安全保障条約の締結《ていけつ》は1960年，ウの日韓基本条約の締結は1965年，エの東海道新幹線の開通は1964年の出来事である。

3　日本の自然災害についての問題

問１　台風は主に海面水温の高い熱帯で発生する。熱帯では東から風が吹《ふ》いているため，台風は西へと進む。その後，太平洋高気圧のふちに沿って北上し，偏西風に流されて北東へ進むため，７月から10月の台風は日本周辺で弧《こ》を描《えが》くような進路をとる。

問２　1993年や2003年の凶作では，冷夏や東北地方の太平洋側に吹くやませと呼ばれる冷たい北東風による冷害が大きな原因となった。よって，その被害は北海道や東北地方の太平洋側の青森県，岩手県，宮城県などで大きい。一方，日本海側の秋田県や山形県，北陸地方の新潟県は，その被害が小さい。また，2021年の米の収穫《しゅうかく》量は新潟県が全国一で，以下北海道と秋田県，山形県，宮城県が続く。したがって，〈グラフ１〉のａは新潟県，ｂは北海道，ｃは秋田県，ｄは宮城県となる。

問３　(1)〈図２〉のＸは最上《もがみ》川，Ｙは高梁《たかはし》川，Ｚは大淀《おおよど》川の周辺を示している。〈グラフ２〉について，最上川の流れる山形県は日本海側の気候で冬の積雪量が多いので，春には雪解け水で川が増水する(…ａ)。高梁川の流れる岡山県は瀬戸内の気候で年間降水量が少ないので，年間を通じて川の水量が少ない(…ｃ)。大淀川の流れる宮崎県は太平洋側の気候で夏の降水量が多いので，夏に川が増水する(…ｂ)。　(2)　濃尾《のうび》平野西部の木曽《きそ》川・長良《ながら》川・揖斐《いび》川の木曽三川《さんせん》が集まる地域には，洪水《こうずい》の被害を防ぐため，集落の周りを堤防《ていぼう》で囲んだ輪中が見られる。

問４　〈表１〉について，ａは機械工業の割合が高いので中京工業地帯，ｂは金属・食品工業の割合が高いので阪神工業地帯，ｃは化学・繊維《せんい》工業の割合が高いので瀬戸内工業地域である。また，〈グラフ３〉について，1955年と比べて2019年で割合が大きく増えているＹは機械工業，割合が減っているＺは金属工業，残るＸは化学工業である。

問５　沿岸部に集中しているａは津波，河川の流域などの内陸に多くあるｂは洪水，津波の自然災害伝承碑と重なる沿岸部や関東大震災の被害を受けた関東地方南部にも広く分布しているｃは地震の自然災害伝承碑の位置を示している。

問６　〈図３〉を見ると，山のふもとの谷になっているところに，いくつかのせきが築かれていることがわかる。川が流れていなくても，大雨が降ると雨水は谷に集まりやすく，土砂くずれも起こりやすい。そこで，事前に危険な場所にせきを築き，住宅地への被害を防いでいるのである。

4　日本の政治についての問題

問１　日本の雇用状況において，一般に女性は男性に比べ正規雇用の割合が低く，賃金も低いため，そのぶん貧困率が高くなる。こうした女性の貧困問題を解決するには，国会で審議し対策を講じなければならないが，女性の国会議員の割合が低いと，問題を提起する機会が少なくなり，提起しても審議を後回しにされる可能性が高くなると考えられる。

問２　イギリスのEU(ヨーロッパ連合)からの離脱の可否をめぐる問題は，他国へ少なからず影響《えいきょう》をおよぼすとはいえ，イギリス国内の問題である(イ…×)。

問３　選択的夫婦別姓の導入については，以前から国会で審議すべきとする指摘がなされてきた。しかし，与党(政権を担当する政党)で意見が割れて法案の提出に至らず，また，野党(政権を担当しない政党)が提出した法案は，継続審議となり，その後廃案となっている(ウ…×)。

問４　(1)　日本国憲法第59条４項では，「参議院が，衆議院の可決した法律案を受け取った後，国会休会中の期間を除いて60日以内に，議決しないときは，衆議院は，参議院がその法律案を否決したものとみなすことがきる」とある。第60条２項では，「参議院が，衆議院の可決した予算を受け取った後，国会休会中の期間を除いて30日以内に，議決しないときは，衆議院の議決を国会の議決とする」とある。第69条では，「内閣は，衆議院で不信任の決議案を可決し，又《また》は信任の決議案を否決したときは，10日以内に衆議院が解散されない限り，総辞職をしなければならない」とある。　(2)　内閣は国会の信任にもとづいて成立し，行政権の行使について国会に対し連帯して責任を負う仕組みをとっている。これを議院内閣制という。

問５　(1)　裁判員裁判は重大な刑事事件の第１審で行われ，裁判官３人と裁判員６人の合計９人による合議制がとられている。意見が一致しなかった場合には多数決で評決が行われ，被告人に不利益な判断をするとき(無罪か有罪かを決める場合の，有罪のとき)は，裁判官１人以上が多数意見に賛成している必要がある(エ…○)。なお，裁判官は国会やその他いかなる機関からも独立して判断を下す(ア…×)。裁判のやり直しについて，同一事件について３回まで審判を受けられる(イ…×)。違憲審査権は全ての裁判所が持っている(ウ…×)。　(2)　地方公共団体の首長と地方議会の議員は，それぞれ別の選挙で選ばれる(ａ…○)。最高裁判所長官を除く全ての裁判所の裁判官は，内閣によって任命される(ｂ…×)。日本国憲法の成立において，国民投票は行われていない(ｃ…×)。

問６　日本国憲法第12条には，「この憲法が国民に保障する自由及《およ》び権利は，国民の不断の努力によって，これを保持しなければならない」とある。

理　科　＜第１回（一般・帰国生）試験＞（40分）＜満点：100点＞

解　答

１ ⑴　ア　⑵　ア，ウ　⑶　（例）　電池を１本はずすと，リモコンは作動しなくなる　⑷　C，E　⑸　B　⑹　C　⑺　（AE），（BC）　⑻　エ　２ ⑴　水素　⑵　メスシリンダー　⑶　（例）　どちらの気体も水にとけにくいから。　⑷　エ　⑸　ウ　⑹　①　オ　②　ウ　⑺　b　３ ⑴　たい積作用　⑵　（例）　川の流れがおそくなったとき。　⑶　キ　⑷　B川，100m　⑸　1.234cm　⑹　（例）　大昔に近くで火山活動があったから。　４ ⑴　カ　⑵　オ　⑶　イ　⑷　エ　⑸　（例）　検体にふくまれる抗原の数が少なすぎたため。　⑹　（例）　栄養や睡眠を十分にとり，予防接種を受ける。

解　説

１　電流回路と豆電球の明るさについての問題

⑴　電池を２本つないでも豆電球の明るさが変わらなかったので，電池は並列につながれている。

⑵　電池を２本並列につなぐと，豆電球に流れる電流の大きさは電池１本のときと変わらないが，それぞれの電池から流れ出る電流の大きさは電池１本のときの半分になるので，電池は長持ちし，豆電球の点灯時間は長くなる。

⑶　もし電池２本が並列つなぎであれば，どちらかの電池１本をはずしてもリモコンは作動するが，電池２本が直列つなぎの場合は，どちらかの電池１本をはずすと電流が流れなくなり，リモコンは作動しない。

⑷　図４で，スイッチ１だけを入れると，Aと，BとDの直列つなぎとの並列回路になり，CとEには電流が流れない。

⑸　スイッチ１とスイッチ２を入れると，右の図①のように，Aと，Pの部分との並列回路になる。Pの部分全体の電気抵抗《ていこう》が豆電球１個分（つまりA）より大きいため，最も明るいのはAである。また，Bを流れた電流はDと，CとEの直列つなぎに枝分かれして流れるので，２番目に明るいのはB，３番目に明るいのはD，最も暗いのはCとEである。

図①

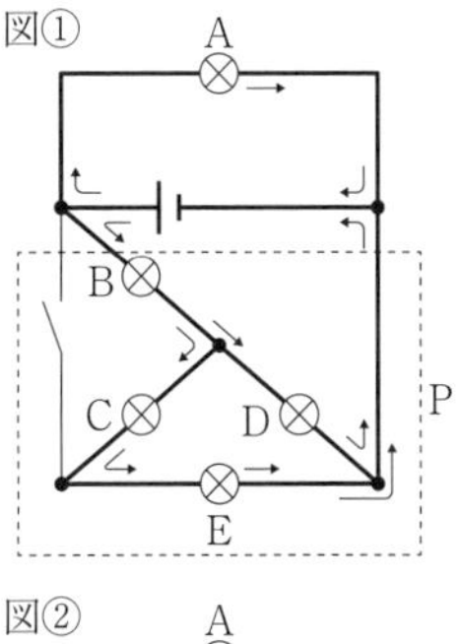

⑹　３つのスイッチをすべて入れると，右下の図②のように電流が流れる。このとき，Cを流れる電流の向きが図①のときとは逆になっている。

⑺　図②は，Aと，BとCの並列つなぎとDが直列つなぎになった部分，Eの並列回路となっているので，同じ大きさの電流が流れて同じ明るさになる組み合わせは，AとE，BとCの２組となる。

図②

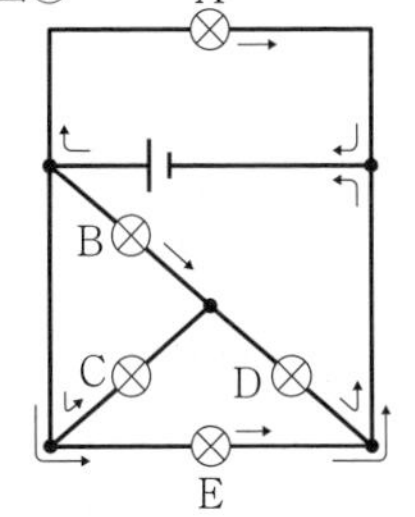

⑻　電球の中に使われているフィラメントは，タングステンという金属でできており，電流が流れると非常に高温になって膨張《ぼうちょう》し，金属線がのびる。そこで，ばねのような形にしておくと，膨張して金属線がのびても，それによる変形をやわらげ，形がくずれにくい。

2 水溶液《すいようえき》の性質と中和，気体の発生についての問題

⑴　アルミニウムは，塩酸にも水酸化ナトリウム水溶液にも反応して，水素を発生しながらとける。

⑵　メスシリンダーは液体の体積を測るための器具だが，図１のように水と置き換《か》えることで気体の体積を測るときにも用いることができる。

⑶　三角フラスコから出てくるのは，発生した気体(水素)と三角フラスコ内の空気が混ざったものだが，その体積は発生した気体の体積に相当する。そして，この気体を図１の水上置換《ちかん》で集めても，水素も空気も水にとけにくいので，メスシリンダーに集まった気体の体積を発生した気体の体積とみなすことができる。

⑷　図３では，メスシリンダー内の水が下がろうとするため，メスシリンダー内の気体は気圧が下がって膨張し，体積が図２の場合よりも大きくなる。逆に，図４では，メスシリンダー内の水が上がろうとするため，メスシリンダー内の気体は気圧が上がって収縮し，体積が図２の場合よりも小さくなる。

⑸　表１より，A100cm^3とちょうど反応するアルミニウムは0.1g，B100cm^3とちょうど反応するアルミニウムは0.3gであることがわかる。よって，実験１で0.3gのアルミニウムを入れたとき，Aではアルミニウムがとけ残り，Bではアルミニウムがちょうど反応するので残っていない。

⑹　表２で，溶液ｃで発生した気体の体積が０cm^3となっているので，A50cm^3とB50cm^3が完全に中和する(つまりAとBが同量ずつでちょうど反応する)ことがわかる。溶液ｂでは，A25cm^3とB25cm^3が中和し，Bが，75－25＝50(cm^3)残っている。これとちょうど反応するアルミニウムは，$0.3\times\frac{50}{100}=0.15$(g)なので，ここではアルミニウムの方がとけ残っている。よって，表１より，アルミニウム0.1gが反応すると気体は120cm^3発生するから，ここで発生した気体の体積は，$120\times\frac{0.15}{0.1}=180$($cm^3$)となる。また，溶液ｄでは，A25$cm^3$とB25$cm^3$が中和し，Aが，75－25＝50($cm^3$)残っている。これとちょうど反応するアルミニウムは，$0.1\times\frac{50}{100}=0.05$(g)なので，発生した気体の体積は，$120\times\frac{0.05}{0.1}=60$($cm^3$)になる。

⑺　溶液ｂは，AとBが中和することでできた食塩水と，中和後に残ったBの混合液になっている。よって，アルミニウムを入れる前に水を蒸発させたとき，中和によってできた食塩と，Bにとけている水酸化ナトリウムの結晶《けっしょう》が出てくる。

3 流れる水のはたらきについての問題

⑴　流れる水(川)のはたらきには，地面をけずる侵食《しんしょく》作用，けずった石や砂などを運ぶ運ぱん作用，運んできた石や砂を積もらせるたい積作用の３つがある。

⑵　川の流れが速い間は石や砂が運ばれ続けるが，流れがある速さよりもおそくなると，石や砂が底の方にしずんでいって，たい積するようになる。

⑶　調査の結果，チャートに対する泥《でい》岩の割合はB川の方が大きいことがわかったと述べられている。そこで，表１より，①～④のその割合を調べると，①は，10÷５＝２，②は，12÷４＝３，③は，９÷３＝３，④は，８÷４＝２となるので，②と③がB川のものとわかる。ふつう，上流に行くほどれきの平均の大きさが大きくなるから，③が地点Q，②が地点Rと考えられる。また，①と④はA川のものであり，れきの平均の大きさが大きい④が上流の地点O，①が下流の地点Pとなる。

⑷　図１で，A川の地点Oから地点Pまでを斜辺《しゃへん》とする直角三角形を考える。この直角三角形は，

(底辺)：(高さ)＝300m：600m＝１：２なので，図３より，(底辺)：(斜辺)＝１：2.2であり，斜辺の長さは，300×2.2＝660(m)とわかる。地点Ｏと地点Ｐの標高差は，35.0－31.7＝3.3(m)だから，Ａ川の地点Ｏから下流に向かうと，標高が１m変わるのは，660÷3.3＝200(m)進んだときである。Ｂ川についても同様に考えていくと，地点Ｑから地点Ｒまでを斜辺とする直角三角形を使い，(底辺)：(高さ)＝300m：300m＝１：１，図３より，(底辺)：(斜辺)＝１：1.4，斜辺の長さは，300×1.4＝420(m)となる。地点Ｑと地点Ｒの標高差は，52.2－48.0＝4.2(m)なので，Ｂ川の地点Ｑから下流に向かうと，標高が１m変わるのは，420÷4.2＝100(m)進んだときである。以上より，標高が１m変わるのはＢ川の方が先で，川沿いに100m進んだときとなる。なお，ここでは川の傾《かたむ》きは一定であるものとして考えた。

(5)　地点Ｓのれきの層は，現在は標高，183.4－10＝173.4(m)にあるから，10万年の間に，173.4－50＝123.4(m)隆《りゅう》起《き》した。したがって，隆起する速度は10年あたり，$123.4\times100\times\frac{10}{100000}=1.234$(cm)と求められる。

(6)　れきの地層は川に運ばれてきた石などがたい積してできたものである。よって，れきの地層に，マグマが固まってできた玄武《げんぶ》岩がふくまれているということからは，その川の流域で大昔に火山活動があったことが推測できる。

4 新型コロナウイルス感染症《かんせんしょう》と抗原検査についての問題

(1)　はじめの文章に「ウイルスは，ヒトなどの細胞《さいぼう》や細菌《さいきん》に侵入して」とあることから，ウイルスはヒトなどの細胞や細菌よりも小さいと考えられる。

(2)　１回の反応で，目的の核酸《かくさん》は２倍に増幅《ぞうふく》するので，10回の反応では，２×２×２×２×２×２×２×２×２×２＝1024より，およそ1000倍に増幅される。

(3)　ウイルスが細胞に感染するさいに必要なスパイクが，ノンエンベロープウイルスではカプシドに直接ついているのに対し，エンベロープウイルスでは脂質《ししつ》でできたエンベロープについている。この違《ちが》いから，アルコールはエンベロープを壊《こわ》すことで，エンベロープウイルスのスパイクを無効にしてしまうと考えられる。

(4)　(3)の後の文章に「テストライン上には捕捉《ほそく》抗体Ｔが存在していて，標識抗体と結合している抗原に結合します」とあることから，抗体は抗原とつながることがわかる。よって，標識抗体と捕捉抗体Ｔが抗原を通してつながっているエがふさわしい。

(5)　(3)の後の文章に「ライン上で結合した標識抗体の量が多くなると着色粒子も多くなり，判定線が見えるようになります」とある。これを逆に考えると，ライン上で結合した標識抗体の量が少ない場合は，判定線が見えにくいということになる。新型コロナウイルスに感染していても，検体にふくまれる抗原の数が少ないと，テストラインで結合する標識抗体の量が少なくなり，判定線にはっきり表れず，そのため偽陰性《ぎいんせい》という結果が出ることがある。

(6)　ここでは“新たに抵抗力をつけることや，抵抗力を高める”ために，どのようなことをすればよいかを答える。自身が抵抗力(免疫《めんえき》力ともいう)をつけたり高めたりするには，一般《いっぱん》に，バランスのよい食事，適度な運動，十分な睡眠《すいみん》(よく寝《ね》る)を心がける。また，予防接種(ワクチン接種)を受けることも有効である。なお，手洗いや消毒，マスクの着用，定期的な換気《かんき》などは，感染症の予防としては大切なことであるが，自身の抵抗力の向上にはつながらないことがらである。

国　語　＜第１回(一般・帰国生)試験＞（50分）＜満点：100点＞

解　答

一－１ **問１**　エ　**問２**　ア　○　イ　×　ウ　○　エ　×　オ　×　**問３**　ア
問４　(例)　男性が文化を定義する社会では，男性を前提として言語も定義されるため，男性を表す言葉が人間一般を表すのに対して，女性を表す言葉を「他者」に位置づけてしまうこと。
一－２ **問１**　イ　**問２**　オ　二 **問１**　ア　**問２**　イ　**問３**　(例)　家の権威や自分にこだわることなく，太平の世を保つために，世の人々を助けることに力を注ぐことこそが武士の本分であると考えている人物。　**問４**　イ，ウ　**問５**　イ　三 下記を参照のこと。

●漢字の書き取り

三 １ 祭典　２ 首脳　３ 伝承　４ 電灯　５ 晴耕　６ 創刊
７ 座右　８ 乳歯

解　説

一－１ **出典：江原由美子《えはらゆみこ》・山田昌弘《やまだまさひろ》『ジェンダーの社会学入門』**。「男らしさ」「女らしさ」というものがどのようなものか，筆者は説明している。

問１　社会的な自立を願う一方，女性が「心のどこかで自立することに躊躇《ちゅうちょ》してしまう自分」の存在を見出《みいだ》してしまいがちな理由について，筆者は続く部分で，「女性であるから」といって満足に教育を受けさせてもらえなかったり，「性差別」があったりするといった「様々な社会構造」上の問題があるためだと述べている。さらに，⑭段落で「現代社会における『女らしさ』が～否定されてしまったりすることから」と述べていることもおさえる。これらの存在が，「女性たちの『自立』を阻《はば》む」「大きな問題」だといえるので，エがふさわしい。

問２　ア～オ　ボーヴォワールの言う，「人は女に生まれない。女になるのだ」とは，生まれながらに人間は女性としての内面的な性質を備えているわけではなく，「性別を理由に割りふられた一連の性格と態度と行為《こうい》の類型」を学んだすえ，後天的に「女らしさ」を身につけるようになる，ということを意味している。表３－１にあげられた具体的な，「性別を理由に割りふられた一連の性格と態度と行為の類型」から，「女になる」の例としてはア，ウが，「男」になることの例はイ，エ，オがそれぞれあてはまる。

問３　筆者は「『女らしさ』を考える際に留意するべき第一の点」として，「現実の個々の女性の多く」が，表３－１にあるような「女性性スケール」をはじめ，「筋力が弱い」(身体的能力上の特《とく》徴《ちょう》)，「語学が得意」(能力上の特徴)などの，一般《いっぱん》に考えられている「『女らしさ』とは一致《いっち》しない特徴を備えている」ことを指摘《してき》したうえで，むしろこれらのような「『女らしさ』を全て備えた女性は，単にイメージのなかに存在するにすぎず，現実にはほとんどいない」と述べている。また，「第二」に，「女性集団の特徴とすることもできないような特徴が『女らしさ』としてあげられている場合も多い」点にも留意すべきだと主張している。この二点をふまえて筆者は，社会における「女らしさ」とは「事実」からではなく「あるべき女性像」によって定められた「規範《きはん》」のようなものだと結論づけているので，アが適当でない。

問４　「人間＝男性」規則を持つ多くの言語において，「女性を人間一般の意味で使用することは文法違反《いはん》」となっていることを指摘したうえで，こうした「非対称性《たいしょう》」が生まれるのは，歴史的に「『何が文化か』を定義する者」だった男性が，「無意識的に自分の性別を前提」として言葉も定義してきたからだと筆者は述べている。

一－２ 出典：スヴェトラーナ・アレクシエーヴィチ著・三浦《みうら》みどり訳『戦争は女の顔をしていない』。
第二次世界大戦終結後，戦地にいたときとは「別の戦い」を強《し》いられることになった「私」たち(女性たち)の苦悩《くのう》が描《えが》かれている。

問１　「あんなにたくさんの戦場で，どれだけたくさんの母親たちの息子《むすこ》を，妻たちにはその夫を救ってやったかしれない」と言っているとおり，戦時中，看護婦として従軍した「私」はとても多くの人たちを助けている。ときには，「銃撃《じゅうげき》をかいくぐ」るという危険を冒《おか》してまで，傷病兵を救いもしたのである。「私」が身につけた「褒章《ほうしょう》」は，それらの功績に対して与《あた》えられた勲章《くんしょう》であり，心から誇《ほこ》りにしているものだといえる。ここからは，「私」が表３－１における「女性性スケール」と「男性性スケール」の要素をあわせ持った任務をこなしていたことがうかがえる。

問２　「戦場の花嫁《はなよめ》」であるがゆえに，戦地から帰った「私」は夫との結婚《けっこん》を反対されたり，「本当はしゃれたハイヒールを履《は》く資格だってあるのよ」と歌うレコードを，夫の姉から「あんたには何の資格もない」とののしられ，割られてしまったりしている。このことは，戦場での過酷《かこく》な任務のなかで「私」が女性ながら「男らしさ」を身につけたせいで，一般の女性から異質な存在として見られ，拒絶《きょぜつ》されたことを意味する。一方，戦地では身を挺《てい》して守ってくれた男たちも，戦後に待ち受けていたこの「恐《おそ》ろしい戦い」に対しては自分を「置き去りに」して「かばってくれなかった」ため，「女」としての「私」は深い悲しみを抱《いだ》いているのである。女性は「女らしく」あれという規範にしばられた世の中にあって，両性の性スケールを備えた自分が直面している難局を指して，「私」は「大変」だと感じているのだから，オがふさわしい。

二 出典：浅田次郎《あさだじろう》『流人《るにん》道中記』。上役の武士(大出対馬守《おおいでつしまのかみ》)から罪を押《お》しつけられ，流罪《るざい》の刑《けい》が決定した「俺《おれ》」(青山玄蕃《あおやまげんば》)と，その護送役として任命された「僕《ぼく》」(石川乙次郎《いしかわおつじろう》)との交流が描かれている。

問１　「武士の本分」が「戦」にあるとはいうものの，「元和偃武《げんなえんぶ》が唱えられた折」には，世情に合わせ彼《かれ》らもまた「変容」することが求められていた。しかし実際，そもそも武将であった者(「権現《ごんげん》様」「台徳院《にだいい》様」)が「政《まつりごと》を担《にな》」ったため，平和な世の中にあっても武士たちは“戦国の世の道徳”(もはや理屈《りくつ》に合わぬ儀礼《ぎれい》と慣習)を捨てられず，「二百六十年もの間」，その価値観を持ち続けていたことに加え，「家」を後ろ盾《だて》に権力を保っていたのである。時代遅《おく》れの価値観を持った者が，あろうことか権力まで備えているさまを指して，玄蕃は「その存在自体が理不尽《りふじん》であり，罪ですらあろう」と断じているのだから，アがあてはまる。

問２　「玄蕃のうちには一助《いちすけ》と捨松《すてまつ》が棲《す》んでいる」と乙次郎が気づいた点をおさえる。少し前で，「素《す》町人からふいに武士と」なった来歴を持つ玄蕃の話をきいた乙次郎は，「一助(町人だったころのものの見方，考え方)と捨松(武士になってから備わった価値観)をともに忘れずにおのが根とした」からこそ，玄蕃が「『武士』とは何か，『家』とは何か」を疑い，冷静に見つめることができるのだろうと考えたのである。よって，イがふさわしい。

問３　「おのれのこと」が「二の次」であるばかりでなく「妻子のこととて二の次」だとは，自分や自分の「家」にこだわってはいけない，という玄蕃の思いを表している。道中，玄蕃は「事情を抱《かか》えた人々」を見過ごすことができず，乙次郎の制止をふりきって「何度も人助け」をしている。これは，「戦」を本分としてきた過去の「武士の道徳」(価値観)とは異なるものである。つまり，「家」を後ろ盾として権威《けんい》をふるい，「硬直《こうちょく》」化した価値観を引きずってきた「千年の武士の世」の「罪」を一身に引き受け，今の時代にあるべき「武士」の価値観を「毅然《きぜん》として」示した玄蕃の気構えに，乙次郎は真の「武士」の「権威」を感じ，心を打たれたのだといえる。

問４　乙次郎は，「勝手をしたか」と玄蕃が問いかけたとき，「いや，と言いかけ」ている。勝手をしたとは思ってはいないが，護送役としての立場がある以上，それを認めることはできなかったのだから，「乙次郎はおよそ一ヶ月におよぶ旅の途中《とちゅう》で玄蕃がさんざん勝手な行いをしてきたことに対してかなり腹を立てていた」としたイはふさわしくない。また，玄蕃は罪人として扱《あつか》われているのだから，本来，引き渡《わた》しのさいにわざわざ「様」をつけたり，「くれぐれも御無礼《ごぶれい》なきよう」とつけ加えたりする必要はないが，乙次郎があえてそうしたのは，玄蕃との道中を通じて，自分にとって「この人は，けっして流人ではない」という思いがあったからであり，「玄蕃を憎《にく》く思いながらも，押送人《おうそうにん》としての仕事だけは立派に果たそうと思った」としたウも正しくない。

問５　乙次郎は玄蕃に心ひかれながらも，務めとして，自分は罪人の彼を流罪地へ送り届けなければならない立場にある。そんな板挟《いたばさ》みの状況《じょうきょう》に対する乙次郎の苦悩が，「足は棒切れのように固まり，体が石のように重くなった」という部分によく表れているので，イがふさわしい。

三　漢字の書き取り

１　大がかりな規模で行われる祝賀的な行事。　**２**　団体や組織のなかで，指導者的な立場からその団体や組織を動かしてゆく人。　**３**　ある社会や集団のなかで，昔からある慣習や伝説，技術などを受け継《つ》ぎ，後世に伝えていくこと。　**４**　電気エネルギーを利用した照明装置。　**５**　「晴耕雨読」は，晴れた日には外で耕作し，雨の日には家で読書などして過ごす，という自然に逆らわない悠々《ゆうゆう》自適な暮らし方。　**６**　新聞や雑誌など新たに発行すること。　**７**　「座右の銘《めい》」は，いつも自分の心に留めて，生き方の参考としたり自分の戒《いまし》めとしたりする言葉。　**８**　子どものときに生えている歯。

2024年度 市川中学校

【算　数】〈第２回試験〉（50分）〈満点：100点〉

【注意】１．コンパス・直線定規を利用してもよい。

２．円周率は3.14とする。

３．比を答える場合には，最も簡単な整数の比で答えること。

1　次の問いに答えなさい。

(1)　次の式の□にあてはまる数を求めなさい。

$$\square \times \left(24.1-2.4\div\frac{2}{3}\right)+\left(4\frac{1}{6}-\frac{2}{3}\right)\times 98=2024$$

(2)　濃度《のうど》５％の食塩水200ｇと濃度□％の食塩水120ｇをよく混ぜたのち，水60ｇを蒸発させたところ濃度８％の食塩水ができました。□にあてはまる数を求めなさい。

(3)　家から学校までの道のりは1.2kmで，Ａは時速3.6kmで家から学校に向かいました。Ａは家を出て10分後にお弁当を忘れたことに気がつき，時速7.2kmで家に引き返しました。一方，お母さんは，Ａが家を出て12分後にお弁当を忘れていることに気がつき，Ａに届けようと自転車に乗り時速14.4kmで学校に向かいました。Ａとお母さんは途中《とちゅう》で会い，Ａはそこから時速7.2kmで学校に向かい，８時10分に到着《とうちゃく》しました。Ａが家を出たのは何時何分か求めなさい。

(4)　ある魚は，メス１匹《ぴき》につき１週間ごとに卵を４個産みます。４個の卵は１週間後にかえり，オスとメスが２匹ずつ産まれます。メスは産まれた１週間後から卵を産み始めます。次の表は，オスとメスを１匹ずつ飼い始めてから３週間後までのオスとメスと卵の数を１週間ごとにまとめたものです。

	飼い始め	１週間後	２週間後	３週間後
オス	1	1	3	5
メス	1	1	3	5
卵	0	4	4	12

このとき，オスとメスを１匹ずつ飼い始めてから６週間後にオスとメスは合わせて何匹いるか求めなさい。

(5)　右の図において，正五角形ABCDEをずらしたものが正五角形PQRSTです。辺DEと辺STが平行で，点D，Eがそれぞれ辺QR，QP上にあるとき，角EPAの大きさを求めなさい。

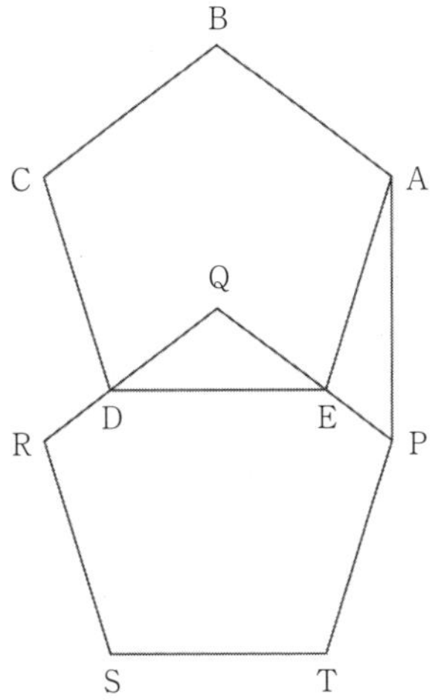

2　Ａ，Ｂ，Ｃの３人は同じ数だけ豆を持っています。ＡがＣに２粒《つぶ》，ＢがＣに６粒あげた後，Ｃは３粒食べました。このとき，ＡとＢが持っている豆の数の合計とＣが持っている豆の数は等しくなりました。その後，Ａ，Ｂ，ＣがＤから同じ数だけ豆をもらったところ，Ａは持っている豆を７粒ずつ，Ｂは６粒ずつ，Ｃは５粒ずつ袋《ふくろ》に入れて余ることなく分けられました。このとき，次の問いに答えなさい。

⑴　A，B，Cは，はじめに何粒ずつ豆を持っていたか求めなさい。

⑵　A，B，Cは，Dから何粒ずつ豆をもらいましたか。考えられる数のうち，最も小さいものを求めなさい。

3　地図上で，右の図のような位置関係になっている４つの国A，B，C，Dに色を塗《ぬ》ることを考えます。それぞれの国を１色で塗りますが，隣《とな》り合う国には同じ色を使うことができません。このとき，次の問いに答えなさい。

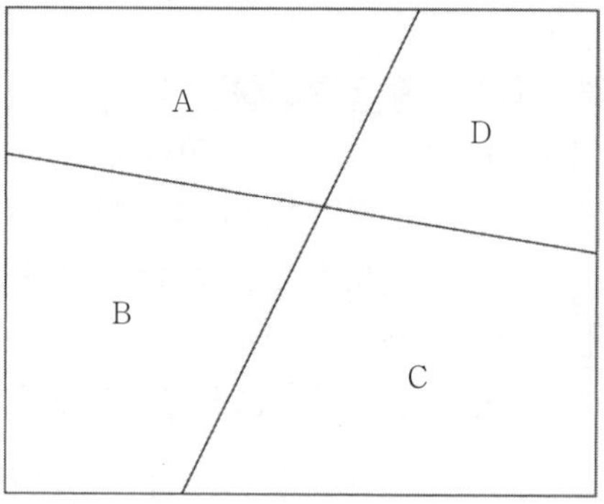

⑴　赤，青，黄，緑の４色すべてを使った塗り方は何通りあるか求めなさい。

⑵　赤，青，黄の３色すべてを使って塗ります。Aを赤で塗るとき，塗り方は何通りあるか求めなさい。

⑶　赤，青，黄，緑の４色から自由に選んで塗るとき，塗り方は何通りあるか求めなさい。ただし，使わない色があってもよいものとします。

4　横に並んでいる整数の列に対して，次の操作を繰《く》り返します。

操作：隣り合う２つの整数に含《ふく》まれる偶数《ぐうすう》の個数を，その２つの整数の真ん中の下にかき，新しい整数の列をつくる。

新しい整数の列にかかれる数字が１つになったら操作を終了《しゅうりょう》します。例えば，左から１，２，０の順に並んでいる列に操作を２回行うと

１　２　０　⇒　１　２　０　⇒　１　２　０
　　　　　　　　　１　２　　　　　１　２
　　　　　　　　　　　　　　　　　　１

となって，操作が終了します。このとき，次の問いに答えなさい。

⑴　左から１，１，０，２，１の順に並んでいる列に操作を繰り返して終了したとき，一番下の列にかかれている数字を求めなさい。

⑵　７個の整数が並んでいる列に対して，操作を１回行います。操作後の新しい列としてありえるものを次の㋐から㋓の中からすべて選びなさい。

㋐　左から０，１，１，１，１，２の順に並んでいる列

㋑　左から０，１，２，１，０，２の順に並んでいる列

㋒　左から１，２，１，１，１，０の順に並んでいる列

㋓　左から２，１，０，１，２，１の順に並んでいる列

⑶　左から０，１，２，０，１，２，……の順に50個の整数が並んでいる列に対して，操作を25回行います。操作後，一番下の列にかかれている数字の和を求めなさい。

5　すべての面が正三角形または正方形で作られている，へこみのない立体図形があります。図１はこの立体図形の展開図の１つです。このとき，次の問いに答えなさい。

(1)　この立体図形の展開図として，図１とは異なるものを考えます。図２の図形に正三角形を１つかき足して展開図を完成させるとき，展開図は何通りあるか求めなさい。また，その展開図の１つをコンパスと定規を用いて作図しなさい。ただし，作図で用いた線は消さずに残しなさい。

(2)　図１において，５点A，B，C，D，Eを結んだ五角形の面積を考えると，図１にある正三角形［ア］個の面積と正方形［イ］個の面積を足したものとなります。［ア］と［イ］に入る数字を求めなさい。

(3)　図３の展開図を組み立ててへこみのない立体図形を作ります。立体図形の辺上を動く点Pは点Xを出発し，辺XYを通って点Yに到着《とうちゃく》します。辺QRの真ん中の点と辺RSの真ん中の点と点Pを通る面でこの立体図形を切断することを考えたとき，切断面の図形が順に何角形になるか求めなさい。例えば，切断面の図形が順に四角形，五角形，六角形となるならば，次のようにかきなさい。

解答例：四→五→六

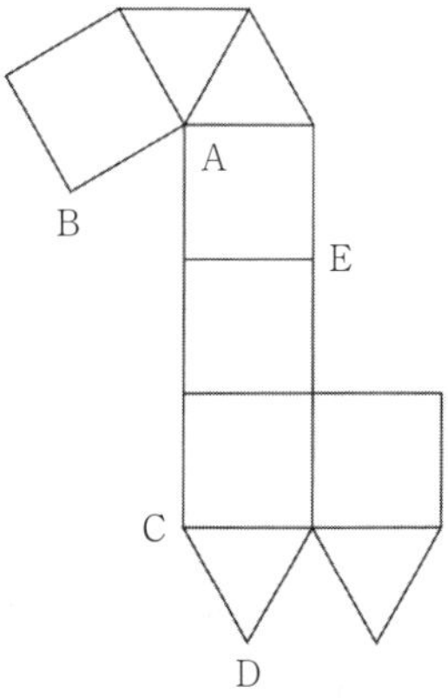

図１

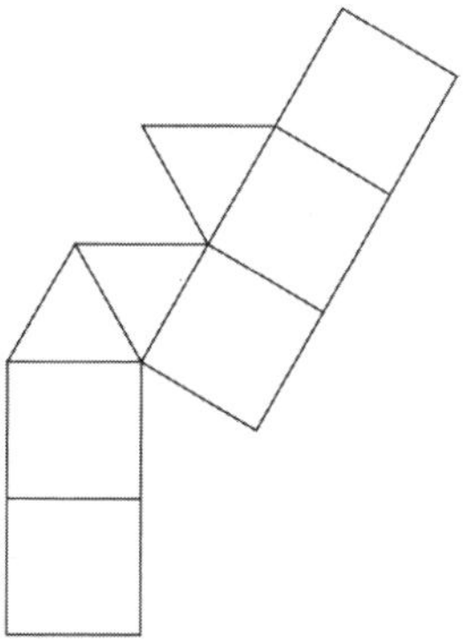
図２

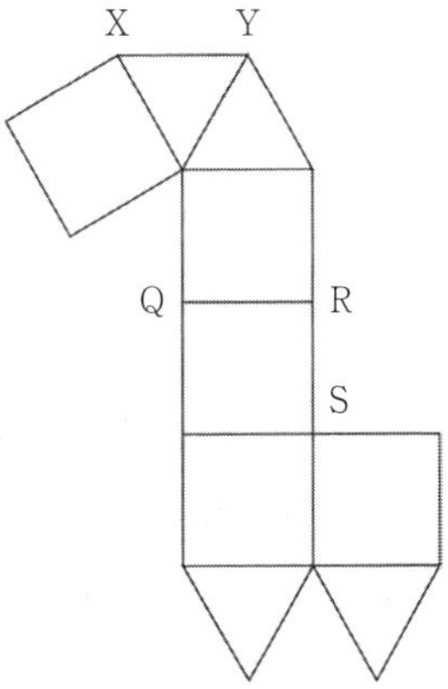

図３

【社　会】〈第２回試験〉（40分）〈満点：100点〉

【注意】解答の際には，句読点や記号は１字と数えること。

1　**南海トラフ地震《じしん》に関する次の文章を読んで，あとの問いに答えなさい。**

南海トラフ地震とは，フィリピン海プレートとユーラシアプレートが接する部分で起きる地震で，下の＜**地図**＞で示した地域を震源とする東海地震と南海地震が同時に，もしくはやや時間差をおいて発生します。これまでの記録から，南海トラフ地震は①～⑧のようにおよそ100～150年ごとにくり返し発生してきたと推測されています。

＜地図＞

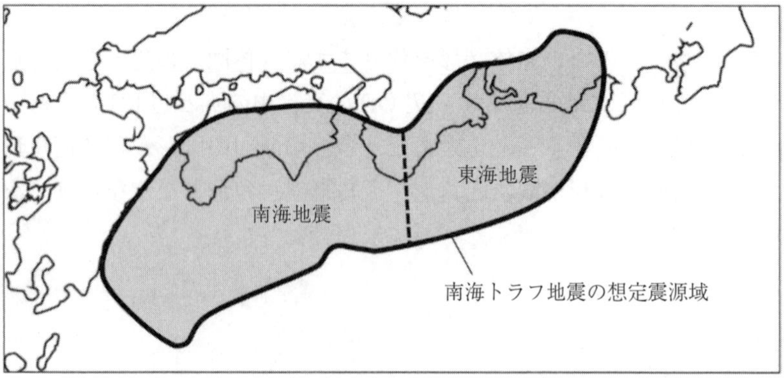

気象庁HP(https://www.jma.go.jp)を参考に作成

①　記録に残っている中で最も古いのは，684年に起きた白鳳《はくほう》南海地震です。720年に舎人《とねり》親王らがまとめた歴史書である『（　1　）』に，広い範囲《はんい》で地震があったことや土佐で大津波《つなみ》があったことが記されています。近年，静岡県でこれと同時期の津波の跡が見つかり，白鳳東海地震も起きていたことがわかってきました。

②　887年には仁和《にんな》地震が起きました。A摂関政治が始まったころで，『三代実録』という歴史書の中に，京都じゅうの倉や民家がたおれて多くの死者が出たこと，B五畿七道の諸国でも同日に地震が発生したことが書かれています。これは，東海地震と南海地震が同時に起きたためと考えられています。

③　1096年には永長《えいちょう》東海地震，1099年には康和《こうわ》南海地震が起きました。前者については，貴族の日記に京都の御所や奈良の寺院が被災《ひさい》したこと，伊勢に津波が押し寄せたことなどが記されています。後者については，20世紀後半になって記録文書が発見され，土佐で水田が海底に沈《しず》んだことがわかりました。

④　C1361年には正平《しょうへい》南海地震が起きました。鎌倉時代末期から室町時代初期までを描《えが》いた『太平記』には，阿波《あわ》や難波《なにわ》の浦《うら》(現在の大阪湾《わん》)に押し寄せた津波の様子がくわしく記されています。これに連動した東海地震については，愛知県の遺跡から，そのときのものと考えられる痕跡《こんせき》が見つかっています。

⑤　1498年には明応《めいおう》東海地震が起きました。D京都の公家の日記には，強い揺《ゆ》れにおそわれたこと，伊勢・三河・駿河・伊豆に大波が打ち寄せて，数千人が命を落としたことが書かれています。一方で，同時期に起きた南海地震については明確な記録はありませんが，高知県や徳島県などで当時の液状化の跡《あと》が見つかっています。

⑥　1605年には慶長地震が起きました。九州から関東にいたる広い範囲で，津波の記録が残さ

れています。この地震については，E徳川家康が幕府を開いた直後で社会が不安定だったこと，のちの災害で記録が失われたことなどから手がかりが少なく，様々な説がありましたが，現在では南海トラフ地震であるという説が定着しています。

⑦　日本史上最大級の地震が，1707年に起きた宝永《ほうえい》地震です。伊豆半島から九州西部まで広い範囲で強い地震が発生し，津波が太平洋沿岸だけでなく大阪湾や瀬戸内海にも入りこみました。この地震から49日後には富士山が噴火《ふんか》するなどF18世紀前半には大きな災害が相次ぎました。

⑧　1854年には，安政東海地震が起きました。開国を求めてGある港にやってきていたロシア艦隊《かんたい》の航海日誌には，津波におそわれ，艦船が大きく損傷したことが記されています。その翌日には，安政南海地震が発生し，紀州藩や土佐藩で詳細《しょうさい》な記録が残されました。

＜参考文献＞　石橋克彦『南海トラフ巨大地震　歴史・科学・社会』（岩波書店）
寒川　旭『歴史から探る21世紀の巨大地震』（朝日新書）

問１　（１）にあてはまる語句を漢字で答えなさい。

問２　下線**A**について，摂関政治に関する説明**a**～**c**の正誤の組み合わせとして正しいものはどれですか，下の**ア**～**ク**から１つ選び，記号で答えなさい。

a　藤原不比等が摂政になり，藤原家による摂関政治が始まりました。
b　藤原道長は娘《むすめ》を次々と天皇に嫁《とつ》がせ，天皇の母方の祖父として力をもちました。
c　藤原頼通は長い間権力をにぎり，その勢力を示す「望月の歌」をよみました。

ア　**a**—正　**b**—正　**c**—正　　**イ**　**a**—正　**b**—正　**c**—誤
ウ　**a**—正　**b**—誤　**c**—正　　**エ**　**a**—正　**b**—誤　**c**—誤
オ　**a**—誤　**b**—正　**c**—正　　**カ**　**a**—誤　**b**—正　**c**—誤
キ　**a**—誤　**b**—誤　**c**—正　　**ク**　**a**—誤　**b**—誤　**c**—誤

問３　下線**B**について，五畿七道の１つである西海道には，大陸に近いことから外交や国防の任務にあたる役所が設置されました。この役所を何といいますか，漢字で答えなさい。

問４　下線**C**について，1361年の正平南海地震には，康安《こうあん》南海地震という呼び方もあります。地震は，一般《いっぱん》に発生した年の元号（その年のうちに改元された場合は，改元後の元号）から名《めい》称《しょう》がつけられ，元号を定める権限は朝廷にありました。以上のことをふまえて，この地震に２通りの名称がある理由を，句読点をふくめて20字程度で答えなさい。

問５　下線**D**について，京都では，明応東海地震の約20年前まで，10年以上にわたる戦乱が続いていました。この戦乱に関する説明**a**～**c**の正誤の組み合わせとして正しいものはどれですか，下の**ア**～**ク**から１つ選び，記号で答えなさい。

a　将軍足利義満のあとつぎ争いに管領家の相続争いがからみ，戦乱が起きました。
b　多くの守護大名が細川氏の陣営《じんえい》と山名氏の陣営に分かれて戦いました。
c　戦乱をさけて地方に逃《のが》れた貴族らによって，京都の文化が地方に広がりました。

ア　**a**—正　**b**—正　**c**—正　　**イ**　**a**—正　**b**—正　**c**—誤
ウ　**a**—正　**b**—誤　**c**—正　　**エ**　**a**—正　**b**—誤　**c**—誤
オ　**a**—誤　**b**—正　**c**—正　　**カ**　**a**—誤　**b**—正　**c**—誤
キ　**a**—誤　**b**—誤　**c**—正　　**ク**　**a**—誤　**b**—誤　**c**—誤

問６　下線**E**について，徳川家康が行った対外政策の説明として正しいものはどれですか，**ア**～

エから１つ選び，記号で答えなさい。

ア　貿易地を長崎のみとし，相手国をオランダと中国に限定しました。

イ　中国を征服《せいふく》し，東アジアの貿易を管理しようとしました。

ウ　貿易船に許可証をあたえ，東南アジアの国々との貿易を保護しました。

エ　日本人が外国に行くこと，外国から帰ってくることを禁止しました。

問７　下線Fについて，18世紀前半に改革を行った幕府の人物とその政策の組み合わせとして正しいものはどれですか，下のア～カから１つ選び，記号で答えなさい。

［人物］

a　徳川吉宗

b　松平定信

［政策］

c　上知令を出して，江戸・大阪周辺の土地を幕府の領地にしようとしました。

d　年貢率の決定を検見法から定免法に変え，幕府の収入を増やそうとしました。

e　江戸に出かせぎに来ていた農民を農村に帰し，大名に米をたくわえさせました。

ア　a—c　　イ　a—d

ウ　a—e　　エ　b—c

オ　b—d　　カ　b—e

問８　下線Gについて，ロシア艦隊が被災した「ある港」は，この地震の９か月前に結ばれた日米和親条約によってすでに開港されていました。「ある港」とはどこですか，ア～オから１つ選び，記号で答えなさい。

ア　函館　　イ　新潟　　ウ　神奈川

エ　下田　　オ　兵庫

問９　③と④の地震の間，および⑤と⑥の地震の間の時期に関する歴史資料として正しいものはどれですか，ア～オから１つずつ選び，記号で答えなさい。

ア　駿河《するが》・遠江《とおとうみ》両国の今川家の家臣は，勝手に他国から嫁《よめ》や婿《むこ》をとったり，勝手に他国へ娘を嫁に出すことを，禁止する。

イ　大名は，領国と江戸に交代で住むこと。毎年４月中に参勤すること。そのときの従者の人数が最近とても多いが，これは領地のむだな出費となり，民衆の負担になる。今後は身分にふさわしいように行列の人数を減らさねばならない。

ウ　一揆衆20万人が加賀の守護富樫《とがし》氏の城を取りまき，攻め落とした。…一揆衆は名ばかりの守護を立てた。…百姓《ひゃくしょう》が立てた守護だから，百姓の勢いが強くなって，最近では「百姓の持ちたる国」のようになった。

エ　つぶれへし曲がった家の中で，地べたにわらを敷《し》き，父母は枕《まくら》の方で，妻や子たちは足の方で，私を取り囲み嘆《なげ》き悲しんでいる。…そんなようすなのに，…むちを持った里長がやってきて，（税を取り立てようと）よびたてている。

オ　「善人でも往生できるから，悪人が往生できないわけはない」と思う。自分が悪人と自覚している人は，ひたすら阿弥陀仏にすがるから正しく往生できるはずである。

＜資料出典＞　浜島書店『つながる歴史』

2　次の地図は，1881年に出版された，上野周辺を描《えが》いたものです。地図中Ⅰ・Ⅱに関する先生と生徒との会話を読んで，あとの問いに答えなさい。

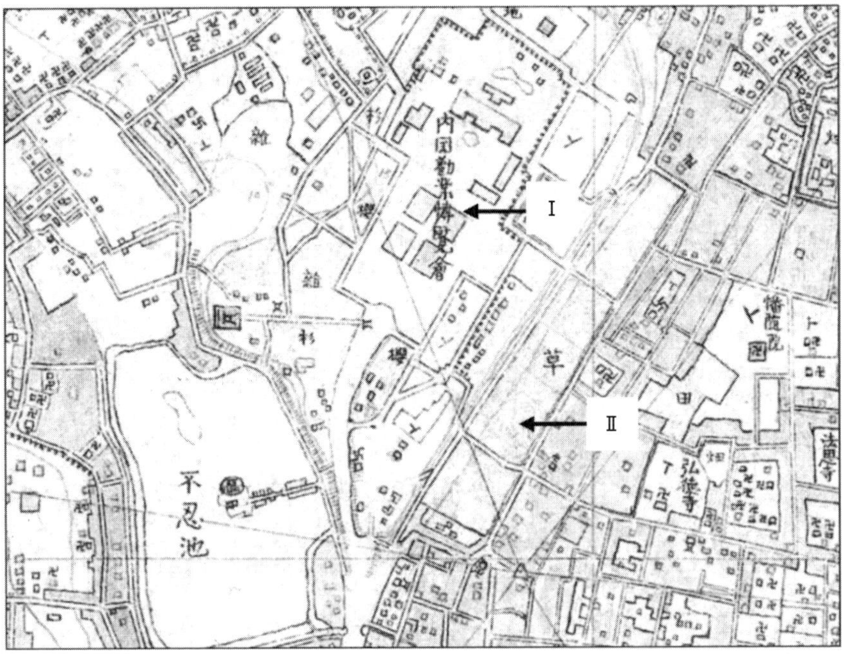

財団法人日本地図センター『明治前期測量２万分１フランス式彩色地図』より作成

Ⅰ　内国勧業《かんぎょう》博覧会に関する先生と生徒との会話

先生　　：地図中のⅠの場所を見てください。この年，上野では内国勧業博覧会が開かれていました。これは，A明治政府が殖産興業の一環《いっかん》として国内外の新技術を公開するための博覧会で，下の＜表＞のように，1877年に上野で第１回が開かれ，京都や大阪に場所を移しながら，B計５回開かれました。

千葉さん：６回目はなぜ開かれなかったのですか。

先生　　：Cある戦争の影響《えいきょう》で日本が財政難になったことが理由の１つです。内国勧業博覧会は第５回で終わりをむかえましたが，＜表＞を見ると，この間のD日本における産業革命の進展を知ることができます。

＜表＞

	年	場所	説明
第１回	1877年	上野	蒸気機関車や紡績《ぼうせき》機が出品されました。
第２回	1881年	上野	ガス灯が人気をよびました。
第３回	1890年	上野	日本初の電車が会場内を走りました。
第４回	1895年	京都	機械館の動力源として電力が使用されました。
第５回	1903年	大阪	アメリカ製の自動車など外国製品も出品されました。

市川さん：ところで，内国勧業博覧会の会場になった場所には，それ以前は何があったのですか。

先生　　：江戸時代には，寛永寺《かんえいじ》というお寺がありました。寛永寺はE江戸城の鬼門《きもん》にあたる上野の台地に建立され，後に徳川将軍家の墓所の１つにもなりました。

市川さん：明治時代以降はどうなったのですか。

先生　　：1868年から69年にかけて旧幕府軍と新政府軍が戦った（　1　）で建物が焼失し，境内《けいだい》は明治政府によって没収《ぼっしゅう》されて公園として整備されました。その後，1879年になって寛永寺の復興が認められ，現在の場所に再建されたのです。

問１　(１)にあてはまる語句を漢字で答えなさい。

問２　下線**A**について，明治政府が行った改革についての説明として正しいものはどれですか，**ア**～**オ**から２つ選び，記号で答えなさい。

ア　五榜の掲示を示し，キリスト教を解禁しました。

イ　廃藩置県を行い，藩が治めていた土地と人民を天皇に返還《へんかん》させました。

ウ　身分制度を廃止《はいし》し，平民は職業を自由に選べるようになりました。

エ　地租改正を行い，土地所有者に収穫高《しゅうかくだか》の３％を現金で納めさせました。

オ　徴兵令を出し，満20歳《さい》以上の男子に３年間の兵役を義務づけました。

問３　下線**B**に関して，５回にわたる内国勧業博覧会が開かれていたころの外交上の課題に，不平等条約の改正がありました。これについて，領事裁判権撤廃《てっぱい》の必要性を国民にあらためて感じさせることとなった事件と，イギリスとの間で領事裁判権が撤廃された時期の組み合わせとして正しいものはどれですか，下の**ア**～**ケ**から１つ選び，記号で答えなさい。

［事件］

a　ノルマントン号事件　　b　フェートン号事件　　c　大津事件

［時期］

d　第２回と第３回の間　　e　第３回と第４回の間　　f　第４回と第５回の間

ア　a―d　　**イ**　a―e　　**ウ**　a―f

エ　b―d　　**オ**　b―e　　**カ**　b―f

キ　c―d　　**ク**　c―e　　**ケ**　c―f

問４　下線**C**について，右の＜**図**＞はこの戦争の講和条約に対して民衆が起こした事件を描いたもので，＜**資料**＞はインド独立運動の指導者ネルーが，日本の勝利とその後の国際情勢について語ったものです。これについて，＜**図**＞で描かれている事件と＜**資料**＞中の X にあてはまる地域の組み合わせとして，正しいものはどれですか，下の**ア**～**エ**から１つ選び，記号で答えなさい。

＜**図**＞

浜島書店『学び考える歴史』より

＜**資料**＞

> 日本の勝利にアジアの人々が感激した。…アジア人のアジアの叫《さけ》びが起こった。しかし日本の勝利は，帝国《ていこく》主義に１国を加えただけだった。その苦い結果を最初になめたのは X だった。

浜島書店『新訂　資料カラー歴史』より作成

ア　**事件**：義和団事件　　X：朝鮮　　**イ**　**事件**：義和団事件　　X：台湾

ウ　**事件**：日比谷焼き打ち事件　　X：朝鮮　　**エ**　**事件**：日比谷焼き打ち事件　　X：台湾

問５　下線**D**に関して，日本の産業の発展について学ぶため，生徒たちは1882年と1897年における輸入品目の割合を表した次の＜**グラフ**＞を見て，調べたことをメモにまとめました。このメモの正誤について正しいものはどれですか，下の**ア**～**エ**から１つ選び，記号で答えなさい。

＜グラフ＞

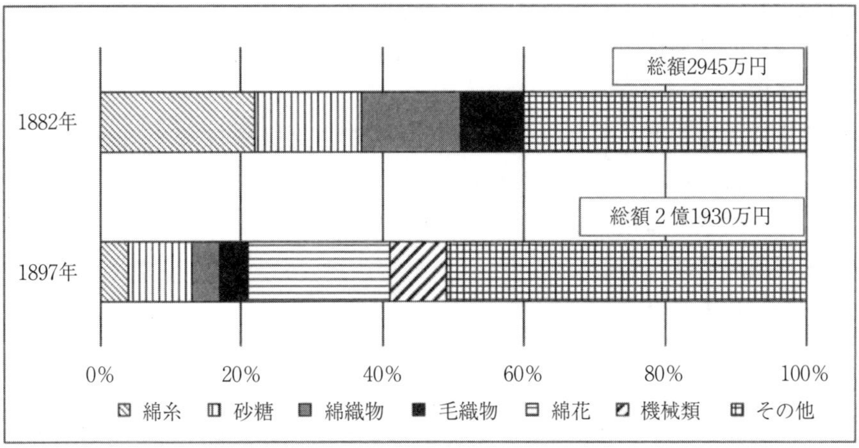

浜島書店『つながる歴史』より作成

＜千葉さんのメモ＞

1882年は，その他の項目《こうもく》を除いて綿糸の輸入割合が最も高かったが，1897年には約５％にまで減少している。これは，日本国内における綿糸の生産が増加したからだ。

＜市川さんのメモ＞

1882年のグラフには見られなかった綿花の輸入割合が，1897年には全体の約20％を占《し》めている。これは，富岡製糸場が本格的に操業を始めたからだ。

ア　２人とも正しい。
イ　千葉さんのみ正しい。
ウ　市川さんのみ正しい。
エ　２人とも誤っている。

問６　下線**E**について，これは，比叡山延暦寺が京都御所の鬼門の方角に位置していたことにならったとされています。鬼門とはどの方角を表しますか，**ア**～**エ**から１つ選び，記号で答えなさい。

ア　北東　　**イ**　北西　　**ウ**　南東　　**エ**　南西

Ⅱ　上野駅に関する先生と生徒との会話

先生　　：地図中のⅡの場所には，1883年に上野駅が開業しました。上野駅は，19世紀の終わりから，東北方面から上京した人をむかえ入れる東京の北の玄関口《げんかんぐち》として発展しました。

市川さん：そういえば，上野駅構内で，「ふるさとの　訛《なまり》なつかし停車場の　人ごみの中に　そを聴《き》きにゆく」という歌碑《かひ》を見ました。

先生　　：よく見つけましたね。この歌は岩手県出身の（　**２**　）が故郷をなつかしんで詠《よ》んだものです。1910年に出版された『一握《いちあく》の砂』に収録されています。

千葉さん：広小路口の駅舎は歴史を感じさせますが，いつごろ建てられたのですか。

先生　　：旧駅舎が焼失した後，1932年に二代目の駅舎として建てられました。その後，F第二次世界大戦の戦災をまぬがれて今に至ります。

千葉さん：そうだったのですね。戦後も上野駅は北の玄関口だったのでしょうか。

先生　　：はい。高度成長期に，集団就職のために上京した多くの若者たちが最初に降り立ったのが上野駅でした。そのことを題材にした歌の歌碑もあります。

市川さん：なるほど，次の日曜日に家族で G 上野動物園に行く予定なので，そのときに探してみようと思います。

問７　（２）にあてはまる人物を**ア**～**エ**から１つ選び，記号で答えなさい。

ア　森鷗外　　**イ**　石川啄木　　**ウ**　正岡子規　　**エ**　樋口一葉

問８　下線**F**について，大戦中に起こったできごと**ア**～**ウ**を古い方から年代順に並べなさい。

ア　日独伊三国同盟が結ばれました。

イ　学徒出陣が行われました。

ウ　ミッドウェー海戦で日本が敗れました。

問９　下線**G**について，上野動物園に初めてパンダが来園したのは1972年のことです。この年に日本とある国との関係が変化したことを記念して，ある国から２頭のジャイアントパンダが贈《おく》られました。1972年に，日本とある国との関係はどのように変化しましたか，当時の日本の首相の名を姓名《せいめい》ともに示しながら，句読点をふくめて30字程度で具体的に説明しなさい。

3　**次の歌詞は，市川学園の校歌です。これについて話している市川学園の新入生と先生の会話を読んで，あとの問いに答えなさい。**

一
うららかにうららかに
光かがよう葛飾《かつしか》の
空を流るる白き雲
この明るさをさながらに
心も軽《かろ》くただ一途《いちず》
日毎《ごと》学ぶわが母校
文化のほこりここにあり
おおわれらの市川学園

二
すこやかにすこやかに
姿のびゆく若人《わこうど》の
眉《まゆ》のあたりに薫《かお》る風
その鮮《あたら》しささながらに
心もほがらただ一途
日毎あおぐわが母校
平和のしるしここにあり
おおわれらの市川学園

三
さわやかにさわやかに
歴史かたれる市川の
真間の流れよせせらぎよ
この清らかささながらに
心もすみてただ一途
日毎通うわが母校
自立のさかえここにあり
おおわれらの市川学園

船橋さん：一番の歌詞にある「葛飾」という地名は，現在は東京23区の１つに残っています。千葉県の市川市周辺も，以前は葛飾と呼ばれていたのですね。

先生　　：江戸時代までは葛飾郡と呼ばれる郡が今の A 東京都・千葉県・埼玉県・茨城県にまたがって存在していました。それが明治時代に細分化されて，市川市にあたるところは東葛飾郡になりました。

松戸さん：「文化のほこりここにあり」とありますが，伝統的な文化はもちろん，海外で暮らした経験のある友だちも多くて，多様な文化に触《ふ》れられますね。

先生　　：そうですね，その背景には，近年のグローバル化の進展にともなって，日本から海外に働きに行く人や B 海外から日本に働きに来る人が増えていることがあります。

千葉さん：二番の「姿のびゆく若人の　眉のあたりに薫る風」というのは爽《さわ》やかな初夏の C 気候

を思わせます。

先生　　：いい感性ですね。「風薫る」というのは初夏の季語にもなっているのですよ。

船橋さん：三番に「歴史かたれる市川の」とありますが，市川市に学校をつくった理由は何だったのですか。

先生　　：創立者の古賀米吉《よねきち》先生は，大都市東京に隣接《りんせつ》して将来性があることなどに期待して，市川市に学校を建てたそうです。学校創立は87年前の1937年です。あと10年ちょっとで100周年になりますが，確かにD約100年の間に市川市はずいぶん人口が増加し，発展しました。

松戸さん：次の「真間の流れよせせらぎよ」の真間川はどこを流れているのですか。

先生　　：かつて校舎があった場所のすぐ横を流れるのが真間川です。途中《とちゅう》で今の校舎の近くを流れる大柏川《おおかしわがわ》と合流し，最後は東京湾《わん》に注いでいます。川沿いをずっと歩いてみると，E同じ市川市でも，学校付近と沿岸部で街の様子がずいぶん異なることがわかりますよ。

問１　下線**A**に関して，次の問いに答えなさい。

(1)　<**表１**>はこの４都県の2020年の※1昼夜間人口比率，１世帯あたり乗用車保有台数，および2019年の※2観光・レクリエーション目的の旅行者数を示したものです。千葉県と茨城県にあてはまるものはどれですか，**ア〜エ**からそれぞれ選び，記号で答えなさい。

※１　昼夜間人口比率…夜間人口100人に対する昼間人口の割合。

※２　観光・レクリエーション目的の旅行者数…観光・レクリエーションを目的として，その都県を訪れた人の数。

<**表１**>

	昼夜間人口比率（%）	１世帯あたり乗用車保有台数（台）	観光・レクリエーション目的の旅行者数（千人）
ア	89.6	0.99	7509
イ	90.3	1.00	26829
ウ	97.8	1.63	6889
エ	116.1	0.45	26965

二宮書店『データブック　オブ・ザ・ワールド 2021』
二宮書店『データブック　オブ・ザ・ワールド 2023』
観光庁 HP（https://www.mlit.go.jp/kankocho）より作成

(2)　この４都県のうち，東京都・千葉県・埼玉県を通るJR武蔵野線は，元々は貨物輸送のために建設されました。貨物輸送について，<**表２**>は1970〜2009年の日本国内における海運，航空，自動車，鉄道の貨物輸送量（トンキロ）の構成比（%）の推移を示したものです。鉄道にあてはまるものはどれですか，**ア〜エ**から１つ選び，記号で答えなさい。

<**表２**>

	1970年	1980年	1990年	2000年	2005年	2009年
ア	38.8	40.8	50.2	54.2	58.7	63.9
イ	18.1	8.6	5.0	3.8	4.0	3.9
ウ	0.0	0.1	0.1	0.2	0.2	0.2
エ	43.1	50.6	44.7	41.8	37.1	32.0

二宮書店『データブック　オブ・ザ・ワールド 2023』
より作成

問２　下線**Ｂ**について，＜**表３**＞は，2022年６月時点での＜**地図１**＞中の**Ｘ**～**Ｚ**の３つの自治体に住む外国人の国籍《こくせき》別の構成比(%)を示したものです。**ａ**～**ｃ**にあてはまる自治体の組み合わせとして正しいものはどれですか，下の**ア**～**カ**から１つ選び，記号で答えなさい。

＜**表３**＞

	中国	ベトナム	フィリピン	ブラジル	インドネシア	その他
ａ	38.3	9.3	8.1	2.6	1.7	40.0
ｂ	15.6	29.0	8.5	0.8	11.5	34.7
ｃ	1.4	4.7	3.5	57.4	2.4	30.4

出入国在留管理庁 HP(https://www.moj.go.jp/isa)より作成

＜**地図１**＞

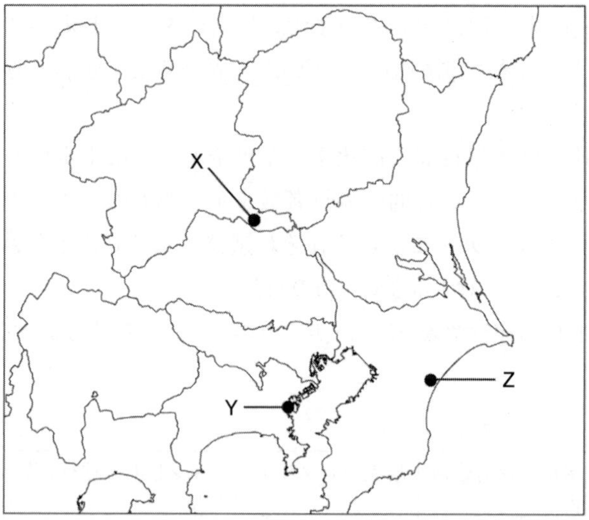

ア　ａ―Ｘ　ｂ―Ｙ　ｃ―Ｚ　　**イ**　ａ―Ｘ　ｂ―Ｚ　ｃ―Ｙ
ウ　ａ―Ｙ　ｂ―Ｘ　ｃ―Ｚ　　**エ**　ａ―Ｙ　ｂ―Ｚ　ｃ―Ｘ
オ　ａ―Ｚ　ｂ―Ｘ　ｃ―Ｙ　　**カ**　ａ―Ｚ　ｂ―Ｙ　ｃ―Ｘ

問３　下線**Ｃ**について，**ａ**～**ｄ**は下の＜**地図２**＞中の**ア**～**エ**の４つの地点の雨温図です。**ｂ**と**ｄ**にあてはまる地点はどこですか，**ア**～**エ**からそれぞれ選び，記号で答えなさい。

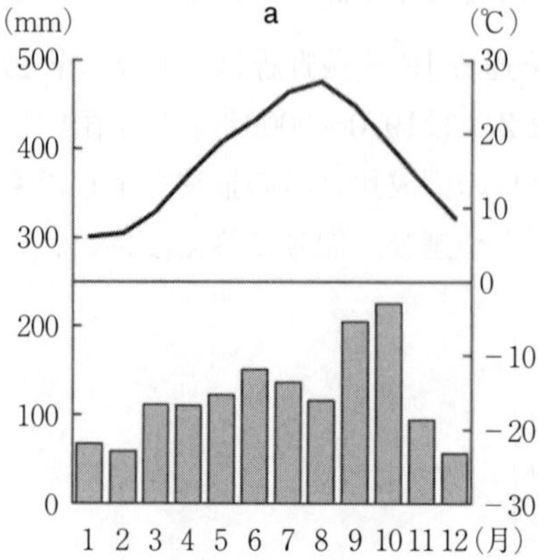

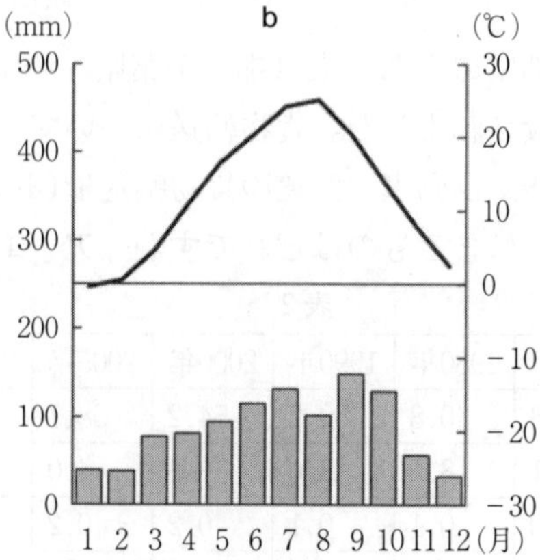

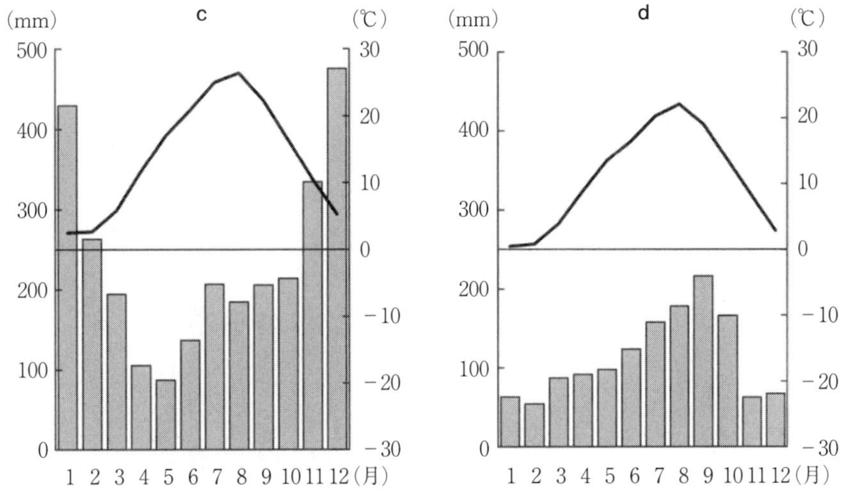

気象庁HP（https://www.jma.go.jp/jma）より作成

＜地図２＞

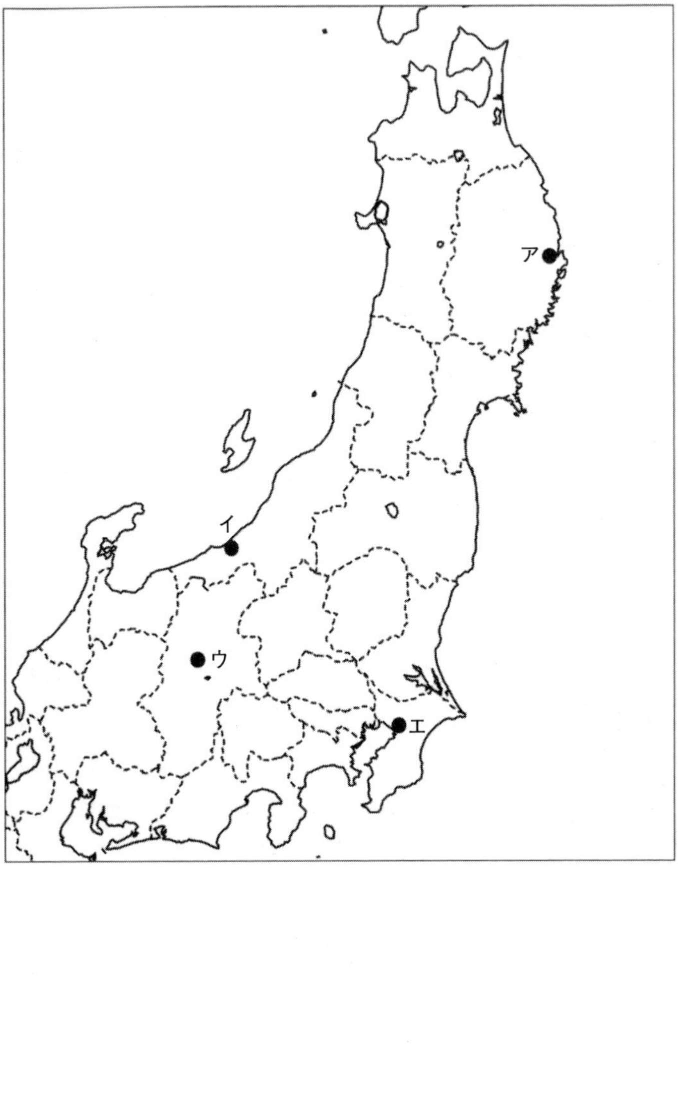

問４　下線**Ｄ**について，次の＜**グラフ**＞は1920年から100年間の市川市の人口の推移と人口増加率を示したものです。これについて，あとの問いに答えなさい。

＜**グラフ**＞

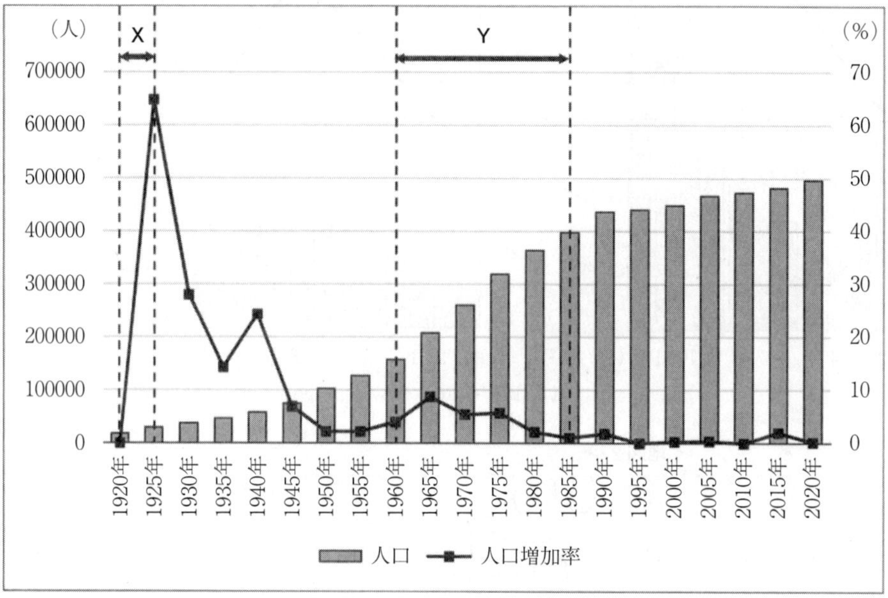

市川市HP(https://www.city.ichikawa.lg.jp)より作成

(1)　**Ｘ**の期間には，東京の下町などから親類や知人をたよって移り住む人が多くいました。その背景となったできごとは何ですか，漢字で答えなさい。

(2)　**Ｙ**の期間に，市川市をふくむ，東京とその周辺地域で生じた現象**ａ**～**ｃ**の正誤の組み合わせとして正しいものはどれですか，下の**ア**～**ク**から１つ選び，記号で答えなさい。

ａ　ごみの排出《はいしゅつ》量が増加し，ごみ処理施設が不足するようになりました。

ｂ　地価が下落したことにより，都心の人口が増加しました。

ｃ　通勤・通学時間帯に鉄道や道路が激しく混雑するようになりました。

ア	**ａ**―正　**ｂ**―正　**ｃ**―正	**イ**	**ａ**―正　**ｂ**―正　**ｃ**―誤
ウ	**ａ**―正　**ｂ**―誤　**ｃ**―正	**エ**	**ａ**―正　**ｂ**―誤　**ｃ**―誤
オ	**ａ**―誤　**ｂ**―正　**ｃ**―正	**カ**	**ａ**―誤　**ｂ**―正　**ｃ**―誤
キ	**ａ**―誤　**ｂ**―誤　**ｃ**―正	**ク**	**ａ**―誤　**ｂ**―誤　**ｃ**―誤

問５　下線**Ｅ**に関して，新入生たちは市川市の沿岸部について調べ，＜**表４**＞と＜**地図３**＞にまとめました。＜**表４**＞からわかるように，沿岸部には1960年代から70年代にかけて新たな町が誕生したにもかかわらず，その町に居住している人口は現在までわずかなままです。その理由は何ですか，＜**地図３**＞を参考にして，これらの町がどのようにして誕生したのかにふれながら説明しなさい。

＜表4＞

新たな町の誕生		町ごとの人口の移り変わり(人)					
		1980年	1990年	2000年	2010年	2020年	2022年
1962年11月1日	高谷新町	0	0	1	2	21	16
1963年10月1日	二俣新町	11	15	2	0	0	0
1966年12月27日	千鳥町	47	36	3	1	0	0
1968年7月30日	高浜町	0	1	7	0	0	0
1973年1月19日	塩浜1丁目	0	0	16	2	13	14
1973年12月14日	塩浜2丁目	0	0	0	1	0	0
	塩浜3丁目	0	16	18	19	1	1
1976年1月23日	東浜1丁目	0	0	0	0	0	0

『昭和56年版　市川市統計年鑑《ねんかん》』・『平成3年版　市川市統計年鑑』
『平成13年版　市川市統計年鑑』・『平成23年版　市川市統計年鑑』
『令和3年版　市川市統計年鑑』・『令和5年版　市川市統計年鑑』より作成

＜地図3＞

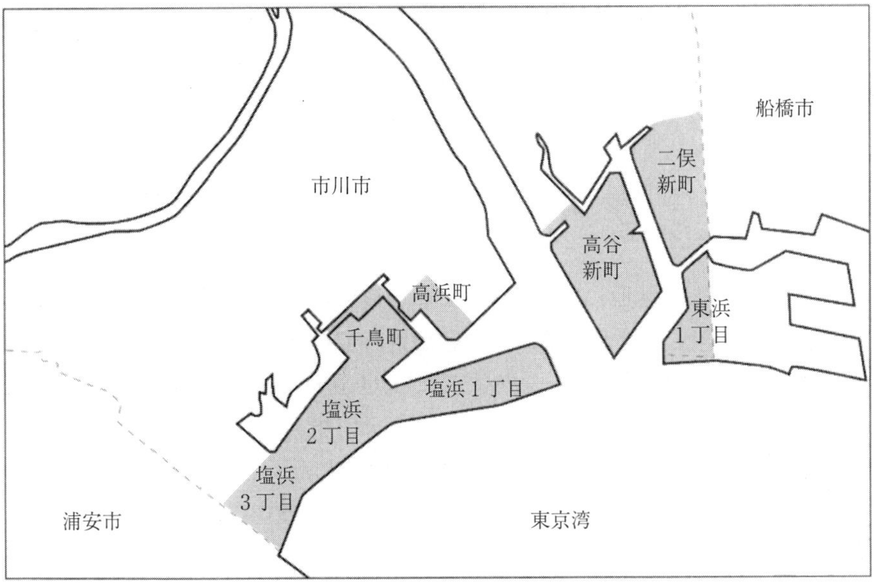

4 **あるクラスの公民の授業で，各班がテーマを決めて調べ学習に取り組み，メモをつくりました。そのメモを読み，あとの問いに答えなさい。**

1班のメモ　サミット(主要国首脳会議)について

2023年5月にA広島でサミットが開催《かいさい》されました。サミットは，世界経済の発展と安定をはかるためにB主要国の首脳らが集まって開催する国際会議です。
第1回サミットは，1975年にパリ近郊《きんこう》のランブイエで開かれ，アメリカ・日本・イギリス・フランスなど6か国の首脳が参加しました。以後C参加国を増やしながら参加国が持ち回りで原則年1回開催し，今回で49回目をむかえました。

問1　下線Aに関して，岸田文雄首相は被爆《ひばく》地広島でサミットを開催する理由について「広島ほど平和への関与《かんよ》を示すのにふさわしい場所はない」と述べました。核兵器と平和に関する説明として正しいものはどれですか，**ア**～**エ**から１つ選び，記号で答えなさい。

ア　ソ連の行った水爆実験で日本の漁船が被ばくした第五福竜丸事件を受けて，広島で原水爆禁止世界大会が開かれました。

イ　核拡散防止条約(NPT)により，核兵器保有国をアメリカ・イギリス・ソ連・フランス・インドに限定することが決められました。

ウ　包括的核実験禁止条約(CTBT)により，核実験をすべて禁止することが決められましたが，一部の国の反対で未だに発効していません。

エ　核兵器禁止条約により，核兵器の開発や保有などの全面的禁止が決められ，日本もこれに参加しました。

問２　下線**B**に関して，現在サミットには主要国の首脳だけではなく，EUの首脳も参加しています。EUに関する説明として正しいものはどれですか，**ア**～**エ**から１つ選び，記号で答えなさい。

ア　EUの本部は，スイスのジュネーブにおかれています。

イ　EUでは加盟国間の関税をなくし，お金や人，物の移動が自由に行われています。

ウ　EUのすべての加盟国は，共通通貨であるユーロを採用しています。

エ　EUの加盟国数は，前身のECの時代から一貫《いっかん》して増加しています。

問３　下線**C**について，サミットに参加する国々は，以前はG8と呼ばれていましたが，ある国が参加停止となり2014年以降はG7となっています。ある国とはどこですか，答えなさい。

２班のメモ　男女の格差について

日本では，男女の格差を是正《ぜせい》するため D男女雇用機会均等法や男女共同参画社会基本法などの法整備を進めてきましたが，多くの課題が残っています。

2023年６月に，世界経済フォーラムが「グローバル・ジェンダー・ギャップ報告書2023」を公表しました。E日本のジェンダー・ギャップ指数は過去最低の146か国中125位で，G7で最下位，東アジア・太平洋地域でも最下位でした。

問４　下線**D**について，男女雇用機会均等法では，労働者の募集《ぼしゅう》および採用において性別を理由とする直接的な差別だけではなく，間接差別も禁止しています。間接差別とは，性別以外の理由であっても，結果としてどちらかの性別が不利益になる制度や扱《あつか》いを，合理的な理由がない場合に行うことをいいます。次の＜**求人票**＞の下線部のうち，女性に対する間接差別にあたると考えられるものはどれですか，**ア**～**エ**から１つ選び，記号で答えなさい。

＜**求人票**＞

事業所名	株式会社〇〇商事
所 在 地	千葉県市川市本北方〇〇
募集職種	ア営業職
給　　与	基本給　20万円
勤務時間	9：00～17：45　(休息時間45分)
募集人数	イ男性７名，女性３名
応募資格	ウ普通自動車免許取得者
	エ身長170cm以上，体重70kg以上

問５　下線**Ｅ**について，次の＜**グラフ**＞は，2023年の日本のジェンダー・ギャップ指数を示しています。ジェンダー・ギャップ指数とは，政治参画(国会議員の男女比など)・経済参画(※1 管理的職業従事者の男女比など)・教育(就学率の男女比など)・健康(※2 健康寿命《じゅみょう》の男女比など)の４つの分野における男女格差を，０を完全不平等，１を完全平等として数値化したものです。＜**グラフ**＞中の**ａ**～**ｃ**にあてはまる分野の組み合わせとして正しいものはどれですか，**ア**～**カ**から１つ選び，記号で答えなさい。

※１　管理的職業従事者…就業者のうち，会社役員や企業《きぎょう》の課長以上の役職に就いている人。

※２　健康寿命…健康上の問題で日常生活が制限されることなく生活できる期間。

＜**グラフ**＞

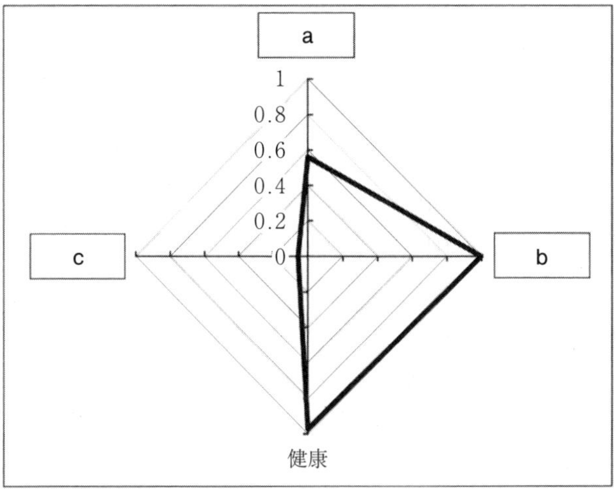

男女共同参画局HP(https://www.gender.go.jp)より作成

ア　**ａ**―政治参画　**ｂ**―経済参画　**ｃ**―教育
イ　**ａ**―政治参画　**ｂ**―教育　**ｃ**―経済参画
ウ　**ａ**―経済参画　**ｂ**―政治参画　**ｃ**―教育
エ　**ａ**―経済参画　**ｂ**―教育　**ｃ**―政治参画
オ　**ａ**―教育　**ｂ**―政治参画　**ｃ**―経済参画
カ　**ａ**―教育　**ｂ**―経済参画　**ｃ**―政治参画

３班のメモ　日本の司法制度について

　Ｆ裁判とは，私たちが暮らす社会において，問題や争いが起こったときに，人権を尊重し，法律によって公正に解決するためのしくみです。
　Ｇ裁判官は，憲法および法律にのみ拘束《こうそく》され，自己の良心に従って，いかなる権力にも干渉《かんしょう》されずに裁判を行うため，身分の保障が規定されています。

問６　下線**Ｆ**について，裁判に関する説明として正しいものはどれですか，**ア**～**エ**から１つ選び，記号で答えなさい。

ア　個人の間のお金や権利をめぐる争いを裁く裁判を刑事裁判といいます。
イ　裁判を公正に行い，誤りを防ぐため，三審制が採用されています。
ウ　警察官が犯罪の捜査《そうさ》を行い，犯人と疑われる人を被告人として訴《うった》えます。
エ　国民の感覚を反映させるため，すべての裁判の第一審には裁判員が参加します。

問７　下線**G**について，文章中の（**X**）～（**Z**）にあてはまるものの組み合わせとして正しいものはどれですか，**ア**～**ク**から１つ選び，記号で答えなさい。

> 最高裁判所長官は（　**X**　）の指名に基づいて天皇が任命し，最高裁判所裁判官および下級裁判所裁判官は（　**X**　）が任命します。
>
> 最高裁判所裁判官には国民審査の制度があり，任命されて最初の（　**Y**　）のときに裁判官として適しているかどうかの審査が行われ，その後も10年経過するごとに同じ審査がくり返されます。
>
> 裁判官は，（　**Z**　）に設置される弾劾裁判所で不適格であると判断されたり，病気になったりしないかぎり，やめさせられることはありません。

ア　**X**—内閣　**Y**—衆議院議員総選挙　**Z**—国会
イ　**X**—内閣　**Y**—衆議院議員総選挙　**Z**—内閣
ウ　**X**—内閣　**Y**—参議院議員通常選挙　**Z**—国会
エ　**X**—内閣　**Y**—参議院議員通常選挙　**Z**—内閣
オ　**X**—国会　**Y**—衆議院議員総選挙　**Z**—国会
カ　**X**—国会　**Y**—衆議院議員総選挙　**Z**—内閣
キ　**X**—国会　**Y**—参議院議員通常選挙　**Z**—国会
ク　**X**—国会　**Y**—参議院議員通常選挙　**Z**—内閣

【理　科】〈第２回試験〉（40分）〈満点：100点〉

【注意】　1．解答の際には，句読点や記号は１字と数えること。

2．コンパス・定規は使用しないこと。

3．円周率は3.14とする。

4．計算問題の答えは，整数または小数で答え，割り切れない場合は小数第２位を四捨五入して，小数第１位まで答えること。

1　**自転車は発明されてから様々な工夫が重ねられ，性能が向上してきました。**

1860年代前半に，フランスのミショー親子によって，図１のような前輪にペダルがついた自転車(ミショー型自転車)が発明されました。ペダルは前輪の軸《じく》に直接つけられていて，ペダルが１回転すると前輪も１回転します。

自転車のスピードを上げるためには前輪を大きくする必要があったので，図２のような極端《きょくたん》に前輪の大きい自転車(オーディナリー型自転車)が1870年頃《ごろ》にイギリスのジェームズ・スターレーによって発明されました。ペダルは同じく前輪の軸に直接つけられています。

図１　ミショー型自転車

図２　オーディナリー型自転車

(1)　前輪の直径は，ミショー型自転車が75cm，オーディナリー型自転車が150cmとします。ペダルを１回転させたとき，ミショー型自転車に比べてオーディナリー型自転車が進む距離《きょり》は何倍ですか。

(2)　前輪の直径が150cmのオーディナリー型自転車は，ペダルを１回転させると何m進みますか。

オーディナリー型自転車は，サドルの位置が高いので乗るのも降りるのも一苦労でした。そこで，1885年にジェームズの甥《おい》のジョン・ケンプ・スターレーが，図３のようなチェーンを用いた自転車を発明しました。ペダルを１回転させたときに進む距離を，前輪ではなく後輪で調整する自転車です。ペダルと後輪の回転軸にはそれぞれ大きさが異なる歯車がついていて，チェーンでつながれています。図４のようにペダルの回転軸には大きな歯車が，後輪の回転軸には小さな歯車がついています。

図３

図４

(3)　大きい歯車の歯の数が32歯，小さい歯車の歯の数が14歯とします。後輪の直径が70cmのとき，ペダルを１回転させたときに自転車が進む距離は何mですか。

図５のような変速機は，チェーンにつながれた歯車の大きさ（直径）の組み合わせを切《き》り替《か》える（ギアを変える）ことで，ペダルを１回転させたときに進む距離を変えることができる装置です。

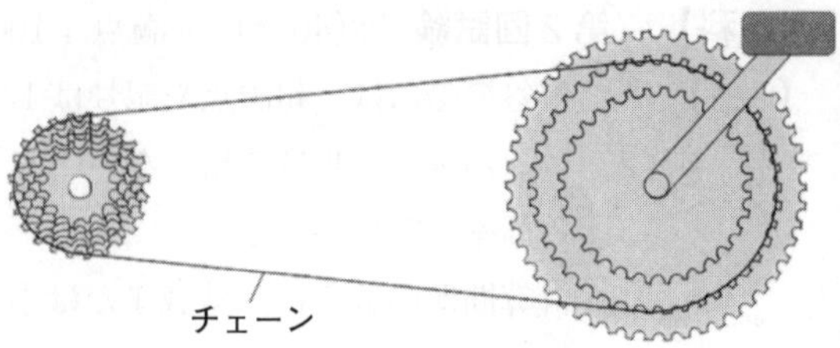

図５　変速機の模式図

(4)　ペダルを１回転させたときに自転車が進む距離が最も長くなるようにするには，歯車の組み合わせをどのようにすればよいですか。次の文の [1]，[2] にあてはまる組み合わせを選びなさい。

ペダル側の歯車は最も [1] ものを用いて，後輪側の歯車は最も [2] ものを用いればよい。

	1	2
ア	大きい	大きい
イ	大きい	小さい
ウ	小さい	大きい
エ	小さい	小さい

ペダルを押《お》す力が，車輪が路面から受ける力に変換《へんかん》されることで自転車は進みます。図１や図２の自転車は，ペダルを押す力が，前輪が路面から受ける力に変換されます。図３の自転車は，ペダルを押す力が，歯車とチェーンを通して後輪が路面から受ける力に変換されます。そして，図５のような歯車の組み合わせは，ペダルをこいだときに感じる重さと関係しています。

図６は，ペダル側はペダルから歯車の軸までの長さが20cm，歯車の半径が10cm であり，後輪側は後輪の半径が35cm，歯車の半径が７cm である自転車の模式図です。

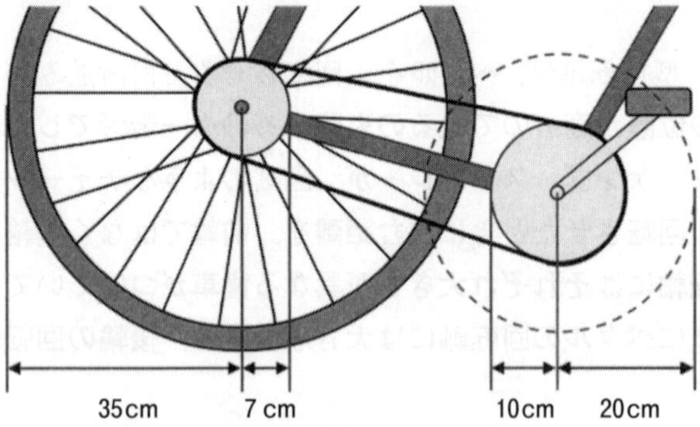

図６

(5)　図６の自転車の場合，ペダルを押す力と後輪が路面から受ける力の大きさについて，次の文章の [3]，[4]，[5] にあてはまる数値をそれぞれ答えなさい。

ペダルを押す力は [3] 倍になってチェーンに伝わり，そのチェーンに伝わる力が [4] 倍になって後輪が路面から受ける力となる。したがって，ペダルを押す力は [5] 倍になって後輪が路面から受ける力となる。

(6) 自転車で坂道を上るときのように，なるべくペダルを押す力を小さくして自転車が進むようにするには，歯車の組み合わせをどのようにすればよいですか。次の文の[6]，[7]にあてはまる組み合わせを選びなさい。

ペダル側の歯車は最も[6]ものを用いて，後輪側の歯車は最も[7]ものを用いればよい。

	6	7
ア	大きい	大きい
イ	大きい	小さい
ウ	小さい	大きい
エ	小さい	小さい

2 市川さんは学校で気体の単元の授業を受けています。

先　　生　今日から，気体についての授業を行います。私たちの生活の中で使われている気体で何か知っているものはありますか。

市川さん　都市ガスやLPガスなどは聞いたことがあります。

先　　生　私たちのライフラインとして使われているものですね。どちらも，炭素を成分として含《ふく》んでいます。では，これらの気体を燃やすと何が発生しますか。

市川さん　炭素が含まれているなら，二酸化炭素が発生すると思います。

先　　生　そのとおりです。それでは，気体の種類による性質の違《ちが》いについて学んでいきましょう。以前に体積が同じでも，ものによって重さが違うことを学びました。さて，気体の場合どのように調べればよいでしょうか。

市川さん　塩と砂糖を体積が同じ入れ物に入れて重さを比べる実験を行ったのは覚えていますが，同じようにできないでしょうか。

先　　生　似た方法で実験することができます。気体が空気中に逃《に》げないように風船に入れて実験しましょう。直接，電子天秤《てんびん》などで重さを測ることは難しいので，重さの違いを知るためには工夫が必要です。

市川さん　気体を入れた風船を手で持って，それを離《はな》したときに，気体の種類によって重さが違うから風船の動き方に違いが出てくると思います。

先　　生　よい仮説ですね。それでは，実験で確かめてみましょう。

【実験１】

図１のように空気，ヘリウム，窒素《ちっそ》，二酸化炭素をそれぞれ風船が同じ体積になるように入れ，動かないように棒で支えた。

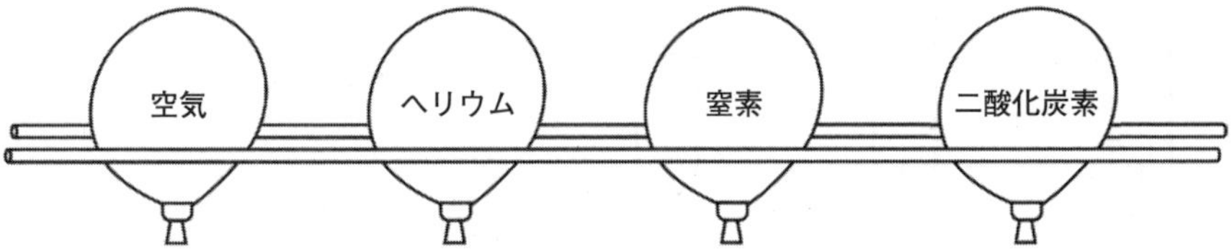

図１

静かに棒を離したときに，ヘリウム，窒素，二酸化炭素が入った風船が，空気が入った風船が落下する様子と比較《ひかく》してどのように動くのかを観察し，その結果を表1にまとめた。

表1

気体の種類	観察結果
ヘリウム	落下せずに上に動いた。
窒素	空気を入れた風船と同じくらいの速さで下に動いた。
二酸化炭素	空気を入れた風船より速く下に動いた。

(1)　下線部について，都市ガスにはメタンが，LP ガスにはプロパンが含まれており，私たちはこれらの気体が燃焼するときに発生するエネルギーを利用しています。表2はこれらの気体を同じ体積だけ完全に燃焼させたときのデータです。J（ジュール）はエネルギーの単位です。※ 1kJ のエネルギーを得る際に排出《はいしゅつ》される二酸化炭素の重さはメタンに対してプロパンは何倍ですか。

※ 1kJ ＝1000 J

表2

	排出される二酸化炭素の重さ（g）	発生するエネルギー（kJ）
メタン	44	890
プロパン	132	2220

(2)　【実験1】の結果をまとめた表1から判断できるものはどれですか。**すべて**選びなさい。

ア　ヘリウムは空気よりも軽い

イ　ヘリウムは二酸化炭素よりも重い

ウ　二酸化炭素は空気よりも重い

エ　窒素は空気よりも重い

オ　窒素はヘリウムよりも軽い

先　　生　次は気体の性質の違いを利用して気体の種類を判別してみましょう。

【実験2】

図2のように，窒素，酸素，二酸化炭素，アンモニアの気体がそれぞれ，A～Dのラベルをつけた試験管のいずれかに入っている。気体の種類を判別することを目的として，これらの気体に対して様々な操作を行う。

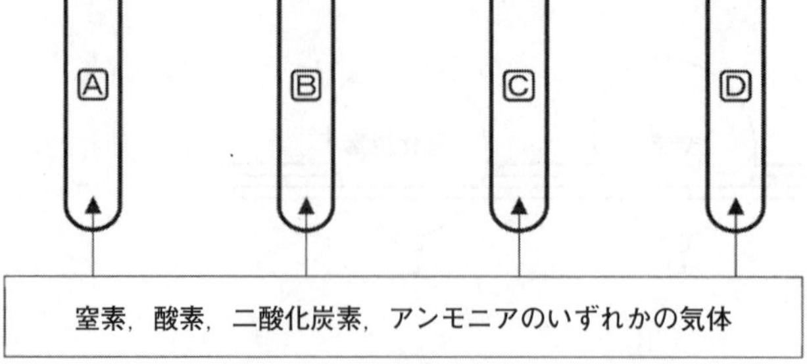

図2

先　　生　実験の目的はわかりましたか。それでは実験を計画してみましょう。

市川さん　わかりました。ノートに書いてみます。

＜市川さんのノート＞

実験計画

A～Dに対してそれぞれ 操作1 を行うと，結果1 になる気体が1つ，結果2 になる気体が1つ，結果3 になる気体が2つになると考えられる。結果3 となった気体の判別のために，結果3 となった気体を新たに準備し，それぞれ 操作2 を行うと 結果4 と 結果5 が得られると考えられる。

先　　生　よい実験計画ですね。この実験計画をもとに実験を行ってみましょう。実験後はレポートにまとめてください。

図3は【実験2】後に市川さんがレポートに書いた結果のまとめです。

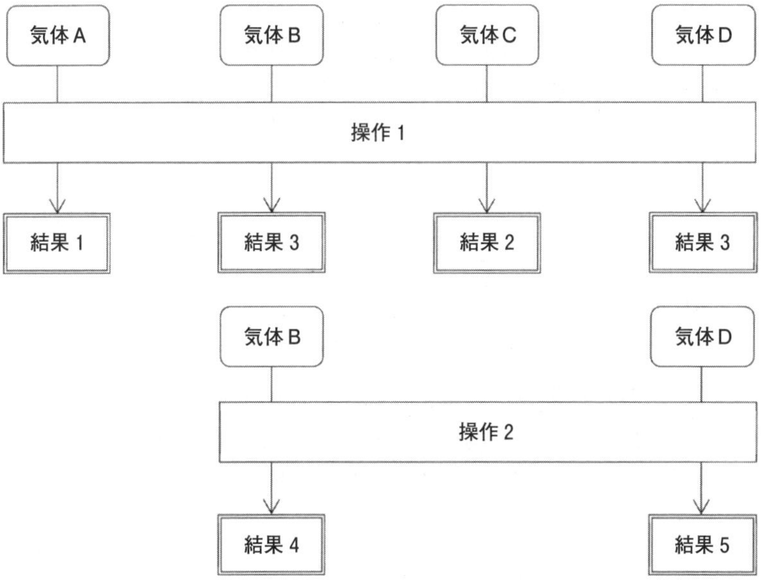

図3

(3)　操作1と操作2はどれですか。

ア　石灰水を加えた

イ　水に濡《ぬ》らした赤色リトマス紙を入れた

ウ　火のついた線香《せんこう》を入れた

エ　緑色のBTB溶液《ようえき》を加えた

オ　うすい塩酸を加えた

(4)　操作1で，気体AとCは，それぞれ具体的にどのような結果のときにどの気体であると判別できるか説明しなさい。

(5)　操作2で，気体BとDは，それぞれ具体的にどのような結果のときにどの気体であると判別できるか説明しなさい。

3　市川さんはご飯つぶをよくかんでいると甘《あま》さを感じました。このことを不思議に思って調べてみると，口の中の消化液であるだ液のはたらきが関係していることがわかったので，次の実験を行いました。

【実験】

操作１　ご飯つぶ20つぶを，40℃のお湯10mL に入れてよくかき混ぜた。これをご飯液とした。

操作２　だ液を４本の試験管Ａ～Ｄの中に１mL ずつ入れた。

操作３　試験管ＡとＢは40℃のお湯，試験管ＣとＤは60℃のお湯にそれぞれ10分間つけた。

操作４　試験管Ａ～Ｄのそれぞれにご飯液を２mL ずつ加えてよく混ぜてから，すべての試験管を40℃のお湯に10分間つけた。

操作５　試験管ＡとＣのそれぞれにうすいヨウ素液を加えてよく混ぜてから試験管立てに静かに置いた。

操作６　試験管ＢとＤのそれぞれに※ベネジクト液を加えてよく混ぜてから，加熱したあとで試験管立てに静かに置いた。

※ベネジクト液…糖を含《ふく》む液体に加えてから加熱すると，色の変化が見られる液。

操作５，６における，それぞれの溶液《ようえき》の色の変化を表１にまとめました。

表１

試験管	A	B	C	D
うすいヨウ素液	変化なし		変化あり	
ベネジクト液		変化あり		変化なし

表１の結果から，ご飯つぶに含まれる［ 1 ］がだ液によって［ 2 ］に変化したことがわかりました。市川さんが調べてみると，この変化はだ液の中に含まれる酵素《こうそ》の一つであるアミラーゼのはたらきによることがわかりました。また，たくさんの酵素がからだのはたらきを助けていることや，酵素によって最もはたらく条件が決まっていることもわかりました。

(1)　上の文章中の［ 1 ］，［ 2 ］にあてはまる語句をそれぞれ答えなさい。

(2)　【実験】の結果からわかるアミラーゼの性質はどれですか。

ア　60℃付近が，最もよくはたらく温度である。

イ　60℃付近になると，はたらきを失う。

ウ　40℃付近が，最もよくはたらく温度である。

エ　40℃付近になると，はたらきを失う。

オ　温度が変化してもはたらきは変わらない。

後日，市川さんは食後のデザートとしてパイナップルゼリーをつくることにしましたが，うまくゼリー(※ゼラチン)が固まりませんでした。調べたところ，パイナップルにはブロメラインというタンパク質分解酵素が含まれていることがわかりました。市川さんは以前に行ったご飯つぶとだ液の【実験】でも酵素がはたらいていたことを思い出し，その【実験】の中で用いたある方法と同じ処理をしたパイナップルを用意し，ゼリーをつくりました。その結果，ゼラチンが固まり，パイナップルゼリーができました。また，缶《かん》づめのパイナップルを用いても，ゼラチンが固まり，パイナップルゼリーができました。

※ゼラチン…動物の骨や皮に含まれるコラーゲンからつくられるタンパク質。

(3)　ゼラチンを固めるために市川さんが行った【実験】の中で用いたある方法とはどのような方法ですか。

(4)　豚肉《ぶたにく》の料理では，パイナップルの酵素を利用して，豚肉をやわらかくすることができます。この手順として最も適するものはどれですか。

ア　生の豚肉を加熱しながら，生のパイナップルと混ぜる。

イ　生の豚肉を加熱しながら，缶づめのパイナップルと混ぜる。

ウ　生の豚肉と生のパイナップルをよく混ぜてから，加熱する。

エ　生の豚肉と缶づめのパイナップルをよく混ぜてから，加熱する。

肉を食べると消化液に含まれる酵素によって分解されます。からだの中では，中性の消化液だけでなく酸性やアルカリ性の消化液もみられます。市川さんは，消化液中の酵素によって肉が分解される速さと，消化液の性質の関係を調べ，表２にまとめました。

表２

酵素	酸性	中性	アルカリ性
アミラーゼ	−	−	−
ペプシン	＋＋＋	−	−
トリプシン	−	＋	＋＋

（注）　分解する速さの順に＋＋＋，＋＋，＋とし，分解しなければ−とした。

(5)　ペプシンやトリプシンは，消化液に含まれるタンパク質分解酵素です。表２より，それぞれの酵素はどの消化液に含まれていることがわかりますか。

ア　だ液　　イ　胃液　　ウ　すい液

(6)　ヒトの筋肉の発達には，豚肉などにも含まれるタンパク質が必要ですが，食べた豚肉などがそのままヒトの筋肉になるわけではありません。その理由を説明しなさい。

4　市川さんは初日の出を見るために，日本のとても見晴らしのよい場所に来ました。この日の日の出の時刻と方角を聞いていたので，夜明け前に[1]の方角の地平線を眺《なが》め続けました。しかし，このときの天気はくもりだったので，残念なことに日の出を見ることはできませんでした。

(1)　上の文章中の[1]に入る語句はどれですか。

ア　真西　　　　　　　イ　真西よりも北寄り

ウ　真西よりも南寄り　エ　真東

オ　真東よりも北寄り　カ　真東よりも南寄り

市川さんは天気予報を調べると，昼は晴れるとありました。日本において，太陽は真南に来たときが一番高く上がることを知っていたので，正午に真南の空を眺めて，太陽が一番高く上がる姿を見ることにしました。

正午の10分前から真南の空を眺めると，太陽はすでに真南を通過しており，時間が経つにつれて高さが下がっていきました。そのため，この日の太陽が一番高く上がっている姿も見ることはできませんでした。

図１はその日の正午の太陽の位置を「●(黒丸)」で表したものです。

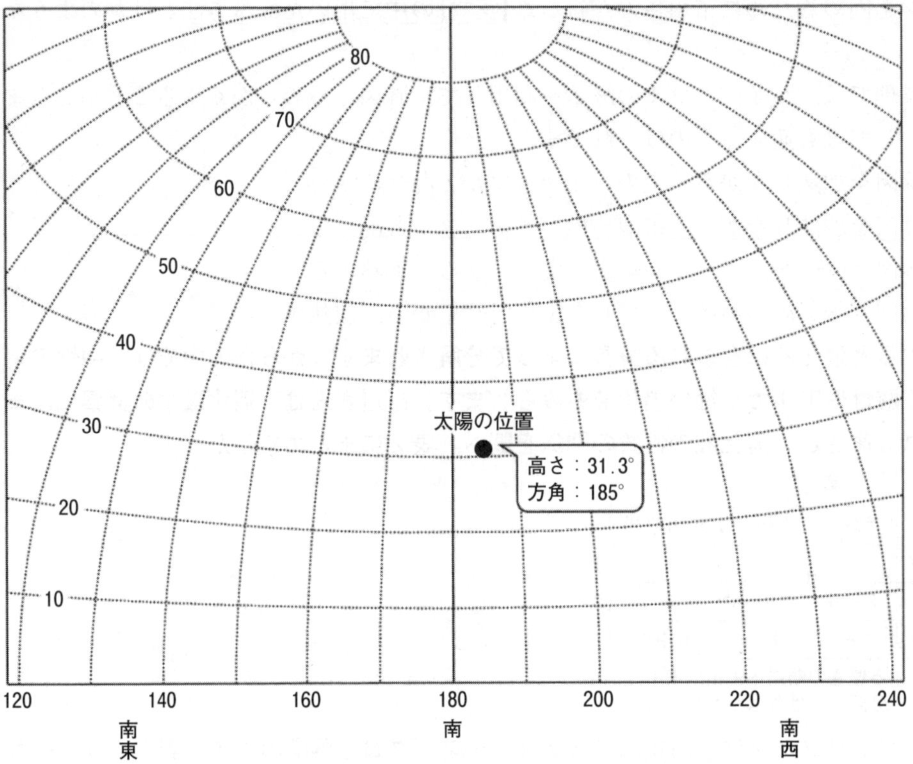

図１

表１

日付	高さ(°)	方角(°)
１月19日	35.0	182
２月16日	44.0	182
３月15日	52.0	185
４月22日	66.0	193
５月18日	73.0	200
６月17日	77.0	200
７月19日	75.0	193
８月16日	68.0	190
９月20日	55.0	192
10月13日	46.0	192
11月21日	34.0	190
12月13日	31.0	187

市川さんは太陽が真南に来るのは正午だと思っていたので，この体験を不思議に感じました。そこで，次の観測計画を立てて，同じ場所で観測を行いました。

【観測１】　１か月に１回，正午の太陽の高さと方角を測った。

・高さは地平線を０°，真上を90°と角度で表現した。

・方角は真北を０°，真東を90°，真南を180°，真西を270°と角度で表現した。

【観測２】　夏至の日と冬至の日に，１日の太陽の高さの変化を記録した。

市川さんは全ての観測日で太陽の姿を見ることができました。表１は【観測１】の結果です。

(2)　【観測１】の結果を[解答らん]にかき入れなさい。かき入れるときは図１のように，観測した12回分の太陽の位置をそれぞれ「●」で表し，日付順になめらかな線で結ぶこと。また，高さ，方角の数値や日付はかき入れなくてよい。

(3)　市川さんが観測を行った場所において，正午に太陽が真南に位置する日は，年に何回ありますか。

市川さんは広島県，兵庫県，宮城県に住んでいる友人たちにも【観測１】を行うようにお願いしていました。表２は友人たちから送ってもらった観測結果をまとめたものです。

表２

日付	広島県		兵庫県		宮城県	
	高さ（°）	方角（°）	高さ（°）	方角（°）	高さ（°）	方角（°）
１月19日	34.9	174	34.9	177	31.2	184
２月16日	42.7	172	42.7	175	39.2	183
３月15日	53.0	172	53.0	176	49.3	186
４月22日	67.4	174	67.4	181	63.2	194
５月18日	74.9	174	74.6	183	70.3	199
６月17日	78.6	167	78.7	179	74.3	200
７月19日	75.9	164	76.1	174	72.2	193
８月16日	69.1	170	69.1	177	65.2	191
９月20日	56.7	178	55.7	183	52.3	192
10月13日	47.9	181	47.6	185	43.3	193
11月21日	35.7	181	35.4	184	31.2	190
12月13日	32.3	179	32.2	182	28.2	188

(4)　表２より，正午に太陽が真南の位置にあることを観測できる日がある県を**すべて**選びなさい。３県とも観測できない場合は，解答らんに「×」をかきなさい。

ア　広島県

イ　兵庫県

ウ　宮城県

(5)　同じ日であっても観測する場所が違《ちが》うと正午に太陽の見える方角が異なります。そのうえ，日本において正午に太陽が真南の位置に見える日がある場所とない場所があります。その理由を説明した次の文の［２］，［３］にあてはまる語句の組み合わせはどれですか。

日本標準時子午線は［　２　］を通っており，観測場所の［　３　］がそれぞれ異なるため。

	２	３
ア	東京都	緯度《いど》
イ	東京都	経度
ウ	兵庫県	緯度
エ	兵庫県	経度

図２と図３は市川さんが行った【観測２】の結果をグラフにしたものです。グラフの縦軸《たてじく》は高さ（°），横《よこ》軸は時刻を表しており，曲線は各時刻における太陽の高さを表しています。

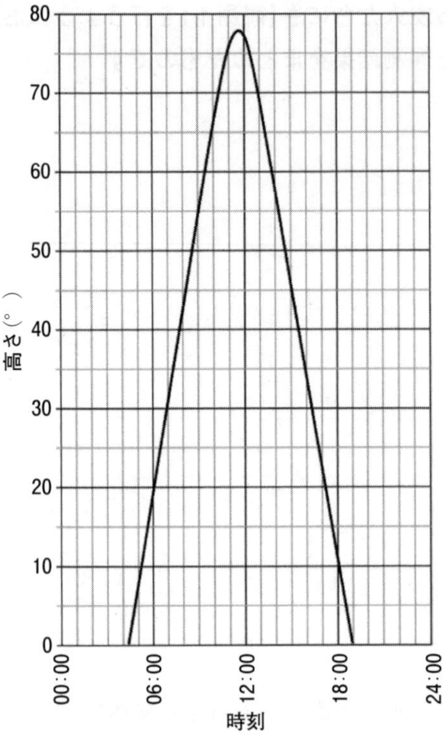

図2

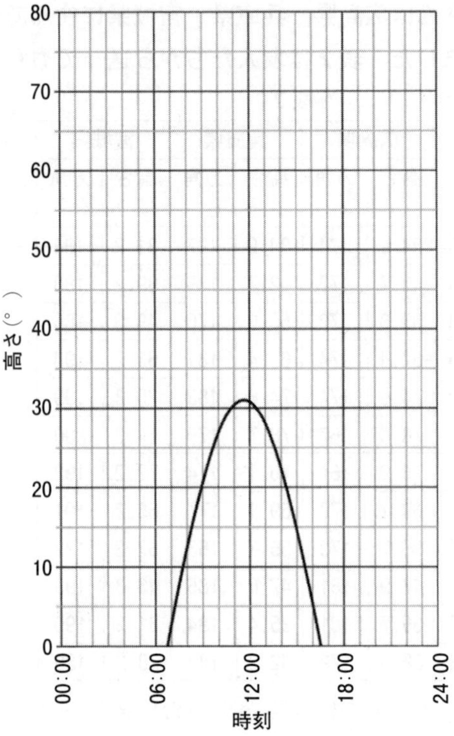

図3

(6)　夏至の日と冬至の日で，同時刻における太陽の高さが大きく違うのはなぜですか。理由を20字以内で説明しなさい。

(7)　市川さんが観測した場所で，冬至の日における真南の太陽の高さをX(°　)とします。市川さんが観測した場所の緯度はどれですか。なお，太陽を観測した場所の緯度は，次の式によって求められます。

緯度＝90－X－23.4

ア　北緯《ほくい》11.2°　　イ　北緯35.6°　　ウ　北緯48.4°

エ　南緯《なんい》11.2°　　オ　南緯35.6°　　カ　南緯48.4°

とから、自己嫌悪に陥ってしまい、こんなときは母親にはげましてもらいたいと思っている。

エ　信頼していた「おじさん」にも裏切られ、自分が世界から必要とされていないのではないかと不安になり、さらに怪我をして痛みも激しく、母親なら助けてくれるのではないかと恋しく思っている。

オ　「おじさん」は困った「私」を助けてくれず、さらに大切にしていた「夜風」も故障して使えなくなってしまい、どうすることもできない現実にいら立ち、母親に事故の責任を押しつけようとしている。

問5　――線４「………心配かけて、ごめんなさい」とあるが、このときの「私」についての説明として最も適当なものを次の中から選び、記号で答えなさい。

ア　母親のことをたくましい人間だと思っていたが、母親が自分への接し方に悩んで想像以上につらい思いをしていたかもしれないと気づき、互いを誤解して遠ざけ合っていたことを恥ずかしく思い、照れくささを隠せないでいる。

イ　母親のことをずっと嫌っていたが、「私」のことを嫌っていたかのように見えた母親にも「私」に対する愛情があったのだということに気づき、これまでの自分の身勝手さを実感し、強い自責の念にかられている。

ウ　母親に嫌われているとばかり思っていたが、実は母親も「私」に嫌われていると思って悩んでいたかもしれないことに気づき、「私」のために必死になっている母親の行動から愛情を実感し、素直な感情があふれている。

エ　母親をこれまで避け続けてきたが、自分のことを第一に考えてくれていた母親が実はか弱く守らなくてはいけない存在だったと気づき、母親を困らせてしまっていたことを反省し、これからは自分が母親を支えようと思っている。

オ　母親に愛されていることに気づいてはいたが、泣きじゃくる母親を見て母親に想像以上に愛されていたのだと気づき、自分勝手なことをしていたのだと反省し、迷惑をかけて申し訳ないという気持ちを率直に表現している。

問6　本文中における「夜風」について、次の各問いに答えなさい。

(1)　＝＝線「夜風はぐったりと横たわっていた」では「夜風」について特徴的な表現技法が用いられている。同じ表現技法が**用いられていないもの**を、～～線**ア**～**エ**の中から一つ選び、記号で答えなさい。

(2)　「夜風」は「私」にとってどのような存在か。その説明として**適当でないもの**を次の中から一つ選び、記号で答えなさい。

ア　自立することの大切さを教えてくれる存在。

イ　自立した人生を歩んでいくために必要な存在。

ウ　苦しいときにやすらぎを与えてくれる存在。

エ　信頼する人にしか名前を明かしたくない存在。

三　**次の各文の――線のカタカナを漢字に直しなさい。**

1　ゲンカクな父親。

2　心をフルい立たせる。

3　有罪とセンコクされた。

4　ヒカク製品の手入れを行う。

5　国をオサめる。

6　キュウトウ室でお茶をいれる。

7　社長のフクシンの部下。

8　あの役者の演技はアッカンだった。

お母さんはそれには答えず、私の背中に回した手で、体のあちこちを何度もさすっている。私の存在を確かめるみたいにして。

※ベスパ…イタリア製のオートバイの車名。これ以降の「スクーター」、「原付」は「ベスパ」と同じものをさす。
※ウーバーイーツ…飲食物を配達する事業の名前。那智はベスパで配達を行っている。
※ATM…銀行などの現金自動預け払い機。
※禍々しい…いかにも災いを招きそうな様子。
※キックペダル…バイクのエンジンを始動させるためのもの。

問１ [X] に入る最も適当なものを次の中から選び、記号で答えなさい。

ア　柳《やなぎ》の下のどじょう
イ　水を得た魚
ウ　蛇《へび》ににらまれた蛙《かえる》
エ　飛んで火に入る夏の虫
オ　借りてきた猫《ねこ》

問２ ――線１「なんだか突然、泣きたくなった」とあるが、それはなぜか。80字以内で説明しなさい。

問３ ――線２「すっと冷たい血が下りていくような感覚に陥った」とあるが、このときの「私」の気持ちの説明として最も適当なものを次の中から選び、記号で答えなさい。

ア　母親が「私」のアルバイトを快く思っていなかったことがわかり、母親に「私」が自立しようとすることを認めてもらいたかったのに、いつまでも「私」は大人として接してもらえないのだと落ち込んでいる。
イ　母親が「私」の行動に父親の影を見出していることがわかり、「私」のことを気にかけてほしいと思ってアルバイトをがんばっていたのに、いつまでも父親のことを考えている母親に怒りを覚えている。
ウ　母親はいつまでも父親と「私」を同じように見ていることがわかり、父親以上に努力していることを母親に理解してもらえなかったため、もう母親とは互いに理解し合えないのだとあきらめている。
エ　母親は「私」が怪しいことをしていると思い込んでいたことがわかり、何を言っても聞き入れてもらえず批判されたため、「私」の気持ちがうまく伝わらなかったのだと悔しく思っている。
オ　母親がこれまでと変わらず父親と「私」を重ね合わせていることがわかり、母親に「私」のことを娘《むすめ》として見てほしいと思っていたのに、その願いはこの先も叶《かな》わないのだと失望している。

問４ ――線３「…………お母さん」とあるが、このときの「私」についての説明として最も適当なものを次の中から選び、記号で答えなさい。

ア　味方だと思っていた「おじさん」に見捨てられ、大切な「夜風」を故障させたのに自分で直すことができない無力さと怪我《けが》をした痛みから、何もできずに困り果て、遠ざけようとしていたはずの母親に思わず助けを求めている。
イ　怪我を負って痛みを覚え、さらに自分一人では大切な「夜風」をどうすることもできないということを思い知り、自暴自《じぼうじ》棄《き》になってしまい、「私」にあまり関心がない母親を無意識のうちに頼ろうとしている。
ウ　「おじさん」が困っている「私」に興味がないことや、どうあがいても大切な「夜風」を自分で修理することができないこのを見て、私はどれだけ安堵《あんど》しただろう。

軽トラの荷台にスロープをつけると、佑樹さんは**エ**夜風をていねいにその上に載せた。

「大丈夫《だいじょうぶ》だよ、腕のいい整備士を知ってるから」

明るく言う佑樹さんに、私は泣きながら何度も何度もお辞儀《じぎ》をした。本当に、ありがたかった。

「それにしてもびっくりしたなあ。ジンくんがすごい勢いで電話してきて、何事かと思ったよ。俺《おれ》も高校のときよく言われたけど、最近ジンくん、電話とかでお父さんに声がそっくりになってきてさ。俺、最初、龍《りゅう》さんに怒《おこ》られるのかと思った」

龍さんって、劇団ホルスの主宰者の神城《かみしろ》龍だ。私はまだ会ったことがないけど。

佑樹さんは私の脚《あし》を指さした。

「膝小僧、血が出てるじゃん」

「大丈夫です。すりむいただけだと思う」

「いや、すぐ病院に行きな。頭も打ってるかもしれないし、傷の手当てと検査もしてもらったほうがいいよ」

佑樹さんはその場で夜間受付している病院を調べて連絡を取り、私を助手席に乗せて送ってくれた。

体のあちこちを検査してもらったあと、今のところ異常はないけど、念のため一晩入院して様子を見ましょうと言われた。そうなるとまた、病院から「保護者の方に連絡を」と要求される。

もう、そのことにがっかりはしなかった。

私はまだまだ、ひとりでは何もできないと思い知ったからだ。

私はお母さんのスマホに電話をかけた。予想はしていたけれど留守番電話に切り替《か》わり、私は原付《げんつき》で転んだことと、たいしたことはないけど念のため一泊《ぱく》入院すること、病院の名前をそこに残した。

一泊入院するだけだから、別にどうということはない。明日家に帰ったら、お母さんはきっと、また蔑《さげす》むような目で私を見るだろう。

仕方ないと覚悟《かくご》を決め、ベッドに横たわってうとうと眠《ねむ》りかけたとき、廊下《ろうか》をバタバタ走る音がした。

「那智！」

髪《かみ》の毛を振《ふ》り乱して病室に入ってきたお母さんは、すごい勢いで私のところに駆け寄ってくると、さっと手を伸《の》ばしてきた。

叩《たた》かれるのかと思って身をすくめたら、お母さんは私を抱《だ》きしめた。痛いぐらいに、強く強く。

「那智……那智、大丈夫？　大丈夫なの？」

「……うん」

「よかった……」

私を抱きしめたまま子どもみたいに泣きじゃくるお母さんは、茶色いエプロンをかけていた。胸元《むなもと》にお弁当屋さんのロゴが入っている。仕事の途中で留守番電話を聞いて、着替えもせずそのまま飛んできたのだ。

お母さんって、こんなに小さかったっけ。

そう思ったら急に、蓋《ふた》をしていた想いがあふれてきた。

お父さんがいなくなって、どうしたらいいのかわからないのは私よりもお母さんだったろう。お母さんだって、ひとりの女の人なのだ。

そして、最初にお母さんを避《さ》け始めたのはたぶん私のほうだった。私がお母さんに嫌われてると思うよりも先に、お母さんも私に嫌われてるって思っていたかもしれない。憎まれながら一緒にいるのはつらいことだと、お互《たが》いに思っていたんだろう。

自分にとっては、本当は大好きな人だから。

「**4**……心配かけて、ごめんなさい」

私は言った。

急いで電話をかけると、無機質なアナウンスが流れてきた。
「お客様のおかけになった電話番号は、現在、使われておりません」
…………え？
どうして？　私はあわてた。でもすぐに思い出した。そういえば、あのお店のおじさんが一度携帯《けいたい》からかけてきたことがあって、何かあったときのためにとそれを登録した覚えがある。
探して発信ボタンを押すと、長いコールのあと、あのおじさんの怪《け》訝《げん》そうな声がした。
「……誰？」
「あの、私、お店でベスパを買った逢坂です。今、転んでしまって、スクーターが動かなくなっちゃって……」
「ああ」
おじさんは面倒《めんどう》くさそうに息を吐《は》いた。
「携帯の番号、教えちゃったっけ？　まずったな。悪いけど、もうあの店ないから」
「えっ、でも」
「あのときさあ、もうすぐ閉店するっていう知り合いの店を間借りして中古車たたき売りしてたんだよね。事故ったなら自分でなんとかして」
「自分でって……」
「もうかけてくんなよ」
ぷつっと音がして電話が切れた。
そんな。あのおじさんは、私の味方だと思ったのに。
私は唇《くちびる》を嚙《か》んだ。もうかけてくんなよ、という憎々《にくにく》し気《げ》な声が頭の中でぐわんぐわんと響《ひび》いていた。
やっぱり私は、自分だけでは何もできないのだ。この世界から嫌われて、弾《はじ》かれて、情けなくて、ウ夜風を痛い目に遭《あ》わせたままどうにもできなくて………。
膝小僧の血が生々しく脛《すね》に垂れてきている。
「3…………お母さん」
唇から、そんな言葉がこぼれていた。
どうして私は、こんなときにお母さんを求めてしまうのだろう。
愛されていないとわかっているのに。早く離《はな》れたいって思っているはずなのに。
それでも体の中心から一番欲《ほっ》するのは、甘《あま》えたいのは、自分でもわからないまま、やっぱりお母さんだった。
お母さん、お母さん、お母さん。
痛いよ。どうしたらいいかわからないよ、助けて。
ぽろぽろと涙がこぼれてきて、私は自分を掻《か》き抱《いだ》いた。
心細さの中で今度は、ジンくんの顔が浮《う》かぶ。
そして鎖《くさり》で自然に引き寄せられるように、そういえばこの間、劇団ホルスにバイクショップで働いている俳優がいるという話をしてくれたことを思い出した。
ジンくんに迷惑をかけるかもしれない。でも私はどうしたって、夜風を助けなければならなかった。
震《ふる》える手でスマホを持ち直す。
ラインアプリを開き、私は唯一《ゆいいつ》の「友だち」にメッセージを送った。
ジンくんに事の次第《しだい》を話すと、彼はすぐに「佑樹《ゆうき》さん」という俳優に連絡を取ってくれた。運よく、たまたまバイクショップでバイトしているタイミングだったという。
佑樹さんは「サニー・オート」と描《か》かれた軽トラックで来てくれた。
とっぷり暮れた暗がりの中、ヘッドライトがこちらに向かってくる

「……そういうところ、あの人にそっくり。私に隠《かく》れて、こそこそして」

2すっと冷たい血が下りていくような感覚に陥《おちい》った。

お母さんはいつも私にお父さんを重ねている。終わらないのだ。これからもずっと。

「私、那智だよ。お父さんじゃないよ。ちゃんと私のこと見てよ」

私は淡々《たんたん》と言った。

ハッと顔を上げたお母さんと一瞬《いっしゅん》だけ目を合わせたあと、私は部屋を飛び出した。

忘れようとしても忘れられない。

お父さんはもう帰らないと言われた日のこと。

何の前触《まえぶ》れもなく世界が真っ暗になった日。

月が太陽を隠した日、月さえも見えなくなった日。

恐怖《きょうふ》だった。私はあのとき、お父さんだけじゃなくて、前のように楽しそうに笑うお母さんのことも失ったのだと思った。何をどうすればいいのか、これからどうなるのか、不安で不安でたまらなかった。

夜風、夜風。

あなたがいてよかった。私をどこか遠くへ連れて行って。

もう、高校を卒業してからなんて待てない。

涙《なみだ》で視界がかすむ。夕暮れ時の薄暗《うすぐら》さの中、自分がどこを走っているのかよくわからなかった。人のいないところへ、いないところへと道を選んでいく。

そのとき、目の前を黒い猫《ねこ》がさっと横切った。あっとハンドルを切ろうとした瞬間、平衡《へいこう》感覚が一気にくずれ、激しい騒音《そうおん》と共に何がなんだかわからなくなった――。

「……痛っ……」

なんとか我に返ると、私はアスファルトの上に投げ出されていた。左腕《ひだりうで》に強い痛みが走り、スカートから出た膝小僧《ひざこぞう》がすりむけていた。頭は打ったのかどうかも記憶《きおく》にないけど、衝撃《しょうげき》はなかった気がする。ヘルメットを外しながらよろよろと起き上がってすぐ、あたりを見回す。夜風は？

車道の脇《わき》に、夜風はぐったりと横たわっていた。足を引きずるようにして夜風のところに向かう。

私は夜風の体を立てた。ミラーが割れて、車体に傷やへこみが増えていた。

「ご、ごめん……ごめんね」

夜風の返事を聞きたくて、私は※キックペダルを蹴《け》る。だけど、エンジンはかからなかった。ア夜風は無言のままだ。

「嘘《うそ》……。ねえ、夜風。夜風ってば」

私は泣きながら何度もキックペダルに足を乗せた。イ動かなくなった夜風は、すっかり生気を失っているようだった。

時間は午後五時を過ぎ、陽《ひ》が暮れてどんどん暗くなってきている。ここはどこだろう。ブレザーのポケットに入れていたスマホが無事だったのを確認し、マップアプリを開いてみた。

どうやら無意識に東緑地公園のほうに向かって走っていて、今はその手前あたりにいるらしい。住宅街を抜《ぬ》けているのでひとけはなく、誰《だれ》にも迷惑をかけないですんだのは幸いだった。

どうしよう。どうしたらいいんだっけ。

そうだ、まず夜風と出会ったあのバイクショップに連絡《れんらく》するんだ。

くんの一言に左右されてしまうほどの軟弱《なんじゃく》な根性《こんじょう》で、ひとりで生きていきたいなんて思っていたのだ。でも、ちゃんと勉強して受験して、学びたいことを学ぼうとするほうがよほど根性が要《い》るんじゃないか。

「スクーター、気に入ってるんだね」

ジンくんがハサミを動かしながら言う。

私は彼《かれ》になら、話してもいいと思った。

「あのね、あの子は夜風《よかぜ》っていう名前でね……」

ジンくんは穏《おだ》やかにほほえみながら聞いてくれた。嬉《うれ》しかった。私の大切な夜風への想《おも》いを、少しだけ、ジンくんと共有できた気がしたから。

そんなふうに平穏《へいおん》な日々がこのまま卒業まで続くことを願っていたけれど、そうはいかなかった。

次の日、学校から帰ったら、お母さんが仁王立《におうだ》ちで私を待ち構えていたのだ。

ただならぬ気配に、そのまま逃《に》げだしたくなった。でも [X] みたいに、私は動けなくなる。

「……なんなの、これは」

お母さんの手に、預金通帳があった。

※ウーバーイーツの報酬《ほうしゅう》振込《ふりこみ》のために作ったものだ。でも、振込確認はほとんどスマホで見ていて、通帳記入はしていない。まだ弁解の余地はある。私は必死で言い訳を考えた。

ところが、私の口よりも先に、お母さんが通帳を開いた。

「ドイツ銀行って、何よ」

ドイツギンコウＵＢＥ。ウーバーイーツの報酬はそこから支払《しはら》われている。今まで私が配達で得た収入が、すべて印字されていた。お母さんは通帳を銀行に持っていって※ＡＴＭで記入してきたのだ。

私はカッとなって叫《さけ》んだ。

「勝手なことしないでよ！」

通帳をつかみ取ろうとする私をよけ、お母さんはさっと体の向きを変えた。

「何をやっているの？　どんな怪《あや》しいことしてるの！」

お母さんから、嫌悪《けんお》のまなざしが投げかけられている。お母さんにとって私は、こんなにも※禍々《まがまが》しい存在なのだ。

「怪しくなんかない。ウーバーイーツの仕事してただけだよ」

「ウーバーイーツ？　バイトは禁止でしょうっ」

金切り声を上げるお母さんに、私は返す言葉がなかった。

ウーバーイーツの仕事はアルバイトではなく業務委託《いたく》です。学校にバレたらそう言おうとしていた冗談《じょうだん》めいた言い訳が、彼女《かのじょ》に通じるはずもない。

お母さんは床《ゆか》に座《すわ》り込み、泣き出した。

「………なんで…なんでよ。お金が足りないなら、言えばいいじゃないの。母子家庭だからって不自由させないようにって、私はこんなに一生懸命《いっしょうけんめい》がんばってるのに。今までお小遣いに困らせたことなんかあった？　スクーターだって買ってあげたじゃないの」

嗚咽《おえつ》の中で、私は立ちすくむ。

違うよ、お母さん。私は、自分の力で稼《かせ》ぎたかった、そのお金で自立したかった。

もうお母さんの前から消えて、迷惑《めいわく》かけたくなかったんだよ。お母さんに嫌《きら》われてるとわかってるのに、そばにいるのが耐《た》えられないんだよ。

そう思いながら無言を貫《つらぬ》いている私に、お母さんは地鳴りみたいに低い声で言った。

いに答えなさい。なお、出題に際して、本文には省略および表記を一部変えたところがある。

途中《とちゅう》まで紙吹雪《かみふぶき》を一緒に作っていたジンくんは、ある程度までくると私に雪を一任し、白い画用紙で何か作り始めた。カットして、折って、折って、またハサミをちょこちょこと動かして。

横目でちらちら見ていたら、どうやらそれは、花らしかった。ジンくんは花びらをいくつも生み出し、重ねていく。作り方の本などを見ているわけでもなく、慣れた手つきでどんどん作業を進めている。きっといつも作っているのだろう。完成した花は、手のひらにふわっと載《の》せてちょうど収まるぐらいのサイズの、名前もない象徴《しょうちょう》的な花だった。

「きれい」

私が言うと、ジンくんは満足そうな笑《え》みをこぼした。

「これを百個作る」

「は？」

その内職、なかなかブラックなのではと、私はちょっとあきれてジンくんを見る。そんな私の表情を見て、ジンくんは言った。

「いや、無理やりやらされてるわけじゃなくて。僕《ぼく》がやりたくて申し出た。こういうことするの、すごく好きなんだ。この花、きっと舞台《ぶたい》でいい仕事するよ。いくつかは踏《ふ》まれたり客席に落っこちたりするかもしれないけど、それも込《こ》みでいいんだ」

ジンくんは出来立ての白い紙の花をそっとテーブルに置き、ふたつめを作り始めた。

「ジンくんもそのうち、お父さんの劇団に入るの？」

「わかんない。でも、ちゃんと舞台美術の勉強がしたくて、高校を卒業したら専門学校に行こうと思ってる。学校ってすごいよね、いろんなこと教えてくれて」

私は細い短冊《たんざく》を持ったまま、胸がぎゅんときしんだ。

ジンくんには、ちゃんとやりたいことがあるのだ。そこに向かって、道筋をはっきり決めている。

ただひとりになりたくて家を出ることしか考えていない私とは大違《ちが》いだった。すごいね、とだけぽつっと言うと、ジンくんはゆっくりと続けた。

「演劇って役者ありきだけど、裏方の仕事がたくさんたくさんあるんだ。それがおもしろいなってわかったのは劇団ホルスのおかげだよ」

その言葉に、ハッとさせられた。

表舞台の裏に、そのまた裏に、ステージを支える人たちがたくさんいる。もしかしたら私だって今日、そのひとりになれたのかもしれない。だとしたら、ちょっと誇《ほこ》らしい。

この白い紙のかけらが、ちゃんと雪になりますように、お客さんを楽しませることができますようにと、私は姿勢を正してハサミを握《にぎ》りなおした。

「なっちゃんは、どうするの」

ギクリと体の奥《おく》で音がする。訊《き》かないで、と念じていたけど届かなかったみたいだ。

「あ、えっと……M短大、かな。イタリア語学科があって」

「へえ、イタリア語」

「私の乗ってる※ベスパって、イタリア車なの。スズメバチって意味なんだって」

「スズメバチがベスパなら、スズメはイタリア語でなんていうの」

「……それは知らないけど」

勉強してみようかな。M短大を受けて、イタリア語学科で……。そんな気持ちになって、1なんだか突然《とつぜん》、泣きたくなった。私は、ジンに合わせて上手に人とつき合いたいと思う一方で、友人に嘘はつきたくないとも思っているため、友人といっしょにいればいるほど自分の本当の意見を言えない罪悪感が増していき、疲れてしまうということ。

問４　――線３「一匹狼」、――線４「ぼっち」とあるが、「かつて」と「今日」の子どもたちは、一人でいる人をそれぞれどのようにとらえていると筆者は考えているか。**「かつて」「今日」の二語を必ず使って**100字以内で説明しなさい。ただし［解答らん］に「かつて」「今日」を書くとき、「　」をつける必要はない。

問５　――線**Ｘ**「友達と連絡をとっていないと不安」とあるが、このように感じる人が増えた理由を、**【文章Ⅱ】**では**【文章Ⅰ】**とは異なる観点で説明している。**【文章Ⅱ】**に基づいてその理由を説明したものとして、最も適当なものを次の中から選び、記号で答えなさい。

ア　様々な価値観を持つことが許されたことで互いの価値観をすり合わせなければならなくなった現代では、今まで以上に高いコミュニケーション能力を持つ人間が評価されることになるため、一人でいると他者からの自分に対する評価が下がってしまうのではないかということばかり心配するようになり、つねにだれかとつながっていなければ安心できなくなったため。

イ　様々な人間とつながれるようになったことで、就職にも関わるほどコミュニケーション能力が重視されるようになった現代では、自分の希望する企業に採用され安定した生活を送るためにも、コミュニケーション能力が高いことを周囲に示さなければならず、それを証明するためには自分の人間関係を豊かにするしかないという理由から、つねにだれかとつながっていなければ安心できなくなったため。

ウ　社会が流動化し自由度が高くなった現代では、個人の好きなものを消費するかつての消費形態から他者とのつながりを求める消費形態に変わり、またたれもがより多くの他者とつながることを追い求めるなか、人とのつながりだけがその人のコミュニケーション能力を示していると思われるようになったことで、つねにだれかとつながっていなければ安心できなくなったため。

エ　価値観の多様化にともなって互いの価値観を調整し合うようになったため、コミュニケーション能力だけが共通の評価基準となった現代では、自由に人間関係を築けるようになったにもかかわらず一人でいる自分自身を、コミュニケーション能力がない無価値な人間ではないかと感じ、また周囲からもそうみなされることを恐れ、つねにだれかとつながっていなければ安心できなくなったため。

オ　かつての不本意で不自由な人間関係から解放され、若者が一人になれる環境が用意されている現代では、人とコミュニケーションをとる機会が以前よりも減ってしまった結果、コミュニケーション能力が短期間のうちにいちじるしく低下してしまったので、コミュニケーション能力の回復にむけて、つねにだれかとつながっていなければ安心できなくなったため。

二

次の文章は、青山《あおやま》美《み》智《ち》子《こ》「ウミガメ」の一部である。高校三年生の「私」（逢坂《おうさか》那《な》智《ち》）は、両親が離婚《りこん》して母親と二人で暮らしている。母親は小遣《こづか》いを「私」に少し渡《わた》すだけで、あまり家に帰ってこない。「私」は高校を卒業したら一人で暮らすと決意し、少しでもお金をためようとアルバイトをしている。以下の場面は、友人のジンくんの自宅で、ジンくんの父親が主宰《しゅさい》する劇団ホルスの小道具を一緒《いっしょ》に作っている場面である。これを読んで、後の問

ルや電話で連絡を取り合う人が急激に増えたから。

エ　情報通信端末の浸透にともなって対面せずに連絡を取る人が増加し、また、調査の文言を「ふだん、よく会っておしゃべりをする人」から「知り合い程度の友だち」に変えたことで、ふだん対面しない人も「友だち」に組み込まれたから。

オ　出会った人すべてに「友だち」というラベルをはるようになり、情報通信端末を多くの人が使うようになったことで、実際に対面していないネット上だけでつながった人も「友だち」として数えるようになったから。

問２　A～Eに入るのは、**図７**からわかる数値の増減に関する言葉である。A～Eに入る言葉の組み合わせとして最も適当なものを次の中から選び、記号で答えなさい。

ア　A　大きく減っている　B　大きく減っている
　　C　少し増え　D　増えている
　　E　倍増している

イ　A　大きく増えている　B　大きく増えている
　　C　かなり減り　D　減っている
　　E　激減している

ウ　A　大きく減っている　B　大きく減っている
　　C　かなり増え　D　増えている
　　E　倍増している

エ　A　大きく増えている　B　大きく減っている
　　C　かなり減り　D　増えている
　　E　激減している

オ　A　大きく減っている　B　大きく増えている
　　C　少し増え　D　増えている
　　E　激減している

カ　A　大きく増えている　B　大きく減っている
　　C　かなり減り　D　減っている
　　E　倍増している

問３　——線２「つながりたいけれどつながっていると疲れてしまう」とあるが、どういうことか。その説明として最も適当なものを次の中から選び、記号で答えなさい。

ア　現代の若者は、現代社会の人間関係において、深くつながりあった本当の友人関係を築きたいと思う一方で、本当の友人関係になるためにはけんかをすることも必要なので、争いを避けてきた現代の若者にとって友人といっしょにいることは疲れてしまうということ。

イ　現代の若者は、人との関係性が薄い現代社会に生きており、さびしさをまぎらわすために本当の友人をつくりたいと思う一方で、形から入る現代の友人関係においては、形だけの友人が多ければ多いほどいろいろなことに気を遣わなければならず、本当の友人を見つけることに疲れてしまうということ。

ウ　現代の若者は、人間関係が安定しない社会で生きているため、孤独やさびしさを感じないよう友人と連絡を取っていたいと思う一方で、現代の表面的な友人関係において、関係を維持しようとして対立しないように話すが、その言葉が嘘にならないよう気を遣わなければならず、疲れてしまうということ。

エ　現代の若者は、変化のはげしい現代社会の中で心のよりどころである友人といっしょにいたいと思う一方で、相手も自分と同様に自分に話を合わせているのだと思うと、なかなか相手の内面に深くふみこむことができず、おたがいに気を遣い合う関係になって疲れてしまうということ。

オ　現代の若者は、一人にならないよう争いや対立を避け、相手出書房《でしょぼう》新社、二〇〇八年)。それによると、当時の悩《なや》みの第一位は、友人や仲間が見つからないことではなく、むしろ一人になれる時間や場所がないことでした。彼《かれ》らは、現在のように濃密な人間関係を求めていたのではなく、制度に縛られた濃密な人間関係を逆に嫌悪《けんお》していたのです。だからこそ、一人でも生きられる人間は「一匹狼」として※憧憬《しょうけい》の眼差《まなざ》しで見つめられたのです。それは集団のしがらみからの解放を意味していたからです。

その後も、一九八〇年代頃まではその傾向が続きます。当時の若者たちは、伝統的な枠《わく》組《ぐ》みに埋《う》め込まれた人間関係を鬱陶《うっとう》しいものと感じ、そこから解放されたいと願っていました。その消費活動の多くも、基本的に人間関係を嫌悪する心性に支えられたものでした。自分一人で過ごせる部屋を持ち、そこで自分の好きな※ビデオやオーディオを楽しみ、外出時は自家用車を乗りまわしたい。街角を歩くときも、ヘッドホンを装着して※外界をシャットアウトしたい。いずれも人間関係を鬱陶しいものと感じ、そこから逃《のが》れたいと願う心性から生まれた消費行動だったといえます。

もちろん、ときには親しい仲間や恋人《こいびと》と一緒《いっしょ》の時間や空間を楽しみたいという欲求もあったことでしょう。しかし、それとても不本意で不自由な人間関係から解放され、自分が望む特定の相手だけと時空間を共有したかったのだとすれば、大きくは関係嫌悪の心性に支えられていたといえます。その特定の相手とは、自分の延長と考えても差し支《つか》えないからです。ところが現在では、若者が一人になれる環境《かんきょう》はすでに最初から用意されています。それどころか、二〇〇〇年以降は社会の流動化が急激に進み、今度は無縁化《むえんか》が不安の源泉となってきました。そのため、次章で述べるように、消費の形態もむしろ他者とのつながりを幅広《はばひろ》く求めるものへと変質しています。

現在の日本では、たとえ三〇歳を過ぎて独身でも、世間から白い目で見られることは少なくなりました。また、コンビニエンス・ストアなどが普及して、単身者でも生活しやすい社会になりました。しかし、そうやって人間関係の自由度が高い社会になったからこそ、つねに誰かとつながっていなければ逆に安心できなくなっています。そして、もしそれができないと、自分は価値のない人間だと周囲から見られはしないかと他者の視線に怯《おび》え、また自身でも、自分は価値のない人間ではないかと不安に慄《おのの》くようになっています。その意味で、じつは今日は、一人で生きていくことがかつて以上に困難な時代なのです。

※疎外…のけ者にされること。
※憧憬…あこがれ。
※ビデオやオーディオ…映画などの映像や、音楽などの音声のこと。
※外界をシャットアウト…外の情報をさえぎること。

問1 ――線1「とくに、『知り合い程度の友だち』の増加が顕著である」とあるが、その理由を筆者はどのように考えているか。その説明として最も適当なものを次の中から選び、記号で答えなさい。

ア　以前は、親友も実際に会ったことのない関係の薄い人も同じ「友人」として数えていたが、情報通信端末を介しただけの関係と実際に会ったことのある関係を区別した結果、「知り合い程度の友だち」の多さが明らかになったから。

イ　挨拶をするだけのつながりしかない人も「友だち」として数えるようになり、また、同時期に情報通信端末が普及したことによって、直接会わなくても簡単に「友人」関係を維持することができるようになったから。

ウ　人付き合いが減った現代では、かつて親友であった人との付き合いも減って「知り合い程度の友だち」になってしまい、また、情報通信端末をだれもが持つようになったため、電子メー

「形から入る友人」関係では、争いや対立は、つながりを強くするきっかけではなく、つながりの存続を脅《おびや》かす不協和音ととらえられる。その一方で、関係の流動的な社会において、友だちがいない人は孤独《こどく》でさびしい状態に陥《おちい》る。結果として若者たちは、場の空気に過剰《かじょう》なまでに気を遣《つか》いながら、友人関係のなかに入ってゆくのである。

２つながりたいけれどつながっていると疲《つか》れてしまう。そんな※ジレンマを抱《かか》えながら、若者は膨大《ぼうだい》に増えた友人関係を維持しているのである。

※ギリシア哲学…古代ギリシアで始まった、人生や世界、物事のあり方を研究する学問。

※社会の個人化…個人が職業や生活、人間関係や消費などのあらゆることを選択《せんたく》するようになったこと。

※顕著…特に目立っているようす。

※換算…ある単位の数を、ちがう単位の数に計算しなおすこと。

※四件尺度…ここでは、「そうだ」「ややそうだ」「あまりそうではない」「そうではない」という四項目の選択肢《せんたくし》によって回答する、アンケートの回答形式のこと。

※ジレンマ…両立しない二つの事柄《ことがら》の間に立って、どちらを選んだらよいかわからなくなる状態。

【文章Ⅱ】

朝日新聞が、「コミュニケーション能力」という言葉が出てくる自社記事の数を調べたことがあります。それによると、記事数が急激に増えるのは二〇〇四年からです。これは、ちょうど日本の失業率が急激に悪化した時期と重なります。また、日本経団連の「新卒採用に関するアンケート調査」で、コミュニケーション能力を重視すると答える企業《きぎょう》が急激に増えはじめるのもこの頃《ころ》です。コミュニケーション能力が不足していると職に就《つ》くことすらできない。そんな危機感が若年層の間に募《つの》っていったとしても不思議ではないでしょう。

そもそも価値観の多様化した世界では、互《たが》いに相手の価値判断の中身に立ち入ることは難しくなります。そのため、相互《そうご》に異なった価値観を調整しあうために、かつて以上に高いコミュニケーション能力が要求されるようになります。従来、日本人は空気を読むのが得意で、「あうんの呼吸」で意思の疎通《そつう》がはかれるといわれてきました。島国でもあるため、互いの同質性が高かったからです。しかし、今日のように様々な価値観が錯綜《さくそう》しあうようになった社会で、その具体的な内容を見通すことは困難です。共通の評価基準を持つことは、なおさらのこと不可能です。そのため、互いの立場を調整しあうためのコミュニケーション能力だけが、ただ一つ共通の評価基準として残されることになります。コミュニケーションを通じて獲得《かくとく》される説得力の強さに応じて、各々《おのおの》の評価が間接的に行なわれるからです。

…〈中略〉…

かつて人間関係が不自由だった時代の子どもたちは、強制された関係に縛《しば》られない「３一匹狼《いっぴきおおかみ》」に憧《あこが》れたものですが、今日の子どもたちは、一人でいる人間を「４ぼっち」と蔑《さげす》むようになっています。一人でいることは関係からの解放ではなく、むしろ※疎外《そがい》を意味するからです。既存《きそん》の社会制度の拘束《こうそく》から解放され、自由に人間関係を築けるようになったはずなのに、それでも一人でいる人間は、コミュニケーション能力を欠いた人物とみなされ、否定的に捉《とら》えられてしまうのです。逆にいえば、豊かな人間関係に恵《めぐ》まれているというまさにその事実が、高いコミュニケーション能力の所有者としての指標になっていくのです。

社会学者の見田宗介《みたむねすけ》さんが、一九六〇年代初頭に地方から東京へ出てきた若者の調査結果を著書で引用しています（『まなざしの地獄《じごく》』河《かわ》

第一生命経済研究所の調査		1998	2001	2011
多少自分の意見をまげても，友人と争うのは避《さ》けたい	男性	46.5	57.6	66.2
	女性	60.5	61.6	73.3
友人との話で「適当に話を合わせている」ことが多い	男性	39.5	48.1	54.1
	女性	43.1	38.4	45.2
友人は多ければ多いほどいいと思う	男性	69.5	69.7	59.4
	女性	62.9	58.1	47.4
友人とのつきあいのために，親や家族を多少犠牲《ぎせい》にするのはやむをえないと思う	男性	50.4	41.3	33.8
	女性	43.1	34.0	32.6
ときどき友人に嘘《うそ》をついてしまう	男性	45.3	40.7	24.8
	女性	47.3	37.5	28.9

青少年研究会の調査	2002	2012
意見が合わないと納得いくまで話す	50.2	36.3
遊ぶ内容によって友達を使い分ける	65.9	70.3
友達といるより一人が落ち着く	46	71.1
友達と連絡をとっていないと不安	80.9	84.6

図7　若者の友人とのつきあい方

答、および、青少年研究会の調査の「意見が合わないと納得いくまで話す」という質問への回答から確認することができる。

若年《じゃくねん》世代のうち、「多少自分の意見をまげても、友人と争うのは避けたい」と考える人は［　A　］。一方、「意見が合わないと納得いくまで話す」人は［　B　］。ここから、今どきの若者のなかには、たがいの主張がぶつかり合うならば、その主張は取り下げようと考える人が増えていると言えよう。

相手に合わせる傾向は、「友人との話で『適当に話を合わせている』ことが多い」という質問、および「遊ぶ内容によって友達を使い分ける」という質問への回答から確認することができる。先ほどの結果ほど顕著ではないものの、年を経て、人びとが友だちと「適当に話を合わせる」傾向や、遊ぶ内容により友だちを使い分ける傾向が強まっていることがわかる。

二〇〇〇年代以降の若者は、自らを相手に合わせる一方で、自らの状態に応じて相手を使い分ける傾向を強めているのである。そこから、内面を開示し、時にはぶつかり合いながら関係を築き上げてゆくのではなく、相手に合わせ、また、自らも相手を選びながら友人関係を維持する「今どき」の若者の姿を垣間見《かいまみ》ることができる。

そもそも、友人と距離をおこうとする傾向も強まっている。「友人は多ければ多いほどいいと思う」「友人とのつきあいのために、親や家族を多少犠牲《ぎせい》にするのはやむをえないと思う」「友達といるより一人が落ち着く」という質問への回答を見ると、友だちが多いといいと思う人、友だちとの付き合いで家族を犠牲にするのをよしとする人は［　C　］、友だちといるより一人でいるほうが落ち着く、という人が［　D　］。

その一方で、これまで確認してきたこととは矛盾《むじゅん》した傾向も見られる。「X友達と連絡をとっていないと不安」な人は二〇一二年になると約八五パーセントまで拡大し、「ときどき友人に嘘《うそ》をついてしまう」人は、一九九〇年代後半に比べると［　E　］。

友だちといるよりも一人でいるほうが落ち着くならば、人びとは友人関係から撤退《てったい》するはずだ。また、友だちとの意見の違いを避けるのであれば、人びとは自分の心に嘘をついてでも、友だちに合わせるようになるはずだ。

しかし、実際の調査結果はそのようにはなっていない。若者は、友人関係から撤退したいものの連絡はとっていたい、友だちと対立しないように自らの言説を調整するものの、それが嘘にはならないよう配《はい》慮《りょ》したい、といったねじれた意識を抱《いだ》いているのである。

値を示している。第一生命経済研究所の調査の「『親友』と呼べるような人」は、青少年研究会の調査の「親友(恋人《こいびと》を除く)」に対応している。また、「ふだん、よく会っておしゃべりをする人(職場や学校で会って話す友人も含《ふく》む)」は、「仲のよい友人(親友を除く)」に対応している。

それぞれの数値を比べると、第一生命経済研究所の調査においては、友人数はわずかではあるが少なくなっている。とはいえそれほど大きな違《ちが》いとは言えないだろう。

一方、青少年研究会の調査では、「親友」「仲のよい友人」「知り合い程度の友だち」の平均人数はいずれも上昇し、1とくに、「知り合い程度の友だち」の増加が※顕著《けんちょ》である。「知り合い程度の友だち」は、三三人から七四人と激増している。

この結果は、情報通信端末《たんまつ》を介《かい》してつながる友人の扱《あつか》いと、調査の文言の違いによりもたらされたものだ。

第一生命経済研究所の調査は、「ふだん、電子メールで連絡《れんらく》をとりあう人」「ふだん、電話で連絡をとりあう人」という形で、情報通信端末を介したつながりを分け、対面で会う人のみを数え上げている。一方、青少年研究会の調査は、そうした区別をしていない。

二〇〇〇年前後から二〇一〇年前後の一〇年間は、携帯《けいたい》電話によるインターネットへの接続機能が充実《じゅうじつ》し、さらにスマートフォンが普《ふ》及《きゅう》した時期と重なっている。そのため、情報通信端末を介した友人の扱いが結果を大きく左右したと考えられる。

調査の文言の違いによる影響《えいきょう》は、より興味深い。第一生命経済研究所の「ふだん、よく会っておしゃべりをする人」と、青少年研究会の「知り合い程度の友だち」では、明らかに、後者のほうが親密度は低い。この点をふまえると、「知り合い程度の友だち」の激増は、挨拶をするだけの「よっ友」などを「友だち」に※換算《かんさん》するようになったゆえに引き起こされたと考えられる。

二〇〇〇年代に入ってからの友人の人数についてまとめると、親友と呼べるような濃密《のうみつ》な関係は三～四人ていどで、二〇〇〇年代に入ってからも、いちじるしい縮小傾向《けいこう》・拡大傾向は見られなかった。

仲のよい友だちは、青少年研究会の調査だとやや増加傾向にあり、二〇一二年には二〇人を超《こ》えている。激増したのは「知り合い程度の友だち」である。「知り合い程度の友だち」は、平均値で二倍以上増え、七五人くらいにまで拡大していた。

友人関係の変質により、「友人」とラベルづけされる人は増えていった。同じ時期に普及した情報通信端末の浸透《しんとう》により、友人の管理は容易になった。この二つの要素が相まって、知り合いていどの「薄《うす》い」つながりは急激に増えたのである。

管理すべき友人が増えたなかで、私たちの友人関係の中身はどう変化したのだろうか。同じデータから検討しよう。

図7は、「友人関係のあり方」について尋《たず》ねた二つの調査の結果をまとめたものである。それぞれの項目《こうもく》について「そうだ」から「そうではない」までの※四件尺度で尋ねている。表には、質問に対し、「そうだ」「ややそうだ」と回答した人の比率をまとめている。

表を見ると、若者の友人関係は、「新しい」ものに移行しつつあることがわかる。いずれの調査でも、自らの主張をひかえ相手に合わせる傾向や、そもそも、友人関係から距離《きょり》をおこうとする傾向が増している。

まず、「自らの主張をひかえ相手に合わせる傾向」について、前段(自らの主張をひかえる)と後段(相手に合わせる)に分けて検討してゆこう。

自らの主張をひかえる傾向は、第一生命経済研究所の調査の「多少自分の意見をまげても、友人と争うのは避《さ》けたい」という質問への回

2024年度 市川中学校

【国語】〈第二回試験〉（五〇分）〈満点：一〇〇点〉

【注意】解答の際には、句読点や記号は一字と数えること。

一　次の【文章Ⅰ】は、石田光規《いしだみつのり》『「友だち」から自由になる』の一部、【文章Ⅱ】は、土井隆義《どいたかよし》『つながりを煽《あお》られる子どもたち』の一部である。これを読んで、後の問いに答えなさい。なお、出題に際して、本文には省略および表記を一部変えたところがある。

【文章Ⅰ】

現代社会の友人関係は、「かつて」の友人と同様に「善きもの」と考えられていた。他方、友人関係のあり方は「かつて」とかなり異なっていた。

※ギリシア哲学《てつがく》の友情論に典型的に見られた「かつて」の友人は、人とのつながり方の理想を体現したものであった。理想としての友人関係は、相手とのつきあいを積み重ねていった結果、ようやく得られるものであり、それは「結果としての友人」と言いうるものであった。

※社会の個人化が進むと、放っておいてもつながりに取り込《こ》まれる時代は過去のものとなる。誰《だれ》かと持続的なつきあいを望むのであれば、人びとは、つながりのなかに継続《けいぞく》に足る要素を詰《つ》め込まなければならなくなった。

つながりが不安定化するなか重宝されたのが「友人」または「友だち」という関係性である。人びとは出会った相手に「友だち」というラベルを貼《は》り付け、「友だち」らしい行為《こうい》を繰《く》り返すことで関係の維《い》持《じ》を図《はか》った。「友だち」というラベルにしたがうように形成されてゆく関係は、「形から入る友人」とでも言うものである。

…〈中略〉…

実際の調査結果からも、現代の人びとが取り結ぶ友人関係の特徴《とくちょう》を確認しておこう。使用するのは、第一生命経済《けいざい》研究所の調査結果、および、青少年研究会の調査結果である。

第一生命経済研究所の調査は、一九九八年、二〇〇一年、二〇一一年に行われ、青少年研究会の調査は、二〇〇二年、二〇一二年に行われている。調査対象の年齢《ねんれい》は、いずれも一六～二九歳《さい》である。どちらの調査も、日本社会の個人化の度合いが強まってきた時期に実施《じっし》されている。したがって、データにも友人関係の変化が現れていると考えられる。

まず、友人関係の人数について確認する。「形から入る友人関係」では、身の回りのつながりにまず「友だち」というラベルを貼り付ける。数多くの人に「友だち」というラベルを貼りつければ、「友だち」と見なされる人は今までよりも増えてゆくと考えられる。今や挨拶《あいさつ》をするだけの「よっ友《とも》」も友だちなのである。以上の点をふまえつつ、二つの調査の友人の人数の推移を確認しよう。

図６は、二つの調査の、各年次で回答された友人の数の平均

第一生命経済研究所の調査		2001	2011
「親友」と呼べるような人	男性	2.92	2.73
	女性	2.73	2.54
ふだん，よく会っておしゃべりをする人（職場や学校で会って話す友人も含《ふく》む）	男性	9.92	8.66
	女性	7.45	8.00

青少年研究会の調査	2002	2012
親友（恋人《こいびと》を除く）	3.8	4.5
仲のよい友人（親友を除く）	14.7	22.3
知り合い程度の友だち	33.4	74.5

図６　若者の友人の人数

2024年度

市　川　中　学　校

▶解説と解答

算　数　＜第２回試験＞（50分）＜満点：100点＞

解　答

1 (1)　82　(2)　9　(3)　7時49分　(4)　86匹　(5)　54度　**2** (1)　13粒　(2)　17粒　**3** (1)　24通り　(2)　4通り　(3)　84通り　**4** (1)　2　(2)　(ウ)，(エ)　(3)　17　**5** (1)　3通り／**図**…(例)　解説の図②を参照のこと。　(2)　**ア**　4　**イ**　2　(3)　五→七→五→七→五

解　説

1 **逆算，濃度《のうど》，旅人算，条件の整理，角度**

(1)　$24.1-2.4\div\frac{2}{3}=24.1-2.4\times\frac{3}{2}=24.1-3.6=20.5$，$\left(4\frac{1}{6}-\frac{2}{3}\right)\times98=\left(\frac{25}{6}-\frac{4}{6}\right)\times98=\frac{21}{6}\times98=343$ より，$\square\times20.5+343=2024$，$\square\times20.5=2024-343=1681$　よって，$\square=1681\div20.5=82$

(2)　最後にできた食塩水の重さは，200＋120－60＝260(g)である。この食塩水の濃度が８％だから，(食塩の重さ)＝(食塩水の重さ)×(濃度)より，この食塩水に含《ふく》まれている食塩の重さは，260×0.08＝20.8(g)とわかる。このうち，濃度５％の食塩水200gに含まれていた食塩の重さは，200×0.05＝10(g)なので，もう一方の食塩水に含まれていた食塩の重さは，20.8－10＝10.8(g)となる。よって，この食塩水の濃度は，10.8÷120×100＝９(％)と求められる。

(3)　２人の進行のようすをグラフに表すと，右の図１のようになる(□で囲んだ数は時速□kmを表す)。はじめに，グラフのアの距離《きょり》は，$3.6\times\frac{10}{60}=0.6$(km)である。また，Aが，12－10＝２(分)で引き返した距離は，$7.2\times\frac{2}{60}=0.24$(km)だから，イの距離は，0.6－0.24＝0.36(km)とわかる。よって，お母さんが出発してからAと出会うまでの時間は，$0.36\div(7.2+14.4)=\frac{1}{60}$(時間)，$60\times\frac{1}{60}=1$(分)なので，２人が出会ったのは家から，$14.4\times\frac{1}{60}=0.24$(km)の地点とわかる。したがって，Aがお弁当を受け取ってから学校に着くまでの時間は，$(1.2-0.24)\div7.2=\frac{2}{15}$(時間)，$60\times\frac{2}{15}=8$(分)だから，Aが家を出た時刻は，８時10分－８分－１分－12分＝７時49分と求められる。

図１

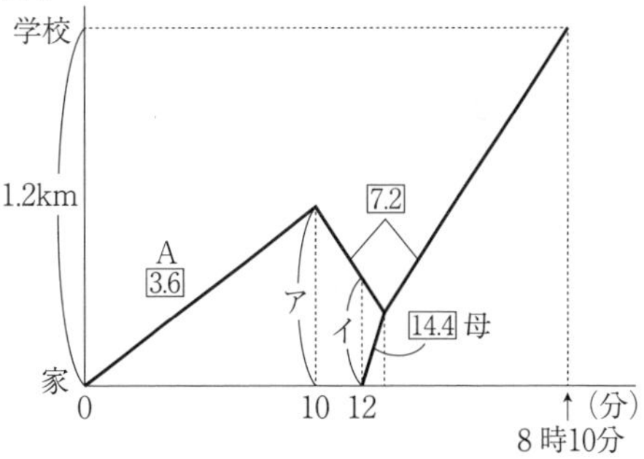

(4)　飼い始めてから１週間後の４個の卵からオスとメスが２匹《ひき》ずつ産まれるので，２週間後のオス

図２

	飼い始め	１週間後	２週間後	３週間後	４週間後	５週間後	６週間後
オス	1	1	１＋４÷２＝３	３＋４÷２＝５	５＋12÷２＝11	11＋20÷２＝21	21＋44÷２＝43
メス	1	1	１＋４÷２＝３	３＋４÷２＝５	５＋12÷２＝11	11＋20÷２＝21	21＋44÷２＝43
卵	0	4	１×４＝４	３×４＝12	５×４＝20	11×４＝44	

とメスの数はそれぞれ，１＋４÷２＝３(匹)になる。また，１週間後の１匹のメスが４個の卵を産むから，２週間後の卵の数は，１×４＝４(個)である。同様に考えると上の図２のように考えられるので，６週間後のオスとメスの合計は，43＋43＝86(匹)となる。

⑸　条件から，正五角形PQRSTは正五角形ABCDEを真下に(ACと垂直な方向に)ずらしたものとわかる。よって，右の図３の四角形ACRPは長方形になる。ここで，N角形の内角の和は，180×(N－２)で求められるから，五角形の内角の和は，180×(５－２)＝540(度)であり，正五角形の１つの内角は，540÷５＝108(度)とわかる。また，三角形QRPは二等辺三角形なので，角QPRの大きさは，(180－108)÷２＝36(度)となり，角EPAの大きさは，90－36＝54(度)と求められる。

図３

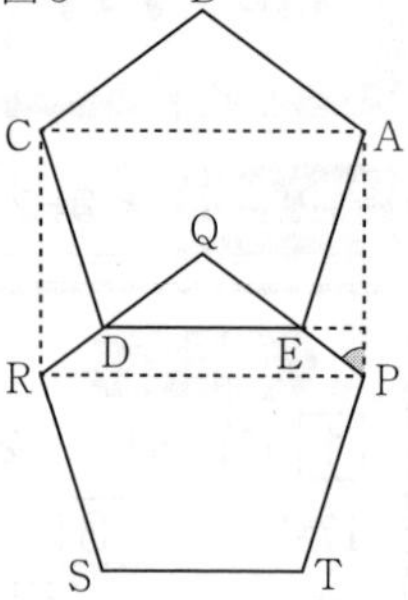

2　条件の整理

⑴　はじめにA，B，Cが持っていた豆の数を□粒《つぶ》とする。Aが持っている数は２粒減り，Bが持っている数は６粒減る。また，Cが持っている数は，２＋６＝８(粒)増えた後で３粒減るから，はじめよりも，８－３＝５(粒)増える。その結果，AとBの合計とCが等しくなるので，(□－２)＋(□－６)＝□＋５と表すことができる。よって，□－８＝５より，□＝５＋８＝13(粒)と求められる。

⑵　Dからもらう前の数は，Aが，13－２＝11(粒)，Bが，13－６＝７(粒)，Cが，13＋５＝18(粒)である。また，AがDからもらった後の数は７の倍数(14，21，28，35，…)だから，AがDからもらった数は{３，10，17，24，…}とわかる。同様に，BがDからもらった後の数は６の倍数(12，18，24，30，…)なので，BがDからもらった数は{５，11，17，23，…}となる。さらに，CがDからもらった後の数は５の倍数(20，25，30，35，…)だから，CがDからもらった数は{２，７，12，17，…}である。３人がDからもらった数は同じなので，考えられる最も少ない数は17粒である。

3　場合の数

⑴　Aには４通り，Bには残りの３通り，Cには残りの２通り，Dには残りの１通りの色を塗《ぬ》ることができるから，全部で，４×３×２×１＝24(通り)の塗り方がある。

⑵　右の図の４通りの塗り方がある。

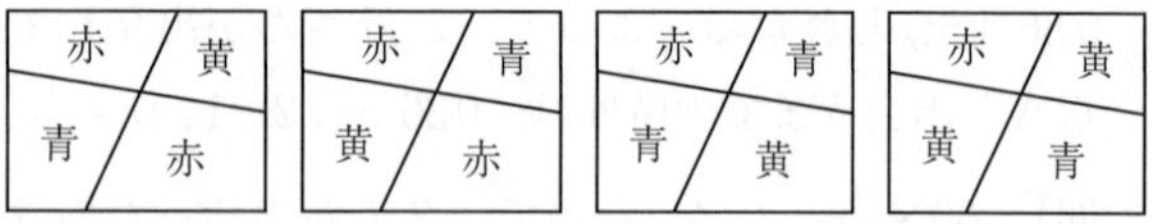

⑶　２色で塗る場合，AとC，BとDにそれぞれ同じ色を塗ることになる。このとき，A(C)には４通り，B(D)には３通りの色を塗ることができるので，４×３＝12(通り)となる。また，３色で塗る場合，AとC，または，BとDに同じ色を塗ることになる。AとCに同じ色を塗る場合，A(C)には４通り，Bには３通り，Dには２通りの色を塗ることができるから，４×３×２＝24(通り)となる。BとDに同じ色を塗る場合も同様なので，３色で塗る場合は，24×２＝48(通り)と求められる。したがって，４色で塗る場合は⑴で求めた24通りだから，全部で，12＋48＋24＝84(通り)となる。

4　条件の整理

⑴　右の図１のようになるから，一番下の列にかかれている数字は２である。

図１

１　１　０　２　１
０　１　２　１
１　１　１
０　０
２

(2)　右の図２のように，７個の整数をA～Gとする。(ア)の場合，AとBはどちらも奇数《きすう》になる。また，BとCのうち一方が偶数《ぐうすう》でもう一方が奇数だから，Bは奇数，Cは偶数とわかる。同様に考えると，Dは奇数，Eは偶数，Fは奇数になる。ところが，FとGの両方が偶数でなければならないから，条件に合わない。つまり，(ア)のようになることはない。同様に考えると，条件に合うのは(ウ)，(エ)とわかる。なお，(ウ)，(エ)の場合の７個の整数A～Gはそれぞれ，{奇　偶　偶　奇　偶　奇　奇}，{偶　偶　奇　奇　偶　偶　奇}となる。

図２

	A		B		C		D		E		F		G
(ア)		0		1		1		1		1		2	
(イ)		0		1		2		1		0		2	
(ウ)		1		2		1		1		1		0	
(エ)		2		1		0		1		2		1	

(3)　１回目～５回目を調べると右の図３の①～⑤のようになり，②と⑤の並び方が同じになる。よって，この後は{②，③，④}と同じ並び方がくり返されるので，(25－１)÷３＝８より，㉕の並び方は④の並び方と同じように(１ １ ０)がくり返されて，最後に１が１個余ることがわかる。また，各列に並んでいる個数は１個ずつ減るから，㉕に並んでいる個数は，50－25＝25(個)である。したがって，25÷３＝８余り１より，(１ １ ０)が８回くり返されて最後に１が１個余るので，これらの和は，(１＋１＋０)×８＋１＝17と求められる。

図３

0　1　2　0　1　2　0　1　2　0　1　2　…　0　1　2　0　1　2　0　1
①　1　1　2　1　1　2　1　1　2　1　1　…　1　1　2　1　1　2　1
②　0　1　1　0　1　1　0　1　1　0　…　0　1　1　0　1　1
③　1　0　1　1　0　1　1　0　1　…　1　0　1　1　0
④　1　1　0　1　1　0　1　1　…　1　1　0　1
⑤　0　1　1　0　1　1　0　…　0　1　1

5　立体図形―展開図，構成，分割，面積

(1)　問題文中の図１の展開図を組み立てると，下の図①のような立体ができる。この立体の頂点に図のように記号をつけ，これを問題文中の図２の展開図に移すと，たとえば下の図②のようになる。よって，この展開図に不足しているのは面abeだから，ab，ae，beの３か所の辺(太線の辺)にかき足すことができ，展開図は３通り考えられる(記号の移し方を変えても結果は同じになる)。次に，たとえば辺abにかき足す場合，aとbを中心にして，半径が正三角形の１辺の長さと等しい円の一部をかくと，その交点がeになる。したがって，aとe，bとeをそれぞれ結ぶと，三角形abeをかくことができる。ほかの太線の辺にかき足す場合も同様である。

図①

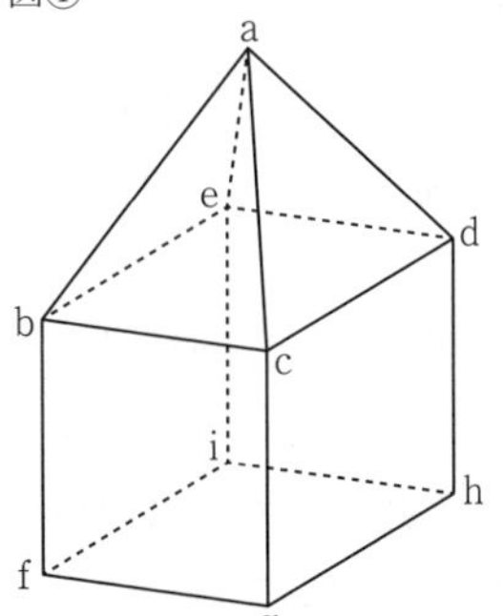

図②

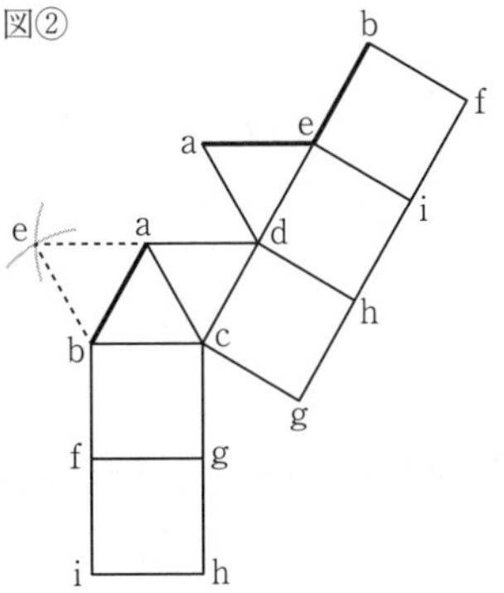

図③

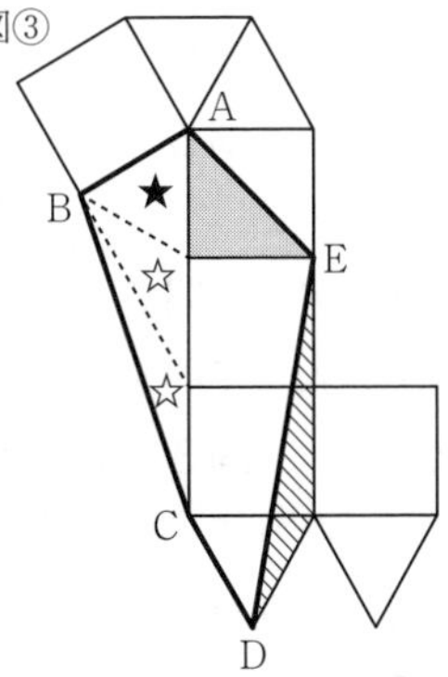

図④

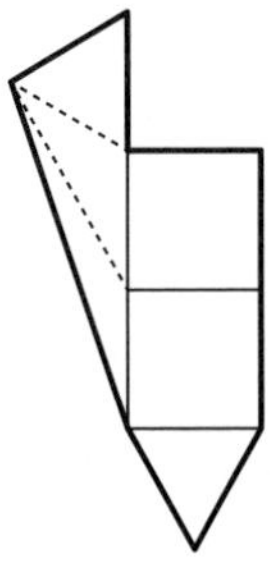

(2)　上の図③で，角BACの大きさは，360－(90×２＋60×２)＝60(度)なので，★印の三角形は正三角形である。また，★印の三角形と☆印の三角形の面積は等しい。次に，かげをつけた三角形と

斜線《しゃせん》をつけた三角形を比べると，底辺の比は１：２，高さの比は２：１だから，面積は等しくなる。よって，かげをつけた三角形を斜線をつけた三角形の位置に移動すると，五角形ABCDEの面積は上の図④の太線で囲んだ図形の面積と等しいから，求める面積は，正三角形４個(…ア)と正方形２個(…イ)を足したものになる。

(3)　右の図⑤のように記号をつけ，これを組み立てると右の図⑥のようになる。点Ｐはこの立体の辺XY上をＸからＹまで動くので，はじめの切断面は図⑥のような五角形である。その後は下の図⑦のように，動き始めた直後に七角形になり，切断面が頂点を通るときに五角形，その直後に再び七角形になる。さらに，点ＰがＹと重なるときに再び五角形になるから，五→七→五→七→五となる。

図⑤

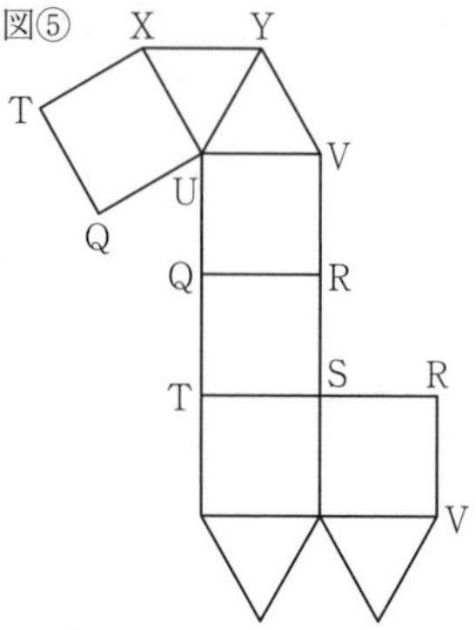

図⑥

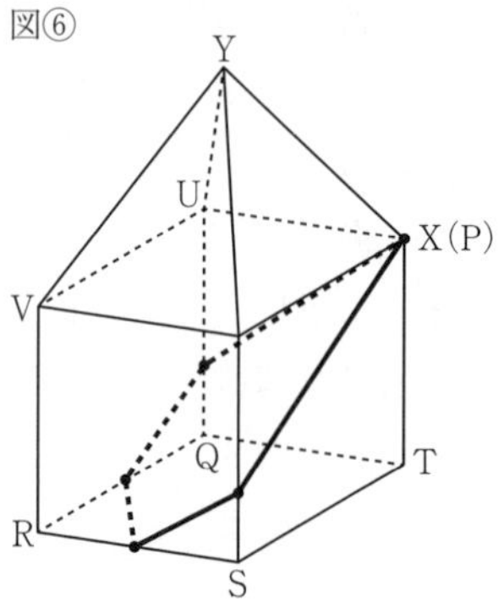

図⑦

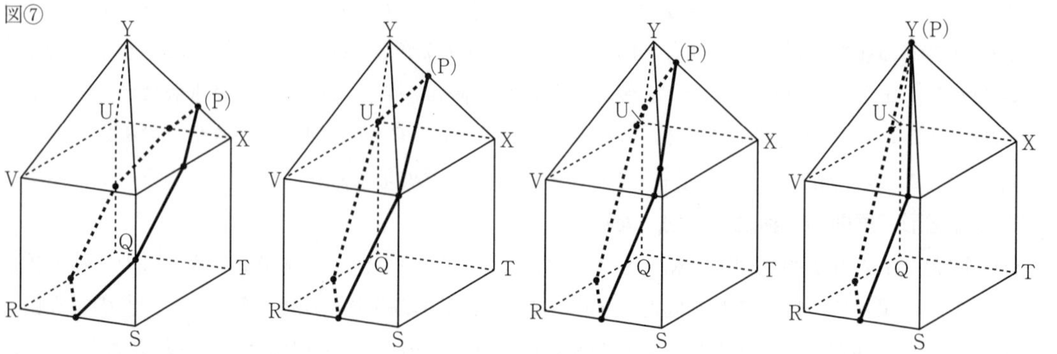

社　会　＜第２回試験＞（40分）＜満点：100点＞

解　答

1　**問１**　日本書紀　**問２**　カ　**問３**　大宰府　**問４**　(例)　朝廷が南朝と北朝の２つに分かれていたから。　**問５**　オ　**問６**　ウ　**問７**　イ　**問８**　エ　**問９**　**③と④の間**…オ　**⑤と⑥の間**…ア　2　**問１**　戊辰戦争　**問２**　ウ，オ　**問３**　イ　**問４**　ウ　**問５**　イ　**問６**　ア　**問７**　イ　**問８**　ア→ウ→イ　**問９**　(例)　田中角栄首相が中国で日中共同声明を発表して国交が正常化した。　3　**問１**　(1)　**千葉県**…イ　**茨城県**…ウ　(2)　イ　**問２**　エ　**問３**　**b**　ウ　**d**　ア　**問４**　(1)　関東大震災　(2)　ウ　**問５**　(例)　工業化にともなって工業用地や原料輸入・製品輸出に使う港湾施設に用いるために埋め立ててつくられた新しい町だから。　4　**問１**　ウ　**問２**　イ　**問３**　ロシア(連邦)　**問４**　エ　**問５**　エ　**問６**　イ　**問７**　ア

解　説

1　南海トラフ地震《じしん》を題材にした問題

問１　『日本書紀』は奈良時代の720年，舎人《とねり》親王らが編さんした歴史書で，神代から持統天皇までの歴史が書かれている。712年に編まれた『古事記』とともに，「記紀」と呼ばれる。

問２　藤原不比等は701年の大宝律令制定を主導した人物で，藤原氏による摂関《せっかん》政治の始まりは藤原良房《よしふさ》が858年に実質的に摂政《せっしょう》の任についたことによる。よって，ａは誤り。藤原道長は娘４人を天皇の后《きさき》にして，政治の実権を握り，「望月の歌」を詠《よ》んだとされる。また，道長と子の頼通《よりみち》のころが藤原摂関政治の全盛《ぜんせい》期とされる。よって，ｂは正しく，ｃは誤りとなる。

問３　律令制度の下で整備された五畿《ごき》七道のうち，西海道は九州を指し，北九州には外交と国防にあたる大宰府《だざいふ》が置かれた。

問４　南北朝時代(1336～92年)にあたる1361年には，朝廷《ちょうてい》は南朝と北朝の２つに分かれていた。それぞれが元号を定めたため，２つの元号が存在することになった。1361年は，南朝では正平16年，北朝では康安元年にあたる。

問５　10年以上にわたる戦乱とは，応仁の乱(1467～77年)である。応仁の乱は室町幕府第８代将軍の足利義政のあと継《つ》ぎ問題に有力な守護大名の争いが加わったことなどが原因となって始まった。よって，ａは誤り。応仁の乱では，全国の守護大名が細川方(東軍)と山名方(西軍)に分かれて戦い，主戦場となった京都は荒廃《こうはい》したため，京都の貴族が地方へ移ったことで京都の文化が地方に伝わった。よって，ｂ，ｃともに正しい。

問６　徳川家康は，朱印《しゅいん》状という貿易許可証を発行して貿易をすすめた(朱印船貿易)。これにより，東南アジア各地に日本町が形成された(ウ…○)。なお，アの貿易地と貿易相手国の限定，エの日本人の海外渡航《とこう》・帰国の禁止が行われたのは，江戸幕府第３代将軍の徳川家光のころである。イの中国(明《みん》)を征服《せいふく》しようとしたのは豊臣秀吉である。

問７　18世紀前半には江戸幕府第８代将軍であるａの徳川吉宗が享保《きょうほう》の改革(1716～45年)を行った。この改革では，幕府の収入を増やすため，年貢《ねんぐ》率を検見《けみ》法から定免《じょうめん》法に変えた。検見法はその年の作柄《さくがら》によって税率を決める方法，定免法は豊凶《ほうきょう》に関係なく基準となる税率通りに年貢を徴《ちょう》収《しゅう》する方法で，前者は税収が安定しないが，後者は税収が安定する。なお，ｂの松平定信は吉宗の孫で，老中として寛政《かんせい》の改革(1787～93年)を行った。ｃの上知令は水野忠邦《ただくに》の天保の改革(1841～43年)，ｅの旧里帰農令と囲米の制は寛政の改革の内容である。

問８　1854年，江戸幕府はペリーとの間で日米和親条約を結び，下田(静岡県)と函館《はこだて》(北海道)の２港を開いた。＜地図＞より，安政東海地震による津波《つなみ》の被害《ひがい》を受けたのは下田港だと考えられる。

問９　**③と④の間**　1099～1361年の期間は，平安時代後半から室町時代初めにあたる。この間の鎌倉時代には，親鸞《しんらん》が悪人こそ救われるとする「悪人正機」を唱え，浄土真宗を開いた。よって，正しいのはオである。　　**⑤と⑥の間**　1498～1605年の期間は，室町時代後半から江戸時代初めにあたる。この間の戦国時代，駿河《するが》国(静岡県)の戦国大名である今川氏親《うじちか》・義元が分国法の「今川仮名目録」を発し，家臣が他の国の人と婚姻《こんいん》関係を結ぶことを禁止している。よって，正しいのはアである。　　なお，イは江戸時代の参勤交代の制，ウは加賀の一向一揆《いっき》(1488～1580年)，エは奈良時代の『万葉集』に収録されている「貧窮《ひんきゅう》問答歌」についての資料である。

2　東京都の上野周辺の地形図をもとにした問題

問１　大政奉還《ほうかん》後の1868年に起こった戊辰《ぼしん》戦争は，新政府軍（官軍）と旧幕府軍との戦いで，京都近《きん》郊《こう》の鳥羽・伏見《ふしみ》の戦いに始まり，江戸無血開城，上野戦争，会津《あいづ》戦争などを経て，1869年の箱館五《ご》稜郭《りょうかく》の戦いで旧幕府軍が降伏《こうふく》して終わった。上野戦争では，旧幕臣らが結成した彰義《しょうぎ》隊が上野寛《かん》永《えい》寺にこもり戦った。

問２　1871年，明治政府は江戸時代の士農工商の身分制度をなくし，四民平等とした（ウ…〇）。また，1873年に満20歳以上の男子に兵役の義務を課す徴兵令を発した（オ…〇）。なお，五榜《ごぼう》の掲示《けいじ》（1868年）では，これまで通りキリスト教を禁止した（ア…×）。藩が治めていた土地と人民を天皇へ返還することを版籍《はんせき》奉還（1869年）という（イ…×）。地租改正（1873年）では，地価の３％を現金で納めさせた（エ…×）。

問３　1886年に起こったノルマントン号事件では，日本人乗客が全員死亡したことに対するイギリス人船長の罪を，日本側で裁くことができなかった。これを受けて領事裁判権を認める不平等条約に対する反感が強まった。また，領事裁判権の撤廃《てっぱい》は日清戦争直前の1894年に外務大臣陸奥宗光が実現した。よって，正しい組み合わせはイとなる。なお，ｂのフェートン号事件は1808年に起こったイギリス船が長崎で乱暴を働いた事件，ｃの大津事件は1891年に起こったロシア皇太子ニコライ（のちの皇帝ニコライ２世）が日本の警官に傷つけられた事件である。

問４　＜図＞は日露戦争（1904～05年）の講和条約であるポーツマス条約調印に反対する市民が東京日比谷に集まり暴動を起こした日比谷焼き打ち事件を描《えが》いている。また，＜資料＞のＸは，日露戦争後，韓国併合《へいごう》（1910年）で日本の植民地となった朝鮮を指している。なお，義和団事件（1899～1900年）は中国（清）で起こった排外《はいがい》運動で，台湾は1895年に結ばれた下関条約で日本の植民地となっていた。

問５　＜グラフ＞の1882年に「綿糸」の輸入割合は全体の20％を超《こ》えていたが，1897年には約５％に減っている。これは渋沢栄一らが設立した大阪紡績《ぼうせき》会社が1883年に操業を開始したことなどにより，綿糸をつくる紡績業が発展したからである。また，富岡製糸場は生糸をつくる製糸工場で，操業の開始は1872年である。よって，千葉さんのみ正しいのでイが正解となる。

問６　「鬼門《きもん》」とは，古来より陰陽《おんみょう》道で鬼《おに》が出入りする方角であるとされた北東のことで，忌《い》むべき方角とされる。十二支における方位で北東は艮《うしとら》（丑《うし》と寅《とら》の間）といわれる（ア…〇）。

問７　かつての上野駅は，東北地方や上信越（群馬県，長野県，新潟県）地方からの列車の終着駅であり，東京へ出稼《でかせ》ぎに出てきた人々でにぎわい，それぞれの「お国言葉」が聞ける場所であった。これを石川啄木《たくぼく》が短歌で詠んだのである。啄木は岩手県出身の歌人で，代表的歌集に「一握《いちあく》の砂」などがある（イ…〇）。なお，アの森鷗外《おうがい》は明治時代から大正時代の小説家・軍医，ウの正岡子規は明治時代の俳人・歌人，エの樋口一葉は明治時代の小説家である。

問８　アは1940年（日独伊三国同盟），イは1943年（学徒出陣《しゅつじん》），ウは1942年（ミッドウェー海戦）の出来事なので，年代の古い順にア→ウ→イとなる。

問９　1945年に第二次世界大戦が終わると，中国では内戦が起こり，1949年に勝利した中国共産党が中華人民共和国を建国した。一方，敗れた中国国民党は台湾に逃《のが》れ，国民政府を継続《けいぞく》した。1972年に当時の田中角栄首相が北京を訪問し，日中共同声明を発表して中華人民共和国を中国の唯一《ゆいいつ》の合法政府と認め，国交が正常化した。

３　千葉県市川市を題材とした問題

問１　⑴　東京都は企業《きぎょう》や学校などが多いため，通勤・通学で近隣の県から東京都を訪《おとず》れる人が多いので，「昼夜間人口比率」が高いエが当てはまる。「観光・レクリエーション目的の旅行者数」が，東京都とともに多いイには千葉県が当てはまる。残ったアとウのうち，東京への通勤・通学で「昼夜間人口比率」が低いアが埼玉県に，「１世帯あたり乗用車保有台数」が最も多いウには茨城県が当てはまる。　⑵　貨物輸送における貨物輸送量(トンキロ)の構成比において，1970年から増加し続け，2009年には最も多くなっているアは自動車である。1970年から2009年にかけて割合が減っているものの，2009年にも約３割を占《し》めているエは海運，1970年から2009年にかけて最も割合が低いウは航空が当てはまる。残ったイが鉄道となる。

問２　＜表３＞を見ると，外国人の国籍別でａは中国，ｂはベトナム，ｃはブラジルの割合が高いことがわかる。＜地図１＞のＸは群馬県大泉町，Ｙは神奈川県横浜市，Ｚは千葉県九十九里町である。北関東工業地域にある大泉町にはブラジル人の出稼ぎ労働者が多く，中華街がある横浜には在日中国人が多い。よって，正しい組み合わせはエとなる。

問３　年間降水量が少なく，夏と冬の寒暖の差が大きい中央高地(内陸性)の気候にあたる雨温図ｂには，ウ(長野県松本市)が当てはまる。また，１年を通して月別平均気温が低く，夏から秋の降水量が多い太平洋側の気候にあたるｄには，ア(岩手県宮古市)が当てはまる。なお，ａはエ(千葉県千葉市)，ｃはイ(新潟県上越市)の雨温図である。

問４　⑴　＜グラフ＞において，Ｘの期間にあたる1920～25年には人口増加率が高くなっている。これは1923年に相模湾《さがみわん》を震源として起こった関東大震災で被災《ひさい》した人が移住したからだと考えられる。　⑵　＜グラフ＞のＹは，1960～85年の期間である。1950年代半ばから1970年代初めにかけて日本は高度経済成長期を迎《むか》えた。この時期には東京都心を中心に人口が流入したため，地価が上昇《じょうしょう》し，郊外にニュータウンがつくられた。よって，ｂは誤り。また，急速な都市化により，ごみ問題や交通渋滞《じゅうたい》などの問題が発生したので，ａとｃは正しい。

問５　＜地図３＞から，新たな町が埋《う》め立てによってつくられたことがわかる。また，＜表４＞において，どの町にも人がほとんど居住していないことから，住宅用地として造成されたものではなく，工場用地や倉庫・ふ頭といった港湾施設《こうわんしせつ》に利用されていると考えられる。

４　サミットや男女格差，司法制度についての問題

問１　包括《ほうかつ》的核《かく》実験禁止条約(CTBT)は，1996年に国連総会で採択《さいたく》されたが，発効要件国の批准《ひじゅん》が完了していないため，未発効状態にある(ウ…○)。なお，第五福竜丸《ふくりゅうまる》事件(1954年)は，アメリカの水爆《すいばく》実験により起こったものである(ア…×)。イの核拡散防止条約(NPT)は1968年に採択されたが，当時の核保有国はアメリカ・ソ連・イギリス・フランス・中国の５か国である(イ…×)。核兵器禁止条約は2017年に国連総会で採択され，2021年に発効したが，世界で唯一の戦争被爆国である日本は参加していない(エ…×)。

問２　EU(ヨーロッパ連合)の加盟国間では関税がかからず，お金や人，物の移動が自由に行われている(イ…○)。なお，EU本部はベルギーのブリュッセルにある(ア…×)。共通通貨「ユーロ」を導入している国は，2024年１月現在加盟27か国中20か国である(ウ…×)。加盟国数は一貫《いっかん》して増加しているわけではなく，イギリスが2020年に脱退《だったい》した(エ…×)。

問３　現在のサミット(主要国首脳会議)の参加国は，フランス・アメリカ・イギリス・ドイツ・日本・イタリア・カナダの７か国(Ｇ７)で，かつてロシアも入っていた(Ｇ８)。しかし，2014年にウ

クライナのクリミア半島を一方的に併合したことから，ロシアはサミットへの参加資格を失った。

問４　募集《ぼしゅう》広告で，エのように労働者の身長・体重または体力に関する条件を設けることは，「間接差別」にあたるとして，男女雇用《こよう》機会均等法で禁止されている。なお，イの男女別に募集人員に差をつけることは性別を理由とする直接的な差別にあたるため，禁止されている。

問５　「ジェンダー・ギャップ指数」は男女格差を０～１の数値で表したもので，１が完全に平等な状態を表す。日本は健康と教育においてはほぼ格差がないが，経済参画が0.6弱と低く，政治参画はさらに低い。

問６　裁判では，えん罪を防ぎ，人権を守るために，同一事件について３回まで審判《しんぱん》を受けられる三審制がとられている(イ…○)。なお，個人間の金銭や権利にかかわる裁判は民事裁判である(ア…×)。犯罪の捜査《そうさ》は警察官が行うが，被疑者を被告人として裁判所に訴《うった》えるのは検察官である(ウ…×)。裁判員裁判は重大な刑事《けいじ》事件の第一審(地方裁判所)で行われる(エ…×)。

問７　最高裁判所長官は内閣が指名して天皇が任命し，その他の裁判官は内閣が任命する。最高裁判所の裁判官は，任命後初めて行われる衆議院議員総選挙のときに適任かどうか国民審査を受けることになっている。その後は10年ごとに同じ審査がくり返される。また，裁判官としてふさわしくない行いをした裁判官は，国会が設置する弾劾《だんがい》裁判所で裁かれる。よって，正しい組み合わせはアとなる。

理　科　＜第２回試験＞（40分）＜満点：100点＞

解　答

[1] (1)　２倍　(2)　4.71m　(3)　5.024m　(4)　イ　(5)　**３**　２倍　**４**　0.2倍　**５**　0.4倍　(6)　ウ　[2] (1)　1.2倍　(2)　ア，ウ　(3)　**操作１**…エ　**操作２**…ウ　(4)　(例)　緑色のBTB溶液を加えたとき，青色に変わればアンモニア，黄色に変われば二酸化炭素である。　(5)　(例)　火のついた線香を入れたとき，火が消えたら窒素，炎を上げて燃えたら酸素である。　[3] (1)　**１**　デンプン　**２**　糖　(2)　イ　(3)　(例)　パイナップルを60℃のお湯に10分間つける。　(4)　ウ　(5)　**ペプシン**…イ　**トリプシン**…ウ　(6)　(例)　消化してできたアミノ酸を材料に筋肉をつくるから。　[4] (1)　カ　(2)　解説の図を参照のこと。　(3)　０回　(4)　ア，イ　(5)　エ　(6)　(例)　地球が地軸をかたむけて公転しているから。　(7)　イ

解　説

[1] 自転車のしくみについての問題

(1)　ペダルが前輪の軸《じく》に直接つけられている自転車の場合，ペダルを１回転させると前輪も１回転し，前輪の円周分だけ進む。前輪の円周は，ミショー型自転車が(75×3.14)cm，オーディナリー型自転車が(150×3.14)cmだから，ミショー型自転車が進む距離《きょり》と比べてオーディナリー型自転車が進む距離は，(150×3.14)÷(75×3.14)＝２(倍)となる。

(2)　オーディナリー型自転車のペダルを１回転させると，150×3.14÷100＝4.71(m)進む。

(3)　図４で，ペダルを１回転させたときの後輪の回転数は，(ペダル側の大きい歯車の歯数)÷(後

輪側の小さい歯車の歯数）で求められる。よって，ペダルを１回転させると，後輪は，$32\div14=\frac{16}{7}$（回転）するから，ペダルを１回転させたときに自転車が進む距離は，$70\times3.14\times\frac{16}{7}\div100=5.024$（m）となる。

(4)　(3)で述べたことから，ペダルを１回転させたときに自転車が進む距離を長くするためには，（ペダル側の歯車の歯数）÷（後輪側の歯車の歯数）の値を大きくすればよい。したがって，ペダル側の歯車は最も大きいものにして歯数を最も多くし，後輪側の歯車は最も小さいものにして歯数を最も少なくしたものを用いればよい。

(5)　**3**　ペダル側の歯車のまわりではたらく力の関係は，（ペダルを押《お》す力）×（ペダルから歯車の軸までの長さ）＝（チェーンに伝わる力）×（ペダル側の歯車の半径）が成り立つ。これは，（ペダルを押す力）×20＝（チェーンに伝わる力）×10，（チェーンに伝わる力）＝（ペダルを押す力）×２より，ペダルを押す力は２倍になってチェーンに伝わる。　**4**　後輪側の歯車のまわりではたらく力の関係は，（チェーンに伝わる力）×（後輪側の歯車の半径）＝（後輪が路面から受ける力）×（後輪の半径）が成り立つ。これは，（チェーンに伝わる力）×７＝（後輪が路面から受ける力）×35より，（後輪が路面から受ける力）＝（チェーンに伝わる力）×0.2となるので，チェーンに伝わる力の0.2倍の大きさの力を後輪は路面から受ける。　**5**　以上より，後輪が路面から受ける力はペダルを押す力の，２×0.2＝0.4（倍）である。

(6)　(5)より，ペダル側の歯車における力の関係から，ペダルから歯車の軸までの長さとチェーンに伝わる力が一定であるとき，ペダルを押す力を小さくするにはペダル側の歯車の半径を小さくすればよいことがわかる。また，後輪側の歯車における関係から，後輪が路面から受ける力と後輪の半径が一定であるとき，後輪側の歯車の半径を大きくすることで，チェーンに伝わる力を小さくすることができる。

2　**気体の性質についての問題**

(1)　１kJのエネルギーを得るさいに排出《はいしゅつ》される二酸化炭素の重さは，メタンでは$\frac{44}{890}$g，プロパンでは$\frac{132}{2220}$gとなるから，メタンに対してプロパンが排出する二酸化炭素の量は１kJあたり，$\frac{132}{2220}\div\frac{44}{890}=1.20\cdots$より，1.2倍と求められる。

(2)　表１で，ヘリウムの風船だけが上に動いたので，ヘリウムが最も軽い。また，窒素《ちっそ》の風船と空気の風船は同じくらいの速さで下に動いたことから，窒素と空気は同じくらいの重さで，二酸化炭素の風船は空気の風船よりも速く下に動いたことから，二酸化炭素が最も重いとわかる。これらをまとめると，それぞれの気体の重さはヘリウム，窒素と空気，二酸化炭素の順に重くなるので，アとウが正しい。

(3)～(5)　操作１は，結果が３通りになることから，緑色のBTB溶液《ようえき》が水溶液の性質によって色が変わったと考えられる。アンモニアが入った試験管にBTB溶液を加えると，アンモニアが溶《と》けこみ，溶液が青色を示すアルカリ性になる。また，二酸化炭素が入った試験管にBTB溶液を加えると，二酸化炭素が溶けこみ，溶液が黄色を示す酸性になる。窒素が入った試験管と酸素の入った試験管の場合は，BTB溶液は緑色のまま変化しないので判別できない。操作２では，操作１で判別できなかった窒素と酸素を見分けるため，試験管に火のついた線香《せんこう》を入れればよい。線香が消えた方は助燃性のない窒素，線香が炎《ほのお》を上げて燃えた方は助燃性のある酸素とわかる。

3　消化についての問題

⑴　試験管Ａと試験管Ｂの結果より，だ液によってデンプンが変化してなくなったこと，糖ができたことがわかる。よって，だ液にはデンプンを糖に変化させるはたらきがあると考えられる。

⑵　試験管Ｃと試験管Ｄでは，デンプンが糖に変わらなかったと考えられる。この結果から，だ液を60℃付近にすることでアミラーゼのはたらきが失われ，再び40℃付近に戻《もど》してもアミラーゼのはたらきは戻らないことがわかる。なお，最もよくはたらく温度が40℃かどうかは，この実験だけではわからない。

⑶　パイナップルに含《ふく》まれる酵素《こうそ》が，ゼラチンが固まるのをさまたげていると考えられる。よって，実験で60℃のお湯に10分間つけただ液がはたらきを失ったことから，ここでも同様に，パイナップルの酵素のはたらきを失わせるために，パイナップルを60℃のお湯に10分間つけるなどしてあたためればよい。

⑷　缶《かん》づめのパイナップルは，缶づめをつくるさいに加熱処理《しょり》しているため，酵素のはたらきが失われている。そのため，缶づめのパイナップルを用いたときはゼラチンが固まった。このことから，缶づめのパイナップルでは豚肉《ぶたにく》をやわらかくすることができないと考えられる。よって，はたらく酵素を持つ生のパイナップルを用いるのがよいが，豚肉を加熱しているところに生のパイナップルを混ぜても，パイナップルの酵素は熱せられてはたらきを失ってしまう。したがって，酵素のはたらきを利用するには，加熱する前の生の豚肉と生のパイナップルをよく混ぜてから加熱するのがよい。

⑸　ペプシンは酸性の胃液に含まれる酵素で，タンパク質を分解してペプトンに変える。トリプシンはアルカリ性のすい液に含まれる酵素で，ペプトンをさらに細かく分解する。

⑹　豚肉などに含まれるタンパク質は，胃液やすい液などのはたらきによってアミノ酸にまで消化され，体内に吸収される。そして，この吸収したアミノ酸を材料にして筋肉をつくっていくため，そのままヒトの筋肉になるわけではない。

4　太陽の動きと季節についての問題

⑴　初日の出とは，元旦《がんたん》（１月１日）の日の出のことである。元旦は冬至の日（12月22日ごろ）に近いので，日の出の方角は真東よりも南寄りになる。

⑵　表１の12回分の太陽の位置を黒丸でかき入れてなめらかな線で結ぶと右の図のようになる。

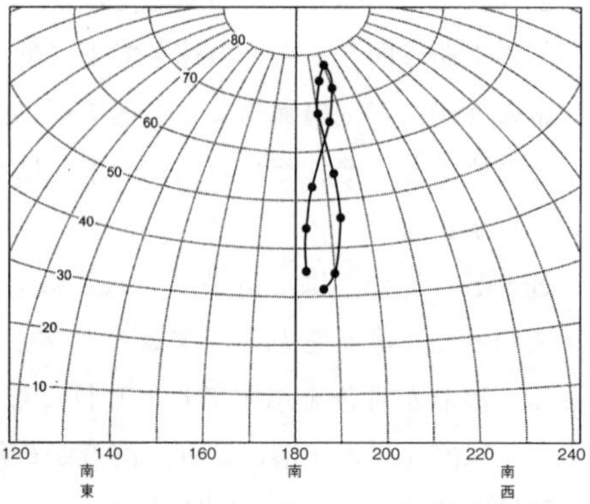

⑶　⑵で作成した図を見ると，日付順に結んだなめらかな線は，真南（180度）の線と交わることがなく，すべてが真南より西寄りにある。したがって，正午に太陽が真南に位置する日は，１年に１回もない。

⑷　表２の広島県や兵庫県のように，方角が180度より大きい日と180度より小さい日の両方がある場合は，⑵のように図をかいたとき，日付順に結んだなめらかな線が真南（180度）の線と交わる日，つまり，正午に太陽が真南にある日がある。

⑸　日本標準時子午線は東経135度で，兵庫県明石市を通っている。そのため，観測場所が東経135

度より東側にある地域では，太陽が正午より前に南中し，正午には太陽が真南より西寄りにある。逆に，観測場所が東経135度より西側にある地域では，太陽が正午より後に南中するので，正午には太陽が真南より東寄りにある。なお，実際には上の図でもわかるように，太陽の南中時の方角が日によって少しずれるため，この通りにならない地域もある。

⑹　地球が地軸をかたむけて公転しているため，地軸の北極側が太陽側にかたむいているときは太陽の高さが高くなり，地軸の北極側が太陽と反対側にかたむいているときは太陽の高さが低くなることから，図２は夏至の日，図３は冬至の日のグラフであるとわかる。

⑺　図３で，冬至の日における太陽の南中高度は約31度とわかる。市川さんが観測した場所は日本なので，緯度《いど》は，90－31－23.4＝35.6より，北緯35.6度である。

国　語　＜第２回試験＞（50分）＜満点：100点＞

解　答

一　**問１**　イ　**問２**　エ　**問３**　ウ　**問４**　（例）　かつての子どもたちは，一人でいる人を既存の社会制度の拘束から解放された人として憧れていたが，今日の子どもたちは，一人でいる人をコミュニケーション能力を欠いた疎外された人と否定的に捉えている。　**問５**　エ

二　**問１**　ウ　**問２**　（例）　舞台芸術の勉強という明確な進路を持っているジンくんに比べ，家を出ることしか考えておらず，ジンくんの一言で進路を左右される自分の浅はかさを，情けなく思ったから。　**問３**　オ　**問４**　ア　**問５**　ウ　**問６**　⑴　エ　⑵　ア　**三**　下記を参照のこと。

●漢字の書き取り

三　１　**厳格**　２　**奮**　３　**宣告**　４　**皮革**　５　**治**　６　**給湯**　７　**腹心**　８　**圧巻**

解　説

一　**出典：石田光規《いしだみつのり》『「友だち」から自由になる』，土井隆義《どいたかよし》『つながりを煽《あお》られる子どもたち　ネット依存といじめ問題を考える』**。いずれの文章も現代社会の若者の友人関係について，筆者がかつての友人関係と比較《ひかく》しながら解説している。

問１　理想とされている友人関係が「相手とのつきあいを積み重ねていった結果，ようやく得られるもの」，いわば「結果としての友人」であるのに対し，個人化が進み，「つながりが不安定化」した（現代）社会においては，「出会った相手に『友だち』というラベルを貼《は》り付け，『友だち』らしい行為《こうい》を繰《く》り返すことで関係の維持《いじ》を図《はか》」るといった，「形から入る友人関係」が「重宝」されている点をおさえておく。「一六～二九歳《さい》」を対象とした「青少年研究会の調査」において「知り合い程度の友だち」の割合が2002～2012年の間で顕著《けんちょ》に増加したのは，「形から入る友人関係」を重視する人々が，そのころ普及《ふきゅう》した「情報通信端末《たんまつ》を介《かい》し」，対面で会わずともその相手を「友人」とみなしたほか，「挨拶《あいさつ》をするだけの『よっ友』など」も「『友だち』に換算《かんさん》するようになった」からではないかと，筆者は続く部分で指摘《してき》している。よって，イがふさわしい。

問２　「友人関係のあり方」についての「第一生命経済研究所」および「青少年研究会」の調査結

果によると，「若者の友人関係は，『新しい』ものに移行しつつある」としたうえで，年を経《へ》るなかで彼《かれ》らの，「自らの主張をひかえ相手に合わせる傾向《けいこう》」，特に二〇〇〇年代以降には，「自らを相手に合わせる一方で，自らの状態に応じて相手を使い分ける傾向を強めている」とされている友人関係の流動化や，そもそも「友人と距離《きょり》をおこうとする傾向」が強まっていることをおさえておく。　A 「多少自分の意見をまげても，友人と争うのは避《さ》けたい」と考える人の割合は1998年には男性46.5％，女性60.5％であるのに対して，2011年には男性66.2％，女性73.3％と「大きく増えている」。　B 「意見が合わないと納得いくまで話す」人は，2002年には50.2％であったのに対して，2012年には36.3％と「大きく減っている」。　C 「友だちが多いといいと思う人」の割合(表では「友人は多ければ多いほどいいと思う」)は，1998年には男性69.5％，女性62.9％であるのに対して，2011年には男性59.4％，女性47.4％と「かなり減り」，また，「友だちとの付き合いで家族を犠《ぎ》牲《せい》にするのをよしとする人」の割合(表では「友人とのつきあいのために，親や家族を多少犠牲にするのはやむをえないと思う」)は，1998年には男性50.4％，女性43.1％であるのに対して，2011年には男性33.8％，女性32.6％と，こちらもかなり減っている。　D 「友だちといるより一人でいるほうが落ち着く」という人の割合(表では「友達といるより一人が落ち着く」)は，2002年には46％であったのに対して，2012年には71.1％と「増えている」。　E これまで確認してきたこととは「矛《む》盾《じゅん》」する傾向があると述べたうえで，筆者は「ときどき友人に嘘《うそ》をついてしまう」人の割合が，1998年には男性45.3％，女性47.3％であるのに対して，2011年には男性24.8％，女性28.9％と「激減している」ことをあげている。

問３　「友人関係から撤退《てったい》したいものの連絡《れんらく》はとっていたい，友だちと対立しないように自らの言説を調整するものの，それが嘘にはならないよう配慮《はいりょ》したい，といったねじれた意識を抱《いだ》いている」若者は，現代の「友だちがいない人は孤独《こどく》でさびしい状態に陥《おちい》る」という「関係の流動的な社会」(問２でみた“友人関係の流動化”した社会)で生きているため，「場の空気に過剰《かじょう》なまでに気を遣《つか》いながら，友人関係のなかに入ってゆく」のだと，これまで見てきた「実際の調査結果」から筆者は持論を展開している。若者たちの「矛盾」した意識と，いびつな社会構造があいまって，彼らは結局「友人関係」のなかに入っていかざるを得ず「疲《つか》れてしまう」のだから，ウがよい。

問４　かつて憧《あこが》れられていた「一匹狼《いっぴきおおかみ》」と，今日の子どもたちがいう「ぼっち」に関する意識の変遷《へんせん》について，筆者は続く部分で「一人でいること」が「関係からの解放ではなく，むしろ疎外《そがい》を意味する」ようになったと前置きした後，見田宗介《みたむねすけ》氏の著書を引用し，「一九六〇年代初頭」の若者たちは「現在のように濃密《のうみつ》な人間関係を求めていたのではなく，制度に縛《しば》られた濃密な人間関係を逆に嫌悪《けんお》していた」と述べている。しかし，そうした「集団のしがらみからの解放」が望まれていた時代は終わり，今や「一人でいる人間は，コミュニケーション能力を欠いた人物とみなされ，否定的に捉《とら》えられてしまう」ようになったのである。

問５　価値観が多様化し，「互《たが》いに相手の価値判断の中身に立ち入ること」の難しくなった現代社会においては，「相互《そうご》に異なった価値観を調整」できる「コミュニケーション能力だけが，ただ一つ共通の評価基準」とされたこともあり，一人でいる人間が「コミュニケーション能力を欠いた人物とみなされ」蔑《さげす》まれるようになった，と述べられている。そうした風潮のなかでは，「若者が一人になれる環境《かんきょう》はすでに最初から用意され」ているにもかかわらず，誰《だれ》かとつながっていない自分は(コミュニケーションが取れなければ)価値のない人間ではないかと思ってしまうほか，周囲からもそう見られるのではないかと「不安」になるため，人々は「一人で生きていくことがかつて以上に困難な時代」になっているというのである。エが，以上の内容を正しく捉えている。

二　出典：青山美智子《あおやまみちこ》「ウミガメ」（『月の立つ林で』所収）。母親に嫌《きら》われていると思いこみ，悩《なや》んでいる高校三年生の「私」（逢坂那智《おうさかなち》）は，母親の気持ちを思いやることで関係性を回復していく。

問１　学校から帰ると「仁王《におう》立ち」で「待ち構えていた」母親に「ただならぬ気配」を感じ取った「私」は，「そのまま逃《に》げだしたくなった」ものの「動けなく」なってしまったのだから，恐怖《きょうふ》で身がすくんでしまい，逃げることも立ち向かうこともできずにいるようすを表す，ウの「蛇《へび》ににらまれた蛙《かえる》」があてはまる。

問２　将来，「お父さんの劇団に入るの？」という「私」の質問に対し，裏方《うらかた》の仕事によろこびを見出《みいだ》し，高校卒業後には「ちゃんと舞台《ぶたい》美術の勉強」をするため「専門学校に行こうと思ってる」と返答してきたジンくんの言葉に，「ただひとりになりたくて家を出ることしか考えていない私」は，その意識の差に「ハッとさせられ」ている。続いて「なっちゃんは，どうするの」と訊《き》かれた「私」は，とっさにイタリア語学科のある「M短大，かな」と答えただけだったが，ジンくんの言葉に流されるように，ちゃんと「勉強してみようかな」と考え始めている。つまり，しっかりと目標を見すえ，それに向けて頑張《がんば》ろうとしているジンくんと比べ，「ジンくんの一言に左右されてしまうほどの軟弱《なんじゃく》な根性で，ひとりで生きていきたい」などと思っていた自分の浅はかさを突《つ》きつけられ，「私」はあまりの情けなさから「突然《とつぜん》，泣きたくなった」と考えられる。

問３　自分の預金通帳を勝手に見られ，母親と口論になった「私」は，その末に母親から「……そういうところ，あの人（家を出て行った父親）にそっくり。私に隠《かく》れて，こそこそして」と言われ，「冷たい血が下りていくような感覚に陥《おちい》っ」ている。続く部分で「私，那智だよ。お父さんじゃないよ。ちゃんと私のこと見てよ」と言っているとおり，「私」は，母親がいつも自分に父親を重ねて見ており，これからもずっとそれが続くのだろうと思って母親にがっかりしているのだから，オがふさわしい。

問４　「私」は母親との口論の後で家を飛び出し，「夜風」（スクーター）に乗ってどこへともなく走っていたが，事故を起こしてしまい，スクーターを買ったお店のおじさんに電話をかけて助けを求めたものの「事故ったなら自分でなんとかして」と冷たく突き放されている。「自分だけでは何もできないのだ」という無力感にさいなまれながら，無意識に「…………お母さん」ともらしていたことに気づいた「私」は，「早く離《はな》れたい」と思いながらも，「体の中心から一番欲《ほっ》し」，「甘《あま》えたいのは」，「やっぱりお母さんだった」と気づいているので，アが選べる。

問５　入院することになり母親に連絡《れんらく》を入れた「私」が眠《ねむ》りかけたとき，「すごい勢い」で病室に飛びこんできた母親は，「私」を「痛いぐらいに，強く，強く」抱《だ》きしめ，泣きじゃくっている。そのようすを見たことで，はじめて母親の立場を思いやった「私」は，「お父さんがいなくなって，どうしたらいいのかわからないのは私よりもお母さんだったろう」，「最初にお母さんを避《さ》け始めたのはたぶん私のほうだった」と気がつき，自分が母親に「嫌われてると思うよりも先に」，母親もまた，自分に「嫌われてるって思っていたかもしれない」と考えるに至ったのである。さぞ悩んでいたのだろう母親の気持ちを慮《おもんぱか》ることができたことに加え，今，自分に向けられている深い愛情にふれ，「私」はこれまでのわだかまりがとけ，素直な気持ちで「……心配かけて，ごめんなさい」と言うことができたのだから，ウが正しい。

問６　(1)　問４でみたとおり，「夜風」とは「私」が大切にしているスクーターを指す。「夜風はぐったりと横たわっていた」という表現は，スクーターが転倒《てんとう》しているようすをいい，人でないものを人に見立てているので，ここには擬人《ぎじん》法が用いられていることがわかる。波線アの「無言」，波線イの「生気を失っている」，波線ウの「痛い目に遭《あ》わせた」も，同様にスクーターを人に見立てた擬人法にあたる。　(2)「自立することの大切さ」を夜風から「私」が学んでいるようすは描《えが》かれていないので，アが誤り。なお，スクーターは「私」が家を出て，一人で暮らしていくためのお金をかせぐのに必要な道具なので，「自立した人生を歩んでいくために必要な存在」としたイは合う。また，家から飛び出し，夜風に乗って走っていた「私」は，「夜風，夜風。／あなたがいてよかった」と考えていることから，「苦しいときにやすらぎを与えてくれる存在」としたウも正しい。さらに，ジンくんに対して「彼《かれ》になら，話してもいいと思った」と考えた後，「私」は夜風について話し始めているので，エもふさわしい。

三　漢字の書き取り

１　「厳格」は，規則や道徳などにきびしくて，不正や失敗などを許さないようす。　**２**　音読みは「フン」で，「奮発」などの熟語がある。　**３**　「宣告」は，“裁判で判決を言い渡《わた》す”という意味。　**４**　「皮革」は，動物の皮を加工したもののこと。　**５**　音読みは「ジ」「チ」で，「政治」「治安」などの熟語がある。　**６**　「給湯」は，お湯を供給すること。　**７**　「腹心」は，深く信頼《しんらい》して，どんなことも相談できる人のこと。　**８**　「圧巻」は，全体の中で最もすぐれているようす。

2023年度 市川中学校

【算　数】〈第１回試験（一般・帰国生）〉（50分）〈満点：100点〉

【注意】 1．コンパス・直線定規を利用してもよい。
2．円周率は3.14とする。
3．比を答える場合には，最も簡単な整数の比で答えること。

1 次の問いに答えなさい。

(1) $\frac{22}{7}\times\left\{\left(1.25+6\frac{1}{2}\div\frac{2}{3}\right)-2\right\}$ を計算しなさい。

(2) Ａさん，Ｂさん，Ｃさんがいます。今年，Ｂさんの年齢《ねんれい》はＡさんの年齢の３倍で，Ｃさんの年齢はＡさんの年齢の５倍です。Ｂさんの年齢がＡさんの年齢の２倍になる年，Ｃさんの年齢は48歳《さい》になります。今年のＢさんの年齢を求めなさい。

(3) 右の図のような校庭の周りに，等間隔《とうかんかく》に木を植えます。植える木の本数をできるだけ少なくするとき，植える木の本数を求めなさい。ただし，角には必ず木を植えるものとします。

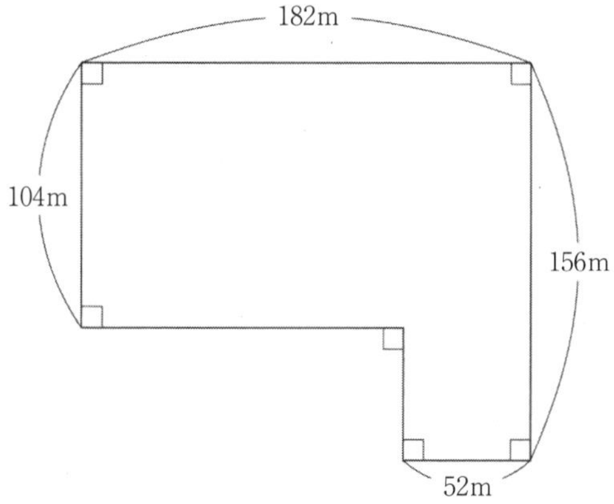

(4) ２つの容器Ａ，Ｂがあります。はじめ，Ａには容積の$\frac{7}{8}$，Ｂには容積の$\frac{4}{5}$の水が入っていました。ＡからＢにいくらか水を移したところ，Ａに入っている水は容積の$\frac{19}{25}$，Ｂに入っている水は容積の$\frac{9}{10}$になりました。ＡとＢの容積の比を求めなさい。

2 ある川に上流の地点Ｐと，下流の地点Ｑがあります。ＰからＱまで川を下るのに，Ａ君は30分かかり，Ｂ君は60分かかります。Ａ君がＰからＱに向かって，Ｂ君がＱからＰに向かって同時に出発したところ，25分後に出会いました。このとき，次の問いに答えなさい。

(1) Ｂ君はＱからＰまで川を上るのに何分かかるか求めなさい。

(2) Ａ君とＢ君の静水時の速さの比を求めなさい。

(3) ある日，川の流れの速さが通常時の1.5倍になりました。このとき，Ａ君がＰからＱに向かって，Ｂ君がＱからＰに向かって同時に出発すると，２人は何分後に出会うか求めなさい。

3 図のように，１辺の長さが10cmの正三角形ABCと，１辺の長さが５cmの正方形CDEFがあります。３つの点P，Q，Rは以下のルールで動きます。

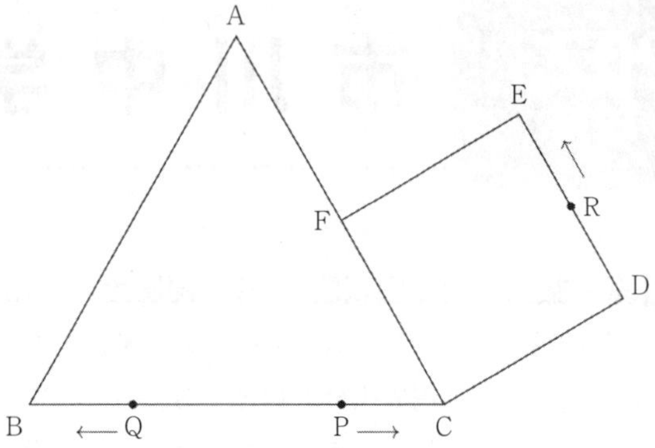

・　点Pは辺BCのちょうど真ん中から毎秒１cmの速さで正三角形ABCの辺上を反時計まわりに動く。
・　点Qは辺BCのちょうど真ん中から毎秒１cmの速さで六角形ABCDEFの辺上を時計まわりに動く。
・　点RはDから毎秒１cmの速さで六角形ABCDEFの辺上を反時計まわりに動く。

PとQとRは同時に動き始め，５分後に止まります。このとき，次の問いに答えなさい。

(1)　５分間で，QとRが出会うのは何回か求めなさい。

(2)　５分間で，PとRが重なっていたのは何秒間か求めなさい。

(3)　５分後に３つの点が止まったとき，PEとRCの交わる点をTとします。このとき，角CTPの大きさを求めなさい。

4 底面が半径２cmの円で，母線の長さが６cmである円錐《えんすい》があります。このとき，次の問いに答えなさい。

(1)　この円錐の展開図を，コンパスと定規を用いて作図しなさい。ただし，[**解答らん**]のXYの長さを２cmとします。

(2)　図１のように，底面の円周上に点Aをとり，Aから再びAに戻《もど》るように最短距離でひもをかけました。このとき，ひもの長さを求めなさい。ただし，１辺の長さが２cmの正三角形の高さは1.73cmとします。

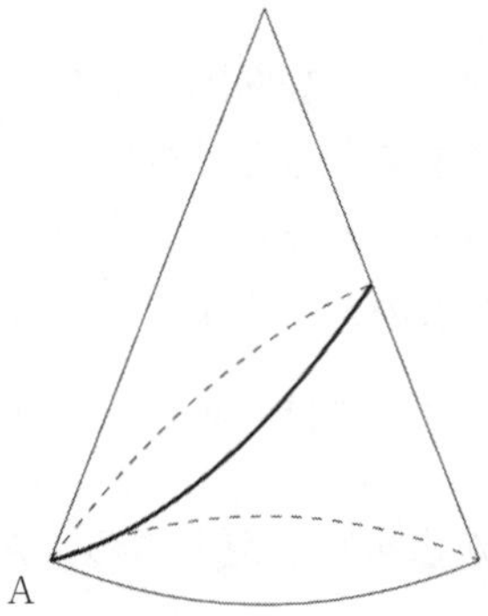

図１

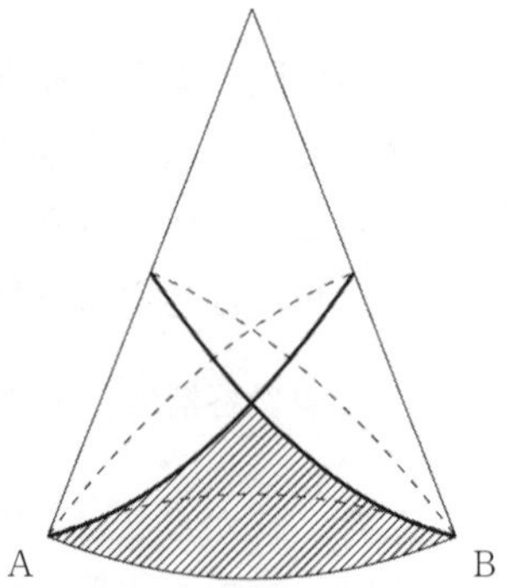

図２

(3)　図２のように，底面の円周上に２点A，Bを，ABが底面の直径となるようにとり，Aから再びAに戻るように，Bから再びBに戻るように最短距離でひもをかけました。このとき，図の斜線部分の面積を求めなさい。ただし，高さが１cmの正三角形の面積を$0.58cm^2$とします。

5 あとの図のように，マス目に以下の手順で記号○，●を入れていきます。

・　１番上の行のマス目にはすべて○を入れる。
・　１番左の列のマス目にはすべて○を入れる。
・　それ以外のマス目には，左のマス目と上のマス目に同じ記号が入っているときは●を，異なる記号が入っているときは○を入れる。

例えば，２行目２列目のマス目には，左のマス目にも上のマス目にも○が入っているため，●を入れます。

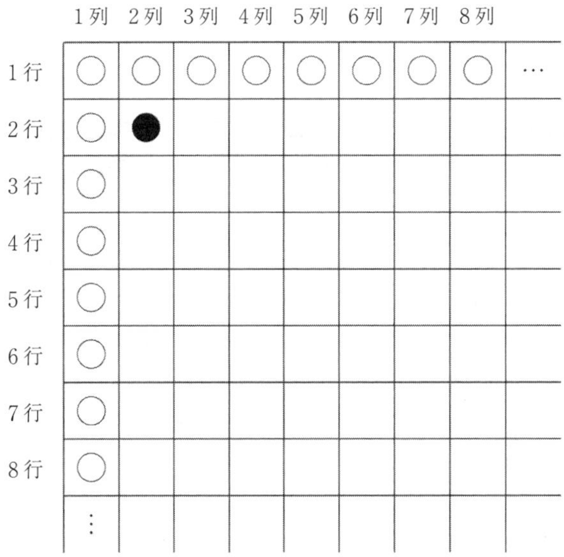

このとき，次の問いに答えなさい。

(1)　４行目４列目までの16個のマス目には○と●がどのように入れられるか，［**解答らん**］の空らんの部分に○，●をかきなさい。

(2)　16行目16列目までの256個のマス目に○と●を入れたとき，その中に含《ふく》まれる○の個数を求めなさい。

(3)　［あ］行目［あ］列目までのマス目に○と●を入れると，○の個数が1000個以上になります。［あ］にあてはまる数の中で，最も小さいものを求めなさい。

【社　会】〈第１回試験(一般・帰国生)〉　(40分)　〈満点：100点〉

【注意】　1．解答の際には，句読点や記号は１字と数えること。

　　　　　2．コンパス・定規は使用しないこと。

1　**2022年に日中国交正常化から50周年を迎《むか》えました。次のⅠ～Ⅶの文章は，日本と中国の関係について，時代ごとに要点をまとめたものです。これらの文章を読み，あとの問いに答えなさい。**

Ⅰ　紀元前３世紀末に，中国で漢が成立しました。『漢書』地理志という歴史書には，紀元前１世紀頃《ころ》の日本は倭と呼ばれていて，100あまりの小さな「くに」に分かれていたことが書かれています。つづく『後漢書』東夷伝には，A紀元後１～２世紀の倭国の様子が書かれています。

Ⅱ　『宋書』倭国伝には，５世紀に倭国の５人の大王(倭の五王)が中国にしばしば使いを送ったことが書かれています。B倭の五王の一人である「武」は，中国の皇帝から倭王の称号《しょうごう》を与《あた》えられましたが，その後中国への使者は派遣《はけん》されなくなりました。

Ⅲ　６世紀末，隋が中国を統一すると，日本と中国との間の国交が再び開かれました。C607年，(　1　)天皇のもとで遣隋使が派遣され，隋の皇帝に国書を送りましたが，このときは倭王の称号を求めませんでした。隋が滅び，唐が成立したのちも，日本はひきつづきD遣唐使を派遣しました。

Ⅳ　10世紀半ばに宋が成立すると，正式な国交は開かれませんでしたが，商人による貿易が活発になりました。12世紀になると，E平清盛が日宋貿易を積極的に進めました。宋からもたらされる宋銭や書籍《しょせき》は，当時の社会や文化に大きな影響《えいきょう》を与えました。

Ⅴ　13世紀半ば，朝鮮半島の(　2　)を服属させたモンゴル帝国は，日本に対しても国書を送り，服属を求めてきました。これに対し，執権の北条時宗がその要求を断ると，国号を元としたフビライ＝ハンは，F1274年と1281年の二度にわたり，九州を襲《おそ》いました。

Ⅵ　14世紀後半に成立した明は，日本に対して中国や朝鮮半島の沿岸を荒《あ》らし回っていた倭寇の取り締《し》まりを求め，これに足利義満が応じたことでG日明貿易が始まりました。しかし，この貿易は150年ほどの間に19回しか行われませんでした。一方，15世紀前半に成立した(　3　)は，171回も明に※1朝貢《ちょうこう》し，輸入した中国の品を日本に運んで，明と日本をつなぐ役割を果たしました。

Ⅶ　17世紀半ばに，中国では清が明にとって代わりました。日本では17世紀前半以降，H江戸幕府がI外国との国交や貿易を制限するようになり，清との交易も限られた場所でのみ行われるようになりました。

　※1　朝貢…中国皇帝に対し周辺国の王が臣下として貢物を送ること。

問１　(1)～(3)にあてはまる語句を，それぞれ漢字で答えなさい。

問２　下線Aについて，この時期の倭国に関する説明a・bと中国との関係に関する説明c・dのうち，正しいものの組み合わせはどれですか，ア～エから１つ選び，記号で答えなさい。

　a　この頃の倭国では，まだ稲作《いなさく》は行われていませんでした。

　b　他の集落との戦いにそなえ，環濠《かんごう》集落が形成されました。

　c　中国の皇帝から倭の奴国の王に金印が授けられました。

　d　女性を王とする邪馬台国から中国に使者が派遣されました。

　　ア　a―c　　イ　a―d　　ウ　b―c　　エ　b―d

問３　下線**Ｂ・Ｃ**について，６世紀以降は倭の五王の時代と異なり，大王（天皇）は中国の皇帝に対して倭王の称号を求めなくなりました。それはなぜですか，＜**資料１**＞・＜**資料２**＞を参考にして説明しなさい。

＜資料１＞

> ３世紀後半から５世紀にかけては，地方豪族のなかにも大王の墓と肩《かた》を並べるくらいの大きさの古墳をつくる者がいました。

＜資料２＞

> ６世紀になると，地方豪族が大規模な古墳をつくることはなくなりました。

問４　下線**Ｄ**について，遣唐使は７世紀前半に始まり，９世紀末に停止されました。この期間におこったこととして誤っているものはどれですか，**ア～エ**から１つ選び，記号で答えなさい。

ア　白村江の戦いで日本が唐・新羅連合軍に敗れました。
イ　平将門が関東で武士団を率いて反乱をおこしました。
ウ　桓武天皇による律令政治の立て直しが行われました。
エ　行基の協力を得て東大寺の大仏が造営されました。

問５　下線**Ｅ**について，平清盛が日宋貿易を進めるため，現在の神戸に整備した港を何といいますか，漢字で答えなさい。

問６　下線**Ｆ**について，このできごとに関する説明**ａ～ｃ**について，その正誤の組み合わせとして正しいものはどれですか，**ア～ク**から１つ選び，記号で答えなさい。

ａ　文永の役では，元軍は博多湾《わん》の沿岸に築かれた石塁に上陸を阻《はば》まれ，苦戦しました。
ｂ　元の襲来《しゅうらい》に備えて，幕府は全国の御家人以外の武士も動員できる権限を得ました。
ｃ　元寇の後，十分な恩賞がもらえなかったこともあり，御家人は幕府に不満をもつようになりました。

ア　ａ―正　ｂ―正　ｃ―正　　**イ**　ａ―正　ｂ―正　ｃ―誤
ウ　ａ―正　ｂ―誤　ｃ―正　　**エ**　ａ―誤　ｂ―正　ｃ―正
オ　ａ―正　ｂ―誤　ｃ―誤　　**カ**　ａ―誤　ｂ―正　ｃ―誤
キ　ａ―誤　ｂ―誤　ｃ―正　　**ク**　ａ―誤　ｂ―誤　ｃ―誤

問７　下線**Ｇ**について，日明貿易における日本の輸出品と輸入品の組み合わせとして正しいものはどれですか，**ア～エ**から１つ選び，記号で答えなさい。

ア　輸出品―生糸　輸入品―銅
イ　輸出品―陶磁器《とうじき》　輸入品―生糸
ウ　輸出品―銅　　輸入品―銅銭
エ　輸出品―硫黄《いおう》　　輸入品―刀剣《とうけん》

問８　下線**Ｈ**について，＜**グラフ**＞は，江戸幕府が発行した小判の重さと，小判に含《ふく》まれる金の量を示しています。＜**グラフ**＞中の２種類の小判に関する説明**ａ・ｂ**について，その正誤の組み合わせとして正しいものはどれですか，**ア～エ**から１つ選び，記号で答えなさい。

＜グラフ＞

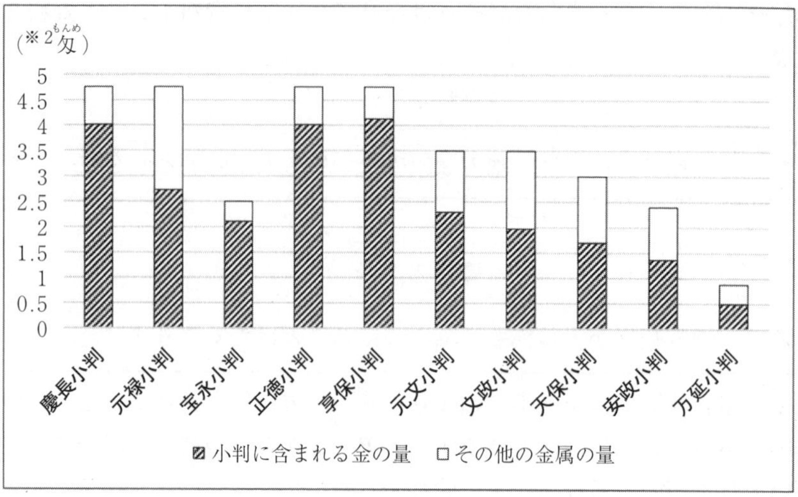

美和良一・原朗編『近現代日本経済史要覧　補訂版』(東京大学出版会)より作成

※2　匁…1匁＝3.75ｇ

a　元禄小判は，財政立て直しのために，小判に含まれる金の量を約3分の2に引き下げて発行されましたが，物価の下落を招きました。

b　万延小判は，開国にともなって金が流出したことを背景に，重さを安政小判の半分以下に引き下げて発行されました。

ア　**a**―正　**b**―正　　**イ**　**a**―正　**b**―誤

ウ　**a**―誤　**b**―正　　**エ**　**a**―誤　**b**―誤

問9　下線**I**について，次の文章を読み，あとの問いに答えなさい。

> 19世紀になると，日本の近海に外国船がたびたび姿を現すようになりました。江戸幕府は外国船打払令を出していましたが，アヘン戦争で清が敗れたことを知って方針を変え，老中［　　　］は，漂着《ひょうちゃく》した外国船には水や燃料を与えることにしました。

(1)　下線について，＜**資料3**＞は，外国船打払令を批判したある人物が，1838年に記した書の一部です。＜**資料3**＞に関する説明**a**・**b**について，その正誤の組み合わせとして正しいものはどれですか，あとの**ア**～**エ**から1つ選び，記号で答えなさい。

＜**資料3**＞

> 外国船が接近すれば，有無もなく鉄砲《てっぽう》や大砲《たいほう》で打ち払《はら》う国は世界に例がない。漂《ひょう》流《りゅう》民を救助し送り届けた者を打ち払うとは，※3仁義のない国だと諸国に示すものだ。着岸を許すことと，貿易を許すこととは別のことである。

浜島書店『つながる歴史　千葉県版』より

※3　仁義…道徳上守るべき筋道のこと。

a　＜**資料3**＞の「漂流民を救助し送り届けた者を打ち払う」とは，モリソン号事件のことを指していると考えられます。

b　＜**資料3**＞を記した人物は，幕府批判を理由に蛮社の獄で弾圧《だんあつ》されました。

ア　a—正　b—正　　イ　a—正　b—誤
ウ　a—誤　b—正　　エ　a—誤　b—誤

(2)　[　　]にあてはまる人物は誰《だれ》ですか，漢字で答えなさい。

2　**次のA～Eの文章は，外務省ホームページの「日本の領土をめぐる情勢」の一部です。これを読んで，あとの問いに答えなさい。なお，出題に際して文章の表記を変えたところがあります。また，出題の都合上[イ]～[ハ]は伏《ふ》せてあります。**

A　日本は，ロシアに先んじて北方領土を発見・調査し，遅《おそ》くとも19世紀初めには四島の実効的支配を確立しました。19世紀前半には，ロシア側も自国領土の南限をウルップ島([　イ　]島のすぐ北にある島)と認識していました。日露両国は，1855年，日魯通好条約(日露和親条約)において，当時自然に成立していた[　イ　]島とウルップ島の間の両国国境をそのまま確認しました。

B　日本は，ロシアとの条約により，[　ロ　]をロシアから譲《ゆず》り受けるかわりに，ロシアに対して[　ハ　]全島を放棄《ほうき》しました。

C　日露戦争後の(　1　)条約において，日本はロシアから[　ハ　]の北緯《ほくい》50度以南の部分を譲り受けました。

D　(　2　)宣言は，「暴力及《およ》び貪欲《どんよく》により日本国が略取した地域」から日本は追い出されなければならないとしたカイロ宣言の条項《じょうこう》は履行《りこう》されなければならない旨《むね》，また，日本の主権が本州，北海道，九州及び四国並びに連合国の決定する諸島に限定される旨規定しています。しかし，当時まだ有効であった(　3　)条約を無視して８月９日に対日参戦したソ連は，日本の(　2　)宣言受諾《じゅだく》後も攻撃《こうげき》を続け，８月28日から９月５日までの間に，北方四島を不法占領《せんりょう》しました(なお，これら四島の占領の際，日本軍は抵抗《ていこう》せず，占領は完全に無血で行われました)。

E　日本は，サンフランシスコ平和条約により，(　1　)条約で獲得《かくとく》した[　ハ　]の一部と[　ロ　]に対するすべての権利，※1 権原及び請求《せいきゅう》権を放棄しました。

※1　権原…法的な権利が発生する原因のこと。

問1　(**1**)～(**3**)にあてはまる語句を，それぞれ答えなさい。

問2　**B**と**C**の文章で説明された日本の領土について，<**地図**>中の国境線の組み合わせとして正しいものはどれですか，あとの**ア**～**エ**から１つ選び，記号で答えなさい。

＜**地図**＞

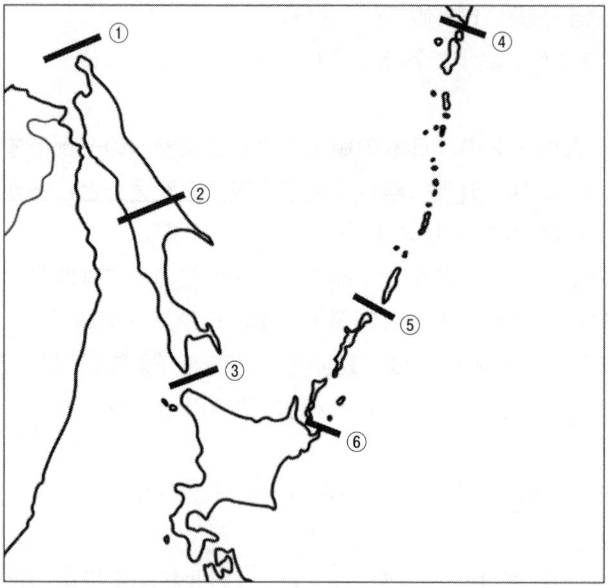

ア　B　①・⑥　C　①・⑤　　イ　B　①・⑤　C　①・④

ウ　B　③・④　C　②・④　　エ　B　③・⑤　C　②・⑤

問３　次の＜**年表**＞を見て，あとの問いに答えなさい。なお，７ページのA～Eの文章は，＜**年表**＞中のA～Eの時期にあてはまります。

＜**年表**＞

A

岩倉使節団を派《は》遣《けん》する（1871）

B

↕ あ

日清戦争がおこる（1894）

↕ い

C

↕ う

ソ連との国交を開く（1925）

↕ え

満州国を建てる（1932）

↕ お

D

↕ か

E

↕ き

日韓基本条約を結ぶ（1965）

↕ く

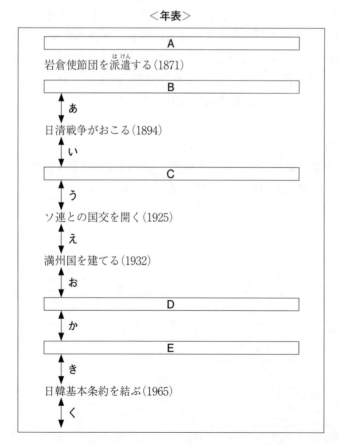

(1)　＜**年表**＞の**あ**～**う**の時期に進められた不平等条約の改正交渉《こうしょう》について説明した**ア**～**エ**を時代の古い順に並べたとき，２番目と３番目にあたるものはどれですか，それぞれ記号で答えなさい。

ア　イギリスとの間で通商航海条約が調印され，領事裁判権が撤廃《てっぱい》されることになりました。

イ　大日本帝国憲法が制定されたことで交渉が進みましたが，来日中のロシア皇太子が襲《しゅう》撃《げき》される事件が発生して交渉は中止されました。

ウ　アメリカとの間で通商航海条約が調印され，日本の関税自主権が完全に回復されることになりました。

エ　欧米列国との交渉を有利に導くため，鹿鳴館外交に代表される積極的な欧化《おうか》政策が展開されました。

(2)　＜**資料１**＞・＜**資料２**＞が説明するできごとは，＜**年表**＞中の**あ**～**く**のどの時期にあてはまりますか，それぞれ選び，記号で答えなさい。

＜**資料１**＞

> 午前10時半から開かれた東京の式典で佐藤首相は，「戦争によって失われた領土を平和のうちに外交交渉で回復したことは史上きわめてまれ」とあいさつした。スピロ・アグニュー米副大統領は「一時代の終わりを意味するが，より以上に重要なことは，偉大《いだい》なわれわれ両国のさらに一層大きな利害の一致《いっち》を期待できる新しい時代が始まる」と述べた。＜中略＞記念式典で，※2 屋良《やら》は次のようにあいさつした。「米軍基地の※3 態様の問題をはじめ，内蔵するいろいろな問題があり，これらを持《もち》込《こ》んで復帰したわけであります。」

＜**資料２**＞

> 日本の出兵は，※4 寺内がいかに「露国に同情」した「平和の保障」を旨とした行動であると説明しようとも＜中略＞ロシア革命によって成立した世界で初めての社会主義政権の登場に干渉《かんしょう》することを目指したものにほかならない。＜中略＞日本は田中義一参謀《さんぼう》次長を中心に＜中略＞派兵準備を進め，出兵の時を待っていた。

出典は出題の都合上割愛してあります。

※２　屋良…屋良朝苗《ちょうびょう》。この地域の祖国復帰運動を率いた主席。

※３　態様…ありさま，様子。

※４　寺内…寺内正毅《まさたけ》。当時の総理大臣。

(3)　次の＜**絵**＞を見て，あとの問いに答えなさい。

＜**絵**＞

教育出版『中学社会　歴史　未来をひらく』より作成

問い　この＜**絵**＞は＜**年表**＞中のどの時期の国際情勢を表していますか，**あ**～**く**の記号で答えなさい。また，**X**がどこの国を示しているかを明らかにしながら，この＜**絵**＞が表している状況《じょうきょう》を説明しなさい。ただし，**X**は当時の国名で書きなさい。

3　市川中学校の修学旅行先の一つに長崎があります。長崎を含《ふく》む九州について，地図を見て，あとの問いに答えなさい。

＜地図＞

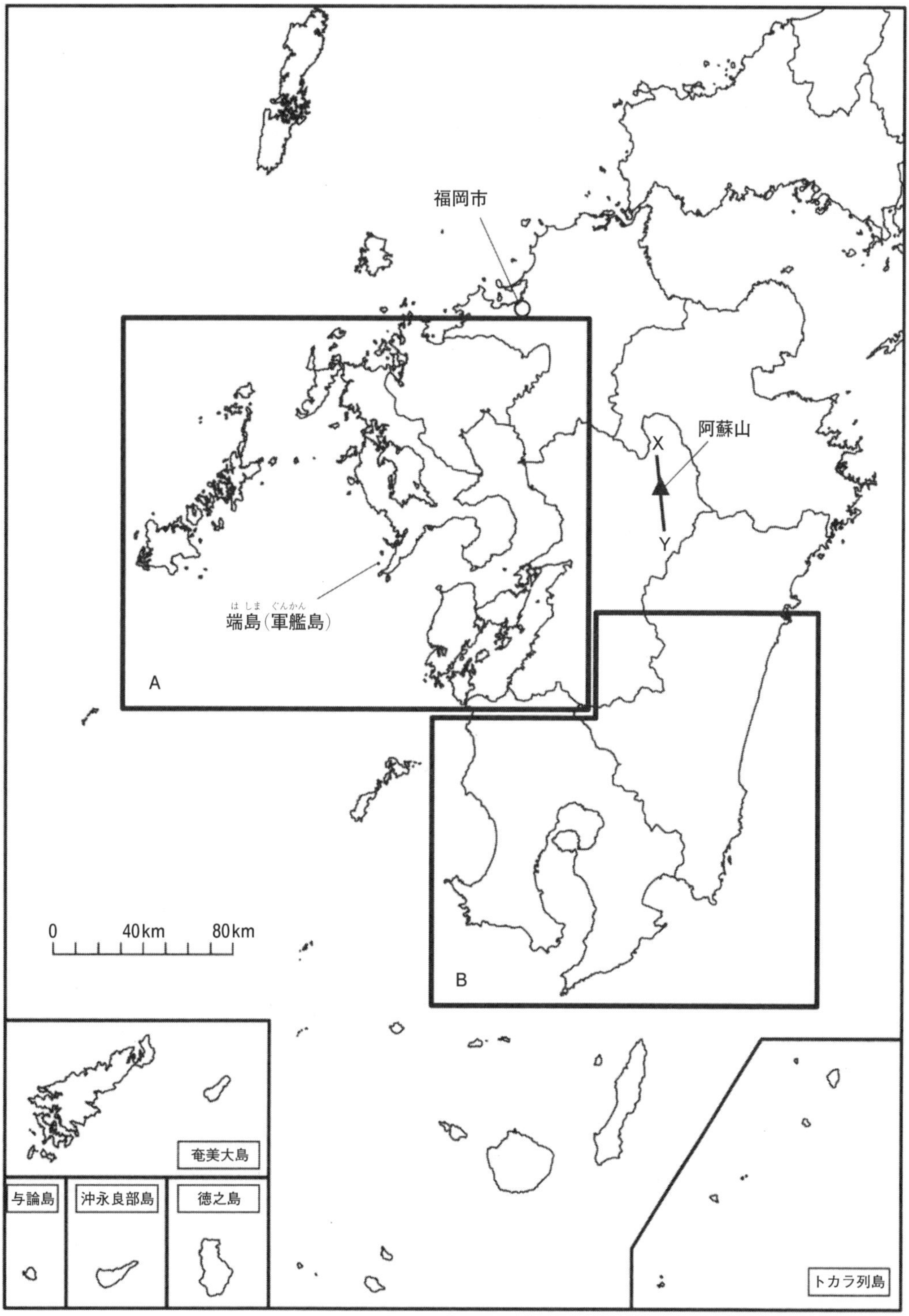

問1　＜**地図**＞中の**X―Y**の線のおおよその断面図は＜**図**＞のような形になっています。このような地形を何といいますか，答えなさい。

＜図＞

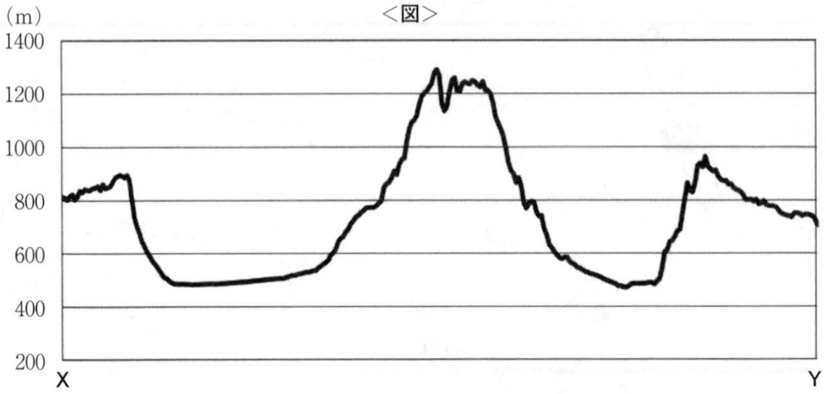

地理院地図HP(https://maps.gsi.go.jp)より作成

問2　＜**地図**＞中の**A**のエリアに関する説明として正しいものはどれですか，**ア**～**エ**から2つ選び，記号で答えなさい。

ア　筑後川の流域に広がる筑紫平野は，全国のい草の生産の大半を占《し》めています。

イ　雲仙岳では約30年前の噴火《ふんか》で火砕流《かさいりゅう》が発生し，多くの犠牲《ぎせい》を出しました。

ウ　水俣市では工場から排出《はいしゅつ》されたカドミウムにより公害病が発生し，四大公害病の1つとされました。

エ　天草諸島には潜伏《せんぷく》キリシタン関連遺産があり，世界文化遺産に登録されています。

問3　＜**地図**＞中の**B**のエリアに関する説明として正しいものはどれですか，**ア**～**エ**から2つ選び，記号で答えなさい。

ア　笠野原などの火山灰が堆積《たいせき》したシラス台地が広がっています。

イ　宮崎平野では，野菜の抑制栽培が行われています。

ウ　枕崎では，主にたらやさけが水揚《みずあ》げされています。

エ　鹿児島県は，新幹線や高速道路で福岡県と結ばれています。

問4　九州地方の農業には，北部と南部で異なった特徴《とくちょう》がみられます。＜**表1**＞は，北関東・南関東・東山・東海・北九州・南九州の※1 6地方における農産物産出額の大きい品目の上位6位と，その金額ベースの構成比を示したものです。北九州と南九州にあたるものの組み合わせとして正しいものはどれですか，**ア**～**カ**から1つ選び，記号で答えなさい。

※1　6地方…各地方に含まれる都県は以下の通り。

北関東：茨城県・栃木県・群馬県

南関東：埼玉県・千葉県・東京都・神奈川県

東山：山梨県・長野県

東海：岐阜県・静岡県・愛知県・三重県

北九州：福岡県・佐賀県・長崎県・熊本県・大分県

南九州：宮崎県・鹿児島県

＜**表1**＞

	1位	2位	3位	4位	5位	6位
a	米 16.1%	豚 12.1%	生乳 8.2%	鶏卵 8.0%	肉用牛 5.2%	いちご 3.6%
b	ぶどう 21.8%	米 12.9%	りんご 9.0%	レタス 6.4%	もも 6.2%	はくさい 4.6%
c	米 13.1%	肉用牛 10.5%	いちご 6.7%	豚 6.1%	トマト 5.9%	生乳 5.5%
d	米 13.3%	鶏卵 8.5%	豚 7.2%	生乳 5.7%	肉用牛 5.3%	みかん 4.7%
e	肉用牛 22.9%	ブロイラー 17.2%	豚 17.0%	米 4.7%	鶏卵 4.6%	きゅうり 2.7%
f	米 15.6%	豚 8.7%	鶏卵 6.4%	ねぎ 6.0%	生乳 5.1%	きゅうり 3.5%

農林水産省 HP(https://www.maff.go.jp)より作成

ア　北九州―b　南九州―a　**イ**　北九州―b　南九州―e

ウ　北九州―c　南九州―a　**エ**　北九州―c　南九州―e

オ　北九州―f　南九州―a　**カ**　北九州―f　南九州―e

問5　九州地方は火山活動が活発なため，他の地方と比べて，多くの地熱発電所があります。日本の発電量割合(水力・火力・原子力・太陽光・地熱)の推移を示した＜**表2**＞において，地熱・水力・原子力にあたるものの組み合わせとして正しいものはどれですか，**ア**～**カ**から1つ選び，記号で答えなさい。

＜**表2**＞

	1970年度	1980年度	1990年度	2000年度	2010年度	2019年度
a	22.3%	15.9%	11.2%	8.9%	7.8%	8.9%
b	76.4%	69.6%	65.0%	61.3%	66.7%	81.7%
c	1.3%	14.3%	23.6%	29.5%	24.9%	6.3%
d	※2 —	—	0%	—	0%	2.2%
e	0%	0.2%	0.2%	0.3%	0.2%	0.2%

二宮書店『データブック オブ・ザ・ワールド 2022版』より作成

※2　—…この記号の年度は数値なし。

ア　地熱―d　水力―a　原子力―c

イ　地熱―d　水力―a　原子力―e

ウ　地熱―d　水力―b　原子力―c

エ　地熱―e　水力―a　原子力―c

オ　地熱―e　水力―a　原子力―d

カ　地熱―e　水力―b　原子力―d

問6　長崎県の端島(軍艦島)は，19世紀末から石炭の採掘《さいくつ》がさかんに行われ，明治期の産業革命を支えたことから，2015年に世界文化遺産に登録されました。しかし，石炭は燃やしたときに温室効果ガスを多く排出するため，現在では地球温暖化に大きな影響《えいきょう》を与《あた》えるとして問題視されています。石炭などの化石燃料の使用にともなって発生する温室効果ガスの排出量を，森林による吸収量を差し引くことで実質的にゼロにする考えを何といいますか，カタカナで答えなさい。

問７　＜**グラフ１**＞は九州地方の中心都市である福岡市と，北海道・東北・中国の各地方の中心都市である札幌市・仙台市・広島市の月別降水量を，＜**グラフ２**＞は同じ都市の月別日照時間を示しています。福岡市と仙台市にあたるものはどれですか，**ア**～**エ**からそれぞれ１つずつ選び，記号で答えなさい。

＜**グラフ１**＞

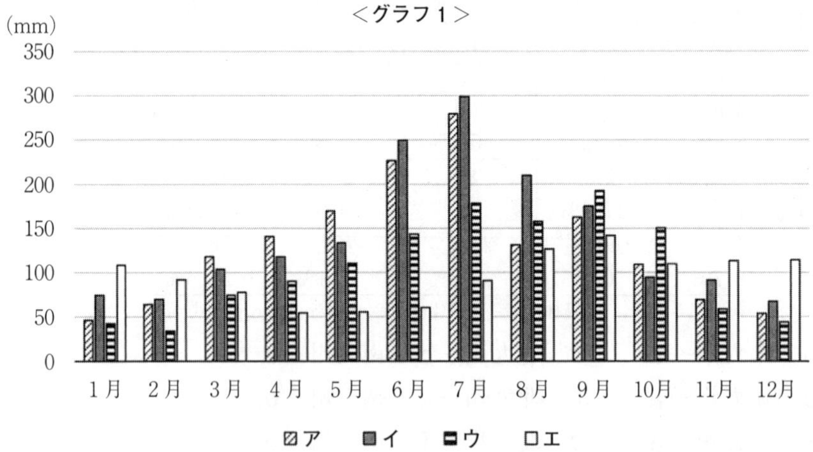

気象庁HP（https://www.jma.go.jp）より作成

＜**グラフ２**＞

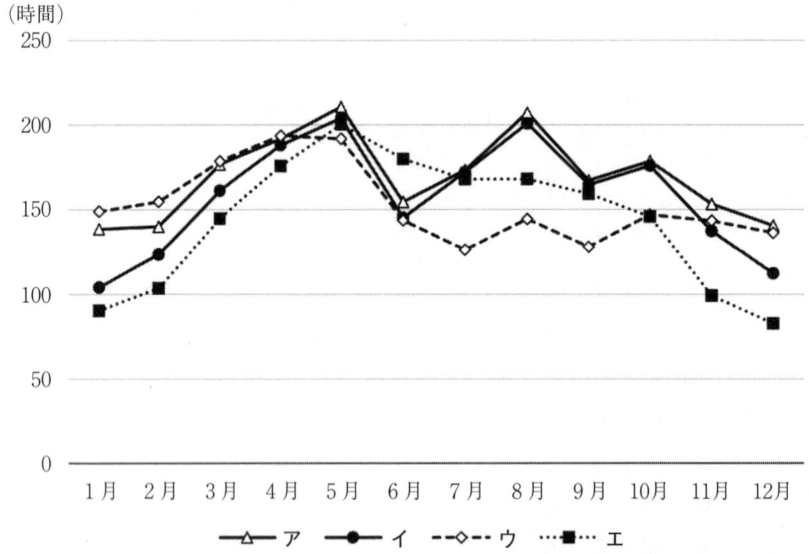

気象庁HP（https://www.jma.go.jp）より作成

4　**次の文章を読んで，あとの問いに答えなさい。**

民主主義とは何かと聞かれたら，あなたはどう答えるでしょうか？　例えば，

X「民主主義とは A 多数決のことであるから，少数派の反対者も多数派の賛成したことに従わなければならない」

という意見に対して，

Y「いや，すべての人は民主主義のもとではみな B 平等なはずだから，少数派の意見であっても尊重されなければならない」

という意見もあるでしょう。

また，「民主主義とは，C選挙を通じて選ばれた代表者によって政治を行うことである」という意見に対して，「いや，民主主義とはD自分たちの社会の課題を自分たち自身で解決することであり，代表者に委《ゆだ》ねることではない」という意見もあるでしょう。

このように，民主主義とは何かについてさまざまな考え方があります。私たちは，民主主義の当事者として行動することを通して，自分なりの民主主義についての理解を深めていくことが求められているといえるでしょう。

問１　下線**A**について，多数決にもさまざまな規定があります。次の日本国憲法第96条の条文の一部を読んで，あとの問いに答えなさい。

> この憲法の改正は，（ **1** ）の（ **2** ）の（ **3** ）以上の賛成で，国会が，これを発議し，国民に提案してその承認を経なければならない。この承認には，特別の国民投票又《また》は国会の定める選挙の際行はれる投票において，その過半数の賛成を必要とする。

(1)　(**1**)～(**3**)にあてはまる語句の組み合わせとして正しいものはどれですか，**ア**～**ク**から１つ選び，記号で答えなさい。

ア　**1**　衆議院　**2**　総議員　**3**　３分の２
イ　**1**　衆議院　**2**　総議員　**3**　２分の１
ウ　**1**　衆議院　**2**　出席議員　**3**　３分の２
エ　**1**　衆議院　**2**　出席議員　**3**　２分の１
オ　**1**　各議院　**2**　総議員　**3**　３分の２
カ　**1**　各議院　**2**　総議員　**3**　２分の１
キ　**1**　各議院　**2**　出席議員　**3**　３分の２
ク　**1**　各議院　**2**　出席議員　**3**　２分の１

(2)　下線について，**＜グラフ１＞**・**＜グラフ２＞**を見ると，憲法改正について国民の承認が民意を正しく反映するとは限らないとも考えられます。なぜそのように考えることができるのですか，グラフから読み取れることを参考にしたうえで説明しなさい。なお，説明には以下の[**語句**]を使用すること。

[**語句**]　**有権者**　**投票率**　**過半数**

＜グラフ１＞

衆議院議員総選挙(大選挙区・中選挙区・小選挙区)における投票率の推移

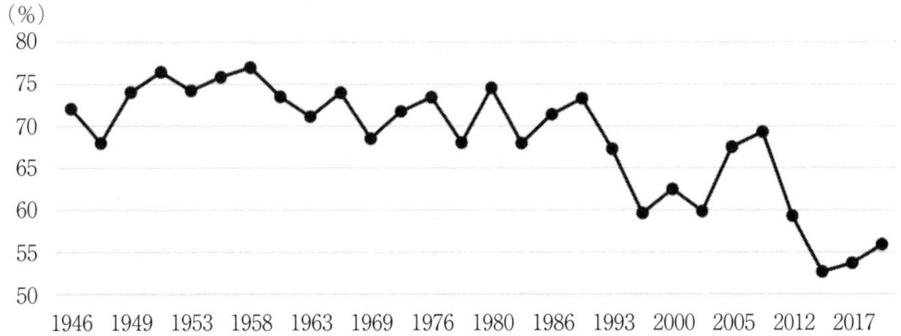

総務省HP(https://www.soumu.go.jp)より作成

＜グラフ２＞

参議院議員通常選挙(地方区・選挙区)における投票率の推移

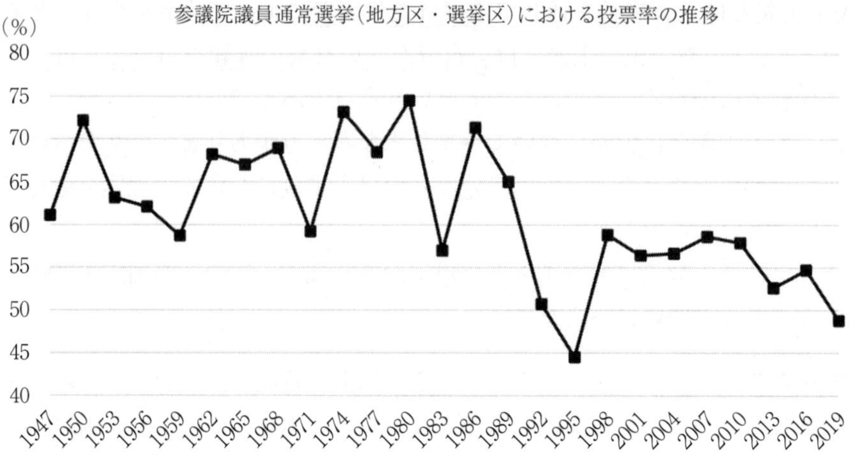

総務省HP(https://www.soumu.go.jp)より作成

問２　下線**B**について，平等に関する事例の説明**a**～**c**について，その正誤の組み合わせとして正しいものはどれですか，**ア**～**ク**から１つ選び，記号で答えなさい。

a　最高裁は，一票の格差が２倍を超《こ》えていた衆議院選挙については違憲《いけん》とし，選挙の無効と選挙のやり直しを命じました。

b　最高裁は，夫婦同姓《どうせい》を規定した現在の民法の規定は，選択的《せんたくてき》別姓を求める人々の権利を侵害《しんがい》しているため違憲とし，選択的別姓の制度が実現しました。

c　民法は，結婚年齢《ねんれい》を男性は18歳《さい》以上，女性は16歳以上としてきましたが，民法改正が行われ，現在は男女とも18歳以上となりました。

ア　**a**—正　**b**—正　**c**—正　　**イ**　**a**—正　**b**—正　**c**—誤
ウ　**a**—正　**b**—誤　**c**—正　　**エ**　**a**—誤　**b**—正　**c**—正
オ　**a**—正　**b**—誤　**c**—誤　　**カ**　**a**—誤　**b**—正　**c**—誤
キ　**a**—誤　**b**—誤　**c**—正　　**ク**　**a**—誤　**b**—誤　**c**—誤

問３　下線**C**について，選挙に関する説明**a**～**c**について，その正誤の組み合わせとして正しいものはどれですか，**ア**～**ク**から１つ選び，記号で答えなさい。

a　2022年４月１日から，18歳以上のすべての国民は選挙権および被《ひ》選挙権を持つことになりました。

b　地方公共団体の首長は住民の直接選挙で選ばれるが，有権者の３分の１以上が署名をすればただちに解職させることができます。

c　総理大臣は国会議員の投票によって国会議員のなかから選ばれ，衆議院と参議院の議決が異なる場合は参議院の議決が国会の議決となります。

ア　**a**—正　**b**—正　**c**—正　　**イ**　**a**—正　**b**—正　**c**—誤
ウ　**a**—正　**b**—誤　**c**—正　　**エ**　**a**—誤　**b**—正　**c**—正
オ　**a**—正　**b**—誤　**c**—誤　　**カ**　**a**—誤　**b**—正　**c**—誤
キ　**a**—誤　**b**—誤　**c**—正　　**ク**　**a**—誤　**b**—誤　**c**—誤

問４　下線**D**について，このような考え方に基づく制度についての説明**a**～**c**について，その正誤の組み合わせとして正しいものはどれですか，**ア**～**ク**から１つ選び，記号で答えなさい。

a　原発や産業廃棄《はいき》物処理場の建設など住民の意見が対立するような重要な議題については，首長は賛否を問う住民投票を必ず実施《じっし》しなければなりません。

b　地方公共団体の住民は，条例の制定や改廃《かいはい》をもとめて，有権者の50分の１以上の署名を首長に提出し，地方議会での議決を請求《せいきゅう》することができます。

c　有権者名簿《めいぼ》のなかから裁判員に選ばれれば，殺人など重大事件に関する刑事《けいじ》裁判の第１審《しん》の審理に参加し，裁判員だけで有罪判決を下すことができます。

ア　a―正　b―正　c―正　　イ　a―正　b―正　c―誤

ウ　a―正　b―誤　c―正　　エ　a―誤　b―正　c―正

オ　a―正　b―誤　c―誤　　カ　a―誤　b―正　c―誤

キ　a―誤　b―誤　c―正　　ク　a―誤　b―誤　c―誤

問５　本文中のＸ・Ｙ２つの意見に関して，Ｘの意見に基づく主張と考えられるものはどれですか，ア～エから２つ選び，記号で答えなさい。

ア　国連総会では，議決にさいして安全保障理事会常任理事国も含《ふく》めすべての加盟国が一票しか持たないのは，民主主義として当然のことです。

イ　議会で多数を占《し》める与党の法律案が，野党との国会審議を通して修正されることは，民主主義として当然のことです。

ウ　選挙区で１人だけ当選する小選挙区制よりも，複数人が当選する大選挙区制や比例代表制を採用することは，民主主義として当然のことです。

エ　地方圏《けん》より大都市圏のほうに国会議員の議員定数が多く配分されているのは，民主主義として当然のことです。

【理　科】〈第１回試験(一般・帰国生)〉（40分）〈満点：100点〉

【注意】　1．解答の際には，句読点や記号は１字と数えること。

2．コンパス・定規は使用しないこと。

3．計算問題の答えは，整数または小数で答え，割り切れない場合は小数第２位を四捨五入して，小数第１位まで答えること。

1　市川さんは学校で種子が発芽する条件を学習しました。そのなかで，教科書の発展にのっていた種子の発芽と光の関係を調べる実験に興味をもちました。そこで，市川さんは「種子の発芽には光が必要である」という仮説をたて，図１のように水でしめらせただっし綿の上にインゲンマメ，ダイコン，ネギの種子をおき，一方はラップフィルム，もう一方はアルミはくでつつんで，光の当たる室内で種子の発芽率を調べました。図２はその結果をまとめたものです。

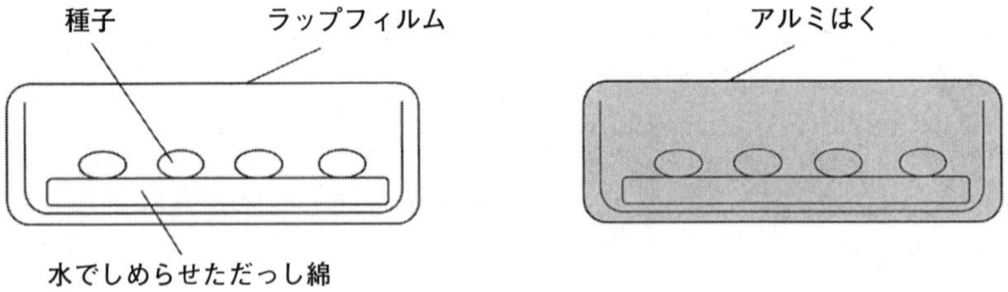

図１

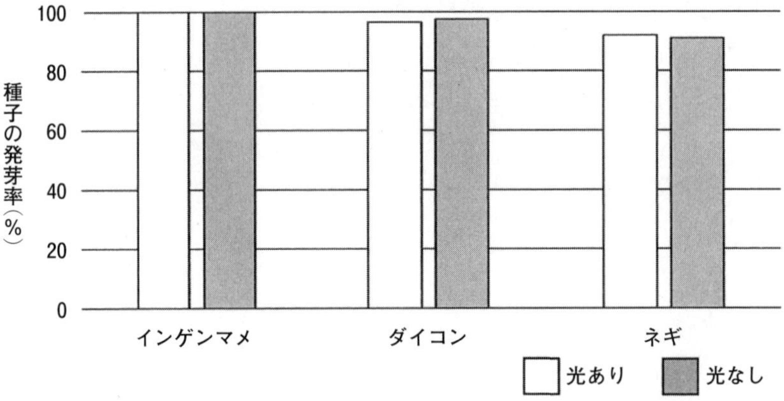

図２

(1)　子葉に養分をたくわえている種子はどれですか。

ア　インゲンマメ　　イ　トウモロコシ　　ウ　イネ　　エ　カキ

(2)　種子にたくわえている養分として，油の割合が多い種子はどれですか。**二つ**選びなさい。

ア　ダイズ　　　　イ　アブラナ　　ウ　イネ

エ　トウモロコシ　　オ　ゴマ

(3)　種子が発芽する条件として必要なものはどれですか。**すべて**選びなさい。

ア　水　　　イ　土　　　ウ　二酸化炭素

エ　酸素　　オ　肥料　　カ　適当な温度

(4)　下線部について，この仮説のもととなる事実はどれですか。

ア　種子は発芽に必要な養分を光合成でつくる。

イ　種子はたくわえている養分を使うために光が必要である。

ウ　種子が発芽するためには光であたためられる必要がある。

エ　発芽したあとの植物は光合成をして成長する。

オ　発芽したあとの植物が養分を使うためには光が必要である。

カ　発芽したあとの植物が成長するためには光であたためられる必要がある。

(5)　この実験で使った種子について，結果から導くことができる結論は何ですか。**20字以内**で答えなさい。

(6)　市川さんは，種子の発芽と光の関係についてさらに深く調べました。すると，発芽に光を必要とする光発芽種子と，光があると発芽しない暗発芽種子があることがわかりました。以下は，調べ学習の結果をまとめたレポートです。①，②にあてはまる語をそれぞれ選びなさい。

　光発芽種子には，発芽したあと，すぐに光合成を行えるという利点がある。そのことから，光発芽種子には，種子が比較的《ひかくてき》(①　ア　小さい　　イ　大きい)ものが多いのではないかと考えた。一方，光があると発芽しない暗発芽種子は，ある程度深い土の中で発芽する。土は，深くなるほど水を含《ふく》んでいるため，暗発芽種子のこの性質は，比較的(②　ア　水分の多い　イ　乾燥《かんそう》した)生息環境《せいそくかんきょう》に適応した結果得られたものではないかと考えた。

2　**市川さんは，夏休みに自分の住む町にある地質研究所の火山防災講座に参加しました。次の文章は市川さんと研究員の会話です。**

研究員　私たちの住む町には活動中の火山である北方山《きたかたやま》があります ね。北方山は2000年前から現在までに何度も噴火《ふんか》をくり返しています。北方山が噴火すると，遠く離《はな》れた町まで①<u>火口から噴出した１mm 程度の大きさの粒《つぶ》</u>が飛ぶことがあります。今日は実際に，500年前に北方山から飛んできたこの粒でできている地層を，研究所の裏の崖《がけ》で観察してみましょう。

市川さん　本物の地層はすごいですね。バウムクーヘンのようにしま模様が見られます。茶色いところと白いところが何層かあります。

研究員　何層か見られる白い層が北方山から飛んできた粒でできている地層です。崖の下の方の白い層を，近づいてよく観察してみてください。

市川さん　白い層をよく見ると，１mm 程度の白い粒の他に，10cm 程度でパンの断面のように穴の開いた石がいくつか見られます。

研究員　よく見つけましたね。それは②<u>軽石</u>と呼ばれるものです。最近だと2021年に福徳岡《ふくとくおか》ノ《の》場《ば》という海底火山が噴火して，あちこちの海岸にこれと同じ種類の石が流れ着いたことが話題になりました。ここでは北方山から直接飛んできています。

市川さん　地質調査をするとどのようなことがわかりますか。

研究員　火山の近くのいくつかの場所で同じ地層を観察することができれば，その地層の分布がわかります。例えば図１の地図は，いま見ている白い地層の分布図です。１マスは１辺が10km で，×印の位置に北方山があります。分布図から噴火したときの風向がわかるのですが，わかりますか。

市川さん　［　③　］ですか。

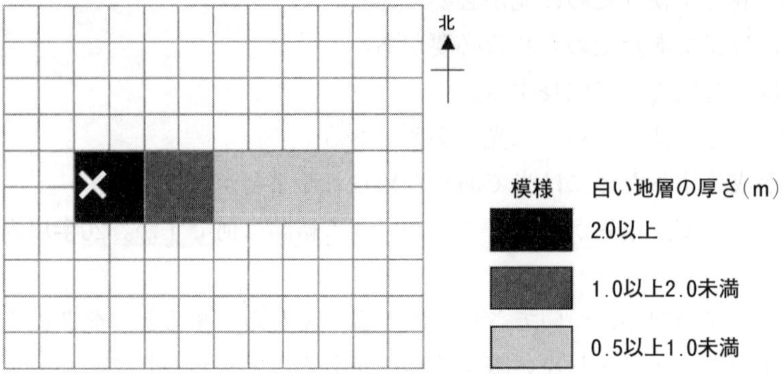

図１

研 究 員　正解です。さらに，この分布図から，このときの噴出量を計算することもできます。計算には，ある厚さで白い地層が堆積《たいせき》した面積(km^2)と，その厚さ(km)の積を12倍することで，およその噴出量(km^3)が求められます。例えば，④地層の厚さ1.0m以上の範囲の面積と地層の厚さ1.0mの積を12倍すればよいわけです。単位に気をつけて計算してみてください。

市川さん　計算してみたら噴出量は［　⑤　］(km^3)になりました。どうですか。

研 究 員　正解です。ある火山について，何回かの噴火の年代とそのときの噴出量がわかると，次の噴火も予測できます。図２はたて軸《じく》に北方山の噴出量，横軸に年代を示したものです。このグラフを使うと，次の噴火もある程度予測できますよ。

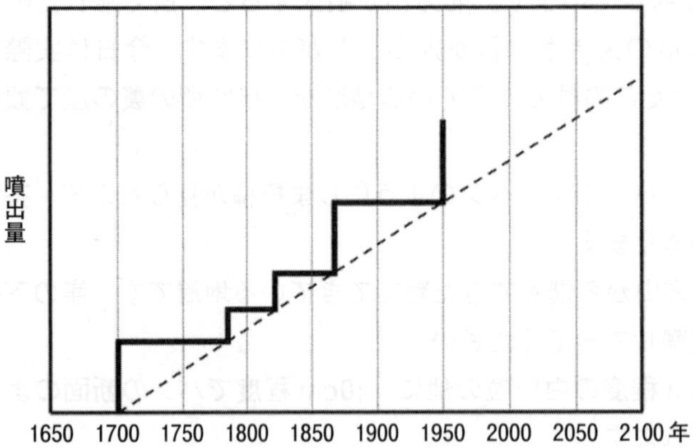

図２

(1)　下線部①のような粒を何といいますか。

(2)　下線部②の性質はどれですか。

ア　塩酸をかけると気体が発生する。

イ　水酸化ナトリウム水溶液《すいようえき》をかけると気体が発生する。

ウ　水に溶《と》けやすい。

エ　水に浮《う》くものもある。

(3)　［　③　］にあてはまる語はどれですか。

ア　北風　　イ　南風　　ウ　東風　　エ　西風

(4)　下線部④について，厚さ1.0m以上の範囲の面積は何km^2ですか。

(5) ⑤ にあてはまる値はいくらですか。

(6) 北方山が次に噴火するのはいつだと考えられますか。

ア　2000年　　イ　2025年　　ウ　2050年

エ　2075年　　オ　2100年

3　市川さんは棒，おもり，糸を使って，【実験１】～【実験４】を行いました。棒は太さが均一で長さ50cm，重さ50ｇのもの，おもりは重さ100ｇのものを使いました。ただし，糸の太さと重さは考えなくてよいものとします。

【実験１】

図１のように，物体Ａを棒の左端《ひだりはし》につるしたところ，おもりを使わなくても，棒は水平につり合いました。

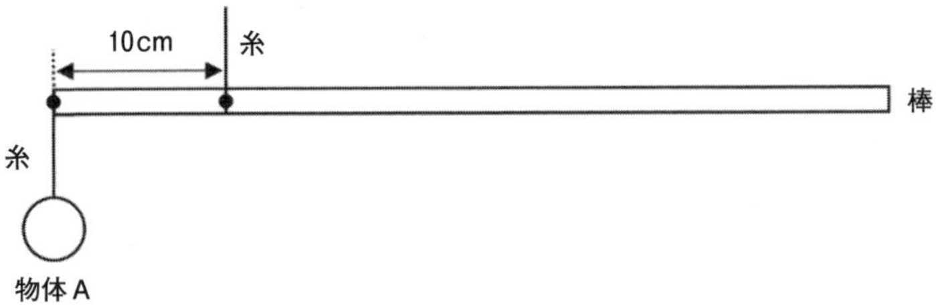

図１

(1) 物体Ａの重さは何ｇですか。

【実験２】

中心よりも左側が支点となるように棒を糸でつるし，支点よりも左側に物体Ｂ，右側におもりをつるしたところ，棒は左に傾《かたむ》き，水平につり合いませんでした。図２は棒が水平になるように，棒を手で支えている様子を表しています。このとき，おもりをつるした位置と支点との距離《きょり》は，物体Ｂをつるした位置と支点との距離の２倍ありました。

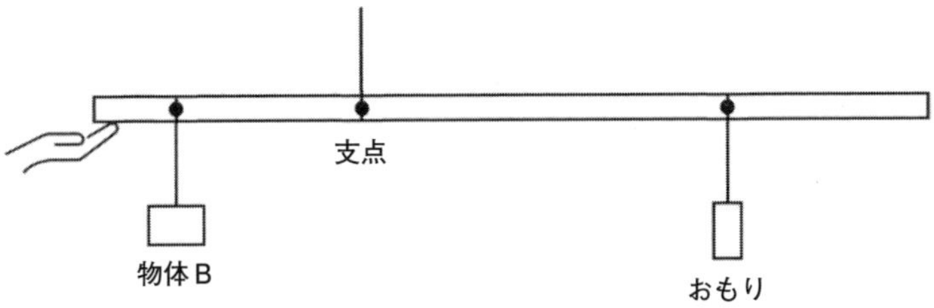

図２

(2) 物体Ｂの重さとおもりの重さの関係はどれですか。

ア　物体Ｂの重さは，おもりの重さより軽い。

イ　物体Ｂの重さとおもりの重さは同じである。

ウ　物体Ｂの重さは，おもりの重さの２倍である。

エ　物体Ｂの重さは，おもりの重さの２倍よりも重い。

【実験３】

図３のように，物体Ｃを棒の左端につるし，おもりを棒の右端《みぎはし》から30cmの位置につるしたところ，棒は水平につり合いました。

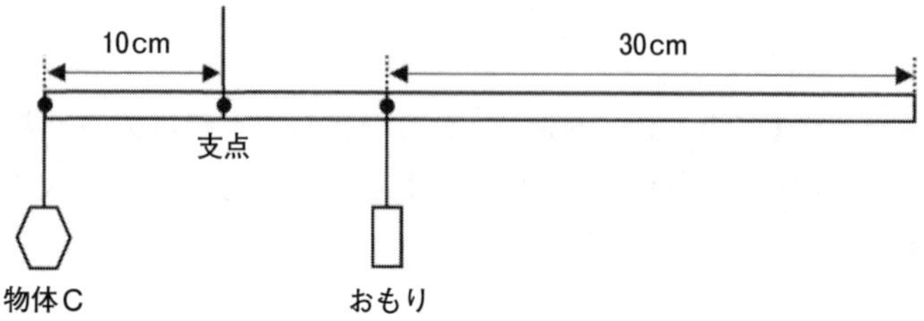

図３

(3)　物体Ｃの重さは何ｇですか。

【実験３】では，支点の近くに重さを知りたいものをつるし，支点をはさんで反対側におもりをつるすことによって，ものの重さがわかりました。このようにして，ものの重さをはかる道具をさおばかりといいます。

(4)　重さをはかるものの位置は棒の左端で固定し，支点の位置は棒の左端から10cmとしたさおばかりでは，最小何ｇから最大何ｇまでの重さをはかることができますか。ただし，おもりは支点よりも右側で動かすものとし，取り外すこともできるものとします。

図４のように，水の中でものを持つと，水の中に入れずに持ったときより，軽く感じます。これは，水が水中のものを上向きに押《お》しているためです。この力を浮力《ふりょく》といいます。市川さんはさおばかりを使えば，物体の重さだけではなく，浮力の大きさもはかることができると考え，次の【実験４】を行いました。

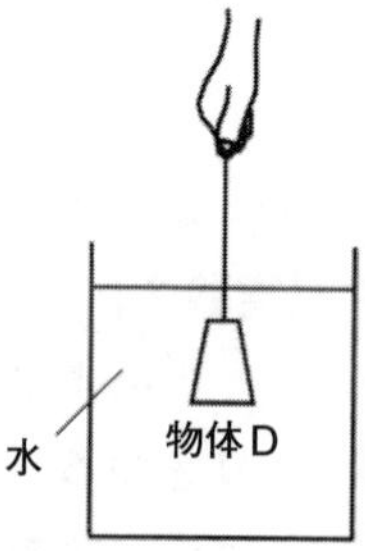

図４

【実験４】

重さ255ｇの物体Ｄを棒の左端につるし，おもりを棒の右端から22cmの位置につるしたところ，棒は水平につり合いました。次に，図５のように，物体Ｄを水に沈《しず》めると棒は水平につり合わなくなったので，おもりを棒の右端から24cmの位置に移動させたところ，棒は水平につり合いました。

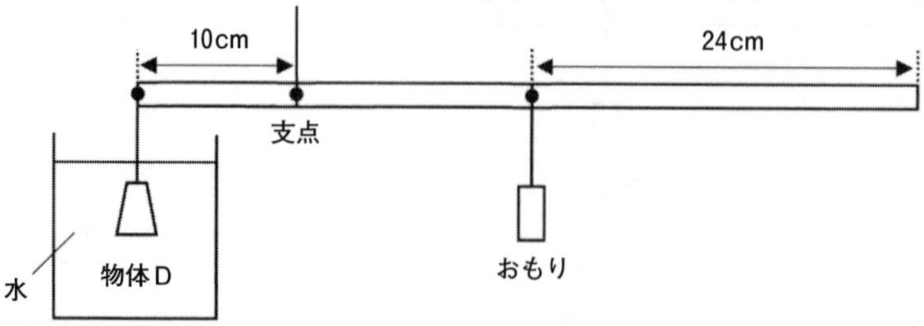

図５

(5)　物体Ｄにはたらく浮力の大きさは何ｇですか。

4　空気は，さまざまな気体が混ざり合ったものです。表１は，水蒸気を取り除いた地表付近の空気に含まれる気体の体積の割合を一部まとめたものです。また，表２は，密閉した容器の中でロウソクを燃やし，ロウソクの火が消えた後の容器の中に含《ふく》まれる気体の体積の割合のいくつかを，図１に示す気体検知管と気体採取器を使って調べたものです。

表１

気体	割合(％)
ちっ素	78
酸素	21
アルゴン	0.93
二酸化炭素	0.037
メタン	0.00017
水素	0.000050
オゾン	0.00000030

表２

気体	割合(％)
①	16
②	4.6

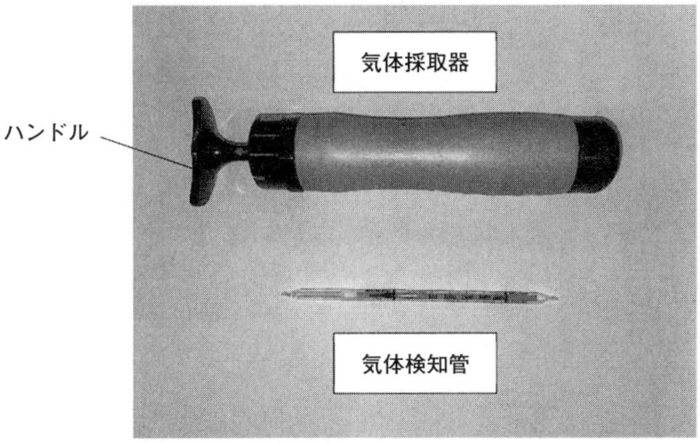

図１

(1)　表１のうち，最も軽い気体で，新しいエネルギー源として注目されているものはどれですか。

(2)　気体検知管の使い方として**誤っているもの**はどれですか。

ア　気体検知管は，調べたい気体の種類によって変える。

イ　気体検知管を使うときは，両端《りょうたん》を折って気体採取器にさす。

ウ　気体採取器のハンドルを引いたら，ただちに気体検知管の目盛りを読む。

エ　気体検知管の色がななめに変わったときは，その中間の目盛りを読む。

オ　酸素の気体検知管は熱くなるので，測定中は触《さわ》らない。

(3)　表２の ① ， ② にあてはまる気体は何ですか。

図２は大気の構造を示したものです。地表(０km)から大気圏《たいきけん》の上端(100km)までに存在するオゾンの量はドブソンユニット(単位の記号 DU)という単位で表され，地表１m^2あたり2.15ｇのオゾンがあるとき100DU とします。ふつう地表１m^2あたり6.45～8.60ｇ，すなわち300～400DU のオゾンが存在します。オゾンは地表から20～30km に多くあり，オゾン層と呼ばれています。

オゾンは，成層圏で酸素に強い太陽光が当たることで生じる気体です。成層圏以外でも，オゾンは強い放電が起こった場所でわずかに生じることがあります。例えば，コピー機ではコロナ放電と呼ばれる強い放電が起こることでオゾンが生じて，オゾンの独特のにおいがすることがあります。また，オゾンは酸素に変化しやすい性質があります。この変化のときに，オゾンは強い消毒剤《しょうどくざい》としてはたらくため，空気清浄機《くうきせいじょうき》などでウイルス対策に利用されています。

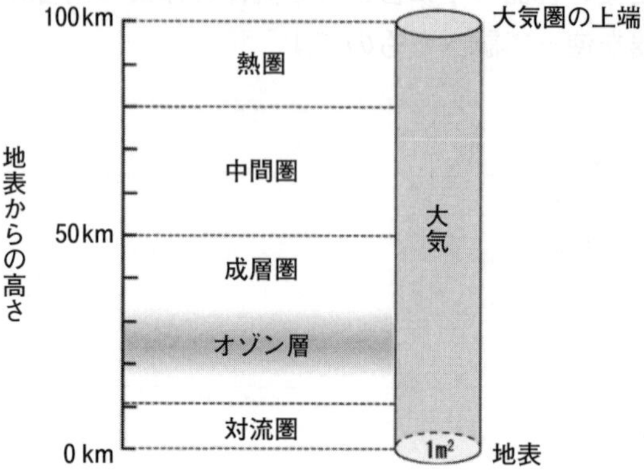

図2

(4)　220DUの場所では，地表から大気圏の上端までに存在するオゾンの重さは地表1 m^2あたり何gですか。

(5)　仮に300DUのオゾンを地表に集めたとしたら，その厚さは何mmになりますか。**整数**で答えなさい。ただし，100gのオゾンが地表付近で占《し》める体積は0.0466m^3とします。

(6)　オゾンは成層圏で常に生じ続けているにもかかわらず，長い時間が経過しても大気に存在するオゾンの量はほとんど変化せず，一定の量を保っています。その理由を，「**酸素**」という言葉を使い，**20字以内**で答えなさい。

がついたんだよね。それに、《別冊デイジー》を通じて二人がわかり合えていたことも関わっているんじゃないかな。

エ　生徒Ｄ　牧子は、漫画が大好きで夢中になってしまう千秋のような子供の気持ちも、漫画を作るために忙しく働く編集者の大変さもわかるという自分の立場が編集者を支えており、それが自分だけの強みだと理解したんだね。

オ　生徒Ｅ　《別冊デイジー》に集中している千秋とのやりとりで、自分の仕事が直接人を喜ばせるものでなかったとしても、多くの人を夢中にさせるものを作る場所に自分が所属しているという自覚が、牧子の仕事に対する見方を変えたということか。

問６　この文章の表現についての説明として**適当でないもの**を次の中から一つ選び、記号で答えなさい。

ア　＝＝線**ａ**「すいっとページをめくる」では、「すいっと」という擬態語《ぎたいご》によって千秋がページをめくる小気味よい様子が表現されている。

イ　＝＝線**ｂ**「嗅ぎつけられる」からは、別デをできるだけ家族の目に触れさせたくないと考えている牧子の心情が読み取れる。

ウ　＝＝線**ｃ**「ねえ、おもしろい？」とあるが、何度も「おもしろい？」と千秋に問う牧子の様子からは、千秋に直接「おもしろい」と言ってほしいという牧子の心情が読み取れる。

エ　＝＝線**ｄ**「あっさりまた別デの世界に戻っていってしまった」は、牧子の話に興味があるのに、それを素直に認めることができず、漫画に集中するふりをしている千秋の様子が比喩的《ひゆてき》に表現されている。

オ　＝＝線**ｅ**「牧子が手にした別デをなでる」は、仕事に対する誇りが牧子に芽生《めば》えはじめたということを象徴的《しょうちょうてき》に表現している。

三　**次の各文の――線のカタカナを漢字に直しなさい。**

1　浅学《せんがく》ヒサイの身ですが全力をつくします。

2　亡父のイシを継《つ》いで医者になった。

3　経済成長を金科ギョクジョウとしていた時代。

4　亀《かめ》の甲《こう》より年のコウ。

5　全国でも有数のケイショウ地。

6　次の種目は徒キョウソウだ。

7　中流カイキュウの家庭で育った。

8　環境《かんきょう》問題を標題とするコウエンを聞きにいく。

ア　信用できないというような
イ　迷っているような
ウ　恐《おそ》れているような
エ　気味悪がっているような
オ　わけがわからないというような

問2　――線**1**「うーん、と牧子は考える」とあるが、克子の「漫画好きでしょう」という問いかけに牧子がすぐに答えられなかったのはなぜか。その理由を60字以内で説明しなさい。

問3　――線**2**「お世辞でもなんでもなく、牧子は本当にびっくりしたのだった」とあるが、なぜ牧子は「びっくりした」のか。その説明として最も適当なものを次の中から選び、記号で答えなさい。
ア　牧子が幼い頃に読んだ少女漫画は子供じみた恥ずかしいものだという印象だったが、《別冊デイジー》や《週刊デイジー》の漫画は大人も気に入るような洗練された内容であり、牧子も夢中になってしまったから。
イ　牧子が幼い頃に読んだ少女漫画は子供向けで飾《かざ》りけのないものだったが、《別冊デイジー》や《週刊デイジー》の漫画は大人でも楽しめる色彩《しきさい》豊かなものであり、牧子も夢中になってしまったから。
ウ　牧子が子供の頃に読んだ少女漫画の内容は単純でつまらないものだったが、《別冊デイジー》や《週刊デイジー》の漫画は大人も興味を持つような複雑な内容であり、牧子も夢中になってしまったから。
エ　牧子は子供の頃に読んだ少女漫画を幼稚《ようち》で地味だったと記憶していたが、《別冊デイジー》や《週刊デイジー》の漫画は大人向けに描かれた華やかなものであり、牧子も夢中になってしまったから。
オ　牧子が子供の頃と変わらず少女漫画は素朴で幼いものだが、《別冊デイジー》や《週刊デイジー》の漫画はその素朴さに懐かしさが感じられて大人でも楽しめる内容であり、牧子も夢中になってしまったから。

問4　――線**3**「なるべく家では仕事の話をしたくなかったし、ましてや少女漫画の話など決してするものか、と思っていた」とあるが、牧子がこのように考えるのはなぜか。その理由を90字以内で説明しなさい。

問5　次のア～オは、――線**4**「わたしは、アポロに乗って月に行くわけではないけれども、ヒューストンでそれを支える仕事をしている人たちみたいな仕事をしてる」について生徒たちが話し合っている場面である。本文の内容に基づいた発言として**適当でないもの**をア～オの中から**すべて**選び、記号で答えなさい。
ア　生徒A　ぼくはヒューストンを訪れたことがあるよ。そこにはアメリカ航空宇宙局の施設《しせつ》があるんだ。牧子は、編集部で雑用をこなす自分と、月には行かずヒューストンで働いている人を重ねているんだね。どちらも仲間を支える大切な仕事というところが共通していると思う。
イ　生徒B　アポロに乗って月に行く人は、牧子にとっての編集部員ということになるね。直接月に行く宇宙飛行士と同じように、直接漫画と関わっている人たちだもの。
ウ　生徒C　牧子がヒューストンで宇宙飛行士を支える人たちと自分との共通点に気がついたのは、千秋が関係しているような気がするな。千秋と話すことで子供とは違《ちが》って夏休みのない自分は社会で必要とされているんだと自覚したことから、つらくても働くことの大切さに気

「明日も来るんだ」
ときくと、
「来るよ、だって夏休みだもん」
高らかに千秋がこたえた。
「あ、そうか、千秋は夏休みか。いいなー、夏休み。いいなー、子供はー」
千秋がぴょんと立ち上がる。
「慎ちゃんが、明日プールに連れてってくれるんだって」
「慎也がプール」
「泳ぐの教えてくれるんだって」
おいおい、あいつはそんなに暇《ひま》なのか、大学へ行くつもりなら高二の夏休みは大事なはずだが？　と思うがどうなんだろう。
「牧子ちゃんも一緒にいこうよ」
「え、だめだよ、わたしは明日、仕事だもん」
「えー夏休みないのー」
「ないよー、ないない。あたしはもう学校を卒業したんだからさ。立派《りっぱ》な社会人なんだからさ。えへん」
ｅ牧子が手にした別デをなでる。
「えへん」
千秋が真似《まね》る。「えへん、えへん」
「えへん、えへん。大人はね、プールなんていってらんないの。明日も仕事するんだかんね。えへん」
そういいながら、別デを千秋の目の前に掲《かか》げる。
わたしが明日行くのはこれを作っているところ。
そうか。
わたしはそういうところで働いていたんだ。
そうか。
そうだったんだ。
わたしは明日またそこへ行くんだ。
牧子は、それを楽しみにしている自分に気づいて驚《おどろ》いていた。わたしはプールへ行けなくてもぜんぜん残念に思っていない。それどころか仕事に行きたいと思っている！
いやー、なんかすごいや。
牧子は目をぱちくりさせ、ぶるっと頭を振《ふ》った。
ひょっとしたら、働きだしてから今まででいちばんやる気がみなぎっているような気が……しないでもない。
つまりあれかな、４わたしは、アポロに乗って月に行くわけではないけれども、ヒューストンでそれを支える仕事をしている人たちみたいな仕事をしてるってことなんじゃないのかな、なんて調子いいことを思ってみたりして、ちょっとばかりにやついている。
千秋が、Ｂ怪訝《けげん》な顔で牧子をみる。
牧子はちょっとわざとらしいくらい、まじめな顔を作ってから、
「千秋、これ、わたしの部屋に置いとくからさ、明日、こっそり読みな。でも、ちゃんと宿題もするんだぞ」
とささやく。
千秋がにやつきながら、うなずいた。

問１　〜〜線Ａ・Ｂの本文中の意味として最も適当なものを次の中から選び、記号で答えなさい。

Ａ　生返事
ア　自然な返事　　イ　馬鹿《ばか》にした返事
ウ　冷たい返事　　エ　うちとけた返事
オ　いい加減な返事

Ｂ　怪訝な

あれは別冊デイジー。
千秋があんなにも夢中になって読んでいるのは、わたしの職場で作っている雑誌。
千秋にきいた。
「cねえ、おもしろい？」
「ねえ、千秋、それおもしろい？」
自分が作ったわけでもないのに、まるで自分が作ったかのような錯《さっ》覚《かく》すら起きはじめている。
「ねえ、どうなのよ、千秋。それ、おもしろいの？」
千秋の姿をみればきかなくたってこたえはわかっている。それでも牧子はきかずにいられなかった。
「んー、おもしろいよー」
千秋の声がする。
うれしい。
なんともいえない喜ばしさが牧子の内から湧《わ》き上がってくる。
「ねえ、千秋、それさ、その別デさ、わたしが働いている会社で作ってるんだよ！」
ついにいってしまった。
千秋が牧子をみる。そして、また別デに目を落とす。そうしてまたすぐに牧子をみる。
「そうそう、それ、その本。わたしの会社で作ってんの。その別デはね、買ったんじゃないの。編集長さんからいただいたの！　わかる？　編集長さんっていうのはね、その雑誌を作っているところにいる、いちばん偉《えら》い人」
「へえ」
うすい反応、かと思ったが千秋がいきなり、ひょいと起き上がった。別デを膝《ひざ》に置き、牧子と別デを交互《こうご》にみる。

牧子がうなずくと、千秋もうなずいた。
「そうなんだ」
ひとことそういうと、じっと表紙をみつめ、しかしまたすぐに読みかけのページをさがして開く。わかっているのかいないのか、それ以上、なにもいわず、なにもきかず、dあっさりまた別デの世界に戻っていってしまった。
蛍光灯《けいこうとう》の笠《かさ》の真下で俯《うつむ》いて読んでいるから、手暗がりになって読みにくかろうと思うが、千秋はまったく気にしていない。目が悪くなるよ、と注意すべきかどうか。
迷いつつ、黙《だま》ったまま、牧子は心の中でつぶやいた。
うー、わかるよ、千秋、それ、読みだすと、止まんないんだよね。暗くたって、読めちゃうよね。読んじゃうよね。わたしも昨日、そうだったもの。もう寝なくちゃ、と思いながら、寝床《ねどこ》で読みつづけちゃったんだもの。
千秋とは十歳《さい》以上、年齢の開きがあるのに、なぜだか別デのことならすんなりわかりあえる気がしてしまう。
千秋ー、もう帰るわよー、と台所《だいどころ》から和子の声がした。
はーい、と千秋の代わりに牧子がこたえる。
千秋は顔をあげ、
「牧子ちゃん、これ、貸して」
といった。
「いいけど、持って帰って漫画なんか読んでると、お母さんに叱《しか》られるんじゃない？」
千秋が首を傾《かし》げる。
「じゃ、明日、ここで読むー」
と差し出してくる。
かがんで受け取りながら、

大きな貝を持った、外国人の女の子。

「え、別デ？」

あれは、夏休みおたのしみ号と銘《めい》打たれた最新号――八月号――だ。

「千秋、それって、別冊デイジーじゃない」

「んー」

とA生返事がかえってくる。

「あんた、そんなの、読めるの？」

千秋は四月に小学校へ上がったばかりの一年生。

別冊デイジーの読者としては小さすぎる気がするが、そんなことないのだろうか。

「よめるー」

と千秋がこたえる。

「へー、読めるんだ。……ねえ、それって、わたしの別デでしょ。わたしの部屋にあったやつでしょ」

「そうー」

こたえつつも、千秋の目は別デからまったく離《はな》れない。小学一年生ながら千秋はたしかに別デが読めているようだった。それどころか夢中になって読んでいるようにも思われる。子供ならではの集中力で、いや、おそらく牧子なんかより遥《はる》かに集中して、千秋は別デに没頭《ぼっとう》している。

aすいっとページをめくる。

ときおり、ぱたんぱたんと足が不規則に動く。頭が少し傾《かたむ》いたり、また元に戻《もど》ったりする。

そのすべてが千秋の心のうちを表しているようで、やけに楽しげにみえた。

牧子は、ほー、と声を出してしまった。

こんな小さな子供でも、別デの面白さがわかるんだ。

それにしても、この雑誌をよくぞ見つけたものではないか、と牧子は感心する。

別デは牧子の部屋の机に置いてはあったものの、他の本が上に無造作に重ねてあって、ちょっとみたくらいではわからないようになっていた、はずなのだ。

いくら自分の働いている職場で作っているとはいえ、少女漫画をひそかに楽しむようになっているなんて、誰にも知られたくなかったし、漫画に時間を費《つい》やすなんて、あまり褒《ほ》められたものではない気がしたし、それになにより家族に職場のことを詮索《せんさく》されたくないという気持ちが強くて、だから、隠《かく》すというほどではないにせよ、なるべく目立《めだ》たないようにしていたのだが、まさか千秋にb嗅《か》ぎつけられるとは思わなかった。

牧子は家で職場の話は滅多《めった》にしない。

なにかたずねられても、当たり障《さわ》りのないことしかいわない。

うまくやってるよ、楽しいよ、そんなふうに自分のことだけ強調して、てきとうにはぐらかしている。

出版社で働いているといったって、所詮《しょせん》、牧子は経理補助。仕事の内容について、くわしいことはなにもわからないし、それを認めるのも嫌《いや》だったし、かといって、知ったかぶりして、その挙句《あげく》、こたえに詰《つ》まって、みじめな気持ちになりたくなかった。

わたしは女中、わたしはお手伝いさん。

話せば話すだけ、その正体があからさまになってしまうのだから、3なるべく家では仕事の話をしたくなかったし、ましてや少女漫画の話など決してするものか、と思っていた。

それなのに。

牧子は、今、ふつふつと誇《ほこ》らしいような気持ちになっている。

その感情に抗《あらが》えなくなっている。

考え込《こ》んでいたら、おすわんなさいよ、と向かい側の椅子《いす》をすすめられた。いいから早くおすわんなさいよ、どうせ相席になるんだから、あなたがすわってくれたほうがいいの、ほら、すわってすわって、おばちゃーん、ここ日替《ひが》わり定食もう一つ追加ね、と注文までしてくれた。

「即答《そくとう》できないってことは、辰巳さん、もしかして漫画、好きじゃないの？」

と克子がまたきいた。「いいから、正直にいっちゃいなさいよ」

「えっ、いや、ちがいますちがいます、好きです好きです。好きなんですけど、んー、でも、ええと、じつはわたし、まだ、あんまり知らなくて」

「え、なにを？　漫画を？」

「わたし、小さい頃《ころ》から本はふつうに読んでたんですけど、漫画はほとんど読んでこなくて。あと、弟がいるんで、少年漫画はたまーに読んでましたけど、少女漫画はお友達《ともだち》の家とかで、ほんとに少し読んだくらいで。それもけっこう小さい頃で。漫画は学校の図書室にもなかったし。だから《別冊デイジー》も《週刊デイジー》も知らなくて。名前はなんとなくきいたことがあったけど読んだことはなくて。ここで働くようになってはじめて読んだんです」

「あらー。で、どうだった」

「とてもおもしろいです。おもしろくて、おもしろすぎて、びっくりしました」

「お。うれしいこといってくれるじゃないの」

2お世辞でもなんでもなく、牧子は本当にびっくりしたのだった。子供《こども》の頃、牧子が読んでいた少女漫画は、もっとずっと素朴《そぼく》で幼い感じがしていたし、ほのぼのとした地味なものが多かったように記憶《きおく》しているが、《別冊デイジー》や《週刊デイジー》に載《の》っている漫画は、現代的でおしゃれで、子供向きといえば子供向きだけど、絵も華《はな》やかだし、カラーページはきれいだし、お話も起伏《きふく》に富んでいておもしろく、すっかり夢中になってしまったのだった。子供向けどころか、牧子くらいの年齢《ねんれい》で読んでもじゅうぶんに楽しめる。というか、牧子の嗜好《しこう》にぴったり合っている。

いったい、いつの間に少女漫画はこんなふうになっていたんだろう？

くわしいことはわからないけれど、ここにはあたしをわくわくさせるものがある気がする、と牧子は思ったのだった。

【文章Ⅱ】　結局牧子はアポロ11号の月面着陸を見られなかった。母と弟の慎也《しんや》と三人で住む家に牧子が帰ると、叔母《おば》の和子《かずこ》と和子の娘《むすめ》である千秋《ちあき》が家を訪れており、一緒《いっしょ》にニュースで着陸場面を見ることになった。アポロを見せようと和子がいくら呼んでも、千秋は返事をしない。

さすがにアポロも月もじゅうぶんに見た気がして、牧子は立ち上がると、テレビを消した。居間から出ていくついでに襖《ふすま》をあけて隣室《りんしつ》を覗《のぞ》いたら、千秋が畳《たたみ》に寝《ね》そべってなにか読んでいた。

「なによんでんの」

なんとなくきいてみた。

こたえはない。

きこえなかったのかと思って、

もう一度きいた。

「千秋、なによんでんの」

んー、と千秋が雑誌をちょっと上に持ち上げる。

ちらりと表紙が見えた。

ア　市街地周辺ゾーンである農村部の高齢化と人口減少により、放置された農地の森林化が進むと、クマの生息地である森林ゾーンと人間が多く住む市街地ゾーンが直接つながることになり、クマが市街地ゾーンに入りこめるようになる。

イ　森林ゾーンと市街地ゾーンの間に位置する市街地周辺ゾーンである農村部は、市街地ゾーンに侵入しようとするクマを事前に駆除するための重要な場所であるが、狩猟者の高齢化や減少が進むと、駆除できるクマの数が減ってしまう。

ウ　市街地周辺ゾーンである農村部で人間の活動があると、森林ゾーンから市街地ゾーンへのクマの移動をおさえることができるが、農村部の高齢化と人口減少が進み人間の活動が減ると、クマが市街地ゾーンへ入りこみやすくなる。

エ　市街地周辺ゾーンである農村部の農地の作物が豊富だと、クマは市街地ゾーンまで出ようとはしないが、農村部の高齢化と人口減少により耕作されない農地が増えて作物が減ると、クマが食べ物を求めて市街地ゾーンへ出てくるようになる。

オ　市街地周辺ゾーンである農村部の高齢化と人口減少が進み、さらに農業の機械化や自動化により人が減ると、クマは人目につくことなく農村部に侵入できるようになり、市街地周辺ゾーンの農作物の被害が増えていくことになる。

二

次の【文章Ⅰ】・【文章Ⅱ】は、いずれも大島真寿美《おおしまますみ》「うまれたての星」の一部である。１９６０年代末、人類史上初の有人月面着陸を試みるアポロ11号に世界中の人々が注目していた。そんななか辰巳牧子《たつみまきこ》は、少女漫画《まんが》を作っている出版社《しゅっぱんしゃ》の編集部に、編集の仕事とは直接関係のない経理補助として配属されたばかりである。これを読んで、後の問いに答えなさい。なお、出題に際して、本文には省略および一部表記を変えたところがある。

【文章Ⅰ】　牧子はアポロ11号の月面着陸をテレビで見るために訪《おとず》れた定食屋で、漫画編集の中心となって忙《いそが》しく働く西口克子《にしぐちかつこ》に偶然《ぐうぜん》出会った。

「ねえ、誰《だれ》か、さがしてるの？　待ち合わせ？」

きかれて、うっかり口が滑《すべ》ってしまった。

「アポロを」

西口克子が、はあ？　と聞き返す。

「あ、いや。ちがった。テレビ。テレビを、さがしてました」

「テレビ？　テレビは、このお店にはないけど？」

「え。そうなんですか」

いかにもありそうな外観なのに、と牧子はがっかりする。するとまた克子が笑う。

「お。がっかりしてる！　いかにもがっかりしてる！　あなた、わかりやすいわねえ。いちいち漫画みたいに動くのね。辰巳さん、漫画好きでしょう」

1うーん、と牧子は考える。

どうなんだろう？

牧子はまだそんなに漫画を知らない。この部署へ配属されて、少女漫画の面白《おもしろ》さに目覚めたところではあるけれど、はたして、そんな程度で大きな顔して、好きです、なんていっていいものだろうか。いや、好きは好きだけど、それも、もしかしたらものすごーく好きなんじゃないかという気はしてきているけれど、こんな大先輩《だいせんぱい》を前に好きっていったら、いろいろきかれて、そんなに知らないことがばれちゃって恥《は》ずかしい思いをするかもしれない。うーん、どう答えるべきか、と

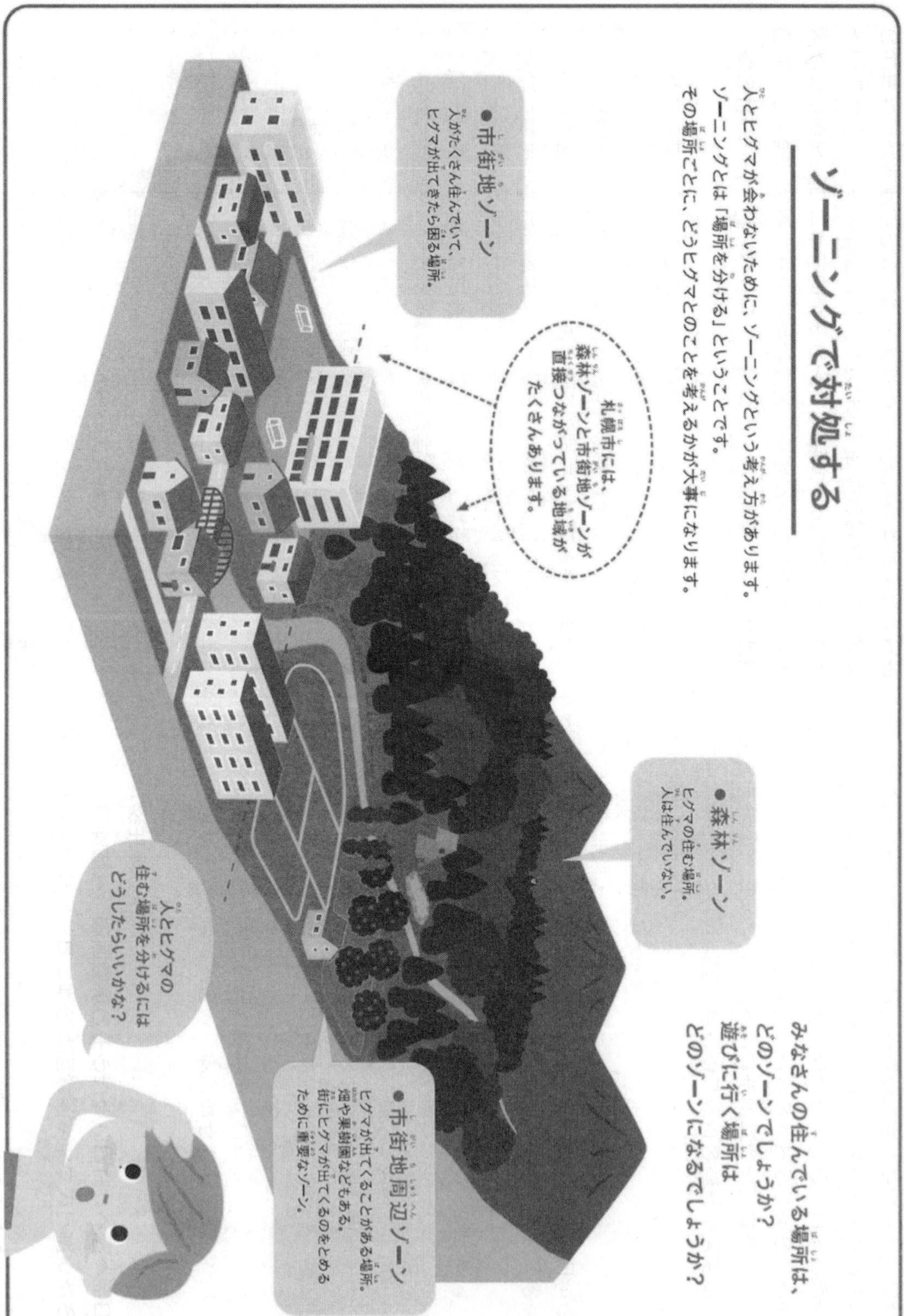

【図】

札幌市ヒグマ対策委員会事務局編『子ども版さっぽろヒグマ基本計画』

ようなものか。その説明として最も適当なものを次の中から選び、記号で答えなさい。

ア　従来のヒグマ問題はヒグマに慣れている山林や農村で活動する人たちに限定され、人身被害は起きにくいため、未然防除は必ずしも必要ではなかったのに対し、アーバン・ベア問題はヒグマに慣れていない都市生活者が対象となり、人身被害の危険性が高いため、未然防除が必要になるというちがい。

イ　従来のヒグマ問題はヒグマが多く生息する山林と農村で起きるため、現地の職員も専門的な対応に慣れており、対症療法的な手段を用いることができたのに対し、アーバン・ベア問題はめったにヒグマが出ない市街地で起きるため、職員が対応に慣れておらず、対症療法的な手段を用いるのが難しいというちがい。

ウ　従来のヒグマ問題は山林と農村に集中しており、ヒグマを引き寄せる農作物の対策に限定できるため、未然防除がしやすかったのに対し、アーバン・ベア問題はヒグマを引き寄せる原因となるものがない市街地で発生するため、未然防除に限らない対症療法的な解決が必要であるというちがい。

エ　従来のヒグマ問題は出現がある程度予想される山林と農村で発生し、被害を受ける人もその場所に関わる人に限られるため、対症療法的な対応をしてきたのに対し、アーバン・ベア問題は予測不可能な市街地で発生し、だれが被害を受けてもおかしくないため、対症療法的な対応だけでは解決できないというちがい。

オ　従来のヒグマ問題は人口の少ない山林と農村に限定され、生じる被害も大きくないため、未然防除がしやすかったのに対し、アーバン・ベア問題は大都市にヒグマが出現するものであり、自然災害のような大きな被害をもたらすものであるため、未然防除では対処しきれなくなったというちがい。

問５　――線５「まれな災害への備えと、日常生活の豊かさを両立する」とあるが、それはどういうことか。「両立する」ために必要となることを明らかにしながら、70字以内で説明しなさい。

問６　――線６「人口縮小社会における野生動物管理のあり方」とあるが、**【文章Ⅰ】**を読んだ市川さんは、「人口縮小社会」と「野生動物管理」がなぜ関連するのかということに疑問を持ち、図書館で次の**【文章Ⅱ】**と**【図】**を見つけた。市川さんは**【文章Ⅱ】**と**【図】**から、人口減少とアーバン・ベア問題の関係性に気がつき、それを文章にまとめた。市川さんのまとめとして最も適当なものを後のア～オの中から選び、記号で答えなさい。

【文章Ⅱ】

農村部では、都市に先行して人口減少、高齢《こうれい》化が進行し、人の勢いは今後必然的に衰《おとろ》えていく。農業や林業従事者、狩猟《しゅりょう》者も減少・高齢化していく。手入れされない森林、耕作されない農地が増え、山菜やキノコ採り、釣《つ》りや狩猟などを目的に森のなかで活動する人の数も減少していくだろう。農業経営はさらに大規模機械化・自動化が進み、農地ではますます人を見かけなくなっていくだろう。その結果、ヒグマは今よりさらに容易に農地に接近できるようになり、畑作地帯にあるビートやスイートコーンや小麦などはますますヒグマに利用されるようになっていくだろう。

（佐藤喜和『アーバン・ベア　となりのヒグマと向き合う』）

イ　札幌市中心部にクマが出没し負傷者が出ただけでなく、その様子が市民の撮影した動画により人々の間で広く拡散されたという点。

ウ　北海道の地方都市や本州の各都市でクマが出没することはめずらしくはないが、札幌市でのクマの出没は今回が初めてだったという点。

エ　札幌市中心部にクマが出没し負傷者が出ただけでなく、クマが生息している森から遠く離れた市の北東部から侵入したという点。

オ　札幌市中心部にクマが出没することは最近では多く発生しているが、今回のような若いクマが出没することはめったにないという点。

問2　――線**2**「人の生活圏に出没する」とあるが、ヒグマが人の生活圏に出没する理由はどのようなものか。その説明として最も適当なものを次の中から選び、記号で答えなさい。

ア　住宅地の近くで栽培されている農作物を食べるためというものと、住宅街近くの緑地や公園に植えられている樹木がつける木の実を食べるためというもの。

イ　人間の住む場所の近くにある食べ物を得るためというものと、新たな生息場所を求めて移動するうちに緑地に隣接した市街地周辺にまで達してしまうためというもの。

ウ　人間の住む場所に存在する人間の食べ物を好むためというものと、森林よりも生態系が多様である市街地周辺の緑地を生息場所として好むためというもの。

エ　住宅地近くの緑地や公園の樹木がつける木の実を手に入れるためというものと、市街地の中心部に豊富に存在する人間の食べ物を得るためというもの。

オ　人間の住む場所の近くに存在する豊富な食べ物を得るためというものと、新たな生息場所として市街地周辺の緑地を選ばざるをえないためというもの。

問3　――線**3**「社会的に正義とされる施策」とあるが、それはどのようなものか。その説明として最も適当なものを次の中から選び、記号で答えなさい。

ア　都市開発や河川管理を進めるにあたって、都市と生きものの多い森を緑地でつなぐことで、市街地中心部でも動物にふれることができるように計画するという、多くの人びとが進めるべきだと思っている施策。

イ　都市開発や河川管理を進めるにあたって、市街地周辺の緑地を回復することで、生活の便利さよりも自然環境の豊かさを優先するように計画するという、多くの人びとが理想的だと思っている施策。

ウ　都市開発や河川管理を進めるにあたって、市街地中心部に緑地を整備することで、市街地の利便性と生物多様性に満ちた自然を両立するように計画するという、多くの人びとが適切だと思っている施策。

エ　都市開発や河川管理を進めるにあたって、市街地周辺に生きものの多い緑地を増やすことで、市街地に活気を取りもどすように計画するという、多くの人びとが必要だと思っている施策。

オ　都市開発や河川管理を進めるにあたって、都市と生きもののすむ森を緑地で結ぶことで、自然が多く多様な生態系を持つ環境となるように計画するという、多くの人びとが正しいと思っている施策。

問4　――線**4**「アーバン・ベア問題はこれとはまったく異なる」とあるが、従来のヒグマ問題とアーバン・ベア問題のちがいはどのし食害を減らすために※普及啓発《ふきゅうけいはつ》するのは鳥獣担当部署の仕事だろう。しかし、従来の対症療法としての駆除を一つとってみても、市街地の中では確実に実行できる体制さえ確保されていないのに、未然防除として、市街地の内部にクマが出没しにくい街づくりを都市計画に含め、都市住民の安全な暮らし確保に備えるのは、鳥獣担当者の仕事としては重すぎる。同時に、都市における緑のネットワークや河川を通じた生態系ネットワークの復元は、生物多様性保全だけでなく、地域の魅《み》力《りょく》や活力、日常生活の豊かさにもつながる。さらにその豊かな自然環境が国内外の観光客から見ても魅力的な街であることも求められている。クマの市街地侵入は、つねに専門家や行政担当者の想像を超《こ》えたところで発生し続けているし、その頻度は、今のままでは増加することはあっても減ることはないのは確かだ。5まれな災害への備えと、日常生活の豊かさを両立するためにどのような選択《せんたく》が必要なのか、防災の取り組みを参考に、鳥獣や農林の部局だけでなく、都市計画や教育、観光など多様な部局横断で議論を始めるときがきたのではないだろうか。

　日本の自然災害の予測レベルは高く、発生時の対応も進んでいる。それは、まれではあるが、いつか確実に起こる自然災害の特性とそれに備える重要性を広く国民が理解し、その発生を予測すべく日常から精度の高い観測に予算と人員を割《さ》いているからだ。新型コロナウイルス対策にしても、医療従事者による緊急対応体制の確保だけでなく、感染者数の推移や感染経路、新たな変異株の出現がつねにモニタリングされているからこそ、大規模な感染爆発《ばくはつ》を抑《おさ》えることができる。

　翻《ひるがえ》って鳥獣害対策を見れば、クマに限らず、シカ、イノシシ、サル、いずれも発生頻度は右肩《みぎかた》上がり、発生地点も農村部から大都市の中心部にまで拡大中である。日常的な観測、変化の発見、予防対策、発生時の緊急対策、いずれをとっても予算と人員が必要である。環境省自然環境局長からの審議依頼《しんぎいらい》を受けた日本学術会議6人口縮小社会における野生動物管理のあり方の検討に関する委員会の答申《とうしん》の中でも、高度専門職人材の配置が提言された。国、都道府県、市町村、さらに小さな地域単位で、防災と同様の組織づくりと、専門性の高い人材の配置がなければ、今後も発生し続ける市街地侵入に対し、なす術《すべ》のないまま、都市住民が危険にさらされていくだろう。次いつ起こるかわからないアーバン・ベア対策に、予算を割き、部局横断の組織づくりと専門人材配置を進めなければいけない時期にきている。

※アーバン・フォックスや一部のアーバン・ディア…フォックスはキツネ、ディアはシカのこと。
※生活史…ある動物の一生。
※恒常的に…つねに。
※河畔林…川の周辺の森林。
※コリドー…通り道。
※誘因…ものごとが生じる原因。
※軋轢…仲が悪くなること。
※未然防除…事前に問題の原因を取りのぞくこと。
※対症療法…根本的な原因を解決せずに、生じている問題点だけを解消すること。
※有害駆除…人間にとって有害と判断された動物を駆除すること。
※普及啓発…人びとに専門的な知識を広めること。

問１　――線１「衝撃的なニュース」とあるが、このニュースで筆者が注目している点は何か。その説明として最も適当なものを次の中から選び、記号で答えなさい。

ア　札幌市中心部にクマが出没することは最近では多く発生しているが、負傷者が複数名も出てしまったということはまれであるという点。

同じく六月から旭川市の中心部の河畔林（旭川駅に接する忠別《ちゅうべつ》川、美瑛《びえい》川、および石狩川）にヒグマが一ケ月《いっかげつ》以上滞在し、人身被害こそ発生しなかったものの、歩行者が近距離《きんきょり》で目撃するなど不安な状況が続いたことも記憶《きおく》に新しい。ヒグマが滞在していた場所は恒常的な生息地からは少なくとも一〇キロメートル以上離れているが、河川沿いに発達した河畔林を伝って移動してきたと考えられる。こうした河畔林は、河川管理の分野で進められる多自然型の川づくり、河川を通じた生態系ネットワークの復元のために重要な場所と認識されている。

クマ側の視点に立って2人の生活圏に出没する動機を考えると、まず多いのは従来の農村部への出没のように、郊外の緑の多い住宅地で山際《やまぎわ》に残る農地や果樹園、大規模な市民農園、家庭菜園などで栽培《さいばい》される野菜や果実を食べるため、晩夏（八月〜九月）に出没して食害する場合、また※誘因《ゆういん》がないように見える住宅街に接した緑地や公園への出没では、サクラ類やオニグルミなどの樹木がつける木の実を食べるために出没する場合がある。しかし、市街地の内部にまで侵入するような事例は、例外はあるものの、多くは初夏の繁殖《はんしょく》期に発生しており、なにか食べ物を求めて出没するのではなく、ましてや人を襲うために出没するのでもない。親から独立した若いオスが出生地から離れて分散していく過程で、またはクマ社会の個体間関係から、新たな生息場所を求めて移動する途中《とちゅう》に、森林から市街地へと伸《の》びる河畔林などの緑地に入り込んでしまい、緑地の切れ目から横にそれたら突然《とつぜん》街中に現れてしまうというような事例が多い。市街地中心部に入りたいと思っているクマがいるのではなく、たまたま迷い込むと、人に気づかれないまま市街地中心部にまでたどり着いてしまうような河畔林や緑地が存在することに原因があるように思える。そしてそれはクマの恒常的生息地である大きな森林から街中まで河畔林や緑地のネットワークでつなぐことを目指した街づくり計画、河川管理計画により創出、保全、再生されている。その意味で、アーバン・ベア問題は、出没地域の住民にとっても深刻な問題であるが、出没するクマにとっても、意図せずに市街地中心部に出没してしまうという点で問題である。それは、緑豊かで生きもののにぎわいある街づくりという、3社会的に正義とされる施策《しさく》が進展した結果もたらされた負の側面ともいえるのではないか。

これまで、クマによる※軋轢《あつれき》の代表であった山林内の人身被害や農作物の食害に関しては、クマが恒常的に暮らす森に立ち入る人、誘因となる農作物をつくる人の問題であり、十分な知識と対策、※未然防除なくして根本的な解決はないとしながらも、被害は入林者や農業者に限定された問題であり、※対症療法《たいしょうりょうほう》としての※有害駆除依存《いぞん》で被害意識が低減するのであれば、クマの地域個体群に絶滅《ぜつめつ》のおそれがない限りその対策を許容してきたという側面がある。しかし、4アーバン・ベア問題はこれとはまったく異なる。ある日突然街中に現れるクマに対し、街の中でクマとの接点なく日常を暮らす人の安全をどう守るか、という従来の鳥獣害対策の認識では対処しきれない問題に大きく変化した。しかもその問題は、たんにクマの生息数増加や分布拡大だけによるのではなく、都市計画や河川管理計画の中で進められてきた自然保護を根底とした街づくりの結果としてもたらされている。一度起こるとリスクが高いが、いつ発生するか予測はむずかしく、その発生頻度《ひんど》は今のところ低いという点からも、アーバン・ベア問題は従来の鳥獣害より、地震《じしん》や津波《つなみ》や台風、大雨などの自然災害に近い。国や地域をあげての防災としての取り組みが求められている。

現在、クマ類をはじめとする野生鳥獣の問題は、行政の鳥獣担当者が対応している。森の中のヒグマをモニタリングし、出没や被害の発生状況を調べ、問題個体をつくらないように、また侵入を防ぐように未然防除、被害発生時に緊急《きんきゅう》対応するのは、そして人身事故を減ら

2023年度

市川中学校

【国　語】〈第一回試験(一般・帰国生)〉(五〇分)〈満点：一〇〇点〉

【注意】　解答の際には、句読点や記号は一字と数えること。

一　**次の【文章Ⅰ】は、佐藤喜和《さとうよしかず》「となりのヒグマ――アーバン・ベア問題とはなにか」の全文である。これを読んで、後の問いに答えなさい。なお、出題に際して、本文には省略および一部表記を変えたところがある。**

【文章Ⅰ】

人口一九五万人が暮らす札幌《さっぽろ》市の市街地中心部にヒグマが出没《しゅつぼつ》し四名に重軽傷を負わせた、という1衝撃《しょうげき》的なニュースが全国を駆《か》け巡《めぐ》ったのは二〇二一年六月一八日のことだった。大型ショッピングモールの中をのぞきこみ、住宅街を駆け抜《ぬ》け、そして人に襲《おそ》いかかるヒグマが、テレビカメラや、市民の撮影《さつえい》した動画を通じて拡散された。このヒグマが住宅街を抜けて丘珠《おかだま》空港の北東に広がる郊外《こうがい》農地の緑地に入り込《こ》んだところで駆除《くじょ》されたのは、最初の人身被害《ひがい》が発生してから約六時間後のこと、もっとも市街地中心部に接近した地点は札幌駅まで直線で約三キロメートルしかなかった。

……〈中略〉……

アーバン・ベアとは、市街地周辺に生息し、その行動圏《けん》の一部に市街地が含《ふく》まれる、または含まれる可能性のあるクマのことを指す。クマ類はその生存に広い行動圏を必要とするため、※アーバン・フォックスや一部のアーバン・ディアのように、その※生活史全体を市街地の中で完結することはないが、一時的であれ市街地に出没しただけで、市民の安心安全な生活を脅《おびや》かす問題となる。北海道では近年、札幌市だけでなく、旭川《あさひかわ》市や帯広《おびひろ》市などの地方都市においても市街地中心部にまでヒグマが出没する事例が発生するようになった。本州においても、長野市や金沢《かなざわ》市の中心部にまでツキノワグマが出没する事例が発生しており、アーバン・ベア問題は北海道だけの問題にとどまらない。

札幌市の南西部に広がる広大な森林は今やそのどこにでもヒグマが※恒常《こうじょう》的に生息している。隣接《りんせつ》する郊外の農地や果樹園では毎年のようにヒグマが出没し、森林に接した住宅街でもヒグマの目撃《もくげき》がめずらしいことではなくなった。しかし冒頭《ぼうとう》に紹介《しょうかい》したこの個体は、まだ成獣《せいじゅう》になりきらない四歳《さい》の若いオスで、南西部の森からは遠く離《はな》れた北東部の石狩《いしかり》川河口に近い※河畔林《かはんりん》で最初に目撃された。隣接地域の痕跡《こんせき》発見状況《じょうきょう》から、石狩川を越《こ》えて北から侵入《しんにゅう》し、その後二〇日間ほど石狩川の治水事業でできた三日月湖である茨戸《ばらと》川の周辺緑地に滞在《たいざい》して、草本《そうほん》類のほか、フナなどの川魚を食べて過ごしていたと考えられている。これまでヒグマの目撃情報さえなかった場所であったが、なんらかの理由でヒグマがたどり着いてみれば、人目にもつかずにひっそりと、人由来ではなく自然のものを食べて長期滞在できる豊かな場所となっていたわけである。また、その後このクマが市街地の中にまで侵入してしまうきっかけになにがあったのかは不明だが、その経路として、茨戸川につながる伏籠《ふしこ》川とその周辺の水路を辿《たど》ったと考えられた。これらの石狩川河口付近や茨戸川周辺、伏籠川など河《か》川《せん》沿いの緑地は、都市緑化の一環《いっかん》として「札幌市みどりの基本計画」において環状グリーンベルト、水を中心としたみどりのネットワーク（※コリドー）として「持続可能なグリーンシティさっぽろ」の実現に向け緑化や保全が進められている場所にあたる。

2023年度

市川中学校　▶解説と解答

算数　＜第１回(一般・帰国生)試験＞（50分）＜満点：100点＞

解答

[1] (1)　$28\frac{2}{7}$　(2)　24歳　(3)　26本　(4)　20：23　[2] (1)　150分　(2)　17：7　(3)　25分後　[3] (1)　15回　(2)　75秒間　(3)　105度　[4] (1)　(例)　解説の図１を参照のこと。　(2)　10.38cm　(3)　8.4cm²　[5] (1)　右の図　(2)　81個　(3)　68

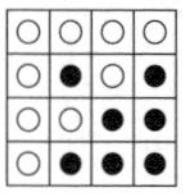

解説

[1] 四則計算，年齢《ねんれい》算，比の性質，整数の性質，植木算，割合と比

(1)　$\frac{22}{7}\times\left\{\left(1.25+6\frac{1}{2}\div\frac{2}{3}\right)-2\right\}=\frac{22}{7}\times\left\{\left(1\frac{1}{4}+\frac{13}{2}\times\frac{3}{2}\right)-2\right\}=\frac{22}{7}\times\left\{\left(\frac{5}{4}+\frac{39}{4}\right)-2\right\}=\frac{22}{7}\times\left(\frac{44}{4}-2\right)=\frac{22}{7}\times(11-2)=\frac{22}{7}\times9=\frac{198}{7}=28\frac{2}{7}$

(2)　今年のＡさんの年齢を①，Ｂさんの年齢がＡさんの２倍になる年のＡさんの年齢を[1]として図に表すと，下の図１のようになる。図１で，ＡさんとＢさんの年齢の差は変わらないから，③−①＝[2]−[1]，②＝[1]となり，△＝[1]−①＝②−①＝①となることがわかる。すると，△年後のＣさんの年齢は，⑤＋①＝⑥となり，これが48歳《さい》にあたるので，①＝48÷６＝８(歳)と求められる。したがって，今年のＢさんの年齢は，８×３＝24(歳)である。

図１

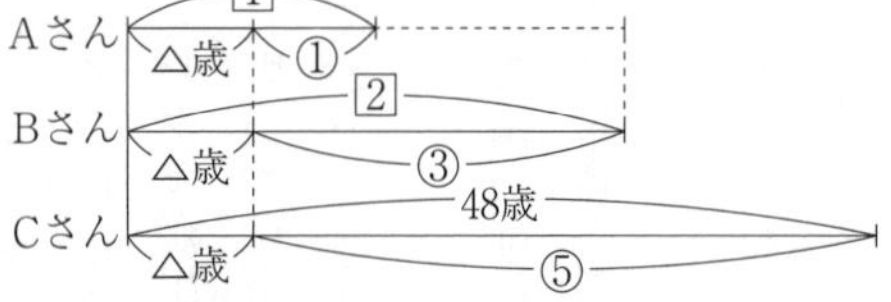

図２

```
 2) 104  52  156  182
13)  52  26   78   91
      4   2    6    7
```

図３

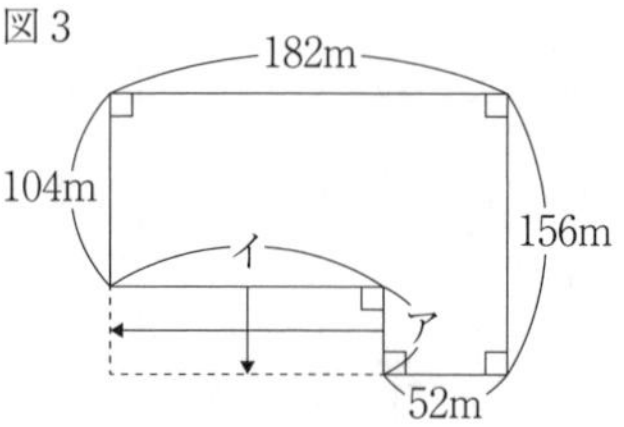

(3)　木の本数をできるだけ少なくするには，木と木の間かくを，104m，52m，156m，182mの最大公約数にすればよい。よって，上の図２の計算から，２×13＝26(m)にすればよいことがわかる。また，上の図３のようにアとイを移動すると，この校庭の周りの長さは，たて156m，横182mの長方形の周りの長さと等しくなるので，(156＋182)×２＝676(m)とわかる。したがって，植える木の本数は，676÷26＝26(本)と求められる。

(4)　ＡからＢに移した水の量は，Ａの容積の，$\frac{7}{8}-\frac{19}{25}=\frac{23}{200}$にあたり，Ｂの容積の，$\frac{9}{10}-\frac{4}{5}=\frac{1}{10}$にあたる。よって，(Ａの容積)×$\frac{23}{200}$＝(Ｂの容積)×$\frac{1}{10}$と表すことができるから，ＡとＢの容積の比は，$\frac{200}{23}:\frac{10}{1}$＝200：230＝20：23と求められる。

[2] 流水算，速さと比

(1)　２人が出会う地点をＲとすると，下の図１のようになる。Ａ君はPQ間を30分，PR間を25分で下るから，PQ間とPR間の距離《きょり》の比は，30：25＝６：５となり，PR間とRQ間の距離の比は，

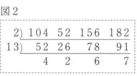

図１

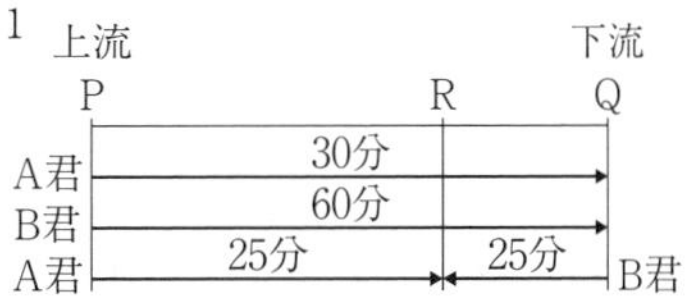

5：(6－5)＝5：1とわかる。よって，B君がQP間を上るのにかかる時間は，QR間を上るのにかかる時間の，6÷1＝6(倍)であり，25×6＝150(分)となる。

(2) B君がPQ間の上りと下りにかかる時間の比は，150：60＝5：2なので，B君の上りと下りの速さの比は，$\frac{1}{5}:\frac{1}{2}$＝2：5とわかる。そこで，B君の上りの速さを毎分2，下りの速さを毎分5とすると，右の図2のようになる。図2から，B君の静水時の速さは毎分，(2＋5)÷2＝3.5，流れの速さは毎分，(5－2)÷2＝1.5とわかる。さらに，PQ間の距離は，5×60＝300となるから，A君の下りの速さは毎分，300÷30＝10と表すことができる。よって，A君の静水時の速さは毎分，10－1.5＝8.5なので，A君とB君の静水時の速さの比は，8.5：3.5＝17：7と求められる。

図２

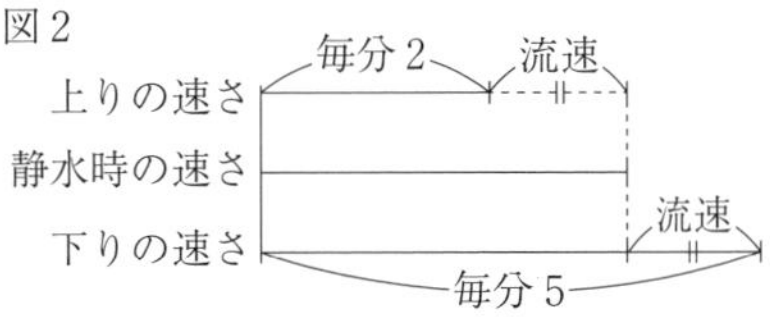

(3) A君の下りとB君の上りの速さの和は，{(A君の静水時の速さ)＋(流れの速さ)}＋{(B君の静水時の速さ)－(流れの速さ)}＝(A君の静水時の速さ)＋(B君の静水時の速さ)となる。つまり，流れの速さが変わっても，2人の速さの和は変わらず，出会うまでの時間も変わらないので，25分後に出会うとわかる。

3 平面図形―図形上の点の移動，旅人算，周期算，角度

(1) 下の図1で，●と●の間の長さは5cmであり，P，Q，Rは●と●の間を，5÷1＝5(秒)で動く。最初のQとRの間の長さは，5×6＝30(cm)だから，QとRが1回目に出会うのは出発してから，30÷(1＋1)＝15(秒後)である。また，六角形ABCDEFの周りの長さは，5×8＝40(cm)なので，1回目に出会った後は，40÷(1＋1)＝20(秒)ごとに出会う。よって，60×5＝300(秒)では，(300－15)÷20＝14余り5より，14＋1＝15(回)出会うことがわかる。

図１

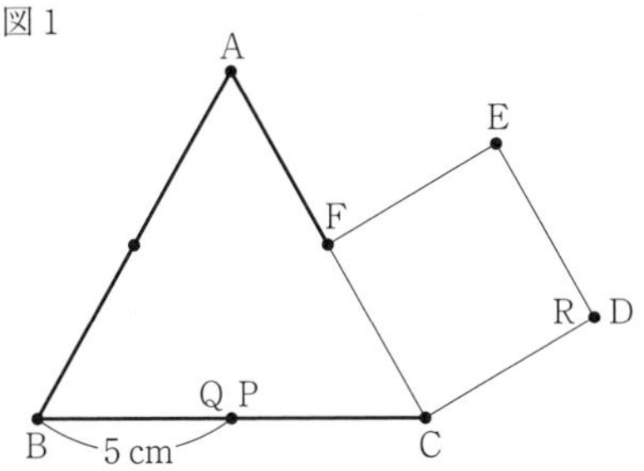

図２

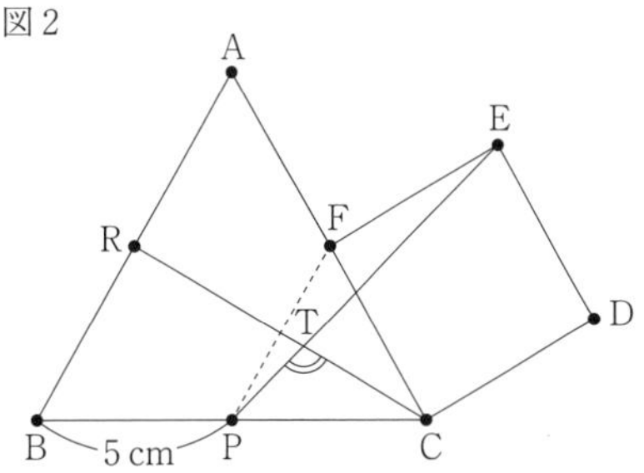

(2) PとRが重なるのは図1の太線部分である。また，PとRの速さは同じなので，PとRが重なるのは，PとRが同時にFにきたときからの，5×5＝25(秒間)となる。さらに，Pが1周するのにかかる時間は，5×6＝30(秒)，Rが1周するのにかかる時間は，5×8＝40(秒)だから，PとRは30と40の最小公倍数である120秒ごとに同じ動きをくり返す。そこで，最初の120秒について調べると，PがFにくるのは，10，40，70，100秒後，RがFにくるのは，10，50，90秒後となる。よって，120秒の中でPとRが重なるのは10秒後からの25秒間とわかる。したがって，300秒では，300÷120＝2余り60より，25×3＝75(秒間)と求められる。

(3) 300÷30＝10，300÷40＝7余り20より，300秒後には上の図2のようになることがわかる。図2で，三角形BCRは正三角形を半分にした形の三角形なので，角BCRの大きさは30度である。

また，三角形PCFは正三角形だから，FP＝FC＝FEとなり，三角形FPEは二等辺三角形とわかる。よって，角FPEの大きさは，(180－60－90)÷２＝15(度)なので，角TPCの大きさは，60－15＝45(度)と求められる。したがって，角CTPの大きさは，180－(30＋45)＝105(度)である。

4 立体図形―展開図，作図，長さ，面積

⑴　側面を表すおうぎ形の中心角を□度とすると，６×□＝２×360という関係があるから，□＝２×360÷６＝120(度)とわかる。よって，側面は半径が６cmで中心角が120度のおうぎ形，底面は半径が２cmの円になる。はじめに，右の図１のように直線アイを引き，アから順に解答らんのXYと同じ長さ(２cm)の点をとる。次に，アから３番目の点をウとし，ア，ウを中心とする半径６cmの円の一部をかく。この交点をエとすると，三角形アウエは１辺の長さが６cmの正三角形になるので，角エウイの大きさは，180－60＝120(度)になる。よって，ウを中心とする半径６cmのおうぎ形ウエオをかくと，これが側面の展開図になる。さらに，カを中心とする半径２cmの円をかくと，これが底面になる。

図１

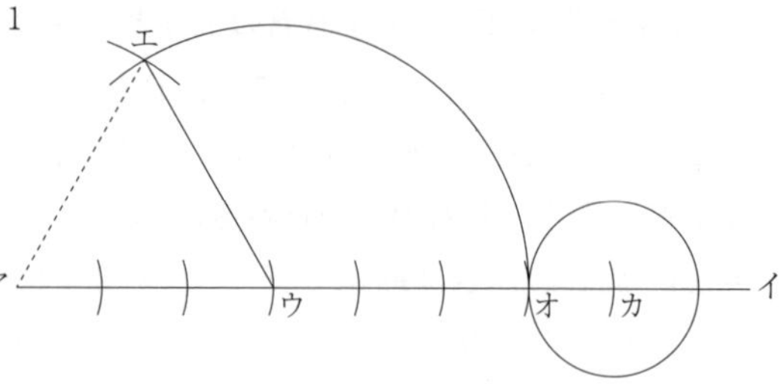

⑵　右の図２の太線のように，ひもは展開図上では直線になる。AA′の真ん中の点をMとすると，三角形OAMは１辺の長さが６cmの正三角形を半分にした形の三角形になるから，AMの長さは1.73cmの，６÷２＝３(倍)であり，1.73×３＝5.19(cm)とわかる。よって，ひもの長さは，5.19×２＝10.38(cm)と求められる。

図２

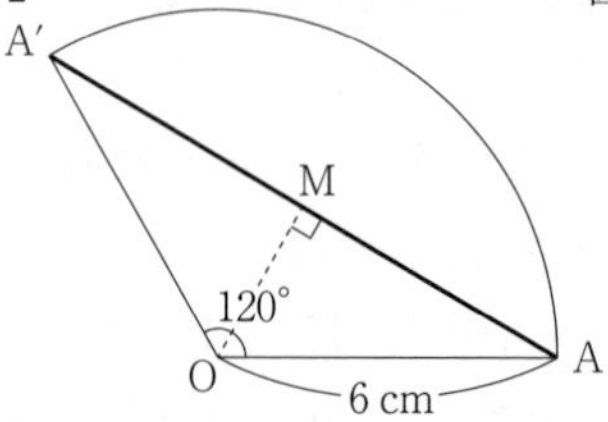

図３

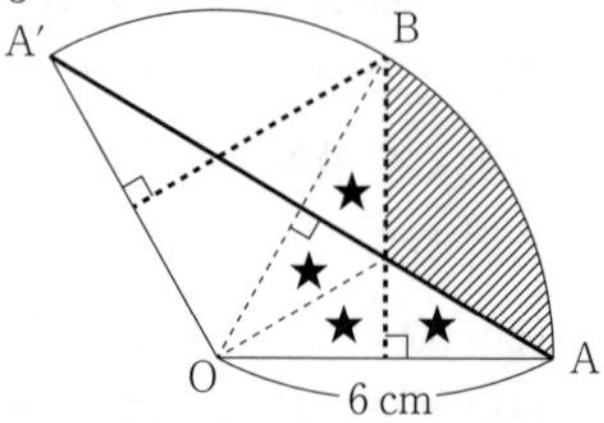

⑶　Bを通るひもは右上の図３の太点線のようになる。図３で，★印をつけた４つの三角形はすべて，高さが，６÷２＝３(cm)の正三角形を半分にした形の三角形である。また，高さが３cmの正三角形の面積は，高さが１cmの正三角形の面積の，３×３＝９(倍)なので，0.58×９＝5.22(cm^2)となる。よって，★印をつけた三角形１個の面積は，5.22÷２＝2.61(cm^2)と求められる。さらに，角AOBの大きさは，120÷２＝60(度)だから，おうぎ形OABの面積は，$6\times6\times3.14\times\frac{60}{360}=18.84$(cm^2)である。したがって，斜線《しゃせん》部分の面積は，18.84－2.61×４＝8.4(cm^2)とわかる。

5 図形と規則

⑴　４行目４列目まで入れると，右の図１のようになる。

図１

○	○	○	○
○	●	○	●
○	○	●	●
○	●	●	●

⑵　途《と》中《ちゅう》まで入れると，下の図２のようになる。図２のように４行４列ごとの区画に分けると，かげをつけていない区画の１行目と１列目はすべて○になるから，かげをつけていない区画はすべて同じ入れ方になる(これをAとする)。また，かげをつけた区画のように，上の区画と左の区画がともにAの場合はすべて●になる(これをBとする)。すると，上と左がAとBの場合はAになり，AとAの場合はBになることがわかる。さらに，BとBの場合はBになるので，下の図３のようになる。A１個の中に○は９個あり，図３の中にAは９個あ

るから，図３の中の○の個数は，９×９＝81(個)とわかる。

図２

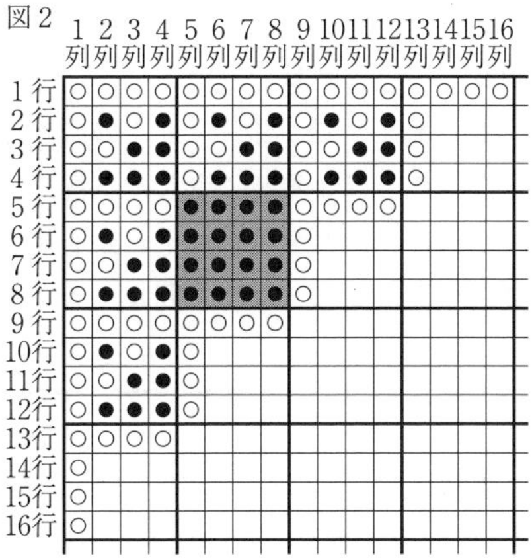

図３

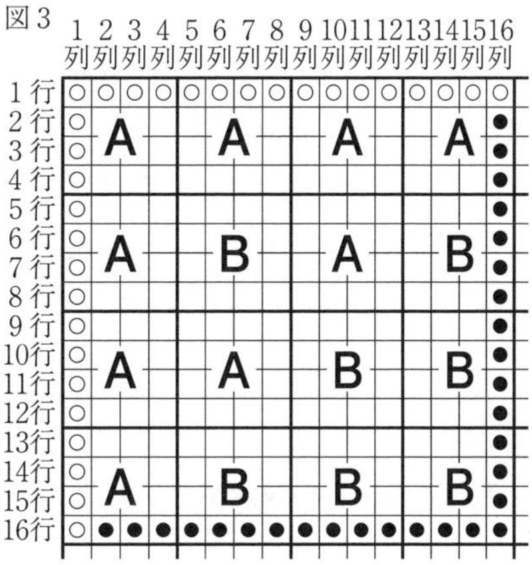

(3)　図３のような16行16列を新しい区画と考えて，これをＰとする。すると，Ｐの１行目と１列目はすべて○になり，それ以外の周の部分はすべて●になる。これはＡと同じなので，Ｐを並べると右の図４のようになることがわかる(Ｑはすべて●)。Ｐ１個の中に○は81個あり，図４の中にＰは９個あるから，64行目64列目まで並べたときの○の個数は，81×９＝729(個)となる。次に，かげの部分にはすべてＡが並ぶので，かげの部分に並ぶ○の個数は，９×４×４×２＝288(個)であり，68行目68列目まで並べたときの○の個数は，729＋288＝1017(個)とわかる。ここで，68行目にはＡの４行目，68列目にはＡの４列目を並べるから，この部分に並べる○の個数は，１×４×４×２＝32(個)である。したがって，67行目67列目まで並べたときの○の個数は，1017－32＝985(個)なので，○の個数が1000個以上になるのは68行目68列目まで並べたときとわかる。

図４

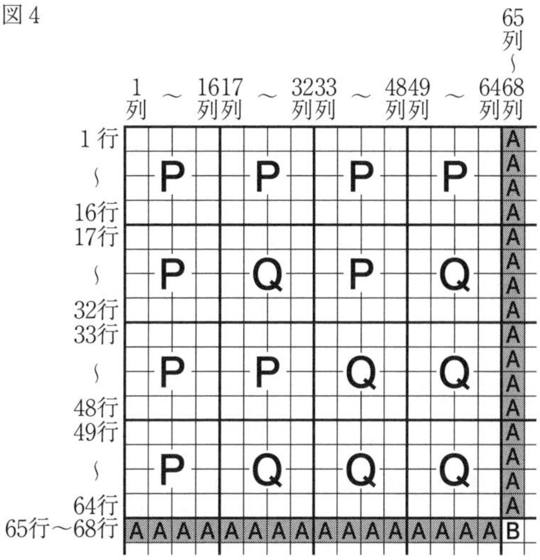

社　会　＜第１回(一般・帰国生)試験＞（40分）＜満点：100点＞

解　答

1　**問１**　**1**　推古　**2**　高麗　**3**　琉球王国　**問２**　ウ　**問３**　(例)　地方に有力な豪族がいた５世紀までは，大王は中国の皇帝からその地位を認めてもらうことで，みずからの権力の強さを示す必要があった。しかし，大王の支配が地方におよぶようになった６世紀には，その必要がなくなったから。　**問４**　イ　**問５**　大輪田泊　**問６**　キ　**問７**　ウ　**問８**　ウ　**問９**　(1)　ア　(2)　水野忠邦　**2**　**問１**　**1**　ポーツマス　**2**　ポツダム　**3**　日ソ中立　**問２**　ウ　**問３**　(1)　**2番目**…イ　**3番目**…ア　(2)　**資料１**…く　**資料２**

…う　(3)　い／(例)　日清戦争でXの清が日本に敗れ，清の弱体化が明らかになると，列強は競って中国に進出し，自国の勢力範囲を広げて中国を分割した。　3　**問１**　カルデラ　**問２**　イ，エ　**問３**　ア，エ　**問４**　エ　**問５**　エ　**問６**　カーボンニュートラル　**問７**　**福岡市**…イ　**仙台市**…ウ　4　**問１**　(1)　オ　(2)　(例)　近年の国政選挙の投票率は50％台で，有権者の半分近くが投票に行っていないことになる。こうした状況で国民投票を行い，投票率が低かった場合に，その過半数の賛成が得られたとしても，それが有権者全体の意思を反映しているとはいいきれないから。　**問２**　キ　**問３**　ク　**問４**　カ　**問５**　ア，エ

解　説

1　古代～江戸時代までの政治や外交などについての問題

問１　**1**　推古天皇は初めての女性天皇として593年に即位《そくい》すると，おいにあたる聖徳太子を摂政《せっしょう》とし，有力豪族の蘇我馬子《そがのうまこ》らと協力して，天皇中心の国づくりを進めた。607年には，小野妹子を遣隋使として隋(中国)に派遣した。　**2**　高麗《こうらい》は10世紀前半に朝鮮半島を統一した国で，1259年にモンゴル帝国に服属し，二度の元軍の襲来《しゅうらい》(元寇《げんこう》)のさいにも軍を派遣した。　**3**　1429年，北山・中山・南山に分かれていた沖縄島を中山王の尚巴志《しょうはし》が統一し，琉球《りゅうきゅう》王国が成立した。琉球王国は明(中国)と朝貢《ちょうこう》貿易を行って手に入れた品物を，日本や東南アジアに輸出して利益を得るなど，中継貿易を行って栄えた。

問２　a　1～2世紀は弥生時代にあたり，倭《わ》国(日本)では稲作が広く行われていた。　b　弥生時代には集落どうしの争いが起こるようになり，敵の襲来にそなえて周囲に濠《ほり》や柵《さく》をめぐらせた環濠《かんごう》集落が形成された。　c　中国の歴史書『後漢書』東夷《とうい》伝には，1世紀なかばの57年，倭の奴国《なこく》の王が後漢(中国)に使いを送り，皇帝から金印を授《さず》けられたと記されている。　d　邪馬台《やまたい》国《こく》は3世紀ごろの倭国にあった強国の一つで，女王の卑弥呼《ひみこ》がまじないで国を治めた。『魏志《ぎし》』倭人伝によると，卑弥呼は3世紀前半の239年に魏(中国)に使いを送った。

問３　古墳が大きければ大きいほど，多くの人員や資材が用いられたことになる。つまり，古墳の大きさは，それをつくった王や豪族の動員力や経済力，すなわち権力の大きさを表しているといえる。3世紀後半から5世紀にかけての時代に，大王《おおきみ》の墓と同じくらいの大きさの古墳をつくる地方豪族がいたことは，このころに，地方にも大王と同じくらい強大な権力をふるっていた豪族がいたことを示している。こうした時代に，倭の五王が中国にたびたび使いを送り，中国の皇帝に倭王の称号を求めたのは，強国である中国の皇帝からその地位と権威《けんい》を認められることで，地方豪族よりも優位にあることを示し，彼らを従えようというねらいがあったと考えられる。そして，大王による支配が地方に広がり，その地方の有力豪族が大王に従うようになった6世紀ごろには，大王のものと並ぶような大きさの古墳をつくる地方豪族はいなくなったのだと推測できる。

問４　アは7世紀後半の663年，イは10世紀なかばの935年，ウは8世紀末から9世紀初めにかけて，エは8世紀なかばのできごとである。

問５　12世紀後半，平清盛は父の忠盛のころから始まっていた日宋貿易の利益に目をつけ，大輪田《おおわだの》泊《とまり》(現在の神戸港の一部)を修築するとともに瀬戸内海航路を整備するなどして，宋(中国)との貿易を積極的に進めた。日宋貿易の利益は，平氏の大きな経済基盤《きばん》となった。

問６　a　「文永の役」ではなく「弘安の役」(1281年)が正しい。文永の役は1274年に起こった一

度目の元軍の襲来で，これを撃退《げきたい》したのち，二度目の襲来に備えて博多湾沿岸に石塁《せきるい》がつくられた。　b　元の襲来に備えて，多くの御家人が九州をふくむ西国に動員された。また，鎌倉幕府は，山陽・山陰・南海(現在の中国・四国地方)の諸国に対し，御家人だけでなく御家人以外の武士も，守護の指揮のもとで防衛にあたることを指示した。しかし，「全国の御家人以外の武士も動員できる」ようにしたわけではない。　c　元寇のあとのできごとを，正しく説明している。

問７　日明貿易では，銅，刀剣，硫黄《いおう》，金などが輸出され，銅銭，生糸，絹織物，陶磁器《とうじき》，書籍などが輸入された。このとき輸入された銅銭(明銭)は，自国で貨幣《かへい》を発行していなかった当時の日本で，広く流通した。

問８　a　一般的に，貨幣の質，つまり価値が下がると，物と交換《こうかん》するさい，価値が下がったぶんを貨幣の量で補う必要が生じて，物価の上昇《じょうしょう》を招く。　b　開国後の1860年に発行された万延《まんえん》小判について，正しく説明している。

問９　(1)　a，bともに，資料３について正しく説明している。モリソン号事件は1837年のできごとで，江戸幕府は外国船打払令にもとづき，日本人漂流《ひょうりゅう》民を送り届けてくれたアメリカ商船モリソン号に砲撃《ほうげき》を加えた。蘭学《らんがく》者の高野長英は翌38年，『戊戌《ぼじゅつ》夢物語』を著して幕府の鎖国政策を批判したため，その翌年の1839年に蛮社《ばんしゃ》の獄《ごく》で処罰された。　(2)　江戸幕府の老中水野忠邦は，1841年から天保の改革とよばれる幕政改革に取り組んだ。在任中の1842年，アヘン戦争で清(中国)がイギリスに敗れたことを知った江戸幕府は強い衝撃《しょうげき》を受け，外国船打払令をゆるめることにした。このとき出された法令は天保の薪水《しんすい》給与令とよばれ，外国船が来たらよく調べて，食料や水，燃料などが必要であれば与えて帰国させるようにと命じられた。

２　明治～昭和時代の戦争や外交などについての問題

問１　**１**　1904年に始まった日露戦争で戦勝国となった日本は，アメリカ大統領セオドア＝ルーズベルトの仲立ちのもと，1905年にロシアとポーツマス条約を結んだ。　**２**　1945年７月，連合国は日本の無条件降伏《こうふく》などを求めてポツダム宣言を発表した。日本政府はこれを無視して戦争を続けたが，８月６日に広島，８月９日に長崎に原子爆弾が投下されたことなどを受け，戦争続行が不可能とさとると，８月14日にポツダム宣言を受諾《じゅだく》して無条件降伏した。翌15日には天皇がラジオ放送で国民にこれを伝えた。　**３**　第二次世界大戦が始まったころ，東南アジア方面への進出をはかっていた日本は，北方の安全を確保するため，1941年にソ連との間で日ソ中立条約を結んだ。しかし，1945年２月のヤルタ会談でソ連の対日参戦が決められると，同年８月８日，ソ連は日ソ中立条約を無視して日本に宣戦布告し，翌９日には満州と南樺太《からふと》に軍を進めた。

問２　1854年に結ばれた日露和親条約では，⑤の線が国境とされ，千島列島のうち択捉《えとろふ》島以南が日本領，ウルップ島以北がロシア領と定められた。また，樺太は両国民雑居の地とされた。1875年に結ばれた樺太・千島交換条約では，千島列島すべてが日本領，樺太がロシア領とされたので，国境は③と④の線となった。1905年に結ばれたポーツマス条約では，日本は北緯50度以南の南樺太を獲得《かくとく》したので，この時点で日本とロシアの国境は②と④の線になった。

問３　(1)　アは1894年，イは1889～91年，ウは1911年，エは1880年代前半のできごとである。なお，イの事件は大津事件とよばれる。また，アは陸奥《むつ》宗光《むねみつ》，イは青木周蔵，ウは小村寿太郎《じゅたろう》，エは井上馨《かおる》が外務大臣(井上馨は外務卿《きょう》のときもある)として行ったこと。　(2)　資料１にある「佐藤首相」とは，1964～72年に内閣総理大臣を務めた佐藤栄作にあたる。在任中の1972年に沖縄の本土復帰を実現し，資料１はそのとき行われた沖縄復帰記念式典のようすを伝えている。資料２は，寺内正毅《まさたけ》内閣がロシア革命(1917年)への干渉を目的として実施を決定したシベリア出兵について述べている。シベリア出兵は1918～22年に行われたが，成果は得られなかった。　(3)　1894～95年の日清戦争における清の敗北は，清の弱体化を世界に示す形になった。そこで，欧米列強は次々と中国へ進出し，それぞれに勢力範囲《はんい》を設定した。このときの中国分割を風刺《ふうし》したのが示された絵で，CHINE(フランス語で「中国」)と書かれたケーキを，左から順にイギリス，ドイツ，ロシア，フランス，日本が分け合っており，清にあたるXの人物がそれを制止するかのように手をあげている。

3　日本の地形や気候，産業，エネルギーなどについての問題

問１　火山が噴火したさい，河口付近が落ちこんでできたくぼ地を，カルデラという。熊本県東部にある阿蘇《あそ》山には，高岳や烏帽子《えぼし》岳といった山の周りに広大なカルデラが広がっており，世界最大級の大きさをほこる。

問２　ア　全国のい草の生産量の大半を占《し》めているのは熊本県の八代《やつしろ》平野で，八代平野は球磨《くま》川の河口に広がっている。　イ　長崎県南東部の島原半島にある雲仙岳の噴火について，正しく説明している。　ウ「カドミウム」ではなく「有機(メチル)水銀」が正しい。カドミウムは，富山県の神通《じんずう》川流域で発生したイタイイタイ病の原因物質である。　エ　2018年にユネスコ(国連教育科学文化機関)の世界文化遺産に登録された「長崎と天草地方の潜伏《せんぷく》キリシタン関連遺産」について，正しく説明している。

問３　ア　シラス台地について，正しく説明している。　イ「抑制《よくせい》栽培」ではなく，「促成《そくせい》栽培」が正しい。　ウ　たらやさけは，寒流の勢力が強い海域でとれる魚で，北海道で多く水揚《みずあ》げされる。鹿児島県南部にある枕崎《まくらざき》港は，かつおの水揚げ量が多いことで知られる。　エ　鹿児島県の交通について，正しく説明している。

問４　北九州では，筑紫《つくし》平野を中心として稲作が行われており，米が産出額で最も大きな割合を占める。また，いちごの収穫《しゅうかく》量が栃木県についで全国第２位の福岡県や，トマトの収穫量が全国第１位の熊本県をふくむため，これらが上位に入る。一方，南九州には，肉用牛の飼養頭数が北海道についで全国第２位，豚の飼養頭数が全国第１位の鹿児島県と，豚の飼養頭数が全国第２位，ブロイラーの飼養羽数が全国第１位の宮崎県がふくまれているため，これらが上位を占める。なお，ａは北関東，ｂは東山，ｄは東海，ｆは南関東。統計資料は『日本国勢図会』2022／23年版による。

問５　水力発電が中心だった日本の発電は，1960年代にエネルギー革命が進んだことなどから，石油や石炭を中心とする火力発電に頼るようになった。しかし，1970年代に起こった二度の石油危機(オイルショック)をきっかけにエネルギー政策が見直され，原子力発電の割合が増えていった。最も多いときで発電量全体の３割を占めるほどになった原子力発電だが，2011年の東日本大震災で福島第一原子力発電所が事故を起こすと，全国の原子力発電所が稼働《かどう》を停止したため，発電量が激減した。太陽光や地熱は再生可能エネルギーとして注目されており，太陽光発電は設備の設置が比較《ひかく》的たやすいこともあって普及《ふきゅう》が進んでいるが，地熱発電は発電所の建設が難しいため，発電量の割合はほとんど変わっていない。

問６　温室効果ガスの排出《はいしゅつ》量から，植林や森林管理，技術の導入などによる吸収量と除去量を差し引き，排出量の合計を実質的にゼロと見なす考え方を，カーボンニュートラルという。2020年には日本政府が，2050年までにカーボンニュートラルを達成することを目指すと宣言した。

問７　札幌市は，梅雨の影響《えいきょう》をほとんど受けない北海道の気候に属しているので，６・７月の降水量が少なく，そのぶん日照時間が長いエだと判断できる。また，１年を通じて全体的に日照時間が長いアには，季節風の影響が少なく，１年を通じて降水量が少ない瀬戸内の気候に属する広島市があてはまる。イとウのうち，６～９月の日照時間が短いウが仙台市(宮城県)で，仙台市はやませの影響を受けるため，夏の日照時間が短くなっている。残ったイに，福岡市があてはまる。

４　民主主義と政治のしくみなどについての問題

問１　(1)　日本国憲法第96条は憲法改正の手続きに関する規定で，「この憲法の改正は，各議院の総議員の３分の２以上の賛成で，国会が，これを発議し，国民に提案してその承認を経なければならない」としている。　(2)　グラフ１・２から，特に近年の投票率が低く，衆議院議員総選挙では50％台，参議院議員通常選挙では50％を下回るときもあることがわかる。憲法改正を承認するには，国民投票で有効投票の過半数の賛成が必要であると定められているが，国民投票の投票率が50％前後だった場合，その過半数が賛成だったとしても，それが有権者全体の意思を正しく反映したとはいいきれない。

問２　a　最高裁は，実施された選挙について「違憲状態」であるとする判決を下したことはあるが，「違憲」として選挙の無効と選挙のやり直しを命じたことはない。　b　選択《せんたく》的別姓について，2021年６月，最高裁は夫婦同姓を定めた現在の民法などの規定を合憲とする判決を出した。こうした事情もあり，選択的別姓は2023年１月時点では実現していない。　c　改正民法の内容として正しい。

問３　a　2015年に公職選挙法が改正され，2016年に施行されたことで，18歳以上の国民に選挙権が与えられた。また，被選挙権についての改正はなく，参議院議員と都道府県知事は30歳以上，衆議院議員と市区町村長，地方議会議員は25歳以上で与えられる。　b　地方公共団体の首長について，有権者の３分の１以上(有権者数40万人以下の場合)の署名を集めれば解職を請求できるが，その場合，住民投票が行われ，そこで過半数が賛成すれば解職が成立する。　c　内閣総理大臣の指名について衆議院と参議院の議決が異なった場合，両院協議会が開かれ，それでも意見が一致しないとき，あるいは衆議院の議決後10日以内(国会休会中を除く)に参議院が議決指名しないときには，衆議院の議決が国会の議決とされる。

問４　a　住民の意見が対立するような重要な議題については住民投票を実施し，その結果を重視することを条例で規定する自治体も増えているが，すべての自治体がそのようにしているわけではない。　b　地方公共団体の住民が持つ直接請求権について，正しく説明している。　c　裁判員裁判では，裁判官３名と裁判員６名の合議で審理《しんり》が行われる。また，判決は過半数の賛成によって決定されるが，有罪判決を下すためには裁判官１名以上が賛成していなければならない。

問５　Xの意見は多数決の原則を重視するもので，そのためには一票の価値に差がないことが必要となる。エは，一票の価値に差が出ないようにするための措置《そち》にあたる。なお，イとウは，少数意見をできるだけ尊重しようというYの意見にあてはまる。

理　科　＜第１回(一般・帰国生)試験＞（40分）＜満点：100点＞

解　答

1 (1)　ア　(2)　イ，オ　(3)　ア，エ，カ　(4)　エ　(5)　(例)　種子の発芽には光が必要ではない。　(6)　①　ア　②　イ　**2** (1)　火山灰　(2)　エ　(3)　エ　(4)　800km^2　(5)　9.6km^3　(6)　ウ　**3** (1)　75g　(2)　エ　(3)　175g　(4)　**最小**…75g　**最大**…475g　(5)　20g　**4** (1)　水素　(2)　ウ　(3)　①　酸素　②　二酸化炭素　(4)　4.73g　(5)　3mm　(6)　(例)　オゾンが酸素に変化しているから。

解　説

1 種子の発芽についての問題

(1)　発芽のための養分を子葉にたくわえている種子を無はい乳種子，はい乳にたくわえている種子を有はい乳種子という。インゲンマメやダイズ，ヘチマ，アブラナなどは無はい乳種子，トウモロコシ，イネ，カキ，ムギなどは有はい乳種子である。

(2)　アブラナの種子には38～45%，ゴマの種子には45～55%ほどの油が含《ふく》まれている。なお，ダイズの種子には16～22%ほどの油が含まれていて，トウモロコシは種子の中にあるはいの部分に油を含み，イネは精米したときに出るぬかから油がとれる。

(3)　種子の発芽には，水，酸素，適当な温度が必要である。なお，植物が成長するためには，これらのほかに，土や肥料，光合成の材料となる二酸化炭素や光も必要になる。

(4)　発芽したあとの植物は光合成をして成長するという事実があるので，種子の発芽にも光が必要であるという仮説をたてたと考えられる。

(5)　図２を見ると，光の有無にかかわらず種子の発芽率がほぼ同じになっている。このことから，この実験で使った種子の発芽には光が必要ではないことがわかる。

(6)　光発芽種子は光が当たるところで発芽するため，種子にたくわえた養分が少なくても，発芽したあとすぐに光合成を行うことができ，成長できる。そのため，種子は比較《ひかく》的小さいものが多いと考えられる。暗発芽種子は光が届かないようなある程度深い土の中で発芽する。また，土は深くなるほど水を多く含んでいる。このことから，暗発芽種子は光が当たる乾燥《かんそう》したところでは発芽がおさえられ，ある程度深く暗い土の中で発芽するようにすることで，水を確保し，乾燥した生育環《かん》境《きょう》に適応していると考えられる。

2 火山の噴出《ふんしゅつ》物についての問題

(1)　火口から噴出される固体のうち，直径２mm以下の粒《つぶ》を火山灰という。火口から噴出するものとしてほかに溶岩《ようがん》や噴石，火山ガスなどがある。

(2)　軽石は噴出した溶岩が急に冷えて固まった岩石で，溶岩に含まれていたガスの成分が抜《ぬ》けてできたたくさんの穴があいている。この穴に空気が含まれるため，水に浮《う》くものも多い。

(3)　火山の噴出物は風下に運ばれる。白い地層が火山の東にいくにつれてうすくなっていることから，噴火したときの風向は西風で，西から東の向きに風がふいていたとわかる。

(4)　図１より，白い地層の厚さが1.0m以上の範囲《はんい》は南北に20km，東西に40kmなので，面積は，20×40＝800(km^2)である。

⑸　下線部④について，その前の文にある計算方法で噴出量を求める。白い地層が１m以上堆積《たいせき》した面積は800km^2，地層の厚さは1.0m，つまり0.001kmなので，噴出量は，800×0.001×12＝9.6(km^3)になる。

⑹　図２は，北方山の噴出の年代とそのときの噴出量を表している。噴出された量の先端《せんたん》から水平に線を引き，点線のグラフとぶつかったところが次の噴火が起きる年と予想することができる。よって，次の噴火は2050年ごろと考えられる。

3　てこのつり合いについての問題

⑴　てこのつり合いは，(加わる力の大きさ)×(支点からの距離《きょり》)で求められるモーメント(てこを傾《かたむ》けるはたらきの大きさ)で考えることができ，左回りと右回りのモーメントが等しいときにてこはつり合う。また，物体全体の重さが集まっていると考えることのできる点を重心といい，太さが均一であるこの棒の重心は棒の真ん中，つまり左端《ひだりはし》から，50÷２＝25(cm)のところにある。物体Ａの重さを□ｇとすると，棒が水平につり合っているとき，□×10＝50×(25－10)が成り立つので，□＝50×15÷10＝75(ｇ)と求められる。

⑵　図２で，物体Ｂをつるした位置と支点との距離を１とすると，おもりをつるした位置と支点との距離は，１×２＝２となる。物体Ｂの重さを○ｇとし，支点より右にある棒の重さによるモーメントを△とした場合，物体Ｂによる左回りのモーメントは(○×１)と表せ，おもりと棒の重さによる右回りのモーメントの合計は，(100×２＋△)と表せる。棒は左に傾いたので，左回りのモーメントは右回りのモーメントより大きい。つまり，(○×１)は(100×２＋△)より大きく，○は200ｇより大きいとわかる。よって，物体Ｂの重さはおもりの重さの２倍である，100×２＝200(ｇ)よりも重い。

⑶　右回りのモーメントは，100×(50－30－10)＋50×(25－10)＝1750なので，左回りのモーメントも1750であり，物体Ｃの重さは，1750÷10＝175(ｇ)である。

⑷　おもりを取り外した状態のときにはかることのできる重さは，⑴より75ｇで，この重さがこのさおばかりではかることができる最小の重さになる。また，このさおばかりではかることができる重さが最大になるのは，おもりを棒の右端につるしたときで，その重さは，｛100×(50－10)＋50×(25－10)｝÷10＝475(ｇ)である。

⑸　おもりを，もとの位置から左に，24－22＝２(cm)ずらすと，右回りのモーメントは，100×２＝200だけ小さくなる。これは物体Ｄを水に沈《しず》めたことで生じた浮力《ふりょく》によって小さくなった左回りのモーメントと等しい。よって，物体Ｄにはたらく浮力の大きさは，200÷10＝20(ｇ)と求められる。

4　空気の成分についての問題

⑴　水素は最も軽い気体である。水素と酸素を反応させて電気を発生させる燃料電池は，この反応において排出《はいしゅつ》されるものが水だけなので，環境にやさしい発電装置として注目されている。

⑵　気体検知管は調べたい気体の種類によって変える。まず，気体検知管の両端を折り，気体検知管の吸入口に安全用のゴムのカバーをつける。そして，もう一方の端を気体採取器に差しこみ，気体検知管にかかれている取りこむ気体の量と同じ数字になるようにハンドルを回す。次に，調べたい気体がある部分に気体検知管の先を入れ，気体採取器のハンドルを一気に引いて，気体検知管に気体を取りこむ。このとき，気体検知管の中の薬品が反応を示すのに時間がかかるためすぐに取り

外さず，決められた時間だけ待つ。その後，気体検知管を取り外して，色が変わったところのさかいの目盛りを読み取る。色がななめに変わったときはその中間の目盛りを読む。なお，酸素用の検知管は気体を取りこむと熱くなるので，直接触《さわ》らないように気をつけ，冷めるまで待ったり，ゴムのカバーの部分を持ったりしてあつかうとよい。

⑶　ロウソクは燃えるときに酸素を使い，二酸化炭素が発生する。容器の中の酸素の割合が16～17％ほどまで減ると，酸素の量が燃え続けるのに十分ではなくなり火が消える。このとき，二酸化炭素の割合は３～４％ほどに増える。

⑷　地表から大気圏《けん》の上端までに存在するオゾンの量は，地表１m^2あたり2.15gのオゾンがあるときを100DUとするので，220DUの場所で，地表から大気圏の上端までに存在するオゾンの重さは，地表１m^2あたり，$2.15\times\frac{220}{100}=4.73$(g)である。

⑸　300DUのオゾンとは，地表１m^2あたり，$2.15\times\frac{300}{100}=6.45$(g)のオゾンがあることを表している。この6.45gのオゾンが地表付近で占《し》める体積は，100gのオゾンが地表付近で占める体積が0.0466m^3であることから，$0.0466\times\frac{6.45}{100}=0.0030057$($m^3$)と求められる。よって，１$m^2$あたりの厚さは，$0.0030057\div1\times1000=3.0057$より，３mmになる。

⑹　オゾンは酸素に変化しやすい性質があると述べられているように，オゾンが成層圏で常に生じ続けていても，それと同じくらい酸素に変化しているので，大気に存在するオゾンはおよそ一定の量を保っている。

国　語　＜第１回(一般・帰国生)試験＞（50分）＜満点：100点＞

解　答

一 **問１**　エ　**問２**　イ　**問３**　オ　**問４**　エ　**問５**　(例)　予算を割き，部局横断の組織づくりと専門人材配置を行って，クマが出没しにくい街づくりと都市における生態系ネットワークの復元を両立すること。　**問６**　ウ　二 **問１**　**A**　オ　**B**　オ　**問２**　(例)　漫画は好きだが，そんなに漫画は知らず，好きと答えて知識がないことが大先輩にばれるのも恥ずかしいと思い，答えに迷ったから。　**問３**　イ　**問４**　(例)　出版社で働いてはいるが，仕事のことを話して出版の仕事にかかわっていないことを認めるのが嫌だし，自分が少女漫画をひそかに楽しんでいて，時間を費やしていることを知られたくないから。　**問５**　ウ，エ　**問６**　エ　三 下記を参照のこと。

●漢字の書き取り

三 １　非才(菲才)　２　遺志　３　玉条　４　功　５　景勝　６　競走　７　階級　８　講演

解　説

一 **【文章Ⅰ】の出典は佐藤喜和《さとうよしかず》の「となりのヒグマ―アーバン・ベア問題とはなにか」，【文章Ⅱ】の出典は佐藤喜和の『アーバン・ベア―となりのヒグマと向き合う』による。**【文章Ⅰ】では，市街地周辺に生息し，ときに市街地へと出没《しゅつぼつ》し大きな被害《ひがい》をもたらすアーバン・ベアに備え，防災同様の組織づくりと専門性の高い人材の配置が必要だと述べられている。【文章Ⅱ】では，人口減少や高齢《こうれい》化の進行する農村部が，容易にヒグマの侵入《しんにゅう》および利用を許してしまうことについて説明されている。

問１　札幌《さっぽろ》市の市街地中心部に出没し人々へ重軽傷を負わせたヒグマは，恒常《こうじょう》的に生息しているとされる市の南西部の森ではなく，そこから「遠く離《はな》れた北東部の石狩《いしかり》川河口に近い河畔林《かはんりん》で最初に目撃《もくげき》された」個体だと述べられていることをおさえる。市街地中心部でヒグマが人々を傷つけた，という点ばかりでなく，「『持続可能なグリーンシティさっぽろ』の実現に向け緑化や保全が進められている」「茨戸《ばらと》川につながる伏籠《ふしこ》川とその周辺の水路」が，はるか遠くに生息するヒグマにとって市街地への侵入経路となっていたことに筆者は「衝撃《しょうげき》」を覚え，注目しているのだから，エがふさわしい。

問２　クマが「人の生活圏《けん》に出没する動機」について，筆者は，郊外《こうがい》の住宅地近くで「栽培《さいばい》される野菜や果実」，あるいは住宅街にほど近い緑地や公園の「樹木がつける木の実を食べるために出没する場合がある」と述べたうえで，「親から独立した若いオスが出生地から離れて分散していく過程で，またはクマ社会の個体間関係から，新たな生息場所を求めて移動する途中《とちゅう》に，森林から市街地へと伸《の》びる河畔林などの緑地に入りこんでしまい，緑地の切れ目から横にそれたら突然《とつぜん》街中に現れてしまう」事例も紹介《しょうかい》している。「食べ物」ばかりが目的ではない点，「意図せずに市街地中心部に出没してしまう」という点をふまえると，イが正しい。

問３　都市計画や河川管理計画は，「自然保護を根底とした街づくり」が前提になって進められている点をおさえる。「大きな森林から街中まで河畔林や緑地のネットワークでつなぐこと」を目指した種々の計画，つまり，よかれと思って始まった「緑豊かで生きもののにぎわいある街づくり」という施策《しさく》は，皮肉にも問１でみたような鳥獣《ちょうじゅう》被害をもたらしたのだから，オがふさわしい。なお，都市計画や河川管理計画は，「市街地中心部に緑地を整備すること」に重きを置いているわけではないため，ウは誤り。

問４　これまでの「軋轢《あつれき》」は，「クマが恒常的に暮らす森に立ち入る人」と，「誘因《ゆういん》となる農作物をつくる人」との間に限られたものだったので，「未然防除なくして根本的な解決はない」としながらも「対症療法《たいしょうりょうほう》」的な駆除《くじょ》方法(出没の都度，駆除する)を許容してきた。しかし今や，その被害は本来クマと何ら接点のない人々にまで拡大したため，「従来の鳥獣害対策の認識《にんしき》では対処しきれない問題」になってきたというのである。よって，エが合う。

問５　多くの人々に正しいと信じられてきた「都市における緑のネットワークや河川を通じた生態系ネットワークの復元」は，生物多様性保全のみならず地域の魅力《みりょく》や活力，日常生活の豊かさにもつながる反面，専門家や行政担当者の想像を超《こ》えた「クマの市街地侵入」による被害ももたらしている。この板挟《いたばさ》みのなかで，「生態系ネットワークの復元」と「クマが出没しにくい街づくり」を「両立」させるためには，「鳥獣や農林」だけではなく，「都市計画や教育，観光など」もひっくるめた「部局横断の組織づくりと専門人材配置を進めなければいけない」と述べられている。

問６　【文章Ⅱ】では，人口減少，高齢化の進行にともない，農村部における人の活動が減っていくことが示され，その結果クマが出没する割合が高くなると述べられている。また，「ゾーニングで対処する」と書かれた【図】の「市街地周辺ゾーン」に，「街にヒグマが出てくるのをとめるために重要なゾーン」とある点にも注目する。農村部はこの「市街地周辺ゾーン」にあたり，このゾーンでの人間の活動が減るとクマも市街地に出没しやすくなるのだから，ウが選べる。

二　**出典は大島真寿美《おおしまますみ》の「うまれたての星」による。**主人公の辰巳牧子《たつみまきこ》は，「別冊デイジー」や「週刊デイジー」という少女漫画《まんが》をつくっている出版社の編集部で経理補助として働き始める。

問１　**A**　「生返事」は，すぐに返答ができなかったり，答えることに気乗りがしなかったりしたときにするいい加減な返事。　　**B**　「怪訝《けげん》な」は，わけがわからなくて納得《なっとく》がいかないようす。

問２　アポロ11号の月面着陸をテレビで見ようと訪《おとず》れた定食屋で偶然《ぐうぜん》出会った西口克子《にしぐちかつこ》から，ふいに「辰巳さん，漫画好きでしょう」ときかれた牧子は，「どうなんだろう？」と思っている。漫画は好きだが，この会社に入ってから少女漫画の面白《おもしろ》さに目覚めただけの自分が，あまり知識がないくせにはっきり「好きです」ということに抵抗《ていこう》があったうえ，好きと答えてしまって，実は知識がないことを知られるのも恥《は》ずかしいと思い，「どう答えるべきか」迷ってしまったのである。

問３　子供のころに「読んでいた少女漫画は，もっとずっと素朴《そぼく》で幼い感じがしていたし，ほのぼのとした地味なものが多かった」のに対して，「別冊デイジー」や「週刊デイジー」に載《の》っている漫画は，子供向きといえば子供向きだが，「絵も華《はな》やかだし，カラーページはきれいだし，お話も起伏《きふく》に富んでいておもしろく」，自分の「嗜好《しこう》にぴったり合って」いたと牧子は感じている。自分を「すっかり夢中に」させるほどのおもしろさに，牧子はあまりにも「びっくり」したのだから，イが選べる。

問４　出版社で働いているといっても編集の仕事など何もわからない牧子は，所詮《しょせん》，経理補助という「お手伝いさん」の立場だったが，それを「認めるのも嫌《いや》だったし」，知ったかぶりをして「みじめな気持ち」になりたくもなかったと思っている。加えて，少女漫画を楽しむようになったこと，漫画に時間を費《つい》やすことへの後ろめたさもあいまって，余計に漫画にかかわる話は避《さ》けようと思っていたのである。

問５　千秋《ちあき》が夢中になるような漫画雑誌をつくっている立派な会社に所属し，そこで「仲間を支える大切な仕事」についていることへの自覚から，牧子は明日会社に行くことが「楽しみに」なっている。月に行くアポロ11号の乗組員を支える地上(ヒューストン)のスタッフに自らを重ね，牧子は出版社で経理補助として働くことに誇《ほこ》りを抱《いだ》きはじめたのだから，「子供とは違《ちが》って夏休みのない自分は社会で必要とされているんだと自覚したことから，つらくても働くことの大切さに気がついた」とあるウはふさわしくない。また，「自分の立場が編集者を支えており，それが自分だけの強みだと理解した」という点が，本文からは読み取れないので，エも合わない。

問６　ア　千秋が「別デ」にのめりこんでいるようすが，手早くページをめくる「すいっと」という表現からうかがえるので，正しい。　　イ　「漫画」に関係する自分のことを知られまいと，牧子は職場でつくっている「別デ」を「隠《かく》すというほどではないにせよ，なるべく目立たないよう」部屋に置いていたが，小学校に上がったばかりの千秋にめざとく見つけられ，感心するとともに自らのうかつさをくやんでいる。よって，合う。　　ウ　夢中で「別デ」を読んでいる千秋のようすを見て，ふつふつと誇らしいような気持ちがわいてきた牧子は，自分の職場でつくっているその本をほめられたいあまり，何度も彼女《かのじょ》に「おもしろい」かどうかをたずねているので，正しい。
エ　千秋は「ふり」ではなく，本心から漫画に集中しているので，適当ではない。　　オ　会社に行くことを楽しみにしていることや，「えへん」と言っていることからもうかがえるとおり，牧子は「別デ」の編集者を支える自分の仕事に誇りを持ち始めている。「別デをなでる」行為《こうい》には，そういった思いがこめられているものと想像できるので，合う。

三　漢字の書き取り

1　「浅学非才（菲才）」は，学問や知識において未熟で，才能が欠けているということ。自分自身のことをへりくだって言う場合に用いる。　**2**　故人が，はたすことができないままで残した志。　**3**　「金科玉条」は，人が絶対的なよりどころとして守るべき法律や決まりのこと。**4**　「亀《かめ》の甲《こう》より年の功」は，年長者の豊富な経験は貴重であり，尊重すべきだという意味のことわざ。　**5**　景色がすぐれていること。　**6**　一定の距離《きょり》を走ってその速さをきそう競技。「競争」という同音異義語と区別する。　**7**　統計のうえで，一定の基準によって分類される階層。　**8**　多数の聴衆《ちょうしゅう》に向けて，ある題目にしたがって話をすること。

Memo

2023年度 市川中学校

【算　数】〈第２回試験〉（50分）〈満点：100点〉

【注意】 1．コンパス・直線定規を利用してもよい。
2．円周率は3.14とする。
3．比を答える場合には，最も簡単な整数の比で答えること。

1 次の問いに答えなさい。

(1) $68\times\left(2\frac{1}{4}-1.5\right)+17\times98$ を計算しなさい。

(2) 55人の生徒の中で，本Ａを持っている生徒と本Ｂを持っている生徒の人数の比が１：２，本Ａと本Ｂの両方を持っている生徒とどちらも持っていない生徒の人数の比が８：７である。このとき，本Ａを持っている生徒の人数を答えなさい。

(3) Ａさんは７時ちょうどに駅を出発して，3000m離《はな》れた学校に分速75mの速さで歩いて向かった。また，Ｂさんは７時12分に駅を出発し，自転車に乗って学校に向かった。途中で，自転車が故障してしまい，修理に10分間かかってしまったが，その後Ｂさんは Ａさんを追い抜《ぬ》いて，Ａさんより３分早く学校に到着した。このとき，Ｂさんの自転車の分速とＢさんがＡさんを追い抜いたのは何時何分何秒か求めなさい。

(4) 15の倍数である三桁《けた》の数に対して，一の位の数と百の位の数を入れ替《か》えてできる数が，三桁の６の倍数であった。このとき，もとの三桁の数として考えられるものは何通りあるか答えなさい。

(5) 右の図において，四角形ABCDは正方形，三角形DCEは正三角形，三角形ECFは角FECが90度の直角二等辺三角形である。このとき，角EAFの大きさを求めなさい。

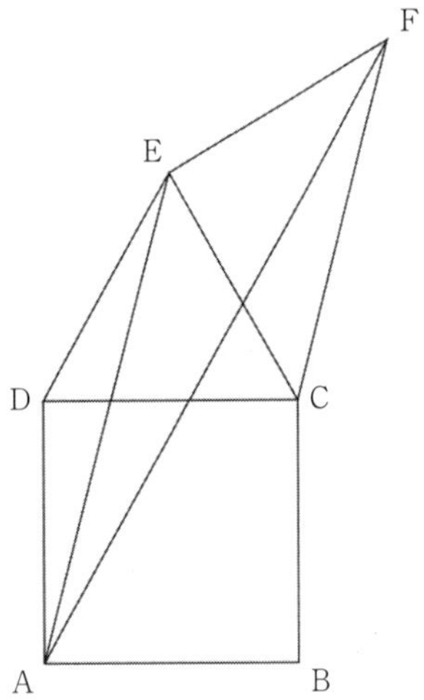

2 右の図のように，１辺の長さが６cmの正方形ABCDが，半径６cmの円の内側にある。正方形ABCDを，Ｂを中心にＣが円周とぶつかるまで時計回りに回す。このとき，次の問いに答えなさい。

(1) 回した後の対角線BDを，コンパスと定規を用いて作図しなさい。ただし，作図に用いた線は消さずに残し，作図したBDの位置がわかるようにＢ，Ｄをかきなさい。

(2) 対角線BDが通過した部分の面積を求めなさい。

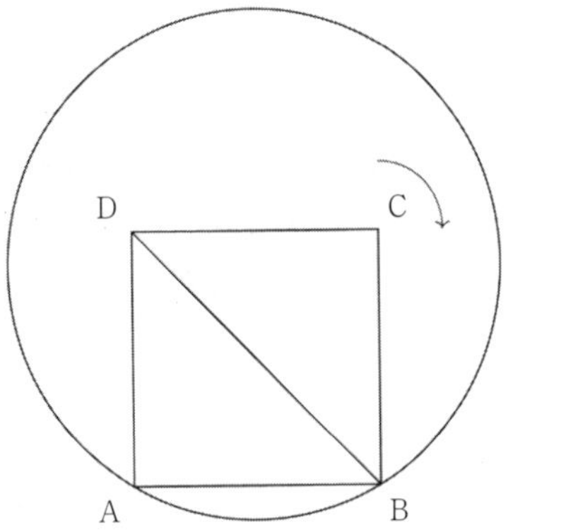

3　Ａ，Ｂ，Ｃの３人がある仕事を行う。Ａは１人で仕事を行うとちょうど12日間，Ｂは１人で仕事を行うとちょうど10日間で終わる。このとき，次の問いに答えなさい。

(1)　ＡとＢが２人でこの仕事を行うとき，仕事が終わるのは何日目か答えなさい。

(2)　ＡとＣが２人でこの仕事を行うとき，仕事は５日目に終わり，ＢとＣが２人でこの仕事を行うときも，仕事は５日目に終わる。Ｃが１人でこの仕事を行うとき，最短で何日目に終わるか，また，最長で何日目に終わるか，それぞれ答えなさい。

(3)　仕事を始めた日の翌日以降，すべての仕事が終わるまで毎朝決まった量の仕事が追加されるとする。Ａが１人で仕事を行うとちょうど23日間で終わるとき，Ｂが１人で行うと何日目に終わるか答えなさい。

4　４つの角《かど》のマス目に１，それ以外のマス目に０が書かれた３×３の表に，次の操作を繰《く》り返し行う。

操作

すべてのマス目に対し，縦方向にある自分以外の数の和に書きかえ，次に，すべてのマス目に対し，横方向にある自分以外の数の和に書きかえる。

１回目，２回目の操作は以下のようになる。

〈１回目の操作〉

（始まり）

1	0	1
0	0	0
1	0	1

→

1	0	1
2	0	2
1	0	1

→

（終わり）

1	2	1
2	4	2
1	2	1

〈２回目の操作〉

（始まり）

1	2	1
2	4	2
1	2	1

→

3	6	3
2	4	2
3	6	3

→

（終わり）

9	6	9
6	4	6
9	6	9

このとき，次の問いに答えなさい。

(1)　３回目，４回目の操作後の表をそれぞれ書きなさい。

(2)　真ん中のマス目の数が1764となるのは何回目の操作後か答えなさい。

(3)　９回目の操作後，♡の位置のマス目の数から♣の位置のマス目の数を引いた数を答えなさい。

	♣	
	♡	

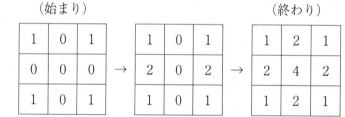

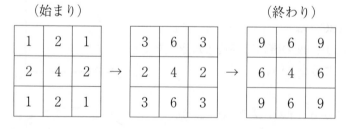

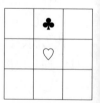

5　図１のように，辺 BC，CD，DA が２cm，辺 AB が４cm の台形の台 ABCD において，頂点Ａにある球を壁《かべ》 BC に当たるように発射する。ここで，球はまっすぐ進み，球が壁に当たったときは，図２のように角㋐と角㋑が等しくなるようにはね返ってまっすぐ進む。また，四角形の頂点に達したときは，球は止まる。このとき，あとの問いに答えなさい。

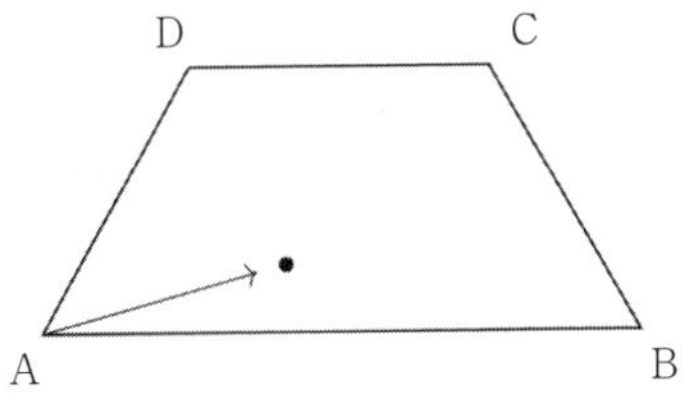

図１

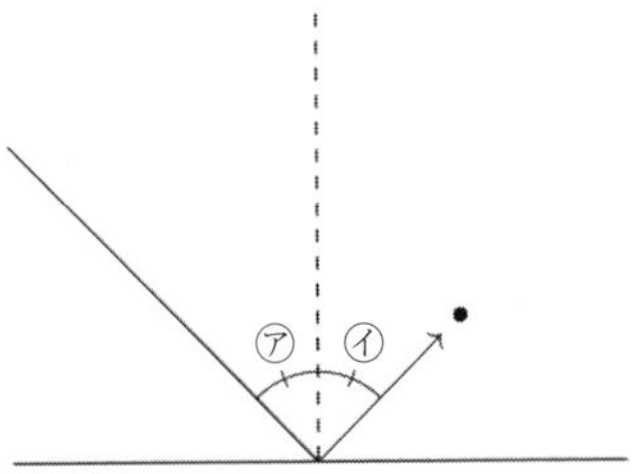

図２

(1)　２回壁に当たった後に，他の壁に当たらず頂点Ｄに達して止まった。２回目に壁に当たった点をＰとするとき，AP の長さを求めなさい。

(2)　３回壁に当たった後に，他の壁に当たらず頂点に達して止まるような打ち出し方は，

①　壁 BC，壁 AB，壁 DA の順ではね返り，頂点Ｂに達して止まる

②　壁 BC，壁 AB，壁 CD の順ではね返り，頂点Ａに達して止まる

の２通りある。①では壁 BC 上の点Ｑに当たり，②では壁 BC 上の点Ｒに当たったとするとき，QR の長さを求めなさい。

【社　会】〈第２回試験〉（40分）〈満点：100点〉

【注意】解答の際には，句読点や記号は１字と数えること。

１　市川さんと千葉くんは，歴史の授業で学んだ「争い」について，テーマを決め，調べたことを発表しました。これらを読んで，あとの問いに答えなさい。

市川さんの発表

> 私は，争いの始まりについて調べました。
>
> 人と人との争いは，弥生時代には始まっていたと考えられています。弥生時代になり本格的に水稲耕作が始まると，人々の間に貧富の差が発生し，土地や水，米などの収穫物《しゅうかくぶつ》をめぐって$_{\mathrm{A}}$争うようになりました。争いの証拠《しょうこ》は，弥生時代の遺跡などからもわかります。
>
> そのような争いの中で畿内を中心に広域の政治連合が形成され，のちに朝廷とよばれるようになりました。朝廷は$_{\mathrm{B}}$７世紀後半には$_{\mathrm{C}}$東北地方の蝦夷と戦い，勢力範囲《はんい》を広げていきました。

問１　下線**A**について，弥生時代の争いに関して説明した文として誤っているものはどれですか，**ア**～**エ**から１つ選び，記号で答えなさい。

ア　矢じりが，動物ではなく人を殺傷するために，以前のものよりも大きくなりました。

イ　吉野ヶ里遺跡からは，頭骨のない人骨や剣《けん》などの武器で傷をつけられた人骨が見つかっています。

ウ　環濠や，物見やぐらとみられる大型の建物をそなえた集落がつくられました。

エ　鉄製の武器がつくられるようになり，「ワカタケル」の名前を刻んだ鉄剣が出土しています。

問２　下線**B**について，７世紀後半，九州の博多湾の近くに，土塁・石垣をめぐらせた山城（大野城）と，土塁・堀からなる水城が築かれました。＜**図**＞は，当時の博多湾周辺を描《えが》いた想像図です。＜**図**＞を参照しながら，大野城と水城がこの場所に築かれた理由について，当時の国際情勢をふまえて説明しなさい。

＜**図**＞

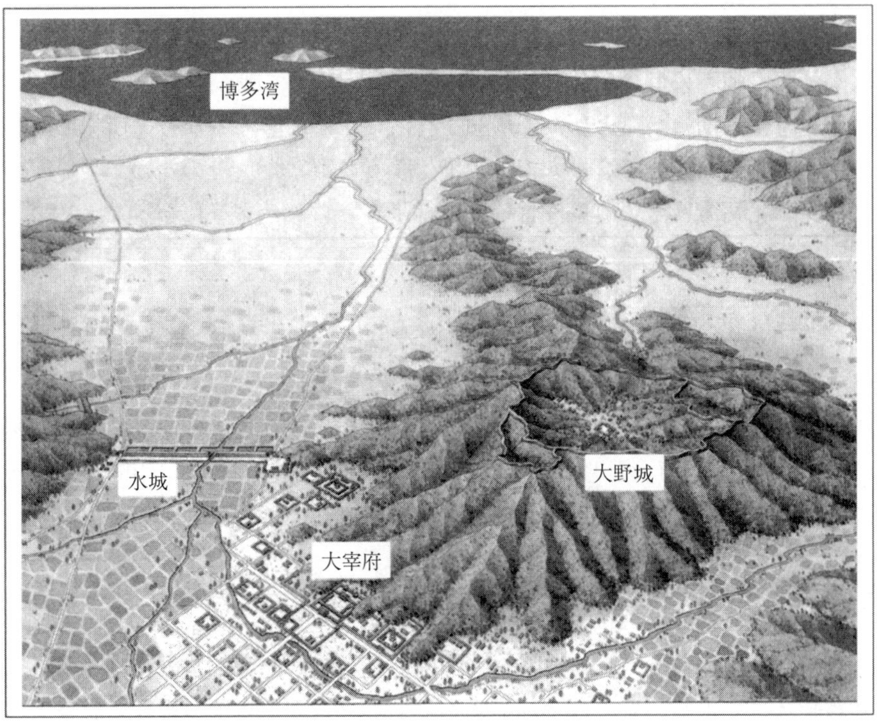

教育出版『中学社会　歴史　未来をひらく』より作成

問３　下線**C**について，東北地方でおきた**X**～**Z**のできごとを古い方から年代順に並べたとき，正しいものはどれですか，下の**ア**～**カ**から１つ選び，記号で答えなさい。

X　南奥州を支配した伊達家の当主が，領国統治のため分国法を制定しました。

Y　征夷大将軍に任命された坂上田村麻呂が，蝦夷の征討にあたりました。

Z　奥州藤原氏の初代清衡により，中尊寺金色堂が造営されました。

ア　**X→Y→Z**　　**イ**　**X→Z→Y**

ウ　**Y→X→Z**　　**エ**　**Y→Z→X**

オ　**Z→X→Y**　　**カ**　**Z→Y→X**

千葉くんの発表

私は，争いや反乱がおさまるまでにかかった年月について調べました。

南北朝の動乱は約60年間も戦乱状態が続き，終結するまでに時間がかかっています。南北朝の動乱についての＜**資料１**＞・＜**資料２**＞を読んで，**D**なぜそのように争いが長引いたのかを考えてみました。

一方で，天下分け目の戦いといわれた（　**1**　）の戦いは，西軍側から裏切り者が出たこともあり，わずか半日で戦いの決着がつきました。江戸時代の**E**大塩平八郎の乱も，幕府に大きな衝撃《しょうげき》をあたえましたが，半日で鎮圧《ちんあつ》されています。

＜資料１＞

鎌倉時代の武士は，一族の子弟や女子たちに※1所領を分割して相続させていて，一族の結びつきが強く，戦時には※2惣領を中心に一族が団結して戦った。 しかし，鎌倉時代後期になると新たな所領を得ることができなくなり，所領の細分化を防ぐため，惣領が所領のすべてを一人で受け継《つ》ぐようになった。そのため，長男が南朝方につくと，次男は北朝方について争うといった様子もみられるようになった。

※１　所領…領地

※２　惣領…武士の一族の長

＜資料２＞

新たに所領を得るためには戦で手柄《てがら》を立てて恩賞を与《あた》えられるほかなく，運悪く参加した側が負ければ，「敵方所領」として所領は取り上げられるのである。（中略）とにかく勝者側に立つことが重要なのである。有利とみた側につかねば，自分の所領を失い，家族，従者が生きることも不可能となってしまうのである。

榎原雅治『室町幕府と地方の社会』より

問４　下線**D**に関して，**＜資料１＞**・**＜資料２＞**の内容を説明した**X**・**Y**の文について，その正誤の組み合わせとして正しいものはどれですか，下の**ア**～**エ**から１つ選び，記号で答えなさい。

X　**＜資料１＞**から，所領の相続方法が変化し，惣領一人が所領を相続するようになったため，相続をめぐって一族内で分裂《ぶんれつ》・対立がおこり，争うようになったことがわかります。

Y　**＜資料２＞**から，武士たちが重視しているのは所領を得ることであり，そのために一人の主人に忠誠を誓《ちか》って最後まで戦い抜《ぬ》いたことがわかります。

ア　**X**　正　**Y**　正　　**イ**　**X**　正　**Y**　誤

ウ　**X**　誤　**Y**　正　　**エ**　**X**　誤　**Y**　誤

問５　（**1**）にあてはまる語句は何ですか，３字で答えなさい。

問６　下線**E**について，大塩平八郎や大塩の乱のおきた時期に関して説明した文として誤っているものはどれですか，**ア**～**オ**から２つ選び，記号で答えなさい。

ア　大塩の乱の前後では，天明のききんによる食糧《しょくりょう》難と米価の値上がりで，生活に苦しむ人々による百姓一揆や打ちこわしが多発していました。

イ　大塩は陽明学者であり，私塾を開き子弟の教育にあたりました。ききんの際には自身の蔵書を売って，そのお金で貧しい人々を助けたりしました。

ウ　大坂町奉行所の元役人である大塩が幕府の役人の不正を訴《うった》えたり，直轄《ちょっかつ》地である大坂で乱をおこしたりしたことで，幕府の権威《けんい》低下につながりました。

エ　大塩の乱がおきたのと同じ年に，ラクスマンが浦賀に来航し，遭難《そうなん》した日本人の返還《へんかん》と通商を求めましたが，幕府は砲撃《ほうげき》を行い追い払《はら》いました。

オ　大塩の乱の後に行われた水野忠邦による改革では，江戸に出ていた農民を農村に強制的に帰すことで，農村の復興につとめました。

問７　市川さんと千葉くんは，さらに日本と外国との争いについて調べてまとめようとしています。争いがおこった時の元号と争った国との組み合わせとして正しいものはどれですか，下の**ア～ク**からすべて選び，記号で答えなさい。

＜元号＞

a　承久　　b　文永　　c　応仁　　d　慶長

＜争った国＞

Ⅰ　新羅　　Ⅱ　唐　　Ⅲ　元　　Ⅳ　朝鮮

ア　a－Ⅰ　　イ　a－Ⅱ　　ウ　b－Ⅲ　　エ　b－Ⅳ

オ　c－Ⅰ　　カ　c－Ⅱ　　キ　d－Ⅲ　　ク　d－Ⅳ

2　**沖縄修学旅行に向けて，事前学習を行っている生徒たちが，近現代の沖縄の歴史について調べ，テーマごとにカードにまとめました。これらを読んで，あとの問いに答えなさい。**

【テーマ１】　沖縄県の設置

1872年，$_A$明治政府は（　１　）藩をおいて，政府の支配下に組み入れました。1879年には（　１　）藩を廃止《はいし》して，沖縄県を設置しました。これによって，約450年間続いた（　１　）王国は姿を消しました。清は日本に抗議《こうぎ》しましたが解決せず，問題は$_B$日清戦争まで持ちこされました。

【テーマ２】　沖縄での改革

明治政府は沖縄県に対して，土地や租税に関する旧制度を温存する政策を実施《じっし》しました。この政策などが影響《えいきょう》し，沖縄県での改革は本土にくらべて遅《おく》れました。1890年，$_C$本土では初めての衆議院議員総選挙が行われましたが，沖縄県の人びとに選挙権が与えられるのは，20年以上も後になりました。

【テーマ３】　沖縄の大戦景気と戦後の不景気

第一次世界大戦が日本にもたらした好景気は沖縄にもおよび，代表的な産業であった砂糖生産で大きな利益をあげるものもいました。しかし，$_D$第一次世界大戦後に日本が不景気になると，沖縄の経済も打撃《だげき》を受けました。$_E$1920年代から30年代にかけての不景気で，沖縄の農村は深刻な状況《じょうきょう》となりました。

【テーマ４】　第二次世界大戦と沖縄

1945年４月，アメリカ軍が沖縄本島に上陸し，その後約３ヵ月にわたって行われた$_F$沖縄戦では，大きな被害《ひがい》が出ました。ポツダム宣言を受け入れて日本政府が降伏《こうふく》すると，日本は連合国軍に間接統治されましたが，沖縄はアメリカ軍に直接統治されました。

【テーマ５】　日本の独立と沖縄

米ソの対立がはげしくなり，東アジアの政治状況も変わるなか，アメリカは占領政策を転換《てんかん》し，日本との講和を急ぎました。1952年，$_G$日本は独立を回復しましたが，沖縄はその後もアメリカの統治下におかれました。

【テーマ６】 沖縄の日本復帰

沖縄で祖国復帰運動が高まり，沖縄返還協定が結ばれると，（ **2** ）年，沖縄は日本に復帰しました。しかし，H沖縄には多くの課題が残されました。

問１　（1）・（2）にあてはまる語句または数字をそれぞれ答えなさい。ただし，（1）は漢字で答えなさい。

問２　下線**A**について，市川さんは明治政府の中心的な人物について調べ，メモにまとめました。**X**と**Y**にあてはまる人物の組み合わせとして正しいものはどれですか，下の**ア**～**カ**から１つ選び，記号で答えなさい。

＜**X**＞

> 薩摩藩出身。倒幕運動の中心として活躍《かつやく》しました。明治政府でも要職に就きましたが，征韓論を唱えて敗れ，辞職しました。その後，西南戦争に敗れ，自害しました。

＜**Y**＞

> 薩摩藩出身。廃藩置県の実現に尽《じん》力《りょく》しました。岩倉使節団に参加し，帰国後は征韓論に反対しました。藩閥政府の中心として実権を握《にぎ》りましたが，暗殺されました。

ア　**X**　木戸孝允　**Y**　大久保利通　　**イ**　**X**　木戸孝允　**Y**　西郷隆盛
ウ　**X**　西郷隆盛　**Y**　大久保利通　　**エ**　**X**　西郷隆盛　**Y**　木戸孝允
オ　**X**　大久保利通　**Y**　西郷隆盛　　**カ**　**X**　大久保利通　**Y**　木戸孝允

問３　下線**B**に関して，次の問いに答えなさい。

(1)　日清戦争の背景として，1894年に朝鮮でおこった反乱に日清両軍が出兵したことがあげられます。この反乱を何といいますか，漢字６字で答えなさい。

(2)　次の＜**資料**＞は，日清戦争後にロシアから日本に対して出された勧告《かんこく》です。（**あ**）・（**い**）にあてはまる語句の組み合わせとして正しいものはどれですか，下の**ア**～**エ**から１つ選び，記号で答えなさい。

＜**資料**＞

> 下関条約を調べたところ，（ **あ** ）半島を日本領にするとあった。これは，清の首都北京に脅威《きょうい》をあたえるばかりでなく，（ **い** ）の独立を名ばかりにするものである。将来にわたって極東の平和の妨《さまた》げになる。
>
> したがって，ロシアは日本に，（ **あ** ）半島を領土にすることを止めるように勧告する。

浜島書店『つながる歴史』より作成(作問の都合上，一部表現を変えています。)

ア　**あ**　山東　**い**　朝鮮　　**イ**　**あ**　山東　**い**　台湾
ウ　**あ**　遼東　**い**　朝鮮　　**エ**　**あ**　遼東　**い**　台湾

問４　下線**C**について，初の衆議院議員総選挙に関して説明した**X**・**Y**の文について，その正誤の組み合わせとして正しいものはどれですか，下の**ア**～**エ**から１つ選び，記号で答えなさい。

X　選挙権は，直接国税を15円以上納める満25歳以上の男子に限られました。

Y　選挙の結果，自由民権運動の流れをくんだ政党の議員が過半数を占《し》めました。

ア　X　正　Y　正　　イ　X　正　Y　誤
ウ　X　誤　Y　正　　エ　X　誤　Y　誤

問５　下線**D**について，第一次世界大戦後におきたできごとを説明した**X**・**Y**の文について，その正誤の組み合わせとして正しいものはどれですか，下の**ア**～**エ**から１つ選び，記号で答えなさい。

X　パリ講和会議の内容に抗議して，中国で三・一独立運動がおこりました。

Y　日本の農村では，小作料引き下げを求める小作人が全国水平社を設立しました。

ア　X　正　Y　正　　イ　X　正　Y　誤
ウ　X　誤　Y　正　　エ　X　誤　Y　誤

問６　下線**E**について，1920年代から30年代におきた**X**～**Z**のできごとを古い方から年代順に並べたとき，正しいものはどれですか，下の**ア**～**カ**から１つ選び，記号で答えなさい。

X　二・二六事件がおこりました。

Y　治安維持法が制定されました。

Z　日本は国際連盟からの脱退《だったい》を通告しました。

ア　X→Y→Z　　イ　X→Z→Y　　ウ　Y→X→Z
エ　Y→Z→X　　オ　Z→X→Y　　カ　Z→Y→X

問７　下線**F**について，生徒たちが沖縄戦について調べたところ，次の＜**表１**＞～＜**表３**＞を見つけました。ここから読みとれる沖縄戦の特徴《とくちょう》を説明した文**X**・**Y**について，その正誤の組み合わせとして正しいものはどれですか，下の**ア**～**エ**から１つ選び，記号で答えなさい。

＜表１＞　沖縄戦略年表

月日	できごと
３月26日	米軍，慶良間《けらま》列島に上陸
４月１日	米軍，沖縄本島に上陸
６月23日	日本軍司令官※１自決(組織的抵抗《ていこう》が終了《しゅうりょう》)
９月７日	沖縄，降伏文書調印(戦闘《せんとう》が終了)

※１　自決…自分の手で自らの生命を絶つこと。

＜表２＞　沖縄戦での戦死者数

アメリカ	12,520人	日本	188,136人
陸軍	4,675人	正規軍	65,908人
海兵隊	2,938人	沖縄県民	
海軍	4,907人	防衛隊	28,228人
		戦闘協力者	55,246人
		住民	38,754人

＜表３＞　沖縄県住民の時期別戦死者数

期間	※２戦死者数
～３月31日	1,284人
４月１日	730人
４月２日～16日　(15日間)	8,170人
４月17日～５月31日　(48日間)	30,368人
６月１日～23日　(23日間)	40,688人
６月24日～	5,354人

※２　戦死者数…死亡時期が不明な場合は，含《ふく》まれていない。

浜島書店『つながる歴史』・吉川弘文館『沖縄戦を知る事典　非体験世代が語り継ぐ』より作成

X　はげしい地上戦が展開された結果，生徒や学生を含《ふく》めた多くの人が戦争にまきこまれ，正規軍の半数に近い沖縄県民の犠牲者《ぎせいしゃ》が出ました。

Y　沖縄戦では，日本軍司令官が自決し組織的抵抗が終了した後も戦闘が続いたため，その後も沖縄県住民の犠牲者が出ました。

ア　**X**　正　**Y**　正　　**イ**　**X**　正　**Y**　誤

ウ　**X**　誤　**Y**　正　　**エ**　**X**　誤　**Y**　誤

問8　下線**G**について，サンフランシスコ平和条約と同時に，アメリカと条約が結ばれ，アメリカ軍が引き続き日本にとどまることになりました。この条約は何ですか，漢字8字で答えなさい。

問9　下線**H**について，沖縄の課題に関する次の会話文の(**う**)・(**え**)にあてはまるものとしてふさわしいものはどれですか，下の**ア**～**ク**からそれぞれ1つずつ選び，記号で答えなさい。

千葉くん　現在も，日本にある米軍基地の約(**う**)が沖縄に集中していると学びました。基地が沖縄に集中していることによって，どのような問題がおこっているのですか。

先生　米軍関係者による事故や犯罪がくり返し発生しています。その際に，真実が十分につきとめられていないという問題も指摘《してき》されています。

市川さん　市街地の中心部にある普天間飛行場では，周辺の住民は騒音《そうおん》問題に悩《なや》まされていると聞きました。

先生　普天間飛行場については，日米両政府が名護市(**え**)への移設で合意しましたが，(**え**)の埋《う》め立てをめぐり，国と県との対立は続いています。この他にも，経済面などの解決が望まれる課題が存在しています。沖縄の歴史と現状を確認したうえで，今後私たちはどう向き合うべきか，これからも考えていきましょう。

ア　40%　　**イ**　50%　　**ウ**　60%　　**エ**　70%

オ　嘉手納　　**カ**　辺野古　　**キ**　摩文仁　　**ク**　宜野湾

3　**次の[Ⅰ]～[Ⅲ]のテーマについて，あとの問いに答えなさい。**

［Ⅰ］　**世界と日本の気候や地形**

問1　＜**表1**＞は秋田，高松，東京，松本の各都市の月平均気温(℃)を示したもので，＜**表2**＞は各都市の月平均降水量(mm)を示したものです。高松にあてはまるものはどれですか，**ア**～**エ**から1つ選び，記号で答えなさい。

＜**表1**＞

都市	1月	2月	3月	4月	5月	6月	7月	8月	9月	10月	11月	12月
ア	0.1	0.5	3.6	9.6	14.6	19.2	22.9	24.9	20.4	14.0	7.9	2.9
イ	5.2	5.7	8.7	13.9	18.2	21.4	25.0	26.4	22.8	17.5	12.1	7.6
ウ	5.5	5.9	8.9	14.4	19.1	23.0	27.0	28.1	24.3	18.4	12.8	7.9
エ	-0.4	0.2	3.9	10.6	16.0	19.9	23.6	24.7	20.0	13.2	7.4	2.3

＜**表２**＞

都市	１月	２月	３月	４月	５月	６月	７月	８月	９月	10月	11月	12月
ア	119.2	89.1	96.5	112.8	122.8	117.7	188.2	176.9	160.3	157.2	185.8	160.1
イ	52.3	56.1	117.5	124.5	137.8	167.7	153.5	168.2	209.9	197.8	92.5	51.0
ウ	38.2	47.7	82.5	76.4	107.7	150.6	144.1	85.8	147.6	104.2	60.3	37.3
エ	35.9	43.5	79.6	75.3	100.0	125.7	138.4	92.1	155.6	101.9	54.9	28.1

二宮書店『データブック オブ・ザ・ワールド 2022』より作成

問２　＜**表３**＞は，日本の河川とその流域にある主な盆地・平野，河口がある道県を示したものです。河川と河口がある道県はすべて正しく示されていますが，河川と主な盆地・平野の組み合わせには誤りが２つあります。これを見て，あとの問いに答えなさい。

＜**表３**＞

河川	主な盆地・平野	河口がある道県
石狩川	十勝平野	北海道
北上川	北上盆地	宮城県
最上川	庄内平野	山形県
阿賀野川	越後平野	新潟県
神通川	富山平野	富山県
利根川	関東平野	千葉県・茨城県
信濃川	越後平野	新潟県
紀ノ川	和歌山平野	和歌山県
吉野川	讃岐平野	徳島県
筑後川	筑紫平野	福岡県・佐賀県

(1)　河川と主な盆地・平野の組み合わせについて，誤っている主な盆地・平野はどれですか，＜**表３**＞から２つ抜《ぬ》き出し，漢字で答えなさい。

(2)　次の①～③の文を読み，正しいものには○，誤っているものには×の記号で答えなさい。

①　＜**表３**＞には，四大公害病の発生した河川が１つあります。

②　＜**表３**＞には，日本海に注ぐ河川が５つあります。

③　＜**表３**＞には，米の収穫量《しゅうかくりょう》が全国１位，２位，３位の道県があります。

問３　＜**表４**＞は世界の大陸ごとの高度別面積の割合(％)を示したもので，＜**表５**＞は世界の大陸ごとの気候帯別面積の割合(％)を示したものです。**ア**～**エ**は，アフリカ大陸，※1オーストラリア大陸，南極大陸，南アメリカ大陸のいずれかです。オーストラリア大陸にあてはまるものはどれですか，**ア**～**エ**から１つ選び，記号で答えなさい。

＜**表４**＞

高度(m)	**ア**	**イ**	**ウ**	**エ**
200未満	6.4	39.3	9.7	38.2
200～500	2.8	41.6	38.9	29.8
500～1,000	5.0	16.9	28.2	19.2
1,000～2,000	22.0	2.2	19.5	5.6
2,000～3,000	37.6	0.0	2.7	2.2
3,000～4,000	26.2	0.0	1.0	2.8
4,000～5,000	※2 0.0	0.0	0.0	2.2
5,000以上	—	—	0.0	0.0

二宮書店『データブック オブ・ザ・ワールド 2022』より作成

※１　オーストラリア大陸…ニューギニアなどを含む。

※２　0.0…実際にその高さの山はあるが，割合にすると0.0となる。

＜**表５**＞

気候帯	**ア**	**イ**	**ウ**	**エ**
熱帯	—	16.9	38.6	63.4
乾燥帯	—	57.2	46.7	14.0
温帯	—	25.9	14.7	21.0
冷帯(亜寒帯)	—	—	—	—
寒帯	100.0	—	—	1.6

二宮書店『データブック オブ・ザ・ワールド 2022』より作成

［Ⅱ］　日本の貿易や産業

問４　＜**表６**＞は，日本のおもな農産物の輸入額・輸入相手国を品目ごとに示したものです。**Ｘ**・**Ｙ**・**Ｚ**は牛肉，コーヒー豆，大豆のいずれか，**ａ**・**ｂ**はカナダ，ブラジルのいずれかです。品目と輸入相手国の組み合わせとして正しいものはどれですか，下の**ア**～**カ**から１つ選び，記号で答えなさい。

＜**表６**＞

品目	輸入額(億円)	輸入相手国および金額による割合(%)				
Ｘ	1133	**ａ** 28.6	コロンビア 19.9	ベトナム 15.5	グアテマラ 9.3	エチオピア 7.1
豚肉	4751	アメリカ 28.1	**ｂ** 26.1	スペイン 11.9	メキシコ 11.5	デンマーク 8.5
小麦	1628	アメリカ 46.9	**ｂ** 36.5	オーストラリア 16.2	フランス 0.3	ドイツ 0.01
Ｙ	3569	オーストラリア 45.4	アメリカ 42.2	**ｂ** 5.0	ニュージーランド 3.8	メキシコ 1.9
綿花	103	アメリカ 43.8	韓国 11.0	インド 10.3	オーストラリア 8.3	**ａ** 8.2
Ｚ	1592	アメリカ 72.8	**ｂ** 13.9	**ａ** 11.6	中国 1.5	ロシア 0.1
※3 とうもろこし	3516	アメリカ 63.9	**ａ** 34.3	南アフリカ 0.9	ロシア 0.5	フランス 0.2

二宮書店『データブック オブ・ザ・ワールド 2022』より作成

※３　とうもろこし…飼料用を含む。

ア　**Ｘ**　大豆　　　　**ａ**　ブラジル

イ　**Ｘ**　牛肉　　　　**ｂ**　ブラジル

ウ　**Ｙ**　コーヒー豆　**ａ**　ブラジル

エ　Y　牛肉　　　　b　カナダ
オ　Z　大豆　　　　a　カナダ
カ　Z　コーヒー豆　b　カナダ

問５　<**表７**>は日本の製造品出荷額上位11都市と，それらの都市の製造品出荷額の業種別の割合を示したもので，<**図**>は11都市の位置を示したものです。これを見て，下の問いに答えなさい。

<**表７**>

都市	製造品出荷額等（億円）	業種別の割合（%）			
		１位		２位	
①	153570	輸送用機械器具製造業	94.1	生産用機械器具製造業	0.8
市原	44381	石油製品・石炭製品製造業	56.4	③	34.2
倉敷	43773	石油製品・石炭製品製造業	34.1	鉄鋼業	21.0
川崎	42012	石油製品・石炭製品製造業	27.7	③	25.3
横浜	40548	石油製品・石炭製品製造業	28.4	食料品製造業	14.5
大阪	38213	③	18.2	鉄鋼業	12.6
堺	36316	石油製品・石炭製品製造業	28.5	鉄鋼業	13.3
名古屋	35777	電気機械器具製造業	15.5	輸送用機械器具製造業	12.8
神戸	34398	食料品製造業	20.3	輸送用機械器具製造業	14.0
四日市	32653	電子部品・デバイス・電子回路製造業	40.5	③	26.4
②	31667	輸送用機械器具製造業	63.2	生産用機械器具製造業	11.7

二宮書店『データブック オブ・ザ・ワールド 2022』より作成

<**図**>

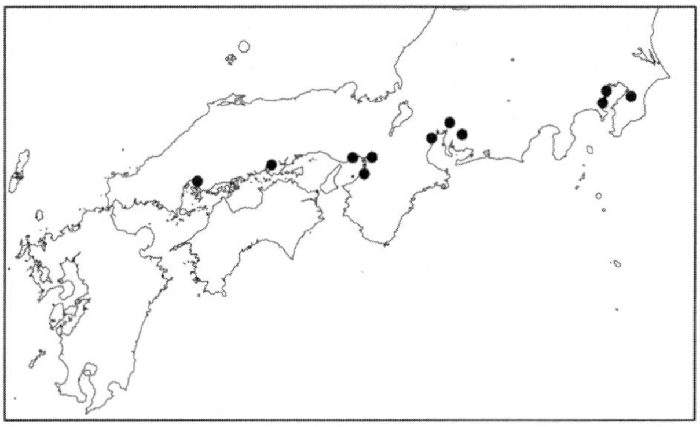

(1)　①にあてはまる都市名は何ですか，漢字で答えなさい。
(2)　②にあてはまる都市にある世界遺産は何ですか，５字で答えなさい。
(3)　③にあてはまる業種は何ですか，**ア**～**エ**から１つ選び，記号で答えなさい。
ア　パルプ・紙・紙加工品製造業　　**イ**　化学工業
ウ　情報通信機械器具製造業　　　　**エ**　金属製品製造業

［Ⅲ］ **環境問題**

問6　環境問題に関する次の会話文を読み，(**1**)・(**2**)にあてはまる語句を答えなさい。ただし，(**2**)は漢字4字で答えなさい。

先生　環境問題について調べてきましたか。

修平くん　はい。日本の食料輸入のあり方が，環境問題に大きな影響《えいきょう》を及《およ》ぼしているということがわかりました。

先生　それは，どういうことですか。

修平くん　食料の輸送量(トン)に食料の生産地から食卓《しょくたく》までの距離《きょり》(km)を掛《か》け合わせて算出される値を，(　**1**　)と呼びます。(　**1**　)の値が高いと二酸化炭素の排出量が増加し，地球温暖化に影響するといわれています。日本は，世界の中で国民一人当たりの(　**1**　)の値が最も高い国です。

先生　よく調べてきましたね。では，(　**1**　)の値を下げるために，どのような取り組みが必要ですか。

修平くん　日本国内のある地域で収穫した農産物を，その地域内で消費する(　**2**　)が対策の一つと考えられています。

4　**次の文章を読んで，あとの問いに答えなさい。**

日本では少子化傾向《けいこう》が続き，A15歳から49歳までの女性の年齢別出生率を合計した値も2020年には1.34と低い水準となっています。一方，保育所への入所を希望してもそれがかなわない，待機児童と呼ばれる問題も深刻です。そのため，保育所の拡充《かくじゅう》と改善がせまられています。

保育所は，日本国憲法で保障されているB社会権を具体化する施設《しせつ》の一つであると言えます。2016年，保育所に自分のこどもが入所することができなかったことに対して怒《いか》りをあらわした匿名《とくめい》のブログが話題になったことをきっかけに，待機児童問題がC国会でも取り上げられるようになりました。保育所の設置は地方公共団体の事務となっていますが，D市町村の財政力によっては，保育の環境を整えることが難しい場合もあり，E待機児童問題に充分に取り組むことができていない自治体もあります。待機児童問題が解消されていない背景として，F保育士の労働問題が深刻であることも指摘《してき》されており，改善が望まれています。

国は，子育て支援《しえん》を行うための新たな体制づくりを検討しています。第208回通常国会では，(　**1**　)庁を設置するためのG法律が定められ，2023年4月1日には(　**1**　)庁が創設されることが決まっています。これまで子育てに関する問題は様々な省庁で扱《あつか》われていましたが，(　**1**　)庁は強い司令塔《しれいとう》機能をもって子育て問題に包括的《ほうかつてき》に取り組むことを目指していると政府は説明しています。新たな体制づくりによって，現在の日本が抱《かか》えている子育ての課題が解消されていくのか，今後の動きにも注目をしていきましょう。

問1　(**1**)にあてはまる言葉を答えなさい。

問2　下線**A**について，「15歳から49歳までの女性の年齢別出生率を合計した値」を何といいますか，漢字7字で答えなさい。

問3　下線**B**について，保育所の充実によって実現すると考えられる権利を＜**表1**＞にまとめました。(**X**)・(**Y**)にあてはまる語句を，憲法の条文で使われている表現で答えなさい。

＜**表１**＞

関連する憲法	権利
25条	子どもと保護者の健康で文化的な（ **X** ）の生活を営む権利
27条	保護者の（ **Y** ）の権利

問４　下線**C**について，国会に関して説明した文として正しいものはどれですか，**ア～オ**からすべて選び，記号で答えなさい。

ア　国会は，外国と条約を結ぶなど，外交についての仕事を行います。

イ　国会は，不適格だと考えられる裁判官を，弾劾裁判所を開いて裁きます。

ウ　国会は，予算案を作成して内閣に提出します。

エ　国会は，国政について調査を行うために，証人を国会に呼ぶことができます。

オ　国会は，法律が憲法に違反《いはん》していないかどうかの審査《しんさ》を行うことができます。

問５　下線**D**について，＜**資料**＞は，市町村の財政力によって保育の環境に大きな格差が生じている背景を説明したものです。下線にあてはまらないものを下の**ア～ウ**から１つ選び，記号で答えなさい。

＜**資料**＞

> かつては，公立の保育所の運営費は，保育料を差し引いた額の２分の１の補助金を，国が使いみちを指定して支給していましたが，2004年からはその補助金がなくなりました。そこで，財源の使いみちが特定されずに市町村が自由に使えるお金や，市町村が自ら調達したお金から負担しなくてはいけなくなりました。そのため，財源が豊富な市町村は保育所にお金をかけることができますが，そうでない市町村は保育所を運営・維持《いじ》することが難しくなっています。

ア　国庫支出金

イ　地方税

ウ　地方交付税交付金

問６　下線**E**について，私たちが生活する上で問題だと感じることがあれば，様々な方法で意見をあらわすことができます。あなたがもし，有権者が30万人の市に住む有権者であったなら，直接請求権をどのように使って待機児童の解消にむけた意見をあらわしますか。以下の**条件**にあてはまるように説明しなさい。

条件　「30万」以外の整数を説明に使用すること

問７　下線**F**について，保育士のおかれている労働環境を確認するために，保育士と同様に資格を用いて働く他の職業との比較《ひかく》を行いました。＜**表２**＞について説明した文として正しいものはどれですか，下の**ア～エ**から１つ選び，記号で答えなさい。

＜表2＞

	男性				女性			
	平均年齢(歳)	勤続年数(年)	※決まって支給する現金(千円)	男性の割合(%)	平均年齢(歳)	勤続年数(年)	※決まって支給する現金(千円)	女性の割合(%)
保育士	32.4	5.7	273.8	5.6	37.9	7.8	248.4	94.4
小・中学校教員	43.2	13.7	465.6	58.1	41.3	11.5	424.7	41.9
介護《かいご》職員	39.7	7.2	272.5	35.0	44.8	7.4	241.4	65.0
看護師	38.8	8.8	349.3	11.7	41.5	8.9	337.0	88.3
医師	47.2	7.9	1165.3	75.4	40.6	5.0	909.1	24.6

厚生労働省 HP(https://www.mhlw.go.jp)より作成

※決まって支給する現金…1ヶ月分の現金給与《きゅうよ》額。実際に受け取る金額(手取り額)ではなく，所得税や社会保険料などを除く前の額。

ア　男性の平均年齢が女性よりも3歳以上若い職業は保育士のみです。

イ　男性と女性の勤続年数の差が最も開いている職業は看護師です。

ウ　男性と女性で決まって支給する現金の差が最も開いている職業では，1.5倍以上の差があります。

エ　男女比が1：1に最も近い職業は，小・中学校教員です。

問8　下線**G**について，法律を定める過程を説明した文として正しいものはどれですか，**ア**～**エ**から1つ選び，記号で答えなさい。

ア　法案は，衆議院または参議院の議員のみが，国会の議長に提出することができます。

イ　法案は，予算の議決と同様に，必ず衆議院から先に審議《しんぎ》されます。

ウ　法案について衆議院と参議院で異なる議決をした場合は，衆議院で出席議員の3分の2以上の多数で再可決されると成立します。

エ　法案が本会議で可決された後，専門の委員会に送付され，さらに詳《くわ》しい審議が行われます。

【理　科】〈第２回試験〉（40分）〈満点：100点〉

【注意】１．解答の際には，句読点や記号は１字と数えること。

２．コンパス・定規は使用しないこと。

３．計算問題の答えは，整数または小数で答え，割り切れない場合は小数第２位を四捨五入して，小数第１位まで答えること。

1　**2014年，アメリカのサウスダコタ州の私営牧場の丘《おか》にある中生代最末期（約6600万年前）の地層から発掘《はっくつ》史上最大の大きさを誇《ほこ》る草食動物の①トリケラトプスの②化石が発見されました。この化石は牧場の所有者の名前にちなんでビッグジョンと名付けられました。ビッグジョンは全体の60％の骨格が残っていたことから全身骨格標本として修復されました。ビッグジョンのように③中生代（約２億5000万年～6600万年前）に栄え，絶滅《ぜつめつ》した陸生大型ハチュウ類の全身骨格標本は，しばしばオークションにかけられ，高額な取引がなされています。**

この現状に科学の世界からは心配の声が上がっています。なぜなら，落札者が個人であった場合，科学者が研究のために，その化石標本を利用できなくなる可能性があるためです。化石は昔の地球上にどのような生物がいて，どのような生活をしていたのかという生物学的な情報以外にも，化石をふくむ④地層のできた年代を知る手がかりや⑤堆積《たいせき》当時の環境《かんきょう》を知る手がかりとなる情報をふくんでおり，多様な研究に用いられています。そのため，重要な化石標本は大学や博物館などの研究機関が保管し，多くの研究者が自由に利用できることが望ましいと考えられています。

(1)　下線部①の頭骨はどれですか。

ア　　イ　　ウ

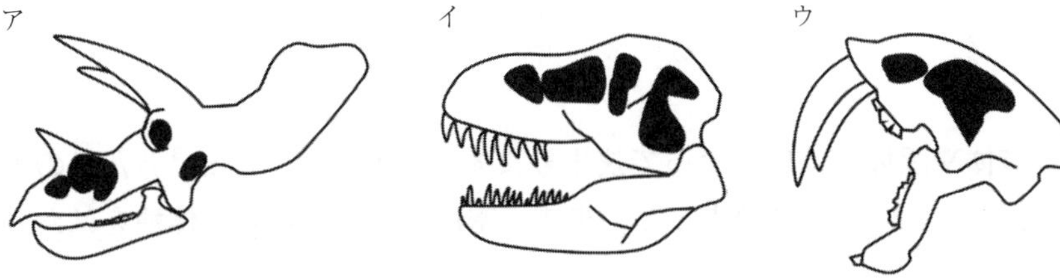

(2)　下線部②の化石とは，大昔に生息していた生物の遺骸《いがい》や痕跡《こんせき》のことです。以下の中で化石として**誤っているもの**はどれですか。

ア　５億年前の地層から見つかった三葉虫の遺骸

イ　500万年前の地層に残されているカニの巣穴

ウ　永久凍土《とうど》層から見つかった肉や体毛も保存されている氷漬《づ》けのマンモス

エ　海岸に打ち上げられている最近死んだと推定されるハマグリの貝殻《かいがら》

オ　5000万年前の地層に残されている鳥の足あと

(3)　下線部③について，絶滅した陸生大型ハチュウ類をまとめて何といいますか。カタカナで答えなさい。

(4)　下線部④について，図１は遠く離れたＡ～Ｃの各地域でたくさん見つかる化石の種類と生存期間を示したものです。化石ａ～ｇの中で時代を特定するのに最も有効な化石はどれですか。また，その理由はア～エのどれですか。

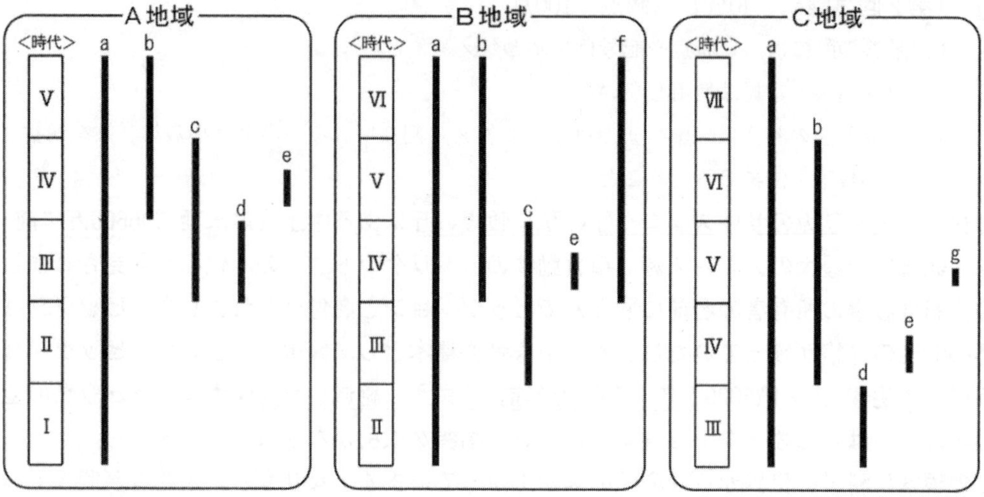

図１

ア　広い地域から見つかり，生存期間が短いから。

イ　広い地域から見つかり，生存期間が長いから。

ウ　せまい地域からしか見つからず，生存期間が短いから。

エ　せまい地域からしか見つからず，生存期間が長いから。

(5)　下線部⑤について，ある地域の地層からサンゴの化石が見つかりました。その地層が堆積した当時の環境はどれですか。

ア　暖かい地域の深い海　　イ　暖かい地域の浅い海

ウ　冷たい地域の深い海　　エ　冷たい地域の浅い海

2　ものの浮《う》き沈《しず》みは液体や固体の密度によって決まります。密度とは，１cm^3あたりの重さを表しており，物質の種類によって値が決まっています。密度は物質の重さと体積をはかり，次の式によって求められます。

$$密度(g/cm^3)=\frac{重さ(g)}{体積(cm^3)}$$

図１のように密度が異なる混ざり合わない液体どうしを同じ容器に入れると，密度が大きい液体が下層になり，密度が小さい液体が上層になります。液体と固体の場合では，固体の密度が液体の密度より小さいときは固体が浮き，固体の密度が液体の密度より大きいときは沈みます。各物質の密度の値は表１のとおりです。

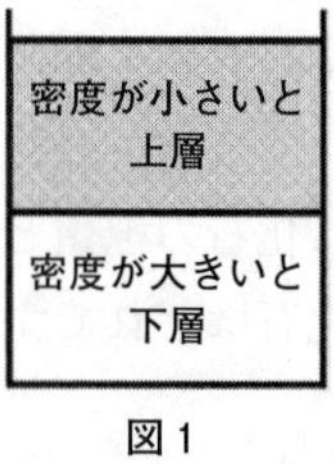

図１

表１

物質	密度(g/cm^3)
油	0.8
水	1.0
氷	0.9

(1)　下線部について，油の密度を正確に求めるために，必要な操作はどれですか。**すべて選びな**

さい。

ア　ビーカーのみの重さをはかった。

イ　メスシリンダーのみの重さをはかった。

ウ　油を入れたビーカー全体の重さをはかり，ビーカーの目盛りを読んだ。

エ　油を入れたメスシリンダー全体の重さをはかり，メスシリンダーの目盛りを読んだ。

ものの浮き沈みと密度の関係について，次の実験を行いました。

【実験１】

操作１　ビーカーに水を入れて，静かに氷を１つ加えた。

操作２　操作１のビーカーの氷がとけるまで，放置した。

(2)　操作１について，氷はどの位置で静止しますか。

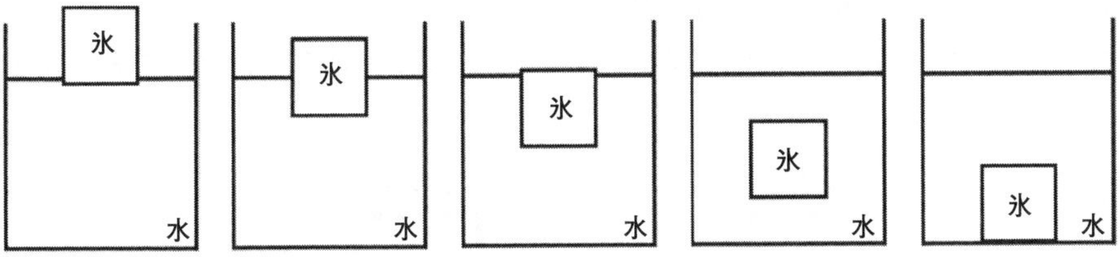

ア　イ　ウ　エ　オ

(3)　操作２について，氷がとける前と比べて氷がとけたあとの水面の高さはどうなりますか。

ア　高くなった

イ　低くなった

ウ　変わらなかった

【実験２】

操作３　ビーカーに油を入れて，静かに氷を１つ加えた。

(4)　操作３について，氷はどの位置で静止しますか。

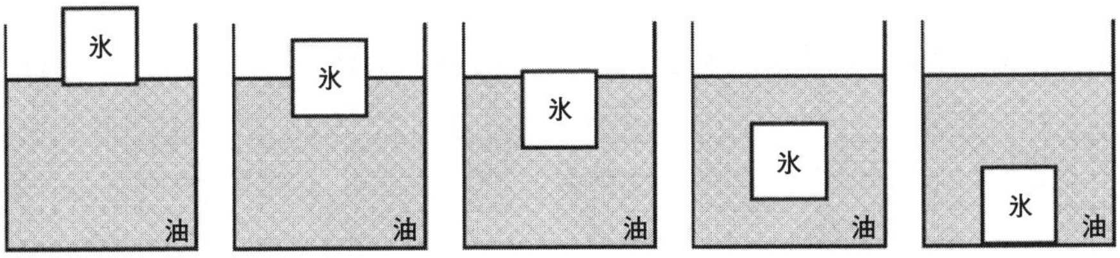

ア　イ　ウ　エ　オ

【実験３】

操作４　ビーカーに水100mL を入れた。

操作５　操作４のビーカーに，ゆっくりと油100mL を加え，静かに氷を１つ加えた。

(5)　操作５について，氷はどの位置で静止しますか。

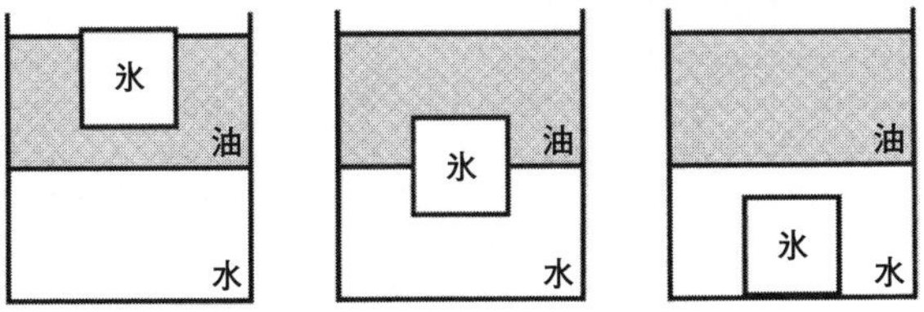

ア　イ　ウ

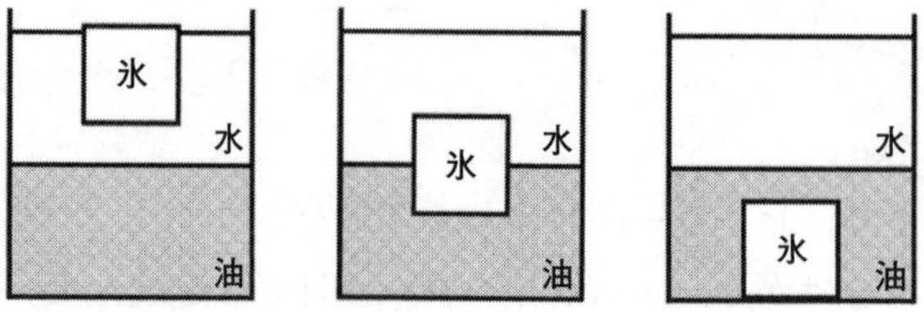

エ　　　オ　　　カ

家庭用の冷とう庫で水をこおらせると，細かい気泡《きほう》などの不純物が氷の中に閉じこめられ，透明度《とうめいど》が低く，白く濁《にご》った氷ができます。このような氷はとけやすく，飲み物を冷やすとその飲み物がすぐに薄《うす》まってしまいます。一方，レストランで用いられる業務用の製氷機でつくられた氷は，透明度が高く，透《す》き通っています。この氷はとけにくいので，飲み物が薄まりにくくなります。透明度が高い氷の形を注意深く見てみると，氷の一面がくぼんでいることに気づきます。これには氷をつくる過程が関係しています。図２は透明度の高い氷ができるまでの過程を表しています。

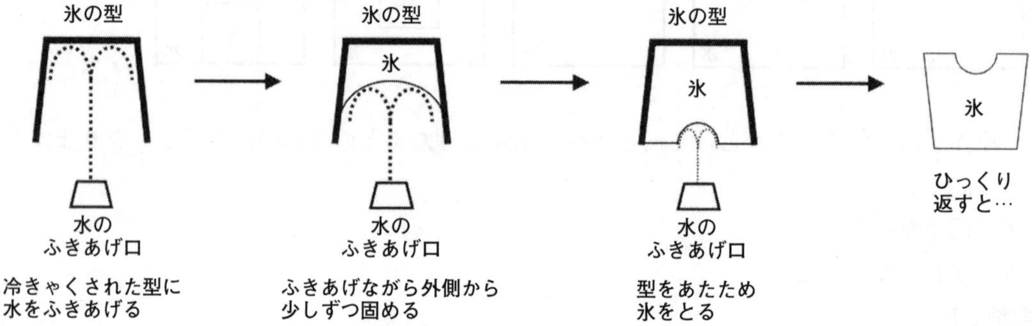

図２

このように，下から水をふきあげてこおらせることで，不純物が少ない，透明度の高い氷をつくることができます。

(6)　この方法を用いると，透明度の高い氷をつくることができるのはなぜですか。その理由として正しいものはどれですか。

ア　水がこおるときに，気泡を追い出しながら固まるため。

イ　水をふきあげると，水の温度が上昇《じょうしょう》するため。

ウ　水がこおると，体積が大きくなるため。

エ　水をふきあげながら冷やすと，瞬間的《しゅんかんてき》に氷にかわるため。

オ　水をふきあげると，とけていた気体を放出するため。

(7)　家庭用の冷とう庫でつくった氷と業務用の製氷機でつくった氷の密度について，正しいものはどれですか。

ア　家庭用の冷とう庫でつくった氷のほうが，密度が大きい。

イ　業務用の製氷機でつくった氷のほうが，密度が大きい。

ウ　どちらの密度も同じである。

3　千葉県には谷津田《やつだ》とよばれる水田が多くあります。谷津田とは，台地が [1] されてできた谷につくられた水田のことです。谷津田の周りは斜面林《しゃめんりん》に囲まれており，いろいろな環境が備わっていることから，さまざまな生き物を観察することができます。市川さんは６月のある日，谷津田で生き物観察を行い，観察できた生き物やその特徴《とくちょう》を表１にまとめました。

表１

生き物	特徴
アマガエル	2cmくらいの小さな個体が水田の周囲にたくさんいた。水田の周りに生えている木の枝に4cmくらいの大きな個体がいた。
イナゴ	バッタの仲間。秋に見ると3cmくらいで背中がかっ色だが，この時期は全身緑色で1cmくらいだった。
イネ	細長く先端《せんたん》がとがった葉が根元から密集して生えていた。50cmくらい成長していたが，穂《ほ》はまだついていなかった。
タニシ	5cmくらいの巻き貝で，水底をはっていた。泥《どろ》に混じっているエサを探しているようだった。
ドジョウ	水田の横を流れる用水路の泥の中にいた。大きさは8cmくらいだった。
モズ	スズメより少し大きな鳥で，枝先に止まり「ギュン　ギュン」と鳴いていた。つかまえたカエルやトカゲを木の枝に刺《さ》しておく「はやにえ」を見ることができた。

(1)　[1] にあてはまる言葉は何ですか。

自然の中では，生き物は食う食われるという関係でつながっています。今回観察した生き物で食う食われるの関係をつないでいくと，下のようなつながりになります。

イネ→ [2] →アマガエル→ [3]

※「食われる生き物」→「食う生き物」という関係になっています。

(2)　食う食われるで表される生物のつながりを何といいますか。

(3)　[2]，[3] にあてはまる生き物は何ですか。表１から選びなさい。

(4)　アマガエルについての説明として**誤っているもの**はどれですか。

ア　一生のうちに生活する環境が変わる。

イ　酸素を取り入れ，二酸化炭素を放出する。

ウ　消化液を使って，食べたものを消化する。

エ　卵《たまご》の状態で冬を越《こ》す。

オ　卵《らん》は精子と受精して成長が始まる。

市川さんは谷津田で見つけた4cmくらいのアマガエルをつかまえて，家で飼育することにしました。アマガエルは生きたエサしか食べないと教わったので庭でエサとなりそうな生き物を探すと，ダンゴムシとワラジムシを見つけることができました。どちらがエサに適しているかわからなかったので，両方つかまえてアマガエルの飼育ケースに入れてみました。翌日確認したところ，ワラジムシだけが食べられていて，ダンゴムシは１匹《ぴき》も食べられていませんでした。市川さんは，ダンゴムシとワラジムシは色も形もよく似た生き物なのに，なぜこのような違《ちが》いが出るのだろうと不思議に思いました。そこで，ダンゴムシとワラジムシにはどのような特徴があるのか，観察や実験を行い，その結果を表２にまとめました。

表２

調べた内容	ダンゴムシ	ワラジムシ
住んでいる場所	落ち葉の下の湿《しめ》った場所	落ち葉の下の湿った場所
刺激《しげき》を与えたときの変化	丸まる	丸まらない
足の数（本）	14	14
体の平均の長さ（mm）	11.1	11.5
体の平均の高さ（mm）	3.1	2.1
10cm を歩く平均時間（秒）	3.1	2.5

(5)　表２の結果から，ダンゴムシがアマガエルに食べられなかった理由はどれですか。

ア　せまい隙間《すきま》に逃《に》げ込《こ》んだから。

イ　すばやく走って逃げたから。

ウ　土と同じ色をしていたから。

エ　毒を持っていたから。

オ　丸まったため飲み込めなかったから。

4　電磁石について，次の実験を行いました。

【実験１】

図１のように，電磁石へ矢印の向きに電流を短時間だけ流したとき，電磁石のそばに置いた方位磁針ＡのＳ極が鉄しんの方へ向きました。これはコイルに電流を流したときだけ磁石の性質をもつようになり，鉄しんのａ側が［ 1 ］極となったからです。このまま電流を流す向きだけを変えたところ，方位磁針ＢのＳ極は図１の［ 2 ］側に向きました。電流を流す向きを変えても，鉄しんのａ側を［ 1 ］極のままにするために，エナメル線を巻く［ 3 ］を変えるとよいと考えました。

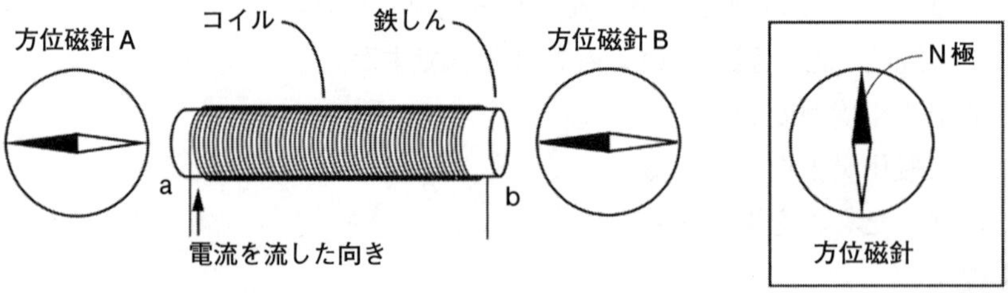

図１

(1)　【実験１】の［ 1 ］から［ 3 ］にあてはまる語句を，次の【　】より選びなさい。ただし，同じ番号には同じ語句が入ります。

【Ｎ　Ｓ　向き　数　大きさ　長さ　右　左　上　下】

【実験２】

電磁石が鉄のクリップをひきつける力の大きさを調べるために，同じ長さのエナメル線と同じ長さの鉄の棒をそれぞれ２本用意しました。鉄の棒にエナメル線を100回巻いたコ

表１

	巻き数（回）	かん電池の数（個）	かん電池２個のつなぎ方
a	100	1	
b	200	1	
c	100	2	直列
d	100	2	並列
e	200	2	直列

イルと200回巻いたコイルをつくり，表1のようにかん電池とつないで実験を行いました。

(2) 【実験2】の表1の組み合わせで，力の大きさがほぼ同じであるものを2つ選びなさい。

ア　aとd　　イ　aとe　　ウ　bとc　　エ　bとd　　オ　cとd

【実験3】

電磁石のしんのはたらきを調べる実験を行いました。図2のように，鉄の棒にエナメル線を巻いたコイルと5cm離《はな》れたところに方位磁針を置きました。コイルに電流を流してN極が動く向きとその角度を調べました。次に鉄の棒のかわりに，プラスチックの棒およびしんがないものについて，鉄の棒の場合と同じ条件で実験を行いました。これらの結果を表2にまとめました。

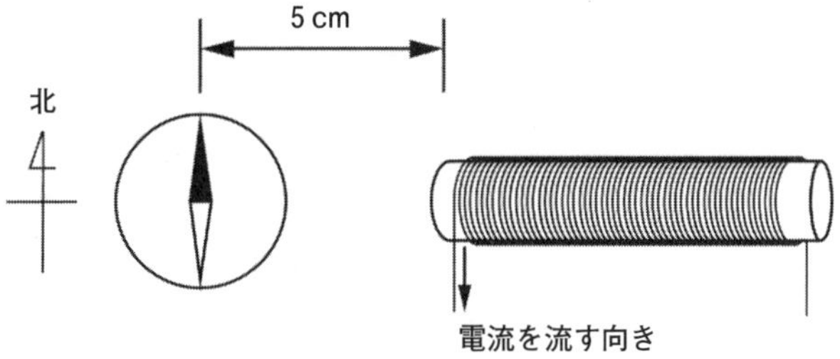

図2

表2

しんの材料	方位磁針のN極が動く向きと角度
鉄	東向きに90°動く
プラスチック	東向きに22.5°動く
なし	東向きに22.5°動く

(3) 【実験3】の結果から，鉄のしんのはたらきについて，次の文の［4］にあてはまるものはどれですか。

鉄のしんは電磁石の力の大きさを［　4　］。

ア　変えない　　イ　大きくする　　ウ　小さくする

(4) 【実験1】～【実験3】の結果から，電磁石の力をつくり出したものは何ですか。簡単に書きなさい。

モーターは磁石と電磁石を利用した器具です。その中には電磁石が固定され，磁石が回転するモーターがあります。図3はこのモーターのつくりと①から⑥の順に回転する様子を，正面から見て簡単に表したものです。回転子《かいてんし》(回転する磁石)は大きな円柱状の磁石でつくられており，図のような3つの電磁石に引きつけられたり，しりぞけられたりして回転します。磁石の力が大きいところは2つあり，●をつけています。

いま回転子は右回りに回転しています。回転を続けるためには，回転子の動きに合わせて3つの電磁石に流れる電流の向きを短い時間で切りかえていく必要があります。ただし，2つには向きの異なる電流を流し，1つには電流を流しません。回転子が回転する間，それぞれの電磁石のA～Cの部分が何極になっているかを表3にまとめました。

表3

	A	B	C
①から②	N極	なし	S極
②から③	なし	N極	S極
③から④	S極	N極	なし
④から⑤	S極	なし	N極

※電磁石に電流が流れていないときは「なし」としている。

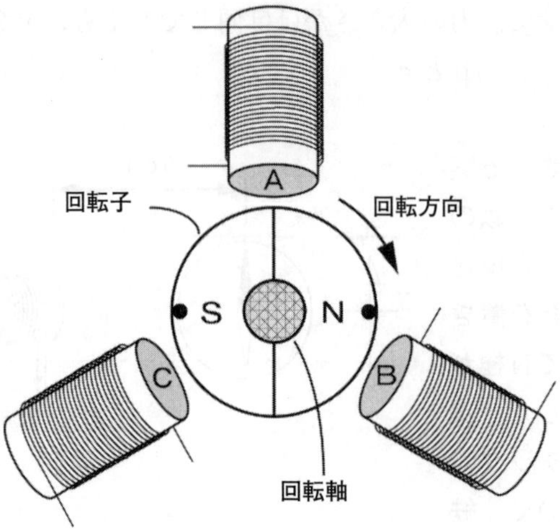

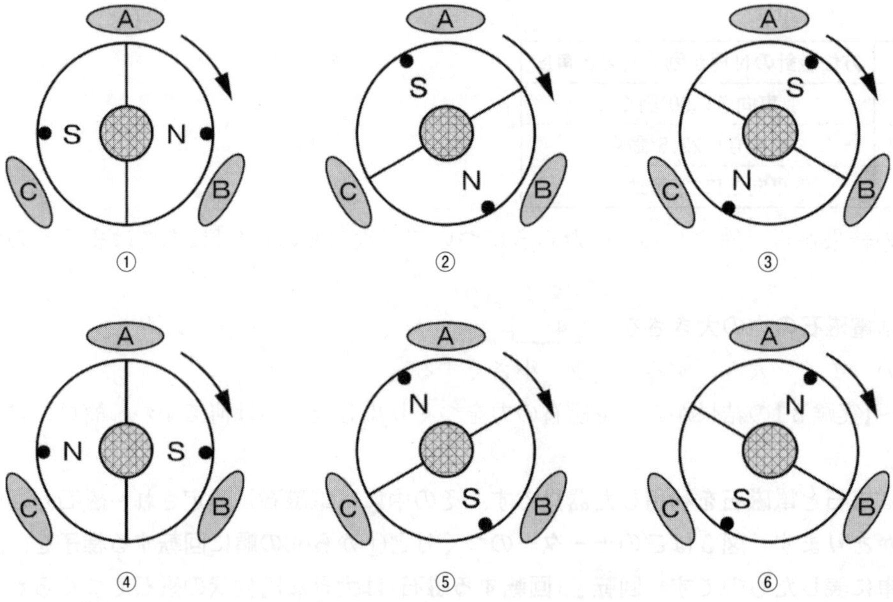

図３

(5)　⑤から⑥まで回転するとき，Ａ～Ｃは何極になっていますか。ただし，電流が流れていない電磁石は「なし」と書きなさい。

オ　かんこ一家が今の黄緑色の車に変えてからずいぶん経《た》つにもかかわらず、昔家族で乗っていた車と外観が同じ車に無意識に足が向いてしまっていたことに気づき、自分自身の行動にとまどう気持ち。

三　次の各文の――線のカタカナを漢字に直しなさい。

1　激しいロンセンを展開する。

2　イッキョに人々が押《お》し寄せた。

3　新造船が明日シュウコウする。

4　二人はすぐに意気投合しメイユウとなった。

5　ハチクの勢いで勝ち進む。

6　越《えち》後《ご》平野は日本でも有数のコクソウ地帯だ。

7　都がサカえる。

8　ひさしぶりに知人の家をタズねる。

かんこの気持ちを考えてあげられているのかな。

生徒B―「ママをきらいに、ならないで」という言葉にはかんこにあまえているような子どもっぽさが感じられるよね。そもそもかんこはお母さんを「嫌いになることなどありえない」と思っているんだし、お金をわたさなくともかんこに誠意をもって謝ればすぐ解決すると思うな。

生徒D―お母さんは「子どもらが背を向けていくこと」に、「耐えられ」なかったと書いてあるから、［　　　］。

生徒A―そう考えると、よけいにかんことお母さんとのすれ違いのようなものが感じられて、とてもつらい気持ちになるね。

ア　子どもたちが自分のリハビリを手伝ってくれないことが不満だったんだよ。子どもたちが手伝ってくれれば早く自分の後遺症が治るかもしれないのに、かんこ以外の子どもたちは去ってしまったから、かんこには感謝の気持ちからお金をあげたくなったのかもしれないね。

イ　必死になってリハビリをしている情けない姿を子どもたちに笑われることがとても苦しかったんじゃないのかな。だからお金をかんこにわたすことで、自分の威厳《いげん》を取りもどそうと必死になっていたんだよ。せめてかんこだけには、お母さんとして認めてもらいたかったんじゃないかな。

ウ　自分の世話をしてくれたかんこ以外の子どもたちに十分な見返りをあげなかったことを後悔《こうかい》しているんじゃないかな。そのせいで他の子どもたちは自分のもとを去ってしまったから、かんこにはまだ自分のもとにいるうちに見返りをわたそうとしているんじゃないかと思うよ。

エ　かんこ以外の子どもたちに見捨てられてしまったことで、かんこにもいつかは見捨てられてしまうかもしれない、とおびえているんじゃないかな。お金という今自分があげられる精一杯《せいいっぱい》のもので、かんこをどうにかつなぎとめておきたいというお母さんの必死さが感じられるね。

オ　こんなに自分ががんばってリハビリをしているのに、かんこ以外の子どもたちが自分に無関心なことに怒りを感じているんじゃないかな。だから一生懸命世話をしてくれるかんこに高いお金をあげることで、他の子どもたちへ当てつけをしているともとれる気がするな。

問６　――線６「かんこは自分の足がもつれてくるのを感じる」とあるが、この時のかんこの気持ちはどのようなものか。その説明として最も適当なものを次の中から選び、記号で答えなさい。

ア　昔家族で乗っていた車と外観が同じ車を見て、過去の楽しかった家族の思い出がよみがえり、家族がうまくいっていない今の状況がさらにつらく感じられて、きびしい現実に打ちのめされている気持ち。

イ　昔家族で乗っていた車と外観が同じ車を見て、今の苦しみからのがれたいという気持ちが強まったが、母からお金を受け取った手前、母を見捨てることはできないので、気持ちがこれ以上ゆらぐ前に戻ろうと急ぐ気持ち。

ウ　父と母が寝ている今の車に戻ろうとするものの、昔家族で乗っていた車と外観が同じ車を見て、幸せだった過去に戻りたいという思いが強くなり、このままつらい現実に戻りたくないという気持ち。

エ　父と母が寝ている車に戻ろうとは思ったものの、昔家族で乗っていた車と外観が同じ車を見て楽しかった昔を思い出したため、もう少し過去の思い出にひたってから帰ろうかと迷う気持ち。

支えていたが、ささいなことにまで腹を立てて子どものようにだだをこねる母を見て、今までの自分の努力はすべて無駄《むだ》だったということがわかり、絶望する気持ち。

オ　ささいな出来事がきっかけで、周りにやつあたりをする幼稚《ようち》な母を、広い心で許してやろうと自分をなだめていたが、母の味方をしている自分にまで攻撃をしてくるのは理不尽だと考え、母に対する怒《いか》りがおさえられない気持ち。

問3　――線**3**「ささいなことそのものに苦しんでいるわけではないのだろう」とあるが、それはどういうことか。その説明として最も適当なものを次の中から選び、記号で答えなさい。

ア　母は、他人の痛みに敏感《びんかん》な性格で常にだれかの痛みを想像して苦しみ続けており、また病気のせいで記憶が麻痺しているため、楽しかった記憶を思い出して悲しみをごまかすこともできず、苦しみの中に一生閉じこめられているということ。

イ　母は、もともとの優しい性格と病気が原因で、ちょっとしたきっかけですぐにつらくなってしまうので、せんべいのことや怒鳴ってきた運転手などのたわいのないことに対しても怒り、どんどん苦しみがたまっていってしまうということ。

ウ　母は、病気をしてから深い苦しみの中におり、そこから懸命にぬけだそうとしているが、そのたびにせんべいのことや怒鳴ってきた運転手のことなどのさまざまなつらさがおしよせてきて、苦しみにうまく対処できないでいるということ。

エ　母は、病気をきっかけにしてさまざまなことをつらく感じるようになってしまうものの、それでもなんとかのりこえようと自分の現状に向き合うのだが、そのたびにつらさが反復されて、よけいに苦しくなってしまうということ。

オ　母は、せんべいのことや怒鳴ってきた運転手などが原因で苦しんでいるのではなく、他人の痛みも自分のことのように感じる優しい性格や病気のせいで深い苦しみの中におり、ささいなきっかけでその苦しみを反復してしまうということ。

問4　――線**4**「母が酔っているのを見つけるたびに台所の下に隠してある飲みかけの焼酎の瓶や缶チューハイを捨てた」とあるが、かんこがそのようにしたのはなぜか。60字以内で説明しなさい。

問5　――線**5**「その紙幣越しでないと娘の手をにぎる資格すらないというように、母は五千円札ごとかんこの手を握りしめてまた、ごめんねとささやいた」とあるが、次に示すのは、これについて生徒が話し合った様子である。これを読み、□に入る最も適当なものを、後のア～オから選び、記号で答えなさい。

生徒A―娘の手を握ることなんて簡単にできるはずなのに、どうしてお母さんはお金をあげようとするんだろう？　今のかんことお母さんの関係は、ふつうの親子関係ではないということかな。

生徒B―たしかにふつうの親子には見えないよね。お母さんがだだをこねていて、それをかんこがあやして、というやりとりが、ぼくはなんだかまるで親子が逆転しているみたいだと思ったよ。

生徒C―じゃあお金をわたすことでふつうの親子関係にもどろうとしたのかな。お母さんは、お金をわたす前に「きょう、ごめんね。」と言っているから、きっとさっきの自分の行動のおわびとしてお金をわたしているんだよね。

生徒A―良いことをしておこづかいをもらうことはあっても、悪いことをされておこづかいをもらうのはあまりピンとこないなあ。「ママをきらいに、ならないで」と言われてお金をわたされるかんこも複雑な気持ちだと思う。お母さんはんで行った。扉《とびら》の鍵《かぎ》がなかなか掛《か》からず、手で閉めたまま用を足した。高窓からは月は見えないが明るかった。便座は冷たく、湖のふちの石段にすわっているような気分になる。ずっとそうしていようかとも思った。しかし戻らなくてはならなかった。

　駐車場の端にある青い車に戻ろうとして、見慣れぬ黄色いクマのキーホルダーがルームミラーにぶらさがっているのが見えた。かんこは一瞬《いっしゅん》立ち尽《つ》くし、しかしすぐに他人の車だと気が付いて後ずさりした。昔乗っていた青い車と、同じ車種だった。これと同じ車で、かんこたち一家《いっか》はよく車中泊をしていたのだった。もう長いこと今の黄緑色の車に乗っているはずだったのに間違えた。かんこは砂利を踏みしめる。父と母のねむる車に向かって歩きながら、**6**かんこは自分の足がもつれてくるのを感じる。帰りたい。あの頃に帰りたい、と思う。

※加法定理…数学で使う公式。後に続く「咲いたコスモスコスモス咲いた」はこの公式の有名な覚え方。
※前向性…ここでは、病気以前の記憶を忘れやすくなること。
※逆行性…ここでは、病気以降の出来事を記憶しづらくなること。
※焼酎の瓶や缶チューハイ…「焼酎」も「チューハイ」も酒の種類。

問１　――線１「かんこは父が大声をあげて泣くところを生まれて初めて目の当たりにした」とあるが、この時のかんこの父に対する気持ちはどのようなものか。その説明として最も適当なものを次の中から選び、記号で答えなさい。

ア　今まで自分に対して厳しく接していた父が大声をあげて泣くほど、かんこ以上にいろいろな感情をこめて受験を応援《おうえん》してくれていたことを知り、感謝してもしきれないと感じている。
イ　受験した当の本人であるかんこよりも感情を爆発《ばくはつ》させて大声で泣いている父を見て、いつでも冷静で厳格な父というかんこの中の父のイメージが崩れ、親として少しだけたよりなく感じている。
ウ　それまで尊敬すべき師匠だと思っていた父の、子どものように感情をあらわにして泣く姿が、いつも叱られて泣いていた兄や弟の姿と重なり、父も守るべき弱い存在だと感じている。
エ　人の手を借りずにかんこを難関校に合格できるまで教え切ってくれた父に対して、自分のためにここまでしてくれたと感謝するとともに、そんな辛抱強い父を誇《ほこ》らしく感じている。
オ　かんこのことで泣く父の姿に、感謝の気持ちがわきあがるのと同時に心もとなさを感じて、師匠のような存在だと思っていた父も、兄や弟と同じように守るべき家族の一員だと感じている。

問２　――線２「笑おうとした。だが体は震えていた」とあるが、この時のかんこの気持ちはどのようなものか。その説明として最も適当なものを次の中から選び、記号で答えなさい。

ア　母が興奮して泣き続け、周りの人間にあたるきっかけはとてもささいなことなので、たいしたことではないと思い込もうとしていたが、異常なまでの母の行動を見て、やり場のない恐怖《きょうふ》と不安を感じずにはいられない気持ち。
イ　せんべいというくだらないことで怒《おこ》っている母を、笑ってやり過ごそうとしたが、いつのまにか全く関係の無い運転手や、母のことを助けようとした自分や父に対しても怒り始めたことで、混乱せずにはいられない気持ち。
ウ　自分が笑うことで、その場のぴりぴりした空気をなごませようと努力したが、実の母から敵意をむき出しにされたことに深く傷つき、またいつ母のヒステリーが起こるかわからないと思い、緊張《きんちょう》せずにはいられない気持ち。
エ　いつか母親が元通りになると思い、笑顔で一生懸命《いっしょうけんめい》に母を自分のことのように痛がる。だから病気をして、他人の痛みに自分の痛みがまざって、それからそれ以前に蓄積《ちくせき》された何十年ぶんもの痛みもくわわって、わけがわからなくなってしまったようだった。母は、ささいなことをきっかけに苦しむようになった。自分でもよくわからないのか、母の口からはただ直近《ちょっきん》で母に害を与《あた》えた人を責める言葉しかでてこなかったが、3ささいなことそのものに苦しんでいるわけではないのだろう、とかんこは思っている。母の苦しみ方は蟻地獄《ありじごく》に落ちる蟻のようだった。毎回新たな苦しみがわきでてくるのではなく、続く苦しみの中から這《は》い出ては、またささいなきっかけで突《つ》き落とされているように、かんこには見えた。

目の中になにも映さずアーアー叫《さけ》ぶ母を、かんこははじめ、受け止めることができなかった。厳しくも優しかった母がどこへ行ったのかと、あの頃《ころ》はそればかりを思い、4母が酔っているのを見つけるたびに台所《だいどころ》の下に隠してある飲みかけの※焼酎《しょうちゅう》の瓶や缶《かん》チューハイを捨てた。少しは楽になったのと兄が訊いたとき、なるわけないでしょうずっとしびれているのと逆上した母が包丁を持った。死んでやるとも殺してやるとも言った。傷つく前の、壊《こわ》れる前の、母に会いたいと何度も思う。だが、おそらく、もとの自分を返してほしいのは母自身なのだった。母は戻《もど》りたがった。必死《ひっし》にリハビリをしても感覚が戻らないことに、子どもらが背を向けていくことに、母は耐《た》えられずにまたいきりたった。

車の端《はし》に横たわるかんこの首に母の息がかかる。なまあたたかいこの車で、かんこは一睡《いっすい》もできずにひたすら夜明けを待った。きのう夜中から降り出した雨はしだいに激しさを増したが、今は音もなくしんとしている。車内はしめった寝息に満ちて狭苦《せまくる》しく、寝返《ねがえ》りをうつこともままならなかった。

かんこは窓に鼻先をおしあてて、冷えた空気の匂《にお》いを嗅《か》いだ。窓から銀の覆いが剝《は》がれ落ち、その奥はどこまでも闇だった。あたりを濃い霧《きり》が包んでいるのが覆いの隙間《すきま》からうかがえた。

外を見つめるうち、ふと奥に光るものを見つけた。何かの反射か、月明かりか、ともかくかんこはその光を見続けた。かんこは起き上がって外へ出ようとした。

腕を引かれた。暗闇の中で母の目があいていた。

「トイレ」かんこはささやいた。

「ごめん、起こしちゃった」

母は首を振り、かんこの腕をまた強く引く。上体をかたむけて、母の顔に顔をちかづける。

ごめんね。母の口がうごいた。きょう、ごめんね。外からの光で、左半分の表情がないのがよくわかった。右半分の顔はそれを必死に補うようにゆがんでいた。母はかんこの肩《かた》をつかんだまま、もう片方の手をごそごそと自分の鞄《かばん》にやり、父に隠れるように身を縮めて財布《さいふ》をひらいた。いつもの、父に内緒《ないしょ》でくれる小遣《こづか》いの五千円札だった。それから、5その紙幣《しへい》越しでないと娘の手をにぎる資格すらないというように、母は五千円札ごとかんこの手を握《にぎ》りしめてまた、ごめんねとささやいた。息が震えている。

「いい、」かんこは言った。「いいよ」

母は首を振り、何度も謝りながら、切《き》れ切《ぎ》れに「ママをきらいに、ならないで」と言った。

「大丈夫《だいじょうぶ》」かんこは、母の肩を叩《たた》く。嫌《きら》いになることなどありえないと思いながら、母の身体を渦巻《うずま》く熱を逃《に》がすようにまた「大丈夫やよ」と言う。

紙幣をにぎったまま、かんこは外へ出た。山に囲まれて湖がある。山の奥で虫が鳴き、それらの声はトイレに近づくとより鮮明《せんめい》に際立《きわだ》っていくのだった。個室に入ったとたん、とまっていた蝿《はえ》が耳もとを飛

　母は覆いを貼り付ける用のガムテープをちぎり、短冊《たんざく》のようなそれを手の甲《こう》や腕にいくつか貼り付けたまま、うずくまっていた。「あの薬局《やっきょく》」と歯噛《が》みする母の腕から、父は無言で小さなガムテープをはがし、「痛い」と泣く母を無視して、また車に乗り込み、内側から覆いを貼り付ける。酔っている。酔《よ》っ払《ぱら》いにかまうと、つけあがる、というのが父の考えだった。酔っているのがわかったら無視をしろ、と日頃から言った。

「いや、それ、そんなに痛かないでしょう」かんこは笑いかけた。

「痛い、痛い」母は泣く。歯のあいだから、息をもらす。かんこは笑いをひっこめ「かわるよ」と言う。

「痛い」

「痛くないようにはがしたげる。自分ではがす?」

「痛い。痛い」

　母は、興奮した。「謝《あやま》って」と夜の闇《やみ》に吠《ほ》えながら、父に向かって走り出しかけ、かんこにとめられて体をねじまげた。砂利《じゃり》の上にすっころんだ。「かんこが、あたしを、ころばした」母は泣いた。「どうしてだれも謝ってくれないの。痛い、痛いって、言ってんのに、どおして。あたしが悪いの。あたしが悪いからなの」

「ああ、お前が、悪い悪い」やっと口をひらいた父はそう言った。母は、まだ泣けたのかというほど泣いた。近くに停《と》まっていた車の運転手が怒鳴《どな》って走り去っていき、母は、かんこの携帯《けいたい》をうばいとって兄に電話した。兄は出なかった。頬に携帯をあてた母の、すがるような、祈《いの》るような顔が、苦しいと思う。母の攻撃《こうげき》はいつのまにか、父やかんこや兄や、ついさっき怒鳴ってきた運転手に転じていた。発端《ほったん》を思い出し、しょうもない、しょうもない、とかんこは自分に言い聞かせた。

2 笑おうとした。だが体は震えていた。母が寝入り、呪詛《じゅそ》が止《や》んでも、毛布にくるまり丸まったかんこの体は震え続けていたが、やがて体は弛緩《しかん》してそれきり動けなくなった。

　動かなくなった体はそのまま、頭だけが動いていた。光のない、けば立《だ》った毛布の闇を見ながら、母が涙を流すのは酒のせいだと、かんこは考えた。母が酒を飲むのは、なぜだろうと考えた。外で車が砂利を踏《ふ》みながら出て行く音がした。

　あの病気以降、母という人は、どこかへ行ってしまったようだった。しっかりしていた口調は溶《と》け、よくパニックに陥《おちい》っては過呼吸を起こした。一度火が付くと体中が熱くてたまらないというように床《ゆか》を転げまわり、幼児のように小さく体を折りたたんでウーウーうめいた。朝になるとましになったが、夜になるとその繰り返しだった。気がふれたのかと思った。

　笑えないのだと母は白状した。あのあとから顔の左半分がずっとしびれていて、口角があがらない。笑おうとして母は、無表情の左の顔面から涙を流した。病院にかかった。医者は言った。麻痺が出ていますね、記憶《きおく》もまあ、あの※前向性《ぜんこうせい》と※逆行性《ぎゃっこうせい》がありまして、だから昔の記憶はあるんですが、なかなかね、その、新しいことが覚えづらくなるんですね。まあ、リハビリをすれば回復していくでしょう。医者は、つきそっていた父やかんこのことも、患者《かんじゃ》である母をも、一瞥《いちべつ》することなくマウスを動かしつづける。脳の断面図が小さくなったり大きくなったりした。頭の左半分が空白でありつづける。痺《しび》れつづける。母は酒を飲んだり、働いたりして、それをまぎらそうとしているのだと言った。

　つらかったろうと、思う。だが母の病気はきっかけのひとつでしかないとも思った。母にはすべてがつらくなってしまったのだ、と感じた。もともと優《やさ》しい人だった。自分の子どもの学校でのやりとりに加え、近所のおじいさんの健康状態や、親戚《しんせき》づきあいや、凄惨《せいさん》なニュース、そういったものにも苦しむ人だった。優しくあろうとしてそうなるのではなく、自分のことも、自分が想像できる範囲《はんい》の他人の痛みも、決まっていた。一週間のうちに必ず一日、何もしない日をつくる。一時間勉強するたびに、四分、濡《ぬ》れタオルを目にあてて寝転《ねころ》がる。キッチンタイマーをとめて、また机に向かう。かんこは、それらの教えを師匠《ししょう》から習うように聴《き》いた。勉強はほとんど稽古《けいこ》であり、修行《しゅぎょう》だった。

一度だけ、父がかんこと母をまとめて抱《だ》きしめたことがある。中学受験の、第一志望校の合格発表の場でのことだった。日頃《ひごろ》ほとんどとらない有休をとって、父はそこへ来た。すでに歓声《かんせい》を上げ、泣いている人たちのいるなかをひとりでかき分けていき、「ある」と涙目《なみだめ》で振《ふ》り返り、母に、本人に見つけさせないでどうするのと小突《こづ》かれた。はしゃぐのをおさえきれない声で父はごめんと言った。母がかんこを押《お》し出し、かんこが自分の番号を確認したときだった。

からだが強く引き寄せられ、振り返る間もなく抱きしめられた。父は、泣いた。1かんこは父が大声をあげて泣くところを生まれて初めて目の当《ま》たりにした。父の、案外高い子どものような泣き声には、かんこのもの以上に何かがこもっているように思われた。かんこも、母も泣いた。かんこはつま先立《さきだ》ちだった。外は寒いが、抱きしめられると、熱かった。体をねじって二人のほうに向き、熱にうかされたように、ありがとう、と繰《く》り返すかんこに、父も母も声にならない声で泣き続けた。

かんこが、本気で親を守らなければと感じたのは、そのときがはじめてだったと思う。自分より小さな弟には、あるいは理不尽《りふじん》なことで叱《しか》り飛ばされている兄には抱《いだ》いたことのあるその感覚を、かんこは、泣いて自分を抱きしめているふたりの親に感じた。かんこはそれまで、抱きしめられると心強く感じるものだとばかり思っていた。だが、抱きしめられる力は、強いほど心もとない。かんこは抱きしめられ窮《きゅう》屈《くつ》な腕《うで》を、一番外に出し、外側から抱きしめなおした。分厚いコートを羽織《はお》った二人の背をさすった。寒さは外にあった。耳や頰《ほお》を、手の指を、冷たい風が撫《な》でた。

父の助けをかりながら一番下の問題を解き終えたとき、「ぬるくなっちゃうよ」と母に言われて、牛乳を飲んだ。父は休憩所のテレビを見あげ、ときどき一人で笑う。「おいしい」と言うと、「おん」とテレビを見たまま頷《うなず》く。

「母さん、売店見てくるね」母がいそいそと立ち上がった。かんこは「いってらっしゃい」と言い、次のページを捲《めく》る。

勉強が一段落し、売店などを見てまわって駐車場《ちゅうしゃじょう》にもどると、母が車のそばで丸くなっている。体育座《ずわ》りのまま、震《ふる》えている。どうした、とかんこは言った。どうした、どうした、としゃがみこんで背をさすると、寒いと母は言った。かんこは自分のコートをかけた。

「酔《よ》ってるんだよ」父はかまいきれないというように言った。

父が説明するには、母は先程《さきほど》道中で買ったせんべいのことに納得《なっとく》いかずにわめいているとのことだった。次第《しだい》に興奮して店舗《てんぽ》に電話してやると言い始めたので、それをとめたところ、今度は気を引くように座《すわ》り込《こ》み震え始めたのだと父は言った。それは正しいのかとかんこは尋《たず》ねた。

「違う、違う」母は首を振った。

酒を飲んだのは誰《だれ》の目にもあきらかだった。顔を赤らめ、頭が普段《ふだん》より重くなったように、ぐらついていた。売店で買い、隠《かく》れて飲んだのだろう。山奥《やまおく》、湖畔《こはん》の駐車場に車は駐《と》めてあった。

車のハッチをあけて下ろした荷物を運転席に移動させ、後部席を倒《たお》すと、大人三人かろうじて寝られるほどの広さになる。そのなかに乗り上げ、かんこと父がマットや毛布を敷《し》いたり、内側から窓に銀色の目隠し用の覆《おお》いを貼《は》り付ける横で、母は震え続けた。

エ　検索エンジンが発達してその人好みの情報を集めてくれるので、自分とは異なる考え方の存在に気づかず、他者と意見を交わし合うことがなくなり、民主主義にとって危険な状況になるということ。

オ　テクノロジーや人工知能の発達でインターネットが身近になり、だれもが自分の意見を自由に表明できるようになるため、社会を二つに割るような意見対立が増えて、民主主義にとって危険な状況になるということ。

二

次の文章は、宇佐美《うさみ》りん『くるまの娘《むすめ》』の一部である。高校生のかなこ（かんこ）の母は二年前に脳梗塞《のうこうそく》を患《わずら》い、今も麻痺《まひ》をはじめとした後遺症《こういしょう》が残り、酒に依存《いぞん》するようになった。父はひとたび火がつくと感情が抑《おさ》えられなくなる人で、兄はそんな家に嫌気《いやけ》がさして出て行き、弟は母の実家《じっか》近くの高校を受験し、母方の祖父母の家へ移った。また、かんこも自分の思うように体が動かなくなることや、衝動的《しょうどうてき》な行動をとることが多くなった。次の文は、父方の祖母が亡くなり、葬儀《そうぎ》のためにかんこと父と母の三人が車中泊《しゃちゅうはく》をしながら数年ぶりに父の実家へ帰省している場面である。これを読んで、後の問いに答えなさい。なお、出題に際して、本文には表記を一部変えたところがある。

休憩所《きゅうけいじょ》で問題集を解いていると、父が牛乳を買ってきて置いた。

「え、ありがとう」かんこは見上げる。

「パパ、やるう」わざと「パパ」と呼び、母は、父から受け取った牛乳瓶《びん》のビニールを爪《つめ》を立ててはがしとった。無表情だった父の口許《くちもと》が笑《え》みに崩《くず》れ、少し離《はな》れたところにあぐらをかく。「なに」という声だけが不愛想だった。

「それ課題？」自分も瓶を開けながら、父は訊《き》いてくる。「だって」かんこが答える間もなく、母が言う。「こんなときにまで大変だよねえ」

「面倒《めんどう》」かんこが言うと、「この問題でうんうん言ってるの、さっきから」母が牛乳を飲み、「クー」とわざと酒を飲んだあとのような顔をした。

「見してみ」父に言われるまま、畳《たたみ》に手をつき、見せる。

「解《かい》の方程式、出せる」

「公式じゃなくてってこと。そりゃあ、導けるよ」

「それならいい」父は言って、「あとここで※加法定理も使わないと解けないから」と父は言った。咲《さ》いたコスモスコスモス咲いた、とつぶやきながらあてはめていくと「そう、そう、よし」という。

「父《とう》さん、ほんとによく覚えてるよね」

「なに、なに」母が茶々《ちゃちゃ》を入れる。「あんたら、勉強となると急に仲良くなる」

「まあねえ」とかんこは答えた。たしかに母の言う通りかもしれなかった。親子というより、教える教わるという師弟《してい》のような関係によって、父とかんことは結ばれていた。少なくともかんこはそう思っていた。父は、学習塾《じゅく》へ通わせず、子どもら全員を私立の中学へと入れた。それを周りに言うときには「セツヤクのためだって」とことわったが、実際にはかんこは、鼻高々《たかだか》だった。第一志望校に合格したのはかんこだけだったが、人の手をかりず、難関校に合格できるまで教え切った父を自慢《じまん》に思っていた。つるかめ算《ざん》の問題も食塩水の問題もすべて方程式で解く。英語の中学の教科書は会話文を丸覚えする。間違《まちが》えるたびに、三問前の問題から解く。父の教えは効率とは真逆のところにあった。辛抱強《しんぼうづよ》く反復《はんぷく》することでしか、力はつかないと父は言った。付《つ》け焼刃《やきば》の勉強では、その場はしのげても後には残らない。休む方法もを正しいと思い込んでしまったり、さらに広めてしまったりする危険があるから。

ウ　だれでも発信できるネット情報は、人々が自由に考えを述べて、意見を交換《こうかん》することによって価値が生まれるので、一方的に他人の意見を取り入れるだけだと、表現の自由の可能性を狭《せば》めてしまうことになるから。

エ　だれでも発信できるネット情報は、新聞やテレビのようなマスメディアと違って、ネットリテラシーが高い人向けに発信されているので、何でも受け入れてしまうと、情報の誤りに気付かない可能性があるから。

オ　だれでも発信できるネット情報は、昔ながらの考えに縛られていることや、情報そのものが古い場合が多く、そのまま取り入れてしまうと、最新の情報を取り逃《に》がしてしまう場合があるから。

問４　［３］に入る最も適当なものを次の中から選び、記号で答えなさい。

ア　直感的　　イ　悲観的　　ウ　具体的
エ　受動的　　オ　自覚的

問５　――線４「『壁にボールをぶつける』ことは絶対に必要だ」とあるが、それはどういうことか。その理由もふくめて、60字以内で説明しなさい。

問６　――線５「ボールは思わぬ方向へ跳ね返ったのだ」とあるが、「思わぬ方向に跳ね返った」とは、ここでは具体的にどういうことか。50字以内で説明しなさい。

問７　――線６「ぬか喜びだった」とあるが、筆者が期待していたような結果にならなかったのはなぜか。その理由として適当なものを**２つ**選び、記号で答えなさい。

ア　どれだけ知識を詰め込んでも、ものごとの本質を理解する力は改善されなかったから。

イ　自分で時間をかけて調べないので、知識が記憶としてきちんと定着しなかったから。

ウ　ネット時代や情報化社会に、なかなかついていくことができない人が増えたから。

エ　ネット依存がすすみ、じっくりものを考える時間もなくなってしまったから。

オ　ネット検索によって記憶力は向上したが、応用力のほうは低下してしまったから。

カ　人間の頭脳の創造的な領域は、記憶力の向上とはあまり関係がなかったから。

問８　――線７「これは大きなマイナス効果なんだ」とあるが、それはどういうことか。その説明として最も適当なものを次の中から選び、記号で答えなさい。

ア　テクノロジーの発達によりインターネット上には情報があふれているが、素早く必要な情報を得られる人と得られない人との間でかえって格差が広がってしまい、民主主義にとって危険な状況になるということ。

イ　インターネット上で誰もが自由に自分の意見を表現できる機会が増えたことによって、さまざまな考え方を社会全体が納得するような一つの意見にまとめられず、民主主義にとって危険な状況になるということ。

ウ　個々人が興味ある情報だけを自由に選択できたり、検索エンジンが自分好みの情報を提供してくれたりする時代になると、人々の創造力や好奇心が失われ、民主主義にとって危険な状況になるということ。

対に必要だ。そのために記憶力は重要な役割を果たしている。

……〈中略〉……

インターネットは情報があふれ、自由に選択《せんたく》できるという情報空間、と書いてきた。でも問題もある。ニュースを読者、視聴《しちょう》者が自ら選ぶようになり、目にするのは自分に興味のあるものだけになる。量は多くても見る世界は狭《せま》くなってくる。

さらにテクノロジーの発達でその傾向《けいこう》に拍車《はくしゃ》がかかっている。検索エンジンがぼくらの好みや興味を推測して情報を集めてくれてしまうのだ。

ネット通販《つうはん》大手のアマゾンで本を買うと「この本を購入《こうにゅう》した方は、こういう本も買っています」という〝推薦《すいせん》図書〟が現れたり、ツイッターでは自分の好みと似た人をフォローしてはというお勧《すす》めメールがきたりする。

「余計なお世話だ！」と憤《いきどお》りながらも、ついつい従ってしまったことはないだろうか。便利といえば便利。でもこれは、逆に言うとネット上から自分と違う意見が見えにくくなっていくということでもある。心地よいかもしれないが、たこつぼにはまって多様な意見に触《ふ》れるチャンスが少なくなる。7これは大きなマイナス効果なんだ。

この傾向はニュース情報でも進行しつつある。ＡＩ（人工知能）がニュースを自動的に編集することが始まっているが、そのうちに、個々人の好みのニュースを検索履歴《りれき》から判断して見せてくれるようになっていくかもしれない。

これは個人だけの問題ではない。社会全体に見ても情報が一定方向に集中する。人気ランキングの上位になれば、人びとはその店に殺到《さっとう》する。これなどは一時的なので深刻な問題ではないが、社会を2つに割るような意見対立では、Ａ派もＢ派も相手の意見が見えなくなり、意見は両極端《りょうきょくたん》に分かれてしまう結果に。お互《たが》いの意見を尊重し折り合いをつけて、社会を納得《なっとく》のいく方向に進めていく民主主義にとって危険な状況といえる。

※ソーシャルメディア…インターネットを通じた情報交流サービスの総《そう》称《しょう》。

※マスメディア…新聞・テレビ・雑誌・ラジオなど、一度に多くの人々に情報を伝えるもの。

※ツイート…「ツイッター」で書き込みを投稿すること。

問1 [a]～[c]に入る最も適当なものを次の中から選び、それぞれ記号で答えなさい。ただし、同じ記号は一度だけしか使えないものとする。

ア むしろ　イ しかし　ウ つまり
エ そこで　オ なぜなら

問2 ――線1「素晴らしい玉もあれば、取るに足らない石もある」とあるが、「玉」「石」の二文字を使って、「すぐれたものと、つまらないものとが、入りまじっていること」を表す四字熟語を答えなさい。

問3 ――線2「鵜呑みにしないことだ」とあるが、筆者がそのように考えるのはなぜか。その理由として最も適当なものを次の中から選び、記号で答えなさい。

ア だれでも発信できるネット情報は、市民の意見を代表している新聞やテレビと違って、何の裏付けもない個人的な意見である場合が多く、そのまま信じてしまうと、誤った情報におどらされてしまうおそれがあるから。

イ だれでも発信できるネット情報は、その情報自体が事実ではない可能性もあり、何でも受け入れてしまうと、間違った情報らないケースもある。そのためには、批判する相手のコメント(弁明)もとっておかねばならない。

逆に考えすぎて萎縮《いしゅく》したり抑制《よくせい》したりするケースもある。(中略)たとえば、2011年3月11日の東日本大震災《しんさい》で起きた福島第一原発事故の際に、状況《じょうきょう》を未消化のまま報道すれば、国民がパニックに陥《おちい》るのではないかと考えて、一歩踏《ふ》み込《こ》んで伝えることを控《ひか》えてしまい、報道不信につながった。

これはマスメディアに働く人だけの問題ではない。 b 、ソーシャルメディアで情報を発信できるようになったきみたちこそ、発信前に一度は立ち止まって、どんなリアクションを引き起こすか考えてみてほしい。熟考して「投稿《とうこう》ボタン」を押す習慣をつけるといいと思う。

そうすれば、お店の冷蔵庫の中に入った自分の写真を※ツイートすることが、お店にどんな影響《えいきょう》を与《あた》え、さらには自分の身にどう跳ね返るかを想像できるはずだ。壁にぶつけてどう跳ね返るかの想像力はとても必要なことなのだ。

身近な人でいいから、まず誰《だれ》かに発信情報をチェックしてもらうのも有効な方法だ。

そうはいっても、ニュースは時折、プロのジャーナリストでも予想外の展開を見せることがある。

埼玉県で2014年夏、飼い主の視覚障害者とともに歩いていた盲《もう》導犬《どうけん》が刺《さ》されたというショッキングなニュースがあった。報道によると、盲導犬の腰《こし》あたりに直径約5ミリの傷が等間隔《とうかんかく》に4つ並ぶ傷があるのを、帰宅した後に知人が見つけた。獣医《じゅうい》師《し》にみせたところ、フォークのようなもので刺されたかもしれないとの診断《しんだん》だった。

飼い主は途中《とちゅう》で犬がほえたのを聞かなかった。このことから「盲導犬は飼い主が危険な状態にならなければ、むやみにはほえないためとみられる」と各メディアは報道した。

これに対して「痛くても声を出さないように訓練するなんて、動物虐待《ぎゃくたい》ではないか」という声がネットを中心に広がった。驚《おどろ》いたのは盲導犬協会。慌《あわ》てて声明を発表し「盲導犬は何をされてもほえないように訓練していることは一切《いっさい》ありません」と理解を求めた。

メディアも盲導犬協会も予想していなかった受け手の反応だった。5ボールは思わぬ方向へ跳ね返ったのだ。

実はこの話には続きがある。

警察は防犯カメラの映像をチェックしたり、目撃者《もくげきしゃ》を探したりしたが、犯人に結びつく手がかりは得られなかった。 c 浮上《ふじょう》してきたのが犬の傷が皮《ひ》膚病《ふびょう》だったのではないかという見方だった。

なにか拍子《ひょうし》抜《ぬ》けするような話だが、だからといって、この出来事をめぐる一連の報道に意味がなかったわけではない。この報道をきっかけに視覚障害者を取り巻く現状が浮《う》き彫《ぼ》りになり、人びとの共通理解が多少とも進んだのだから。

ネット時代になり、情報は大量に行き交《か》い洪水《こうずい》状態だ。調べたいものがあれば、曲がりなりにも「回答」を突《つ》き止めることができる。

ネットで何でも検索《けんさく》できるようになったころは、これでいろいろな情報を頭に詰《つ》め込まなくてもすぐに調べられる(記憶する必要がなくなった)、その余力を創造的な領域に振《ふ》り向けることができると思ったものだが、6ぬか喜びだった。

何でも調べられるので、ついついネット依存《いぞん》になり、逆に検索に振り回され、じっくりものを考える時間もなくなってきてしまった。

それに、時間をかけて調べないので、すぐ忘れてしまう。記憶するというと、ただ知識を詰め込むだけというイメージだが、応用力を働かせるのには、自分が努力して獲得《かくとく》し、身体にしみこませた知識が絶

2023年度 市川中学校

【国語】〈第二回試験〉（五〇分）〈満点：一〇〇点〉

【注意】解答の際には、句読点や記号は一字と数えること。

一　次の文章は、三浦準司《みうらじゅんじ》『人間はだまされる』の一部である。これを読んで、後の問いに答えなさい。なお、出題に際して、本文には省略および表記を一部変えたところがある。

ぼくらがツイッターなどの※ソーシャルメディアを利用するにあたって、注意しなければならないことのひとつは情報の信頼性《しんらいせい》が保証されていないことだ。

ネット情報は玉と石が混じり合っている。1素晴《すば》らしい玉もあれば、取るに足らない石もある。

一般市民が情報を発信《はっしん》するのだから、信頼の置けない情報が混じるのは当然といえば当然だ。でも発信できるようになったことは悪いことではない。自分の考えを外へ向けて、より広く表明することができるようになったのだから。表現の自由の可能性がふくらんでいるといえるね。

では受けとる側はどう防衛したらいいのか。ぼくらは整然と組まれた文字でネットに載《の》っていると、うっかり信用しやすい。でもよく考えるとここで発信された情報は、何の裏付けもなかったり、うわさや憶測《おくそく》、個人的な意見を事実かのように出したりしているだけという場合もあるかもしれないのだ。

そういう情報に接《せっ》するときは、１００％信用はできないかもしれないという心構《こころがま》えを常に持っておこう。どういう情報であれ、接するときには、その情報がネットに「載っている」こと自体は事実だとしても、その情報自体が事実とは限らないという前提で受け止める姿勢が必要だ。2鵜呑《うの》みにしないことだ。

このようなネットリテラシー（ネット情報を読み解く力）を磨《みが》いていかないと、誤った情報におどらされ、それをぼくらが助長してしまうことにもなりかねない。

だからといって、新聞、テレビを頼《たよ》りにしなさいとは言わない。新聞だってすべて信用ができるわけではない。ネットより遅《おそ》かったり、古くさい考えに縛《しば》られたりしているかもしれない。

［a］※マスメディアの場合は、少なくともギリギリまで「ウラ取り」した上で発信している。

両方のメディアの特性を考えながら［3］に情報と接し、発信していこう。

ぼくたちジャーナリストは、自分の発信する情報にどんなリアクションが返ってくるかを考えて記事を書くよう言われている。また、ニュースのポイントになる部分に間違《まちが》いはないか、もう一度確認する。そして理解しやすい記事になっているかを確かめて、ＧＯ《ゴー》のボタンを押《お》す。

受け手の反応は、もちろん発信前にはわからない。ではどうするか。自分が発信するものをボールにたとえて、空想上の壁《かべ》（社会）にぶつけ、どう跳《は》ね返るかを想像してみるんだ。

特に警鐘《けいしょう》をならすような記事、批判記事では、4「壁にボールをぶつける」ことは絶対《ぜったい》に必要だ。一つの記事が人を大きく傷つけることもあるからだ。

でも公益性（社会の利益になるかどうか）を考えれば書かなければな

2023年度

市川中学校 ▶解説と解答

算数 ＜第２回試験＞（50分）＜満点：100点＞

解答

$\boxed{1}$ (1) 1717　(2) 19人　(3) 分速200m／7時35分12秒　(4) 13通り　(5) 15度　$\boxed{2}$ (1) （例） 解説の図２を参照のこと。　(2) 18.84cm^2　$\boxed{3}$ (1) 6日目　(2) **最短**…7日目，**最長**…9日目　(3) 17日目　$\boxed{4}$ (1) 右の図　(2) 6回目の操作後　(3) 342　$\boxed{5}$ (1) $2\frac{2}{3}$cm　(2) $\frac{8}{15}$cm

3回目の操作後

25	30	25
30	36	30
25	30	25

4回目の操作後

121	110	121
110	100	110
121	110	121

解説

$\boxed{1}$ 四則計算，計算のくふう，比の性質，旅人算，整数の性質，場合の数，角度

(1) $A\times B+A\times C=A\times(B+C)$となることを利用すると，$68\times\left(2\frac{1}{4}-1.5\right)+17\times98=68\times\left(\frac{9}{4}-\frac{3}{2}\right)+17\times98=68\times\left(\frac{9}{4}-\frac{6}{4}\right)+17\times98=68\times\frac{3}{4}+17\times98=17\times3+17\times98=17\times(3+98)=17\times101=1717$

(2) 図に表すと右の図１のようになる。図１で，全体の人数は，①＋②－$\boxed{8}$＋$\boxed{7}$＝③－$\boxed{1}$（人）と表すことができる。これが55人だから，③－$\boxed{1}$＝55より，③＝55＋$\boxed{1}$となる。また，$\boxed{8}$＋$\boxed{7}$＝$\boxed{15}$にあたる人数が55人以下であり，$\boxed{1}$にあたる数は整数でなければならない。よって，55÷15＝3.6…より，$\boxed{1}$にあてはまる数は｛1，2，3｝のいずれかとわかる。さらに，55＋$\boxed{1}$の値が3の倍数になる必要があるので，$\boxed{1}$の値は2と決まる。したがって，①＝(55＋2)÷3＝19と求められるから，本Aを持っている生徒の人数は19人である。

図１

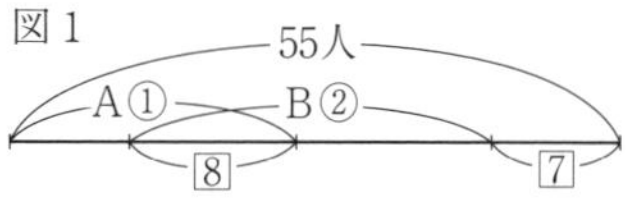

(3) Aさんが学校に着くのは駅を出発してから，3000÷75＝40（分後）なので，2人の進行のようすをグラフに表すと，右の図２のようになる。アの時間は，40－3＝37（分）だから，Bさんが走った時間の合計は，(37－12)－10＝15（分）となり，Bさんの速さは分速，3000÷15＝<u>200(m)</u>とわかる。次に，イの道のり（Aさんが3分で進んだ道のり）は，75×3＝225(m)なので，※の時間は，225÷(200－75)＝1.8（分）である。よって，ウの時間は，37－1.8＝35.2（分）だから，BさんがAさんを追い抜《ぬ》いた時刻は7時35.2分である。60×0.2＝12（秒）より，これは<u>7時35分12秒</u>となる。

図２

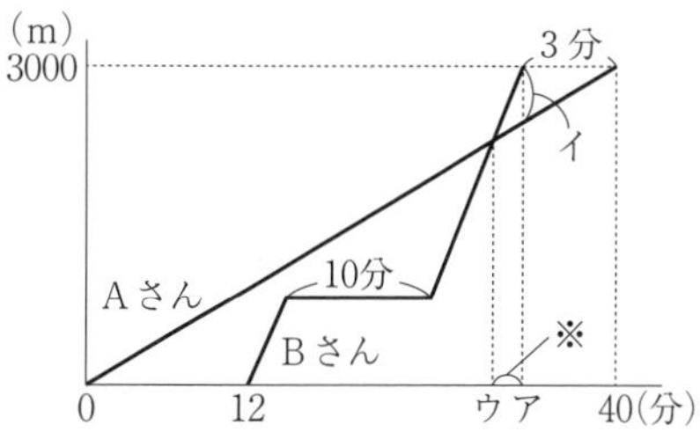

(4) 15の倍数の一の位は0か5であるが，一の位と百の位を入れ替《か》えて三桁《けた》の数になるので，一の位は5と決まる。そこで，もとの数の百の位の数字をA，十の位の数字をBとすると，右

図３

もとの数	$AB5$（15の倍数）
入れ替えた数	$5BA$（6の倍数）

の図３のようになる(Aは０ではない)。ここで，15の倍数は３の倍数だから，各位の数字の和は３の倍数になる。よって，考えられるAとBの和は{1，４，７，10，13，16}であり，AとBの組はそれぞれ右の図４のようになる。さらに，入れ替えた数は偶数《ぐうすう》なので，Aにあてはまる数字は０以外の偶数である。したがって，条件に合うのはかげをつけた11通りあり，(２，８)，(４，６)の場合はAとBを入れ替えることができるから，全部で，11＋２＝13(通り)とわかる。

図４

AとBの和	AとBの組
1	(０，１)
4	(０，４)，(１，３)，(２，２)
7	(０，７)，(１，６)，(２，５)，(３，４)
10	(１，９)，(２，８)，(３，７)，(４，６)，(５，５)
13	(４，９)，(５，８)，(６，７)
16	(７，９)，(８，８)

(5) 右の図５で，三角形DAEは二等辺三角形であり，角EDAの大きさは，60＋90＝150(度)なので，角DAEの大きさは，(180－150)÷２＝15(度)とわかる。また，三角形DACと三角形ECFは合同だから，ACとCFの長さは等しくなり，三角形CFAも二等辺三角形になる。さらに，角ACFの大きさは，45＋60＋45＝150(度)なので，三角形DAEと同様に角CAFの大きさも15度になる。よって，角EAFの大きさは，45－15×２＝15(度)と求められる。

図５

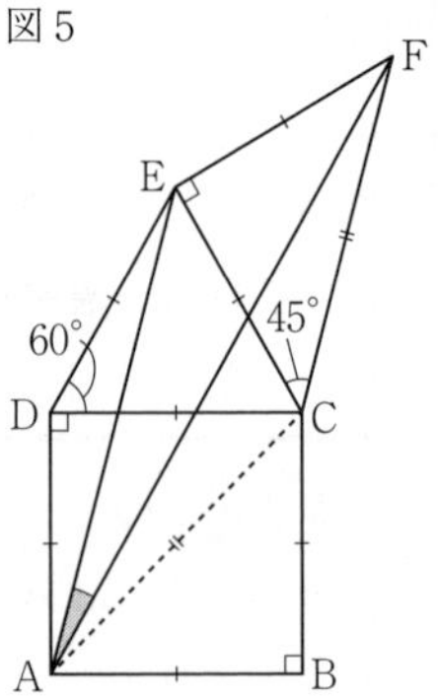

2 平面図形―図形の移動，作図，面積

(1) 正方形ABCDは右の図１のように回って，正方形A′BC′D′の位置にくるから，それにともなって対角線BDも図１のように回る。はじめに，右の図２のように，Bを中心として半径がBCの長さと等しい円の一部をかくと，円周との交点がC′になる。次に，C′を中心として半径がBCの長さと等しい円の一部をかき，さらに，Bを中心として半径がBDの長さに等しい円の一部をかくと，それらの交点がD′になる。最後にBとD′を定規で結ぶと，回した後の対角線BD′が作図できる(解答らんには，D′の位置にDと書けばよい)。

図１

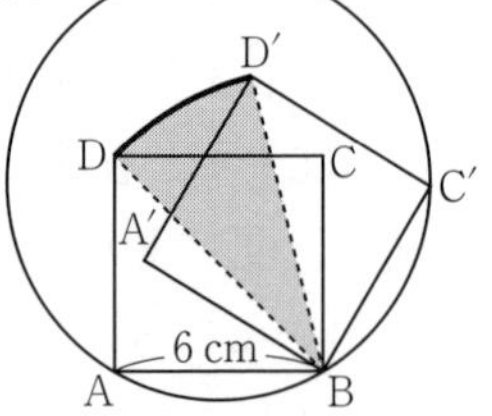

図２

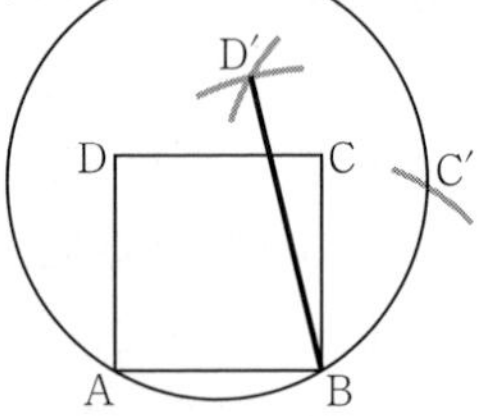

(2) 図１のかげの部分の面積を求める。はじめに，正方形ABCDの面積は，６×６＝36(cm^2)なので，BDの長さを□cmとすると，□×□÷２＝36と表すことができ，□×□＝36×２＝72とわかる。また，円の半径は６cmだから，右の図３のように，折れ線ABC′は正六角形の辺の一部になる。よって，図１の角ABC′の大きさは，60×２＝120(度)なので，角DBD′の大きさは，120－45×２＝30(度)と求められる。したがって，対角線BDが通過した部分の面積は，□×□×3.14×$\frac{30}{360}$＝72×3.14×$\frac{1}{12}$＝６×3.14＝18.84(cm^2)となる。

図３

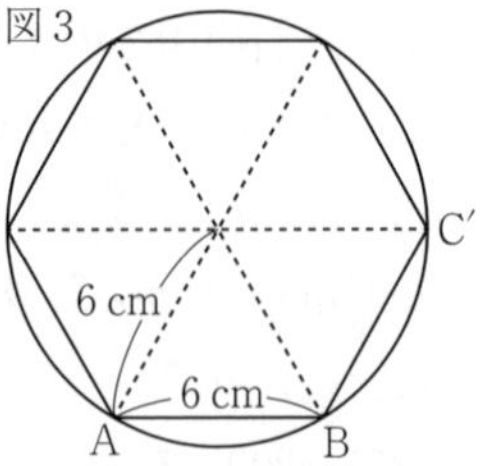

3 仕事算

(1) 仕事の量を12と10の最小公倍数の60とすると，Aが１日に行う仕事の量は，60÷12＝５，Bが１日に行う仕事の量は，60÷10＝６となる。よって，２人で行うときにかかる日数は，60÷(５＋

６)＝$5\frac{5}{11}$(日)だから，仕事が終わるのは，５＋１＝６(日目)である。

⑵　A，B，Cが１日に行う仕事の量をそれぞれⒶ，Ⓑ，Ⓒとする。AとCで行うときにかかる日数は４日より多く５日以下なので，60÷４＝15，60÷５＝12より，12≦Ⓐ＋Ⓒ＜15とわかる。また，ここから，Ⓐ＝５をひくと，7≦Ⓒ＜10となる。BとCで行うときも同様だから，12≦Ⓑ＋Ⓒ＜15から，Ⓑ＝６をひくと，６≦Ⓒ＜９となる。２つの＿＿に共通な範囲《はんい》は，７≦Ⓒ＜９なので，60÷７＝$8\frac{4}{7}$，60÷９＝$6\frac{2}{3}$より，Cが１人で行うときにかかる日数は，$6\frac{2}{3}$日より多く，$8\frac{4}{7}$日以下と求められる。よって，最短で７日目，最長で９日目となる。

⑶　Aが23日間で行う仕事の量は，５×23＝115だから，追加される仕事の量は，115−60＝55である。また，追加されるのは初日を除いた，23−１＝22(日間)なので，１日に追加される仕事の量は，55÷22＝2.5とわかる。次に，Bが行うとき，初日を終えた段階で，60−６＝54の仕事が残っていて，２日目からは１日に，６−2.5＝3.5ずつ減っていく。よって，54÷3.5＝$15\frac{3}{7}$より，仕事が終わるのは２日目からかぞえて，15＋１＝16(日目)だから，始めた日からかぞえると，１＋16＝17(日目)と求められる。

4　条件の整理

⑴　３回目，４回目の操作は，それぞれ右の図１のようになる。

⑵　１回目～４回目の操作後の表を見ると，４つの角には同じ数が入り，４つの角と真ん中を除いた残りの４つのマスにも同じ数が入ることがわかる。よって，これらの数をA，B，Cとすると，１つの操作のようすは下の図２のように表すことができる(たとえばABは，$A+B$を表す)。これをもとにすると，５回目の操作後の４つの角の値は，121＋110＋110＋100＝441と求められる。ほかの部分も同様にして求めることができるから，５回目，６回目の操作後の表は，それぞれ下の図３のようになる。よって，真ん中の数が1764となるのは６回目の操作後である。

図１

３回目

(始まり)

9	6	9
6	4	6
9	6	9

→

15	10	15
18	12	18
15	10	15

→ (終わり)

25	30	25
30	36	30
25	30	25

４回目

25	30	25
30	36	30
25	30	25

→

55	66	55
50	60	50
55	66	55

→

121	110	121
110	100	110
121	110	121

図２

(始まり)

A	B	A
B	C	B
A	B	A

→

AB	BC	AB
AA	BB	AA
AB	BC	AB

→ (終わり)

$ABBC$	$AABB$	$ABBC$
$AABB$	$AAAA$	$AABB$
$ABBC$	$AABB$	$ABBC$

図３

(５回目の操作後)

441	462	441
462	484	462
441	462	441

(６回目の操作後)

1849	1806	1849
1806	1764	1806
1849	1806	1849

⑶　♡の位置のマス目の数と♣の位置のマス目の数の差について，６回目の操作後まで調べると，右の図４のようになる。これは，「２つ前の数を２倍して１つ前の数をたす」ことがくり返されているから，７回目の操作後は，22×２＋42＝86，８回目の操作後は，42×２＋86＝170，９回目の操作後は，86×２＋170＝342と求められる。

図４

操作の回数	1	2	3	4	5	6
♡と♣の差	2	2	6	10	22	42

5　平面図形─図形の移動，相似，長さ

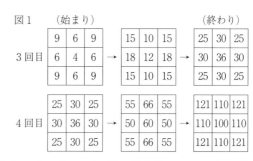

⑴　台形ABCDは，右の図Ⅰのように，１辺２cmの正三角形３個に分けることができる。また，２回壁《かべ》に当たって頂点Ｄに達するとき，図Ⅰのように，壁BC，壁ABの順ではね返ったと考えられるから，この順番で台形を折り返すと，下の図Ⅱのようになる。図Ⅱで，かげをつけた２つの三角形は相似で，相似比は２：１なので，BPの長さは，$2\times\frac{2}{2+1}=\frac{4}{3}$(cm)とわかる。よって，APの長さは，$4-\frac{4}{3}=\frac{8}{3}=2\frac{2}{3}$(cm)である。

図Ⅰ

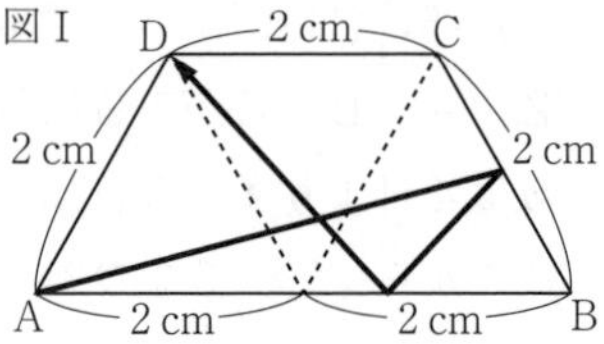

図Ⅱ

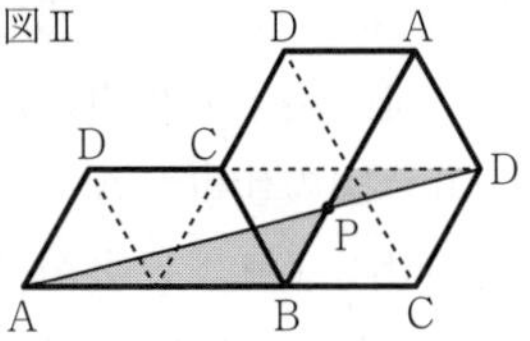

図Ⅲ

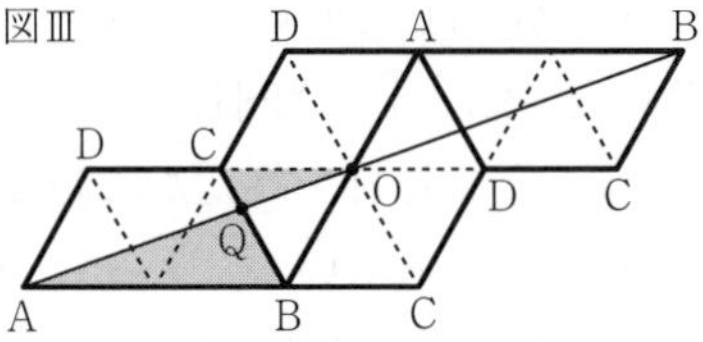

図Ⅳ

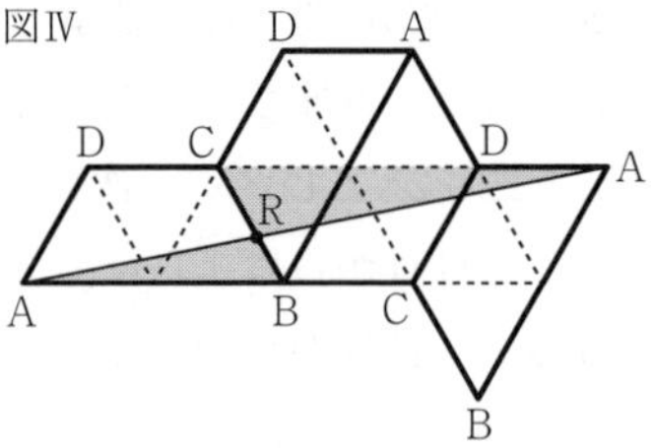

⑵　⑴と同様に当たった順番に折り返すと，①の場合は上の図Ⅲ，②の場合は上の図Ⅳのようになる。図Ⅲは図形全体が点対称《たいしょう》な図形だから，ちょうど点Ｏを通る。また，かげをつけた２つの三角形は相似で，相似比は２：１なので，BQの長さは図ⅡのBPと等しく$\frac{4}{3}$cmになる。同様に，図Ⅳのかげをつけた２つの三角形も相似で，相似比は２：３だから，BRの長さは，$2\times\frac{2}{2+3}=\frac{4}{5}$(cm)と求められる。よって，QRの長さは，$\frac{4}{3}-\frac{4}{5}=\frac{8}{15}$(cm)である。

社　会　＜第２回試験＞（40分）＜満点：100点＞

解　答

1　**問１**　エ　**問２**　（例）　唐と新羅の連合軍が博多湾から攻めてきたとき，九州の支配と外交を担当する大宰府を守るため。　**問３**　エ　**問４**　イ　**問５**　関ヶ原　**問６**　ア，エ　**問７**　ウ，ク　**2**　**問１**　**１**　琉球　**２**　1972　**問２**　ウ　**問３**　⑴　甲午農民戦争　⑵　ウ　**問４**　ア　**問５**　エ　**問６**　エ　**問７**　ウ　**問８**　日米安全保障条約　**問９**　**う**　エ　**え**　カ　**3**　**問１**　ウ　**問２**　⑴　十勝平野，讃岐平野　⑵　①　×　②　○　③　×　**問３**　イ　**問４**　エ　**問５**　⑴　豊田　⑵　原爆ドーム　⑶　イ　**問６**　**１**　フードマイレージ　**２**　地産地消　**4**　**問１**　こども家庭　**問２**　合計特殊出生率　**問３**　**Ｘ**　最低限度　**Ｙ**　勤労　**問４**　イ，エ　**問５**　ア　**問６**　（例）　6000人以上の有権者の署名を集めて，待機児童の解消に向けた条例の制定を市長に請求する。　**問７**　エ　**問８**　ウ

解　説

1　**古代から江戸時代までの争いについての問題**

問１　「ワカタケル」は，古墳《こふん》時代の５世紀後半に在位した雄略《ゆうりゃく》天皇のことと推定されており，その名が刻まれた鉄剣が稲荷山《いなりやま》古墳(埼玉県)から発見されている。

問2　7世紀後半の663年，百済《くだら》の復興を助けるため朝鮮《ちょうせん》半島に派遣《はけん》された日本軍が，唐(中国)と新羅《しらぎ》の連合軍に大敗するという白村江《はくすきのえ》の戦いが起こった。これを受け，朝廷《ちょうてい》は唐や新羅の逆襲《ぎゃくしゅう》に備えて，西日本の沿岸警備を強化した。このとき，外交と九州支配の拠点《きょてん》として重要な役割を担《にな》っていた大宰府《だざいふ》を守るため，土塁《どるい》と堀《ほり》からなる水城《みずき》という防衛施設《しせつ》と，朝鮮式山城の大野城が築かれた。また，防人《さきもり》という兵士を配置し，のろしを上げて連絡《れんらく》を行うための烽《とぶひ》という施設もつくられた。

問3　Xは戦国時代，Yは平安時代初め，Zは平安時代後半のできごとなので，年代順にY→Z→Xとなる。

問4　X　資料1を正しく読み取っている。　Y　資料2によると，武士たちにとっては「とにかく勝者側に立つことが重要」で，「有利とみた側」につかないと生活が成り立たなくなる。こうなると，「一人の主人に忠誠を誓《ちか》って」戦うのではなく，場合によってはそのときの主人を裏切ってでも，勝ちそうなほうを主人に選ぶことが必要となる。

問5　1600年，現在の岐阜県南西部の関ヶ原で，「天下分け目の戦い」とよばれる関ヶ原の戦いが起こった。関ヶ原の戦いでは，石田三成ら豊臣方の西軍から裏切り者が出たこともあり，徳川家康が率いる東軍がわずか半日ほどで勝利した。この結果，徳川家康は政治の実権をにぎり，1603年に征夷《せいい》大将軍に任命されて江戸幕府を開いた。

問6　大塩の乱は，1837年に起こった。その前後には天保のききんが発生し，各地で百姓一揆《いっき》や打ちこわしが多発していた。アの天明のききんは1780年代に発生し，老中田沼意次《おきつぐ》が失脚《しっきゃく》する原因の一つとなった。また，大塩の乱が起こった1837年には，日本人漂流《ひょうりゅう》民を連れて浦賀(神奈川県)に来航し，通商を求めたアメリカ商船モリソン号が，異国船打払令によって砲撃《ほうげき》を受けるというモリソン号事件が起こった。エのラクスマンはロシア使節で，1792年に蝦夷《えぞ》地(北海道)の根室に来航して通商を求めたが，拒否《きょひ》された。

問7　鎌倉時代後半，二度にわたって元(中国)の大軍が北九州に攻めてきた。このできごとは元寇《げんこう》とよばれ，1274年の最初の襲来を文永の役，1281年の二度目の襲来を弘安《こうあん》の役という。このとき，元に服属していた朝鮮半島の高麗《こうらい》の軍も，戦いに参加した。また，1590年に全国統一を成しとげた豊臣秀吉は，1592～93年の文禄《ぶんろく》の役と，1597～98年の慶長《けいちょう》の役の二度にわたって，朝鮮(李氏朝鮮)へ出兵を行った。なお，1221年の承久《じょうきゅう》の乱と1467～77年の応仁の乱は，いずれも国内の戦い。

2　近現代の沖縄の歴史についての問題

問1　**1**　15世紀前半，現在の沖縄県に琉球《りゅうきゅう》王国が成立し，日本と中国・東南アジアとの中継貿易で栄えた。江戸時代には薩摩《さつま》藩(鹿児島県)の支配下に入ったが，薩摩藩は清(中国)との服属関係も続けさせ，名目上の独立を維持《いじ》させた。明治時代になると，日本政府は1872年に琉球王国を琉球藩として支配下におき，1879年には琉球藩を廃止《はいし》して沖縄県とし，完全に日本に組みこんだ。この一連の政策は琉球処分とよばれ，これによって琉球王国はほろんだ。　**2**　1971年に佐藤栄作首相がアメリカとの間で沖縄返還《へんかん》協定を結び，翌72年にこれが発効したことで沖縄が日本に復帰した。

問2　薩摩藩の西郷隆盛《たかもり》と大久保利通《としみち》は，1866年に土佐藩(高知県)の坂本龍馬《りょうま》らの仲立ちによって，長州藩(山口県)の桂《かつら》小五郎(木戸孝允《たかよし》)との間で薩長同盟を結ぶなど，ともに倒幕《とうばく》運動で活躍《かつやく》した。明治政府でも要職についたが，征韓《せいかん》論(武力を用いてでも朝鮮を開国させようという考え方)をめぐって対立し，西郷は1873年に政府を去った。その後，西郷は1877年の西南戦争で自害し，大久保は1878年に紀尾井坂の変で暗殺された。

問３　(1)　1894年，朝鮮半島で甲午《こうご》農民戦争(東学党の乱)とよばれる内乱が発生した。朝鮮政府が鎮圧《ちんあつ》のため清に援軍《えんぐん》を求めると，日本も朝鮮半島に出兵し，これがきっかけとなって日清戦争(1894～95年)が起こった。　(2)　日清戦争の講和条約として下関条約が結ばれ，日本は清から遼東《リャオトン》半島などをゆずり受けた。しかし，満州(中国東北部)や朝鮮半島への南下政策を進めていたロシアは，日本の大陸進出がその妨《さまた》げになると考えたため，フランスとドイツを誘《さそ》って三国干渉《かんしょう》を行い，遼東半島を清に返すよう日本に勧告《かんこく》した。これらの国々に対抗《たいこう》するだけの力を持っていなかった日本は，賠償《ばいしょう》金の増額と引きかえにこの勧告に応じた。なお，1919年のベルサイユ条約で，日本は山東半島の権益を獲得《かくとく》した。また，台湾《たいわん》は下関条約によって日本の領土となった。

問４　1890年に行われた第１回衆議院議員総選挙で選挙権を認められたのは，直接国税15円以上を納める満25歳以上の男子だけで，これは全国民のわずか1.1％に過ぎなかった。また，この選挙では，自由民権運動の流れをくみ，政府に対抗する民党とよばれる政党が，議席の過半数を占《し》めた。

問５　X　1915年，日本は中国に二十一か条の要求をつきつけた。パリ講和会議でその内容のほぼすべてが国際的に認められるとわかると，中国では1919年に五・四運動という反日運動が起こった。同年には，朝鮮で三・一独立運動という反日運動も起こった。　Y　「全国水平社を設立しました」ではなく，「小作争議をおこしました」といった内容が正しい。全国水平社は，被《ひ》差別部落出身の人たちが部落差別からの解放を目指して1922年に設立した団体である。また，1922年には初の農民組織として日本農民組合が結成され，各地の小作争議を指導した。

問６　Xは1936年，Yは1925年，Zは1933年のできごとなので，年代順にY→Z→Xとなる。

問７　X　表２によると，沖縄県民の戦死者数は約122000人で，正規軍の戦死者数約66000人を大きく上回っている。　Y　表１から，６月23日には日本軍司令官が自決し，組織的な抵抗《ていこう》が終《しゅう》了《りょう》したとわかる。表３によると，その後の６月24日以降も沖縄県住民の戦死者が出ており，戦闘が続いて犠牲《ぎせい》者がいたことが読み取れる。

問８　1951年，日本は連合国48か国とサンフランシスコ平和条約を結び，主権を回復した。また，このとき，アメリカとの間で日米安全保障条約に調印し，アメリカとの軍事的な結びつきを強めた。これにより，アメリカ軍は引き続き日本にとどまることになった。

問９　**う**　太平洋戦争後，沖縄はアメリカ軍の統治下におかれた。このとき建設された基地が返還されていないこともあり，現在も沖縄県には日本国内のアメリカ軍施設の総敷地《しきち》面積の約70％が集中している。　**え**　沖縄県宜野湾《ぎのわん》市の普天間《ふてんま》飛行場(普天間基地)は市街地にあり，騒音《そうおん》の問題や事故の危険性があったことなどから，日米両政府が返還で合意した。その移設先は名護市辺野古《へのこ》の沿岸部とされたが，その埋《う》め立てに対する地元の反発は強く，政府と対立している。

3　日本の自然や産業，貿易，環境についての問題

問１　高松(香川県)は，１年を通じて降水量が少なく，冬でも比較《ひかく》的温暖《おんだん》な瀬戸内の気候に属している。なお，アには日本海側の気候に属する秋田，イには太平洋側の気候に属する東京，エには中央高地の気候に属する松本(長野県)が，それぞれあてはまる。

問２　(1)　石狩川は，北海道中央部の上川盆地や北海道西部の石狩平野を通る。十勝平野は北海道南東部に広がっており，十勝川などが流れている。また，吉野川は徳島平野などを流れる。讃岐《さぬき》平野は香川県北部に広がる平野で，吉野川から水を引いた香川用水が流れている。　(2)　①　表３

中では，阿賀野《あがの》川流域で第二（新潟）水俣《みなまた》病が，神通《じんずう》川流域でイタイイタイ病が発生している。この２つと水俣病，四日市ぜんそくは，合わせて四大公害病とよばれる。　②　表３中では，石狩川・最上川・阿賀野川・神通川・信濃川の５つが日本海に注ぐ。北上川と利根川は太平洋に，紀ノ川と吉野川は紀伊水道に，筑後《ちくご》川は有明海に注ぐ。　③　米の収穫《しゅうかく》量は新潟県が全国第１位，北海道が第２位，秋田県が第３位となっているが，表３中に秋田県を流れる川はない。統計資料は『日本国勢図会』2022／23年版による（以下同じ）。

問３　オーストラリア大陸には，標高が2000ｍを超《こ》えるような険しい山はない。また，大陸の中央部には広大な砂漠《さばく》が広がり，乾燥《かんそう》帯に属している。沿岸部は温帯に属する地域が多いが，赤道に近い北部には熱帯に属する地域もある。なお，アは南極大陸，ウはアフリカ大陸，エは南アメリカ大陸。

問４　コーヒー豆は，おもに熱帯に属する地域で栽培《さいばい》され，ブラジルやコロンビアなどの中南アメリカ諸国のほか，ベトナムなどの東南アジア諸国，エチオピアなどのアフリカ諸国でさかんに生産されている。ブラジルは世界最大のコーヒー豆の生産国で，日本も多くを輸入している。牛肉は，オーストラリアとアメリカからの輸入量がほとんどを占めているが，豚肉はアメリカとカナダの輸入量がおよそ半分を占める。大豆はアメリカからの輸入量が７割以上を占めて最も多いが，ブラジルとカナダからの輸入量もそれぞれ１割程度ある。

問５　⑴　図に●で示された11都市のうち，①と②を除いた９都市は，東から順に，市原市（千葉県）・川崎市（神奈川県）・横浜市（神奈川県）・名古屋市（愛知県）・四日市市（三重県）・大阪市・堺市（大阪府）・神戸市（兵庫県）・倉敷市（岡山県）である。残る２つの●のうち，愛知県内陸部にあるのが①にあてはまる豊田市で，豊田市は世界的な自動車メーカーとその多くの関連工場があることから，全国の市のなかで最も製造品出荷額等が多い。　⑵　②には，図の●のうちで最も西にある広島市があてはまる。広島市には，1945年８月６日に原子爆弾《ばくだん》が投下されたさいの遺構《いこう》である原爆ドームがあり，ユネスコ（国連教育科学文化機関）の世界文化遺産に登録されている。　⑶　市原市・川崎市・四日市市には，いずれも大規模な石油化学コンビナートがあり，化学工業が発達している。

問６　**１**　食料の輸送量に輸送距離を掛《か》け合わせて算出される数値を，フードマイレージという。輸送時には，車などから二酸化炭素が排出《はいしゅつ》されるため，フードマイレージの数値が高いほど，環《かん》境《きょう》に負荷をかけていることになる。食料の多くを外国から輸入している日本は，フードマイレージの数値が非常に高い。　**２**　地元で生産された農林水産物を地元で消費することを，地産地消という。地産地消を進めることによりフードマイレージの数値を下げるだけでなく，食料自給率の向上や地域経済の活性化なども期待できる。

4　日本国憲法や少子化，政治のしくみ，地方自治などについての問題

問１　2023年４月，子育てに関する行政の司令塔《しれいとう》的役割を担う機関として，内閣府の下にこども家庭庁が創設されることになった。こども家庭庁は少子化対策を柱として，子育て支援《しえん》や虐待《ぎゃくたい》・いじめ防止，貧困対策などを行う。

問２　15～49歳までの女性の年齢《ねんれい》別出生率を合計したものを，合計特殊《とくしゅ》出生率という。「一人の女性が一生の間に生む子どもの数」を示す指標として用いられ，人口の維持《いじ》には2.06～07が必要となるが，2020年の日本の数値は1.34で，少子化と人口減少が進んでいる。

問３　**X**　日本国憲法第25条は，「健康で文化的な最低限度の生活を営む権利」として，国民の生存権を保障している。　**Y**　日本国憲法第27条では，勤労《きんろう》の権利と義務が定められている。

問４　国会は，裁判官として不適格だと訴《うった》えのあった裁判官の弾劾《だんがい》裁判を行うことができる。また，国政が正しく行われているかどうかを審査する国政調査権を行使し，必要ならば証人を国会によべる。なお，外国との条約の締結《ていけつ》や予算案の作成は内閣の仕事で，作成された予算案は国会に提出される。また，法律が憲法に違反《いはん》していないかどうかを審査する権限を違憲立法審査権といい，すべての裁判所がこの権限を持っている。

問５　国庫支出金は，国が使いみちを指定したうえで地方自治体に支給される補助《ほじょ》金である。

問６　地方自治における直接請求《せいきゅう》権には，有権者の50分の１以上の署名《しょめい》をもって首長に請求する条例の制定・改廃《かいはい》請求と，監査《かんさ》委員に請求する監査請求がある。また，有権者の３分の１以上(有権者数40万人以下の場合)の署名をもって選挙管理委員会に請求する首長・議員の解職請求(リコール)と議会の解散請求がある。有権者数30万人の市で，待機児童の解消に向けた条例の制定を求める場合，有権者数の50分の１にあたる6000人以上の署名をもって，市長に請求する。あるいは，待機児童の解消に取り組もうとしない市長や市議会だった場合，有権者数の３分の１にあたる10万人以上の署名をもって，選挙管理委員会に市長の解職請求(リコール)や市議会の解散請求をすることもできる。

問７　ア　介護《かいご》職員も，男性の平均年齢が女性よりも３歳以上若い。　イ　男性と女性の勤続《きんぞく》年数の差が最も開いている職業は，医師である。　ウ　男性と女性で決まって支給する現金の差が最も開いている職業は医師で，その差は，1165.3÷909.1＝1.28…より，約1.3倍である。　エ　表２を正しく読み取っている。

問８　ア　法案(法律案)は国会議員のほか，内閣も国会に提出できる。　イ　必ず衆議院から先に審議すると定められているのは予算だけで，法案はどちらの議院から先に審議してもよい。　ウ　法案の成立について，正しく説明している。　エ　法案は両院とも，まず専門の委員会で審議されてから本会議に送られる。

理　科　＜第２回試験＞（40分）＜満点：100点＞

解　答

[1] (1)　ア　(2)　エ　(3)　キョウリュウ　(4)　**化石**…e　**理由**…ア　(5)　イ
[2] (1)　イ，エ　(2)　ウ　(3)　ウ　(4)　オ　(5)　イ　(6)　ア　(7)　イ　[3] (1)　しん食　(2)　食物連鎖　(3)　**2**　イナゴ　**3**　モズ　(4)　エ　(5)　オ　[4] (1)　**1**　N　**2**　左　**3**　向き　(2)　ア，ウ　(3)　イ　(4)　(例)　コイル状に巻いたエナメル線に電流を流したもの，鉄のしん　(5)　**電磁石A**…なし　**電磁石B**…S極　**電磁石C**…N極

解　説

[1]　化石についての問題

(1)　トリケラトプスは草食動物なので，奥歯《おくば》が発達して平らになっており，食物となる草を細かく

すりつぶせるようになっていて，頭には３本の角がある。よって，アである。イとウは，肉を引き裂《さ》いたりするために，犬歯などの歯が大きく鋭《するど》くなっているので肉食動物の化石と考えられる。なお，トリケラトプスは三本の角を持つ顔という意味である。

(2)　化石とは，大昔に生息していた生物の遺骸《いがい》や痕跡《こんせき》のことであると述べられているように，大昔の生物の体や骨，卵，巣穴や足跡《あしあと》などが現代まで残ったものが化石にあてはまる。最近死んだ生物のものは化石とはいわない。

(3)　中生代に栄えていた陸生大型ハチュウ類はキョウリュウである。2022年現在，キョウリュウは約1000種が発見されていて，草食のステゴサウルスやトリケラトプス，肉食のティラノサウルスやアロサウルスなどがある。

(4)　地層の年代を決めるために使われる化石は示準化石とよばれ，生存期間が短く，広い地域に分布し，個体数が多かった生き物が用いられる。A，B，Cのすべての地域で見つかるもので，生存期間が短いものは化石ｅである。そのため，化石ｅが見つかった地層は時代Ⅳに堆積《たいせき》したものだと推定できる。

(5)　サンゴは浅く，きれいで暖かい海にすむので，サンゴの化石をふくんでいる地層が堆積した当時の環境《かんきょう》はイとなる。

2　ものの浮《う》き沈《しず》みについての問題

(1)　油の密度を正確に求めるためには，油の重さと体積を正確に測定する必要がある。ビーカーの目盛りは誤差が大きいので，体積をはかるときには，体積が正確にはかれるメスシリンダーを使う。油の重さは，油を入れたメスシリンダー全体の重さをはかり，そこからメスシリンダーのみの重さを引くことで求められる。

(2)　氷は水より密度が小さいので水に浮かぶ。また，液体中に物体を入れると，その物体が押《お》しのけた液体の重さに等しい浮力《ふりょく》を受ける。表１から氷の密度は0.9 g/cm^3なので，たとえば，氷の体積を100cm^3とすると，その重さは，0.9×100＝90(g)である。すると，この氷を水に浮かべたときに氷が受ける浮力の大きさは90 gとなり，水の密度は１ g/cm^3だから，氷が押しのけた水の体積は，90÷１＝90(cm^3)になる。よって，氷は，全体の体積の，90÷100＝$\frac{9}{10}$が沈んだ状態で浮くので，ウが選べる。

(3)　たとえば，100cm^3，90 gの氷がとけると90 gの水になる。90 gの水の体積は90cm^3であり，これは氷が押しのけていた水の体積と等しいので，氷がとけても水面の高さは変わらない。

(4)　表１から，氷の密度は油の密度より大きいので，氷は油に沈み，ビーカーの底につくとわかる。

(5)　油は水より密度が小さいので，水に浮かぶ。よって，ビーカーの下側に水があり，上側に油がある。また，氷は油には沈み，水には浮かぶ。したがって，イのようになる。

(6)　業務用の製氷機では，冷きゃくされた型に水が下から上にふき付けられ，水が壁《かべ》にぶつかって，上や左右の壁側から少しずつこおっていく。このとき，空気などの不純物は下に追い出されるようにして水がこおるので，不純物の少ない透明《とうめい》な氷ができる。一方，家庭用の冷蔵庫の中の製氷皿の水は，周りから冷やされて表面や壁側からこおるため，空気などの不純物はそのまま中に閉じこめられてしまう。そのため，空気など不純物などが白く濁《にご》って見える氷ができる。

(7)　家庭用の冷とう庫でつくった氷には気泡《きほう》がふくまれているので，同じ体積で比べた場合，業務用の製氷機でつくった氷よりも家庭用の冷とう庫でつくった氷のほうが軽くなる。同じ体積で比べたときに重さが重いほど密度が大きいので，業務用の製氷機でつくった氷のほうが家庭用の冷とう庫でつくった氷よりも密度が大きいことになる。

3 食物連鎖《れんさ》についての問題

⑴　台地に谷ができるのは，流水によって土地がけずられるためである。川ができて水が流れることで，土地がしん食されて谷になる。

⑵　食う食われるで表される生き物のつながりを食物連鎖という。食物連鎖のはじめにくる生き物は自分で栄養分をつくることができる植物で，次にくるのは植物を食べる草食動物，その次にくるのは，動物を食べる肉食動物である。ふつう，食べられる生き物の方が，食べる生き物よりも数が多い。

⑶　⑵より，表１の生き物のうち，イネはイナゴに食べられ，イナゴはアマガエルに食べられる。さらに，アマガエルはモズに食べられる。タニシとドジョウは水中にすむ生き物なので，ここではあてはまらない。

⑷　春になると，水の中に産まれたアマガエルの卵が精子と受精し，受精卵が成長してふ化するとオタマジャクシが生まれる。オタマジャクシのうちは水中で生活し，夏にかけて親(成体)になると水辺近くの陸上で生活するようになる。その後，気温が下がる冬には成体の状態で温度差の少ない土の中で冬眠《とうみん》する。また，アマガエルは呼吸で酸素を吸収し二酸化炭素を排出《はいしゅつ》していて，胃や腸で出した消化液で食べたものを消化している。

⑸　ワラジムシはダンゴムシよりも体がやわらかく丸まらないのでアマガエルに食べられ，ダンゴムシは体の表皮がかたく，丸まるので飲み込《こ》まれないと考えられる。なお，ダンゴムシもワラジムシも体の平均の長さはほぼ同じで，体の平均の高さはダンゴムシの方が高いので，ワラジムシの方がせまい隙間《すきま》に逃《に》げ込むのに適しているといえる。また，ダンゴムシの10cmを歩く平均時間は3.1秒なので，すばやく走って逃げるとは考えにくい。ダンゴムシとワラジムシが土と同じ色をしているかどうかや毒を持つかどうかは表２からはわからない。

4 電磁石についての問題

⑴　**1**　方位磁針ＡのＳ極が鉄しんのａ側に向いたので，鉄しんのａ側はＳ極と引き合うＮ極であることがわかる。　**2**　鉄しんのａ側がＮ極になると，ｂ側がＳ極になる。このとき電流を流す向きだけを変えると，電磁石の極は反対になるので，ａ側がＳ極，ｂ側がＮ極になる。よって，方位磁針ＢのＳ極は，鉄しんのｂ側のＮ極に引かれて，図１の左側を向く。　**3**　電流の向きを変えても，コイルを巻くエナメル線の向きを反対にすると，電磁石に巻かれたコイルにははじめと同じ方向に電流が流れる。すると鉄しんの極は変わらない。

⑵　同じ長さのエナメル線を巻いたとき，電磁石の強さは巻き数に比例すると考えられる。また，コイルに流れる電流の大きさと電磁石の強さは比例する。さらに，かん電池を２個直列つなぎにすると電流はかん電池１個のときの２倍の大きさで流れ，並列つなぎにするとかん電池１個のときと同じ大きさの電流が流れる。このことから，表１のａの電磁石の力の強さを１とすると，それぞれの電磁石の強さは，ｂが，２×１＝２，ｃが，１×２＝２，ｄが，１×１＝１，ｅが，２×２＝４となる。以上のことから，力の大きさがほぼ同じである組み合わせはａとｄ，ｂとｃとなる。

⑶　図２の電磁石は，図１の電磁石とコイルに流れる電流が逆になっているため，しんの左側がＳ極となる。このとき，電磁石の力が強くなるほど方位磁針のＮ極は引きつけられて東を向く。よっ

て，方位磁針のＮ極がもっとも東に向いている鉄の棒を入れたときに電磁石の力の大きさが大きくなっているといえる。

⑷　実験１より，コイルに流れる電流の向きを変えたり，コイルに巻いたエナメル線の向きを変えたりすると，磁石の極が変わることがわかる。また，実験２より，コイルの巻き数や流れる電流の大きさで電磁石の強さが変わることがわかる。さらに，実験３より，鉄の棒(しん)をいれると電磁石が強くなることがわかる。よって，電磁石の力をつくり出したものは，コイル状に巻いたエナメル線に電流を流したものと鉄の棒(しん)だといえる。

⑸　表３を見ると，回転子の磁石の磁力が大きいところ(極)が通過する電磁石には電流が流れないことがわかる。また，回転子の磁石の極が通過した直後の電磁石の極は，通過した回転子の極と同じになっており，反発力で回転子を右回りに回転させている。回転子の磁石の極が近づいてくる電磁石の極は，その回転子の極とちがう極になっており，引きつける力でさらに回転子を右回りに回転させている。よって，⑤から⑥まで回転するときは，Ａの部分を回転子のＮ極が通過するので，電流が流れないことになる。Ｂの部分は通過したばかりの回転子のＳ極を反発する力でさらに右回りに回転させるのでＳ極になり，Ｃの部分は近づいてくる回転子のＳ極を引きつけるのでＮ極となる。

国　語　＜第２回試験＞（50分）＜満点：100点＞

解　答

一　**問１**　ａ　イ　　ｂ　ア　　ｃ　エ　　**問２**　玉石混交(混淆)　　**問３**　イ　　**問４**　オ　　**問５**　（例）　一つの記事が人を大きく傷つけることもあるから，情報の発信者には受け手の反応を事前に想像しておく心構えが不可欠であること。　　**問６**　（例）　盲導犬のニュースを報道するときメディアが加えた安易な推測が，盲導犬協会への予想外の批判を招いたこと。　　**問７**　イ，エ　　**問８**　エ　　二　**問１**　オ　　**問２**　ア　　**問３**　オ　　**問４**　（例）　病気の苦しさと飲酒とで叫ぶ母を受け入れることができず，厳しくも優しかった母にもどってほしくて，酒を飲ませまいとしたから。　　**問５**　エ　　**問６**　ア　　三　下記を参照のこと。

●漢字の書き取り

三　１　論戦　　２　一挙　　３　就航　　４　盟友　　５　破竹　　６　穀倉　　７　栄　　８　訪

解　説

一　**出典は三《み》浦《うら》準《じゅん》司《じ》の『人間はだまされる―フェイクニュースを見分けるには』による。**ソーシャルメディアについて，受信側と発信《はっしん》側の留意すべき点を述べ，便利なインターネットの重大なマイナス点について注意を呼びかけている。

問１　ａ　ネットは必ずしも信用できないからといって，新聞やテレビを頼《たよ》りにすべきだとは言わないが，少なくともそうしたマスメディアは「ギリギリまで『ウラ取り』した上で発信している」，というつながりである。よって，前のことがらを受けて，それに反する内容を述べるときに用いる「しかし」があてはまる。　　ｂ　自分の発信する情報に対する社会のリアクションを意識しておくべきなのは，「マスメディアに働く人」よりも，どちらかといえばソーシャルメディアで自由に情報を発信できるようになった一般《いっぱん》市民のほうだ，という文脈なので，二つのことを並べて，前のことがらより後のことがらを選ぶ気持ちを表す「むしろ」が入る。　**c**　「盲導犬《もうどうけん》が刺《さ》された」かもしれないという事件を受け，警察は防犯カメラの映像や目撃《もくげき》者の有無など，可能性をあたってみたものの犯人に結びつけられずにいたが，そのようななかで「浮上《ふじょう》してきたのが犬の傷が皮膚《ひふ》病《びょう》だったのではないかという見方」だったのだから，前のことがらをふまえて続く話題に移るときに用いる「そこで」が入る。

問２　ネット上にあふれる情報は信頼《しんらい》の置ける優《すぐ》れたものもあれば，何の裏付けのない無価値なものもある，という状況《じょうきょう》を言い表している。つまり，ネット情報は「玉石混交(混淆《こんこう》)」だといえる。

問３　玉石混交(混淆)のネット情報に対し，筆者は「100％信用はできないかもしれないという心構え」を人々が持つべきだと述べたうえで，ネットリテラシーを磨《みが》いておかないと(情報を「鵜呑《うの》み」にしてしまうと)誤った情報におどらされ，ともすると自らがそれを助長してしまうことにもなりかねないと警鐘《けいしょう》を鳴らしている。よって，イがふさわしい。なお，「新聞やテレビ」が「市民の意見を代表している」とは述べられていないので，アは誤り。また，ネット情報について，筆者は「人々が自由に考えを述べて，意見を交換《こうかん》することによって価値が生まれる」とも，「ネットリテラシーが高い人向けに発信されている」とも述べていないので，ウとエも正しくない。さらに，「昔ながらの考えに縛《しば》られて」いたり「情報そのものが古」かったりするのは，「新聞，テレビ」について筆者が述べていることなので，オも合わない。

問４　「素晴《すば》らしい」ものがある点や即時性《そくじせい》(情報の早さ)を持つ点で「ネット情報」は優れている一方，「信頼性が保証されていない」という欠点もはらんでいる。「新聞，テレビ」も，発信するまではできるかぎり「ウラ取り」しているが，その分ネット情報よりも遅《おそ》かったり，古くさい考えに縛られたりしている可能性もある。長所と短所をあわせ持つ「両方のメディアの特性」をしっかりと自らで考えながら「情報と接し，発信」すべきなので，オの「自覚的」が合う。

問５　ジャーナリストが，「自分の発信する情報にどんなリアクションが返ってくるかを考えて記事を書くよう言われている」点をおさえる。特に，「人を大きく傷つける」可能性のある記事では，自分が発信する情報(ボール)を想像される社会(壁《かべ》)にぶつけ，どんな反応があるかをあらかじめ想定しておくことが必須《ひっす》だと述べている。これをもとに，「一つの記事が人を大きく傷つけることもあるのだから，情報の受け手がどう反応するかを事前によく考えて発信すべきだということ」のようにまとめる。

問６　「メディアも盲導犬協会も予想していなかった受け手の反応」があったことについて，筆者はボールが「思わぬ方向へ跳《は》ね返った」と表現している。2014年夏に報道された，「飼い主の視覚障害者とともに歩いていた盲導犬が刺されたというショッキングなニュース」のあらましを整理する。盲導犬は「フォークのようなもので刺されたかもしれな」かったが，飼い主が犬の声を聞かなかったことから，「盲導犬は飼い主が危険な状態にならなければ，むやみにはほえない」とされた報道に対し，ネットなどでは「痛くても声を出さないように訓練するなんて，動物虐待《ぎゃくたい》ではないか」との反響《はんきょう》が広がったのである。何が，どんな予想外の反応につながったかをはっきりさせ，「盲導犬の報道でメディアが加えた推測が，盲導犬協会の訓練は動物虐待ではという予想外の非難を招いたこと」のようにまとめる。

問７　ネットで何でも検索《けんさく》できれば「記憶《きおく》する必要」がなくなり「余力を創造的な領域」に使えるだろうと筆者は考えたが，実際には「ネット依存《いぞん》になり～じっくりものを考える時間もなくなっ」たり，「時間をかけて調べないので，すぐ忘れ」たりと，その「期待」は裏切られてしまったのである。よって，イとエがあてはまる。なお，「ぬか喜び」は，喜んだ後にあてが外れてがっかりするような，一時的な喜び。

問８　「これ」は，自由に選択《せんたく》できるネット上で「自分に興味のある」情報ばかりを選ぶようになること，「検索エンジン」が個々の「好みや興味を推測して情報を集めて」提供するため，「自分と違《ちが》う意見が見えにくく」なることを指す。「社会全体」でも「情報が一定方向に集中する」ので，折り合いをつけて納得《なっとく》いく方向を探《さぐ》る「民主主義にとって危険な状況」となる。よって，エが合う。

二　出典は宇佐見《うさみ》りんの『くるまの娘《むすめ》』による。病気の後遺症《こういしょう》と酒への依存に苦しむ母，感情的な父，「かんこ」の三人で，車中泊《しゃちゅうはく》をしながら父方の祖母の葬儀《そうぎ》に向かうようすが描《えが》かれている。

問１　父と師弟《してい》のような関係にあった「かんこ」は，忠実に教えを守った結果第一志望の中学に合格している。合格発表を見て大声で泣きながら抱《だ》きしめてきた父に対し，「ありがとう」と感謝の念を抱《いだ》いた一方で，どこか心もとなさも感じ，「かんこ」は「親を守らなければ」と思ったのだから，オが選べる。

問２　興奮した母の，酔《よ》って泣きわめき「攻撃《こうげき》」までしてくる異常《いじょう》さを目のあたりにした「かんこ」は，その発端《ほったん》が「せんべいのことに納得」がいかなかったという「しょうもない(とるにたりない)」ことにあるのだと思い出し，無理やり「笑おうとした」ものの，無視するばかりで事態の収拾が期待できない父のこともあって余計に恐怖《きょうふ》や不安がつのり，「震《ふる》えて」いる。よって，アが合う。なお，前書きに「かんこも自分の思うように体が動かなくなること」が多くなったとあるのは，今直面している状況と同じような目に度々《たびたび》あっているからだと推測できる。　イ　震えのあと体が「動けなく」なるほど消耗《しょうもう》しているので，「混乱」といった程度ではないはずである。
ウ　場の「空気をなごませよう」とするほどの余裕《よゆう》はない。笑おうとしたのは，こんな騒《さわ》ぎなど「しょうもない」ことだと，おびえる自分をはげますためである。　エ　健康な頃《ころ》の母に「会いたい」と「何度も」思ったのは，荒《あ》れる母を何度も見てきたからである。その積み重ねが「かんこ」の心身の負担となって，体が思うように動かせないところまできており，「元通りになる」ことを期待できるきざしはない。　オ　泣きわめく母に感じているのは「怒《いか》り」ではなく，おびえである。

問３　同じ段落に，母の苦しみが描かれている。家族や近所の人だけでなく，「凄惨《せいさん》なニュース」などから「想像できる範囲《はんい》の他人の痛み」を「自分のことのように痛がる」ほど「優《やさ》しい人」である母はいま，病気の苦痛，「蓄積《ちくせき》された何十年ぶんもの痛みもくわわって，わけがわからなくなって」いる。「せんべい」などの「しょうもない」できごとが引き金となって，母はその苦しみのなかへと「突《つ》き落とされ」，這《は》い上がってはまた落ちることを繰《く》り返しているのだから，オがよい。ア～エは，ささいなきっかけで蓄積された苦痛におちいる点をおさえていない。

問４　病気と酒で荒れる母を「受け止めること」のできなかった「かんこ」は，かつての厳しくも優しい母を奪《うば》った酒類への憎《にく》しみから，それらを「捨てた」のだろうと考えられる。これを整理して，「病気と酒とで変わってしまった母を受け入れられず，せめて酒を飲まなければ，以前の優しい母がもどってくるのではと思ったから」のようにまとめる。

問5　すべてがつらくなり，気がふれたようになってしまうときがあるものの，自分ではどうにもしようのないことに，母自身がやりきれなさを覚えていることをおさえる。外に出ようとした「かんこ」の腕《うで》を引き，一連の騒動《そうどう》ややつあたりを「ごめんね」と謝《あやま》りながら，母は小遣《こづか》いの五千円札越《ご》しに手を握《にぎ》っている。兄や弟同様，娘もまた自分のもとから去ってしまうのではないかというおそれもあって，母は現状できる心からの詫《わ》びと，同時にすがるような気持ちで五千円札を「かんこ」に渡《わた》したのである。よって，エがふさわしい。なお，ア～ウ，オは，見放されることへの母の不安をおさえていない。

問6　外へ出た「かんこ」は，ふと見つけた他人の「青い車」に，かつて同じ車種に乗っていた自分たち家族の姿《すがた》を重ねている。一家でよく車中泊をしていた「あの頃に帰りたい」と悲痛な思いをつのらせながらも，「戻らなくては」と「父と母のねむる車」へよろよろと歩き出した「かんこ」は，再び厳しい現実と向き合わなければならないことに打ちひしがれているので，アがよい。

三　漢字の書き取り

1　議論を戦わせること。　**2**　事態が一度に大きく変化するようす。　**3**　船舶《せんぱく》や航空機が初めて航路につくこと。　**4**　固く誓《ちか》い合った友人。　**5**　「破竹の勢い」は，激しくとどめがたい勢い。　**6**　穀物を多く産する地方。　**7**　音読みは「エイ」で，「栄光」などの熟語がある。　**8**　音読みは「ホウ」で，「訪問」などの熟語がある。訓読みはほかに「おとず(れる)」がある。

Memo

Memo

2022年度　市川中学校

〔電　話〕 (047) 339―２６８１
〔所在地〕 〒272-0816　千葉県市川市本北方２―38―１
〔交　通〕 JR線―「本八幡駅」,「市川大野駅」などからバス

【算　数】〈第１回試験(一般・帰国生)〉 (50分) 〈満点：100点〉

【注意】 1．コンパス・直線定規を利用してもよい。
2．円周率は3.14とする。
3．比を答える場合には，最も簡単な整数の比で答えること。

1 次の問いに答えなさい。

(1) $(2022\div120-11)\div\left(\frac{1}{3}+\frac{1}{9}+\frac{1}{27}\right)\times\left(4-2.75\div\frac{3}{4}\right)$を計算しなさい。

(2) ３個の商品Ａ，Ｂ，Ｃがあります。Ｂの値段はＡの値段より40円高く，Ｃの値段はＡの値段の２倍より30円安くなっています。Ａを１個，Ｂを２個，Ｃを３個購入《こうにゅう》したところ，代金の合計が2690円になりました。このとき，Ａの値段を求めなさい。

(3) 毎分10Ｌ《リットル》の割合で水そうに水を入れていきます。この水そうには２つの排水管《はいすいかん》Ａ，Ｂがあり，ＡはＢより１分あたり５Ｌ多く排水されます。水そうがいっぱいになったところで，Ａのみで排水すると９分で，Ｂのみで排水すると24分で水そうは空になります。このとき，水そうの容量を求めなさい。ただし，排水管を開いてからも，毎分10Ｌの割合で水を入れ続けています。

(4) 右の図のように，長方形と正五角形を組み合わせたとき，印をつけた角の大きさの和を求めなさい。

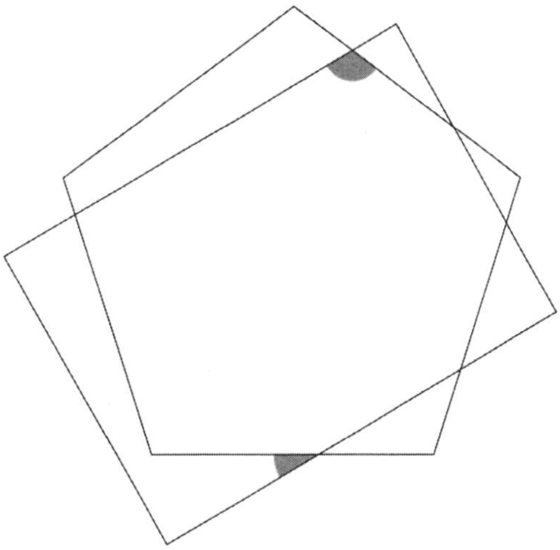

2 図のように，１辺の長さが６cmの正方形ABCDが直線 l 上を滑《すべ》らないように１回転し，正方形EFGHと重なりました。このとき，あとの問いに答えなさい。

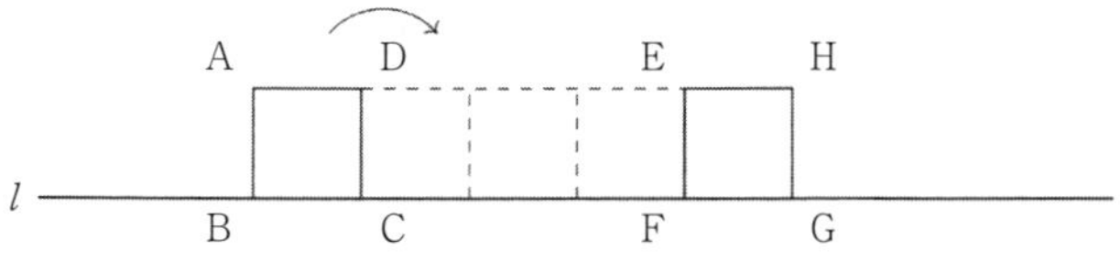

(1) ADが通過した部分を，コンパスと定規を用いて作図し，その部分を斜線《しゃせん》で表しなさい。

(2) (1)で求めた部分の面積を求めなさい。ただし，１辺の長さが1cmの正三角形の面積は0.43cm^{2}とします。

3　濃度《のうど》５％の食塩水Ａと濃度８％の食塩水Ｂと濃度のわからない食塩水Ｃがあります。Ａ，Ｂ，Ｃを２：１：１の割合で混ぜると，濃度７％の食塩水ができます。このとき，次の問いに答えなさい。

(1)　Ｃの濃度を求めなさい。

(2)　Ａを100ｇ，Ｂを[ア]ｇ混ぜる予定でしたが，間違《まちが》えてＡを100ｇ，Ｃを[ア]ｇ混ぜてしまい，濃度が予定よりも1.5％高くなりました。[ア]にあてはまる数を求めなさい。

(3)　Ａを100ｇ，Ｂを[イ]ｇ混ぜる予定でしたが，間違えてＡを[イ]ｇ，Ｂを100ｇ混ぜてしまい，濃度が予定よりも１％高くなりました。[イ]にあてはまる数を求めなさい。

4　以下の会話文中の[ア]から[ク]にあてはまる数を答えなさい。ただし，答えが複数ある場合はすべて答えなさい。

Ｘ：下の筆算が成り立つように，各アルファベットに０から９までの数を１つずつ入れることを考えよう。

$$\begin{array}{rccc} & \mathsf{A} & \mathsf{B} & \mathsf{C} \\ & \mathsf{D} & \mathsf{E} & \mathsf{F} \\ +) & \mathsf{G} & \mathsf{H} & \mathsf{I} \\ \hline 2 & 0 & 2 & 2 \end{array}$$

Ｙ：それなら簡単だよ。**A**と**D**と**G**が６で，**B**と**E**と**H**が７で，**C**と**F**と**I**が４ならば，674＋674＋674＝2022が成り立つよ。

Ｘ：そうだね。では，同じ数が使えなかったらどうだろう。各アルファベットに入る数が異なるように，０から９までの数を１つずつ入れられるかな。まず，一の位の数のみに着目すると，**C＋F＋I**として考えられる値は何があるだろうか。

Ｙ：[ア]が考えられるね。

Ｘ：次に，繰《く》り上《あ》がりと十の位の数のみに着目して**B＋E＋H**の値を考えてみよう。

Ｙ：[イ]が考えられるね。同じようにして**A＋D＋G**の値は[ウ]が考えられるよ。

Ｘ：これだけだと，まだ各位の数の和の候補が多くて決められないね。でも，各アルファベットには０から９までの中から異なる９つの数が入ることを考えると，各位の数の和の組合せは１通りに絞《しぼ》られるんじゃないかな。

Ｙ：**C＋F＋I**＝[エ]，**B＋E＋H**＝[オ]，**A＋D＋G**＝[カ]だね。ということは，０から９の中で使わない数は[キ]なんだね。

Ｘ：では，**A**が７のとき，残りのアルファベットに入る数の組合せが何通りあるか求めてごらん。

Ｙ：わかった。[ク]通りだね。

5　次のような操作を考えます。

操作：ある数に対して，その数が10の倍数のときは10で割り，10の倍数でないときは３倍して２を加える。

この操作を繰《く》り返《かえ》し行うとき，次の問いに答えなさい。

(1)　(i)　１に対してこの操作を５回行ったあとの数を求めなさい。

(ii)　２に対してこの操作を５回行ったあとの数を求めなさい。

(2)　１から100までの数に対してこの操作を行うとき，10で割るという操作を１回も行わない数は何個ありますか。

(3)　１から100までの数に対してこの操作を行うとき，10で割るという操作をちょうど１回だけ行う数は何個ありますか。

【社　会】〈第１回試験(一般・帰国生)〉（40分）〈満点：100点〉

【注意】１．解答の際には，句読点や記号は１字と数えること。

２．コンパス・定規は使用しないこと。

１　音楽をテーマにした日本の歴史について，次の文章を読み，あとの問いに答えなさい。

音楽を奏でるための楽器はいつ頃《ごろ》からあるのでしょうか。A縄文時代の遺跡から土製の鈴《すず》がみつかることがあります。他にも，土でできた笛とみなすことができるものも出土しているので，この頃から楽器がつくられていたと思われます。弥生時代に現れた銅鐸も楽器の一種といえるかもしれません。平らな鐘《かね》で，内側に舌《ぜつ》と呼ばれる棒や板を入れて鳴らします。中国から朝鮮に伝わり，さらに日本に伝わってしだいに大型化したと考えられています。

奈良時代の中頃，東大寺の大仏が完成しました。完成を祝う儀式《ぎしき》では，およそ１万人の僧侶やさまざまな寺に所属する人たちが参加し，大勢の人びとの前で音楽が奏でられました。また，B仏教音楽に加えて，中国や朝鮮をはじめ諸外国の珍《めずら》しい音楽や舞踊《ぶよう》なども披露《ひろう》され，当時の東アジアの中では最大級の国際イベントとなりました。C８世紀の終わりに平安時代が始まり，律令の規定を補足・修正した法令である「格」と，律令の施行《しこう》の細かい規則を定める「式」がD９世紀から10世紀にかけて分類・編集されました。式には，朝廷の儀式において音楽を演奏する人や音楽学生の人数，彼《かれ》らが参加すべき儀礼などが規定されていました。

鎌倉時代になると，E『平家物語』が琵琶法師によって※１平曲として語られ始めました。その後も，茶道や連歌の集まりなど多様な場で演奏されましたが，平曲は盲目《もうもく》の琵琶法師によって語りつがれたので，楽譜《がくふ》はつくられませんでした。室町時代には，観阿弥・世阿弥父子が歌舞劇であるF能を大成しました。この時代には，寺社の保護をうけて能を演じるG座の活動がさかんで，特に世阿弥は優れた役者・脚本家として活躍しただけでなく，音楽と舞踊もつくりました。

江戸時代，朝鮮から将軍の代がわりごとにH朝鮮通信使が江戸に派遣されました。総勢400～500人の行列の中には，太鼓《たいこ》や笛などさまざまな楽器を奏でる楽隊も含《ふく》まれていて，道中や滞在《たいざい》地で音楽を演奏しました。

江戸幕府は西洋の書物と，西洋の言語を中国語に訳した書物の輸入を禁止していました。しかし，I18世紀になると幕府はこの方針を変更《へんこう》して，中国語に訳した西洋の書物の輸入を認めました。これをきっかけに蘭学がさかんになり，蘭学を研究する人たちが現れました。J蘭学者の宇田川榕庵《ようあん》は，オランダ語の音楽の本から五線譜やト音記号・ハ音記号を知り，音程についても，※２雅楽《ががく》の音名などに対応させて理解しました。このことは，明治時代の西洋音楽理論導入の先駆《さきが》けとなりました。

※１　平曲…琵琶の伴奏《ばんそう》によって平家物語を語るもの。

※２　雅楽…奈良・平安時代に完成し，宮廷・寺社などで行われた音楽。また，それによる舞。

問１　下線**A**について，次の文章の(**1**)～(**4**)にあてはまる語句の組み合わせとして正しいものはどれですか，下の**ア～カ**から１つ選び，記号で答えなさい。

> 縄文時代の始まりは，今から約１万年前で，それまでよりも地球の気候が(**1**)になった時代です。青森県の(**2**)遺跡は，この時代における日本最大級の集落の跡《あと》です。人びとの暮らしには，新しくつくられるようになった(**3**)石器だけでなく，前の時代に引き続き(**4**)石器が欠かせませんでした。

ア　**1**—温暖　**2**—三内丸山　**3**—磨製　**4**—打製
イ　**1**—寒冷　**2**—三内丸山　**3**—打製　**4**—磨製
ウ　**1**—温暖　**2**—吉野ヶ里　**3**—磨製　**4**—打製
エ　**1**—寒冷　**2**—吉野ヶ里　**3**—打製　**4**—磨製
オ　**1**—温暖　**2**—三内丸山　**3**—打製　**4**—磨製
カ　**1**—寒冷　**2**—吉野ヶ里　**3**—磨製　**4**—打製

問２　下線**B**について，仏教に関して説明した**ア～オ**を時代の古い順に並べたとき，２番目と４番目にあたるものはどれですか，それぞれ記号で答えなさい。

ア　すべての人をどこかの寺院に所属させ，仏教徒であることを証明する制度がつくられました。

イ　山での修行が重視され，加持祈祷《かじきとう》によって国家の安定や人びとの幸せを祈《いの》る仏教がおこり，密教と呼ばれました。

ウ　比叡山延暦寺が焼き打ちにあい，さらに一向一揆などの仏教勢力も攻撃《こうげき》をうけました。

エ　仏教の精神を政治にいかすことがめざされ，法隆寺や四天王寺などが建てられました。

オ　ただひたすらに念仏や題目を唱えたり，座禅にうちこむなど，一つの道に専念する仏教がおこりました。

問３　下線**C**について，次の文章の(**5**)・(**6**)にあてはまる語句は何ですか，それぞれ漢字で答えなさい。

> (**5**)天皇は，784年に長岡京へ遷都し，その後平安京に遷都しました。国司の不正の監視《かんし》や取り締《し》まりを行う勘解由使を設置するなど「令」にない役職を新たに設置し，律令制の充実《じゅうじつ》をはかりました。さらに東北地方の蝦夷を平定するため，(**6**)を征夷大将軍に任命し，東北に派遣しました。

問４　下線**D**について，９・10世紀に起こったできごとを説明した文としてあやまっているものはどれですか，**ア～オ**からすべて選び，記号で答えなさい。

ア　前九年合戦が起きました。

イ　菅原道真が左遷された大宰府で亡くなりました。

ウ　墾田永年私財法が出されました。

エ　藤原良房が摂政になりました。

オ　平将門の乱が起きました。

問５　下線**E**について，『平家物語』の冒頭《ぼうとう》にあたるものはどれですか，**ア～オ**から１つ選び，記号で答えなさい。

ア　この世をば　わが世とぞ思ふ　望月《もちづき》の　かけたることも　なしと思へば

イ　春はあけぼの。やうやう白くなりゆく山際，少し明かりて，紫《むらさき》だちたる雲の細くたなびきたる。

ウ　つれづれなるままに，日くらし，硯《すずり》にむかひて，心にうつりゆくよしなし事を，そこはかとなく書きつくれば，あやしうこそものぐるほしけれ。

エ　祇園精舎《ぎおんしょうじゃ》の鐘《かね》の声，諸行無常の響《ひび》きあり。沙羅双樹《さらそうじゅ》の花の色，盛者必衰《じょうしゃひっすい》のことわりをあらはす。

オ　天《あま》の原　ふりさけ見れば　春日《かすが》なる　三笠《みかさ》の山に　出《い》でし月かも

問６　下線**F**について，能にあたるものはどれですか，**ア**～**エ**から１つ選び，記号で答えなさい。

ア

イ

ウ

エ

東京国立博物館所蔵(https://www.tnm.jp)より
立命館大学所蔵，Ukiyo-e Search HP(https://ukiyo-e.org)より
実教出版『日本史Ｂ　新訂版』より
なお，問題作成の都合により一部加工しています。

問７　下線**G**について，次の文章の(**７**)・(**８**)にあてはまる語句の組み合わせとして正しいものはどれですか，下の**ア**～**エ**から１つ選び，記号で答えなさい。

座は同業者の組合で，(　**７**　)に税を納めることで保護を受け，営業を独占《どくせん》しました。売買の手段としては，銅銭が主に使用され，(　**８**　)などの高利貸しもあらわれました。

ア　**7**—貴族や寺社　**8**—問(問丸)

イ　**7**—貴族や寺社　**8**—土倉や酒屋

ウ　**7**—幕府や大名　**8**—問(問丸)

エ　**7**—幕府や大名　**8**—土倉や酒屋

問８　下線**H**について，朝鮮通信使の来日は，当時の庶民にとってはどのような意味があったと考えられますか，**資料１・２**をふまえて，40字以内で説明しなさい。

<**資料１**>

> 当時は，使節の行列以外で外国人の姿を見ることはめったにありませんでしたが，通信使一行が宿泊《しゅくはく》した地域では，人びとが宿舎を訪ねたり，簡単な朝鮮語の会話集がつくられたりしました。

<**資料２**>

> 幕府は，使節を迎える準備を各藩に命じました。そのため，京都・江戸間では，使節の一行の膨大《ぼうだい》な荷物を運搬《うんぱん》するために人足《にんそく》としてのべ30万人以上の人が動員され，馬はのべ８万頭用意されました。

問９　下線**I**について，この方針転換をすすめた人物を説明したものとして正しいものはどれですか，**ア**～**オ**から１つ選び，記号で答えなさい。

ア　この人物は幕府の将軍として，主従関係や上下関係を大切にする朱子学を重視しました。質を落とした貨幣を大量に発行し，幕府の財政難を切り抜《ぬ》けようとしました。

イ　この人物は２人の将軍に仕え，金銀の流出をふせぐために長崎での貿易を制限するなど正徳の治と呼ばれる政治を行いました。

ウ　この人物は幕府の将軍として，参勤交代の際の大名の江戸滞在期間を半分にする代わりに，石高１万石につき100石の米を幕府に献上《けんじょう》させました。

エ　この人物は幕府の老中として，株仲間の結成をすすめるなど，商人の力を借りながら幕府の財政再建を行おうとしました。

オ　この人物は幕府の老中として，質素・倹約をすすめました。さらに農村の立て直しのために，農民の出かせぎを禁止し，大名には飢饉に備えて米を蓄《たくわ》えさせました。

問10　下線**J**について，蘭学者または蘭学に関して説明した文としてあやまっているものはどれですか，**ア**～**オ**から１つ選び，記号で答えなさい。

ア　緒方洪庵が大阪にひらいた適塾では，福沢諭吉らが蘭学を学びました。

イ　シーボルトは長崎に鳴滝塾をひらき，医学を中心とする蘭学を教えました。

ウ　高野長英・渡辺崋山らは，幕府の対外政策を批判したため厳しく罰《ばっ》せられました。

エ　杉田玄白は前野良沢らとともに，オランダ語の解剖書を翻訳《ほんやく》して『解体新書』を出版しました。

オ　宮崎安貞はオランダの農業に学んで『農業全書』を著し，農業技術の普及《ふきゅう》に努めました。

2　**次の年表は，それぞれ歴史上のある人物についてまとめたものです。これをみて，あとの問いに答えなさい。**

[A]の年表	
1838年	肥前国(いまの佐賀県)に生まれる
1881年	国会開設や憲法制定をめぐる意見対立などで政府を追われる　……①
1889年	条約改正交渉を進めるさなか，襲撃《しゅうげき》されて重傷をおう
1898年	内閣総理大臣に就任したが４ヶ月で内閣退陣《たいじん》
1914年	再び内閣総理大臣に就任する
1915年	(1)を提出し，その大部分を認めさせる　……………………………②
1922年	83歳《さい》で死去

[B]の年表	
1858年	相模国(いまの神奈川県)に生まれる
1874年	慶應義塾に入塾する
1903年	東京市長に就任する
1913年	立憲政治を守る立場から(2)内閣を総辞職に追い込《こ》む
	↕　……③
1937年	軍部の台頭に対し衆議院で批判演説を行う
1954年	95歳で死去

[C]の年表	
1893年	愛知県に生まれる
1920年	平塚らいてう・奥むめおとともに新婦人協会を設立する
1922年	新婦人協会が治安警察法の第５条の改正を実現する
1924年	婦人参政権の獲得《かくとく》をめざして運動を進める
1942年	大日本婦人会の審議員《しんぎいん》に指名される　……………………………④
1953年	参議院議員となる
	↕　……⑤
1981年	87歳で死去

問１　[Ａ]～[Ｃ]にあてはまる人物の組み合わせとして正しいものはどれですか，**ア～ク**から１つ選び，記号で答えなさい。

ア　Ａ―板垣退助　Ｂ―犬養毅　Ｃ―津田梅子

イ　Ａ―板垣退助　Ｂ―犬養毅　Ｃ―市川房枝

ウ　Ａ―板垣退助　Ｂ―尾崎行雄　Ｃ―津田梅子

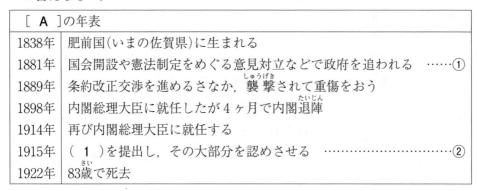

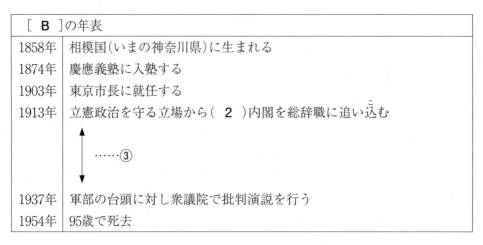

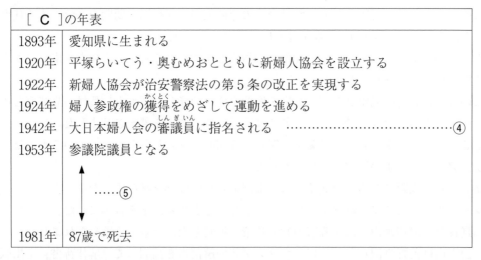

エ　A―板垣退助　B―尾崎行雄　C―市川房枝

オ　A―大隈重信　B―尾崎行雄　C―津田梅子

カ　A―大隈重信　B―尾崎行雄　C―市川房枝

キ　A―大隈重信　B―犬養毅　C―津田梅子

ク　A―大隈重信　B―犬養毅　C―市川房枝

問2　①について，このできごとに関係する動きを説明した文として正しいものはどれですか，**ア**～**オ**からすべて選び，記号で答えなさい。

ア　政府による北海道開拓事業にかかわる不正事件が明るみに出ました。

イ　国会開設を10年後に行うことが天皇の名によって約束されました。

ウ　国民の意見に基づいた憲法を制定する方針が発表されました。

エ　意見対立が起こった原因として，鹿児島県など九州や西日本各地での士族反乱による社会不安がありました。

オ　西郷隆盛も政府を追われることになりました。

問3　②について，**史料**は(**1**)の提出を批判したアメリカの新聞「ニューヨーク・タイムズ」の記事です。これを読み，下の問いに答えなさい。

＜**史料**＞

> これらの要求が認められれば，中華民国の主権を甚《はなは》だしく損なうだろうということだ。中国は実質的に日本の管理下に入ってしまうだろう。＜中略＞(　**あ**　)のに乗じ，中国と西洋諸国の権利を無視して，永遠に中国という偉大《いだい》な国の運命の支配者であり続けられるように中国に対する管理を確固たるものにしようとする日本の意図を示しているというものだ。

歴史学研究会 編『日本史史料集［4］近代』より

⑴　(**1**)にあてはまる語句を答えなさい。

⑵　国際社会の批判が予想されるにもかかわらず，日本は(**1**)を提出しました。その背景には，当時発生していたあるできごとが関係しています。その背景について，(**あ**)にあてはまる内容を考えて，補いなさい。

問4　(**2**)にあてはまる人物は誰《だれ》ですか，姓名《せいめい》ともに漢字で答えなさい。

問5　③について，1913年から1937年までの時期に起こったできごととして正しいものを**ア**～**カ**から選び，それらを時代の古い順に並べたとき，2番目と4番目にあたるものはどれですか，それぞれ記号で答えなさい。なお，できごとは年表の人物に直接関係しているとは限りません。

ア　天皇中心の国のあり方を変えようとする運動を取り締《し》まるため，治安維持法が制定されました。

イ　ロシア革命への対応としてシベリア出兵が始まりました。

ウ　韓国併合条約が調印されました。

エ　国際連盟がリットン調査団を中国の満州に派遣しました。

オ　関東大震災が発生し，多くの人命や財産が失われました。

カ　日独伊三国同盟が結ばれました。

問６　④について，大日本婦人会は，戦争協力のため1940年に政党を解散して結成された全国組織に組み入れられました。この全国組織を何といいますか，漢字で答えなさい。

問７　⑤について，1953年から1981年までの時期に起こったできごととしてあてはまらないものはどれですか，**ア〜カ**からすべて選び，記号で答えなさい。なお，できごとは年表の人物に直接関係しているとは限りません。

ア　日本が国際連合に加盟しました。

イ　朝鮮戦争が始まりました。

ウ　沖縄が日本に復帰しました。

エ　自衛隊がカンボジアに派遣されました。

オ　日米安全保障条約が調印されました。

カ　日韓基本条約が調印されました。

3　**市川さんは，千葉県成田市について調べた内容をまとめました。次の文章を読み，あとの問いに答えなさい。**

A千葉県成田市は千葉県の北部中央に位置し，河川を隔《へだ》てて茨城県と接しています。JRの成田駅周辺には住宅が多く建ち並び，現在の成田市の人口はおよそ13万人です。

成田市は下総台地に位置し，市の西部には印旛沼があります。印旛沼では流入するB河川の増水によって，たびたびC洪水《こうずい》が発生しました。印旛沼の洪水は，D日光連山の降雨によって生じることが多かったため，「日光水」として周辺の人びとに恐《おそ》れられていました。

E千葉県は農作物の生産がさかんな都道府県の１つで，2019年の統計によれば，米・野菜・果実・畜産等からなる農業生産額の合計は全国４位であり，成田市も，米やさつまいも・落花生・クリームスイカが特産品として知られています。

成田市の中心部である成田地区は，1000年以上の歴史がある成田山新勝寺の門前町として栄えてきました。さらに，1960年代になると，F成田ニュータウンが計画・建設されはじめ，人口が急増していきました。

問１　下線**A**について，(12)・(13)ページの**地図１**は成田市の地図です。これについて，次の問いに答えなさい。

(1)　**地図１**から読みとれる内容を説明した①・②について，その正誤の組み合わせとして正しいものはどれですか，下の**ア〜エ**から１つ選び，記号で答えなさい。

①　低地は主に田に利用され，台地やその台地に入り組む谷には住宅が多く建てられています。

②　JR成田駅から西にのびる大通りには，税務署や消防署・博物館などの施設《しせつ》があります。

ア　①―正　②―正　　**イ**　①―正　②―誤

ウ　①―誤　②―正　　**エ**　①―誤　②―誤

(2)　**地図１**の**a**━━**b**の線のおおよその断面図として正しいものはどれですか，**ア**～**オ**から１つ選び，記号で答えなさい。

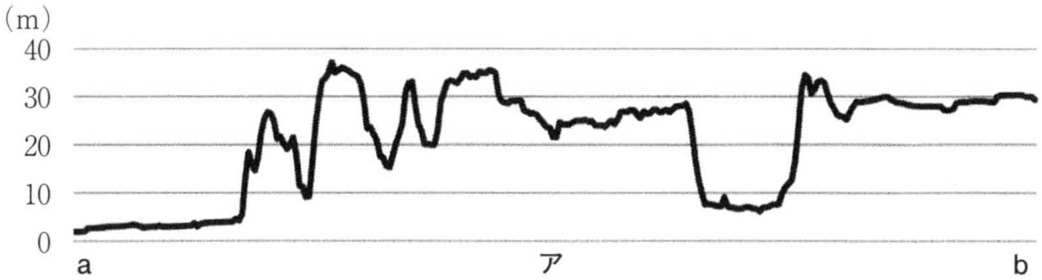

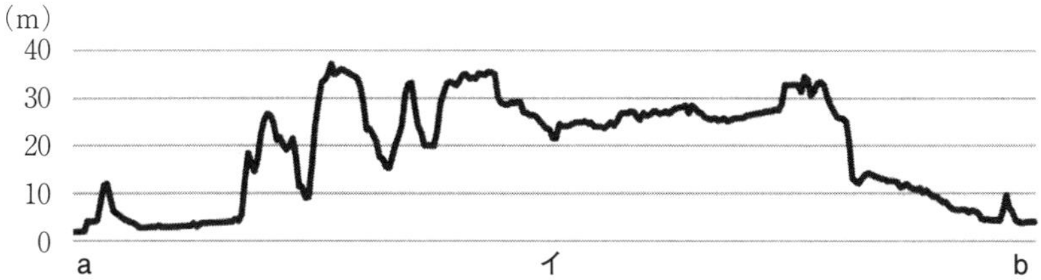

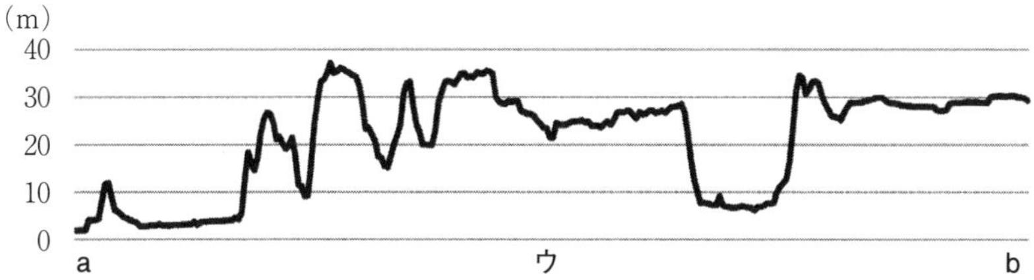

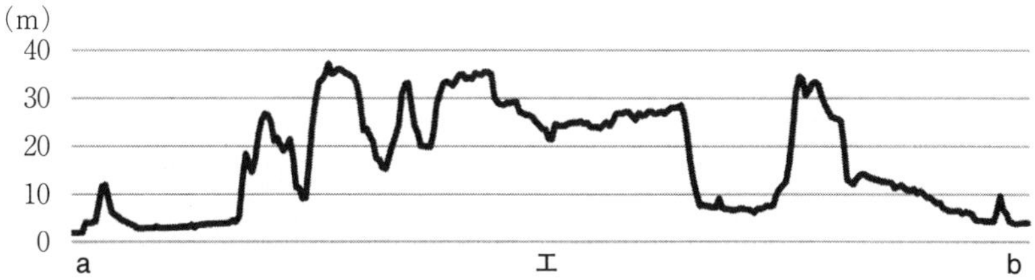

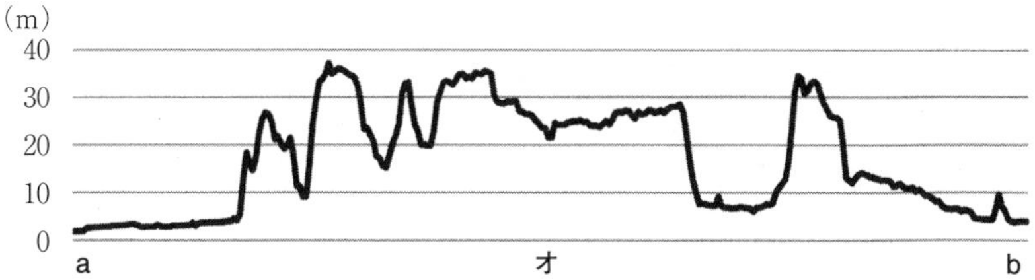

国土地理院地図HP(https://maps.gsi.go.jp)より作成

＜地図１＞

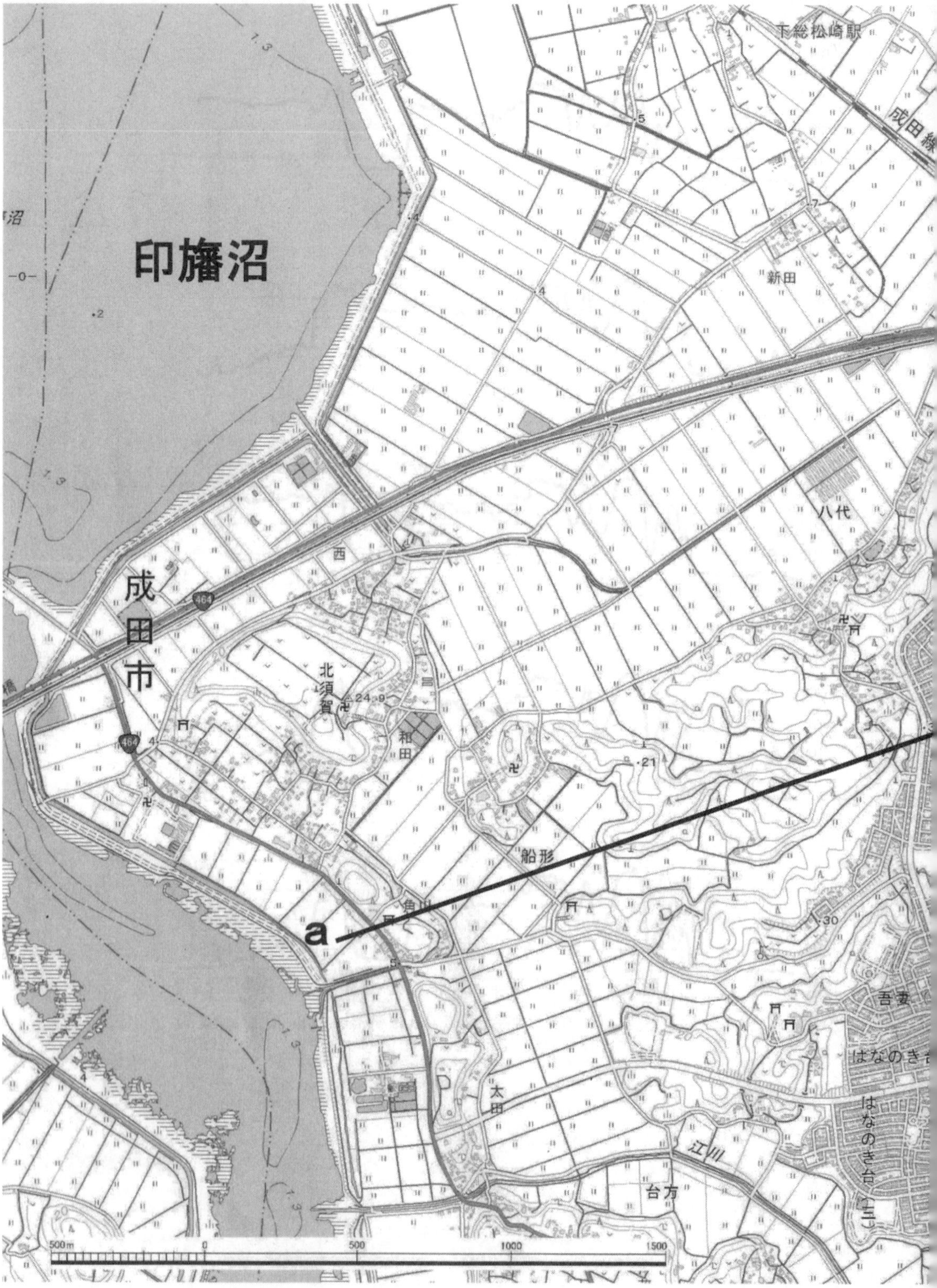
下総松崎駅
成田線
印旛沼
新田
八代
成田市
西
北須賀
和田
船形
a
吾妻
はなのき台
太田
江川
台方
500m
0
500
1000
1500

（国土地理院電子地形図「成田」２万5000分の１地形図。なお，問題作成の都合により実際の地図を加工しています。）

問２　下線**Ｂ**について，**表１**は北海道・東北・関東・北陸・中部・近畿・九州の各地方における流域人口首位の一級河川の流域人口と流域面積を示しています。②・⑤にあてはまる地方の組み合わせとして正しいものはどれですか，下の**ア**～**カ**から１つ選び，記号で答えなさい。

＜表１＞

	流域人口	流域面積
①	1,353,904人	5,400km^2
②	11,073,576人	8,240km^2
③	13,087,825人	16,840km^2
④	2,569,330人	14,330km^2
⑤	2,610,703人	1,010km^2
北陸	2,832,685人	11,900km^2
九州	1,103,526人	2,863km^2

国土交通省『河川データブック 2020』より作成

ア　②―関東　⑤―中部　　**イ**　②―関東　⑤―北海道
ウ　②―東北　⑤―中部　　**エ**　②―東北　⑤―北海道
オ　②―近畿　⑤―中部　　**カ**　②―近畿　⑤―北海道

問３　下線**Ｃ**について，災害の種類は多様で，地域によって発生する災害にもちがいがあります。**表２**は2019年にアジア・アフリカ・北アメリカ・ヨーロッパで発生した各災害の数を示しています。③・④にあてはまる地域の組み合わせとして正しいものはどれですか，下の**ア**～**カ**から１つ選び，記号で答えなさい。

＜表２＞

	干ばつ	熱帯低気圧	熱波	暴風雨	洪水	地震《じしん》	その他
①	7	3	0	2	10	0	2
②	0	0	6	2	1	0	1
③	0	3	0	6	2	1	2
④	2	11	0	2	17	4	1

内閣府『令和２年度版　防災白書』より作成

ア　③―北アメリカ　④―アジア
イ　③―北アメリカ　④―アフリカ
ウ　③―ヨーロッパ　④―アジア
エ　③―ヨーロッパ　④―アフリカ
オ　③―アフリカ　　④―北アメリカ
カ　③―アフリカ　　④―ヨーロッパ

問４　下線**Ｄ**について，近年も日光連山での豪雨によって，鬼怒川で洪水が発生しました。このときの豪雨は，「連続して雨雲・積乱雲が発生し，約50～300kmの長さで，幅《はば》20～50kmの雨域」によるものです。2021年からは発生情報も速報されるようになった，このような雨域を何といいますか，漢字で答えなさい。

問５　下線**Ｅ**について，**表３**は千葉県や成田市で生産がさかんな農畜産物のうち，米・トマト・さつまいも・大根の収穫量，ぶたの飼育頭数の上位５道県を示しています。大根とぶたにあたるものはどれですか，**ア～オ**からそれぞれ１つずつ選び，記号で答えなさい。

＜**表３**＞

順位	ア	イ	ウ	エ	オ
1	新潟県	鹿児島県	鹿児島県	北海道	熊本県
2	北海道	茨城県	宮崎県	千葉県	北海道
3	秋田県	千葉県	北海道	青森県	愛知県
4	山形県	宮崎県	群馬県	鹿児島県	茨城県
5	宮城県	徳島県	千葉県	神奈川県	千葉県

二宮書店『データブック オブ・ザ・ワールド 2021年版』より作成

問６　下線**Ｆ**について，成田市以外にも，ニュータウンは日本の各地に点在しています。**表４**は，成田市と，同じくニュータウンが位置する千葉県佐倉市の2015年における※昼夜間人口比率を示しています。成田市の昼夜間人口比率が，佐倉市のそれとはことなる理由は何ですか，成田市の都市としての特徴《とくちょう》をふまえて，具体的に説明しなさい。

※昼夜間人口比率…夜間人口100人に対する昼間人口。

＜**表４**＞

成田市	123.6
佐倉市	83.1

政府統計の総合窓口（e-Stat）HP（https://www.e-stat.go.jp）より作成

4　**次の文章は斎藤幸平著『人新世《ひとしんせい》の「資本論」』（集英社新書）の抜粋《ばっすい》です。これを読み，あとの問いに答えなさい。なお，出題に際して，省略および表記を一部変えたところがあります。**

温暖化対策として，あなたは，なにかしているだろうか。レジ袋削減《ぶくろさくげん》のために，エコバッグを買った？　ペットボトル入り飲料を買わないようにマイボトルを持ち歩いている？　車をハイブリッドカーにした？

はっきり言おう。その善意だけなら無意味に終わる。それどころか，その善意は有害でさえある。

なぜだろうか。温暖化対策をしていると思い込《こ》むことで，真に必要とされているもっと大胆《だいたん》なアクションを起こさなくなってしまうからだ。※１良心の呵責《かしゃく》から逃《のが》れ，現実の危機から目を背けることを許す「※２ A免罪符《めんざいふ》」として機能する消費行動は，資本の側が環境配慮《はいりょ》を装って私たちを欺《あざむ》く※３グリーン・ウォッシュにいとも簡単に取り込まれてしまう。

では，B国連が掲《かか》げ，各国政府も大企業《きぎょう》も推進する「C SDGs」なら地球全体の環境を変えていくことができるだろうか。いや，それもやはりうまくいかない。政府や企業がSDGsの行動指針をいくつかなぞったところで，D気候変動は止められないのだ。SDGsはアリバイ作りのようなものであり，目下の危機から目を背けさせる効果しかない。

＜中略＞

人類の経済活動が地球に与《あた》えた影響《えいきょう》があまりに大きいため，ノーベル化学賞受賞者のパウル・クルッツェンは，地質学的に見て，地球は新たな年代に突入《とつにゅう》したと言い，それを「人新世」（アントロポセン）と名付けた。人間たちの活動の痕跡《こんせき》が，地球の表面を覆《おお》いつくした年代という意味である。

実際，ビル，工場，道路，農地，ダムなどが地表を埋《う》めつくし，海洋には(　１　)が大量に浮遊《ふゆう》している。人工物が地球を大きく変えているのだ。とりわけそのなかでも，人類の活動によって飛躍《ひやく》的に増大しているのが，大気中の二酸化炭素である。

＜中略＞

近代化によるE経済成長は，豊かな生活を約束していたはずだった。ところが，「人新世」の環境危機によって明らかになりつつあるのは，皮肉なことに，まさに経済成長が，人類の繁《はん》栄《えい》の基盤《きばん》を切り崩《くず》しつつあるという事実である。

気候変動が急激に進んでも，超富裕層《ちょうふゆうそう》は，これまでどおりの※４放埒《ほうらつ》な生活を続けることができるかもしれない。しかし，私たち庶民《しょみん》のほとんどは，これまでの暮らしを失い，どう生き延びるのかを必死で探ることになる。

そのような事態を避《さ》けるためには，政治家や専門家だけに危機対応を任せていてはならない。「人任せ」では，超富裕層が優遇《ゆうぐう》されるだけだろう。だからFより良い未来を選択《せんたく》するためには，G市民の一人ひとりが当事者として立ち上がり，声を上げ，行動しなければならないのだ。

※１　良心の呵責…悪いことをした自分に対して，自分自身の良心からの責めを感じ，苦しむこと。

※２　免罪符…比喩《ひゆ》的に，何かのつぐないとしての行いをいう。

※３　グリーン・ウォッシュ…環境保護にうわべだけ熱心にみせること。実際は，環境に優しい活動をしていないのに，「環境に優しい」と主張すること。

※４　放埒…勝手気ままにふるまうこと。きまりやしきたりにしたがわないこと。

問１　(１)には，レジ袋の使用を規制する要因となった海洋汚染《おせん》物質が入ります。(１)にあてはまる物質名を，カタカナ10文字以上で答えなさい。

問２　下線**A**について，本文中で使われている意味として，最も適しているものはどれですか，**ア**～**エ**から１つ選び，記号で答えなさい。

ア　地球温暖化は解決されつつあると信じてしまうこと。

イ　気候変動は自然現象なので，人間の努力では解決できないとあきらめてしまうこと。

ウ　自分の行動が，二酸化炭素の排出《はいしゅつ》削減に少しでも役立っていると満足してしまうこと。

エ　企業が，二酸化炭素排出量削減に失敗しても許してしまうこと。

問３　下線**B**について，国連の働きを説明した文としてあやまっているものはどれですか，**ア**～**オ**から２つ選び，記号で答えなさい。

ア　国連貿易開発会議は，先進国と発展途上国の経済格差の解決に取り組んでいます。

イ　総会は，世界人権宣言やさまざまな差別をなくす条約を採択《さいたく》しています。

ウ　安全保障理事会は，紛争《ふんそう》地域の安定をはかるためにPKOの実施《じっし》を決定します。

エ　ユニセフは，世界の貴重な文化遺産や自然遺産を保護するために，世界遺産の登録を行います。

オ　国際労働機関は，人々の健康を守り，感染症《かんせんしょう》を予防するために活動します。

問４　下線**C**について，次の問いに答えなさい。

(1)　SDGsを日本語に訳したときの正式名称《めいしょう》は何ですか，次の□にあてはまる語句を答えなさい。

□□□□□□□□目標

(2)　SDGsの15番目の目標は「陸の豊かさも守ろう」です。その具体的内容として生物多様性を維持《いじ》するというものがあります。生物多様性を維持するための取り組みを説明した①・②について，その正誤の組み合わせとして正しいものはどれですか，下の**ア**～**エ**から１つ選び，記号で答えなさい。

① アライグマやカミツキガメなどの外来生物が，自然に定着するのを見守ります。

② 動物園ではジャイアントパンダの繁殖をうながすために，中国からパンダを借り受けています。

ア ①―正 ②―正　**イ** ①―正 ②―誤

ウ ①―誤 ②―正　**エ** ①―誤 ②―誤

問５ 下線**D**について，気候変動に関する取り決めであるパリ協定の内容を説明した文として正しいものはどれですか，**ア**～**オ**から２つ選び，記号で答えなさい。

ア 世界の平均気温上昇《じょうしょう》を，産業革命以前に比べて２℃より十分に低くたもちます。

イ 日本の温室効果ガスの排出量を，1990年に比べて６％引き下げます。

ウ すべての締約国《ていやくこく》に温室効果ガスの削減目標を提出させます。

エ 「かけがえのない地球」をスローガンに人間環境宣言を採択しました。

オ オゾン層を破壊《はかい》するおそれのある物質の製造，消費および貿易を規制しました。

問６ 下線**E**に関して，高度経済成長期のできごとについて説明した文としてあやまっているものはどれですか，**ア**～**オ**からすべて選び，記号で答えなさい。

ア 技術革新によって，鉄鋼や石油化学などの重化学工業が発展し，輸出が増大しました。

イ 電気洗濯機《せんたくき》や冷蔵庫，カラーテレビなどが普及《ふきゅう》し，「三種の神器」と呼ばれました。

ウ 日本で開催《かいさい》された最初のオリンピックにあわせて，東海道新幹線が開業しました。

エ 神通川流域のイタイイタイ病や渡良瀬川流域の鉱毒事件などの四大公害訴訟が問題となりました。

オ 大都市における過密と，人口が流出した農村や漁村の過疎が問題とされるようになりました。

問７ 下線**F**に関連して，未来を選択する手段として選挙があります。次の問いに答えなさい。

(1) **表１**は2012年の衆議院選挙における自民党の得票率・獲得《かくとく》議席率を示しています。衆議院選挙において，**表１**のように得票率が低いにもかかわらず，獲得議席率が高くなることがあるのはなぜですか，「**当選者**」という語句を用いて説明しなさい。

＜表１＞

	自民党の得票率	自民党の※1獲得議席率
2012年衆議院選挙	35.3%	61.3%

※１ 獲得議席率…衆議院総選挙の全議席に対する，自民党が獲得した議席の割合

総務省 HP(https://www.soumu.go.jp)より作成

(2) 次のページの**グラフ１・２**，**表２**から読み取ることができる内容としてあやまっているものはどれですか，**ア**～**カ**から３つ選び，記号で答えなさい。

ア 衆議院選挙において，自民党の比例代表得票率が小選挙区得票率を超《こ》えることはありませんでした。

イ 2009年の衆議院選挙で自民党は過半数割れして，民主党政権が誕生しました。

ウ 参議院選挙において，自民党の比例代表得票率が選挙区得票率を超えることがありま

した。

エ　2013年の参議院選挙の結果，自民党は参議院で過半数の議席を確保しました。

オ　自民党の獲得議席率が得票率を下回ることはありませんでした。

カ　自民党の福田康夫首相は首相在任中に選挙を経験していません。

＜**グラフ１**＞

自民党の衆議院選挙結果

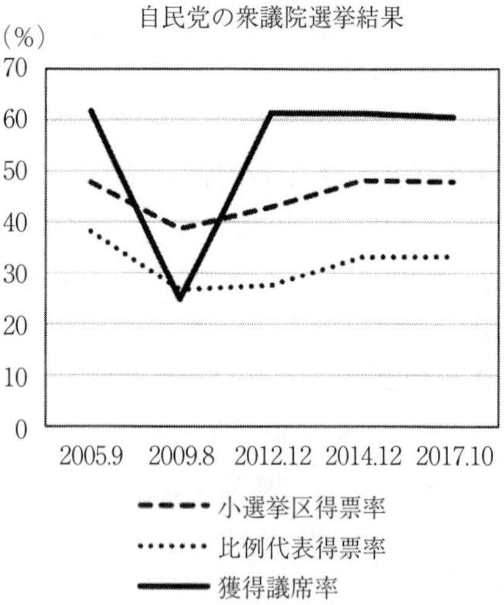

＜**グラフ２**＞

自民党の参議院選挙結果

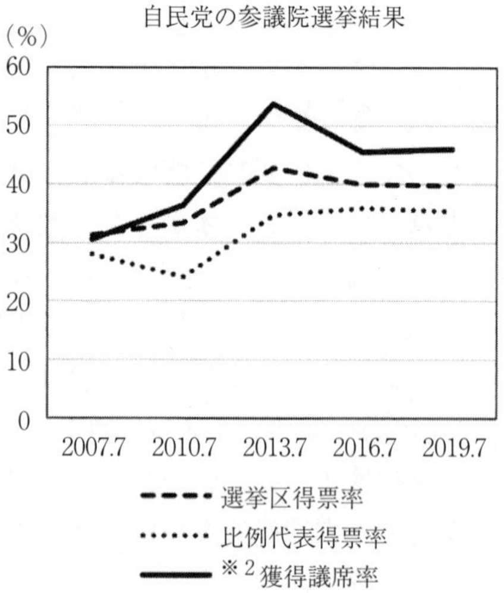

※２　獲得議席率…参議院通常選挙の改選議席に対する，自民党が獲得した議席の割合

総務省HP(https://www.soumu.go.jp)より作成

＜**表２**＞

歴代内閣

発足年月	総理大臣	総理大臣の所属政党
2001.4～	小泉純一郎	自民党
2006.9～	安倍晋三	自民党
2007.9～	福田康夫	自民党
2008.9～	麻生太郎	自民党
2009.9～	鳩山由紀夫	民主党
2010.6～	菅直人	民主党
2011.9～	野田佳彦	民主党
2012.12～	安倍晋三	自民党
2020.9～	菅義偉	自民党
2021.10～	岸田文雄	自民党

問８　下線**G**に関連して，国民が政治や裁判に参加するしくみを説明した文としてあやまっているものはどれですか，**ア**～**エ**から１つ選び，記号で答えなさい。

ア　25歳《さい》以上の国民は，衆議院議員に立候補することができます。

イ　18歳以上の国民は，みな平等に１人１票の選挙権を持っています。

ウ　市町村の住民は，住民投票で，地域の重要な問題について意思を示すことができます。

エ　市町村の住民は，有権者の３分の１以上の署名を集めれば，市町村長をやめさせることができます。

問9　著者が，本文でSDGsを批判しているのは，「地球の資源や環境には限りがあり，新たな技術や効率的な利用では温室効果ガスの総量を削減できないので，経済成長そのものを抑制《よくせい》する必要がある」と考えるからです。この考え方にそった意見①・②について，その正誤の組み合わせとして正しいものはどれですか，下の**ア**～**エ**から1つ選び，記号で答えなさい。

①　火力発電をすべて太陽光発電に切り替《か》えても，太陽光パネルの生産に大量のエネルギーと資源を消費するので，発電量そのものをおさえる必要があります。

②　発展途上国の開発によって自動車が普及するので，先進国の支援でガソリン車ではなく電気自動車の普及を進める必要があります。

ア　①―正　②―正　　**イ**　①―正　②―誤

ウ　①―誤　②―正　　**エ**　①―誤　②―誤

【理　科】〈第１回試験(一般・帰国生)〉（40分）〈満点：100点〉

【注意】 1．コンパス・定規は使用しないこと。

2．計算問題の答えは，整数または小数で答え，割り切れない場合は小数第２位を四捨五入して，小数第１位まで答えること。

1　**再生可能エネルギーの一つに太陽光があります。太陽光を使った発電を太陽光発電といい，太陽光発電は，光電池(太陽電池)と呼ばれる板状のパネルに光をあてることで回路に電流を流す発電方法です。**

光電池の性質を調べるために，【実験１】～【実験３】を，よく晴れた日の正午に，光電池を南向きに設置しておこないました。

【実験１】

図１のような回路を用意した。太陽光が光電池に垂直にあたるようにし，電流の大きさをはかった。その後，図２のように，光電池に対する太陽光が入射する角度を変化させながら，電流の大きさをはかりグラフにした。

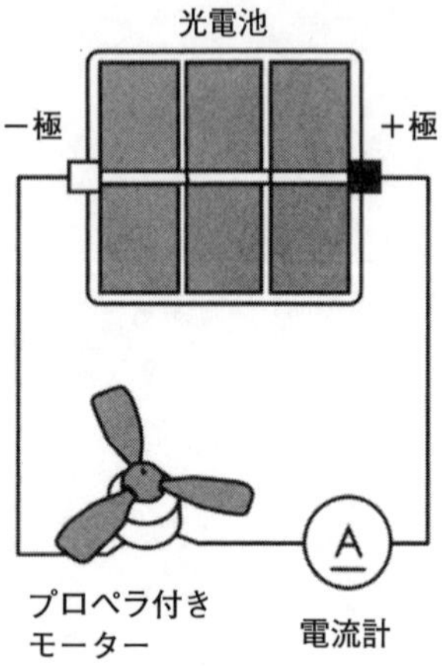

図１　光電池を含《ふく》んだ回路

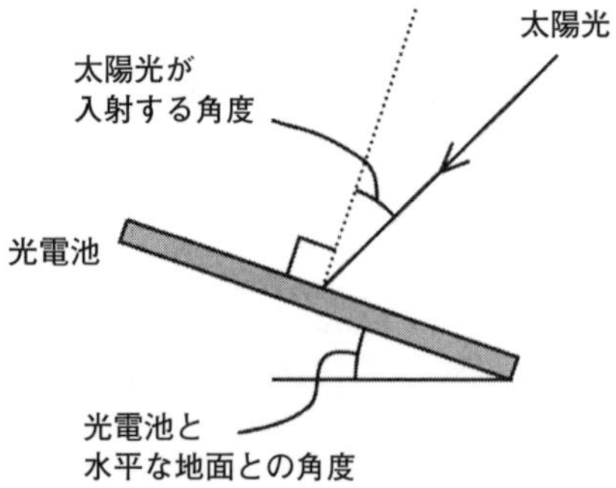

図２　光電池の断面と太陽光の角度

【実験２】

光電池を４枚用意し，図３のように直列に接続した回路と，図４のように並列に接続した回路を用意した。光電池に，太陽光を同じ角度で入射させると，図３のプロペラよりも，図４のプロペラの方が速く回転した。その後，それぞれの回路の，一方の光電池を黒い紙でおおうと，図３のプロペラの回転は止まり，図４のプロペラの回転は遅《おそ》くなった。

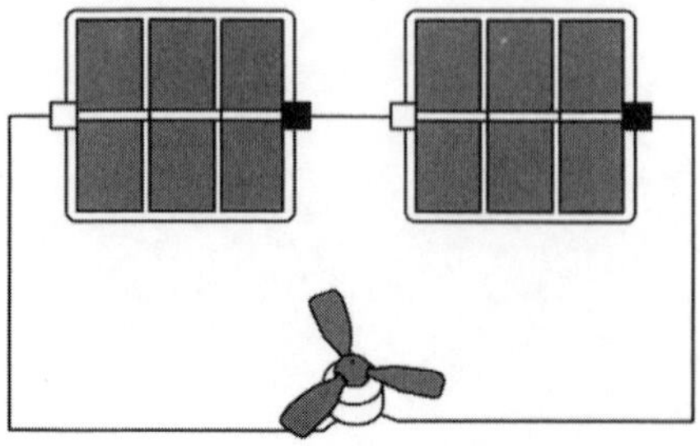

図３　光電池の直列接続

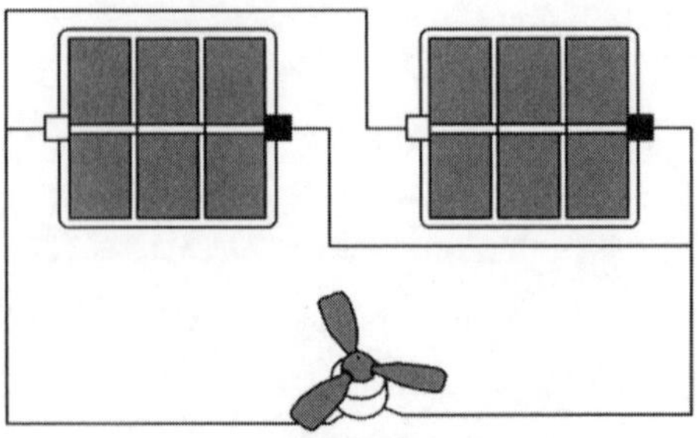

図４　光電池の並列接続

【実験３】

図１の回路をつくり，図５，６のように，光電池の一部を黒い紙でおおうと，図５のプロペラの回転は止まり，図６のプロペラの回転は遅くなった。

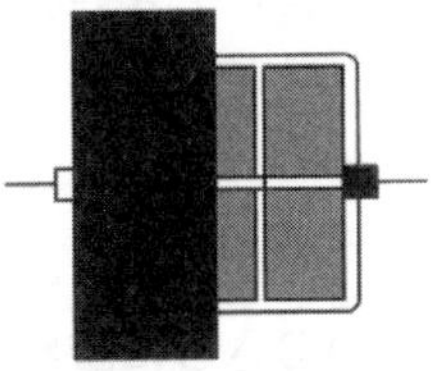

図５　左側半分を黒い紙でおおう

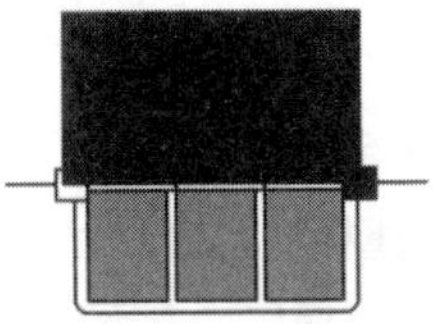

図６　上側半分を黒い紙でおおう

(1)　再生可能エネルギーによる発電方法として，太陽光発電以外の発電方法を一つ答えなさい。

(2)　【実験１】において，南中高度をはかると65度でした。図２の太陽光が入射する角度を０度にするとき，光電池と水平な地面との角度は何度ですか。

(3)　【実験１】のグラフのおおまかな形を表したものはどれですか。縦軸《たてじく》は電流の大きさ，横軸《よこじく》は太陽光が入射する角度を示します。

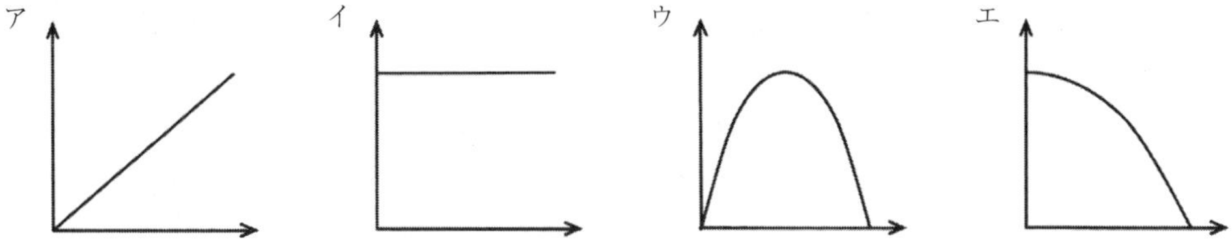

(4)　【実験２】の結果から，光電池の性質を表したものはどれですか。

ア　光電池を直列につなぐと，乾電池《かんでんち》を直列につないだときと同じ性質を示す。

イ　光電池を並列につなぐと，モーターに流れる電流の大きさは増加する。

ウ　光電池に太陽光が入射する角度を変えると，モーターに流れる電流の大きさは変化する。

エ　光電池に強い光をあてると，モーターに流れる電流の大きさは増加する。

(5)　図７のように，光電池内をａ～ｆの部分にわけたとき，【実験３】からわかる光電池の構造はどれですか。

ア　［ａ，ｄ］と［ｂ，ｅ］と［ｃ，ｆ］が２つずつ直列に接続されており，さらに，その３つのまとまりが並列に接続されている。

イ　［ａ，ｄ］と［ｂ，ｅ］と［ｃ，ｆ］が２つずつ並列に接続されており，さらに，その３つのまとまりが直列に接続されている。

ウ　ａ～ｆが全て直列に接続されている。

エ　ａ～ｆが全て並列に接続されている。

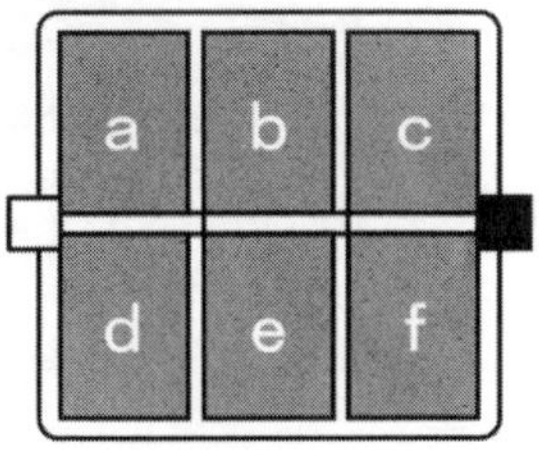

図７

(6)　午後になると太陽は時間がたつにつれて高度を下げていきます。午後５時の太陽の高度は20度でした。このとき，光電池を太陽の方に向け，太陽光が入射する角度を０度にすると，プロペラは正午のときとくらべて，非常にゆっくりとした回転になりました。回転のようすが変化したのはなぜですか。

ア　太陽の動きがゆっくりになるから。

イ　太陽は，正午に比べて光を出さなくなるから。

ウ　実験した日は，月がうっすらと見えていたから。

エ　太陽光が，空気中を通過する距離《きょり》が長くなるから。

2　市川さんとお母さんは，身近な食材であるレンコンについて会話をしています。

お母さん　昨日はキャベツで焼きそばを作ったけれど，今日はレンコンを買ってきたので煮物《にもの》を作りましょう。

市川さん　レンコンって植物のどの部分を食べているのかな。

お母さん　レンコンは漢字で蓮《はす》の根，“蓮根”と書くけれど，本当は [①] なんだよね。泥水《どろみず》の上に浮《う》いている葉を支える長い柄《え》につながっていて，泥水の中のさらに酸素の少ない泥の中に潜《もぐ》っているんだよ。

市川さん　昔の人は勘違《かんちが》いして名付けてしまったんだね。

お母さん　食物繊維《せんい》を多く含《ふく》み独特の食感を持つので，煮物や天ぷらや酢《す》の物にするとおいしいね。特に，お正月やお祝いの席でよく使われるのは，穴があいていて「見通しがきく」として，昔から縁起物《えんぎもの》とされているからなんだよ。

市川さん　ところで，レンコンを輪切りにしたときに見える10個ぐらいの大きな穴は一体何のためにあるのかな。植物のからだには，②道管や③師管などを合わせた維管束《いかんそく》があるけれど，レンコンの穴も維管束なのかな。

お母さん　レンコンの穴は，葉から取り込んだ [④] を根や茎《くき》に送るための通気孔《つうきこう》なんだよね。レンコンが大きな通気孔を持つ理由は，その⑤生息環境《かんきょう》と深い関係があるようだよ。

市川さん　その環境で生きていけるように進化した結果なんだね。

レンコンの写真

(1)　[①] は，植物のからだのどの部分ですか。

(2)　[①] と同様の部分を食材にしている植物はどれですか。次の中から**2つ**選びなさい。

ア　サツマイモ　　イ　サトイモ　　ウ　ジャガイモ

エ　ゴボウ　　オ　ラッカセイ

(3)　下線部②，③は，それぞれ何を運ぶ管ですか。

ア　葉で光合成によって作られた栄養分　　イ　根から吸収した水分

(4) ④ は，呼吸に必要な何という気体ですか。**漢字**で答えなさい。

(5) 下線部⑤は，どのような環境ですか。文章中より抜《ぬ》き出し，20字以内で答えなさい。

3 市川さんは「ものの溶《と》け方」に関する授業を受けたあと，先生と話しました。次の文章はそのときの会話です。

市川さん　先生，水ってすごいですね。食塩のかたまりって岩塩とかですよね。あんなに硬《かた》いものを溶かしてしまうなんておどろきました。

先　　生　いいところに気がつきましたね。水というのは，一番身近な液体ですが，実はすごいのですよ！　ミクロの世界ではどんなことが起きているのか教えてあげましょう！

市川さん　はい！　お願いします。

先　　生　まず，すべてのものはとっても小さい粒《つぶ》からできているのを知っていますか？

市川さん　以前，本で読んだことがあります。

先　　生　では，黒板で粒を使って説明します。水の粒を三角，食塩の粒を丸でかきますね。①液体である水の粒は自由に動き回ることができます。そして，水の粒が食塩の粒について，食塩の粒を切りはなすのです。

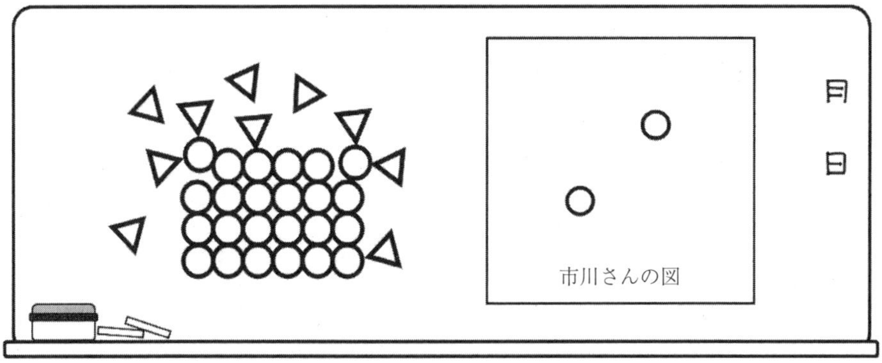

黒板

市川さん　食塩の一粒一粒に対して，水の粒がつくから，食塩のかたまりをバラバラにできるのですね。

先　　生　その通りです。そして，バラバラになった食塩の粒は水の粒に取り囲まれて，水溶液《すいようえき》中を動き回るのです。

市川さん　ちょっと黒板を使いますね！　②水の粒に取り囲まれている状態とはこんな感じですか？

先　　生　その通りです。この状態を「水和《すいわ》」といいます。

市川さん　もしかして，水を蒸発させると食塩が出てくるのは ③ からですか？

先　　生　その通り！　得た知識をすぐに活用できて，素晴らしいですね。

市川さん　ありがとうございます。温度が変化すると溶ける量も変わるのですよね？

先　　生　④食塩は温度変化によって溶ける量はあまり変わりませんが，ミョウバンやホウ酸は温度が高くなると溶ける量が多くなりますね。

市川さん　そうなのですね！　いろいろ教えていただきありがとうございました。

先　　生　では，最後に宿題です。油に食塩は溶けるのかどうか，実験してみてください。

市川さん　わかりました。やってみます。

帰宅後に，市川さんはサラダ油に少量の食塩を入れて，スプーンで混ぜてみたところ，⑤食塩の粒は残ったままで，溶けませんでした。

(1)　下線部①の説明と板書内容から**判断できない**内容はどれですか。

ア　水の粒は，食塩の粒につく力を持っている。

イ　水の粒は，動き回っている。

ウ　水の粒は，どんなものの粒にでもつきやすい性質を持っている。

エ　食塩の一つ一つの粒に対して，はがす力が加わるから，食塩の粒がバラバラになる。

(2)　右の図は下線部②について，市川さんが黒板にかいた図の一部です。市川さんが黒板にかいた図を完成させなさい。ただし，かき入れるのは８個の水の粒のみとします。

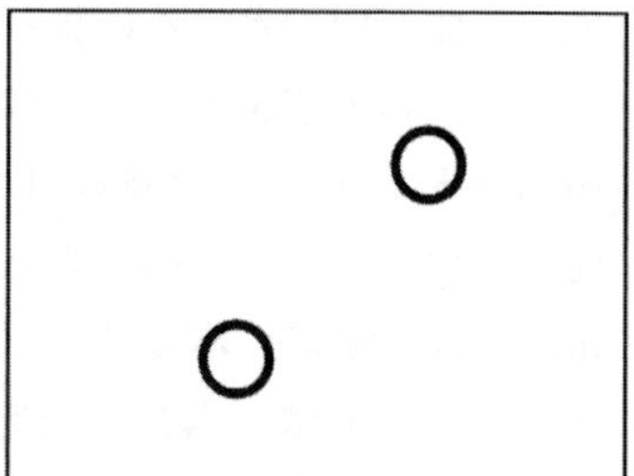

市川さんの図

(3)　③ にあてはまる文を，「**水和**」と「**水の粒**」の２つの言葉を使い，20字以内で答えなさい。ただし，句読点やカギかっこ(「」)は，字数に数えないものとします。

(4)　下線部④について，次の表１を見て(a)，(b)の問いに答えなさい。

表１
100ｇの水に溶ける食塩とミョウバンの重さ(ｇ)と水の温度(℃)の関係

水の温度(℃)	20	40	60	80
食塩(ｇ)	35.8	36.3	37.1	38.0
ミョウバン(ｇ)	5.9	11.6	24.8	71.0

(a)　60℃の水にミョウバンを溶けるだけ溶かした水溶液を62.4ｇつくりました。その水溶液を40℃に冷やすと，出てくるミョウバンは何ｇですか。

(b)　食塩とミョウバンの重さを２：１の比で混ぜた混合物をつくり，その混合物を80℃の水200ｇに完全に溶かしました。その水溶液を20℃まで冷やしたとき，ミョウバンのみが出てきました。

出てくるミョウバンがもっとも多くなるとき，溶かした混合物の重さは何ｇですか。

(5)　下線部⑤について，食塩が油に溶けないのはなぜですか。

ア　油の粒は食塩の粒につかないため。

イ　油の粒は自由に動き回っていないため。

ウ　食塩の粒は自由に動き回っていないため。

エ　油は粒でできていないため。

4　**地球から天体を観測していると，ある天体が他の天体に隠《かく》されることによって，欠けたり見えなくなったりすることがあります。この現象を「食《しょく》」といい，太陽が月に隠されるような食は日食といいます。2012年５月や2019年５月に日本で日食が観測されました。写真は，2012年５月に起こった日食の様子を撮影《さつえい》したものです。**

2012年５月に起こった日食の様子

(1)　天体の位置関係によっては，惑星《わくせい》が月に隠されることもあります。**金星が月に隠された場合**，何といいますか。

(2)　写真のような日食は，特に，「□日食」や「□食」といいます。□にあてはまる言葉を**ひらがな**で答えなさい。

(3)　写真の内側の丸い黒い部分は，何が写っていますか。

(4)　日食が始まる前に，小さい四角形の鏡を使って，太陽光を壁《かべ》に反射させました。鏡が壁に近いと，壁に映った反射光は鏡の形と同様に四角く輝《かがや》いていました。この鏡を壁から遠ざけていくと，壁に映った反射光の形はどうなりますか。

ア　四角形のまま，大きくなっていく。　イ　四角形のまま，小さくなっていく。

ウ　大きさも形も変わらない。　エ　円形に近づいていく。

オ　三角形に近づいていく。

(5)　太陽はいつでもほぼ同じ大きさに見えますが，写真のようなリング状に見える日食と異なり，太陽が完全に隠される日食が起こることもあります。

　このように日食の様子に違《ちが》いが発生する理由を，「**月**」と「**地球**」の２つの言葉を使い，11字から20字で答えなさい。ただし，句読点やカギかっこ(「」)は，字数に数えないものとします。

(6)　月が地球の影《かげ》に入るような食は月食といいます。月食に見られる特徴《とくちょう》はどれですか。次の中から**２つ**選びなさい。

ア　月食は満月のときに起こるので，皆既《かいき》月食は真夜中前後に起こりやすい。

イ　月食のときに月が欠け始めると，赤銅《しゃくどう》色(赤っぽい色)になっていく。

ウ　曇《くも》っていても月食は起こる。

エ　地球も月も同じ方向に公転しているため，月食は一晩中続くことがある。

オ　日食と月食を比べると，月食の方が起こりにくい。

(7)　2021年５月の満月のときに月食が起こりました。月食が起こるのは満月のときだけですが，満月のときに必ずしも月食が起こるとは限らないのはなぜですか。

ア　地球が公転している面に対して，月が公転している面が傾《かたむ》いているため。

イ　地球の直径の方が月の直径よりも大きいため。

ウ　地球から太陽までの距離よりも，月から太陽までの距離の方が遠くなることがあるため。

エ　同じ月の中で満月が見られるのは，０回から２回と一定ではないため。

四 次の各文の――線のカタカナを漢字に直しなさい。

1 国語の授業でヤクシを音読した。

2 ピアノにジュクタツするまで長い時間がかかった。

3 県内を自転車でジュウダンする。

4 ここにはかつてケイベン鉄道の路線があった。

5 白砂セイショウの美しい海岸。

6 ハンでおしたようなつまらない生活。

7 タンポポがムラがって生えている。

8 農業をイトナむ。

とあるが、ここでの「大人たち」はどのようなことをしているのか。50字以内で説明しなさい。

三

次のア～オは、一のあさのあつこ「みどり色の記憶《きおく》」の文章と、二の前崎信也《まえざきしんや》『アートがわかると世の中が見えてくる』の文章を読んだ生徒たちの会話である。二つの文章を読んだ上での発言として適当でないものをア～オの中からすべて選び、記号で答えなさい。

ア　生徒A　『アートがわかると世の中が見えてくる』を読んで、伝統工芸の世界が抱《かか》える問題点を知ることができたよ。ぼくも芸術の世界に進もうと考えているんだけれど、「みどり色の記憶」の千穂《ちほ》のように、親と将来について話してぶつかるのがこわいと思い、これまで進路についてきちんと話したことがなかったんだよね。でも、やっぱり勇気をもって親に自分の考えを伝えることが大事だなって気づいたよ。

イ　生徒B　『アートがわかると世の中が見えてくる』を読むと、伝統工芸の世界で生きていくことの難しさがよくわかるので、「みどり色の記憶」の中での、美術の世界で生計を立てるのは難しいという千穂の母の発言には、一理あると納得するよ。わたしも美術の世界には興味があるけれど、その道に進む決心はつかないかな。

ウ　生徒C　『アートがわかると世の中が見えてくる』では、伝統工芸の世界は時代に対応できておらず、若者が低賃金で働いている状況《じょうきょう》だと書かれているね。「みどり色の記憶」の中で、千穂が芸術科に入りたいと母に言えなかったのは、そんな気持ちなどわかってもらえないと思っていたからだけれど、芸術を志す者が実際にその道に進み、特に伝統工芸の世界で生活していくとしたら、やはり大変なのかな。

エ　生徒D　『アートがわかると世の中が見えてくる』で言われているように、お客さんは伝統工芸が新しい試みを始めることを求めているけれど、「みどり色の記憶」の中で真奈《まな》が話した、パン職人のお父さんの働きぶりとお客さんの嬉《うれ》しそうな顔との関係を思い起こすと、伝統工芸も、これまで拒否《きょひ》してきた科学技術を用いるという取り組みをすることで、お客さんがまた戻《もど》ってきてくれるのではないかな。真奈のお父さんの職人技が真奈に引き継《つ》がれるように、これからの伝統工芸の世界で大きな役割を果たすのは、若い芸術家なんだと思うね。

オ　生徒E　『アートがわかると世の中が見えてくる』では、伝統工芸の存続を願いながらも自分たちは工芸品を買おうとしない人たちについても述べられているね。芸術の世界が持続していくためには、多くの人々《ひとびと》が美術品を買うことによって、芸術家の生活を支えることも重要なのだろうね。「みどり色の記憶」の中で、千穂は「絵を描《か》くことに関わる仕事」がしたいと思っているけれど、「画家」とは呼ばれない、そのような仕事であっても、芸術に理解のある多くの人々の支えが必要であることに変わりはないと思うよ。

い意志により、作品制作を続けてこられたから。

ウ　伝統文化の担い手は、日本の伝統工芸の技術を守った作品づくりをしていれば、補助金が得られたから。

エ　伝統文化の担い手は、国から伝統工芸士などの地位を与えられることで、伝統技術の保存に専念できたから。

オ　伝統文化の担い手は、日本の文化を守ることへの使命感を持つことで、補助金をもらうことができたから。

問２　――線２「お客様のためを思って真面目に丈夫すぎる製品を造り続ける」とあるが、それはどういうことか。本文中の「陶磁器」の例にしたがって、70字以内で説明しなさい。

問３　――線３「まったく新しい製品を開発し、市場の開拓をはじめます」とあるが、それはどういうことか。その説明として最も適当なものを次の中から選び、記号で答えなさい。

ア　明治以降における西洋の生活習慣の流入により、江戸時代から続いていて時代遅れとなった陶磁器産業から、時代に合った新しい産業へと転じたということ。

イ　明治まで続いてきた陶磁器の性質や製造技術を応用して、新しい工業製品や生活様式の変化に対応した新製品を作り、従来よりも利益の出る産業を始めたということ。

ウ　明治以降の科学技術の進歩により、それまでの製造技術が時代遅れとなった陶磁器産業をやめ、まったく新しい分野の産業で勝負するようになったということ。

エ　陶磁器の新たな製造技術を利用し、明治以降の新しい生活に合わせて売れ始めていた新製品を生産することで、食器を作り続けている会社よりも利益を出したということ。

オ　明治以降の新しい工業製品にも通用する、伝統的な陶磁器の製造技術を利用することで、食器よりも儲かる新しい産業にも進出したということ。

問４　――線４「バブル経済の崩壊後に限界を迎えます」とあるが、それはなぜか。その理由として最も適当なものを次の中から選び、記号で答えなさい。

ア　経済の停滞により、伝統工芸品を大量に買う客が減少し、職人の収入が減ったが、国や自治体も厳しい財政事情の中で伝統工芸に対して補助金を出し続けることが難しくなっていたため、職人が生活していけるだけの金額を出せなくなったから。

イ　経済の停滞により、不要不急である伝統工芸品を買う客が減少し、職人の収入が減ったことで、補助金の重要性がこれまで以上に高まり、職人が国や自治体に認定された製造方法を守るようになったが、その結果新しいものが生まれず伝統産業の活力が失われたから。

ウ　経済の停滞により、高価な伝統工芸品を買える客が減少し、職人の収入が減ったが、これまで通りの製造方法を守ることで補助金をもらってきた職人は努力をしなくなっていたため、時代の変化に対応した新しい製品を生み出せなかったから。

エ　経済の停滞により、必要とはいえない伝統工芸品を買う客が減少し、職人の収入が減ったことで、伝統工芸を守りたい人々は補助金の増額を署名運動で要求したが、国や自治体も売れない伝統工芸品に対し補助金を出し続けるだけの余力がなくなってきたから。

オ　経済の停滞により、なくても困らない伝統工芸品を買う客が減少し、職人の収入が減ったが、伝統工芸として補助金を得るためには技術や製造方法を変えることができないため、職人は売れるような新しい製品を作ることもできなかったから。

問５　――線５「未来への可能性を自分たちで潰している大人たち」

です。さらにひどいことに、社会全体が、日本の伝統的な芸術や文化を守り続ける責任を、彼らに押《お》し付けました。言い換《か》えれば、自分たちは最新の生活を享受《きょうじゅ》し、伝統工芸品を買うこともせず、彼らに時代遅《おく》れの芸術を保ち続けることを強要しているということです。

　伝統工芸にかかわる人たちが「生活ができないので辞《や》めます」というと必ず「やめるなんてもったいない」と嘆《なげ》く人がいます。※SNSで「残念、何とかならないのか」とか発信しちゃいます。では彼らが作家さんや職人さんが生きていけるだけの金額の作品や商品を買ってくれるのか、注文をしてくれるのかと言えば、答えは確実にNOです。そういうことを言う人ほど、反対するための無料の署名を集めたりサインしたりはするけれど、お金は出してくれないものです。

　物を売って、その利益で生活する人々にとって、変化する社会で変わらずに生きていくのは難しいことです。室内を飾《かざ》る置物や花瓶《かびん》などを置く場所は失われていきました。高級食器は電子レンジに入れづらい。食洗器で洗いづらい。核《かく》家族化が進み、そもそも人を家に呼ぶこともないので、セットの高級食器など必要はない。変わり続ける世界に対応して、新しい製品を生むという※ポジティブな変化を起こさなければならないのに、国から目の前にぶらさげられた「補助金」をもらうためには、それをすることも許されない。同時にこのルールが、彼ら自身が変化をしないために言いわけする理由にもなってきました。

　そんな伝統工芸の世界にも、志のある若者が入ってこないわけではありません。しかし、そういう新人には、驚《おどろ》くほどに厳しい仕事環《かん》境《きょう》が待ち構えています。師匠《ししょう》や上司は「自分もそうだったから」と、無報酬《ほうしゅう》といっても過言ではないような低賃金を提示します。人手不足なので毎年恒例《こうれい》の地域イベントを若手に押し付けて無料で働かせます。そして、コンビニのアルバイトよりも安い賃金しかもらえないので、まともな生活ができません。未来が見えない状況《じょうきょう》に悩《なや》み、若者が辞めるとなると、お金を払う※甲斐性《かいしょう》が自分たちにないことは棚《たな》に上げて「最近の若い奴《やつ》は根性《こんじょう》がない」と彼らのせいにします。「テクノロジーは敵」で、新しい素材や技術を試すことは嫌《いや》。やる気のある若者が新しい方法を提案しても基本的には後ろ向き、インターネットで販売したらデザインを盗《ぬす》まれると、過剰《かじょう》に反応して販売方法の見直しもしない。

　芸術大学で最新の世界の芸術の動向や、先端《せんたん》技術や知識を学び、伝統産業の世界に飛び込《こ》んだ若者たちは、そんな状況に取り込まれて絶望します。特に芸術大学や美術大学では「自由に自分探しをして自分だけにしかできない作品を作ること」を学生に要求します。そんな教育をうけた若者たちが、補助金をもらい続けるために**5**未来への可能性を自分たちで潰《つぶ》している大人たちが溢《あふ》れる業界に入り、まともな精神を保てるでしょうか。意欲的に制作活動をできるでしょうか。

※ビジネスセンス…商売の才能。
※ゲスト…客。
※リターン…利益。
※マーケット…商品を売りこむ先。市場。
※SNS…インターネットを通して、文章・音声・映像などの情報を発信し、人々と交流することができるサービス。
※ポジティブ…積極的。
※甲斐性…経済力。

問1　――線**1**「『変わらない』ことを選択して生き残ってきた」とあるが、なぜそのようなことができたのか。その理由として最も適当なものを次の中から選び、記号で答えなさい。

ア　伝統文化の担い手は、日本の文化を守り続ける姿勢を保つことで、海外からの関心を集めることができたから。

イ　伝統文化の担い手は、日本の伝統文化を守るべきだという強ガイシ（碍子《がいし》）の会社です。どちらも電気にかかわる企業ですが、電気のある所には、電気を通すための部品だけではなく、絶対に電気を通さないようにする部品が必要だからです。そこで登場するのが電気を通さない素材であり丈夫な磁器ということです。

　衛生陶器もそうです。ＴＯＴＯ《トートー》やリクシルといった企業が生産する日本国中のシンクやトイレはすべてやきものです。ＴＯＴＯは東洋陶器という会社名が由来です。その名前から想像できるように、かつては食器を扱《あつか》う会社でした。衛生陶器は基本的に再利用されるものではないので、新しい建物が建つ時は必ず必要になります。近年では日本の優秀なトイレが海外でも人気だということを知る人も少なくないでしょう。さらに「セラミック・インレー」などと呼ばれる、硬くて白い人工の歯を口の中にお持ちの方も多くおられるはずです。これもやきものです。

　こういった企業は、かつて食器を作っていた人々がはじめたものです。そこから、食器よりも儲《もう》かり、現代の人々の生活に即《そく》した産業となり、日本を代表する工業製品を生産する大企業に成長したのです。そういうふうに見れば、日本の陶磁器産業は江戸時代から脈々《みゃくみゃく》と続き、お金を生み出し続けているということになります。すごいことです。

　しかし、今も昔と変わらずに食器を作っている人々や会社とはどうなっているかを見ると、事情は違《ちが》います。デザインの変化こそあれ、基本的には同じことを繰り返してこれまで生き残ってきました。同じ種類のものを、これだけの期間続けて来られたことは賞賛に値《あたい》します。それができた理由は、（中略）明治時代以降、日本のやきものに与《あた》えられた「日本が誇《ほこ》る固有の文化」という役割があったからです。

　芸術家として活躍《かつやく》した陶芸家は、戦後に国からその技術が「文化財」であると認められ、「人間国宝」や「芸術院会員」と呼ばれるようになりました。経済産業省は、一九七〇年代に徐々《じょじょ》に数が減ってきた伝統的な工芸品を作る技術ある人々を認定し「伝統工芸士」という称号《しょうごう》をあたえました。これらの称号を得た人々は日本文化を海外に発信する場面で、古き良き日本の象徴《しょうちょう》となりました。海外からの※ゲストが来日すれば、母国に持ち帰ってもらうお土産《みやげ》を準備しました。その目的のために「同じことを繰り返し続けること」を約束させられたのです。※リターンとして彼《かれ》らが得たものは何かといえば、「助成金」や「補助金」という名の延命薬です。

　この仕組み、当初はうまくいったように見えました。しかし、4バブル経済の崩壊《ほうかい》後に限界を迎《むか》えます。経済が停滞《ていたい》すると、企業も個人も不要不急のものに対する支出をカット。お世話になった取引先への記念品として社名入りの工芸品を関係先に配るようなことは激減しました。年末にカレンダーをもらうことが最近減ったと思いませんか。ビジネスの世界でのお中元もお歳暮《せいぼ》も昭和の伝統と呼んでもいいくらいになくなりました。

　生活をするだけなら一〇〇円ショップで購入《こうにゅう》できる食器で十分。インターネットオークションで家にある不要なものが簡単に売れるので、現代の作家の食器よりも、過去の有名作家の作品のほうが安く手に入る。こうして、陶芸家の生命線としての「毎年大きな注文をくれるお客様」はあっという間にいなくなりました。

　伝統工芸の世界が他の業態、たとえばカレンダーの印刷屋さんと違ったことは、新しい※マーケットを開拓するために、製品を大幅《おおはば》に変化させることを許されなかったことです。政府から「補助金」をもらうためには、文部科学省や経済産業省、地方自治体から「認定」された技術や製造方法を変えるわけにはいかないのです。何十年も前に認定された方法を続けること、つまり「同じことを繰り返す」という意味での「伝統」を続けることを国や自治体が強制しているということ

オ　══線Ｅ「ありがとう。思い出させてくれてありがとう」のように、千穂が声に出していないセリフは、「　」を付けずに表すことで、心の中の言葉と実際に声に出された言葉の違いをわかりやすくしている。

二　次の文章は、前﨑信也《まえざきしんや》『アートがわかると世の中が見えてくる』の一部である。これを読んで、後の問いに答えなさい。なお、出題に際して、本文には省略および一部表記を変えたところがある。

京都に住んでかれこれ十数年。仕事が文化関係なので、現在のこの街の文化の現状はとてもよくわかっているつもりです。「伝統文化はどうなっているか」と聞かれれば、「絶滅《ぜつめつ》しかけている」と答えます。その理由には色々《いろいろ》とありますが、根源にあるのは日本・京都にはびこる「伝統文化は今あるままに継承《けいしょう》していかなければならない」という考え方です。なぜそうなるかといえば、現在の日本文化・京都文化を牛耳《ぎゅうじ》っている人々《ひとびと》が1「変わらない」ことを選択《せんたく》して生き残ってきた人々だからです。芸術の世界にとってそれはとても危険なことです。

……〈中略〉……

変わろうとせずに同じことを繰《く》り返すとどうなるのでしょう。ここでは日本の「やきもの」を題材にお話ししたいと思います。理由は私の元々《もともと》の専門が陶磁器《とうじき》の歴史だからです。さて、日本人が使う食器の多くは、土や石の粉を求める形にして、高温で焼き固めて作られます。陶磁器大国と言われるほどに、日本全国津々浦々《つつうらうら》で、多種多様なやきものが生産されてきました。各地で生産された食器が都市に普及《ふきゅう》しはじめたのは江戸《えど》時代、全国の一般《いっぱん》家庭に普及していったのは明治時代のことです。

一般に広がりはじめると、明治時代の終わりくらいから「割れる」という陶磁器の欠点を改善しようという試みがはじまります。お金持ちなら新品に買い替《か》えれば済む話ですが、庶民《しょみん》がなけなしのお金を払《はら》って買った高級食器がすぐ割れるなんて耐《た》えられないことです。現代に比べ、当時の陶磁器は衝撃《しょうげき》に弱いものでした。真冬に熱湯を注ぐと急激な温度変化で割れるということもありました。より硬《かた》いやきものや急激な温度変化に強いやきものの開発がはじまったのはそんな理由からです。

日本の研究者は優秀《ゆうしゅう》なので、時間が経《た》てば経つほどに陶磁器はどんどん硬くなり壊《こわ》れなくなりました。やがて「春のパン祭り」でもらえるような、壊そうと思っても壊れない丈夫《じょうぶ》すぎる皿が完成したのです。

2お客様のためを思って真面目に丈夫すぎる製品を造り続けると、新しい製品に買い替える人が少なくなります。買う人が減れば、売り上げが減るのは当然のことです。とはいえ、積極的にわざと壊れやすい製品を生産することは真面目な日本人には難しいことです。このままでは未来がないので、※ビジネスセンスのある人は3まったく新しい製品を開発し、市場の開拓《かいたく》をはじめます。陶磁器の世界で食器以外の製品開発がはじまったのは明治時代の後半でした。新しく開発に着手された製品とは、バスタブ・シンク・トイレといった衛生陶器、入れ歯《ば》などです。

京セラという企業《きぎょう》がありますが、「京都セラミック」を略して「京セラ」です。セラミックとは陶磁器のことです。携帯《けいたい》電話のような精密機器に入っている部品を製造販売《はんばい》しています。日本ガイシという会社が愛知県にあります(名古屋《なごや》にある日本ガイシホールの名前を知っている人もいるでしょう)。発電所・変電所・鉄塔《てっとう》・電柱に使われる明として最も適当なものを次の中から選び、記号で答えなさい。

ア　自分の将来についてあまり考えず、母の思い描《えが》く理想に疑問を抱《いだ》くこともなかったため、母と将来のことを話し合う必要もなかったが、自分のことをわかろうとしてくれない母のことを思い返し、自分の将来について母の言いなりになるのはもうやめようと考えている。

イ　自分の将来の希望を母に説明する前から、母が自分の希望を理解してくれないと決めつけ、母の言ったとおりにしなければならないのかと思っていたが、母が自分のことを大切に思ってくれていた思い出がよみがえり、自分で自分の将来を決めるために母としっかり話してみようと決心している。

ウ　自分の将来について今まで真剣《しんけん》に向き合わず、母の命令にしたがって、自分のやりたいことをせずに過ごしてきたが、自分のやりたいことをしっかりと説明すれば母はきっと味方になってくれると考え、自分の将来について相談してみようと思っている。

エ　自分の将来のことを考えてくれている母と話し合いをせず、自分の将来は自分で決めるものだと勝手に考えて、今まで母へ将来の相談をすることはなかったが、母が自分のことを心配してくれたことを思い出し、母にも将来のことを相談する必要があると考え直している。

オ　自分自身で将来のことを決めず、母の言いなりになってしまっていたが、母が自分に嫌《きら》われないように優しくしてくれたことを思い出し、母が自分への接し方を今でもずっと悩《なや》んでいると気づき、母に自分の将来への思いを話してお互《たが》いの関係をよくしようと決意している。

問5　この文章全体から「美千恵」はどのような人物だと読み取れるか。その説明として最も適当なものを次の中から選び、記号で答えなさい。

ア　娘を自分の思いどおりにしたいと思っている反面、娘から嫌われたくないとも思っている。

イ　娘につらい思いをさせたくないと考え、娘の将来のことを自分ですべて決めている。

ウ　娘のことを一番に思っているが、世間からどう思われているのかも気にしている。

エ　娘の意見を聞こうとせず、自分自身の理想を娘に押し付けてしまっている。

オ　娘に対して自分の考え方を押し付けてしまうものの、娘のことを大切に思っている。

問6　この文章の表現についての説明として**適当でないもの**を次の中から一つ選び、記号で答えなさい。

ア　＝＝線Ａ「香り」とあるが、この物語は、千穂が「香り」をかぐことをきっかけに昔を思い出すことで、千穂の心情が変化し物語が大きく展開している。

イ　＝＝線Ｂ「ドキドキ」などの様子を表す言葉が使われることによって、物語の状況《じょうきょう》を読者に対してより想像しやすくしている。

ウ　＝＝線Ｃ「光で織った薄い布を街全部にふわりとかぶせたような金色の風景」では、比喩《ひゆ》表現が用いられたことで、千穂が大樹の上から見た光り輝く夜景の美しさを、読者が想像しやすくなっている。

エ　＝＝線Ｄ「ざわざわと葉が揺れた」では、木の葉がゆれ音を立てている様子を、樹が千穂に話しかけているかのように見立てている。

「千穂、千穂、無事だったのね。よかった、よかった。生きていてよかった」

美千恵はぼろぼろと涙《なみだ》をこぼし、「よかったよかった」と何度も繰《く》り返した。

「だいじな、だいじな私の千穂」そうも言った。母の胸に抱かれ、その温かさを感じながら、千穂も「ごめんなさい」を繰り返した。ごめんなさい、お母さん。ありがとう、お母さん。

思い出したかい？

うん、思い出した。

そうだった。この樹の下で、あたしはお母さんに抱きしめられたんだ。しっかりと抱きしめられた。

緑の香りを吸い込む。

これから家に帰り、ちゃんと話そう。あたしはどう生きたいのか、お母さんに伝えよう。ちゃんと伝えられる自信がなくて、ぶつかるのが怖《こわ》くて、お母さんのせいにして逃《に》げていた。そんなこと、もうやめよう。お母さんに、あたしの夢を聞いてもらうんだ。あたしの意志であたしの未来を決めるんだ。

大樹の幹をそっとなでる。

E ありがとう。思い出させてくれてありがとう。

樹はもう何も言わなかった。

風が吹き、緑の香りがひときわ、濃《こ》くなった。3千穂はもう一度、深くその香りを吸い込んでみた。

問1 ……線X・Yの本文中の意味として最も適当なものを後のア～オから選び、それぞれ記号で答えなさい。

X 「反芻」

ア いつも考えていること　イ 繰り返し練習すること

ウ 何度も思い返すこと　エ じっくり考えること

オ 急に思い出すこと

Y 「にわかに」

ア 確実に　イ 非常に　ウ いつも

エ とても　オ 急に

問2 ――線1「千穂は胸の内で、かぶりを振った」とあるが、このときの千穂の気持ちはどのようなものか。その説明として最も適当なものを次の中から選び、記号で答えなさい。

ア 千穂は、真奈がなろうとしているパン職人の方が、自分がなりたいとずっと夢見ている職業よりも立派なものだと思っている。

イ 千穂は、パン職人になるとすでに自分の意志で決めている真奈の方が、将来を全く考えていない自分よりも偉いと思っている。

ウ 千穂は、親への反発《はんぱつ》からパン職人になることを選択した真奈の方が、親の意見に合わせて夢をあきらめた自分よりも偉いと思っている。

エ 千穂は、パン職人になると自分で決めている真奈の方が、親に流されて自分で将来のことを決められていない自分よりも偉いと思っている。

オ 千穂は、パン職人になるという将来をはっきり想像できている真奈の方が、将来をはっきりと想像できていない自分よりも偉いと思っている。

問3 ――線2「あたし、絵を描く人になりたい」とあるが、それはなぜか。70字以内で説明しなさい。

問4 ――線3「千穂はもう一度、深くその香りを吸い込んでみた」とあるが、このときの千穂の気持ちはどのようなものか。その説たけれど奇跡的《きせきてき》に無傷ですんだ。しかし、その後、大樹の周りには高い柵《さく》が作られ簡単に近づくことができなくなった。木登りができなくなると、公園は Y にわかに退屈《たいくつ》なつまらない場所となり、しだいに足が遠のいてしまった。中学生になってからは公園のことも、大樹のことも思い出すことなどほとんどなかった。

それなのに、今、よみがえる。

大きな樹。卵形《たまごがた》の葉は、風が吹《ふ》くとサワサワと優しい音を奏《かな》でる。息を吸い込むと、緑の香りが胸いっぱいに満ちてくる。

千穂は足の向きを変え、細い道を上る。どうしても、あの樹が見たくなったのだ。塾の時間が迫《せま》っていたけれど、我慢《がまん》できなかった。ふいに鼻腔《びこう》をくすぐった緑の香りが自分を誘《さそ》っているように感じる。大樹が呼んでいるような気がする。

だけど、まだ、あるだろうか。とっくに切られちゃったかもしれない。切られてしまって、何もないかもしれない。

心が揺《ゆ》れる。B ドキドキする。

「あっ！」

叫《さけ》んでいた。大樹はあった。四方に枝を伸ばし、緑の葉を茂らせて立っていた。昔と同じだった。何も変わっていない。周りに設けられた囲いはぼろぼろになって、地面に倒《たお》れている。だけど、大樹はそのままだ。

千穂はカバンを放り出し、スニーカーを脱《ぬ》ぐと、太い幹に手をかけた。あちこちに小さな洞《ほら》やコブがある。登るのは簡単だった。

まん中あたり、千穂の腕《うで》ぐらいの太さの枝がにゅっと伸びている。足を滑《すべ》らせた枝だろうか。よくわからない。枝に腰《こし》かけると、眼下に街が見渡《みわた》せた。金色の風景だ。C 光で織った薄《うす》い布を街全部にふわりとかぶせたような金色の風景。そして、緑の香り。

そうだ、そうだ、こんな風景を眺《なが》めるたびに、胸がドキドキした。この香りを嗅《か》ぐたびに幸せな気持ちになった。そして思ったのだ。

2 あたし、絵を描《か》く人になりたい。

理屈じゃなかった。描きたいという気持ちが突《つ》き上げてきて、千穂の胸を強く叩《たた》いたのだ。そして今も思った。

描きたいなあ。

今、見ている美しい風景をカンバスに写し取りたい。

画家なんて大仰《おおぎょう》なものでなくていい。絵を描くことに関わる仕事がしたかった。芸術科のある高校に行きたい。けれど母の美千恵には言い出せなかった。母からは、開業医の父の跡《あと》を継《つ》ぐために、医系コースのある進学校を受験するように言われていた。祖父も曽祖父《そうそふ》も医者だったから、一人娘《ひとりむすめ》の千穂が医者を目ざすのは当然だと考えているのだ。芸術科なんてとんでもない話だろう。

絵描きになりたい？　千穂、あなた、何を考えてるの。絵を描くのなら趣味程度《しゅみていど》にしときなさい。夢みたいなこと言わないの。

そう、一笑《いっしょう》に付されるにちがいない。大きく、深く、ため息をつく。

お母さんはあたしの気持ちなんかわからない。わかろうとしない。なんでもかんでも押《お》しつけて……あたし、ロボットじゃないのに。

D ざわざわと葉が揺れた。

そうかな。

かすかな声が聞こえた。聞こえたような気がした。耳を澄《す》ます。

そうかな、そうかな、本当にそうかな。

そうよ。お母さんは、あたしのことなんかこれっぽっちも考えてくれなくて、命令ばかりするの。

そうかな、そうかな、よく思い出してごらん。

緑の香りが強くなる。頭の中に記憶がきらめく。

千穂が枝から落ちたと聞いて美千恵は、血相をかえてとんできた。

そして、泣きながら千穂を抱《だ》きしめたのだ。

つながる選択《せんたく》をするということなんだ。具体的な職業までは無理としても、自分は将来、何がしたいのか、あるいはどんな人間になりたいのか、そういうことをじっくり考えて進路を選択してもらいたい。自分の意志が必要なんだ。自分の将来を自分自身で選択するという意志をもってもらいたい」

　いつもはのんびりした口調の担任が、生徒一人一人の顔を見やりながら、きっぱりと言いきった。

　意志をもってもらいたい。

　その一言を千穂が心の中でＸ反芻《はんすう》していた時、「パン職人」という言葉が耳に届いたのだった。

「なんかさ、うちのお父さん、普通《ふつう》のおじさんなんだけど、パンを作ってる時だけは、どうしてだかかっこよく見えるんだよね。作ったパンもおいしいしさ。お客さん、すごく嬉《うれ》しそうな顔して買いに来てくれるんだよね。なんか、そういうの見てるといいかなって、すごくいいなって。もちろん、大変なのもわかってる。朝なんてめちゃくちゃ早いしさ、うちみたいに全部手作《てづく》りだと、ほんと忙《いそが》しいもの。嫌《いや》だなあって思ってた時もあったんだけど……実はね、千穂」

「うん」

「この前、お父さんと一緒にパン、作ってみたの」

「へぇ、真奈が？」

「うん。もちろん、売り物じゃなくて自分のおやつ用なんだけど、すごく楽しくて……あたし、パン作るの好きなんだって、本気で思った。だからね、高校卒業したらパンの専門学校に行きたいなって……思ってんだ」

　少し照れているのか、頰を赤くして真奈がしゃべる。そこには確かな自分の意志があった。

　真奈って、すごい。

心底から感心してしまう。すごいよ、真奈。

　真奈が顔を覗《のぞ》き込《こ》んでくる。

「千穂は画家志望だよね。だったら、やっぱり芸術系の高校に行くの？」

「え……あ、それはわかんない」

「だって、千穂、昔から言ってたじゃない。絵描《えか》きさんになりたいって。あれ、本気だったでしょ？」

「……まあ。でも、それは……」

　夢だから。口の中で呟《つぶや》き、目を伏《ふ》せる。うつむいて、そっと唇《くちびる》を噛《か》んだ。

　山野のおばさんに頭を下げて、また、歩きだす。さっきより少し足《あし》早《ばや》になっていた。

　花屋、喫茶店《きっさてん》、スーパーマーケット、ファストフードの店、写真館……見慣れた街の風景が千穂の傍《かたわ》らを過ぎていく。

　足が止まった。

　Ａ香《かお》りがした。とてもいい香りだ。焼きたてのパンとはまた違《ちが》った芳《かんば》しい匂い。

　立ち止まったまま視線を辺りに巡《めぐ》らせた。写真館と小さなレストランの間に細い道がのびている。アスファルトで固められていない土の道は緩《ゆる》やかな傾斜《けいしゃ》の上り坂になっていた。この坂の上には小さな公園がある。そして、そこには……。

　大きな樹《き》。

　枝を四方に伸《の》ばし、緑の葉を茂《しげ》らせた大きな樹がある。小学校の三、四年生まで真奈たちとよく公園に遊びに行った。みんな、大樹がお気に入りで、競《きそ》って登ったものだ。

　あれは、今と同じ夏の初めだった。幹のまん中あたりまで登っていた千穂は足を踏《ふ》み外し、枝から落ちたことがある。かなりの高さだっ

二〇二二年度 市川中学校

【国　語】〈第一回試験(一般・帰国生)〉（五〇分）〈満点：一〇〇点〉

【注意】解答の際には、句読点や記号は一字と数えること。

一　次の文章は、あさのあつこ「みどり色の記憶《きおく》」の全文である。これを読んで、後の問いに答えなさい。なお、出題に際して、本文には一部表記を変えたところがある。

街は夕暮れの光の中で、淡《あわ》い金色に輝《かがや》いていた。その光を浴びながらコンビニエンスストアの前を過ぎまっすぐに歩く。

ふっといい匂《にお》いがした。焼きたてのパンの匂いだ。

「あら、千穂《ちほ》ちゃん、お久しぶり」

『ベーカリーYAMANO』のドアが開いて、白いエプロン姿の女の人が出てきた。丸い顔がにこにこ笑っている。優しげな笑顔だ。同級生の山野真奈《やまのまな》の母親だった。笑った目もとが真奈とよく似ている。小学生の時から真奈とは仲よしで、この店でよく焼きたてのパンやクッキーをごちそうになった。千穂は特に食パンが好きだった。窯《かま》から出されたばかりのほかほかの食パンは、バターもジャムも必要ないぐらいおいしいのだ。しかし、

「他人《ひと》さまのおうちで、たびたびごちそうになるなんて、はしたないわよ。もう、やめなさい。欲しいなら買ってあげるから」

母の美千恵《みちえ》にそう言われてから、『ベーカリーYAMANO』に寄るのをやめた。

美千恵はときどき、食パンやケーキを買ってきてくれる。有名な店の高価なケーキをおやつに出してくれたりもする。けれど、そんなにおいしいとは思えない。どんな有名店のケーキより、真奈たちとくすくす笑ったり、おしゃべりしたりしながら、口いっぱいに頰張《ほおば》ったパンのほうがずっとおいしい。

もう一度、ほかほかの食パンにかじりつきたい。

そんなことを考えたせいだろうか、キュルキュルとおなかが音をたてる。頰がほてった。

やだ、恥《は》ずかしい。

しかし、山野のおばさんは気がつかなかったようだ。千穂の提《さ》げている布製のバッグをちらりと見やり、尋《たず》ねてきた。

「これから、塾《じゅく》？」

「はい」と答えた。バッグの中には塾で使う問題集とノートが入っている。

「千穂ちゃん、偉《えら》いわねえ。真面目に勉強して。それに比べて、うちの真奈ったら、受験なんてまだまだ先のことだって涼《すず》しい顔してるのよ。塾にも通ってないし。ほんと、千穂ちゃんをちょっとでも見習って、しっかりしてほしいわ」

そんなこと、ありません。

1千穂は胸の内で、かぶりを振《ふ》った。

真奈は偉いと思います。しっかり、自分の将来を考えてます。あたしなんかより、ずっと……。

「千穂、これ、まだ誰《だれ》にも言ってないんだけど……あたし、お父さんみたいになりたいなって思ってるんだ。パン職人」

今日のお昼、一緒《いっしょ》にお弁当を食べていた時、真奈がぼそりとつぶやいた。昼食の前、四時限めに、来年にひかえた受験に向けて志望校をどう決定していくか、どう絞《しぼ》っていくか、担任の教師から説明を受けたばかりだった。

「……高校受験というのは、ただの試験じゃない。きみたちの将来に

2022年度

市 川 中 学 校

▶解説と解答

算 数 ＜第1回(一般・帰国生)試験＞ (50分) ＜満点：100点＞

解 答

1 (1) $4\frac{1}{20}$ (2) 300円 (3) 72L (4) 144度 2 (1) 解説の図を参照のこと。 (2) 90.84cm^2 3 (1) 10% (2) 300 (3) 50 4 ア 12, 22 イ 10, 11, 20, 21 ウ 18, 19 エ 12 オ 11 カ 19 キ 3 ク 144 5 (1) (i) 485 (ii) 26 (2) 60個 (3) 24個

解 説

1 四則計算，文字式，ニュートン算，角度

(1) $(2022 \div 120 - 11) \div \left(\frac{1}{3}+\frac{1}{9}+\frac{1}{27}\right) \times \left(4 - 2.75 \div \frac{3}{4}\right) = \left(\frac{2022}{120} - 11\right) \div \left(\frac{9}{27}+\frac{3}{27}+\frac{1}{27}\right) \times \left(4 - 2\frac{3}{4} \div \frac{3}{4}\right) = \left(\frac{337}{20} - \frac{220}{20}\right) \div \frac{13}{27} \times \left(4 - \frac{11}{4} \times \frac{4}{3}\right) = \frac{117}{20} \times \frac{27}{13} \times \left(4 - \frac{11}{3}\right) = \frac{243}{20} \times \left(\frac{12}{3} - \frac{11}{3}\right) = \frac{243}{20} \times \frac{1}{3} = \frac{81}{20} = 4\frac{1}{20}$

(2) Aの値段を①とすると，Bの値段は，①+40(円)，Cの値段は，①×2－30=②－30(円)となる。すると，A1個，B2個，C3個の代金の合計は，①+(①+40)×2+(②－30)×3=①+①×2+40×2+②×3－30×3=①+②+80+⑥－90=⑨－10(円)と表すことができる。これが2690円だから，⑨－10=2690より，①=(2690+10)÷9=300(円)と求められる。よって，Aの値段は300円である。

(3) Aで排水《はいすい》するときとBで排水するときを比べると，1分間に減る量の比は，$\frac{1}{9}:\frac{1}{24}=8:3$となる。よって，AとBが1分間に排水する量をそれぞれ図に表すと，下の図1のようになる。図1で，⑧－③=⑤にあたる量が5Lなので，①=5÷5=1(L)となり，⑧=1×8=8(L)とわかる。つまり，Aで排水すると1分間に8Lの割合で減り，9分で空になるから，水そうの容量は，8×9=72(L)と求められる。

図1

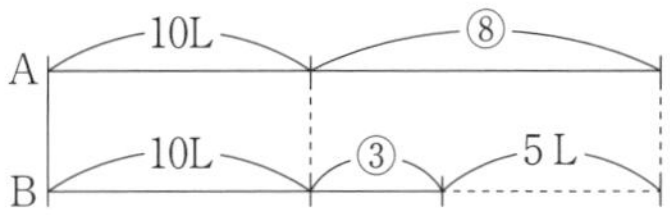

図2

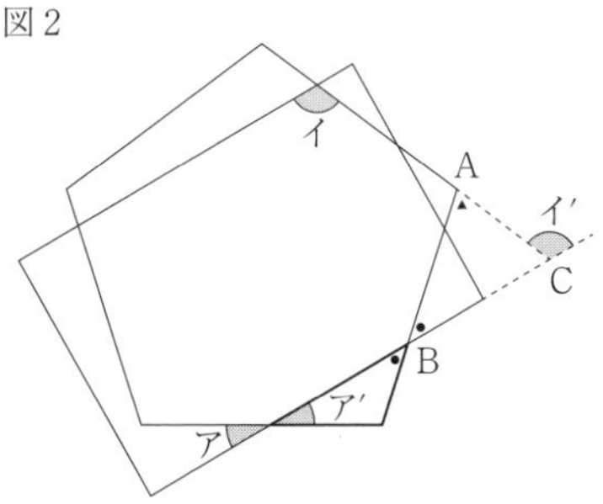

図3

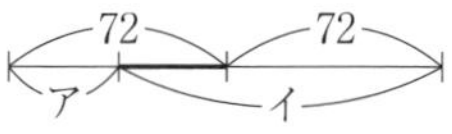

(4) 多角形の外角の和は360度なので，正五角形の1つの外角は，360÷5=72(度)，1つの内角は，180－72=108(度)である。上の図2で，アとア′の大きさは等しいから，太線で囲んだ三角形に注

目すると，●の角の大きさは，180－108－ア＝72－ア(度)と表すことができる。また，長方形の向かい合う辺は平行なので，イとイ′の大きさも等しい。さらに，三角形ABCで，●＋▲＝イ′という関係があるから，●の角の大きさは，イ′－▲＝イ－72(度)と表すこともできる。したがって，72－ア＝イ－72より，上の図３のようになり，ア＋イ＝72＋72＝144(度)と求められる。

2 平面図形―図形の移動，面積

⑴ 右の図のように，正方形はC→D→A→Bを中心として回転する。このとき，点Aは太実線，点Dは太点線のように動くから，ADが通過するのは斜線《しゃせん》部分である。

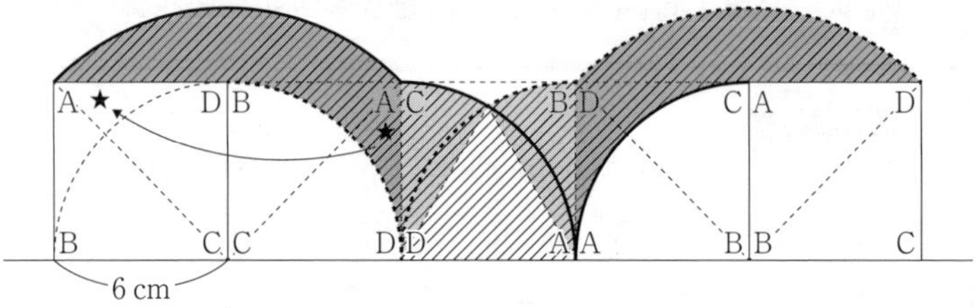

⑵ 斜線部分は，濃《こ》いかげの部分２か所，うすいかげの部分２か所，１辺６cmの正三角形１か所に分けることができる。★印の部分を図のように移動すると，濃いかげの部分は，ACを半径とする四分円から，BCを半径とする四分円を除いたものになる。ここで，正方形の面積は，６×６＝36(cm²)なので，ACの長さを□cmとすると，□×□÷２＝36と表すことができ，□×□＝36×２＝72とわかる。よって，濃いかげの部分１か所の面積は，□×□×3.14×$\frac{1}{4}$－６×６×3.14×$\frac{1}{4}$＝72×3.14×$\frac{1}{4}$－36×3.14×$\frac{1}{4}$＝(18－９)×3.14＝９×3.14(cm²)と求められる。また，うすいかげの部分は，中心角が，90－60＝30(度)だから，１か所の面積は，６×６×3.14×$\frac{30}{360}$＝３×3.14(cm²)とわかる。さらに，１辺６cmの正三角形の面積は１辺１cmの正三角形の面積の，６×６＝36(倍)なので，0.43×36＝15.48(cm²)である。したがって，斜線部分の面積は，９×3.14×２＋３×3.14×２＋15.48＝(18＋６)×3.14＋15.48＝24×3.14＋15.48＝75.36＋15.48＝90.84(cm²)となる。

3 濃度《のうど》

⑴ Aを200g，Bを100g，Cを100g混ぜると，濃度７％の食塩水が，200＋100＋100＝400(g)できるので，この食塩水に含《ふく》まれている食塩の重さは，400×0.07＝28(g)とわかる。そのうち，AとBに含まれていた食塩の重さの和は，200×0.05＋100×0.08＝18(g)だから，Cに含まれていた食塩の重さは，28－18＝10(g)と求められる。よって，Cの濃度は，10÷100×100＝10(％)である。

⑵ 条件を面積図で表すと，右の図１，図２のようになる。図１でウとエの面積が等しいので，(ウ＋★)と(エ＋★)の面積も等しくなる。同様に，図２でオとカの面積が等しいから，(オ＋☆)と(カ＋☆)の面積も等しくなる。ここで，(エ＋★)と(カ＋☆)の横の長さは等しいので，面積の比はたての長さの比に等しく，(８－５)：(10－５)＝３：５とわかる。よって，(ウ＋★)と(オ＋☆)の面積の比も３：５であり，さらに，この長方形の横の長さは等しいから，たての長さの比も３：５となる。この差が1.5％なので，比の１にあたる濃度は，1.5÷(５－３)＝0.75(％)となり，ウのたて

図１

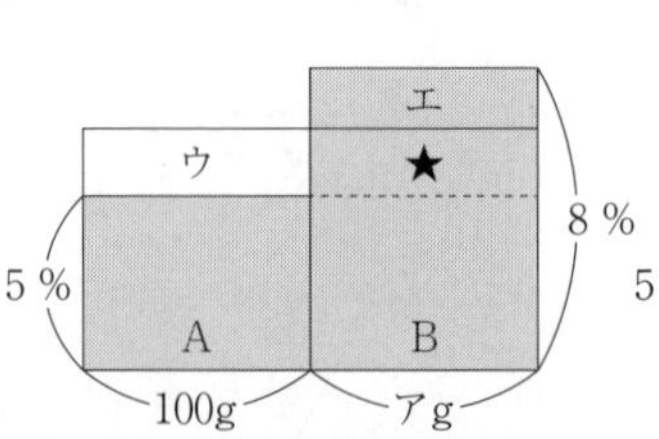

図２

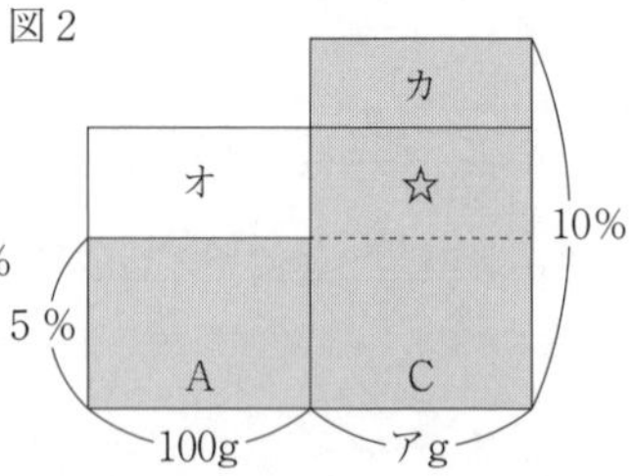

の長さは，0.75×3＝2.25（％），エのたての長さは，8－（5＋2.25）＝0.75（％）と求められる。したがって，ウとエのたての長さの比は，2.25：0.75＝3：1だから，横の長さの比は，$\frac{1}{3}:\frac{1}{1}=1:3$となり，ア＝100×$\frac{3}{1}$＝300（g）とわかる。

(3) 条件を面積図で表すと，右の図3，図4のようになる。図3でキとクの面積が等しいので，（キ＋◆）と（ク＋◆）の面積も等しくなる。また，（キ＋◆）の面積は，100×（0.08－0.05）＝3（g）にあたるから，（ク＋◆）の面積も3gとわかる。同様に，図4でケとコの面積が等しいので，（ケ＋◇）と（コ＋◇）の面積も等しくなり，（コ＋◇）の面積が3gだから，（ケ＋◇）の面積も3gとわかる。よって，（ク＋◆）と（ケ＋◇）は面積と横の長さが等しいので，たての長さも等しくなる。この長さを□とすると，図3で混ぜたあとの濃度は（8－□）％と表すことができ，図4で混ぜたあとの濃度は（5＋□）％と表すことができる。さらに，混ぜたあとの濃度は図3よりも図4の方が1％高いから，（8－□）＋1＝5＋□より，9－□＝5＋□，□＋□＝9－5＝4，□×2＝4，□＝4÷2＝2（％）と求められる。したがって，キとクのたての長さの比は，（8－5－2）：2＝1：2なので，横の長さの比は，$\frac{1}{1}:\frac{1}{2}=2:1$となり，イ＝100×$\frac{1}{2}$＝50（g）とわかる。

図3

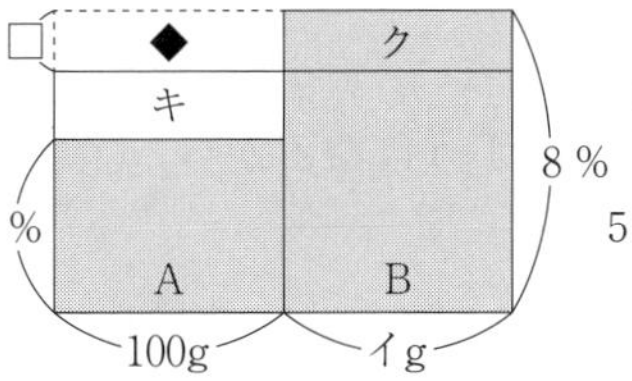

図4

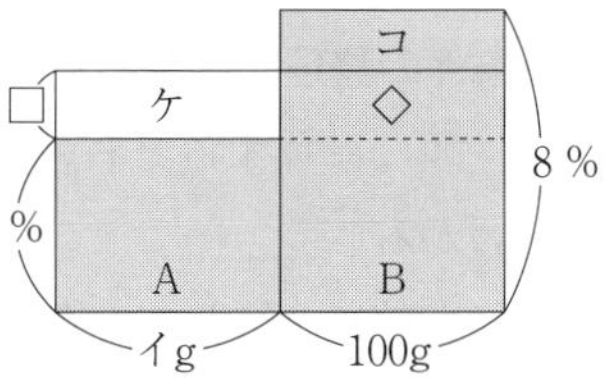

4 条件の整理，場合の数

図1

```
    A B C
    D E F
+)  G H I
  2 0 2 2
```

図2

$C+F+I$＝12，22
$B+E+H$＝10，11，20，21
$A+D+G$＝18，19

図3

A	D	G	B	E	H	C	F	I
7	4	8	0	5	6	1	2	9
7	4	8	0	2	9	1	5	6

上の図1で，3つの文字の和は，0＋1＋2＝3以上，9＋8＋7＝24以下だから，一の位の和は12または22である。つまり，$C+F+I$として考えられる値は｛12，22｝（…ア）である。すると，十の位に1または2が繰《く》り上がるので，繰り上がりを除くと，十の位の和の一の位は0または1になる。つまり，$B+E+H$として考えられる値は｛10，11，20，21｝（…イ）とわかる。同様に，百の位に1または2が繰り上がるから，繰り上がりを除くと，百の位の和は18または19になる。つまり，$A+D+G$として考えられる値は｛18，19｝（…ウ）である。この結果をまとめると，上の図2のようになる。これらの9個の文字には0～9の10個の数のいずれかが入るので，9個の文字の和は，0＋1＋…＋8＝（0＋8）×9÷2＝36以上，1＋2＋…＋9＝（1＋9）×9÷2＝45以下である。もし，$C+F+I$の値が22だとすると，残りの6個の文字の和は，36－22＝14以上，45－22＝23以下となるが，このような組合せはない。よって，$C+F+I$＝12（…エ）と決まる。このとき，残りの6個の和は，36－12＝24以上，45－12＝33以下だから，$B+E+H$の値は｛10，11｝のいずれかであり，さらに，十の位に1繰り上がっているので，$B+E+H$＝11（…オ）と決まる。すると，百の位に1繰り上がるので，$A+D+G$＝19（…カ）とわかる。したがって，9個の数の和は，12＋11＋19＝42だから，使わない数は，45－42＝3（…キ）と求められる。最後に，$A+D+G$＝19，A＝7なので，$D+G$＝12となる。また，残りの｛0，1，2，4，5，6，8，9｝の中で和が12になる

組合せは４と８だけである。同様に，残りの数を使って和が11または12になる組合せを調べると，考えられる組合せはたとえば上の図３のような２通りあることがわかる。図３で，DとGの組合せは２通りある。さらに，BとEとH，CとFとIの組合せがそれぞれ，$3\times2\times1=6$（通り）あるので，どちらの場合の組合せも，$2\times6\times6=72$（通り）となり，全部で，$72\times2=144$（通り）（…ク）と求められる。

5　条件の整理，場合の数

⑴　順に計算すると右の図１のようになるから，(i)は485，(ii)は26とわかる。

図１

1→5→17→53→161→485
2→8→26→80→ 8→26

⑵　奇数《きすう》は３倍しても奇数であり，さらに２を加えても奇数なので，奇数に対してこの操作を行うとき，10で割るという操作は１回も行わない。また，偶数《ぐうすう》について一の位の数字だけを調べると右の図２のようになるから，一の位が{2，6，8，0}の場合は一の位が０になり，10で割るという操作を行うことがわかる。よって，10で割るという操作を１回も行わないのは，一の位が{1，3，4，5，7，9}の場合である。どの場合も，十の位の数字は０～９の10通り考えられるので，全部で，10×6＝60(個)と求められる。

図２

□2→□8→□6→□0→■
□4→□4→□4→□4
□6→□0→■
□8→□6→□0→■
□0→■

⑶　10で割るという操作を１回だけ行うのは，10で割ったあとの数(図２の■)の一の位が{1，3，4，5，7，9}のいずれかになる場合である。そこで，１から100までの数で一の位が２の場合について調べると，右の図３のようになる(１けたの場合は十の位に０を補っている)。ここで，0，1，2，3，4，5，6，7，8，9を３倍すると，一の位の数字はそれぞれ，0，3，6，9，2，5，8，1，4，7となり，０～９が１回ずつ現れる。また，たとえば32を３倍した数は，30を３倍した数と２を３倍した数の和と考えることができるから，図３の十の位の数字をたてに見ると，どの列にも０～９が１回ずつ現れることになる。したがって，10で割ったときの一の位が{1，3，4，5，7，9}になるとき，もとの数は１通りに決まる。一の位が6，8，0の場合も同様だから，このような数は全部で，6×4＝24(個)と求められる。

図３

02→ 08→ 26→ 80→ 08
12→ 38→116→ 350→ 35
22→ 68→206→ 620→ 62
32→ 98→296→ 890→ 89
42→128→386→1160→116
52→158→476→1430→143
62→188→566→1700→170
72→218→656→1970→197
82→248→746→2240→224
92→278→836→2510→251

社　会　＜第１回(一般・帰国生)試験＞（40分）＜満点：100点＞

解　答

1　**問１**　ア　**問２**　**２番目**…イ　**４番目**…ウ　**問３**　**５**　桓武　**６**　坂上田村麻呂　**問４**　ア，ウ　**問５**　エ　**問６**　ア　**問７**　イ　**問８**　(例)　興味の対象で友好関係を築きたいと思う一方，大きな負担をともなうものでもあった。　**問９**　ウ　**問10**　オ

2　**問１**　カ　**問２**　ア，イ　**問３**　⑴　二十一か条の要求　⑵　(例)　戦争のためヨーロッパにはアジアに目を向ける余裕がない(のに乗じ)　**問４**　桂太郎　**問５**　**２番目**…オ　**４番目**…エ　**問６**　大政翼賛会　**問７**　イ，エ，オ　**3**　**問１**　⑴　エ　⑵　エ

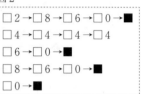

問２ オ　**問３** ア　**問４** 線状降水帯　**問５** **大根**…エ　**ぶた**…ウ　**問６** (例) 東京方面へ通勤・通学する人が多い佐倉市に対し，成田山新勝寺がある観光都市で国際空港もある成田市には，周辺から多くの人が働きにくるから。　**4**　**問１** マイクロプラスチック　**問２** ウ　**問３** エ，オ　**問４** ⑴ 持続可能な開発　⑵ ウ　**問５** ア，ウ　**問６** イ，エ　**問７** ⑴ (例) 得票率がほぼそのまま議席数に反映する比例代表制に対し，小選挙区制は得票率がそれほど高くなくてもその選挙区で最も得票数が多ければ当選する。衆議院は小選挙区制のほうが議員定数が多いので，小選挙区で多くの当選者を出す自民党の獲得議席率が高くなる。　⑵ ウ，エ，オ　**問８** エ　**問９** イ

解説

1 各時代の歴史的なことがらについての問題

問１　1　今から約１万年前，地球では氷河期とよばれる寒冷な時代が終わり，地表をおおっていた雪や氷が解け出した。これによって海面が上昇し，それまで陸続きだったところが海で切り離された。このとき，日本列島も大陸から切り離されて現在のような姿になった。　2　三内丸山遺跡は青森県青森市郊外で発掘《はっくつ》された縄文時代の大規模集落跡で，大型掘立柱《ほったてばしら》建物跡や大型住居跡，植物の栽培跡など多くの遺構が見つかっている。2021年には「北海道・北東北の縄文遺跡群」の１つとして，ユネスコ(国連教育科学文化機関)の世界文化遺産に登録された。なお，吉野ヶ里遺跡は弥生時代の大規模環濠《かんごう》集落の跡で，佐賀県にある。　3，4　旧石器時代には，石を打ち欠いてつくった打製石器が用いられていた。縄文時代になるとこれに加えて，石の表面をより硬い石で磨いてつくった磨製石器も用いられるようになった。

問２　アは，江戸時代に行われた寺請《てらうけ》制度について説明している。イは平安時代初期のことで，このころ開かれた真言宗と天台宗が密教にあたる。ウは，戦国時代に織田信長が行ったことである。エは飛鳥時代のことで，法隆寺と四天王寺は聖徳太子によって建てられた。オは，鎌倉時代に広まった新しい仏教の宗派について説明している。よって，時代の古い順にエ→イ→オ→ウ→アとなる。

問３　**5**　８世紀末に即位《そくい》した桓武天皇は，寺院の勢力が強い平城京を離れて律令政治を立て直すため，784年に長岡京に遷都《せんと》した。794年にはさらに平安京へ遷都し，さまざまな政策に取り組んだ。なお，桓武天皇は勘解由使《かげゆし》などそれまでの「令」にない役職を新たに設置したが，これらは令外《りょうげの》官《かん》とよばれる。　**6**　坂上《さかのうえの》田村麻呂《たむらまろ》は平安時代初め，桓武天皇から征夷《せいい》大将軍に任命され，朝廷に従わない東北地方の蝦夷《えみし》を平定するために遠征した。そして，現在の岩手県に胆沢《いさわ》城(奥州市)を築き，蝦夷の族長であったアテルイを降伏《こうふく》させるなど，朝廷の勢力拡大に大きく貢献《こうけん》した。

問４　９・10世紀は，801年から1000年にあたる。アは1051～62年，イは903年，ウは743年，エは858年(正式には866年)，オは935～40年のできごとである。

問５　『平家物語』は，平家一門の繁栄《はんえい》から滅亡《めつぼう》までを中心に描いた軍記物語で，鎌倉時代に成立した。「諸行無常(すべてのものは移り変わる)」という言葉に表されるように，仏教的無常観にもとづいて文章がつづられている。なお，アは藤原道長が詠《よ》んだ和歌で，「望月《もちづき》の歌」とよばれる。イは清少納言の随筆『枕草子』，ウは吉田兼好《けんこう》(兼好法師)の随筆『徒然草《つれづれぐさ》』の冒頭部分。オは阿倍《あべの》仲麻呂《なかまろ》が詠んだ和歌で，『小倉百人一首』に収められている。

問６　能は，歌・せりふと楽器に合わせて演じられる舞台《ぶたい》芸術で，アの写真にあるように，演者が

面をつけることを特徴《とくちょう》としている。室町時代，観阿弥《かんあみ》・世阿弥《ぜあみ》父子が，猿楽《さるがく》や田楽を融合《ゆうごう》させ，芸術的な演劇として能を大成した。なお，イは人形浄瑠璃《じょうるり》(文楽)，ウは歌舞伎《かぶき》役者を描いた浮世絵，エは田植えと田楽のようすを描いた絵。

問７　座は室町時代に発達した商工業者などの同業組合で，寺社や貴族などに税を納めてその保護を受け，営業を独占した。この時代には，中国から輸入された銅銭が広く使われたことで貨幣《かへい》経済が発達し，土倉や酒屋などの高利貸しもあらわれた。なお，問(問丸)は物資の保管・輸送・販売《はんばい》などにあたった業者で，鎌倉時代以降に発達し，のちに問屋とよばれるようになった。

問８　資料１から，外国人の姿を見ることがほぼなかった江戸時代の人びとにとって，朝鮮通信使は強い興味の対象であり，朝鮮語で会話しようとするなど，友好的な交流をしようとしていたことがうかがえる。一方で，資料２からわかるように，通信使一行の経路にあたる藩は，使節を迎える準備に大きな負担を強いられており，人びとも人足として荷物を運ばされたり馬を用意させられたりと，負担を負わされていた。

問９　江戸幕府の第８代将軍徳川吉宗は享保の改革とよばれる幕政改革に取り組み，その１つとして，キリスト教に関係のない中国語訳の洋書の輸入を認めた。また，上米《あげまい》の制を定め，石高１万石につき100石の米を大名に献上させる代わりに，参勤交代における江戸滞在《たいざい》期間を１年から半年に縮めた。なお，アは第５代将軍徳川綱吉，イは新井白石，エは田沼意次，オは松平定信について説明した文。

問10　宮崎安貞《やすさだ》は，17世紀に筑前《ちくぜん》国(福岡県)を拠点《きょてん》として活動した農学者で，明(中国)の農学書を研究し，みずからの体験や見聞なども加えて『農業全書』を著した。

2　歴史上の人物を題材とした問題

問１　A　大隈重信《おおくましげのぶ》は肥前藩(佐賀県)出身の政治家で，明治政府では参議などの要職についた。しかし，明治十四年の政変とよばれるできごとで1881年に政府を追われ，翌82年にはイギリス流の議会制民主主義をめざして立憲改進党を創設した。その後，政界に復帰して外務大臣を務めるなどし，1898年と1914年には内閣総理大臣に就任した。なお，板垣退助は第１次大隈内閣で内務大臣を務めるなどしたが，内閣総理大臣にはなっていない。　B　尾崎行雄は相模《さがみ》国(神奈川県)出身の政治家で，政党政治や普通選挙の実現をめざして活動したことから，「憲政の神様」とよばれた。1890年の第１回衆議院議員選挙から25回連続で当選し，1912年には犬養毅《いぬかいつよし》らとともに第一次護憲運動を指導した。なお，犬養毅は1932年の五・一五事件で暗殺された。　C　市川房枝《ふさえ》は愛知県出身の政治家で，1920年には女性の政治参加を求め，平塚らいてうらとともに新婦人協会を設立した。その後も女性の権利拡大のために活動を続け，第二次世界大戦後は長く参議院議員を務めた。なお，津田梅子は，1871年に最初の女子留学生の一人として岩倉使節団とともにアメリカにわたり，1900年には女子英学塾(現在の津田塾大学)を設立するなど，女性の高等教育に力をつくした。

問２　1880年，民権派は国会開設を求める全国的組織として国会期成同盟を結成したが，政府は集会条例を制定するなどしてこの動きを弾圧しようとした。こうしたなか，翌81年，政府が北海道の開拓使官有物を不当に安い価格で払い下げようとしていたことが発覚し，政府を攻撃《こうげき》する声が強まった。これに対して政府は，開拓使官有物の払い下げに反対し，早期の国会開設を主張していた大隈重信を政府から追放するとともに，国会開設の勅諭《ちょくゆ》を出して10年後の国会開設を約束した。

問３　(1)，(2)　1914年に第一次世界大戦が始まると，主戦場となったヨーロッパでは国力のすべてをつぎこむ総力戦が行われた。これにより，アジアにおけるヨーロッパ諸国の影響力が弱まり，日本の勢力を拡大する機会になると考えた日本政府は，1902年にイギリスとの間で結んだ日英同盟を理由として，連合国側で第一次世界大戦に参戦した。日本軍は，中国におけるドイツの根拠地であった山東半島に出兵して青島《チンタオ》などを占領すると，1915年には中華民国の袁世凱《えんせいがい》政府に対して，ドイツが中国に持っていた権益を日本にゆずり渡すことなどを内容とする二十一か条の要求を突《つ》きつけ，その大部分を認めさせた。＜史料＞は，そうした日本側の行動を批判する内容となっている。

問4　桂太郎は長州藩(山口県)出身の軍人・政治家で，明治時代から大正時代にかけて三度，内閣総理大臣を務めた。1912年末に三度目となる内閣総理大臣に就任したが，議会を無視する政治姿勢が反発を招き，尾崎行雄や犬養毅らが主導する第一次護憲運動が起こった。第一次護憲運動は都市部を中心に拡大し，第三次桂内閣はわずか2か月で退陣《たいじん》に追いこまれた。このできごとは，元号が明治から大正に切りかわった直後であったため，大正政変ともよばれる。

問5　アは1925年，イは1918年，ウは1910年，エは1932年，オは1923年，カは1940年のできごとなので，1913年から1937年までのできごとを時代の古い順に並べると，イ→オ→ア→エとなる。

問6　1940年，近衛文麿《このえふみまろ》内閣は，戦争に協力する体制を強化するための政治組織として大政翼賛会《たいせいよくさんかい》を結成し，すべての政党が解散してこれに合流した。愛国婦人会などの女性団体を統合して1942年に設立された大日本婦人会は，大政翼賛会の下部組織とされた。

問7　アは1956年，イは1950年，ウは1972年，エは1992年，オは1951年，カは1965年のできごとである。

3　千葉県成田市を題材とした地理の問題

問1　⑴　①　印旛《いんば》沼付近の低地はほとんどが田(‖)になっているが，台地に入りこんだ谷になっている「米野」では住宅街は見られず，田や畑(∨)が広がっている。　②　JR線(━▭━)の「成田駅」から西(左)にのびる大通り沿いには，税務署(◇)や消防署(Ｙ)はあるが，博物館(⌂)は見られない。　⑵　aのすぐ東(右)に標高10mほどの丘があることと，bとあまり標高差がないと考えられるやや西(左)の地点に標高5mを示す標高点があることから，イかエのいずれかだとわかる。さらに，JR成田線を横切る周辺は谷間になっており，線路のやや西に標高11mを示す標高点があることから，エだと判断できる。

問2　流域人口が最も多く，流域面積も大きい③は，流域面積が最も大きい川である利根川が，人口の多い首都圏《けん》を流れる関東地方だとわかる。流域人口が関東地方についで多い②は，大阪大都市圏をふくむ近畿地方で，ここを流れる淀《よど》川は多くの支流や琵琶湖が流域面積にふくまれるため，長さの割には流域面積が大きい。また，流域面積が利根川についで大きい④には，流域面積全国第2位の石狩川が流れる北海道があてはまる。①と⑤のうち，流域人口の多い⑤は，名古屋大都市圏をふくむ中部地方で，河川は，岐阜県南東部から愛知県北西部を流れ，名古屋市の中心部を通って伊勢湾に注ぐ庄内《しょうない》川である。残る①は東北地方で，阿武隈《あぶくま》川があてはまる。なお，北陸地方の河川は信濃川，九州地方の河川は筑後川。

問3　干ばつによる被害が多い①は，北部を中心に乾燥《かんそう》帯が広がるアフリカ，熱帯低気圧による被害の数が0の②は，全体として高緯度に位置し，温帯や冷帯に属するヨーロッパである。また，台風をふくむ熱帯低気圧の被害や洪水の被害が多い④にはアジアがあてはまり，残った③が北アメリカとなる。なお，熱波とは，高気圧の発達やフェーン現象などが原因で気温が異常に高くなる日が続く現象のことで，熱中症《しょう》や森林火災などの被害をもたらす。近年，ヨーロッパなどでしばしば発生しており，地球温暖化の影響が指摘されている。

問４　発達した雨雲や積乱雲が次々と発生し，数時間にわたって同じ地域を通過したり停滞したりすることで豪雨をもたらすものを線状降水帯という。近年は毎年のように発生し，集中豪雨をもたらして各地に大きな被害を出している。

問５　米は新潟県が収穫量全国第１位，北海道が第２位で，東北地方の各県が第３～５位を占《し》めるので，アがあてはまる。鹿児島県の農業は畑作と畜産が中心で，さつまいもの収穫量，豚の飼養頭数などが全国第１位となっている。さつまいもは茨城県や千葉県が上位に入るのでイ，豚の飼養頭数は宮崎県が第２位なのでウとなる。熊本県は野菜の生産がさかんで，トマトやすいかの収穫量が全国で最も多いので，オにあてはまる。残ったエが大根である。統計資料は『日本国勢図会』2021／22年版による。

問６　高度経済成長期以降，大都市郊外の各地にはニュータウンや住宅地がつくられた。ニュータウンのある地域は一般に，大都市へ通勤・通学する人が多いため，昼夜間人口比率が低くなる。しかし，成田山新勝寺の門前町で，観光都市として発展してきた成田市には，1978年に開港した成田国際空港があり，空港関連施設や宿泊施設，商業施設などで働く人が市外から多く流入してくるため，昼夜間人口比率が高くなっているのだと考えられる。

4　環境問題や現代の社会，日本の政治についての問題

問１　一般に，直径５mm以下のプラスチックの粒《つぶ》や破片をマイクロプラスチックという。レジ袋をふくむプラスチック製品が海に流出し，波や紫外線《しがいせん》の影響で細かくなったものや，もともとごく小さな粒として研磨剤や化粧品にふくまれていたものなどがあり，海洋汚染とそれにともなう生態系への影響が国際的な問題となっている。

問２　「免罪符《めんざいふ》」は「何かのつぐないとしての行い」の比喩《ひゆ》であり，「現実の危機から目を背《そむ》けることを許す」ような「消費行動」をたとえたものであることが読み取れる。「消費行動」については本文の第１段落で具体的に説明されており，筆者はこれを第２段落で「無意味」な「善意」と批判している。つまり筆者は，第１段落にあるような「消費行動」をとることで満足してしまうと，それが「免罪符」として機能してしまい，温暖化という「現実の危機」から目を背けることにつながると主張しているのだから，ウがあてはまる。

問３　エは「ユニセフ(国連児童基金)」ではなく「ユネスコ(国連教育科学文化機関)」が，オは「国際労働機関(ILO)」ではなく「世界保健機関(WHO)」が正しい。

問４　(1)　SDGsは，2015年に国連総会で採択《さいたく》された「持続可能な開発目標」のことで，2030年までに世界が達成すべき17分野の目標(ゴール)と169のターゲット(達成基準)が盛りこまれている。　(2)　①　もともとその地域に生息していなかったが，人間の活動によってそこに持ちこまれた動植物は，外来生物(外来種)とよばれる。外来生物は，もともとその地域に生息していた生物(在来種)の敵となって生態系に影響を与えることも多いため，法律などによって持ちこみが規制されたり，駆除《くじょ》の対象となったりしている。　②　ジャイアントパンダは個体数の少ない希少動物で，個体数を増やすための保護活動が進められている。2022年１月時点で，日本の動物園にいるジャイアントパンダはすべて中国から貸与されたものなので，正しい。

問５　2015年，フランスの首都パリで開かれた国連気候変動枠組《わくぐみ》条約第21回締約《ていやく》国会議(COP21)

で，地球温暖化対策のための国際的な取り決めとしてパリ協定が採択された。アとウはその内容として正しい。なお，イは1997年に採択された京都議定書に，エは1972年にスウェーデンの首都ストックホルムで開かれた国連人間環境会議に，オは1987年に調印されたモントリオール議定書にあてはまる内容である。

問６　1960年ごろには，電気洗濯機，(電気)冷蔵庫，白黒テレビが「三種の神器」とよばれて人気を集め，家庭に普《ふ》及《きゅう》した。カラーテレビは，自動車，クーラー(エアコン)とともに「３Ｃ(新三種の神器)」とよばれ，1970年代から普及していった。また，1960年代には，水俣《みなまた》病，四日市ぜんそく，イタイイタイ病，新潟(第二)水俣病の四大公害で訴訟《そしょう》が起こされた。渡良瀬《わたらせ》川流域では，明治時代に足尾銅山鉱毒事件が起こり，田中正造が解決に力をつくした。

問７　(1)　衆議院選挙では，最も得票数の多い１人が当選する小選挙区制と，政党の得票率に応じて議席が配分される比例代表制が採用されている。比例代表制では得票率が議席数に反映されるが，小選挙区制では，得票率にかかわらず得票数が最も多ければ当選する。現在の衆議院選挙では小選挙区制の定員のほうが多いため，得票率がそれほど高くなくても小選挙区での当選者が多ければ，多くの議席が獲得《かくとく》できる。　(2)　ア　グラフ１を正しく読み取っている。　イ　グラフ１と表２から読み取れることとして正しい。　ウ　グラフ２によると，どの参議院選挙でも，自民党の比例代表得票率は選挙区得票率を下回っている。　エ　参議院議員の任期は６年だが，３年ごとに選挙が行われて半数ずつが改選される。グラフ２より，2013年の選挙で自民党は50％を超《こ》える議席を獲得したが，その前の2010年の選挙では40％を下回っているので，合計の議席数は過半数に達していないとわかる。　オ　グラフ１・２より，自民党の獲得議席率は，2009年の衆議院選挙では小選挙区と比例代表の両方の得票率を，2007年の参議院選挙では選挙区での得票率を下回っている。　カ　グラフ１・２と表２から読み取れることとして正しい。

問８　市町村の住民は，有権者の３分の１以上(人口40万人以下の場合)の署名を集めれば市町村長の解職を請求できるが，解職が成立するためには，その後に行われる住民投票で解職に賛成する票が過半数に達しなければならない。

問９　電気自動車を普及させれば，走行時のガソリンの消費量や排気ガスの量などを減らすことはできるが，電気をつくるためにエネルギーを消費しなければならないのだから，資源や環境の問題を根本的に解決することにはならない。

理科　＜第１回(一般・帰国生)試験＞(40分)＜満点：100点＞

解答

1　(1)　(例)　風力発電　(2)　25度　(3)　エ　(4)　イ　(5)　イ　(6)　エ　**2**　(1)　茎　(2)　イ，ウ　(3)　②　イ　③　ア　(4)　酸素　(5)　泥水の中のさらに酸素の少ない泥の中　**3**　(1)　ウ　(2)　(例)　解説の図を参照のこと。　(3)　(例)　水の粒がなくなって水和が起こらなくなる　(4)　(a)　6.6ｇ　(b)　107.4ｇ　(5)　ア　**4**　(1)　金星食　(2)　きんかん　(3)　月　(4)　エ　(5)　(例)　月と地球の間の距離が変化するから。　(6)　ウ，オ　(7)　ア

解　説

1 光電池の性質についての問題

⑴　資源に限りがある化石燃料などとは異なり，太陽光や風力，地熱などのように資源が半永久的に利用できるエネルギーを再生可能エネルギーという。再生可能エネルギーによる発電として，太陽光発電や風力発電，水力発電，地熱発電，バイオマス発電などがあげられる。

⑵　太陽光が入射する角度を０度にすると，右の図のように太陽光と光電池がつくる角度は90度になる。ここでは南中高度が65度なので，光電池と水平な地面との角度を，180－(90＋65)＝25(度)にすればよい。

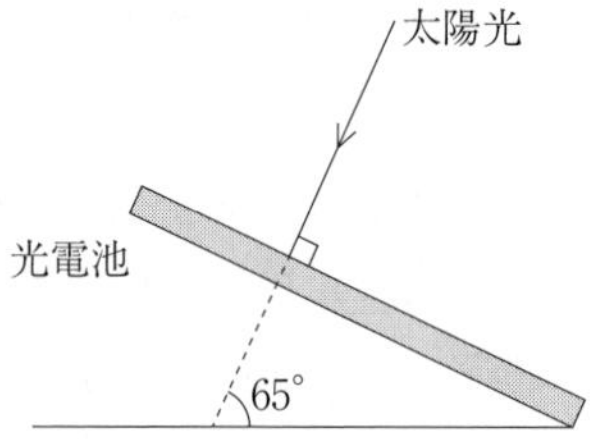

⑶　実験１において，光電池は太陽光が垂直にあたるようにすると，最も効率よく発電することができる。太陽光が入射する角度が０度のときは，光電池に太陽光が垂直にあたっている状態なので，回路に流れる電流の大きさは最も大きくなる。この状態から角度を大きくしていくと，回路に流れる電流の大きさはしだいに小さくなっていく。

⑷　ア，イ　乾電池《かんでんち》の場合は，直列につなぐと回路全体に流れる電流が大きくなる。しかし，光電池の場合は，実験２より，並列につないだときの方が回路全体に流れる電流が大きくなることがわかる。　　ウ，エ　実験２では，あてる光の強さや入射する角度を変えて実験していないので，実験２の結果からはわからない。

⑸　ア　［ａ，ｄ］と［ｂ，ｅ］と［ｃ，ｆ］が２つずつ直列に接続されていて，さらに，その３つのまとまりが並列に接続されている場合，図５のように黒い紙でおおっても，回路全体に電流が流れ，図６のように黒い紙でおおうと，回路全体に電流が流れない。　　イ　［ａ，ｄ］と［ｂ，ｅ］と［ｃ，ｆ］が２つずつ並列に接続されていて，さらに，その３つのまとまりが直列に接続されている場合，図５のように黒い紙でおおうと，回路全体に電流が流れず，図６のように黒い紙でおおうと，回路全体に，黒い紙でおおう前よりも弱い電流が流れ，プロペラの回転は実験３のように遅《おそ》くなる。　　ウ　ａ～ｆが全て直列に接続されている場合，図６のように黒い紙でおおうと，回路全体に電流が流れない。　　エ　ａ～ｆが全て並列に接続している場合，図５のように黒い紙でおおっても，回路全体には電流が流れる。

⑹　太陽の高度が低くなると，太陽光が光電池に届くまでに空気中を通過する距離《きょり》は長くなる。すると，太陽光が空気中に散乱するなどして光の強さが弱くなり，光電池の発電の効率が悪くなる。

2 レンコンについての問題

⑴　ハスは地下にある茎《くき》の部分を食用としていて，この食用部はレンコンとよばれる。

⑵　サトイモとジャガイモは栄養分をためている茎，サツマイモとゴボウは根，ラッカセイは種子をふつう食用としている。

⑶　道管は根から吸収した水分や肥料分を通す管で，師管は光合成によって葉で作られた栄養分などを体の各部分に運ぶ管である。

⑷　植物の呼吸は，酸素を使って栄養分からエネルギーを取り出すはたらきである。

⑸　レンコンは，泥水《どろみず》の中のさらに酸素の少ない泥の中に潜《もぐ》っているが，大きな通気孔《つうきこう》を持つことにより，そのような環境《かんきょう》でも生きていけるように進化したと考えられる。

3 ものの溶《と》け方についての問題

(1) 水の粒《つぶ》は自由に動き回って，食塩の粒にくっつき，食塩の粒を切りはなすと述べられているので，ア，イ，エは判断できる。一方，ウは，ここでは水の粒と食塩の粒についての説明しかないため，判断できない。

(2) 食塩の一粒一粒に対して水の粒がついて食塩をバラバラにする，また，バラバラになった食塩の粒は水の粒に取り囲まれて水溶液《すいようえき》中を動き回ると述べられていることから，市川さんが黒板に８個の水の粒をかき入れたものは，右の図のようなものと考えられる。

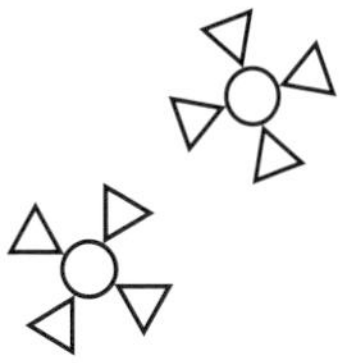

(3) 水を蒸発させると，水の粒がなくなり，水和が起こらなくなる。そのため，食塩が出てくると考えられる。

(4) (a) 60℃の水にミョウバンを溶けるだけ溶かした水溶液62.4ｇに含《ふく》まれる水は，$62.4\times\frac{100}{100+24.8}=50$(ｇ)で，溶けているミョウバンは，$62.4-50=12.4$(ｇ)である。40℃の水50ｇに溶けるミョウバンの最大量は，$11.6\times\frac{50}{100}=5.8$(ｇ)なので，この水溶液を40℃に冷やして出てくるミョウバンの量は，$12.4-5.8=6.6$(ｇ)と求められる。　(b) 20℃の水200ｇに食塩は最大で，$35.8\times\frac{200}{100}=71.6$(ｇ)まで溶ける。この量の食塩を80℃の水200ｇに溶かせば，20℃にしても食塩が出てくることはない。混合物に食塩が71.6ｇ含まれているとすると，ミョウバンは，$71.6\times\frac{1}{2}=35.8$(ｇ)含まれることになる。この量のミョウバンは80℃の水200ｇにすべて溶け，20℃に冷やしたときには溶けきれずにミョウバンだけが出てくる。よって，溶かした混合物の重さを，$71.6+35.8=107.4$(ｇ)にすると，出てくるミョウバンが最も多くなる。

(5) 油の粒は自由に動き回っているが，油の粒には，食塩の一粒一粒について食塩をバラバラにするはたらきがないため，食塩は油に溶けないと考えられる。

4 日食と月食についての問題

(1) 金星と地球の間に月が入り，地球から見ると金星が月に隠《かく》される現象を金星食という。

(2) 写真のように，太陽が月に隠されたとき，太陽の外周がリングのように見えている場合を金環日食または金環食という。

(3) 日食は太陽と地球の間に月が入り，太陽が欠けて見える現象で，写真の中央付近にある丸い黒い部分は太陽を隠している月である。

(4) 太陽は非常に遠くにあるため，太陽光が地球に届くときにはほぼ平行な光線となり，小さい四角形の鏡で近くにある壁《かべ》に反射させると，壁に鏡の形と同じような四角形の明るい部分ができる。しかし，鏡を壁からどんどん遠ざけていくと，四角形の輪かくがぼやけていき，太陽の形である円形に近づいていく。

(5) 月と地球の間の距離はつねに一定ではなく，変化している。そのため，月と地球の間の距離が近いときに起きる日食は太陽が完全に月に隠される皆既《かいき》日食となり，月と地球の距離が遠いときに起きる日食は写真のような金環日食となる。

(6) ア　月食は満月のときに起こり，その月食は地球上の満月が見られるところではどこでも見られる。したがって，真夜中をむかえている地域だけでなく，日の入り直後の地域や日の出直前の地域でも見ることができる。　イ　皆既月食のときは，太陽光の赤い光が地球の大気により屈折《くっせつ》して月に届くため，月が地球の影《かげ》にすっぽりと入って満月全体が欠けるころには赤っぽく見える。
ウ　月食は地球の影に月が入って起こる現象なので，地球の天気がくもりや雨であっても月食は起こる。　エ　月食は地球が作る影に公転する月が入りこんで月が欠けて見える現象で，月食が一晩中続くことはない。　オ　日食と月食は似たような周期で起こるが，地球から見て太陽の一部が月に隠される場合は部分日食になり，日食として数えられるのに対して，月から見て地球が太陽の一部を隠す程度では月面は暗くならず，月食として数えられない。そのため，月食の方が日食よりも起こりにくい。ただし，月食は日食に比べて，一度に地球上の広い範囲《はんい》で観察できる。
(7)　地球が公転する面と月が公転する面は同じ平面上になく，約５度傾《かたむ》いているため，満月のたびに月食が起こるわけではない。

国　語　＜第１回(一般・帰国生)試験＞（50分）＜満点：100点＞

解　答

一　**問１**　X　ウ　　Y　オ　　**問２**　エ　　**問３**　（例）　大樹の下に広がる美しい街の風景と緑の香りにふれて心をうばわれたのと同時に，その感動を風景とともに描き出したいと強く思ったから。　**問４**　イ　**問５**　オ　**問６**　ウ　　二　**問１**　ウ　**問２**　（例）　お客様がお金を払って買った陶磁器がすぐに割れてしまわないように，より硬く急激な温度変化にも強いやきものの開発を進めてつくってきたということ。　**問３**　イ　**問４**　オ　**問５**　（例）　新しい技術や素材を試すことも販売方法の見直しもせぬまま，若者を驚くほど厳しい仕事環境で働かせること。　三　イ，エ　　四　下記を参照のこと。

●漢字の書き取り

四　1　訳詩　2　熟達　3　縦断　4　軽便　5　青松　6　判　7　群　8　営

解　説

一　**出典は『NHK国際放送が選んだ日本の名作　１日10分のぜいたく』所収の「みどり色の記憶《きおく》(あさのあつこ作)」による。**自分の将来を決められずにいた千穂《ちほ》だったが，親友の真奈《まな》の存在や，幼いころよく遊んでいた小さな公園にそびえる大樹と向き合ったことを通じ，絵に関わる仕事がしたいという意志を固める。
問１　X　「反芻《はんすう》」は，もともと牛や羊などの動物が一度飲み込《こ》んだ食物を胃から口の中にもどし，何度もかんでからまた飲み込む動作をいう。ここでは，志望校選択《せんたく》に向けて担任の教師から伝えられた，「自分の将来を自分自身で選択するという意志をもってもらいたい」という言葉を千穂が何度も心の中でくり返しているさまを表しているので，ウがふさわしい。　**Y**　小学校の三，四年生まで，千穂は真奈たちと街の小さな公園にそびえ立つ大樹に登って遊んでいたが，いつしかその周りに高い柵《さく》がつくられてしまうと急につまらなくなり，しだいに公園へと向かう足が遠のいていったのだから，オが合う。
問２　自らの進路への意識が薄弱《はくじゃく》な娘《むすめ》を不安に思う気持ちから，「千穂ちゃんをちょっとでも見習って，しっかりしてほしい」とこぼす真奈の母親の言葉を，千穂は否定している。開業医をしている父の跡《あと》を継《つ》ぐために医系コースのある進学校を目ざすよう母から求められ，絵に関わる仕事につきたいとの思いを飲み込んでしまっている自分と比べ，「パン職人」になりたいという明確な意志をもち，将来を見据《す》えている真奈のことを千穂は「偉《えら》い」と感じているのだから，エがよい。

問３　小学校三，四年生のころ以来に街の小さな公園にやってきた千穂は，久しぶりに大樹に登り，眼下に広がる風景や，緑の香りに胸を高鳴らせている。大樹に登ったことで，かつても今と同様の気持ちになったことを思い起こし，理屈《りくつ》ではなく「今，見ている美しい風景をカンバスに写し取りたい」という気持ちがこみあげてくるがゆえに「絵を描く人になりたい」と思ったことを再確認している。これをきっかけに，改めて絵にかかわる仕事を目ざそうと意志を固めたのである。

問４　幼少のころ以来となる小さな公園で大樹と向き合った千穂が，母親との思い出を振《ふ》り返っていることをおさえる。医学の道へと進むことを望む母親からは，「絵を描《か》く人になりたい」という願いなどきっと「一笑《いっしょう》に付されるにちがいない」と思い失望感をつのらせるなか，千穂はふと，自分が大樹から落ちたと聞いた母親が血相を変えてとんできて，無事だと知るや涙《なみだ》を流しながら抱《だ》きしめてくれた過去があったことを思い返している。そのとき改めて千穂は，我が子を心から大事に思う母親に対していつしか，自分の気持ちなどわかってくれないし，「なんでもかんでも押《お》しつけて」くるだけの存在だと決めつけるようになっていたことに気づいたのである。思いをちゃんと伝えられる自信がなく，衝突《しょうとつ》を怖《おそ》れるあまり，母親のせいにして話し合うことから逃《に》げていた自分の弱さを乗り越《こ》え，千穂は自らの思いをちゃんと打ち明けようと決心したのだから，イがふさわしい。大樹が放つ緑の香りは，自分のあり方を見つめ直させてくれるものであるとともに，母親と向き合おうという気持ちにさせてくれるきっかけを与《あた》えてくれたものだったので，千穂は，大樹への感謝と母親と話し合う決意を新たにするため，「もう一度，深くその香りを吸い込んでみた」のである。

問５　問２，問４で検討したとおり，美千恵《みちえ》は，「開業医の父の跡を継ぐために，医系コースのある進学校を受験するように」と，自分の考え方を千穂に押しつけてしまうところがある一方，千穂が大樹から落ちたさいには，無事だと知るや泣きながら喜び，抱きしめる愛情の深い一面ももち合わせている。よって，オが選べる。

問６　本文の最初に，「街は夕暮れの光の中で，淡《あわ》い金色に輝《かがや》いていた」とあることから，この場面で千穂が見たのは夕暮れの光に包まれた風景だと考えるのが自然である。よって，「光り輝く夜景の美しさ」と書かれたウが合わない。

二　**出典は前﨑信也《まえざきしんや》の『アートがわかると世の中が見えてくる』による。**京都の伝統文化が「絶滅《ぜつめつ》しかけている」根本の問題について述べられている。

問１　「『変わらない』ことを選択して生き残ってきた人々」とは，「伝統的な工芸品を作る技術」があるとして「伝統工芸士」の称号《しょうごう》を与えられた陶芸《とうげい》家たちを指す。国や自治体は，彼《かれ》らへの「助成金」や「補助金」の支給とひきかえに「『同じことを繰《く》り返す』という意味での『伝統』を続けること」を強制したが，彼らもまた，それを「変化をしないため」の言いわけに用いてきた。つまり，時代に沿った新製品の開発や市場の開拓《かいたく》が求められる世の中で，伝統をそのまま残したい国や自治体と，新しいことを嫌《きら》う陶芸家の利益が一致《いっち》したのだから，ウが合う。

問２　もともと衝撃《しょうげき》に弱かった陶磁器が一般《いっぱん》に普及《ふきゅう》し始めたことをきっかけとして，優秀《ゆうしゅう》な日本の研究者たちは，やきものが持つ「割れる」という欠点を改善しようと「より硬《かた》」く「急激な温度変化」にも耐《た》えられる器の開発に乗り出し，結果的に「壊《こわ》そうと思っても壊れない丈夫《じょうぶ》すぎる皿が完成した」と述べられている。つまり，「お客様」がせっかくお金を払《はら》って買ったものなのだから，すぐに割れない器をつくろうと，研究者たちは売り上げを度外視して買い替《か》える必要のない製品をつくり続けてきたのである。

問３　かつて食器をつくっていた人々が始めた「京セラ」「日本ガイシ」「TOTO」「リクシル」などは，明治時代の後半から「バスタブ・シンク・トイレといった衛生陶器，入れ歯など」の「まったく新しい製品を開発し，市場の開拓をはじめ」た企業《きぎょう》にあたる。つまり，これらの企業は，自社に蓄積《ちくせき》された陶磁器の性質や培《つちか》ってきた技術を応用し，「現代の人々の生活に即《そく》した産業」を生み出したことで大きな利益をあげ，日本を代表するまでに成長をとげたのである。

問４　「伝統工芸士」という称号を与えた陶芸家に対し，国や自治体が「助成金」や「補助金」を支給するのとひきかえに「同じことを繰り返し続けること」を約束させるという仕組みは，「バブル経済の崩壊《ほうかい》」が引き金となって限界を迎《むか》えたと述べられている。つまり，経済の停滞《ていたい》によって企業や個人の不要不急のものに対する支出がカットされたうえ，「大きな注文をくれる」お得意様もいなくなったことで，陶芸家は必然的に「変化」を求められたものの，「助成金」や「補助金」をもらうためには「新しいマーケットを開拓する」ことなど許されなかったため，彼らはますます生活に苦しむようになったというのである。

問５　これまでみてきたように，陶芸家たちは「助成金」や「補助金」をもらい続けるために「変化」しないことを選択してきた。その結果，「新しい素材や技術を試すこと」も「販売《はんばい》方法の見直し」もしないばかりか，新たに伝統工芸の世界に入ってくる「志のある若者」については，「無報《ほう》酬《しゅう》といっても過言ではないような低賃金」など，「驚《おどろ》くほどに厳しい仕事環境《かんきょう》」で働かせている。このような状況《じょうきょう》では，「伝統文化」を担《にな》う次の若い世代が育たず，伝統文化産業などやがて立ち行かなくなってしまうと筆者は警鐘《けいしょう》を鳴らしている。

三　一と二の文章を関連づけて答える問題

一において千穂の母親は，「祖父も曾《そう》祖父も医者だったから，一人娘の千穂が医者を目ざすのは当然だと考え」，彼女《かのじょ》に「医系コースのある進学校を受験するよう」求めているだけである。そもそも娘が画家を目標としていることも知らないのだから，生計のことまで心配しているとは考えにくい。よって，イは合わない。また，二において筆者は「最新の生活を享受《きょうじゅ》し，伝統工芸品を買うこと」もしない客側が，陶芸家たちに「時代遅《おく》れの芸術を保ち続けることを強要している」点に問題があると指摘《してき》しているので，エも正しくない。

四　漢字の書き取り

１　日本語に翻訳《ほんやく》された外国語の詩。　**２**　慣れて上手になること。　**３**　縦の方向，あるいは南北の方向に通りぬけること。　**４**　とりあつかいが手軽で，便利なこと。「軽便鉄道」は，線路の幅《はば》が通常の鉄道よりもせまく，車両なども小型の小規模な鉄道のこと。　**５**　「白砂青《せい》松《しょう》」は，白い砂浜《すなはま》と青々とした松原を指し，美しい海岸の景色を意味する。　**６**　「判でおしたよう」は，型にはまっていて，少しも変化がないようす。　**７**　音読みは「グン」で，「大群」などの熟語がある。訓読みにはほかに「む(れ)」がある。　**８**　音読みは「エイ」で，「営業」などの熟語がある。

2022年度　市川中学校

〔電　話〕 (047) 339－2681
〔所在地〕 〒272-0816　千葉県市川市本北方2－38－1
〔交　通〕 JR線－「本八幡駅」,「市川大野駅」などからバス

【算　数】〈第2回試験〉(50分)〈満点：100点〉

【注意】 1．コンパス・直線定規を利用してもよい。
2．円周率は3.14とする。
3．比を答える場合には，最も簡単な整数の比で答えること。

1　次の問いに答えなさい。

(1)　$(7.5\times0.6-3.75\times0.8)\times\frac{3}{5}\div1.8$ を計算しなさい。

(2)　ある2桁《けた》の整数Nは3で割ると1余り，5で割ると3余り，7で割ると4余る。このとき，Nを求めなさい。

(3)　2022のように，2が3つ以上現れる4桁の整数は何個あるか求めなさい。

(4)　右の図のように，三角形ABCの辺AB，AC上に2つずつ点をとり，点どうしを結んで5つの三角形に分けた。分けられた5つの三角形の面積がすべて等しくなるとき，AD：DE：ECを求めなさい。

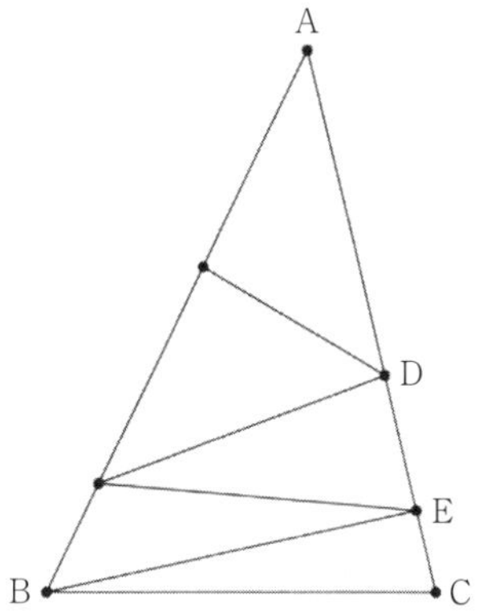

(5)　下の図のように，1辺の長さが1cmの正方形を6個組み合わせた図形がある。この図形を直線lの周りに1回転させてできる立体の体積を求めなさい。

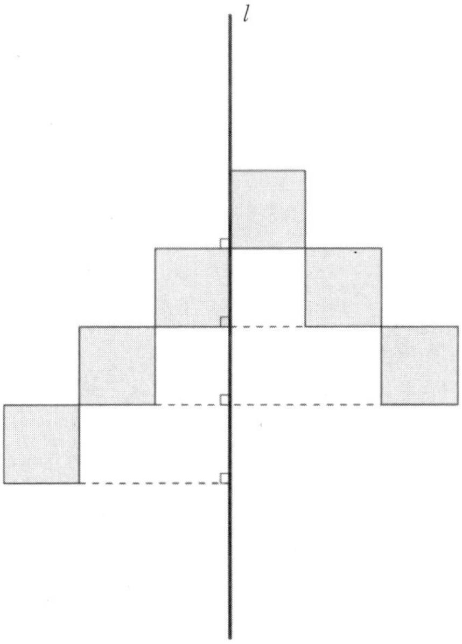

2　容器Ａには濃度《のうど》７％の食塩水50ｇ，容器Ｂには濃度３％の食塩水100ｇが入っている。このとき，次の問いに答えなさい。

(1)　Ａ，Ｂから食塩水をそれぞれ20ｇずつ取り出して，もう一方の容器に同時に混ぜたとき，Ｂに入っている食塩水の濃度を求めなさい。

(2)　Ａ，Ｂから食塩水をそれぞれ同じ量ずつ取り出して，もう一方の容器に同時に混ぜたとき，Ｂに入っている食塩水の濃度は3.6％となった。このとき，食塩水を何ｇずつ取り出したか求めなさい。

(3)　Ａから食塩水を［　ア　］ｇ取り出してＢに混ぜた。その後，Ｂから食塩水を［　ア　］ｇ取り出してＡに混ぜたところ，Ａに入っている食塩水の濃度が5.4％となった。［ア］にあてはまる数を求めなさい。

3　周りの長さが240cmの円周上に点Ｐと，Ｐから円周上で反時計まわりに80cm離《はな》れた点Ｑがある。３つの動点Ａ，Ｂ，Ｃは円周上を２：３：６の速さで以下のように動くものとする。

- Ａ，Ｂ，Ｃは同時に動き始める。
- ＡはＰから反時計まわりに動く。ただし，ＢまたはＣと重なったときは，動いていた方向と反対に向きを変えて動く。
- ＢはＰから時計まわりに動く。
- ＣはＱから時計まわりに動く。

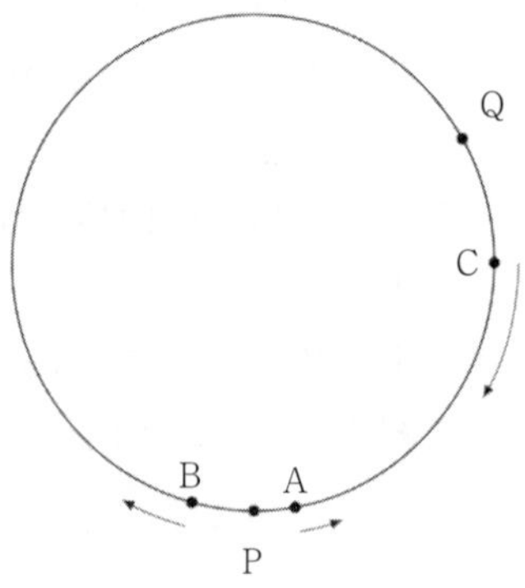

右の図はＡ，Ｂ，Ｃが同時に動き始めた直後の状態を表し，同時に動き始めて10秒後に，ＡとＣがはじめて重なった。このとき，次の問いに答えなさい。

(1)　Ａの速さは秒速何cmか求めなさい。

(2)　ＡがＢまたはＣと２回目に重なるのは，同時に動き始めてから何秒後か求めなさい。

(3)　同時に動き始めてから，ＣがＢを２回追い越《こ》すまでにＡは何cm動くか求めなさい。

4　右の図のように，AB＝CD＝2cm，BC＝7cm，DA＝4cmで，ADとBCが平行な台形ABCDに対し，１辺の長さが３cmの正三角形PQRは，QRがDA上で点Ｑが点Ａと重なっている位置にある。この状態から，台形ABCDの周りをすべることなく反時計まわりに正三角形PQRを転がしていくとき，次の問いに答えなさい。

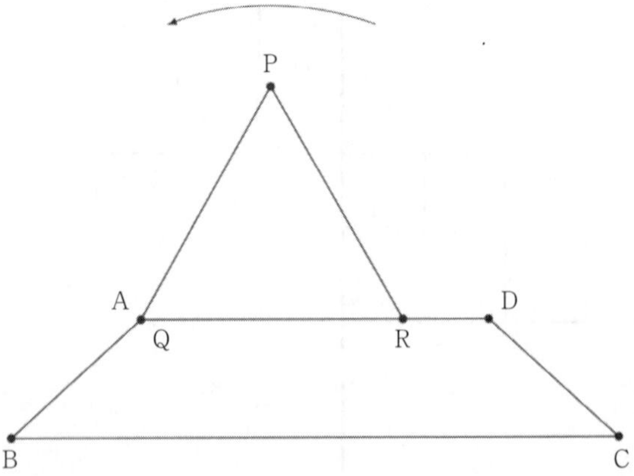

(1)　正三角形PQRが転がり始めてから，はじめてＰがBC上に重なるまでのＰが動いたあとの線を，コンパスと定規を用いて作図しなさい。

(2)　正三角形PQRが転がり始めてから，はじめてＰがDA上に重なるまでのＰが動いたあとの線の長さを求めなさい。

5　♠と♡のマークがついている６枚のカード♠1，♠2，♠3，♡1，♡2，♡3を，適当な順で左から右に１列に並べる。ここで，次のように操作①，②を決め，並べたカードに対して，①からはじめ，操作を終了《しゅうりょう》するまで行う。

①：左から見ていき，マークがある隣《とな》り合う２枚のカードを見つけたときは②に進む。マークがあるカードが１枚のときは，そのカードを取り除き，書かれていた数字だけを書いた新たなカードに置き換《か》えて，操作を終了する。マークがあるカードがないときは，操作を終了する。

②：①で見つけた隣り合う２枚のカードに対して，以下のいずれかを行う。

- 同じ数字のときは，２枚のカードを取り除き，書かれていた数字の和だけを書いた新たなカードに置き換えて①に戻《もど》る。
- 同じマークのときは，２枚のカードを取り除き，書かれていた数字の積だけを書いた新たなカードに置き換えて①に戻る。
- 数字もマークも異なるときは，左のカードを取り除き，書かれていた数字だけを書いた新たなカードに置き換える。右のカードはそのままにして①に戻る。

（例）　カードの並びが左から「♠1，♠2，♡2，♠3，♡3，♡1」のとき，

1．①を行い，♠1，♠2を見つける。②を行い，同じマークであるから，数字の積２を書いた新たなカードに置き換えて①に戻る。カードの並びは左から「２，♡2，♠3，♡3，♡1」となる。

2．①を行い，♡2，♠3を見つける。②を行い，数字もマークも異なるから，左のカード♡2を取り除き，２だけを書いた新たなカードに置き換える。右のカード♠3はそのままにして①に戻る。カードの並びは左から「２，２，♠3，♡3，♡1」となる。

3．①を行い，♠3，♡3を見つける。②を行い，同じ数字であるから，数字の和６を書いた新たなカードに置き換えて①に戻る。カードの並びは左から「２，２，６，♡1」となる。

4．①を行い，マークがあるカードは♡1のみなので，このカードを取り除き，１だけを書いた新たなカードに置き換えて，操作を終了する。カードの並びは左から「２，２，６，１」となり，カードの数字を左から読んだ数は2261である。

このとき，次の問いに答えなさい。

(1)　カードの並びが左から「♠1，♡2，♠2，♡3，♡1，♠3」であったときに操作を終了するまで行った。このとき，カードの数字を左から読んだ数はいくつになるか答えなさい。

(2)　操作が終了したときのカードの数字を左から読んだ数は21361であった。操作をはじめる前のカードの並びを考えたとき，左から２番目と５番目のカードのマークと数字を合わせて答えなさい。ただし，一番左のカードは♠のカードとする。また，♠のマークはS，♡のマークはHと書くことにし，例えば♠1の場合はS1と書きなさい。

(3)　２枚のカード♠4，♡4を追加して，８枚のカード♠1，♠2，♠3，♠4，♡1，♡2，♡3，♡4を適当な順で左から右に１列に並べて，操作を終了するまで行った。このとき，カードの数字を左から読んだ数は426122であった。操作をはじめる前のカードの並びを考えたとき，並び方は全部で何通りあるか求めなさい。ただし，一番左のカードは♠のカードとする。

【社　会】〈第２回試験〉（40分）〈満点：100点〉

【注意】 解答の際には，句読点や記号は１字と数えること。

1　次の会話文を読んで，あとの問いに答えなさい。

市川さん：先日，テレビ番組でA反射炉《ろ》をつくるという企画《きかく》を見ました。

千葉くん：私も見ました。番組では炉内の温度が上がらず，鉄を溶《と》かすことはうまくいきませんでしたが，昔の人はこうやって金属を溶かしていたのかと勉強になりました。

先　　生：反射炉は耐火煉瓦《たいかれんが》で構築された金属の溶解《ようかい》炉です。19世紀半ば，日本各地につくられ，鉄や（　1　）などを溶かしていたようですね。

市川さん：こうした金属は，弥生時代に中国大陸や朝鮮半島から日本列島に伝わったと歴史の授業で習いました。

先　　生：そうですね。（　1　）を溶かしてつくられた銅鐸などは祭りの道具として，鉄は鍬《くわ》の刃《は》先《さき》などにつけられ農具として使われました。

千葉くん：古墳時代には，古墳の副葬品《ふくそうひん》としても鉄製品が出てきますね。

先　　生：日本列島において鉄の生産が始まったのは，古墳時代後期であるとする説が有力とされています。大陸との交流の中で技術が伝わり，鉄が量産されるようになりました。

市川さん：日本では，どの地方で鉄の生産がさかんだったのですか？

先　　生：山陰山陽地方でさかんだったようですね。例えば奈良時代には，律令の税の一つである（　2　）として，備後国《びんごのくに》(現在の広島県)から鉄製品が納められています。鎌倉時代にも，伯耆国《ほうきのくに》(現在の鳥取県)のB荘園では，荘園内で生産された鉄を年貢として荘園領主である寺社に納めていたようです。

千葉くん：鎌倉時代や室町時代になると手工業が発達し，鉄製農具も市場で売買され，農業生産が高まったという話を聞きました。

先　　生：そうですね。刀や農具をつくる鍛冶《かじ》・鋳物《いもの》業，その原料となる鉄をとる鉱山業もさかんになりました。

市川さん：鍛冶屋が鉄を加工してつくる刀剣《とうけん》は，C日宋貿易や日明貿易の主要な輸出品としても知られていますね。

先　　生：よく知っていますね。武家の台頭によって刀剣の需要《じゅよう》が増大し，製造技術も向上しました。種子島に伝わった鉄砲を日本で量産することができたのも，鍛冶職人の技術水準が高かったからだといわれています。

千葉くん：鉄砲は，現在の大阪府の（　3　）や滋賀県の国友などでさかんにつくられたのですよね。鉄砲が広まると，D合戦での戦い方や城のつくり方も変わるという点がおもしろいですよね。

市川さん：一方で，天下統一が近づくと，豊臣秀吉は鉄砲や刀を農民から取り上げる命令を出していますね。この結果，E武士と農民・町人(職人・商人)の身分が区別されます。

千葉くん：江戸時代，帯刀は武士の特権でしたね。農業では，鉄製の歯がついた千歯こきが使用されるなど，鉄は武器としても実用品としても，欠かせないものだったのですね。

先　　生：他にも，江戸時代には，町人たちの手によって，釘《くぎ》や鍋釜《なべかま》といった鉄製品が商品として流通するようになります。鉄釘を扱《あつか》う商人たちで（　4　）も結成されていますよ。

市川さん：のちに流通の独占《どくせん》をふせぐために，老中の水野忠邦が（　4　）の解散を命じていますが，かえって混乱し失敗に終わっていますね。

千葉くん：日本各地で反射炉がつくられたのは，この頃《ころ》ですか。

先　　生：そうですね。天保の改革の後，各地で反射炉がつくられるようになります。特に，藩として反射炉の開発に取り組むなど殖産興業に成功した各藩は，のちに雄藩とよばれ，幕末に大きな発言力を持つようになりました。

問１　（**１**）～（**４**）にあてはまる語句をそれぞれ漢字で答えなさい。

問２　下線**A**について，＜**図１**＞は，19世紀半ばにつくられた主な反射炉の場所と着工年を示しています。これを見て，下の問いに答えなさい。

＜**図１**＞

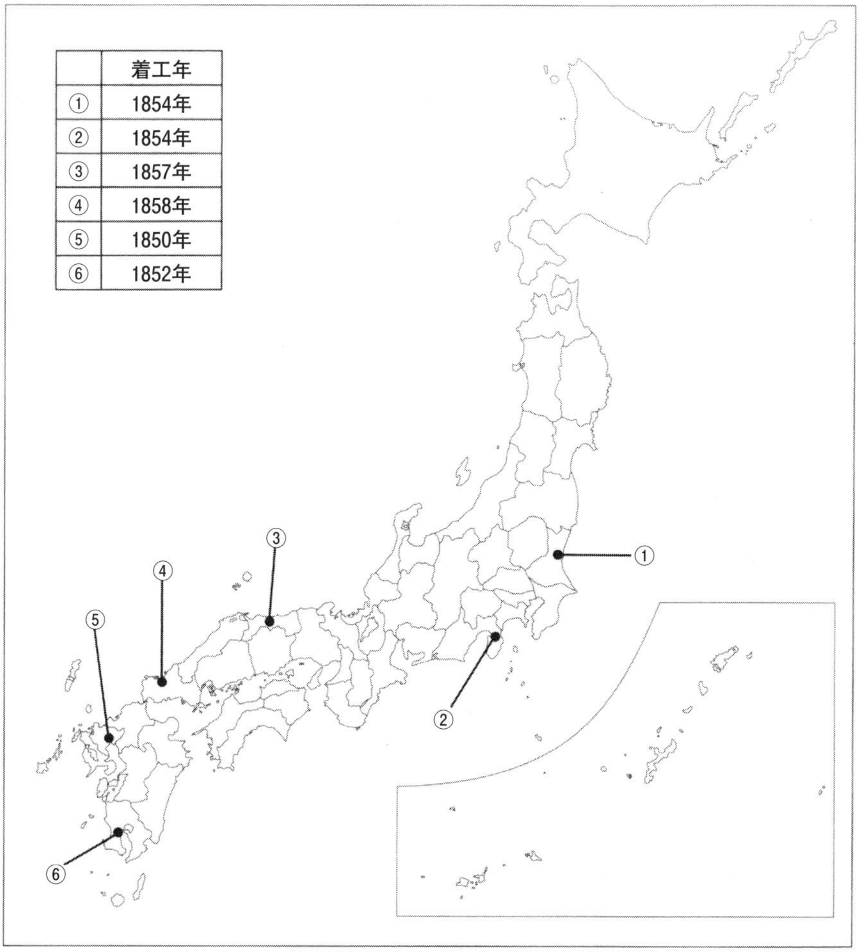

	着工年
①	1854年
②	1854年
③	1857年
④	1858年
⑤	1850年
⑥	1852年

中野俊雄「江戸幕末における反射炉」『鋳造工学』第80巻(2008)第８号より作成

⑴　＜**図１**＞中の①～⑥の場所で反射炉がつくられた共通する理由について，対外情勢をふまえて説明しなさい。

⑵　2015年に世界遺産に登録された「明治日本の産業革命遺産　製鉄・製鋼，造船，石炭産業」の１つで，実際に稼働《かどう》した反射炉として国内で唯一《ゆいいつ》現存している韮山反射炉はどこですか，＜**図１**＞中の①～⑥から１つ選び，番号で答えなさい。

問３　下線**B**について，鎌倉時代の荘園に関する＜**資料１**＞・＜**資料２**＞を説明した文**X**・**Y**について，その正誤の組み合わせとして正しいものはどれですか，下の**ア**～**エ**から，１つ選び，記号で答えなさい。

＜資料１＞

> 阿《あ》氏河荘《てがわのしょう》(和歌山県有田郡)の上村《かみむら》の百姓らが，申し上げます。…（※領家《りょうけ》の寂楽寺《じゃくらくじ》に納める)材木(のおくれ)のことですが，(地頭の湯浅氏が奉公のため)上京するとか，近くで作業があるといっては村の人を責め使うので，暇《ひま》がありません。残った人が材木を切り出しに行くと，地頭は「逃亡した者の畑に麦をまけ」と言い，追いもどします。「麦をまかないなら，妻や子を牢《ろう》に入れ，耳を切り，鼻をそぐなどして痛めつけるぞ。」と責めるので，材木の納入は，ますますおくれます。
>
> ※領家…荘園領主のこと。

浜島書店『学び考える歴史』より作成

＜資料２＞

伯耆国東郷荘《とうごうのしょう》

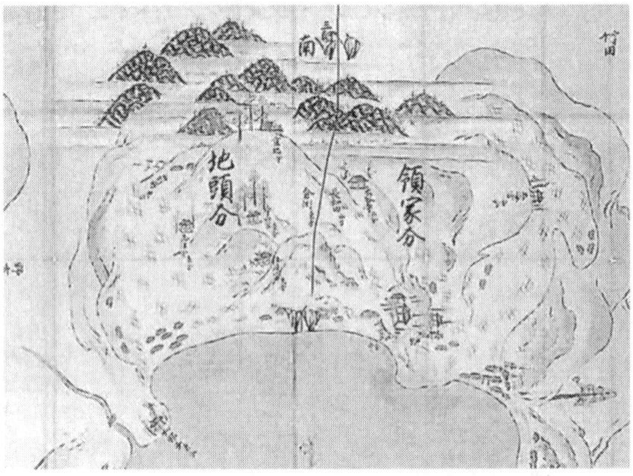

浜島書店『つながる歴史』より作成

X　**＜資料１＞**は，百姓たちが地頭の横暴によって税(材木)を納めることができずにいることを荘園領主に訴《うった》えており，農民たちの生活の苦しさがわかります。

Y　**＜資料２＞**は，荘園内に線が引かれ地頭分と荘園領主分に分けられていることから，分割相続によって地頭の領地が細分化されていることがわかります。

ア　**X**　正　**Y**　正　　**イ**　**X**　正　**Y**　誤

ウ　**X**　誤　**Y**　正　　**エ**　**X**　誤　**Y**　誤

問４　下線**C**について，日宋貿易と日明貿易について説明した次の文**X**・**Y**について，その正誤の組み合わせとして正しいものはどれですか，下の**ア**～**エ**から，１つ選び，記号で答えなさい。

X　平清盛が積極的に取り組んだ日宋貿易では，大輪田泊が整備され，宋と正式な国交を結んで貿易が行われました。

Y　足利義満によって始められた日明貿易では，正式な貿易船と倭寇の区別をつけるため，勘合が用いられました。

ア **X** 正 **Y** 正　**イ** **X** 正 **Y** 誤

ウ **X** 誤 **Y** 正　**エ** **X** 誤 **Y** 誤

問5　下線**D**について，足軽の鉄砲隊を有効に活用した戦いと，その戦いの敗者の組み合わせとして正しいものはどれですか，**ア**～**エ**から，1つ選び，記号で答えなさい。

ア　長篠の戦い　―今川義元　　**イ**　長篠の戦い　―武田勝頼

ウ　桶狭間の戦い―今川義元　　**エ**　桶狭間の戦い―武田勝頼

問6　下線**E**について，兵農分離が進むと，身分によって住む場所も固定されていきました。これについて，＜**図2**＞から読み取れる内容としてあやまっているものはどれですか，下の**ア**～**オ**から，1つ選び，記号で答えなさい。

＜**図2**＞

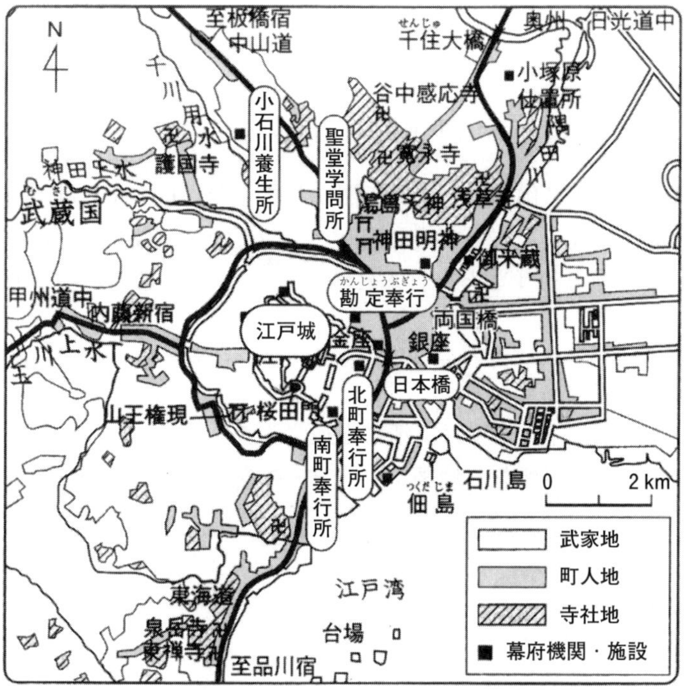

浜島書店『つながる歴史』より作成

ア　日本橋周辺に，町人地が広がっています。

イ　江戸城を中心に，城を取り囲むように武家地が広がっています。

ウ　浅草や谷中周辺に，寺社地が広がっています。

エ　護国寺の門前や甲州道中沿いに，町人地が広がっています。

オ　隅田川東岸に，幕府機関や施設《しせつ》が集中しています。

2 **次の年表を見て，あとの問いに答えなさい。**

年	できごと
1894年	A日清戦争の開始
	＜　Ⅰ　＞
1904年	B日露戦争の開始
1914年	第一次世界大戦の開始
	＜　Ⅱ　＞
1931年	C満州事変の発生
1937年	D日中戦争の開始
1939年	E第二次世界大戦の開始
1950年	F朝鮮戦争の開始
1991年	G湾岸戦争の開始

問１　下線**A**について，次の文章を読んで，下の問いに答えなさい。

日清戦争の講和会議は，1895年に山口県の下関で開かれました。日本からは，首相の伊藤博文や外務大臣の（ **あ** ）が代表として会議に臨み，下関条約が結ばれました。この条約では，清は領土を日本に譲《ゆず》り渡《わた》すこと，日本に賠償金《ばいしょうきん》を支払《しはら》うことなどが取り決められました。

⑴　(**あ**)にあてはまる人物を漢字で答えなさい。

⑵　下線について，このうち，三国干渉を受けて清に返還《へんかん》することになった領土はどこですか，漢字で答えなさい。またその場所を＜**地図**＞中の**ア**～**エ**から，１つ選び，記号で答えなさい。

＜**地図**＞

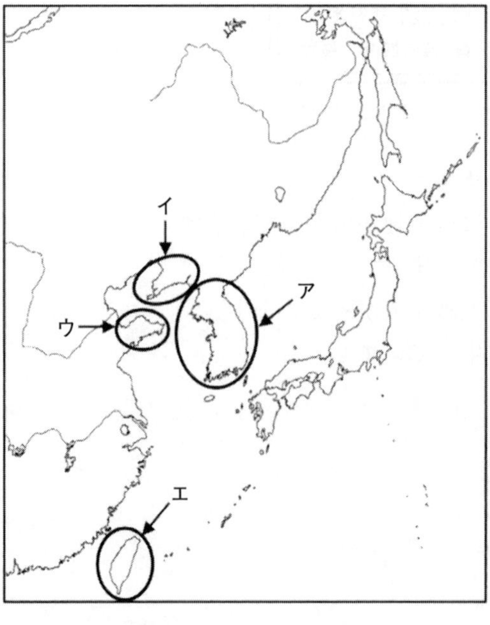

問２　年表中＜Ⅰ＞の時期におきたできごととして，あやまっているものはどれですか，**ア～エ**から，１つ選び，記号で答えなさい。

ア　日本で，八幡製鉄所が建設され，操業を開始しました。

イ　日本は，関税自主権の完全回復に成功しました。

ウ　日本とイギリスの間に，日英同盟が結ばれました。

エ　中国で，義和団を中心に外国人排斥《はいせき》運動がおこりました。

問３　下線**B**について，次の＜**資料イ**＞～＜**資料ハ**＞を読んで，下の問いに答えなさい。

＜**資料イ**＞

> 日露戦争開始後，戦費の調達に悩《なや》んだ日本政府は，国民への増税など様々な方法で資金の調達を試みました。このとき，ロシアの中国進出を警戒《けいかい》するアメリカなどの諸外国が，日本の発行する債券《さいけん》を引き受けたことは，日本が戦費を調達する上で大きな助けとなりました。

＜**資料ロ**＞

> 日露両国とも，戦争を継続《けいぞく》することが困難になると，アメリカの（ **い** ）大統領の仲介《ちゅうかい》によりポーツマス条約が結ばれました。

＜**資料ハ**＞

> 日本とロシアの講和後，アメリカでは日本からの移民が制限され，日本人がアメリカで土地を所有することを禁止する法律が制定されました。

⑴　（**い**）にあてはまる人名を答えなさい。

⑵　＜**資料イ**＞～＜**資料ハ**＞から読みとれる，アメリカの日本に対する態度の変化とその理由について説明しなさい。理由に関しては，＜**資料ロ**＞中の下線部の内容をふまえなさい。

問４　年表中＜Ⅱ＞の時期におきたできごととして，あやまっているものはどれですか，**ア～オ**から，２つ選び，記号で答えなさい。

ア　明治天皇が亡《な》くなり，大正時代がはじまりました。

イ　原敬が首相となり，日本で初めて本格的な政党内閣が誕生しました。

ウ　満25歳《さい》以上の男子が選挙権を獲得《かくとく》し，男子普通選挙がはじまりました。

エ　日本は，中国に二十一か条の要求を突《つ》きつけました。

オ　日本は，国際連盟を脱退《だったい》しました。

問５　下線**C**に関連して，満州事変後，国内では軍部の発言力が強くなるなか，1932年に海軍の青年将校らによって，「満州国」建国に反対した首相が暗殺される事件がおこりました。この首相は誰《だれ》ですか，漢字で答えなさい。

問６　下線**D**について，次の文章中（**う**）にあてはまる語句を漢字で答えなさい。

> 1937年，北京郊外《こうがい》の盧溝橋で日中両軍が衝突《しょうとつ》したことをきっかけに，日中戦争がはじまりました。戦争が長引くと，政府は1938年に（ **う** ）を制定し，議会を通さずに労働力や物資を集め，国の総力をあげて戦争を続ける体制を整えました。

問７　下線**E**に関連して，次の**X**～**Z**のできごとについて，古いものから年代順に並べたものとして正しいものはどれですか，下の**ア**～**カ**から，１つ選び，記号で答えなさい。

X　アメリカ・イギリス・ソ連の代表が集まり，ヤルタ会談が開かれました。

Y　日独伊三国同盟が結ばれました。

Z　日本軍は，ミッドウェー海戦でアメリカ軍に敗れました。

ア　**X→Y→Z**　　**イ**　**X→Z→Y**

ウ　**Y→X→Z**　　**エ**　**Y→Z→X**

オ　**Z→X→Y**　　**カ**　**Z→Y→X**

問８　下線**F**に関連して，朝鮮戦争の開始後，GHQの指示により「日本国内の治安を守る」ことを名目に創設された組織を何といいますか，漢字で答えなさい。

問９　下線**G**に関連して，湾岸戦争終了後の1992年，PKO協力法が成立しました。この法律にもとづいて，自衛隊が最初に派遣《はけん》された国はどこですか，答えなさい。

3　**次の文章は鈴木直次『モータリゼーションの世紀―T型フォードから電気自動車へ』（岩波現代全書）の抜粋《ばっすい》です。これを読んで，あとの問いに答えなさい。なお，出題に際して，本文には省略および表記を一部変えたところがあります。**

現在，世界の自動車産業は大転換《てんかん》の渦中《かちゅう》にある。

何よりも「100年に一度」といわれる技術革新が進行中である。自動車産業が生まれてほぼ100年経ったから，これが完成した暁《あかつき》には産業の姿が一変する計算になる。技術革新の最たるものは，自動車そのものの変化である。まず第一に，ガソリン・エンジンに代わる多様な原動機を載《の》せた「次世代自動車」が登場した。自動車が**A**大気汚染《おせん》と**B**資源枯渇《こかつ》さらには**C**地球温暖化の主たる原因とみなされ，先進国政府が単独あるいは国際協調のもと，排気ガスや燃費などの規制を始めたことがその契機《けいき》であった。

<中略>

技術革新と並ぶ大転換は，世界の**D**自動車市場と生産の立地に起きた一大変化だった。ドイツで自動車が発明されてからおよそ１世紀の間，**E**自動車の普及《ふきゅう》と生産はアメリカを中心に**F**ヨーロッパ，日本など先進諸国によってリードされてきた。自動車（とくに乗用車）の普及が個人の所得水準に依存《いぞん》するから，これは当然の成り行きであった。

まず，市場という点からみると，先進諸国は20世紀末の時点でも世界の80％近くを掌中《しょうちゅう》に収め，なかでもアメリカがずば抜《ぬ》けた規模を誇《ほこ》っていた。先進諸国では自動車の普及率はすでに高い水準に達し，今後の拡大はそう見込《みこ》めない。世界第２位の市場であった日本はバブル崩《ほう》壊《かい》の影響《えいきょう》を受け1990年をピークに縮小したほどだが，米欧での活況《かっきょう》が先進国市場全体の規模をしばらくは維持《いじ》した。

ところが21世紀に入ると事態は激変する。すでにリーマンショックが起きる前年（2007年）に，先進諸国のシェアは60％を割り史上最低の水準となった。主たる原因は，めざましい経済成長を背景とする**G**BRICSなど新興国市場の急成長にあった。<中略>　なかでも中国市場の伸《の》びは驚異《きょうい》的であり，2006年には新規の登録台数で日本を越《こ》え，世界第２位へと躍進《やくしん》した。しかも金融《きんゆう》危機の時代にも成長を続け，ついに2009年にはアメリカを抜いて世界第１位となり，不況期の世界の自動車産業をひとりで支えた。加えて，**H**ブラジル，インド，ロシアも2013年にはほぼ300万台規模の市場に成長し，タイやインドネシアなど I ASEAN 諸国も100万台を越えた。この結果，先進諸国の市場シェアはついに50％を割った。むろん新興国市場の行方《ゆくえ》も景気に大きく左右され，ごく最近では経済不振《ふしん》により拡大の鈍化《どんか》が伝えられているが，アメリカを筆頭とする先進諸国が世界市場の拡大をリードした時代は終わった。

問１　下線**A**について，石油化学コンビナートのけむりにふくまれていた亜硫酸《ありゅうさん》ガスなどが原因となって1960年代に日本で発生した，大気汚染による公害病を何といいますか，答えなさい。

問２　下線**B**について，＜**図1**＞・＜**図2**＞は，原油産出量・原油輸出量・ガソリン生産量のいずれかについて，世界上位5ヵ国を示したものです。＜**図1**＞・＜**図2**＞が示しているものの組み合わせとして正しいものはどれですか，下の**ア**～**カ**から，１つ選び，記号で答えなさい。

＜**図1**＞

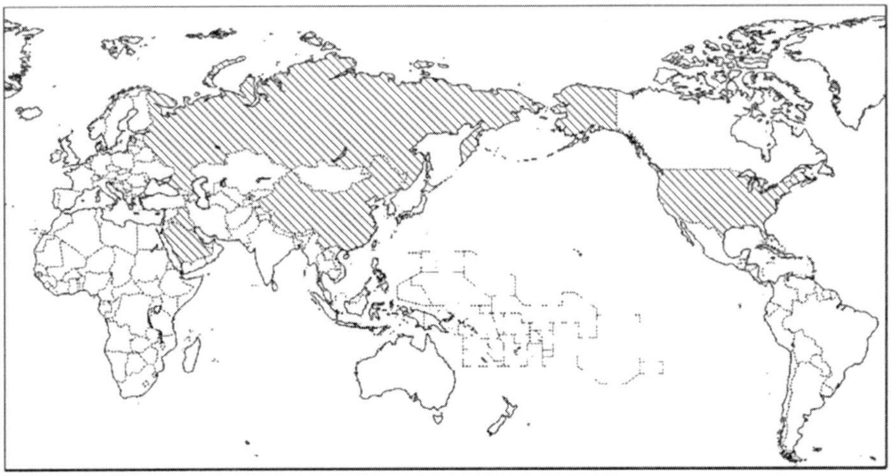

＜**図2**＞

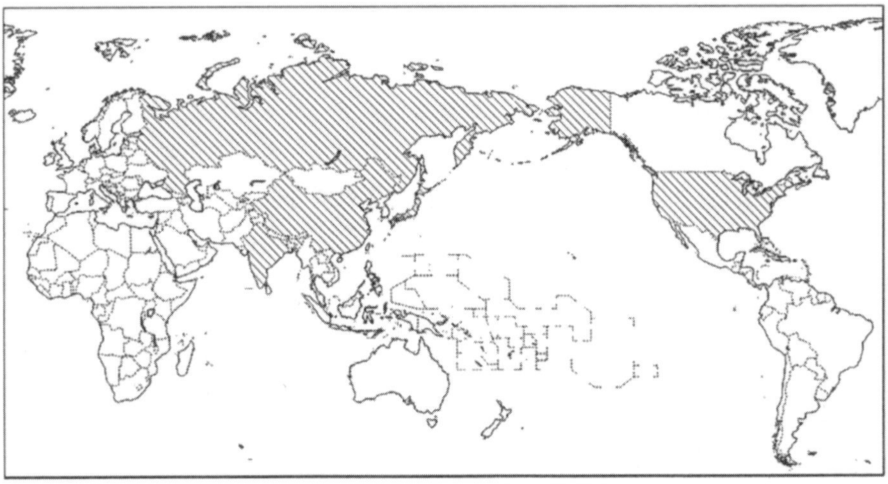

二宮書店『データブック オブ・ザ・ワールド 2021年版』より作成

ア　＜**図1**＞　原油産出量　　＜**図2**＞　原油輸出量

イ　＜**図1**＞　原油産出量　　＜**図2**＞　ガソリン生産量

ウ　＜**図1**＞　原油輸出量　　＜**図2**＞　原油産出量

エ　**＜図１＞**　原油輸出量　　　**＜図２＞**　ガソリン生産量
オ　**＜図１＞**　ガソリン生産量　**＜図２＞**　原油産出量
カ　**＜図１＞**　ガソリン生産量　**＜図２＞**　原油輸出量

問３　下線**Ｃ**について，**＜表１＞**は**＜図３＞**中の**ア～エ**の場所でおこっている環境問題を説明したものです。このうち，あやまっているものはどれですか，**ア～エ**から，１つ選び，記号で答えなさい。

＜表１＞

	環境問題
ア	地球温暖化の影響により国土が水没《すいぼつ》する危機
イ	食料増産のための焼畑などの原因による熱帯林破壊《はかい》
ウ	酸性雨の影響による森林破壊
エ	干ばつや過放牧，過耕作による砂漠《さばく》化

＜図３＞

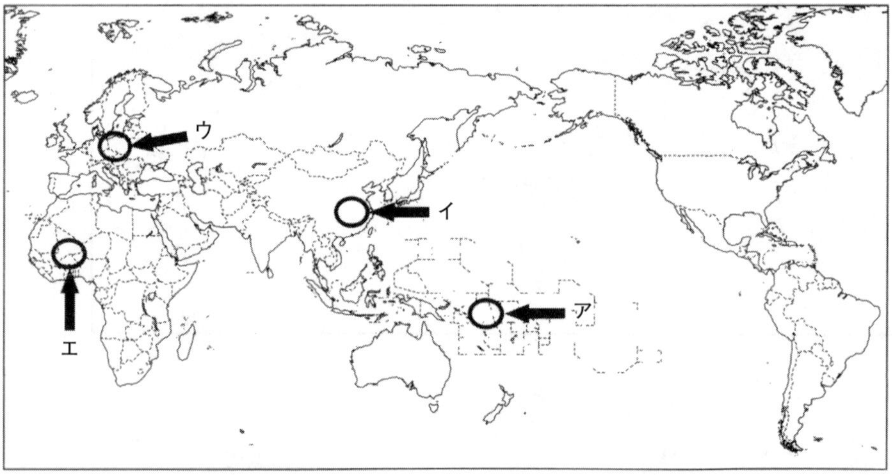

問４　下線**Ｄ**について，**＜表２＞**は，アジアにおける日本メーカーの自動車(四輪車)生産の状況を示したものです。**＜表２＞**のように，アジアでの日本メーカーの自動車生産が増加しています。その主な理由は，2000年代以降とそれ以前とでは異なります。それぞれの時期について，理由を説明しなさい。

＜表２＞

年	※アジアでの日本メーカーの自動車生産台数	日本メーカーの自動車海外生産台数に占めるアジア生産台数の割合
1985年	208,589	23%
1995年	1,882,850	34%
2005年	3,964,209	37%
2015年	9,472,178	52%

※　中近東は除きます。

日本自動車工業会 HP(https://www.jama.or.jp)より作成

問５　下線**E**について，自動車の普及は運輸にも影響を与《あた》えました。次の文章は日本の自動車輸送について説明したものです。文章中の下線部の説明があやまっているものはどれですか，**ア**～**エ**から，１つ選び，記号で答えなさい。

> 日本の輸送は，かつて旅客では鉄道，貨物では鉄道・海運が中心でした。しかし，自動車の普及にともなう道路の建設や高速道路の整備などが進んだ結果，ア現在は旅客，貨物ともに自動車による輸送が最も多くなっています。
>
> 自動車輸送の長所は，イ戸口から戸口へ人や物を直接運ぶことができることや，時間や経路に制約されずに目的地まで到達《とうたつ》できることです。短所は，ウ他の輸送機関に比べて大量長距離《きょり》輸送には適さないことや，交通渋滞《じゅうたい》による運行の定時性に欠くこと，排気ガスなど環境問題の一因となることです。その対策として，エ自動車から航空機に切りかえることで二酸化炭素排出量や運輸費用の削減《さくげん》をはかる取り組みも注目されています。

問６　下線**F**について，＜**表３**＞中の①～④は日本のイギリス・フランス・ドイツ・イタリアからの輸入額と輸入品の上位５品目を示したものです。①～④にあてはまる国の組み合わせとして正しいものはどれですか，下の**ア**～**カ**から，１つ選び，記号で答えなさい。

＜**表３**＞

		①	②	③	④
輸入額(億円)		12,648	8,876	27,226	13,127
主な輸入品	1位	喫煙《きつえん》用たばこ	一般機械	乗用車	医薬品
	2位	一般《いっぱん》機械	医薬品	医薬品	ワイン
	3位	バッグ類	乗用車	一般機械	一般機械
	4位	医薬品	電気機器	電気機器	香料と化粧《けしょう》品
	5位	衣類と同付属品	ウイスキー	科学光学機器	バッグ類

二宮書店『データブック オブ・ザ・ワールド 2021年版』より作成

ア　①　ドイツ　②　イタリア　③　イギリス　④　フランス
イ　①　ドイツ　②　フランス　③　イタリア　④　イギリス
ウ　①　イギリス　②　イタリア　③　フランス　④　ドイツ
エ　①　イギリス　②　フランス　③　ドイツ　④　イタリア
オ　①　イタリア　②　イギリス　③　ドイツ　④　フランス
カ　①　イタリア　②　ドイツ　③　フランス　④　イギリス

問７　下線**G**について，**A**～**D**の＜**グラフ**＞は，ロシア・インド・中国・南アフリカのいずれかの首都の雨温図を示したものです。また，＜**表４**＞中の①～④はロシア・インド・中国(香港・マカオを除く)・南アフリカの１人あたりGDP(国内総生産)と輸出額１位の品目を示したものです。このうちインドとロシアを示したものの組み合わせはどれですか，下の**ア**～**タ**から，それぞれ１つずつ選び，記号で答えなさい。

＜グラフ＞

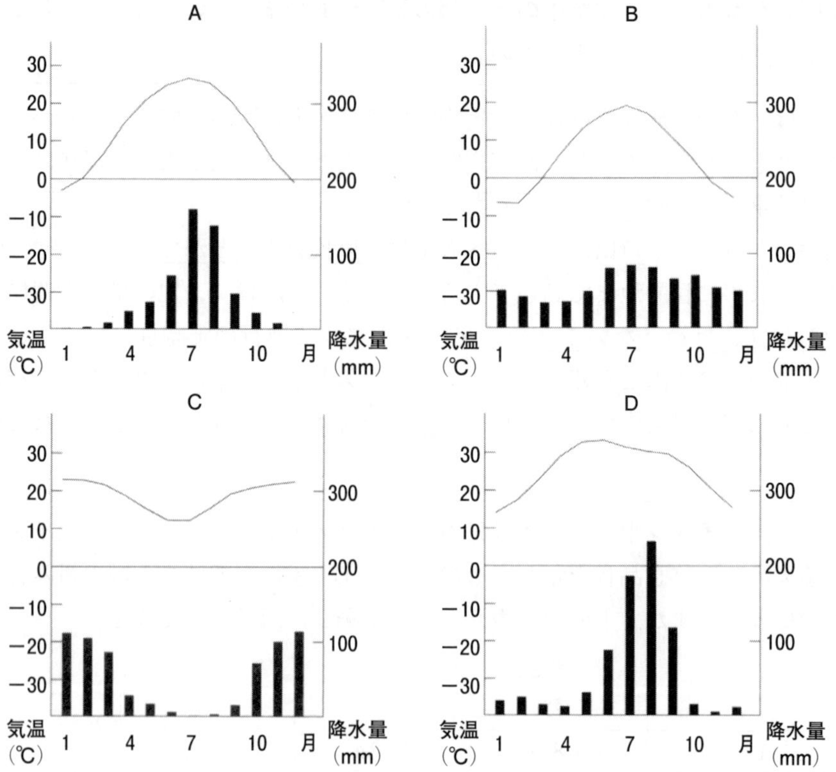

二宮書店『データブック オブ・ザ・ワールド 2021年版』・
矢野恒太記念会『日本国勢図会』2021/22より作成

＜表４＞

	①	②	③	④
１人あたりGDP(ドル)	2,055	9,532	6,369	11,394
輸出額１位の品目	石油製品	機械類	自動車	原油

矢野恒太記念会『世界国勢図会』2020/21より作成

ア　A―①　　イ　A―②　　ウ　A―③　　エ　A―④
オ　B―①　　カ　B―②　　キ　B―③　　ク　B―④
ケ　C―①　　コ　C―②　　サ　C―③　　シ　C―④
ス　D―①　　セ　D―②　　ソ　D―③　　タ　D―④

問８　下線**H**について，ブラジルでは，ガソリンとバイオエタノールを混ぜ合わせたフレックス燃料を利用する自動車の生産が中心となっています。ブラジルのバイオエタノールに利用される主な農作物は何ですか，答えなさい。

問９　下線**I**について，下の**ア**～**カ**の文はASEAN(東南アジア諸国連合)に加盟するインドネシア・マレーシア・フィリピン・シンガポール・タイ・ベトナムのいずれかを説明したものです。その中で，次の(1)・(2)にあてはまる国の説明として正しいものはどれですか，**ア**～**カ**から，それぞれ１つずつ選び，記号で答えなさい。また，その国の名称《めいしょう》も答えなさい。

(1)　人口が最も多い国

(2)　一人あたりのGNI(国民総所得)が最も高い国

ア　この国は，バナナの栽培《さいばい》がさかんで，かつてスペインに支配されていた影響でキリスト教を信仰《しんこう》する人が多くいます。

イ　この国は，えびの養殖《ようしょく》がさかんで，第二次世界大戦後は南北に分かれていましたが，1976年に統一されました。

ウ　この国は，世界有数の米生産国で，イスラム教を信仰する人が多くいます。

エ　この国は，古くから貿易の拠点《きょてん》として栄え，中国系，マレー系，インド系の住民が住む多民族国家です。

オ　この国は，油やし栽培がさかんで，1980年代以降に日本や韓国の経済を手本にしたルックイースト政策を進めました。

カ　この国は，世界有数の米輸出国で，上座部仏教を信仰する人が多くいます。

4　**次の２つの文章は，岩波新書編集部編『18歳からの民主主義』（岩波新書）の抜粋です。これを読んで，あとの問いに答えなさい。なお，出題に際して，本文には省略および表記を一部変えたところがあります。**

【議会って何？　大山礼子】

議会って，いったい何をするところでしょう。A日本国憲法では，「国民の権利及《およ》び義務」の章のすぐ後，「B内閣」よりも前に，国の議会である「C国会」が登場します。そして，国会について定めている第４章の最初(第41条)には，国会は，「国権の（　1　）」であり，「唯一《ゆいいつ》の立法機関」であると書いてあります。<中略>

民主主義とは，私たち国民の意思にもとづいて政治が行われ，政策が決定・実行されることを意味します。国民全員で議論して物事を決めるのは無理なので，私たちは自分の代わりに政策決定を担う人をD選挙で選ぶことになります。国の政治にかかわる人々のなかで，私たちが選挙できるのは国会議員だけです。国会を「国民代表機関」と呼ぶのはそのためですし，内閣や最高裁判所ではなく国会が「国権の（　1　）」だとされるのも，国会が主権者である国民によって選ばれているためです。

私たちが投票して選んだわけではない内閣総理大臣(首相)やそのほかの大臣たちが，なぜ日本のリーダーのようにふるまうのか，不思議に思ったことはありませんか。それは，国民代表機関である国会が首相を指名しているからなのです。議会によって選ばれた内閣に国の行政をまかせるしくみを「（　2　）」といいます。

【民主主義という道具を使いこなす　上野千鶴子】

民主主義は道具だ。何を決めるかではなく，いかに決めるかについての，不完全で欠陥《けっかん》の多い，しかし，今のところこれに代わるこれ以上のものがないと思われている，道具である。民主主義という道具を使うにあたって，次のふたつのことは，念頭に置いておいたほうがよい。

第１は，E民主主義はたんなる道具だから，それを使ってつくる作品の質を保証しない，つまり何を決めるかの決定の正しさを，すこしも保証しない，ということである。<中略>

主権者には，「間違《まちが》う権利」もあるが，だからこそその結果を引き受ける責任もある。自分の運命を他人任せにしない，ということが民主主義の核心《かくしん》にある。

第２は，民主主義は道具だから，使い方に習熟しなければならないし，使わなければ錆《さ》びる，ということだ。民主主義は選挙や国会の中だけにあるのではない。ものごとを取り決める過程のすべてに，民主主義という道具は関係する。それならその道具に習熟するには，子どものときから，家庭や学校や地域のすべての場所で，民主主義を学んで身につける必要があるのではないか。＜中略＞

日々の暮らしのなかで，民主主義を使わなければ，民主主義は学べない。家庭のなかで，学校のなかで，地域のなかで，話し合いをすること，異見を言うこと，異見に耳を傾《かたむ》けること，少数意見を排除《はいじょ》しないこと，話し合いの前と後とで，自分と相手の意見が変わること……そういう F テマヒマのかかるめんどくさい過程を経て，関わるひとたち全員が納得できる意思決定が行われる経験を積み重ねなければ，民主主義は身につかない。

問１　(**1**)・(**2**)にあてはまる語句をそれぞれ漢字で答えなさい。

問２　下線**A**について，次の問いに答えなさい。

(1)　次の日本国憲法の条文中(**あ**)～(**う**)にあてはまる語句の組み合わせとして正しいものはどれですか，下の**ア**～**ク**から，１つ選び，記号で答えなさい。

> 第96条１項
> この憲法の改正は，各議院の(**あ**)の(**い**)の賛成で，国会が，これを発議し，国民に提案してその承認を経なければならない。この承認には，特別の国民投票又《また》は国会の定める選挙の際行はれる投票において，その(**う**)の賛成を必要とする。

ア	**あ**	総議員	**い**	過半数	**う**	過半数
イ	**あ**	総議員	**い**	過半数	**う**	３分の２以上
ウ	**あ**	総議員	**い**	３分の２以上	**う**	過半数
エ	**あ**	総議員	**い**	３分の２以上	**う**	３分の２以上
オ	**あ**	出席議員	**い**	過半数	**う**	過半数
カ	**あ**	出席議員	**い**	過半数	**う**	３分の２以上
キ	**あ**	出席議員	**い**	３分の２以上	**う**	過半数
ク	**あ**	出席議員	**い**	３分の２以上	**う**	３分の２以上

(2)　現代社会の変化に応じて，日本国憲法制定時には想定されていなかった問題が生じるようになり，新しい人権が主張されるようになりました。次の文は，新しい人権のうち，何という権利を侵害《しんがい》していると考えられますか，答えなさい。

> インターネット上の掲示《けいじ》板やSNSに，ある個人の写真とともに住所や連絡《れんらく》先などを，許可なく投稿《とうこう》・公開してしまった。

問３　下線**B**について，そのしくみについて説明した文としてあやまっているものはどれですか**ア**～**エ**から，１つ選び，記号で答えなさい。

ア　内閣総理大臣は，国会議員の中から指名されます。

イ　国務大臣は，内閣総理大臣によって任命されます。

ウ　国務大臣の過半数は，国会議員の中から選ばれます。

エ　内閣における話し合いの場である閣議の決定は，多数決制を採用しています。

問４　下線**C**について，次の問いに答えなさい。

(1)　国会の種類について説明した文として正しいものはどれですか，**ア**～**エ**から，１つ選び記号で答えなさい。

ア　通常国会は，毎年１月に召集《しょうしゅう》され，会期は90日間で，主に次年度の予算について話し合います。

イ　臨時国会は，内閣が必要と認めたとき，または衆議院の総議員の４分の１以上の要求があった時にのみ開かれます。

ウ　特別国会は，内閣不信任決議案が可決された日から30日以内に開かれ，内閣総理大臣の指名が行われます。

エ　緊急集会は，衆議院の解散中，特別に国会での話し合いが必要な場合に，参議院だけが集まって話し合います。

(2)　国会の仕事として，衆参両議院には，国の政治が正しく行われているかどうかを調査するために，国会に証人をよんで質問したり，記録の提出を求めたりする権限が与《あた》えられています。この権限を何といいますか，漢字で答えなさい。

問５　下線**D**について，次の問いに答えなさい。

(1)　日本の国政選挙について説明した文としてあやまっているものはどれですか，**ア**～**エ**から，１つ選び，記号で答えなさい。

ア　衆議院議員の被選挙権は，満25歳以上の男女に与えられています。

イ　参議院議員の任期は６年で，３年ごとに半数が改選されます。

ウ　衆議院議員の選挙では，小選挙区比例代表並立制が採用されています。

エ　参議院議員の比例代表選挙では，政党名のみを記入して，１票を投票します。

(2)　次の<**表**>は，衆議院議員総選挙における年代別投票率の推移を示したものです。<**表**>から読み取れる内容として正しいものはどれですか，下の**ア**～**オ**から，すべて選び，記号で答えなさい。

<**表**>

単位：％

	平成8年	平成12年	平成15年	平成17年	平成21年	平成24年	平成26年	平成29年
10歳代								40.49
20歳代	36.42	38.35	35.62	46.20	49.45	37.89	32.58	33.85
30歳代	57.49	56.82	50.72	59.79	63.87	50.10	42.09	44.75
40歳代	65.46	68.13	64.72	71.94	72.63	59.38	49.98	53.52
50歳代	70.61	71.98	70.01	77.86	79.69	68.02	60.07	63.32
60歳代	77.25	79.23	77.89	83.08	84.15	74.93	68.28	72.04
70歳代以上	66.88	69.28	67.78	69.48	71.06	63.30	59.46	60.94
全体	59.65	62.49	59.86	67.51	69.28	59.32	52.66	53.68

総務省HP(https://www.soumu.go.jp)より作成

※１　この表のうち，年代別の投票率は，全国の投票区から，回ごとに144～188投票区を抽出《ちゅうしゅつ》し調査したものです。

※２　10歳代の投票率は，全数調査による数値です。

ア　どの年の選挙においても，20歳代の投票率と60歳代の投票率を比較《ひかく》すると，２倍以上の差となっています。

イ　どの年の選挙においても，20歳代から60歳代にかけて，年代が上がるごとに投票率も高くなっています。

ウ　どの年の選挙においても，40歳代の投票率と70歳代以上の投票率を比較すると，70歳代以上の投票率の方が高くなっています。

エ　どの年の選挙においても，40歳代から70歳代以上の投票率は，全体の投票率よりも高くなっています。

オ　どの年の選挙においても，10歳代から30歳代の投票率は，全体の投票率よりも低くなっています。

問６　下線**E**について，その一例として，第一次世界大戦後のドイツで，当時最も民主的ともいわれた憲法のもとで，ヒトラーの独裁政治が成立したことが挙げられます。1919年に制定されたドイツの憲法を何といいますか，答えなさい。

問７　下線**F**について，民主主義を学んで身につける経験に関する文**X**～**Z**について，筆者の主張に基づいて考えたときの正誤の組み合わせとして正しいものはどれですか，下の**ア**～**ク**から，１つ選び，記号で答えなさい。

X　学校のグラウンドを各クラブで使用する割り当てを決定する際，各クラブの代表同士が話し合うと対立がおきることが予想されたため，事前に先生が割り当てを決めて，各クラブに伝達しました。

Y　ある地域の公園で，ボールの使用が禁止となった際，公園でボールを使用したい小学生が役所に陳情《ちんじょう》書を提出して，役所と話し合いをした結果，条件付きでボールの使用が可能になりました。

Z　ある家庭で，共働きの夫婦のあいだに子どもが生まれることになった際，その夫婦が暮らす地域では，女性が一般的に育児休暇《きゅうか》を取得していたため，慣例に従って妻が育児休暇を取得することを決定しました。

ア	**X**	正	**Y**	正	**Z**	正	**イ**	**X**	正	**Y**	正	**Z**	誤
ウ	**X**	正	**Y**	誤	**Z**	正	**エ**	**X**	誤	**Y**	正	**Z**	正
オ	**X**	正	**Y**	誤	**Z**	誤	**カ**	**X**	誤	**Y**	正	**Z**	誤
キ	**X**	誤	**Y**	誤	**Z**	正	**ク**	**X**	誤	**Y**	誤	**Z**	誤

【理　科】〈第２回試験〉（40分）〈満点：100点〉

【注意】　１．コンパス・定規は使用しないこと。

２．計算問題の答えは，整数または小数で答え，割り切れない場合は小数第２位を四捨五入して，小数第１位まで答えること。

1　**ゴムの特徴《とくちょう》を調べるために，材質と厚さが同じで，長さと幅《はば》が違《ちが》う６本のゴムＡ～Ｆを用意し，台車を使って次のような実験をしました。ただし，６本のゴムはおもりを１個ずつ増やしてつるしたとき，それぞれ決まった長さずつのびます。**

はじめに，ゴムＡを使って，図１の①のように，水平な床《ゆか》の上に置いた台車にゴムを取り付けたあと，ゴムのもう一端《いったん》を床に固定し，ゴムをまっすぐにしました。次に，②のように，台車を手で引いてゴムをのばし，手を放しました。台車は③を経て，④のように，ある距離《きょり》だけ動いて止まりました。ただし，③のとき，ゴムはもとの長さに戻《もど》ると台車からはずれ，台車の動きをさまたげませんでした。台車が動いた距離は取り付けたゴムがはずれてから，台車が止まるまでの距離とします。

同じ手順でゴムＢ～Ｆについても実験をしました。これらの実験において，②のときのゴムののびはすべて同じになるようにしました。実験結果を表１にまとめました。

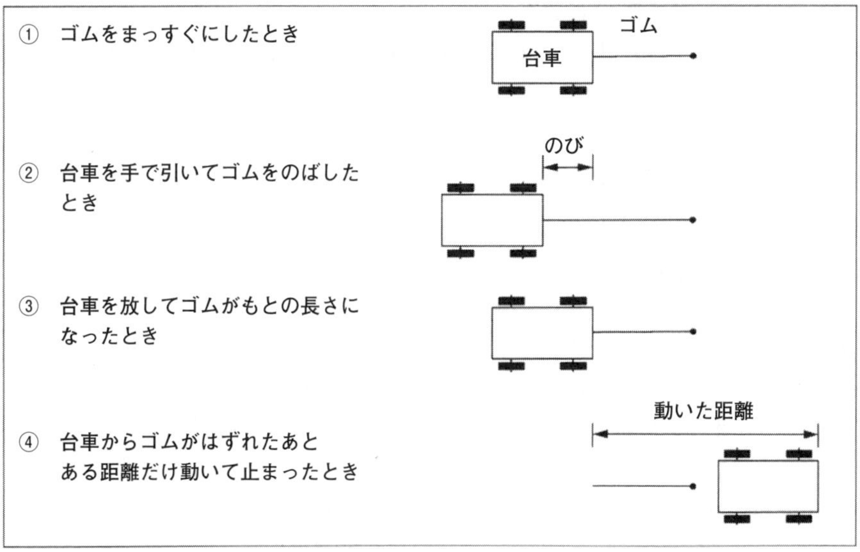

図１

表１

ゴム	ゴムのもとの長さ(cm)	ゴムの幅(mm)	台車が動いた距離(cm)
A	10	3	30
B	10	6	56
C	15	3	21
D	15	6	①
E	20	3	16
F	20	9	46

(1)　ゴムの幅が３倍になると，台車が動いた距離はおよそ何倍になりますか。

ア　２倍　　イ　３倍　　ウ　４倍　　エ　６倍

(2)「台車が動いた距離が変わる原因がゴムのもとの長さである」ということを調べるために，

比べるゴムの組み合わせとして正しいものはどれですか。

ア　ＡとＢ　　　イ　ＣとＤ　　　ウ　ＥとＦ

エ　ＡとＣとＥ　　オ　ＡとＣとＦ　　カ　ＤとＥとＦ

(3)　**表１**の①に入るおよその数値はどれですか。

ア　10　　イ　20　　ウ　30　　エ　40

次に，おもり１個をつるしたとき，２cm のびるばねを用意しました。このばねはゴムＡにおもり１個をつるしたときと同じだけのびます。

(4)　**表１**のゴムＥはおもり１個で何cm のびますか。整数で答えなさい。

(5)　次の文章は，用意したばねをいくつか使い，ゴムＦと同じのび方をするようなつなぎ方を説明したものです。文章中の [1]～[4] にあてはまる数と語句を答えなさい。

全部で [1] 個のばねを用意して， [2] 個ずつ一直線につないだ(直列につないだ)ばねを [3] 組作る。これらのばねを [4] につなぐ。

(6)　ゴムとばねを対応させて，ゴムにおもり１個をつるしたときののびを考えます。最ものびるゴムから数えて３番目によくのびるゴムはＡ～Ｆのどれですか。

2　**５本の試験管Ａ～Ｅには，食塩水，石灰水，アンモニア水，塩酸，炭酸水のいずれかの水溶《すいよう》液《えき》が入っています。静かに置かれた状態では，どれも無色透明《とうめい》の液体です。これらを区別するために，以下の実験を行いました。**

【実験１】　水溶液を蒸発皿に少し取って，ガスバーナーを用いて熱した。

【実験２】　ガラス棒を使って，水溶液を赤色リトマス紙と青色リトマス紙につけた。

【実験３】　水溶液に小さく切ったアルミニウムを加えた。

実験結果を表１にまとめました。

表１

試験管	A	B	C	D	E
実験１	何も残らなかった	白い固体が残った	何も残らなかった	白い固体が残った	何も残らなかった
実験２	赤色リトマス紙が青く変色した	赤色リトマス紙が青く変色した	青色リトマス紙が赤く変色した	どちらも変色しなかった	青色リトマス紙が赤く変色した
実験３	変化は見られなかった	変化は見られなかった	気体が発生してアルミニウムがとけた	変化は見られなかった	変化は見られなかった

(1)　下線部について，ガスバーナーに火をつけると，オレンジ色の炎《ほのお》になりました。炎の大きさを変えずに青白い炎に変えるための操作として正しいものはどれですか。

ア　ねじＸをおさえたまま，ねじＹを向きＰへ回す。

イ　ねじＸをおさえたまま，ねじＹを向きＱへ回す。

ウ　ねじＹをおさえたまま，ねじＸを向きＰへ回す。

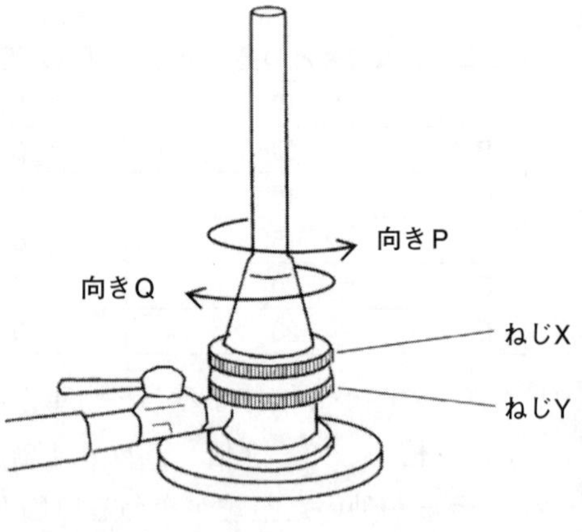

エ　ねじYをおさえたまま，ねじXを向きQへ回す。

(2)　**【実験１】**のA，C，Eで何も残らなかったという結果から，それぞれの水溶液にとけていたものの共通点を答えなさい。

(3)　**【実験２】**について，リトマス紙を使う際はピンセットを使って扱《あつか》います。リトマス紙を手で直接持ってはいけない理由を簡単に説明しなさい。

(4)　**【実験３】**のCの「とけた」と同じ意味で使われているものはどれですか。

ア　金属を加熱すると，金属がとけた。

イ　お酢《す》の中に卵を入れると，卵のからがとけた。

ウ　コーヒーに砂糖を入れると，砂糖がとけた。

エ　ろうそくに火をつけると，ろうがとけた。

(5)　AとDに入っている水溶液は，それぞれどれですか。

ア　食塩水　　イ　石灰水　　ウ　アンモニア水　　エ　塩酸　　オ　炭酸水

次に，【実験３】のCの結果についてさらに詳《くわ》しく調べるために，【実験４】を行いました。

【実験４】　Cの水溶液50mLに少しずつアルミニウムを加え，発生した気体の体積をはかり，結果をグラフに表したところ，右の図のようになりました。

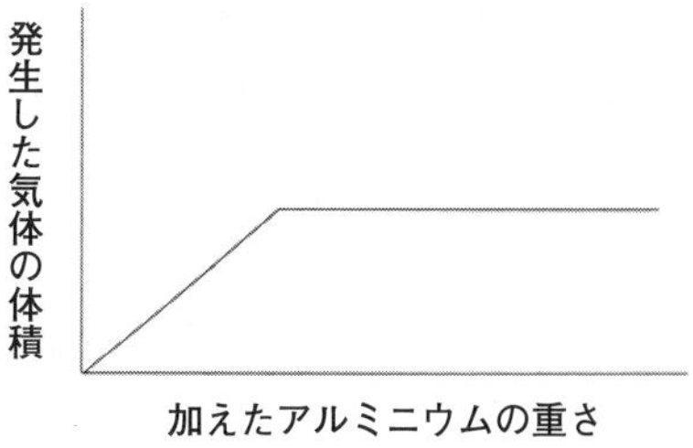

(6)　Cの水溶液を100mLにして同じ実験を行うと，どのようなグラフになりますか。ただし，グラフの細線はCの水溶液が50mLのときの結果で，太線がこの実験の結果です。

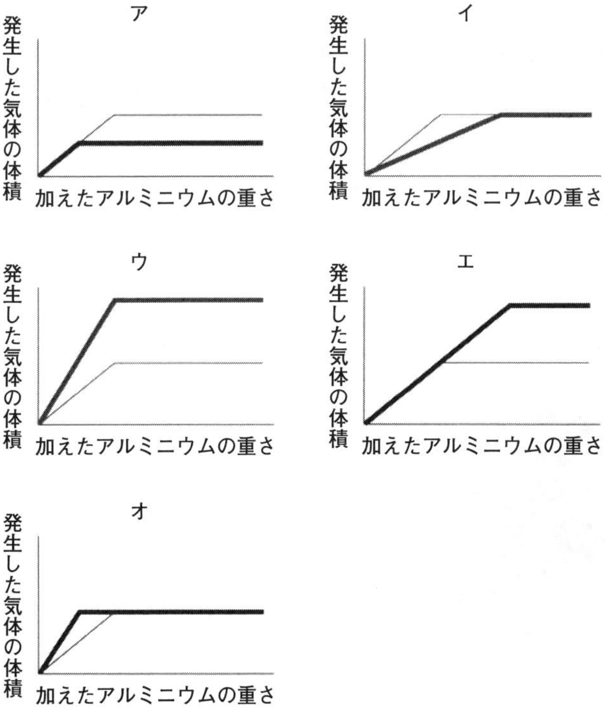

3　太郎さんとお母さんは動物のからだの模様について会話をしています。

お母さん　ほ～ら，太郎！　いつまでパジャマのままゴロゴロしているの？

太郎さん　ちょっと待って！　テレビでマジックをやっていて，今いいところなんだよ。

お母さん　マジック～？　どんなマジックなの？

太郎さん　最初に縦縞《たてじま》のハンカチを持っていて，そのハンカチを手の中で握《にぎ》って，再び広げると，横縞《よこじま》になるっていうやつ。

お母さん　あ～。手の中で，ハンカチを90度回転させて縦縞を横縞にしているのよね。

太郎さん　も～。なんでタネを言っちゃうかな～。（後ろを振《ふ》り返る）あっ！　今日の服装，お母さんは横縞じゃん。

お母さん　あら！　確かにそうね。そういう太郎は横になっているけど，着ているパジャマの柄《がら》は縦縞じゃない。

太郎さん　今日は，２人とも縞模様だね。そういえば，僕《ぼく》たちの服の模様みたいに，からだの模様が縦縞や横縞になっている動物っているよね！　例えば，シマウマとか。

お母さん　そうね，お母さんは，シマリスみたいな小さくてかわいい動物が好きだわ。

太郎さん　この前，お父さんが釣《つ》ってきたイシダイも縞模様だったし，公園で見つけたヒガシニホントカゲもキレイな縞模様になっていたね。

お母さん　意外と縞模様の動物はいるのね。縞模様をもつ両生類や鳥類はいるのかしら。

太郎さん　確かに…ちょっと，調べてくる！

５分後

太郎さん　お母さん！　お母さん！

お母さん　あら，見つかった？

太郎さん　うん！　コゲラという鳥類は，翼《つばさ》を閉じたときの背中と翼の部分が縞模様になっていたよ。あと，絶滅《ぜつめつ》危《き》惧《ぐ》種《しゅ》のミイロヤドクガエルというカエルもからだが縞模様になっていた。

お母さん　みんなオシャレさんね。…あっ，いやだ！　もうこんな時間！　ほら，学校に遅《おく》れるから早く着《き》替《が》えなさい！

太郎さん　はーい。

図１　太郎さんとお母さんの様子

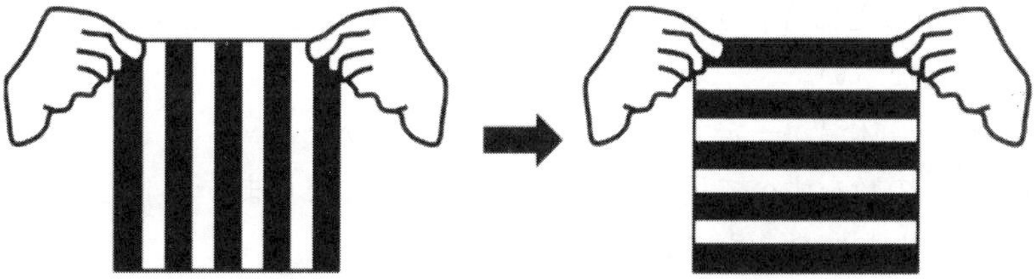

図２　テレビで放送されたマジックの様子

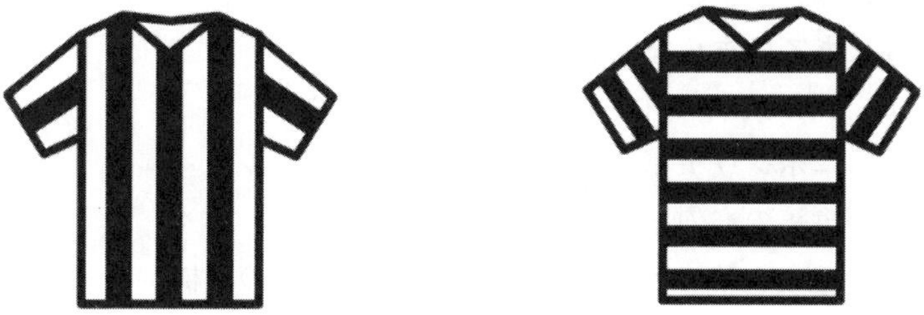

図３　左：縦縞のシャツ　右：横縞のシャツ

Ａ　イシダイ

Ｂ　ヒガシニホントカゲ

Ｃ　コゲラ

Ｄ　ミイロヤドクガエル

Ｅ　シマリス

Ｆ　シマウマ

図４　縞模様のある動物

(1) **図４**のＡ～Ｆのような，からだに背骨がある動物を□動物といいます。□にあてはまる言葉をカタカナで答えなさい。

(2) **図４**のＡ～Ｆの動物のうち，体温が一定であるものをすべて選びなさい。

(3) **図４**のＡ～Ｆの動物の心房《しんぼう》の数をすべて足し合わせるといくつになりますか。ただし，不完全に分かれているものは１つとして数えなさい。

ア　8　　イ　9　　ウ　10　　エ　11　　オ　12

(4) **図４**のＦを除くＡ～Ｅの動物のうち，子の生まれ方が他と違うものはどれですか。

(5) 下線部について，絶滅危惧種に**あてはまらない**ものはどれですか。

ア　イリオモテヤマネコ　　イ　タガメ　　ウ　アカウミガメ

エ　トキ　　オ　ニホンウナギ　　カ　ニホンアマガエル

(6) **図１～３**を参考にして，模様が縦縞のものをすべて選びなさい。

ア　イシダイのからだの模様　　イ　ヒガシニホントカゲの背中の模様

ウ　コゲラの背中と翼の部分の模様　　エ　ミイロヤドクガエルのからだの模様

オ　シマリスの背中の模様　　カ　シマウマの首の模様

4　**温度計と気圧計を使って気象観測をします。ところが，実験室に何本か置いてあった温度計はそれぞれわずかに異なる温度を示していて，実際の温度がわからなくなっていました。実験室の温度計が実際の温度からどのくらいずれているかを知るためには，気象庁が基準として定めた標準温度計と比べて，その差を明らかにする必要があります。そのために，実験室の温度計と標準温度計を同じ氷水に入れて温度を測ったあと，お湯を少しずつ加え，温度を10℃ずつ上げながら差を調べます。**

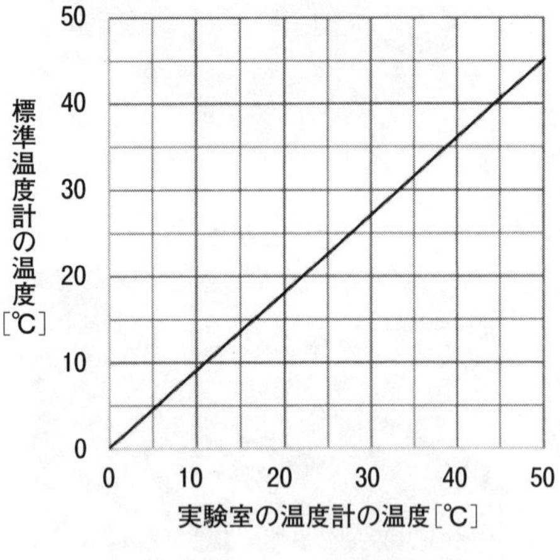

(1) 標準温度計とのずれを測定するときに，最初に温度計を氷水に入れるのはなぜですか。理由を15字以内で答えなさい。

(2) 右の図は，実験室の温度計の温度と標準温度計の温度の関係を示したグラフです。水の温度を上げて，実験室の温度計が100℃を示したとき，標準温度計の温度は何℃になりますか。

(3) よく晴れた正午の日なたで，同じ条件で地面から30cmと150cmの高さでそれぞれ気温を測定すると，30cmで測定した温度の方が高くなりました。このようになる理由はどれですか。

ア　空気は地面によって暖められているから。

イ　空気は地面によって冷やされているから。

ウ　空気は太陽光によって暖められているから。

エ　空気は太陽光によって冷やされているから。

(4) １日を通して前線の通過や雲の量に大きな変化がなかったとき，晴れの日と雨の日の気温変化を表しているグラフの組み合わせとして正しいものはどれですか。

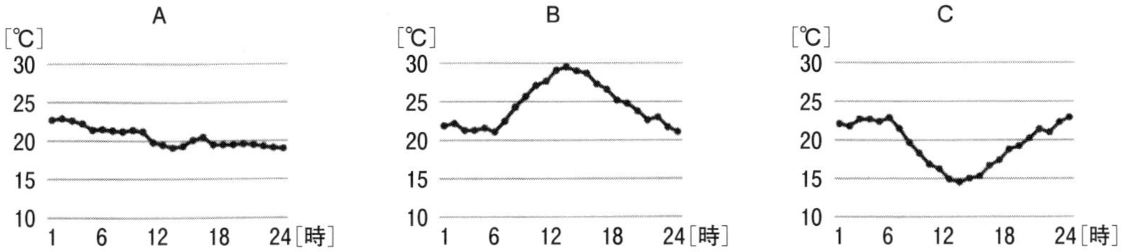

	晴れの日	雨の日
ア	A	B
イ	A	C
ウ	B	A
エ	B	C
オ	C	A
カ	C	B

気温や気圧の測定結果から，過去の天気を調べたり，数日後の天気を予想したりすることができます。下の図はある年の10月に観測した気温と気圧の日変化を示したグラフです。図に示した期間に台風が観測点の近くを通過しました。

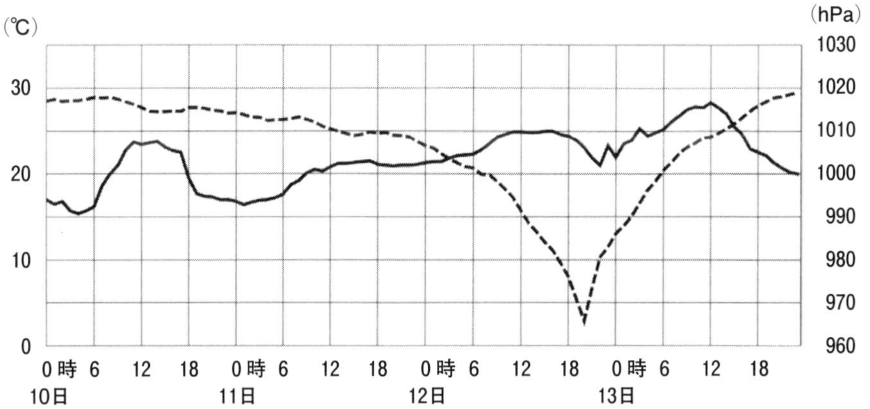

(5) 台風に関する現象として正しいものはどれですか。

ア 熱帯の海上で発生し，水蒸気が集まって発達する。

イ 周辺で南北の気温差が大きいほど発達し，爆弾《ばくだん》低気圧と呼ばれることもある。

ウ 台風が近づいてきた海岸部では津波《つなみ》が発生する。

エ 台風が近づいてきた海岸部では急に気圧が上がる。

(6) 10日～13日の間に，晴れていたと考えられる日が二日ありました。その二日の組み合わせとして正しいものはどれですか。

ア 10日と11日　　イ 10日と13日　　ウ 11日と12日　　エ 12日と13日

(7) この観測点の近くに台風が最も近づいたのは何日の何時ごろですか。

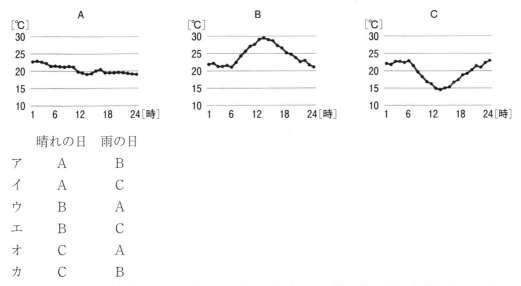

返されており、俊介と被爆して亡くなった少年をつなぐ物語全体のキーワードとなっている。

イ　═線②「凜子のお仲間が、しんから感心したように言った」の「お仲間」というていねいな表現には、俊介も本当は凜子の弁当に感心している気持ちが暗示されている。

ウ　═線③～⑤からは、資料館に展示された弁当箱を通して戦争に対する俊介の心情が変化したことが読み取れる。初めは何気なくガラスケースに近づいた俊介は、黒焦げの弁当箱を実際に目にして戦争の悲惨さに怒りを感じ、戦争についてもっと知らなければならないと強く思うようになっている。

エ　═線⑥～⑨では、公園の様子をていねいに描写したり、擬《ぎ》音《おん》語を使ったりすることで、まるで読者がその場にいるような感覚を味わえるように工夫されている。

オ　本文は全体を通して俊介の視点を中心として描かれている。

カ　本文は時間の流れに沿って展開しておらず、過去の場面と現在の場面が入り交じっている。

三　**次の各文の――線のカタカナを漢字に直しなさい。**

1　かげであれこれカクサクする。
2　心中をスイサツする。
3　カイサツ口で待ち合わせる。
4　ヘイバンな歌声。
5　花びらがチュウに舞う。
6　ひざのカンセツが痛い。
7　店をイテンする。
8　チョメイな学者の話を聞く。

母親の願いがこもったもの。

オ　弁当を食べる息子の顔を思い浮《う》かべて母親が一つ一つていねいに手間をかけて作ったもの。

問4　――線4「そうか、と思った」とあるが、なぜ俊介は「そうか」と思ったのか。その理由を説明したものとして最も適当なものを次の中から選び、記号で答えなさい。

ア　凜子は母親の手作り弁当をいつも喜んで食べていると思っていたが、凜子の話を聞いて初めて、凜子が二人目の母親に対して複雑な思いを抱《いだ》いていることがわかったから。

イ　凜子が戦争中の弁当を再現することには全く意味がないと思っていたが、凜子の話を聞いて初めて、凜子にとっては弁当の再現がどれほど大切かということがわかったから。

ウ　凜子の弁当には母親の愛情が込められていると思っていたが、凜子の話を聞いて初めて、凜子の二人目の母親は娘《むすめ》に愛情を感じていないことがわかったから。

エ　凜子は勝手な行動をする俊介のことを嫌っていると思っていたが、凜子の話を聞いて初めて、凜子が母親の愛情に恵まれていない俊介に共感していることがわかったから。

オ　凜子の母親の手作り弁当を見て凜子と母親は仲が良いと思っていたが、凜子の話を聞いて初めて、凜子は二人目の母親を嫌っていることがわかったから。

問5　――線5「やっかいなことに、まっ黒な弁当は、二つ並んで俊介の目の裏に焼きついて離れない。これで凜子の弁当まで並んだら！　勘弁してくれよ、だ」とあるが、この時の俊介の心の動きはどのようなものか。その説明として最も適当なものを次の中から選び、記号で答えなさい。

ア　戦争中の乏しい食材でも母親の工夫次第《しだい》で愛情あふれる弁当は作れることを知った俊介は、戦争で死んだ少年のまっ黒な弁当と自分や凜子の弁当とを比較《ひかく》して、自分たちが母親の愛情に恵まれていないことに気付き切《せつ》ない気持ちになったが、それは考えても仕方のないことだとあきらめようとしている。

イ　戦争中も現代も変わらない親の愛情に心を打たれた俊介は、母親が弁当を作ってくれたことを思い出し、自分の母親や凜子の二人目の母親にも子どもへの深い愛情があるにちがいないと考えるようになり、弁当を作ってくれたときの母親の気持ちをどうしても知りたいと思っている。

ウ　七十五年前のまっ黒な弁当には母親の息子への深い愛情が込められていることを知った俊介は、その弁当と自分のまっ黒な弁当を重ねて、今まで考えもしなかった自分の母親の気持ちや、凜子の二人目の母親の気持ちに思いを巡《めぐ》らせようとしたが、それらを理解するのはひどく難しく戸惑《とまど》いを感じている。

エ　母親の弁当を食べたくても食べられないままに死んでしまった少年のことを知った俊介は、その少年と自分を重ね、弁当のことで母親に不満をぶつけている自分や凜子の態度を反省するようになり、これからは弁当を作ってくれた人への感謝の気持ちを持たなければならないと決意している。

オ　俊介は戦争で亡くなった少年のまっ黒な弁当に込められた母親の深い愛情を知り、自分の弁当と重ね合わせたことで、自分の母親や凜子の二人目の母親が弁当を作ったときの気持ちをもっとよく知りたいと思うようになったが、いくら考えてもわからなかったので、母親に対して申し訳ない気持ちになっている。

問6　本文について説明したものとして**適当でないもの**を次の中から**2つ**選び、記号で答えなさい。

ア　===線①「まっ黒な弁当」という表現は本文中で何度も繰り

っていただろうか。アリがいやというほどたかって、まっ黒になった、おれの弁当。ジャガイモとピーマンの千切り炒めは見えたけど、あとは何が入っていた？

どういうつもりで、あの女は、あのときに限って弁当を作ったのか。凜子のママは、何を考えながら毎日、気合を入れて弁当を作るんだろう。

自分が作った弁当、食ってもらえなかった弁当を見つけたとき……どんな気持ちになるのか、と思いかけて、俊介は大きく首を振《ふ》った。おれの知ったことか。

5 やっかいなことに、まっ黒な弁当は、二つ並んで俊介の目の裏に焼きついて離《はな》れない。これで凜子の弁当まで並んだら！　勘弁《かんべん》してくれよ、だ。

夕焼けが公園をおおいはじめる。クスノキの葉の一枚一枚を、金色の光が縁《ふち》取っていく。

凜子は、動かない俊介を置いたまま、振り向きもせずに歩き出した。

遠くでだれかの声がする。「班行動だって、自分で言ってて、班長がこれだから……」。ごめーん、と凜子が駆《か》けて行く。その姿を目で追いながら、俊介は思う。

くそっ、あの日、弁当箱を抱いて骨になったあいつは、どんなやつだった？

※SNS…インターネットを通して、文章・音声・映像などの情報を発信し、人々と交流することができるサービス。

問1　――線**1**「黒い塊は、さらに膨らんだ」とあるが、それはどういうことか。その説明として最も適当なものを次の中から選び、記号で答えなさい。

ア　母親はいつも忙《いそが》しくて俊介に無関心な上に、母親が作った弁当は俊介の好き嫌《きら》いを考慮《こうりょ》していないものだったので、俊介の母親への怒りがより大きくなったということ。

イ　母親があまりにも口うるさい上に、弁当に俊介の嫌いなものばかりわざと入れてあったので、母親に対する俊介の腹立ちがますます抑《おさ》えられなくなったということ。

ウ　母親が俊介の機嫌《きげん》を取ろうとして弁当を作った上に、感謝もしない俊介をたしなめることさえしなかったので、母親へのいら立ちがかえって激しくなったということ。

エ　母親が作ってくれた弁当には俊介の嫌いなものが入っていた上に、母親は俊介に恩着せがましい態度を取ったので、俊介の母親に対する憎《にく》しみがますます募《つの》ったということ。

オ　母親が朝から嫌味《いやみ》なことを言った上に、気まぐれで作った弁当には俊介の嫌いなものが入っていたので、俊介の母親に対する反発がいっそう大きくなったということ。

問2　――線**2**「俊介は、この時間がきらいだった」とあるが、なぜ俊介は「この時間がきらい」なのか。その理由を60字以内で説明しなさい。

問3　――線**3**「七十五年前の、正真正銘のまっ黒な弁当」とあるが、凜子はこの「弁当」をどのように考えているか。その説明として**適当でないもの**を次の中から一つ選び、記号で答えなさい。

ア　七十五年前の爆弾で亡《な》くなった少年が最後まで大切に持っていたもの。

イ　爆弾で息子を失った母親の悲しみや戦争の悲惨《ひさん》さを人々に伝えるもの。

ウ　物資が乏《とぼ》しい戦争中に少年の母親がさまざまに工夫《くふう》をこらして作ったもの。

エ　息子が戦争で亡くなる前にせめて好物を食べさせたいという

が再現レシピを書いて、それをわたしたちが作ってみたってこと」

凜子の目に、もう涙はなかった。⑧川下から、だだだだ、とモーター音を響《ひび》かせ、ざざっと波頭を立てて、目の前にボートが現れた。風が立つ。

きかれもしないのに、凜子は続けた。

「おいしかった、意外と。干し大根を水で戻したり、大豆を圧力鍋《なべ》でやわらかくするのは面倒《めんどう》だったけど、家庭科の二上《にかみ》先生が手伝ってくれたから。薄い味つけ、けっこういい、と思った」

⑨公園にある鐘《かね》を、だれかがつきはじめる。ゴーンという地をはうような音が、足もとに寄《よ》ってくる。

「戦争が終わりかけのころは、お砂糖が出回ってなかったから、おかずが甘《あま》ったるいはずはないって、先生が言ってた。

……うちのママなんて、見た目をよくするために、お砂糖やみりんをうんと使って、つやを出すの、玉子焼きでも何でも。わたし、それがきらい」

こいつ、あきれるぐらい、よくしゃべる。もうこれ以上はごめんだ、と俊介は思った。しゃべりすぎ。おまえは、おれの友だちじゃない。

「毎日、けっこうな弁当を作ってもらって、そりゃないだろ。楽しそうに写真ごっこまでしてんだろ。

けっ、何が再現レシピだ。あの弁当、食えなかったあいつが、いまの話、きいてみろ……」

言い過ぎたかな、と思ったときだった。俊介の顔に、「修学旅行のしおり」が飛んできた。

「見た目がきれいなだけのお弁当なんて、食べたくもない。

写真ごっこって言ったわね。そうよ、パパに愛されようと思ったら、あのひとに好かれなくちゃならない。だから、毎日、おいしくもないお弁当を我慢《がまん》して食べてる。あとで吐《は》くこともある。わたしはあの味がきらいなの」

きらい、と叫《さけ》んだあとで、「あのママは、二人目。いいひとだけど、あの味は、いや」

と凜子は言った。

俊介は、動けなかった。4そうか、と思った。

「みんなが、お前を待ってる」

俊介は、足もとの踏《ふ》みつけられたクローバーの上から、「しおり」を拾い上げる。

「ずっと前に死んじゃったママの玉子焼き、刻んだネギが入っていて、薄い塩味だった。幼稚《ようち》園のときのお弁当、ままごとみたいな赤いプラスチックのお弁当箱に、いつも入ってた」

凜子は歩きながら、鼻をすする。

「泣くな。おれが泣かしたみたいに見える」

だからね、と言って、凜子はからだの向きを変え、いきなり俊介の前に立ちはだかった。

「あのまっ黒なお弁当は、わたしたち、作ってみてわかったんだけど、とっても丁寧《ていねい》に作ったんだな、って。あのころは圧力鍋なんてないから、大豆はひとばん水につけて、ゆでたはず。硬《かた》いままだと、おなかをこわすから。

あの子のお母さん、もちろん息子の好きなものがわかってて、あの子はどんな顔してこれを食べてくれるかしらって、きっと、少し笑いながら作ったのよ。そんな気がする。わかる？　あんたに」

凜子の目から、また涙がこぼれる。

「でも、あいつは食えなかった」

あいつは爆弾《ばくだん》の炎《ほのお》に焼かれて骨になった、弁当箱を抱えたまま。と思ったとたん、頭に上った血が、すうっと足もとにおりていく。

少し笑いながら、か。あの女も、おれの弁当を作ったとき、少し笑

「わあ、焼けて骨になった中学生のからだの下にあったんだって、これが」

だれかが、悲鳴のような声を上げる。

「この子、お弁当箱、抱《かか》えていたのよ。三日後に、お母さんが見つけたんだって……」

凜子の声。少し震《ふる》えて、語尾が消える。

俊介の目に、台所の床でアリが群れ、まっ黒になってころがっていた、あの日の弁当がふいに浮かぶ。

ケースのなかにあるのは、3七十五年前の、正真正銘《しょうめい》のまっ黒な弁当。

「食べてもらえなかったお弁当よね」

まただれかが、かすれた声で言った。

「俊介君、集合場所はそっちじゃない。みんな、待ってるのよ。勝手なこと、しないで」

資料館を見たら、引き続き班ごとにまとまって行動すること。凜子のとがった声が、俊介を追いかけてくる。⑥風は、潮を含《ふく》んだ水の匂いがする。公園は二本の川に挟《はさ》まれたデルタにあった。昼間の暑さを、その風が吹《ふ》きはらう。夕暮れがそこまで来ていた。

「あんまり時間がないの。まだ見なくちゃならない慰霊碑《いれいひ》もあるでしょ」

でしょって、おまえが弁当箱のところで、もたもたしたから、だろ？　おれは、ひとりでホテルに帰る、すぐそこだし。

俊介の心を読んだように、凜子が言った。

「ひとりだけ、ホテルに帰ろうなんて。そんなこと、させないから」

俊介のなかで、何かがはじけた。

「おまえたちの弁当自慢《じまん》ごっこに、あの弁当箱も出したらいい」

それは、自分でも、思いもかけないことばだった。

「ちょっと、あんた、言っていいことと、悪いことがあるでしょ。どういう神経してんの」

凜子の目が燃え上がり、見る見るうちに涙《なみだ》で膨らむ。

「あのね、あのお弁当は、あの子のお母さんが、あの子の……」

お母さんがどうした。泣くぐらいなら、おれについてくるな。俊介は、女子の涙がきらいだった。ずるい、と思う。

「なんで、あんな弁当にこだわる？　まっ黒に焦《こ》げた弁当なんて、気味悪いだけじゃないか」

凜子は、くしゃくしゃの前髪《まえがみ》の間から目をのぞかせ、俊介をにらみつけると、ぽたぽた涙をこぼした。でかい目だ。夕暮れの光が、凜子の赤くなった目を、薄紫《うすむらさき》に光らせる。

凜子は、大きく息を吸った。

「あのね、あんたはどうせ読んでないから知らないでしょうけど、わたしたち修学旅行委員は、あのお弁当の中身を、学校の調理実習室で再現したの。事前学習ニュースレターに記事が載《の》ってる」

ふうっと息をつくと、凜子はリュックを投げ出し、ベンチに座《すわ》った。

⑦目の前は川。潮が下流から満ちてくる。ちょうどふたりの正面に、持っていた「修学旅行のしおり」の表紙と同じ、骨格だけになったドーム型の屋根が見える。

「あのお弁当、中身は、お米に大豆《だいず》と麦を混ぜて炊《た》いたご飯、それにジャガイモと干した大根の千切り油炒め。それ、作ったの、みんなで」

「中身なんて、わかるわけ、ないだろ。あんなに焦げて」

俊介は、思わず言った。ばかじゃねえの、こいつら。

「それが、わかったのよ。ずっと前、あのお弁当を作ったお母さんに、中身は何だったか、きいたひとがいたの。そのあと、また別のだれかおまけに、そう言う班長が凛子《りんこ》だから、もっと腹が立つ。

あれは、ひと月前のことだった。

「凛子ちゃんのお弁当、美的っていうか、なんだかおしゃれよね」

「そりゃ、お母さんが料理教室の先生だもん」

昼どきの教室は、緩《ゆる》んだ空気と食べ物の匂いのなかで、おしゃべりと甲《かん》高い笑い声が渦《うず》を巻く。弁当の時間は、家の事情が透《す》けて見える。

2俊介は、この時間がきらいだった。

仲良しグループごとに集まって、くすくす笑いながら弁当の中身を比べる女子たちのそれは、手のこんだものが多い。すまして食ってるやつの弁当箱は、高そうな木の曲げもの。弁当箱を包む布も和風。親の趣味《しゅみ》だ。

凛子の弁当は、クラスいち、と言われていた。のぞく気はないが、横を通れば見える。たしかに、と俊介は思った。何種類ものおかずが彩《いろど》りよく整然と並んで、まるでイラストのよう。毎日でも※SNSに投稿《とうこう》したい弁当だった。弁当箱も、それを包む布も、中身によって変えている。カラーコーディネート、おどろきの弁当。それを凛子のママは毎日、家で撮影《さつえい》してほんとにSNSにアップするらしい。

「ママ、ありがとう、って言ってる笑顔の凛子も一緒にアップだって」。②凛子のお仲間が、しんから感心したように言った。

凛子を取り巻いて、同じような弁当女子が、手のこんだ弁当を開く。そのなかのひとりが、ふいっと立ち上がって何かを取りに行き、俊介のわきを通った。

「いっつも、パン。お気の毒」。きこえるかきこえないかの声だった。

俊介ののどにカレーパンが詰《つ》まった。怒りはカレーの味がした。

「もういっぺん言ってみろ」

「おお、こわい」

女子は首をすくめる。

「やめなさいよ、大きな声、出すの」

ゆっくり立ち上がったのは、凛子だった。

「あんた、なんでわざわざ言うのよ」

凛子は、おろかな弁当女子に鋭《するど》い視線を浴びせると、俊介に向き直った。

「ほんとうのことだから、しかたない。作ってもらえないのは、お気の毒さまだけど」

凛子は、ふふ、と笑うとくるりと向きを変えた。ポニーテイルが、しゅっと輪を描く。

よくも言ったな。俊介はのどの塊をぐっと飲み込むと、パンの残りを床に投げつけた。

教室を出る俊介の背中に、弁当女子の笑いがはじけた。

……〈中略〉……

修学旅行に行きたくない理由のひとつに、凛子と同じ班で行動する、というのがあった。しかも凛子は班長、それだけで十分だ。

「それ」は、資料館のまんなかあたりに置かれていた。凛子を先頭に、班のメンバーがガラスケースを取り囲む。③遅れてきた俊介も、なぜか引きつけられる気がして、ケースに近づいた。

「見て、ほんとうに中身がまっ黒よ」「下の方に穴があいてる」「中身は……」

④俊介の耳から、女子たちの声がだんだん遠ざかる。俊介は背が高い。メンバーの頭ごしにも、らくにケースのなかをのぞくことができる。

まっ黒。

⑤俊介は、口のなかの水分が一気に乾《かわ》いていくのを感じる。

ついたとたん、寝《ね》たふりを決める。

「あんな女」は、俊介の母親。父親は、愛想《あいそ》をつかして出ていき、ひとり息子《むすこ》の俊介は、母親のもとに残った。というより、取り残された。

　親父《おやじ》が黙《だま》って出ていったことは、もちろん許せない。けれども俊介は、それもありだな、と思っている。あったりまえだ、あんな女、だれも一緒《いっしょ》にいたくない。自分勝手で、意地悪だ。

　俊介の母親は、やせて背が高い。くぼんだ目ととがった鼻、そばかすの浮《う》いた顔のまんなかに、毒のある言葉があふれ出る、大きな口があった。いつか「おまえの母さん、魔女《まじょ》っぽいな」と言ったやつを、俊介は張り倒《たお》したが、そうだ、とも思っている。

　三日前の朝、「あんな女」は、珍《めずら》しく俊介に弁当を作った。起きてきた俊介に向かって、花柄《はながら》の派手なパジャマ姿で、「ほれ、弁当」と、食卓《しょくたく》の上の弁当箱を細いあごでしゃくってみせた。

　俊介は、起きたばかりのぼんやりした頭で、返すことばを探した。母親は俊介を見ずにあくびしながら、低い声で言った。

「たまには、おはよう、とか、ありがとう、とか言ってみたら？　あいかわらず、いやな子だね」

　たまには？　いやな子？　どっちが？　言葉は出なかったが、まぶたの裏《うら》に黒い塊《かたまり》が浮かんだ。その瞬間《しゅんかん》、俊介の手が出た。

　気がつくと、母親の姿は消えていて、しみだらけの床《ゆか》の上に、中身の半分飛び出た古くさいアルミニウムの弁当箱がころがっていた。おれがきらいな、ジャガイモとピーマンの千切り炒《いた》め。それだけが目に飛び込《こ》んだ。

　くっそ、いやがらせかよ。1黒い塊は、さらに膨《ふく》らんだ。

　夕方遅《おそ》く俊介が家に戻《もど》ると、母親はいなかった。二駅向こうの飲み屋街で、夜だけの餃子屋《ぎょうざや》をやっているから、いなくて当然。小さな店の水餃子は、小松菜と豚肉《ぶたにく》だけの中身なのに、ぽってりした手作りの皮がなぜかうまいと評判で、いつも常連客で賑《にぎ》わっている、ということだ。店が狭《せま》いから、いっぱいになるだけ、と俊介は思っていたが、どんな餃子か、少しだけ気にはなった。食べさせてもらったことは、一度もなかった。

　暗い部屋に入る気分は、暗い。いつまでたっても、慣れることはない。俊介は手探《さぐ》りでスイッチにふれると、台所の明かりをつけた。かすかに、ピーマンの匂《にお》い。俊介は、けさ、テーブルからたたき落とした弁当のことを思い出す。

　床の上、まっ黒なもの。

「わあ」、思わず声が出た。黒いものは、アリだった。古い台所の、がたがたの戸の隙間《すきま》から入ってきたアリの大群が、ひっくり返った弁当にたかっている。

　あいつ、そのままにしやがった。

　母親への怒《いか》りが、食道を熱くする。①まっ黒な弁当、忘れねえからな。俊介は声に出した。

「くそ！」

　朝の五時起き、眠《ねむ》いに決まってる。けれども、新幹線のなかは、いつもの教室より十倍うるさかった。車両は貸し切りだったし、みんなで旅行するのは初めてだから、ハイテンション、絶好調のやつばかり。

「おお、富士山だ」「すっげー」。富士山ぐらいで、騒《さわ》ぐな。眠れやしない。おまけに班行動とやらで、おれに命令するやつもいる。

「俊介君、お弁当、取りに行って。間違《まちが》いなく六個」

　うるせえな、おれは眠い。弁当弁当って、きいただけで腹が立つ。

から選び、記号で答えなさい。

ア　不安を引き起こすものを隔離して関わらないという対応や、変化のない生活をくり返し送り不安を引き起こすものに気づかず生きるという対応をしているが、それは不安になる可能性を残したままの対応法だということ。

イ　不安を引き起こすものを予測して除去するという対応や、生活を安定したリズムでくり返すことで不安を引き起こすものに対して鈍感になるという対応をしているが、それは不安の根本原因を取りさる対応法ではないということ。

ウ　不安を引き起こすものを隔離して見ないようにするという対応や、変わらない生活をくり返すことで不安を引き起こすものを受け入れるという対応をしているが、それは不安を完全に取りさる対応法ではないということ。

エ　不安を引き起こすものを除去して新たな不安を起こさないようにするという対応や、生活を安定した調子でくり返すことで不安を引き起こすものを忘れるという対応をしているが、それは不安の根本原因を残した対応法だということ。

オ　不安を引き起こすものを隔離して触れないようにするという対応や、安定した生活をくり返し送り不安を引き起こすものを考えないようにするという対応をしているが、それは不安の根本原因の除去に時間がかかる対応法だということ。

問６　――線４「予測できない不安定な社会」とあるが、「予測できない不安定な社会」で人々はどのようにするべきだと筆者は考えているか。その説明として最も適当なものを次の中から選び、記号で答えなさい。

ア　人々が不安定な社会で安定した基盤を作れるように、伝統的な行為を否定しないこととルーティンに従うことを大切にするべきだと考えている。

イ　人々が安定した基盤を作って変化に踏み出せるように、困難や不安に対して原因を考えることと忘れることを両立させるべきだと考えている。

ウ　人々が不安定な社会で生きるためには、変化に向き合う強い姿勢を持つことと伝統的な行為のどちらも大切にするべきだと考えている。

エ　人々が変化を続ける社会の中で生きていけるように、日常生活を安定したリズムで反復的に送って不安を和らげるべきだと考えている。

オ　人々が社会の中で安定と変化を両立させるためには、利潤を追求しながらも伝統や宗教を大切にすることも必要だと考えている。

二

次の文章は、中澤《なかざわ》晶子《しょうこ》の短編集『ワタシゴト　14歳《さい》のひろしま』より「弁当箱」の全文である。これを読んで、後の問いに答えなさい。なお、出題に際して、本文には省略および表記を一部変えたところがある。

あんな女、と俊介《しゅんすけ》は思った。

思うだけで、胃の奥《おく》がかっとなる。「いやなことをわざわざ思い出して、繰《く》り返し腹を立てるなんて、時間の無駄《むだ》づかい」と言うやつもいるけれど。たしかに、おれは、何度も思い出して、どんどん腹を立てている。あいつのせいだ、何もかも。と思っていたら、発車の電子音が鳴った。

行きたくもない修学旅行。中学三年にもなって、みんなで旅行して何がうれしい？　俊介は、だれからも話しかけられないよう、座席にいうのは、そういった姿勢の一つかもしれません。ただ、すべての人にそういった強い心をもつように仕向けることは非現実的です。他方で、殻に閉じこもり、自分たちの日常生活にしがみつくばかりだと、私たちは意図せざる結果に飲み込まれて、より深刻な事態を引き起こしかねません。そのためギデンズは、ルーティンは心的安定にとって欠かせないもので、伝統的な行為も無碍《むげ》に否定してはならない、と考えていました。この意味では、ギデンズははっきりと保守主義的な側面を持っていたのです。しかし他方でギデンズは、人は必要なときにルーティンを逸脱《いつだつ》して生活を能動的に再構築する必要に駆《か》られる、とも論じています。

（中略）私たちは、ある程度安心して暮らしていくために、難しいことや不安なことを忘れて生活する必要があります。他方で、ときには反省的に周囲を捉《とら》え返し、物事がうまくいかない原因について理解しなければならないこともあります。かんじんなのはこの二つのバランスをなんとか取っていくことであって、「どちらかでよい」という主張には耳を傾《かたむ》ける必要がない、ということです。それに、人々は安定した基盤がないと変化に踏《ふ》み出すことさえできません。安定と変化は、両立させないといけないのです。

※演繹…ある理論を、広くほかのものごとにあてはめること。
※伝統の軛…伝統にしばられていること。
※ギデンズ…イギリスの社会学者。
※苛まれる…苦しめられ、悩まされること。

問1 a ～ e に当てはまる言葉として最も適当なものを次の中から選び、それぞれ記号で答えなさい。ただし、記号は一度しか使えないものとする。

ア　もちろん　　イ　あるいは　　ウ　たとえば
エ　つまり　　オ　さらに

問2 ――線1「伝統的な社会では、社会の複雑さを抑制し、変化を押し止める力がある程度働いていた」とあるが、それはどういうことか。その説明として最も適当なものを次の中から選び、記号で答えなさい。

ア　近代以前の社会では、説明できない問題が生じた原因は超越的存在にあるとされ、本当の原因である為政者の責任を追及する機会を奪《うば》われていたということ。
イ　近代以前の社会では、説明できない問題が生じた原因は為政者にあるとされ、科学的に物事を説明しようという動機を奪われていたということ。
ウ　近代以前の社会では、説明できない問題が生じた原因は神にあるとされ、本当の原因である科学の責任を追及する機会を奪われていたということ。
エ　近代以前の社会では、説明できない問題が生じた原因は神と結託した為政者にあるとされ、科学的に物事を考えようという動機が失われていたということ。
オ　近代以前の社会では、説明できない問題が生じた原因は超越的存在にあるとされ、科学的に説明しようという動機が失われていたということ。

問3 A に当てはまる言葉として最も適当なものを次の中から選び、記号で答えなさい。

ア　連続的　　イ　断続的　　ウ　絶望的
エ　絶対的　　オ　相対的

問4 ――線2「二つの問題」とあるが、それはどういうことか。80字以内で説明しなさい。

問5 ――線3「これらはなんとも『緩い』対応法です」とあるが、それはどういうことか。その説明として最も適当なものを次の中素が減った部分もあります。[c]子どもが無事に育つ確率は、近代化以降確実に増えました。それでも、※伝統の軛《くびき》を脱して急速に変化するグローバルな資本主義的分業・交流を通じて社会がどんどん複雑になっていくと、意図せざる結果が出てくることは避《さ》けがたいものです。

不安定要素には、多くの人が共通して経験する危機もあれば、個人的に降りかかる不幸な出来事もあります。多くの人に共通するものとしては、金融《きんゆう》危機、環境《かんきょう》問題(何よりも地球温暖化)、そして一部の感染症《しょう》などがあります。他の多くの人が経験しないのに自分には降りかかってくるリスクもあります。就職活動がうまく行かなかったり、失業してしまったり、結婚《けっこん》相手とうまく行かなくなってしまったり、といった経験です。

現代社会が脱伝統・脱宗教化することのもうひとつの問題は、「意味の喪失《そうしつ》」です。宗教を素直に信仰《しんこう》できなくなってしまうと、人生に意味を与《あた》えることが簡単にはできなくなります。人生になにか重大な問題が生じてしまったとき(たとえば肉親を亡くしてしまったとき)、その理由をわかりやすく説明してくれる仕組みもありません。

(中略)※ギデンズは、こんなことを言っています。知らないこと、予測不可能なことに囲まれて生活することは、本来ならば大きな不安を私たちにもたらすはずです。事故、病気、失業、そして環境破壊《はかい》や戦争などによって安心な生活が破壊されてしまう可能性を、私たちは心の中から完全に排除することはできません。こういったリスクに非常に敏感《びんかん》な人は、場合によっては精神疾患《しっかん》を患《わずら》ってしまうでしょう。そして実際、不安に悩《なや》まされている人たちに対して、私たちは理屈で安心を説得することはできないはずです。

住んでいる場所の近くに原発がある人が、事故の可能性に不安を訴《うった》えたとしましょう。私たちは、この人に対して合理的に(理を尽《つ》くして)安心を説くことはできるでしょうか。仮にあなたが原子力発電の専門家でも、なかなか難しいはずです。むしろ専門知識を伝えることの困難に直面するかもしれません。

いずれにしろ、常に不安に※苛《さいな》まれているわけではない「普通《ふつう》の」人たちも、何らかの合理的な根拠《こんきょ》があって安心しているわけではないのです。ギデンズは、私たちはそういった不安を物理的に、[d]心的に遮断《しゃだん》しているに過ぎない、といいます。

「物理的に遮断」というのは、そういう不安を引き起こしうる情報にできるだけ触れないようにする、ということです。病気や死、あるいは生まれつきの障害などは、いまでも私たちが意図的に影響を及《およ》ぼすことが難しい経験です。現代ではこれを病院や施設《しせつ》に隔離《かくり》することで、少なくとも日常生活ではあまり目にしないようにしています。ギデンズは、これを「経験の隔離」と呼んでいます。

「心的に遮断」というのは、要するに心の中で特定の情報を遮断している、[e]忘れたり、あるいは鈍感《どんかん》になるということです。ギデンズはこのことを「保護繭《まゆ》」と呼んでいます。保護繭が機能している限り、私たちは常に不安であるという状態ではなくなります。ただ、ふと思い出せば不安を掻《か》き立てるような事柄《ことがら》について考えないようにしているだけなので、何かきっかけがあれば保護繭が破れてしまうこともあります。ギデンズは、日常生活を安定したリズムで反復的に送ること、つまり「ルーティン」に従うことが、不安を和らげるといいます。

経験の隔離や保護繭は、不安の根本原因を除去しているわけではありません。単に忘れたり遠ざけたりしているだけです。そういう意味では、3これらはなんとも「緩い」対応法です。

4予測できない不安定な社会において「殻《から》」に閉じこもらず、変化に向き合う強い姿勢をみせることもときには必要です。起業家精神と

二〇二二年度 市川中学校

【国　語】〈第二回試験〉（五〇分）〈満点：一〇〇点〉

【注意】解答の際には、句読点や記号は一字と数えること。

一　**次の文章は、筒井《つつい》淳也《じゅんや》『社会を知るためには』の一部である。これを読んで、後の問いに答えなさい。なお、出題に際して、本文には省略および表記を一部変えたところがある。**

　この本のメッセージは、「人間は、自分たちが作ったよくわからない社会のなかで動いている」というものでした。そしてその背後には、社会における「緩《ゆる》いつながり」がある。近代化以降、複雑さや変化の速さが増しているとはいえ、基本的には人間社会というのはそういうものでした。ただ、1伝統的な社会では、社会の複雑さを抑制《よくせい》し、変化を押《お》し止める力がある程度働いていたのも事実です。

　たとえば宗教です。宗教は、なにかよく説明できない出来事が生じたとき、現代の私たちあるいは研究者がするように、いままで見えにくかったこと(しかしあくまで人間がつくってきた構造)を明らかにして説明しようとするのではなく、人間の力を超《こ》えた存在、典型的には「神」がそうしたのだ、という「説明」をします。

　このように「説明」されてしまうと、話はそれでおしまいです。※演繹《えんえき》的なモデルを駆使《くし》して説明しようとか、経験的なデータを用いて説明しようとか、そういう動機が失われてしまいます。必要なのは、神様に祈《いの》って良い結果をもたらしてくれるようにお願いするか、「神の定め」だと思って結果をそのまま受け入れるか、です。［ａ］、このように何か問題や不都合があったときに人間を超えた超越《ちょうえつ》的存在のせいにする考え方は、為政者《いせいしゃ》(そのときどきのリーダー)にとって都合が良いものですから、為政者はしばしば宗教的権威《けんい》と結託《けったく》したり(中世ヨーロッパにおける教会と王権の関係)、あるいは自分が両方を兼《か》ねたり(邪馬台国《やまたいこく》の卑弥呼《ひみこ》がそうだったといわれる)するわけです。

　ただ現代社会は、宗教的権威の説明をそのまま受け入れる人が減ってしまった世界です。なぜ宗教的・伝統的権威の地位が低下してしまったのかについてはいくつかの説明がありえますが、資本主義の発達は重要な要因でしょう。(中略) 産業革命期において資本家は政府(王権)と離《はな》れて力を持ち、むしろ政府の影響《えいきょう》力を排除《はいじょ》して産業化を進めようとしていたのでした。

　前近代国家における身分制は、支配者にとって都合の良い仕組みでした。この体制を正当化する理由として、宗教や伝統が利用されたのです。ところが近代社会における階級は、むしろ資本家の利潤《りじゅん》の追求の結果です。利潤の追求そのものには、それを直接に正当化する理屈《りくつ》は必要ありません。政治家が資本家に都合の良い制度を結託して作り上げることはもちろんあるでしょうが、これを隠《かく》して「資本主義は国全体の豊かさをもたらす」という物語を信じ込《こ》ませればよいのです。二〇世紀の半ばから終盤《しゅうばん》にかけて、この物語は実によく効果を持ちました。

　さらに、資本主義は利潤追求の過程で国境を超《こ》えて広がります。そうすると、いろんな習慣、宗教、価値観を持つ人たちが交わる機会も増えていきます。こうなると、自分が信じている宗教は、他のたくさんのありうる価値のうちの一つだ、という意識が排除できなくなりますから、どうしても宗教的権威が［Ａ］に力を落としていくことになるのです。

　脱《だつ》伝統・脱宗教化した世界では、2二つの問題が生じます。一つは「不安定さ」です。［ｂ］、技術や制度の発達によって、不確定要

2022年度

市川中学校

▶解説と解答

算数 ＜第２回試験＞（50分）＜満点：100点＞

解答

[1] (1) 0.5 (2) 88 (3) 36個 (4) 8：4：3 (5) 56.52cm^3 [2] (1) 3.8％ (2) 15ｇ (3) 25 [3] (1) 秒速２cm (2) 70秒後 (3) $213\frac{1}{3}$cm [4] (1) 解説の図１を参照のこと。 (2) 31.4cm [5] (1) 1433 (2) **２番目**…Ｈ１，**５番目**…Ｈ３ (3) ８通り

解説

[1] 四則計算，整数の性質，場合の数，辺の比と面積の比，体積

(1) $(7.5\times0.6-3.75\times0.8)\times\frac{3}{5}\div1.8=(4.5-3)\times\frac{3}{5}\div1.8=1.5\times0.6\div1.8=0.9\div1.8=0.5$

(2) ３で割ると１余る数は{1，4，7，…}であり，これらは３の倍数よりも，３－１＝２小さい数と考えることができる。同様に，５で割ると３余る数は{3，8，13，…}であり，これらは5の倍数よりも，５－３＝２小さい数と考えることができる。よって，この２つに共通する数は，３と５の公倍数よりも２小さい数となる。また，３と５の最小公倍数は，３×５＝15だから，このような数は15の倍数よりも２小さい数であり，２桁《けた》では{13，28，43，58，73，88}とわかる。このうち，７で割ると４余る数は88である。

(3) {2，2，2，□}を並べてできる４桁の整数の個数を求めればよい。□が２の場合は2222だけであり，□が０の場合は，2220，2202，2022の３個ある。また，□が２と０以外の場合，222□，22□2，2□22，□222の４通りある。このとき，□には２と０以外の８通りの数字を入れることができるので，全部で，４×８＝32(個)になる。よって，すべて合わせると，１＋３＋32＝36(個)と求められる。

(4) 下の図１で，三角形AFDと三角形DFEは，高さが等しく面積の比は２：１だから，底辺の比も，AD：DE＝２：１となる。同様に，三角形ABEと三角形EBCは，高さが等しく面積の比は４：１なので，底辺の比も，AE：EC＝４：１となる。よって，AD＝２，DE＝１とすると，AE＝２＋１＝３だから，EC＝$3\times\frac{1}{4}=\frac{3}{4}$となる。したがって，AD：DE：EC＝$2:1:\frac{3}{4}=8:4:3$とわかる。

図１

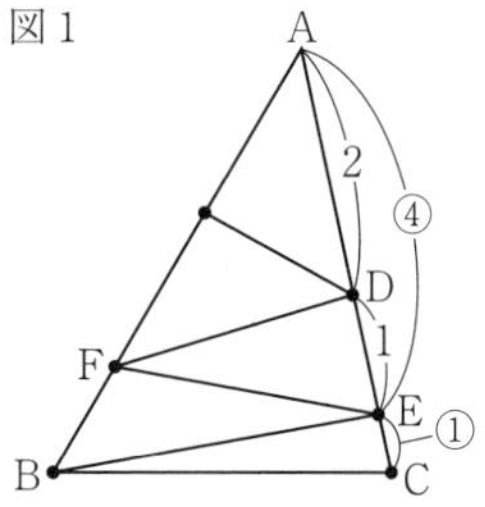

図２

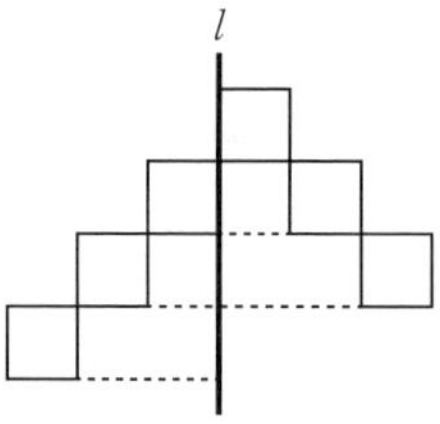

図３

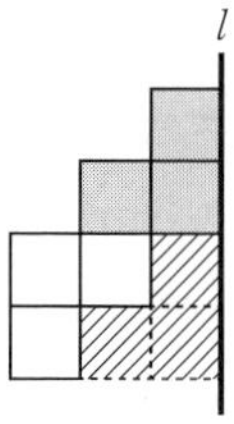

図４

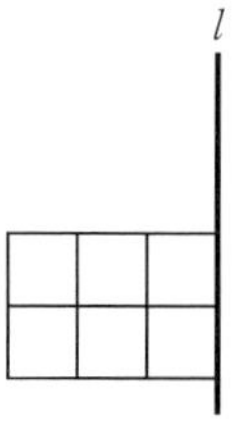

(5)　上の図２で，直線 l の右側の部分を左側に移動すると，上の図３の実線部分になる。また，図３のかげをつけた部分を斜線《しゃせん》部分に移動すると，上の図４のようになる。このように移動してから回転させても体積は変わらないので，図２の図形を１回転させてできる立体の体積は，底面の円の半径が３cm，高さが２cmの円柱の体積と等しくなる。よって，３×３×3.14×２＝18×3.14＝56.52(cm^3)と求められる。

2 濃度《のうど》

(1)　Ｂの容器には，３％の食塩水を，100－20＝80(ｇ)と，７％の食塩水を20ｇ混ぜた食塩水ができる。ここで，(食塩の重さ)＝(食塩水の重さ)×(濃度)より，含《ふく》まれている食塩の重さは，80×0.03＋20×0.07＝3.8(ｇ)とわかる。また，食塩水の重さは，80＋20＝100(ｇ)なので，濃度は，3.8÷100×100＝3.8(％)となる。

(2)　ＡとＢから取り出した食塩水の重さを□ｇとして図に表すと，右の図１のようになる。図１で，a ： b ＝(７－3.6)：(3.6－３)＝17：３だから，混ぜた食塩水の重さの比は，□：(100－□)＝$\frac{1}{17}$：$\frac{1}{3}$＝３：17とわかる。この和が100ｇなので，□＝100×$\frac{3}{3+17}$＝15(ｇ)と求められる。

図１

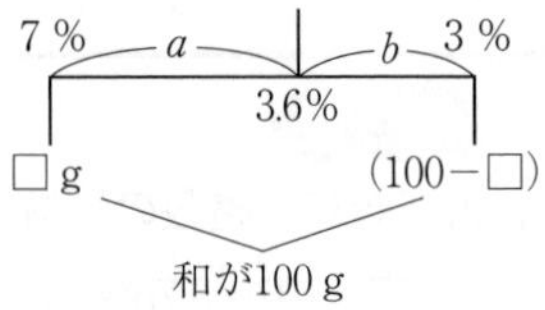

(3)　やりとりのようすをまとめると，右の図２のようになる。最初にＡとＢに含まれていた食塩の重さの和は，50×0.07＋100×0.03＝6.5(ｇ)であり，これは，やりとりのあとも変わらない。また，最後にＡに含まれている食塩の重さは，50×0.054＝2.7(ｇ)だから，最後にＢに含まれている食塩の重さは，6.5－2.7＝3.8(ｇ)となり，最後のＢの濃度(図２のイ)は，3.8÷100×100＝3.8(％)とわかる。よって，ＢからＡに混ぜたときのようすを図に表すと，右の図３のようになる。図３で，c ： d ＝(７－5.4)：(5.4－3.8)＝１：１なので，混ぜた食塩水の重さの比も１：１で，この和が50ｇだから，ア＝50×$\frac{1}{1+1}$＝25(ｇ)とわかる。

図２

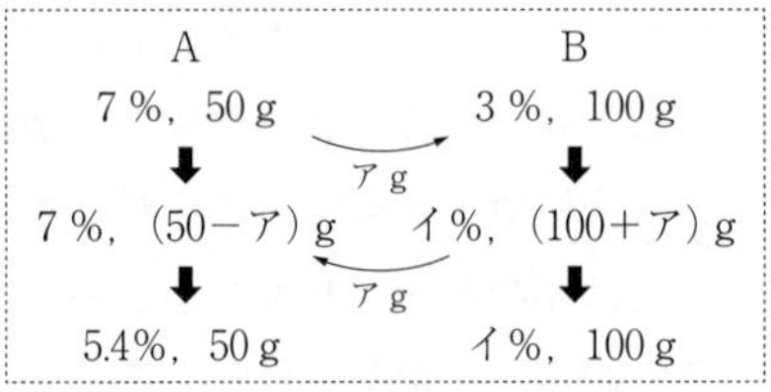

図３

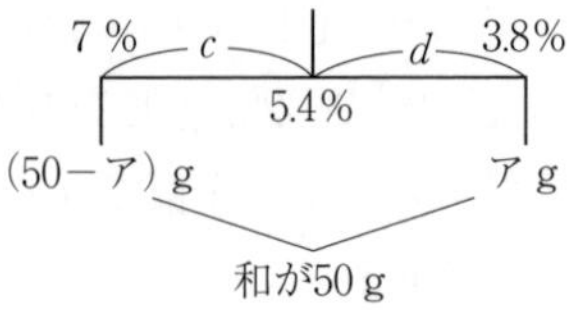

3 図形上の点の移動，速さと比，旅人算

(1)　動き始めてから10秒後までのようすを図に表すと，右の図１のようになる。よって，ＡとＣは10秒間で合わせて80cm動いたから，ＡとＣの速さの和は秒速，80÷10＝８(cm)となる。また，ＡとＣの速さの比は，２：６＝１：３なので，Ａの速さは秒速，８×$\frac{1}{1+3}$＝２(cm)と求められる。

図１

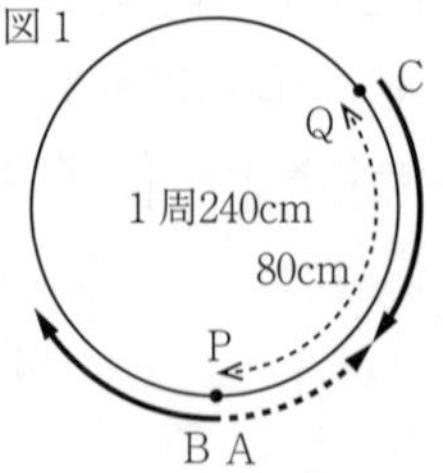

図２

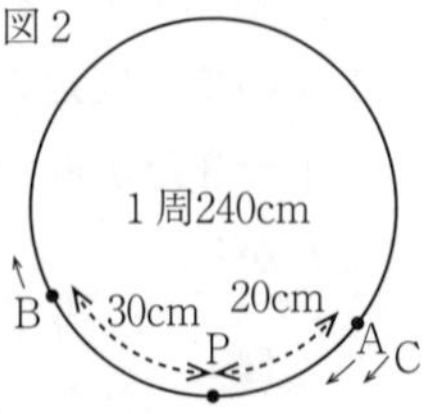

(2)　(1)より，Ｂの速さは秒速３cm，Ｃの速さは秒速６cmとわかる。ＡとＣがはじめて出会うまでに，Ａは，２×10＝20(cm)，Ｂは，３×10＝30(cm)動くから，動き始めてから10秒後には上の図２のようになる。このとき，ＢとＡの間の長さは，240－(30＋20)＝190(cm)なので，ＢがＡを追い越《こ》すまでの時間は，190÷(３－２)＝190(秒)である。一方，ＣがＡを追い越すまでの時間は，

240÷（６－２）＝60(秒)だから，Ｃの方が先にＡを追い越すことになる。よって，Ａが２回目に重なるのはＣであり，動き始めてから，10＋60＝70(秒後)である。

(3)　ＣがＢを２回追い越すのは，ＣがＢよりも，80＋240＝320(cm)多く動いたときなので，動き始めてから，$320 \div (6-3) = \frac{320}{3}$(秒後)である。また，Ａは秒速２cmで動き続けるから，その間にＡが動く長さは，$2 \times \frac{320}{3} = \frac{640}{3} = 213\frac{1}{3}$(cm)となる。

4　平面図形―図形の移動，長さ

(1)　下の図１のように，ABを延長した直線AEを引く。次に，Ａを中心として半径がAPの円の一部をかき，直線AEと交わる点をＦとする。さらに，Ｂを中心として半径がBFの円の一部をかくと，Ｐが動いたあとの線は図１の太線のようになる。

図１

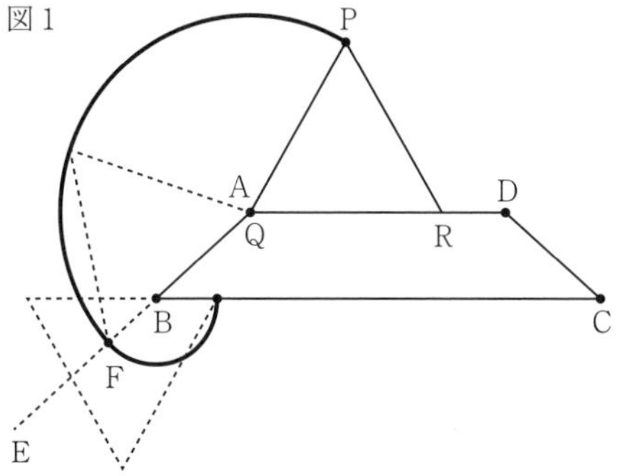

図２

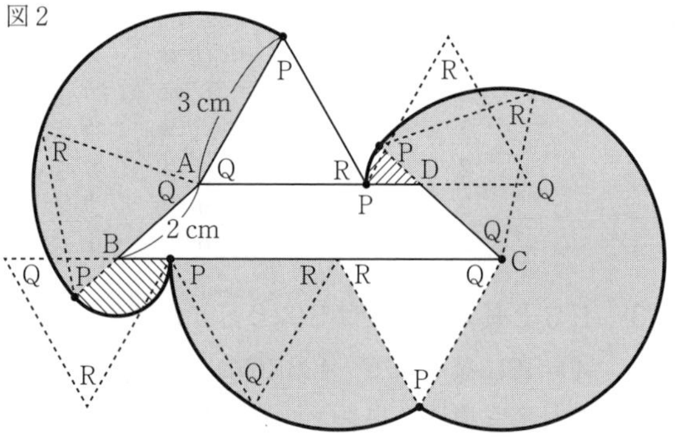

(2)　Ｐが動いたあとの線は，上の図２の太線となる。台形ABCDは線対称《せんたいしょう》な台形(等脚《とうきゃく》台形)だから，角DABと角ADC，角ABCと角DCBの大きさはそれぞれ等しい。そこで，角DABと角ADCの大きさを□度，角ABCと角DCBの大きさを△度とすると，□と△の和は180度になる。次に，かげをつけた部分はどれも半径が３cmのおうぎ形であり，中心角の合計は，(360－60－□)＋(180－60)＋(360－60－△)＝720－(□＋△)＝720－180＝540(度)になる。また，斜線部分はどちらも半径が，３－２＝１(cm)のおうぎ形であり，中心角の合計は，(180－△)＋(180－□)＝360－(△＋□)＝360－180＝180(度)になる。よって，太線の長さの合計は，$3 \times 2 \times 3.14 \times \frac{540}{360} + 1 \times 2 \times 3.14 \times \frac{180}{360} = (9+1) \times 3.14 = 10 \times 3.14 = 31.4$(cm)と求められる。

5　条件の整理

(1)　♠をＳ，♡をＨと書くことにすると，最初のカードの並びは右の図１のアのようになる。アの＿部は数字もマークも異なるから，Ｓ１を１に置き換《か》えるとイのようになる。次に，イの□部は数字が同じなので，２枚のカードを取り除いて，２＋２＝４に置き換えるとウのようになる。また，ウの□部はマークが同じだから，２枚のカードを取り除いて，３×１＝３に置き換えるとエのようになる。エにはマークが１枚しかないので，３に置き換えてオの並びで終了する。よって，カードの数字は左から1433となる。

図１

(S 1)	(H 2)	(S 2)	(H 3)	(H 1)	(S 3)	…ア
1	(H 2)	(S 2)	(H 3)	(H 1)	(S 3)	…イ
1	4		(H 3)	(H 1)	(S 3)	…ウ
1	4		3		(S 3)	…エ
1	4		3		3	…オ

(2)　最後に21361になっているから，カードの枚数は１枚減ったと考えることができる。また，「数字が同じ２枚」または「マークが同じ２枚」があるとカードの枚数が１枚減り，それ以外の場合は

カードが減ることはない。さらに，数字もマークも異なるときに置き換える数字は{1，2，3}のいずれかなので，数字またはマークが同じになったのは１回だけであり，そのときに置き換えた数字は「６」と決まる。よって，カードの変化の仕方を図１と同様に＿と□を使って表すと，下の図２のようになる。はじめに，アはマークがＳ，数字が２だから，Ｓ２と決まる。それにともなって，イはマークがＨ，数字が１なのでＨ１と決まり，ウはマークがＳ，数字が３だからＳ３と決まる。さらに，エのマークはＨになるが，Ｈ１はイで使われていて，Ｈ３にするとウとエが同じ数字になってしまうので，エはＨ２と決まり，下の図３のようになる。図３で，２×３＝６となったことがわかるから，オはＨ３，カは残りのＳ１と決まる。したがって，左から２番目はＨ１，５番目はＨ３である。

図２

（ア）（イ）（ウ）（エ）（オ）（カ）
２　（イ）（ウ）（エ）（オ）（カ）
２　１　（ウ）（エ）（オ）（カ）
２　１　３　（エ）（オ）（カ）
２　１　３　６　（カ）
２　１　３　６　１

図３

（Ｓ２）（Ｈ１）（Ｓ３）（Ｈ２）（オ）（カ）
２　（Ｈ１）（Ｓ３）（Ｈ２）（オ）（カ）
２　１　（Ｓ３）（Ｈ２）（オ）（カ）
２　１　３　（Ｈ２）（オ）（カ）
２　１　３　６　（カ）
２　１　３　６　１

(3)　Ｈ３とＨ４，またはＳ３とＳ４が隣《とな》り合う場合は，３×４＝12になるので，426122の＿部分は，１と２にそれぞれ置き換えた場合と，12に置き換えた場合が考えられる。そこで，はじめに１と２にそれぞれ置き換えた場合について考える。この場合，数字またはマークが同じになったのは２回であり，そのうちの１回は「６」と決まる。さらに，最後の部分は右上の図４または図５のようになっている必要がある。図４の場合，カードの変化の仕方は下の図６のようになり，アはＳ４，イはＨ２と決まる。また，カの数字は２であるが，Ｈ２はすでに使われているから，カはＳ２と決まる。するとオはＨ１とわかり，下の図７のようになる。図７で，キに入るのはＨ３かＨ４であるが，キとクの和または積を２にすることはできないので，条件に合わない。次に，図５の場合，カードの変化の仕方は下の図８のようになる。この場合も，図６と同様に，アはＳ４，イはＨ２と決まる。また，クの数

図４

…（　）（　）（　）
…　２　（　）（　）
…　２　２

図５

…（　）（　）（　）
…　２　（　）
…　２　２

図６

（ア）（イ）（ウ）（エ）（オ）（カ）（キ）（ク）
４　（イ）（ウ）（エ）（オ）（カ）（キ）（ク）
４　２　（ウ）（エ）（オ）（カ）（キ）（ク）
４　２　６　（オ）（カ）（キ）（ク）
４　２　６　１　（カ）（キ）（ク）
４　２　６　１　２　（キ）（ク）
４　２　６　１　２　２

図７

（Ｓ４）（Ｈ２）（ウ）（エ）（Ｈ１）（Ｓ２）（キ）（ク）
４　（Ｈ２）（ウ）（エ）（Ｈ１）（Ｓ２）（キ）（ク）
４　２　（ウ）（エ）（Ｈ１）（Ｓ２）（キ）（ク）
４　２　６　（Ｈ１）（Ｓ２）（キ）（ク）
４　２　６　１　（Ｓ２）（キ）（ク）
４　２　６　１　２　（キ）（ク）
４　２　６　１　２　２

図８

（ア）（イ）（ウ）（エ）（オ）（カ）（キ）（ク）
４　（イ）（ウ）（エ）（オ）（カ）（キ）（ク）
４　２　（ウ）（エ）（オ）（カ）（キ）（ク）
４　２　６　（オ）（カ）（キ）（ク）
４　２　６　１　（カ）（キ）（ク）
４　２　６　１　２　（ク）
４　２　６　１　２　２

図９

（Ｓ４）（Ｈ２）（ウ）（エ）（１）（カ）（キ）（Ｓ２）
４　（Ｈ２）（ウ）（エ）（１）（カ）（キ）（Ｓ２）
４　２　（ウ）（エ）（１）（カ）（キ）（Ｓ２）
４　２　６　（１）（カ）（キ）（Ｓ２）
４　２　６　１　（カ）（キ）（Ｓ２）
４　２　６　１　２　（Ｓ２）
４　２　６　１　２　２

字は２であるが，Ｈ２はすでに使われているから，クはＳ２と決まる。さらに，オの数字は１なので，上の図９のようになる。図９で，カとキは「１と１」または「１と２」であるが，１つ目の１はすでに使われていて，Ｈ２とＳ２はすでに使われているから，この場合も条件に合わない。よって，どちらの場合も条件に合わないので，このような並び方はない。次に，12に置き換えた場合について考える。このとき，カードの枚数は３枚減るから，数字またはマークが同じになったのは３回である。そのうちの２回は「６」と「12」と決まるので，残りの１回で場合分けをすると，下の図10～図12のようになる。図10の場合，ウには２，クにも２が入り，カとキには３と４が入る。すると，たとえば下の図10′のようになり，エとオは（３＋３）にも（２×３）にもなれないから，条件に合わない。次に図11の場合，アにはＳ４が入り，カとキには３と４，エとオには２と３が入る。また，クには２が入るので，イとウは（１＋１）と決まり，たとえば下の図11′のようになる。図11′で，Ｓ２とＳ３，Ｈ３とＨ４はそれぞれ入れかえることができるから，この場合は，２×２＝４（通り）ある。最後に図12の場合，アにはＳ４，イにはＨ２が入り，オとカには３と４，ウとエには２と３が入る。このとき，イとウは数字もマークも異なるので，ウはＳ３，エはＳ２と決まり，たとえば下の図12′のようになる。この場合も，Ｈ３とＨ４，Ｓ１とＨ１をそれぞれ入れかえることができるから４通りある。よって，並び方は全部で，４＋４＝８（通り）ある。

図10

（ア）（イ）（ウ）（エ）（オ）（カ）（キ）（ク）
４　（ウ）（エ）（オ）（カ）（キ）（ク）
４　２　（エ）（オ）（カ）（キ）（ク）
４　２　６　（カ）（キ）（ク）
４　２　６　12　（ク）
４　２　６　12　２

図10′

（ア）（イ）（２）（エ）（オ）（３）（４）（２）
４　（２）（エ）（オ）（３）（４）（２）
４　２　（エ）（オ）（３）（４）（２）
４　２　６　（３）（４）（２）
４　２　６　12　（２）
４　２　６　12　２

図11

（ア）（イ）（ウ）（エ）（オ）（カ）（キ）（ク）
４　（イ）（ウ）（エ）（オ）（カ）（キ）（ク）
４　２　（エ）（オ）（カ）（キ）（ク）
４　２　６　（カ）（キ）（ク）
４　２　６　12　（ク）
４　２　６　12　２

図11′

（Ｓ４）（Ｈ１）（Ｓ１）（Ｓ２）（Ｓ３）（Ｈ３）（Ｈ４）（Ｈ２）
４　（Ｈ１）（Ｓ１）（Ｓ２）（Ｓ３）（Ｈ３）（Ｈ４）（Ｈ２）
４　２　（Ｓ２）（Ｓ３）（Ｈ３）（Ｈ４）（Ｈ２）
４　２　６　（Ｈ３）（Ｈ４）（Ｈ２）
４　２　６　12　（Ｈ２）
４　２　６　12　２

図12

（ア）（イ）（ウ）（エ）（オ）（カ）（キ）（ク）
４　（イ）（ウ）（エ）（オ）（カ）（キ）（ク）
４　２　（ウ）（エ）（オ）（カ）（キ）（ク）
４　２　６　（オ）（カ）（キ）（ク）
４　２　６　12　（キ）（ク）
４　２　６　12　２

図12′

（Ｓ４）（Ｈ２）（Ｓ３）（Ｓ２）（Ｈ３）（Ｈ４）（Ｓ１）（Ｈ１）
４　（Ｈ２）（Ｓ３）（Ｓ２）（Ｈ３）（Ｈ４）（Ｓ１）（Ｈ１）
４　２　（Ｓ３）（Ｓ２）（Ｈ３）（Ｈ４）（Ｓ１）（Ｈ１）
４　２　６　（Ｈ３）（Ｈ４）（Ｓ１）（Ｈ１）
４　２　６　12　（Ｓ１）（Ｈ１）
４　２　６　12　２

社　会　＜第２回試験＞（40分）＜満点：100点＞

解　答

１ **問１**　**１**　青銅　**２**　調　**３**　堺　**４**　株仲間　**問２**　⑴　（例）日本近海に現れる外国船に対抗できるような，高性能で強力な大砲をつくり，沿岸に設置する必要があったから。

⑵　②　**問３**　イ　**問４**　ウ　**問５**　イ　**問６**　オ　**２**　**問１**　⑴　陸奥宗光　⑵　遼東半島，イ　**問２**　イ　**問３**　⑴　セオドア＝ルーズベルト　⑵　（例）　初めはロシアの中国進出をおそれていたが，日本が満州の権益を得たことで，今度は日本の勢力拡大に警戒感を持つようになった。　**問４**　ア，オ　**問５**　犬養毅　**問６**　国家総動員法　**問７**　エ　**問８**　警察予備隊　**問９**　カンボジア　**３**　**問１**　四日市ぜんそく　**問２**　イ　**問３**　イ　**問４**　（例）　2000年代以前は，人件費が安く生産コストをおさえられるという理由から工場を移転したが，2000年代以降は中国などのアジア諸国の経済成長により，アジアを有力な販売市場と考えるようになったから。　**問５**　エ　**問６**　オ　**問７**　**インド**…ス　**ロシア**…ク　**問８**　サトウキビ　**問９**　⑴　ウ，インドネシア　⑵　エ，シンガポール　**４**　**問１**　**１**　最高機関　**２**　議院内閣制　**問２**　⑴　ウ　⑵　プライバシーの権利　**問３**　エ　**問４**　⑴　エ　⑵　国政調査権　**問５**　⑴　エ　⑵　イ，オ　**問６**　ワイマール憲法　**問７**　カ

解　説

１　各時代の歴史的なことがらについての問題

問１　**１**　弥生時代には大陸から鉄器・青銅器といった金属器が伝わった。青銅は銅とすずの合金で，これを溶《と》かし，型に流しこむことで銅鐸《どうたく》などの青銅器がつくられた。鉄器はおもに武器や農具などの実用品に，青銅器はおもに祭りの道具として用いられたと考えられている。　**２**　律令制度のもと，農民には収穫した稲の約３％を納める租，地方の特産物を納める調，都での労役の代わりに布を納める庸《よう》といった税のほか，労役や兵役の義務も課された。古代，中国地方では製鉄がさかんに行われており，できた製品が調として都に納められたのだと考えられる。　**３**　堺は大阪府南西部の都市で，日明貿易の港町として発展した。また，戦国時代の1543年に鉄砲が伝来すると，堺はその一大産地となり，豪商が成長して自治が行われたが，1569年に織田信長の支配下に組みこまれた。　**４**　株仲間は江戸時代に発達した商工業者の同業組合で，特権を得て利益を独占した。江戸幕府の老中水野忠邦は天保の改革（1841～43年）の中で，株仲間が物価の上昇を引き起こしているとして解散を命じたが，効果はあがらなかった。

問２　⑴　18世紀末以降，外国船が日本に接近するようになったため，沿岸警備の必要性が高まり，外国船に対抗できる近代的な大砲をつくろうという動きが見られるようになった。大砲は外国船の撃退《げきたい》を想定してつくられたため，図１からわかるように，反射炉《ろ》の多くが沿岸部に建設された。　⑵　②は，江戸幕府の天領（直轄地《ちょっかつち》）であった伊豆（静岡県）につくられた韮山《にらやま》反射炉で，実際に稼《か》働《どう》した反射炉として唯一《ゆいいつ》現存していることなどから，2015年に「明治日本の産業革命遺産　製鉄・製鋼，造船，石炭産業」の構成資産の一つとしてユネスコ（国連教育科学文化機関）の世界文化遺産に登録された。なお，④は長州藩（山口県）がつくった萩《はぎ》反射炉，⑥は薩摩藩（鹿児島県）がつくった反射炉（集成館という洋式工場群の一つ）で，いずれもこの世界文化遺産の構成資産となっている。

問３　Ｘ　資料１は，1275年に阿氐河荘《あてがわのしょう》（和歌山県有田郡）の百姓が地頭の横暴を荘園領主に訴《うった》えるため出した訴状《そじょう》で，Ｘの文はその内容を正しく説明している。　Ｙ　地頭は，もともとは年貢を徴収《ちょうしゅう》して荘園領主に納める立場だったが，鎌倉幕府の権力が大きくなるとともに，年貢を納めずに横取りする者などが現れ，土地をめぐる訴訟《そしょう》が増えた。これを解決する一つの方法とし

て，荘園を地頭と領家(荘園領主)で分け合う下地《したじ》中分《ちゅうぶん》が行われ，資料２にあるように，支配力の及《およ》ぶ地域を明確に分けるようにした。鎌倉時代には，分割相続によって地頭の土地が細分化され，地頭の生活が苦しくなる原因となったが，資料２はこれを表したものではない。

問４　X　平清盛が行った日宋貿易は，国家どうしが正式な国交を結んで行ったものではなく，平氏と商人らとの間で行われた民間貿易であった。　Y　足利義満が1404年に始めた日明貿易について，正しく説明している。

問５　1575年の長篠《ながしの》の戦いでは，織田信長と徳川家康の連合軍が，当時新兵器であった鉄砲を有効に用いて，武田勝頼《かつより》の騎馬《きば》隊を破った。なお，桶狭間《おけはざま》の戦いは，1560年に織田信長が今川義元を破った戦いである。

問６　隅田川の東岸(右側)には幕府機関や施設は見られず，江戸城の敷地《しきち》内に多い。

2　明治時代以降の戦争と日本の国際協力についての問題

問１　⑴　陸奥《むつ》宗光《むねみつ》は第二次伊藤博文内閣のもとで外務大臣となり，日清戦争(1894～95年)の直前に領事裁判権の撤廃《てっぱい》をなしとげた。また，下関(山口県)で行われた日清戦争の講和会議に，伊藤博文首相とともに日本側の代表として出席し，下関条約を結んだ。　⑵　下関条約で日本は，イの遼東《リャオトン》半島やエの台湾などの領土と多額の賠償《ばいしょう》金を得たが，遼東半島はロシア・ドイツ・フランスによる三国干渉《かんしょう》を受け，賠償金の増額と引きかえに清(中国)に返還した。なお，アは朝鮮，ウは山東半島。

問２　アは1901年，イは1911年，ウは1902年，エは1899～1900年のできごとである。

問３　⑴　日露戦争(1904～05年)のさい，日本は戦費や戦力の維持が難しく，ロシアは国内で暴動が起きるなど，戦争を継続するのが困難な状況におちいっていた。そのため，日本政府はアメリカ大統領セオドア＝ルーズベルトに戦争の仲介を依頼し，これによってポーツマス条約が結ばれた。
⑵　資料イ・ロからは，アメリカがロシアの中国進出を警戒し，これに対抗するため日本に歩み寄ったことがうかがえる。しかし，ポーツマス条約で日本が満州(中国東北部)の権益をロシアからゆずり受けると，今度は日本の勢力拡大に警戒感をいだくようになった。そのため，資料ハのように，反日的な動きが見られるようになったのだと考えられる。

問４　アは1912年，イは1918年，ウは1925年，エは1915年，オは1933年のできごとである。

問５　犬養《いぬかい》毅《つよし》は大正時代に高まった護憲運動の中心的政治家として活躍《かつやく》し，1931年に首相として内閣を組織した。しかし，満州国建国に反対したため，翌32年，五・一五事件で海軍の青年将校らによって暗殺された。

問６　日中戦争開戦の翌年にあたる1938年，経済統制を強化して戦いに備える目的で，政府は国家総動員法を定めた。この法律により，政府は議会の承認を経ずに国民生活や経済などに統制を加えられるようになった。

問７　Xは1945年，Yは1940年，Zは1942年のできごとなので，古いものから年代順にY→Z→Xとなる。

問８　1950年に朝鮮戦争が起こると，日本を占領するアメリカ軍が韓国を支援するため朝鮮半島に派遣された。これにともない，日本国内の治安を維持するという名目で，警察予備隊が組織された。警察予備隊は1952年に保安隊，1954年に自衛隊となり，現在にいたる。

問９　1991年の湾岸戦争のさい，日本の国際貢献《こうけん》のあり方が問題となった。そこで，翌92年，

PKO(国連平和維持活動)協力法が制定され，これにもとづく最初の活動として，自衛隊がカンボジアへ派遣された。

3 貿易や環境，資源などについての問題

問1　三重県四日市市では，石油化学コンビナートから排出された亜《あ》硫酸《りゅうさん》ガス(二酸化硫黄《いおう》)が原因で，四日市ぜんそくとよばれる公害病が発生した。四日市ぜんそくは，水俣《みなまた》病・第二(新潟)水俣病・イタイイタイ病とともに，四大公害病に数えられる。

問2　図2は，原油の産出がほとんどない日本にも斜線《しゃせん》が引かれていることから，ガソリン生産量だと判断できる。原油の産出量と輸出量のうち，図1は中国やアメリカに斜線が引かれていることから，産出量を表していると推測できる。中国やアメリカは原油の産出国でもあるが，国内の需要《じゅよう》をまかないきれないため，原油を輸入している。なお，原油産出量の上位5か国は，アメリカ・ロシア・サウジアラビア・イラク・中国，原油輸出量の上位5か国は，サウジアラビア・ロシア・イラク・カナダ・アラブ首長国連邦，ガソリン生産量の上位5か国は，アメリカ・中国・ロシア・日本・インドとなっている。統計資料は『データブック　オブ・ザ・ワールド』2022年版による(以下同じ)。

問3　熱帯林は赤道周辺に分布しており，焼畑などを原因とする熱帯林破壊は南アメリカなどで問題となっている。

問4　1980年代には，貿易摩擦《まさつ》の解消をおもな理由とする工場の海外移転が進んだため，特にアメリカを生産拠点《きょてん》とし，現地生産が行われることが多かった。その後，人件費や土地，税が安いアジアでの工場建設が進んだことで，表2にあるように，アジアで生産される日本メーカーの自動車が多くなっていった。2000年代以降は，この時期に急速な経済発展をとげ，巨大市場となった中国での販売《はんばい》台数を増やすため，ここに生産拠点をつくる日本メーカーが増えた。

問5　航空機は，重たいものを一度に大量に運ぶのには適さず，輸送費も比較《ひかく》的高いため，おもに小型・軽量で高価なものを運ぶのに利用される。よって，貨物の輸送手段を自動車から航空機に切りかえても，運輸費用の削減《さくげん》にはつながらない。また，現在，地球温暖化対策をおもな目的として，自動車による貨物輸送を，環境負荷の小さい鉄道や貨物船に切りかえるという「モーダルシフト」の取り組みが進められている。

問6　ドイツには世界的な自動車メーカーや医薬品メーカーがあるので，これらが上位を占《し》める③があてはまる。また，世界的なワインの産地であり，洋服やバッグの高級ブランドも多いフランスが④にあてはまる。ここから，オと判断できる。

問7　インドの首都はデリーで，4つの国の首都の中では最も赤道に近いので，Dのグラフがあてはまる。一方，ロシアの首都モスクワは4つの国の首都の中で最も高緯度に位置し，冬の寒さが厳しいので，Bとなる。Aは中国の首都ペキン，Cは南アフリカの首都プレトリアで，南アフリカは南半球に位置するので，7・8月が冬にあたる。また，問2でみたように，インドはガソリンの生産量で世界の上位5位に，ロシアは原油の産出量で世界の上位5位に入るので，表4の①にインド，④にロシアがあてはまるとわかる。インドは人口が多いため1人あたりGDP(国内総生産)が低く，ロシアはそれほどでもないため，1人あたりGDPが高くなる。②は中国，③は南アフリカ。

問8　ブラジルではサトウキビの生産がさかんで，加工して砂糖として輸出されるほか，バイオエタノールの原料としても利用されている。

問９　(1)　インドネシアの人口は約２億7000万人で，これは中国，インド，アメリカについで世界で４番目に多い。人口の多くがイスラム教徒で，米の生産量も世界第３位である。　(2)　シンガポールはアジアNIESの一つとして，ほかの東南アジア地域に先がけ，経済発展と工業化をなしとげた。そのため，一人あたりのGNI(国民総所得)がASEAN(東南アジア諸国連合)の中で最も高くなっている。かつてはイギリスの貿易港として栄え，流入してきたさまざまな民族によって国家が形成された。　なお，アはフィリピン，イはベトナム，オはマレーシア，カはタイの説明。

４　政治のしくみと民主主義についての問題

問１　**１**　日本国憲法は，第41条で国会を「国権の最高機関」「国の唯一の立法機関」と位置づけている。　**２**　日本では，行政権を持つ内閣の長である内閣総理大臣(首相)は，国会の指名によって選ばれる。また，内閣は行政権の行使にあたり，国会に対し連帯して責任を負う。このしくみを，議院内閣制という。

問２　(1)　日本国憲法第96条は憲法改正についての条文で，各議院の総議員の３分の２以上の賛成によって，国会が憲法改正を発議(国民に提案)する。その後行われる国民投票で有効投票の過半数の賛成が得られると憲法改正が承認され，天皇がただちに国民の名でこれを公布する。　(2)　プライバシーの権利は，私生活に関する情報をみだりに公開されない権利のことで，自分についての情報を自分で管理できる権利と解釈《かいしゃく》されるようになっている。「ある個人の写真とともに住所や連絡先などを」本人の許可なく公表することは，その人のプライバシーの権利を侵害《しんがい》することになる。

問３　閣議は，内閣総理大臣を議長とし，国務大臣が全員参加して行われる会議のことで，その意思決定は全会一致を原則としている。

問４　(1)　ア　「90日間」ではなく「150日間」が正しい。　イ　「衆議院」ではなく「衆議院か参議院」が正しい。　ウ　特別国会は，衆議院の解散による総選挙の日から30日以内に開かれる。　エ　参議院の緊急《きんきゅう》集会について，正しく説明している。　(2)　日本国憲法は第62条で「両議院は，各々《おのおの》国政に関する調査を行い，これに関して，証人の出頭及び証言並びに記録の提出を要求することができる」と定め，国の政治について調査する権限である国政調査権を国会に与えている。

問５　(1)　参議院の比例代表選挙では非拘束名簿《ひこうそくめいぼ》方式が採用されており，有権者は政党名・個人名のいずれでも投票できる。　(2)　ア　平成17年・平成21年・平成24年の選挙では，20歳代と60歳代の投票率に２倍以上の差はない。　イ　表を正しく読み取っている。　ウ　平成17年と平成21年の選挙では，40歳代の投票率のほうが70歳代以上の投票率よりも高い。　エ　平成26年と平成29年の選挙では，40歳代の投票率が全体の投票率を下回っている。　オ　表を正しく読み取っている。

問６　第一次世界大戦で敗戦国となったドイツでは，1919年にワイマール憲法が制定された。この中で，初めて社会権が明記された。

問７　X　各クラブ間の約束事において，先生が決めてしまうよりも，国会のように「代表者同士」で話し合うほうが，民主的な決め方だといえる。　Y　「学校のなかで，地域のなかで」「異見を言うこと」によって民主主義が身につくとあるので，Yのような事例は筆者の主張に沿うと考えられる。　Z　当事者である夫婦の間で話し合いが行われず，「慣例に従って」役割分担が決められるといった決め方は，民主的とはいえない。

理　科　＜第２回試験＞（40分）＜満点：100点＞

解　答

1　(1)　イ　(2)　エ　(3)　エ　(4)　4 cm　(5)　**1**　6　**2**　2　**3**　3　**4**　横並び(並列)　(6)　A

2　(1)　ウ　(2)（例）気体がとけている。　(3)（例）手のあせやよごれがリトマス紙について正しく調べられないおそれがあるから。　(4)　イ　(5)　**A**　ウ　**D**　ア　(6)　エ

3　(1)　セキツイ　(2)　C，E，F　(3)　エ　(4)　E　(5)　カ　(6)　イ，エ，オ

4　(1)（例）0℃を示すかを確認するため。　(2)　90℃　(3)　ア　(4)　ウ　(5)　ア　(6)　イ　(7)　12日20時

解　説

1　ゴムののびについての問題

(1)　ゴムのもとの長さが同じEとFを比べると，ゴムの幅《はば》が，9÷3＝3（倍）になった場合，台車が動いた距離《きょり》は，46÷16＝2.875より，およそ3倍になる。このことから，ゴムの幅と台車が動いた距離は比例の関係であると考えられる。

(2)　台車が動いた距離が変わる原因がゴムのもとの長さであるかどうかを調べるには，ゴムのもとの長さだけが異なり，ゴムの幅が同じになっている実験の結果を比べればよい。ゴムの幅が3 mmのAとCとEを比べると，ゴムのもとの長さが，$\frac{3}{2}$倍，2倍になった場合，台車が動いた距離はおよそ$\frac{2}{3}$倍，$\frac{1}{2}$倍になっている。このことから，台車が動いた距離はゴムのもとの長さで変わり，反比例の関係にあるとわかる。

(3)　Dは，ゴムのもとの長さが同じCと比べて，ゴムの幅が2倍になっている。(1)より，ゴムの幅と台車が動いた距離は比例の関係なので，21×2＝42より，①に入るおよその数値としてエが選べる。

(4)　Eはゴムの幅がAと同じで，もとの長さがAの2倍なので，Aを2本直列につないだものと考えることができる。Aにおもり1個をつるすと2 cmのびることから，Eにおもり1個をつるすと，2×2＝4（cm）のびる。

(5)　Fはもとの長さがAの2倍なので，Aと同じのび方をするばね2個を一直線（直列）につなぐ。さらに，Fはゴムの幅がAの3倍であることから，この2個を直列つなぎしたばねを3組横並び（並列）につないでいく。このようにして，2×3＝6（個）のばねで作ったものは，Fと同じのび方をする。

(6)　(5)のようにA～Fを，用意したばねをつないだものとして考えると，Aはばね1個，Bはばね2個を並列につないだもの，Cはばね1.5個を直列つなぎにしたもの，Dは1.5個を直列つなぎにしたばねを2組並列つなぎにしたもの，Eはばね2個を直列つなぎにしたもの，Fは2個を直列つなぎしたばねを3組並列につないだものと考えることができる。これらにおもり1個をつるしたときののびの長さは，Aが2 cm，Bが，$2\times\frac{1}{2}=1$（cm），Cが，$2\times1.5=3$（cm），Dが，$2\times1.5\times\frac{1}{2}=1.5$（cm），Eが，$2\times2=4$（cm），Fが，$2\times2\times\frac{1}{3}=1\frac{1}{3}$（cm）となる。以上のことから，最もよくのびるゴムはEで，次にC，3番目によくのびるゴムはAとなる。なお，よくのびるゴムほ

ど，ゴムののびの長さを同じにして台車が動いた距離を比べたときに，台車が動いた距離が小さくなるため，表１から，ゴムがよくのびる順は，Ｅ，Ｃ，Ａ，Ｄ，Ｆ，Ｂになると考えることもできる。

２ 水溶液《すいようえき》の性質についての問題

⑴　ガスバーナーの炎《ほのお》の色がオレンジ色のときは，酸素が不足しているので，ガス調節ねじ(ねじＹ)をおさえたまま，空気調節ねじ(ねじＸ)を向きＰに回してゆるめて空気を送りこみ，青白い炎にする。

⑵　アンモニア水，塩酸，炭酸水はいずれも気体がとけている水溶液である。これらを蒸発皿に入れて加熱すると，とけていた気体が水蒸気といっしょに空気中に出ていってしまうので，何も残らない。

⑶　リトマス紙を手で直接持つと，手のあせや手についているよごれなどがリトマス紙と反応し，水溶液の性質を正しく調べることができなくなるおそれがある。

⑷　実験３では，アルミニウムが水溶液と反応して別の物質に変化している。イも同様に，卵のからが酢《す》と反応して別の物質に変化してとけた現象である。なお，アとエは，金属やろうが固体から液体に変化する現象(融解《ゆうかい》)，ウは砂糖が目に見えないほどの細かい粒《つぶ》になって液体と混ざる現象(溶解)を「とけた」と表している。

⑸　⑵より，ＡとＣとＥはアンモニア水，塩酸，炭酸水のいずれかである。実験３でアルミニウムを加えたときに変化が見られたＣは塩酸で，このとき水素が発生する。実験２より，Ａはアルカリ性のアンモニア水，Ｅは酸性の炭酸水である。ＢとＤは固体がとけた水溶液の石灰水か食塩水のどちらかで，実験２より，Ｂはアルカリ性の石灰水，Ｄは中性の食塩水とわかる。

⑹　グラフでかたむきの変わる部分では，塩酸とアルミニウムが過不足なく反応している。塩酸の体積を50mLから２倍の100mLにすると，塩酸と過不足なく反応するアルミニウムの重さも２倍になり，発生する気体の体積も２倍になる。よって，グラフはエのようになる。

３ セキツイ動物の特徴《とくちょう》についての問題

⑴　からだに背骨がある動物をセキツイ動物といい，背骨を持たない動物を無セキツイ動物という。

⑵　魚類とハ虫類，両生類はまわりの温度によって体温が変化するが，鳥類とホ乳類はまわりの温度が変わっても体温をほぼ一定に保つ。Ａは魚類，Ｂはハ虫類，Ｃは鳥類，Ｄは両生類，ＥとＦはホ乳類のなかまである。

⑶　魚類の心臓は１心房《しんぼう》１心室，両生類の心臓は２心房１心室である。ハ虫類の心臓は２心房１心室だが，心室に不完全な壁《かべ》があり，不完全な２心房２心室ともいえる。鳥類とホ乳類の心臓は，２心房２心室である。よって，Ａ～Ｆの動物について，心房の数をすべて足し合わせると，１＋２＋２＋２＋２＋２＝11となる。

⑷　ふつう，魚類や両生類，ハ虫類，鳥類は卵を生み，卵から子が出てくる。一方，ホ乳類は卵を生まず，親と似た姿の子を生む。Ａ～Ｅのうち，Ｅだけがホ乳類で，子の生まれ方が他と違う。

⑸　ニホンアマガエルは緑色のカエルで，水田や人家の庭先，森林などによく見られる。手足には吸盤《きゅうばん》があるので，樹上での生活に適している。イリオモテヤマネコやタガメ，アカウミガメ，トキ，ニホンウナギは環境《かんきょう》省がまとめているレッドリスト(絶滅《ぜつめつ》のおそれのある野生生物の種のリスト)で，絶滅危惧《きぐ》種とされている。

⑹　図１～３と会話文より，頭を上にしてそこから背骨が下にのびるような向きにしたときに，模様が上下方向にのびるものを縦縞《たてじま》，横方向にのびるものを横縞としている。イシダイは頭を上にしてからだの模様を見ると，横縞に見える。同様にして，頭を上にして見ると，ヒガシニホントカゲの背中の模様は縦縞，コゲラの背中と翼《つばさ》の部分の模様は横縞，ミイロヤドクガエルのからだの模様は縦縞，シマリスの背中の模様は縦縞，シマウマの首の模様は横縞となる。

4　気温や気圧の変化についての問題

⑴　氷水の温度は氷がすべてとけるまで０℃で一定である。よって，最初に氷水に温度計を入れることで，標準温度計と実験室の温度計が０℃を示すかどうかを確認している。

⑵　グラフより，実験室の温度計の温度が高くなると，標準温度計の温度もそれに比例して高くなっていく。実験室の温度計が50℃を示しているとき，標準温度計は45℃になっているため，実験室の温度計が100℃を示すときには，標準温度計の温度は，$45\times\frac{100}{50}=90$（℃）になる。

⑶　地面は太陽光に照らされることによって太陽の熱を吸収して温度が上がる。その地面によって空気が暖められて，気温は上がっていく。したがって，地面から30cmの高さの空気の方が，地面から150cmの高さの空気より地面に近いので，気温が高くなったと考えられる。

⑷　１日を通して晴れた日は，Ｂのように気温が正午を過ぎたあたりで最も高くなり，１日の気温の変化が大きくなる。一方，１日を通して雨が降った日は，雲により，昼間は太陽光がさえぎられて気温があまり上がらず，夜間は地球から宇宙へと熱がにげていきにくく，気温があまり下がらない。そのため，Ａのように１日の気温の変化が小さくなる。

⑸　熱帯の海上で発生した熱帯低気圧が発達して，中心付近の最大風速が秒速17.2m以上になったものを台風とよぶ。台風は暖かい海面から供給される水蒸気が雲の粒になるときに出るエネルギーで発達していく。また，台風が近づくと気圧は急に下がり高潮が発生する。なお，爆弾《ばくだん》低気圧は急速に発達する温帯低気圧のことをいい，津波は地震によって起こる。

⑹　グラフの実線は気温，破線は気圧を表している。⑷で述べたように，晴れている日は，１日の気温の差が大きく，昼ごろに気温が最も高くなるので，10日と13日が晴れていたと考えられる。

⑺　台風が近づくと，気圧は下がる。破線のグラフから，最も気圧が低くなった時刻を読み取ると，観測点に台風が最も近づいたのは，12日の20時ごろとわかる。

国　語　＜第２回試験＞（50分）＜満点：100点＞

解　答

一　**問１**　a　オ　b　ア　c　ウ　d　イ　e　エ　**問２**　オ　**問３**　オ　**問４**　（例）　グローバルな資本主義的分業・交流を通じて社会が複雑化し「不安定さ」が増すほか，宗教が素直に信仰できず人生に意味を与えにくくなる「意味の喪失」におちいること。　**問５**　ア　**問６**　イ　**二**　**問１**　オ　**問２**　（例）　母親に弁当を作ってもらえないという自分の家庭の事情が透けて見えてしまううえに，女子の弁当自慢ごっこが鼻につくから。　**問３**　エ　**問４**　ア　**問５**　ウ　**問６**　イ，ウ　**三**　下記を参照のこと。

●漢字の書き取り

三　1　画策　2　推察　3　改札　4　平板　5　宙　6　関節　7　移転　8　著名

解　説

一　**出典は筒《つつ》井《い》淳《じゅん》也《や》の『社会を知るためには』による。**予測できない不安定な現代社会の中で，人々はどのように生きていくべきかを説明している。

問１　a　「なにかよく説明できない出来事」を「神」のしわざだとする「宗教」は，人々から科学的な説明を試みようとの動機を奪《うば》ったことに加え，為政者《いせいしゃ》にとっては「都合が良いもの」だったと述べられている。よって，前のことがらに後の内容をつけ加える意味を表す「さらに」が入る。　b　筆者は「脱《だつ》伝統・脱宗教化」が進むことで，世界には「不安定さ」が生じると述べたうえで，一部「技術や制度の発達によって，不確定要素が減った」面もあると認めている。よって，“言うまでもなく”という意味の「もちろん」が入る。　c　「技術や制度の発達によって，不確定要素が減った」ことの例として，筆者は近代以降，「子どもが無事に育つ確率」が確実に増えたことをあげているので，具体的な例をあげるときに用いる「たとえば」があてはまる。　d　不安に対し，人々は「何らかの合理的な根拠《こんきょ》があって安心している」のではなく，「物理的に遮断《しゃだん》」するか「心的に遮断」しているに過ぎないというのだから，同類のことがらを並べ立て，いろいろな場合があることを表す「あるいは」が合う。　e　「心の中で特定の情報を遮断している」状態とは，忘れたり，鈍感《どんかん》になったりすることだと言い表しているので，“要するに”とまとめて言いかえるときに用いる「つまり」がよい。

問２　続く部分で筆者が，「社会の複雑さを抑制《よくせい》し，変化を押《お》し止《とど》める力」の例として「宗教」をあげていることに注目する。「伝統的な社会」では，身の回りに生じた「なにかよく説明できない出来事」は「人間を超《こ》えた超越《ちょうえつ》的存在」によるものだと結論づけられ，人々から「演繹《えんえき》的なモデルを駆使《くし》し」たり，「経験的なデータを用い」たりすることで説明しようとする動機を奪っていたというのだから，オがふさわしい。

問３　資本主義の発展により，「いろんな習慣，宗教，価値観を持つ人たち」が「国境を超えて」交わるようになると，「自分が信じている宗教は，他のたくさんのありうる価値のうちの一つだ，という意識が排除《はいじょ》できなく」なると述べられている。つまり，人々が他の宗教や価値観と接することで宗教的権威《けんい》が「力を落としていく」のだから，「相対的」が入る。なお，「相対的」は，他との関係において成り立つさま。

問４　「脱伝統・脱宗教化した世界」では，「二つの問題」が生じると前置きしたうえで，筆者は一つ目に「不安定さ」をあげ，「急速に変化するグローバルな資本主義的分業・交流を通じて社会がどんどん複雑になっていくと，意図せざる結果が出てくること」を避《さ》けられないと述べている。また，「もうひとつの問題」として，「宗教を素直《すなお》に信仰《しんこう》できなく」なることで，自分の「人生に意味を与《あた》え」にくくなるという，「意味の喪失《そうしつ》」におちいる危険性があると指摘《してき》している。

問５　「これら」は「経験の隔離《かくり》や保護繭《まゆ》」を指す。不安を引き起こしうる情報にできるだけ触《ふ》れないようにする「物理的」な遮断（経験の隔離）や，日常生活を安定したリズムで反復的に送り，特定の情報を忘れたり，鈍感になったりする「心的」な遮断（保護繭）は，いずれも「不安の根本原因を除去している」とはいえず，「単に忘れたり遠ざけたりしているだけ」だという点で，「対応法」としてはなんとも心もとないというのだから，アがふさわしい。

問６　続く部分で筆者は，「『殻《から》』に閉じこもらず，変化に向き合う強い姿勢をみせることもときには必要」，つまり「反省的に周囲を捉《とら》え返し，物事がうまくいかない原因について理解しなければならない」と指摘《してき》している。一方で，「難しいことや不安なことを忘れて生活する必要」もあると認め，「人々は安定した基盤《きばん》がないと変化に踏《ふ》み出すことさえでき」ないのだから，「安定と変化は，両立させないといけない」と主張している。よって，イが選べる。

二　**出典は中澤《なかざわ》晶《しょう》子《こ》の『ワタシゴト　14歳《さい》のひろしま』所収の「弁当箱」による。**修学旅行のときに訪《おとず》れた資料館で，「まっ黒に焦《こ》げた弁当」を見た中学三年生の俊介《しゅんすけ》は，母親の愛情について思いをはせる。

問１　俊介が実の母親をいまいましく思い，「あんな女」とよんでいることをおさえる。珍《めずら》しく弁当をつくったかと思えば嫌味《いやみ》を言ってくる母親に対して不愉快《ゆかい》な思いを抱《いだ》いたうえ，叩《たた》き落とした弁当の中身もまた自分のきらいなものだったことに，俊介はさらに反発心をつのらせたものと想像できる。よって，オがふさわしい。

問２　仲良しグループごとに集まって，笑いながら弁当の中身を比べる女子たちとひきかえ，俊介はいつもパンばかり食べている。「おろかな」女子たちのくり広げる「弁当自慢《じまん》ごっこ」が，母親に弁当をつくってもらえない自分のみじめさをつきつけてくるようで鼻につくし，そのような自分の「家の事情」が周囲に見えてしまうので，俊介は「弁当の時間」がきらいなのだろうと想像できる。

問３　母親も息子《むすこ》もその日に戦争で死ぬとは思っていなかったはずなので，エの「息子が戦争で亡《な》くなる前にせめて好物を食べさせたいという母親の願い」がふさわしくない。

問４　料理教室の先生をしている母親から「けっこうな弁当」をつくってもらっているうえ，SNS上で「楽しそうに写真ごっこ」までしているのだから，凜子《りんこ》はさぞ喜んで弁当を食べているのだろうと，俊介は考えていた。しかし実際には，ずっと前に亡くした母親の弁当の味が忘れられずにおり，父親から愛されるため，やむを得ず「おいしくもないお弁当を我慢《がまん》して食べて」いたのである。父親の愛情を渇望《かつぼう》するあまり，亡くなった母へとつのる思いを心の奥底《おくそこ》にしまいこみ，「二人目」の母親におもねらざるを得ない凜子のやるせなさに触れ，俊介はただ「そうか，と思った」のだから，アが選べる。

問５　七十五年前，爆弾《ばくだん》の炎《ほのお》で焼かれてしまった「まっ黒なお弁当」には，息子の好きなものを微笑《ほほえ》みながら丁寧《ていねい》につくる，母親の深い愛情がこめられていたはずだと凜子から聞いた俊介は，自らが叩き落とし，アリがたかって「まっ黒」になった弁当をそれに重ね，「あの女」に思いをはせている。爆弾で息子を亡くした母親同様，「あの女」も自分のことを少しでも思ってつくってくれたのだろうか，そして，食べてもらえなかった弁当を見つけたとき，どんな気持ちになっただろうか，といったように，目の裏に焼きついた物言わぬ二つの「まっ黒な弁当」は，俊介の心を強くゆさぶったのである。そんな中，凜子の母親の思いまで想像を至らせるのは今の自分にとってあまりにも難しいだろうと感じ，俊介は「勘弁《かんべん》してくれよ」と思ったのだから，ウがふさわしい。

問６　イ　「お仲間」という言葉は，凜子を中心に「弁当自慢ごっこ」をしている女子生徒たちを指すものであり，俊介にとって凜子たちが鼻につく存在であることを強調する効果がある。　ウ資料館で，「まっ黒」な弁当を見た俊介は，「台所の床《ゆか》でアリが群れ，まっ黒に」なった「あの日の弁当」を思い起こしているのであって，「戦争の悲惨《ひさん》さに」思いをはせ，「怒《いか》り」に打ち震《ふる》えているわけではない。

三 漢字の書き取り

1　ひそかに計画を立てること。　**2**　他人の事情や気持ちなどをあれこれとおしはかること。　**3**　駅の出入り口で，乗客のきっぷなどを調べること。　**4**　変化がなくて，おもしろみに欠けるようす。　**5**　空中。　**6**　骨と骨とをつなげて動くようにしている部分。　**7**　場所などを移すこと。　**8**　世間に名が知られていること。

Dr.福井の

入試に勝つ！脳とからだのウルトラ科学

歩いて勉強した方がいい？

みんなは座って勉強しているよね。だけど，暗記するときには歩きながら覚えるといいんだ。なぜかというと，歩いているときのほうが座っているときに比べて，心臓が速く動いて（脈はくが上がって）脳への血のめぐりがよくなるし，歩いている感覚が背骨の中を通って脳をつつくので，頭が働きやすくなるからだ（ちなみに，運動による記憶力アップについては，京都大学の久保田名誉教授の研究が有名）。

具体的なやり方は，以下のとおり。まず，机の上にテキストを広げ，1ページぐらいをざっと読む。そして，部屋の中をゆっくり歩き回りながら，さっき読んだ内容を思い出す。重要な語句は，声に出して言ってみよう。その後，机にもどってテキストをもう一度読み直し，大切な部分を覚え忘れてないかをチェック。もし忘れている部分があったら，また部屋の中を歩き回りながら覚え直す。こうしてひと通り覚えることができたら，次のページへ進む。あとはそのくり返しだ。

さらに，この“歩き回り勉強法”にひとくふう加えてみよう。それは，なかなか覚えられないことがら（地名・人名・漢字など）をメモ用紙に書いてかべに貼っておくこと。ドンドン貼っていくと，やがて部屋中がメモでいっぱいになるハズ。これらはキミの弱点集というわけだが，これを歩き回りながら覚えていくようにしてみよう！　このくふうは，ふだんのときにも自然と目に入ってくるので，知らず知らずのうちに覚えることができてしまうという利点もある。

歴史の略年表や算数の公式などを大きな紙に書いて貼っておくのも有効だ。

Dr.福井（福《ふく》井《い》一成《かずしげ》）…医学博士。開成中・高から東大・文Ⅱに入学後，再受験して翌年東大・理Ⅲに合格。同大医学部卒。さまざまな勉強法や脳科学に関する著書多数。

2021年度　市 川 中 学 校

〔電　話〕(047) 339－２６８１
〔所在地〕〒272-0816　千葉県市川市本北方２－38－１
〔交　通〕JR線－「本八幡駅」，「市川大野駅」などからバス

【算　数】〈第１回試験(一般・帰国生)〉(50分)〈満点：100点〉

【注意】１．コンパス・直線定規を利用してもよい。
２．円周率は3.14とする。
３．比を答える場合には，最も簡単な整数の比で答えること。

1　次の問いに答えなさい。

(1)　13×17＋36×24＋19×13－35×37 を計算しなさい。

(2)　テニスボールとバレーボールとバスケットボールがたくさんあります。テニスボール15個，バレーボール７個，バスケットボール５個の合計の重さと，テニスボール５個，バレーボール５個，バスケットボール７個の合計の重さが等しく，どちらも6000ｇになります。バレーボールの重さがテニスボールの重さの５倍であるとき，バレーボールの重さは何ｇか求めなさい。

(3)　A君，B君，C君が休まずに１人で行うとそれぞれ20日間，25日間，50日間かかる仕事があります。この仕事に対して，以下のことを繰《く》り返し行うことにします。

- A君は１日働いた後２日休む
- B君は２日働いた後１日休む
- C君は３日働いた後１日休む

この仕事を３人で同時に始めるとき，何日目に終わるか求めなさい。

(4)　右の図において，三角形ABCは正三角形，三角形DEAはDA＝DEの二等辺三角形です。CD＝CGであるとき，角(あ)と角(い)の大きさの和は何度か求めなさい。

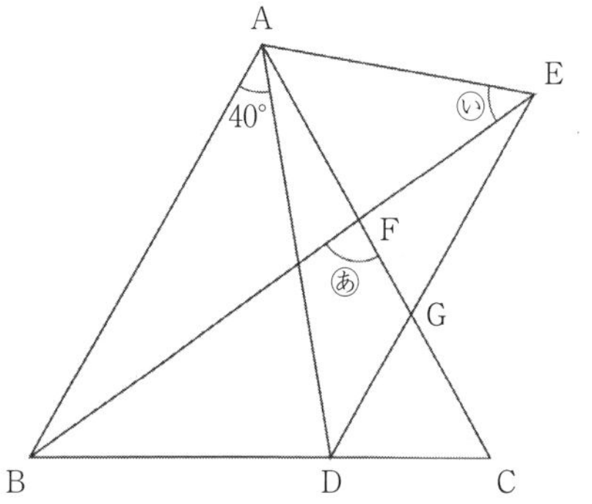

2　バスA，バスBは幅《はば》３ｍ，高さ３ｍ，長さ12ｍの直方体とします。このとき，次の問いに答えなさい。

(1)　バスAは下の図の位置で停《と》まっており，バスBは12ｍ/秒で矢印の方向に動いています。太《た》郎《ろう》君から見て，バスAによってバスBが完全に隠《かく》れてから完全に見えるようになるまでにかかる時間は何秒か求めなさい。

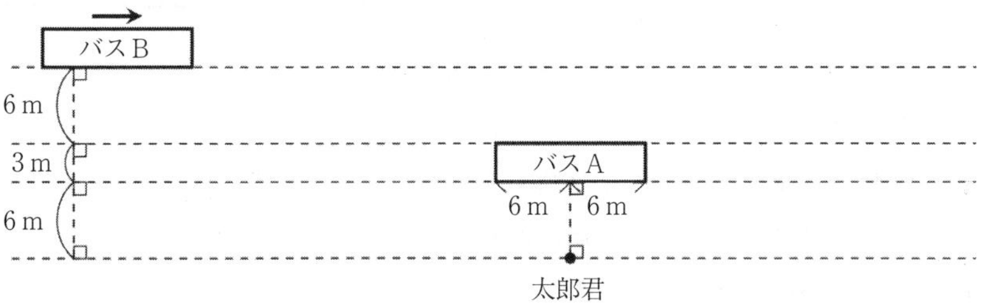

(2)　バスAは矢印の方向にある速さで，バスBは矢印の方向に12ｍ/秒で動いています。このとき，太郎君から見て，下の図１の状態から図２の状態になるまでにちょうど１秒かかりました。

バスＡの速さは何m/秒か求めなさい。

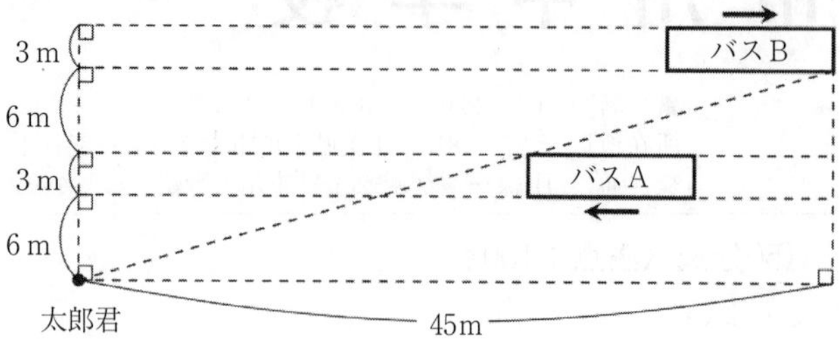

図１：初期状態

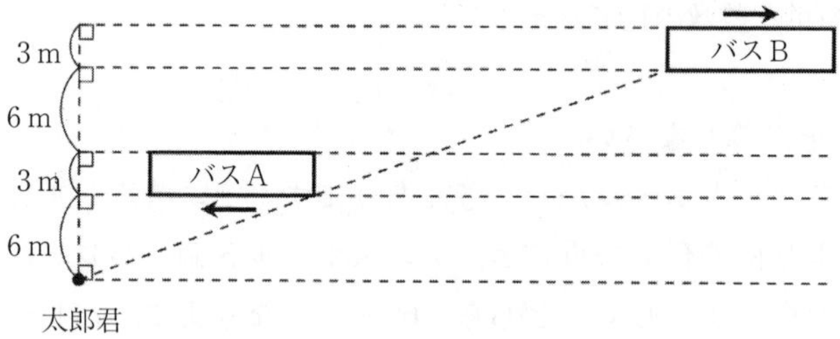

図２：図１から１秒後の状態

(3)　下の図のようにバスＡ，バスＢが停まっています。バスＢの奥《おく》12mの位置に十分に大きな壁《かべ》があり，太郎君の足下に光源が置いてあります。バスＡ，バスＢによって壁にできる影《かげ》の面積を求めなさい。

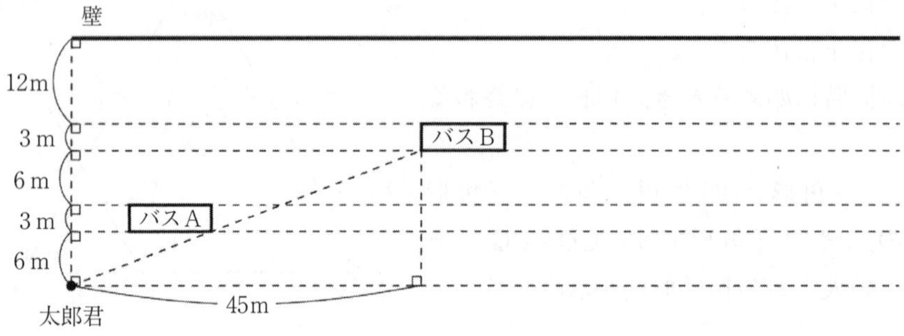

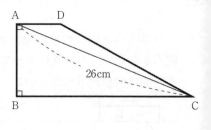

3　右の図の台形ABCDは，面積が157.5cm^2，ACの長さが26cmです。このとき，次の問いに答えなさい。

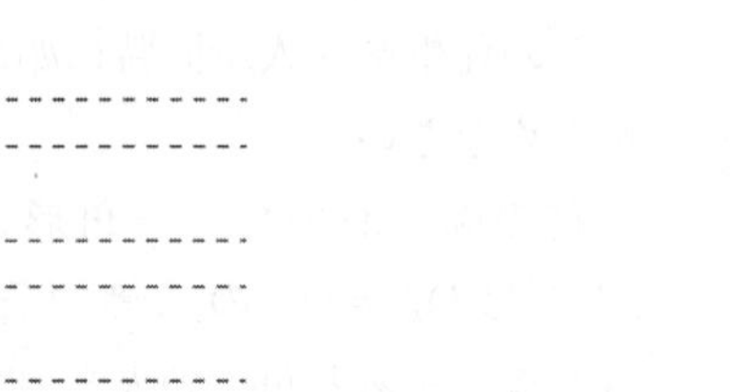

(1)　台形ABCDを点Ａを中心に反時計まわりに90°回転させたとき，移動後の台形を作図しなさい。ただし，定規は２点を通る直線を引くことのみに使用し，角度を測ることに使用してはいけません。また，作図するときに引いた線はかき残しなさい。

(2)　(1)の移動により，この台形が通過した部分の面積を求めなさい。

(3)　(1)の移動により，三角形BCDが通過した部分の面積を求めなさい。ただし，BDの長さは12.5cm，三角形ABDの面積は37.5cm^{2}とします。

4　２つの整数○，△に対して，○を△で割ったときの商を[○，△]と表します。例えば，

[8，2]＝4，[17，5]＝3

となります。このとき，次の問いに答えなさい。

(1)　[2021，□]＝5 となるとき，□にあてはまる整数は何個あるか求めなさい。

(2)　$\dfrac{2021}{\square}-\dfrac{2021}{\square+1}$ が１より小さくなるとき，□にあてはまる最小の整数を求めなさい。

(3)　☆を2021以下の整数とします。[2021，☆]＝□となるとき，□にあてはまる整数は何個あるか求めなさい。

5　マス目状に区切られたテープがあります。左端《ひだりはし》のマス目には常に S，右端のマス目には常に G が書かれており，残りのマス目は空欄《くうらん》(□が書かれている)か，a または b のいずれかが書かれています。

S	b	□	a	G

(例)

以下では a，b，S，G，□を記号と呼ぶこととします。

また，このテープの上を移動しながら，図１のような説明書にしたがって書かれている記号を変更《へんこう》する機械があります。機械には複数のモードがあり，１回の動作でモードに応じて以下の処理を行います。

- 今いるマス目の記号を読み取る。
- 読み取った記号に応じて，今いるマス目に新たな記号を書き込《こ》む。
- マス目を移動する(１マス移動する，または止まる)。
- 新たなモードに変更される。

この機械は左端のマス目からモード１で動き始め，上の動作を繰り返し行い，動きが止まったときにモードOKまたはモードNGに変更されます。

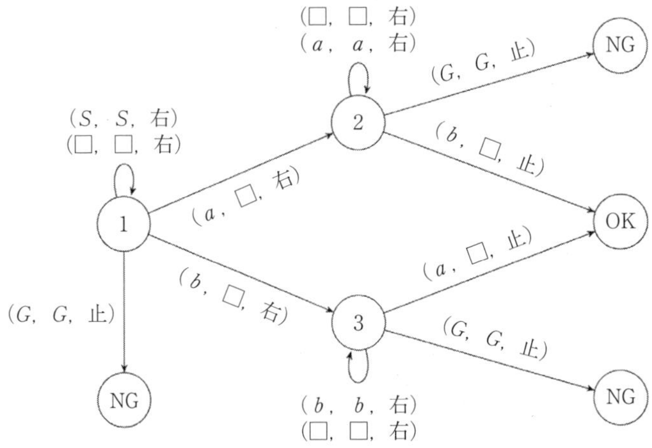

図１：説明書１

説明書の読み取り方

- 各○の数字や文字は機械のモードを表す。
- 矢印に付いているカッコの中は(読み取った記号，書き込む記号，機械の移動)を表す。
- 現在のモードに応じて，読み取った記号により矢印が選択《せんたく》され，機械は新たな記号を書き込

み，マス目を移動し，矢印の先のモードに変更される。

ここで，**(例)**のテープに対して，図１の説明書１にしたがって機械が動作を繰り返し行うと，以下のようになります。(↓は機械の位置を表しています。)

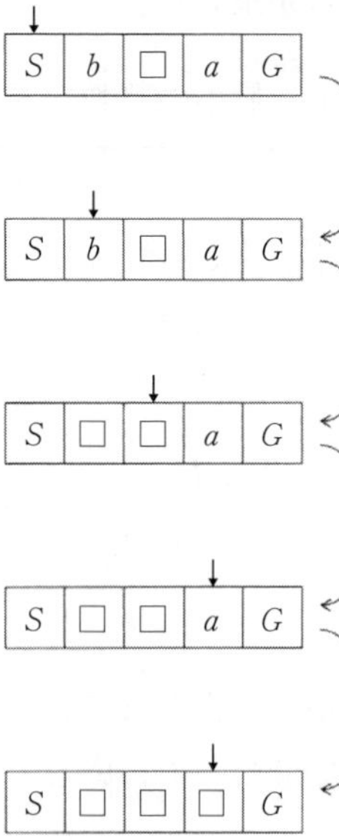

モード１でSを読み取り，Sを書き込んだ後，右へ移動する。モード１はモード１のまま。

モード１でbを読み取り，□を書き込んだ後，右へ移動する。モード１はモード３に変更される。

モード３で□を読み取り，□を書き込んだ後，右へ移動する。モード３はモード３のまま。

モード３でaを読み取り，□を書き込んだ後，止まる。最後にモード３はモードOKに変更される。

なお，説明書１にしたがって動く機械は，両端以外のマス目に「***a*，*b*どちらも１つ以上書かれているテープ**」に動作を繰り返し行うと，最後にモードOKに変更されるようになっています。

以下，図２の説明書２にしたがって動く機械を用いることとします。このとき，下の問いに答えなさい。

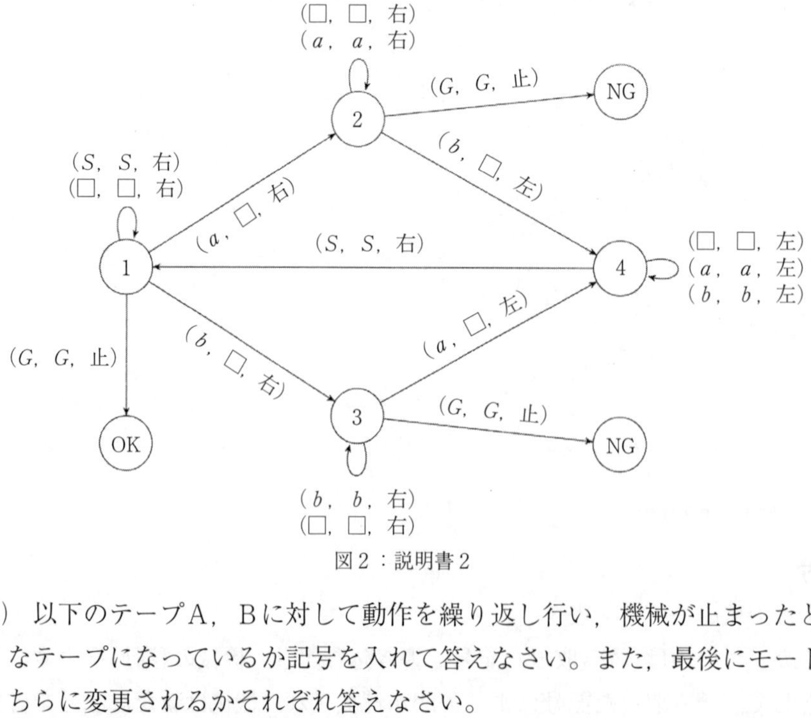

図２：説明書２

(1)　以下のテープＡ，Ｂに対して動作を繰り返し行い，機械が止まったときにそれぞれどのようなテープになっているか記号を入れて答えなさい。また，最後にモードOKとモードNGのどちらに変更されるかそれぞれ答えなさい。

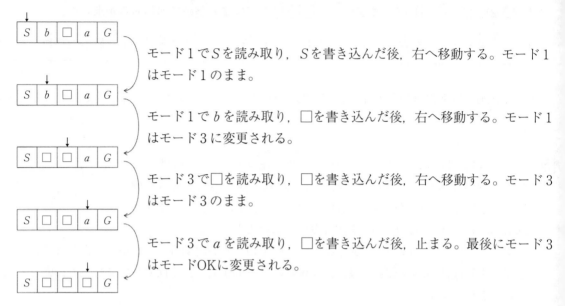

テープA

S	b	b	G

↓

テープB

S	□	a	b	□	G

↓

(2) 以下の両端以外のそれぞれのマス目に a または b を入れ，機械が止まったときにモード OK に変更されるテープの例を１つ挙げなさい。

S							G

(3) 機械が止まったときにモード OK に変更されるのは，一般《いっぱん》的にどのようなテープか簡潔に答えなさい。

【社　会】〈第１回試験(一般・帰国生)〉（40分）〈満点：100点〉

【注意】 1．解答の際には，句読点や記号は１字と数えること。

2．コンパス・定規は使用しないこと。

1　**次の文章＜あ＞～＜か＞は，酒井シヅ著『病が語る日本史』（講談社学術文庫）の抜粋《ばっすい》です。これを読んで，あとの問いに答えなさい。なお，出題に際して，省略および表記を一部変えたところがあります。**

＜あ＞

天平７年(735)の夏から(**1**)管内で流行し始めた※１豌豆瘡《わんずがさ》は，実は隣国《りんごく》 A 新羅から伝わったのであった。新羅で疫病《えきびょう》が大流行していることを知らず，天平８年に新羅に遣新羅使が派遣された。随員《ずいいん》を含《ふく》めて一行百人余が難波から乗船し，瀬戸内海を西航して，七夕を(**1**)の鴻臚館《こうろかん》で過ごした後，壱岐，対馬を経て，新羅に入った。一行の間に痘瘡《とうそう》が発生したのは壱岐で泊《と》まったときであった。＜中略＞翌天平９年正月帰国したときは，遣新羅使の一行は40人に減っていた。＜中略＞ B 畿内でも豌豆瘡は広がり，朝廷の役人の間にも流行していた。その中に藤原の四兄弟が入っていた。

※１豌豆瘡…天然痘・痘瘡のこと。

問１　(**1**)には，九州の行政・防衛，外交を担う役所の名前が入ります。その名前を漢字で答えなさい。

問２　下線**A**について，663年，日本は新羅・唐の連合軍と戦い，敗れました。この戦いを何といいますか，答えなさい。

問３　下線**B**について，藤原四兄弟をはじめとする貴族や一般《いっぱん》の人々が疫病で亡くなるなどの社会の混乱を，仏教の力でしずめようとしたこの時の天皇は誰《だれ》ですか，漢字で答えなさい。

＜い＞

戦国時代は，戦いに敗れて若くして亡くなった C 戦国大名がたくさんいたが，蒲生氏郷《がもううじさと》(1556～95)は40歳《さい》で病に敗れて世を去った。それは大腸ガンであったようである。蒲生氏郷は13歳で信長に仕え，翌年初陣《ういじん》で手柄《てがら》を立て，数々の合戦で功名を挙げた名立たる武将である。信長亡き後は D 秀吉に仕え，35歳で92万石の大名になった。

問４　下線**C**に関して，戦国大名が家臣の罰則《ばっそく》を定めるなど，領国を統治するために制定したものを何といいますか，漢字３字で答えなさい。

問５　下線**D**について，豊臣秀吉に関して説明した文としてあやまっているものはどれですか，**ア**～**オ**からすべて選び，記号で答えなさい。

ア　農民を農業に専念させ一揆を防ぐために，刀や鉄砲などの武器を差し出させる刀狩を行いました。

イ　朝廷の権威《けんい》を利用することなく，独自の力で全国統一をすすめました。

ウ　田畑のよしあしや面積からその田畑の予想収穫量を石高で表し，土地の耕作者とともに検地帳に登録しました。

エ　キリスト教宣教師の国外追放を命じ，徹底《てってい》的な弾圧《だんあつ》を行ったためキリスト教の拡大を止めることができました。

オ　文禄の役では，民衆の抵抗《ていこう》や明の援軍《えんぐん》にあうなど苦戦し，休戦に追いこまれました。

＜う＞

　E江戸時代の半ばになると，※２感冒《かんぼう》がはやるたびに，その風邪《かぜ》を愛称《あいしょう》をつけて呼んだ。明和６年(1769)に流行した風邪は「稲葉《いなば》風」と呼んでいる。＜中略＞安政元年(1854)はFペリー再来航の年である。神奈川沖にアメリカ軍艦が来たことで，この年の流感は「アメリカ風」と名づけられた。＜中略＞流行性感冒をインフルエンザと呼ぶようになったのは※３戦後のことであるが，大正７年(1918)に日本ではスペイン風邪として知られるインフルエンザの流行できわめて大きな被害《ひがい》が出た。＜中略＞このスペイン風邪は1918年から翌19年に世界的に大流行し，世界での患者《かんじゃ》６億，死者2300万に達した惨禍《さんか》を残していた。このときのインフルエンザの発祥地《はっしょうち》がスペインのように思われるが，この流行性感冒が始まったのはスペインではなく，アメリカの軍隊であった。しかも，G第一次大戦に参戦した直後のアメリカの軍隊に流感が発生したことは機密事項《じこう》にされた。

※２感冒…ここではインフルエンザのこと。流行性感冒。流感。

※３戦後…ここでは第二次世界大戦後のこと。

問６　下線**Ｅ**について，江戸時代におこったできごと①～⑤を古い方から年代順に並べたものとして正しいものはどれですか，下の**ア**～**カ**から１つ選び，記号で答えなさい。

①　徳川吉宗は，貧しい人々のための病院として小石川養生所を設けました。

②　薩摩藩の島津久光の行列を横切ったイギリス人を殺害した生麦事件がおきました。

③　鳴滝塾で学んだ高野長英は，外国船への幕府の対応を批判したことにより蛮社の獄で処罰されました。

④　田沼意次が老中として政治の実権を握《にぎ》っている時代，杉田玄白と前野良沢らは『解体新書』を出版しました。

⑤　徳川綱吉は，動物の殺生を禁止する生類憐れみの令を出しました。

ア　①—②—④—③—⑤

イ　①—④—②—⑤—③

ウ　①—④—⑤—②—③

エ　⑤—①—④—②—③

オ　⑤—①—④—③—②

カ　⑤—②—④—③—①

問７　下線**Ｆ**について，幕府はアメリカと和親条約を結び，その後通商条約が結ばれました。アメリカ以外の国とも通商条約が結ばれたことにより日本と外国との貿易が始まりました。＜**グラフ**＞の①・②にあてはまる品目の組み合わせとして正しいものはどれですか，下の**ア**～**カ**から１つ選び，記号で答えなさい。

＜**グラフ**＞
日本の主要輸出入品の割合(1865年)

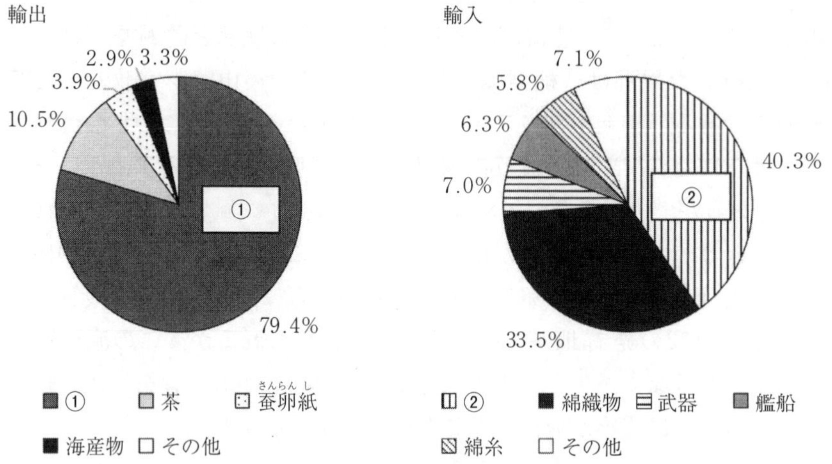

山川出版社『詳説日本史　改訂版』より作成

ア　①─銀　　②─生糸
イ　①─銀　　②─綿花
ウ　①─綿花　②─生糸
エ　①─綿花　②─毛織物
オ　①─生糸　②─綿花
カ　①─生糸　②─毛織物

問８　下線**G**について，第一次世界大戦の時期の日本を説明した文として正しいものはどれですか，**ア**～**オ**から２つ選び，記号で答えなさい。
ア　日本は，イギリスとの同盟にもとづいて大戦に参戦しました。
イ　日本は，ドイツが中国にもっていた遼東半島の権益を手に入れました。
ウ　日本は，中国に二十一か条の要求を出してその大部分を認めさせました。
エ　日本では，富山県で米騒動がおきましたが，軍隊が派遣されたため，他県には影響《えいきょう》がおよばずに速やかに鎮圧《ちんあつ》されました。
オ　日本は，大戦後につくられた国際連盟に非常任理事国として参加しました。

＜**え**＞

日本で**H**結核《けっかく》が社会問題になったのは明治以降のことである。明治維新後，すぐれた学生が選ばれて，海外留学したが，海外で結核に冒《おか》され，留学を中断して帰国したり，留学中に亡くなった者がたくさんいた。

問９　下線**H**に関連して，明治期には結核のほかコレラ・チフス・赤痢《せきり》など急性感染症《かんせんしょう》が流行しました。その背景には社会の変化があったと考えられます。＜**表**＞は，明治期に感染症が拡大した理由・背景とそれに関する＜**資料イ**＞～＜**資料ヘ**＞をまとめたものです。＜**資料ハ**＞・＜**資料ニ**＞を参考にしながら＜**表**＞の①を，＜**資料ホ**＞・＜**資料ヘ**＞を参考にしながら＜**表**＞の②をうめなさい。

＜表＞

資料	明治期に感染症が拡大した理由・背景
イ・ロ	上下水道の整備が不十分なままに，都市人口が急増し，人々は下水が流れこむ不衛生な飲料水を使用した。
ハ・ニ	[　①　]
ホ・ヘ	[　②　]

＜資料イ＞

1872年の人口を100とした場合の人口推移

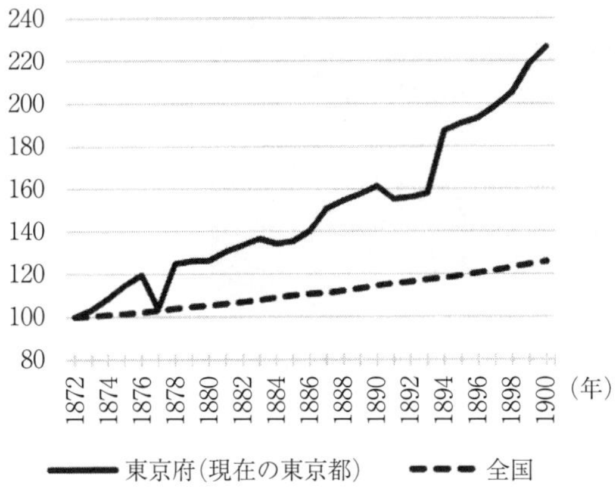

東京都の統計HP(https://www.toukei.metro.tokyo.lg.jp/index.htm)より作成

＜資料ロ＞

近代水道の敷《ふ》設《せつ》状《じょう》況《きょう》

	着工	給水
横浜	1885年 ２月	1887年 10月
東京	1892年 ８月	1898年 12月

内海　孝『感染症の近代史』より作成

＜資料ハ＞

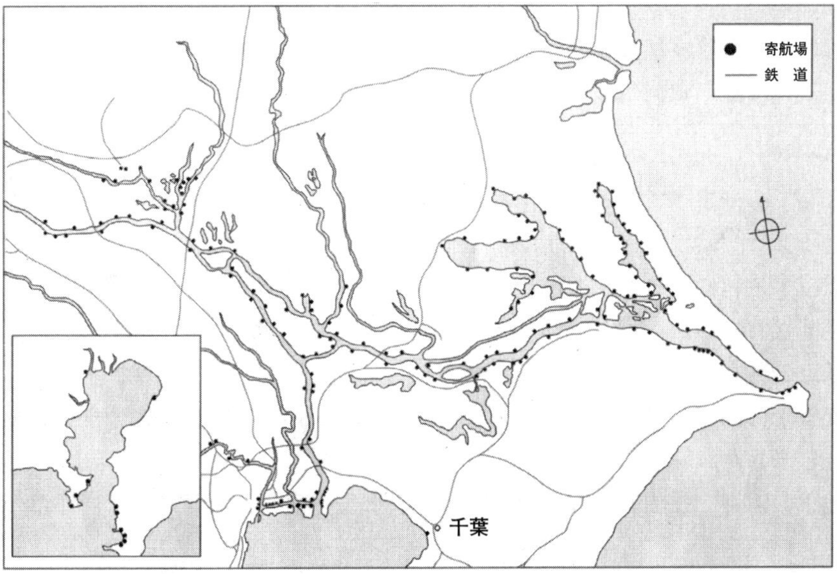

<資料ニ>

<資料ホ>

<資料ヘ>

<資料ホ>・**<資料ヘ>**の出典は浜島書店『千葉県版　つながる歴史』
作問の都合上，**<資料ハ>**・**<資料ニ>**は出典を割愛しています。

<お>

マラリアは突然《とつぜん》，激しい震《ふる》えに襲《おそ》われ，40度前後の高熱が4，5時間続いたあと，唐突《とうとつ》に平熱に戻《もど》り，2日後あるいは3日後に再び熱発作をおこす病である。<中略>昭和になってからも地方にマラリアが発生し，終戦直後には I GHQの指導によってマラリア撲滅《ぼくめつ》運動が大々的に繰《く》り広げられたのであった。また， J 太平洋戦争では多くの兵士が東南アジアでマラリアのために戦病死した。

問10　下線 **I** について，GHQにより日本の民主化をめざした改革がすすめられました。改革を説明した文としてあやまっているものはどれですか，**ア**～**オ**から1つ選び，記号で答えなさい。

ア　極東国際軍事裁判によって，太平洋戦争開戦時の首相であった東条英機をはじめ，戦争犯罪人が処罰されました。

イ　満20歳以上の男女に選挙権が平等にあたえられ，普通選挙が実施《じっし》されました。

ウ　それまで戦争に協力して大きな利益を得ていた財閥が，複数の会社に分割されたり，解体されたりしました。

エ　政府が地主の田畑を強制的に買い上げて小作農に安く売りわたしたので自作農の数は減少しました。

オ　教育基本法や学校教育法が公布され，義務教育が小学校6年，中学校3年の9年間になりました。

問11　下線 **J** について，太平洋戦争に関して説明した文としてあやまっているものはどれですか，**ア**～**オ**から2つ選び，記号で答えなさい。

ア　日本軍はマレー半島に上陸するとともに，ハワイ真珠湾を奇襲攻撃し，アメリカ・イギリスに宣戦布告を行い太平洋戦争が始まりました。

イ　日本では，開戦の当初から大学生も学徒兵として戦地に送りこみ，戦局を有利にすすめました。

ウ　欧米諸国からアジア諸国を解放し，日本を中心として共存共栄の新しい地域をつくることを説いた大東亜共栄圏のスローガンは，太平洋戦争を正当化するために唱えられたものでした。

エ　アメリカ軍が上陸した沖縄本島では，激しい戦闘《せんとう》の末，日本軍兵士だけでなく多くの沖縄県民が亡くなりました。

オ　日本がポツダム宣言を受け入れると，ソ連は日ソ中立条約を破って日本に宣戦し，満州などに侵攻《しんこう》しました。

<**か**>

公害病とは，直接，その産業に携《たずさ》わらない者が，発生源の周辺の空気や，水や，土が汚《お》染《せん》されて，それが原因となって発症する病気である。四日市喘息《ぜんそく》，K水俣病，イタイイタイ病が初期の公害病であるが，こうした病気を公害と呼んだのは戦後，急速に産業が発達したときからである。<中略>現代の病気として登場した公害病は，Lそれ以前の被害と比べものにならない広い範囲《はんい》におこった。住民の間に新たな病気が発生して，それを公害病と呼ぶようになったのである。

問12　下線**K**について，<**図**>は四大公害病が発生した場所を示しています。水俣病とイタイイタイ病が発生した場所の組み合わせとして正しいものはどれですか，次の**ア**～**カ**から１つ選び，記号で答えなさい。

ア　水俣病ー**c**　イタイイタイ病ー**a**
イ　水俣病ー**c**　イタイイタイ病ー**b**
ウ　水俣病ー**c**　イタイイタイ病ー**d**
エ　水俣病ー**d**　イタイイタイ病ー**a**
オ　水俣病ー**d**　イタイイタイ病ー**b**
カ　水俣病ー**d**　イタイイタイ病ー**c**

<**図**>

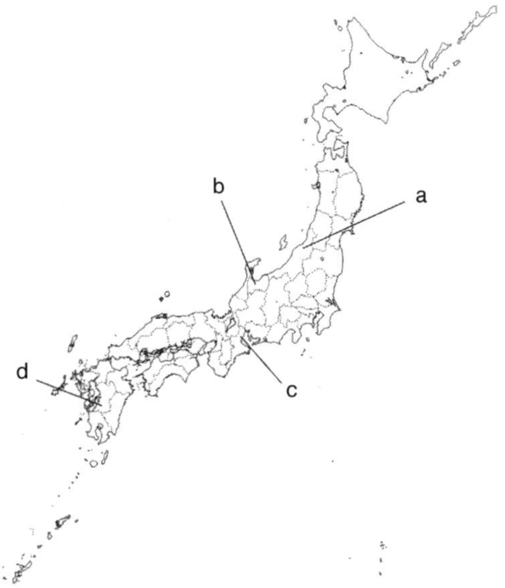

問13　下線**L**について，次の文章の(**2**)～(**4**)にあてはまる語句の組み合わせとして正しいものはどれですか，下の**ア**～**カ**から１つ選び，記号で答えなさい。

1890年ごろから(　**2**　)県の足尾銅山で鉱毒事件がおこり，社会問題となりました。この事件は，銅を取り出す際にでる有毒ガスや有毒物質の混じった水が付近の山や(　**3**　)川をよごし，住民を苦しめました。(　**4**　)議員であった田中正造は，この問題の解決に一生をささげました。

ア　**2**ー栃木　**3**ー渡良瀬　**4**ー貴族院

イ　**2**－群馬　**3**－阿賀野　**4**－貴族院
ウ　**2**－栃木　**3**－渡良瀬　**4**－衆議院
エ　**2**－群馬　**3**－渡良瀬　**4**－衆議院
オ　**2**－栃木　**3**－阿賀野　**4**－衆議院
カ　**2**－群馬　**3**－阿賀野　**4**－衆議院

2　**市川さんは，祖父母の住んでいる新潟県の地域調査を行いました。＜図１＞に示された地域の調査に関するあとの問いに答えなさい。**

＜図１＞

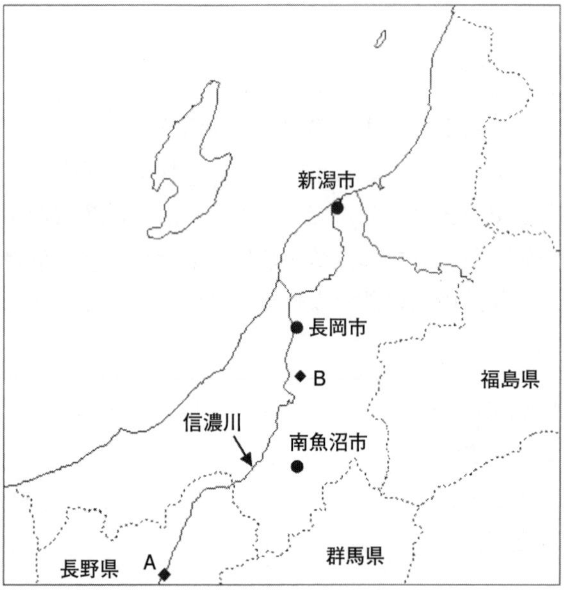

問１　市川さんは，調査に向かう前に新潟県の県庁所在地である新潟市の気候を，隣接《りんせつ》するいくつかの県の県庁所在地と比較《ひかく》しました。＜**表１**＞の**ア**～**エ**は，新潟市・福島市・長野市・前橋市について，冬季(12～２月)の平均日照時間・平均気温を示したものです。新潟市にあたるものはどれですか，**ア**～**エ**から１つ選び，記号で答えなさい。

＜**表１**＞

	冬季の平均日照時間	冬季の平均気温
ア	398.4時間	2.7℃
イ	609.5時間	4.5℃
ウ	393.9時間	0.5℃
エ	197.5時間	3.4℃

気象庁 HP(http://www.jma.go.jp/jma/index.html)より作成

問２　市川さんは＜**図１**＞中の信濃川について調査しました。次の問いに答えなさい。

(1)　**A**地点での信濃川の呼び名は何ですか，漢字で答えなさい。

(2)　＜**表２**＞は信濃川を含《ふく》めた，流域内で米作りがさかんに行われている全国の４つの河川(※1水系全体)について，流域面積・流域関係都道府県数・流域内人口を示したものです。信濃川にあたるものはどれですか，**ア**～**エ**から１つ選び，記号で答えなさい。

＜表２＞

	流域面積	流域関係都道府県数	流域内人口
ア	11,900km^2	3	約295万人
イ	14,330km^2	1	約313万人
ウ	16,840km^2	6	約1,279万人
エ	7,040km^2	2	約96万人

国土交通省 HP(https://www.mlit.go.jp/index.html)より作成

※１水系…同じ流域内にある本川，本川に合流する河川や，本川から分かれて流れる河川，およびこれらに関連する湖沼のこと。

問３　市川さんは，米の収穫量全国１位の新潟県の米作りについて調べ，平坦《へいたん》な場所だけでなく，山間部でも米作りが行われていることを知りました。＜**図１**＞中の地点**B**で撮影《さつえい》された＜**写真**＞のような，斜面《しゃめん》に作られた水田を何といいますか，答えなさい。

＜写真＞

問４　市川さんは，＜**図１**＞中の長岡市の総人口と人口密度が大きく変化したことを知り，＜**グラフ１**＞のようにまとめました。2005年から2006年の間に総人口と人口密度が大きく変化した理由は何ですか，簡潔に説明しなさい。

＜グラフ１＞

長岡市の総人口と人口密度の推移

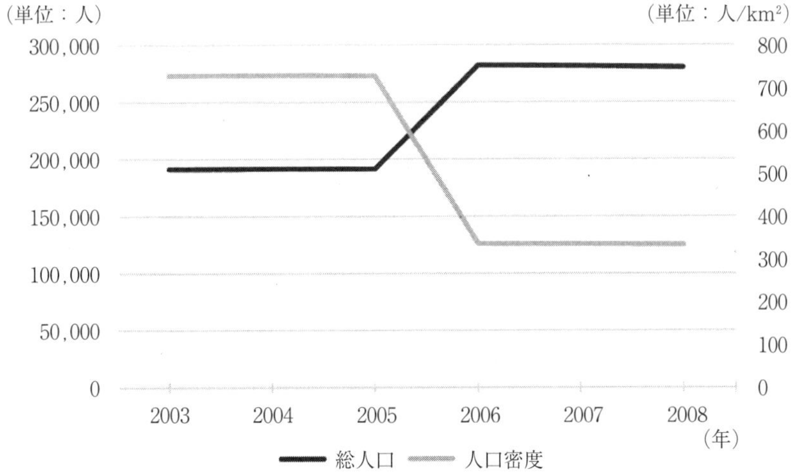

長岡市HP(https://www.city.nagaoka.niigata.jp)より作成

問５　市川さんは，＜**図１**＞中の長岡市や南魚沼市が文化交流や親善を目的とした交流を行っている姉妹都市を調べ，下の＜**図２**＞・＜**図３**＞にそれぞれまとめました。長岡市から最も距《きょ》離《り》の遠い都市は**a**～**d**のどれですか，またそれを知るために使用する地図として適切なものは＜**図２**＞と＜**図３**＞のどちらですか。組み合わせとして正しいものを**ア**～**ク**から１つ選び，記号で答えなさい。なお，＜**図２**＞・＜**図３**＞中の**a**～**d**は同じ都市を表しています。

ア　都市－a　地図－＜**図２**＞　　**イ**　都市－b　地図－＜**図２**＞

ウ　都市－c　地図－＜**図２**＞　　**エ**　都市－d　地図－＜**図２**＞

オ　都市－a　地図－＜**図３**＞　　**カ**　都市－b　地図－＜**図３**＞

キ　都市－c　地図－＜**図３**＞　　**ク**　都市－d　地図－＜**図３**＞

＜**図２**＞

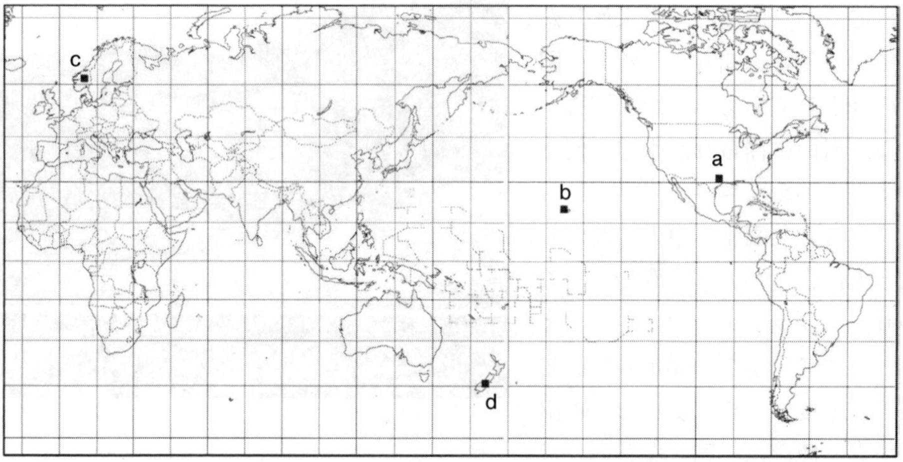

＜**図３**＞

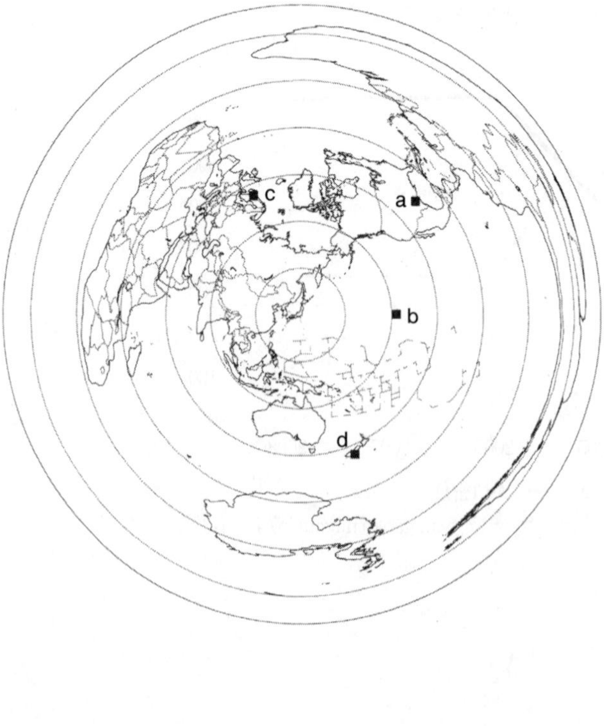

問６　市川さんは，新潟県内の鉄道について調べ，＜**図４**＞にまとめました。調査していく中で，新潟県内では2014年から2015年にかけてJRの※2乗車人員が大きく変化した駅があることを知りました。下の＜**グラフ２**＞・＜**グラフ３**＞は，＜**図４**＞中に位置するJRの在来線の停車駅である六日町駅と，JRの在来線と新幹線の停車駅である越後湯沢駅の１日平均乗車人員(※3定期・定期外)の推移を，＜**図５**＞・＜**図６**＞は2014年と2015年の越後湯沢駅の時刻表(ほくほく線経由直江津方面とJRの在来線長岡方面)を示したものです。＜**グラフ２**＞・＜**グラフ３**＞における2014年から2015年にかけての乗車人員の変化について，その理由も含めて説明しなさい。

※２乗車人員…乗車の人員のみで，降車の人員は含みません。

※３定期・定期外…定期は定期乗車券を利用した乗車人員，定期外は普《ふ》通《つう》乗車券などの定期乗車券以外を利用した乗車人員をさします。

＜**図４**＞

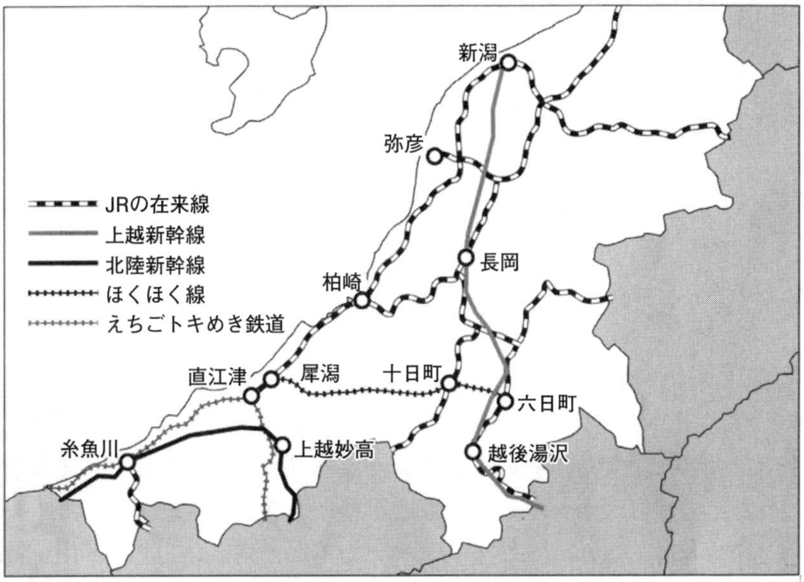

【公式】にいがた観光ナビHP(https://niigata-kankou.or.jp)より作成

＜**グラフ２**＞

＜**グラフ３**＞

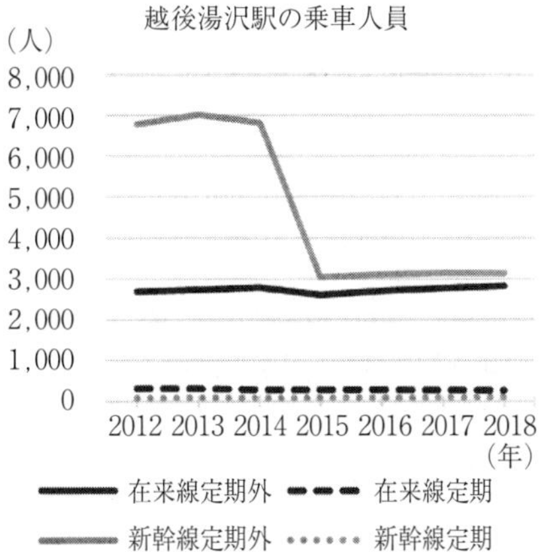

JR東日本HP(https://www.jreast.co.jp)より作成

＜図５＞

直江津方面の時刻表

2014年

8 時	金特20　犀24
9 時	金特14　26
10 時	快39　和特48
11 時	金特40　44
12 時	金特40
13 時	金特34　39
14 時	金特39
15 時	金特39
16 時	金特36　43
17 時	金特39　44
18 時	金特39
19 時	福特39　43
20 時	
21 時	快02　金特30
22 時	29

2015年

8 時	犀16
9 時	超快17
10 時	
11 時	快51
12 時	
13 時	24
14 時	
15 時	
16 時	
17 時	04　50
18 時	54
19 時	52
20 時	
21 時	01
22 時	30

※無印…直江津行
犀…犀潟《さいがた》行
金…金沢行
和…和倉温泉行
福…福井行
特…特急
超快…超快速
快…快速

＜図６＞

長岡方面の時刻表

2014年

6 時	新30
7 時	13
8 時	00　59
9 時	
10 時	28
11 時	
12 時	18
13 時	10
14 時	20
15 時	15
16 時	15
17 時	11
18 時	43
19 時	
20 時	30
21 時	44

2015年

6 時	新30
7 時	13　59
8 時	
9 時	01
10 時	27
11 時	
12 時	18
13 時	05
14 時	19
15 時	14
16 時	14
17 時	10
18 時	42
19 時	
20 時	27
21 時	44

※無印…長岡行
新…新潟行

『JTB時刻表 2014 11』・『JTB時刻表 2015 11』より作成

問７　市川さんは，＜**図１**＞中の南魚沼市について調べ，南魚沼市で絹織物である「塩沢紬《つむぎ》」が昔から生産されていることを知りました。塩沢紬のように，「主として日常生活で使われ，製造過程の主要部分が手作りで，技術や原材料が100年以上にわたって受けつがれている」などの基準を満たし，経済産業大臣の指定で＜**図７**＞のシンボルマークを付《ふ》与《よ》されたものを何といいますか，漢字で答えなさい。

＜図７＞

3　**次の文章はアマルティア・セン著／大石りら訳『貧困の克服《こくふく》』（集英社新書）の抜粋《ばっすい》です。これを読んで，あとの問いに答えなさい。なお，出題に際して，省略および表記を一部変えたところがあります。**

〔編集部注…課題文は著作権上の問題により掲載しておりません。作品の該当箇所につきましては次の書籍を参考にしてください〕

・アマルティア・セン 著，大石りら 訳『貧困の克服』（集英社新書　2002年２月第２刷発行）
140ページ冒頭～140ページ10行目
(中略)
141ページ３行目～141ページ５行目

なお，下線Ａは「市場経済」，下線Ｂは「景気」，下線Ｃは「安全保障」，下線Ｄは「将来のための社会的・経済的な備え」，下線Ｅは「経済セーフティネット」，下線Ｆは「選挙」，下線

Ｇは「民主主義的な政治参加」，下線Ｈは「政治」，下線Ｉは「国際的な主導力にも委ねられる問題」という部分に引かれていました。

問１　下線**Ａ**について，市場経済では，価格が上がれば生産者は生産する量(供給量)を増やし，消費者は購入《こうにゅう》する量(需要量)を減らします。**＜図＞**の**Ｘ**と**Ｙ**の曲線は，市場経済における供給量または需要量のいずれかを示しています。次の文中の(**１**)～(**４**)にあてはまる語句として正しいものはどれですか，下の**ア**～**エ**から選び，それぞれ記号で答えなさい。ただし，同じ語句を２度使用することもできます。

＜図＞

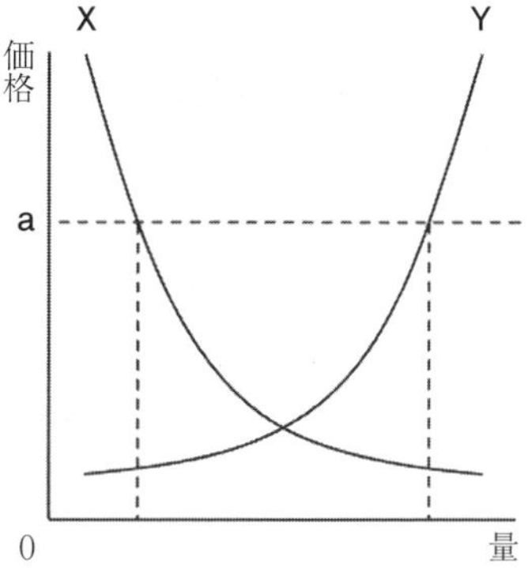

> 価格が**a**の時，(　**１**　)が(　**２**　)を上回るため，(　**３**　)は(　**４**　)を減らします。

ア　供給量　　**イ**　需要量

ウ　生産者　　**エ**　消費者

問２　下線**Ｂ**について，景気に関して説明した文①・②の正誤の組み合わせとして正しいものはどれですか，下の**ア**～**エ**から１つ選び，記号で答えなさい。

①　景気がいいときは，生産が減り，失業者も減り，人々の所得が増えます。

②　景気が悪いときは，一般的にお金の価値があがるデフレーションが起こります。

ア　①　正　②　正　　**イ**　①　正　②　誤

ウ　①　誤　②　正　　**エ**　①　誤　②　誤

問３　下線**Ｃ**に関して，日本の安全保障を説明した文としてあやまっているものはどれですか，**ア**～**カ**から２つ選び，記号で答えなさい。

ア　1946年，日本国憲法が公布され，戦力を持たないと明記されました。

イ　1954年，自衛隊の設立と同時に，日米安全保障条約が結ばれ，アメリカ軍が駐留《ちゅうりゅう》することを認めました。

ウ　1956年，日本は中国と国交を回復し，国際連合に加盟することが認められました。

エ　1971年，「非核三原則」が国会で決議されました。

オ　1992年，PKO 協力法が制定され，自衛隊がカンボジアに派遣されました。

カ　2014年，閣議決定により集団的自衛権の行使が認められました。

問４　下線**Ｄ**について，社会保障にかかわる次のページの**＜グラフ１＞**・**＜グラフ２＞**から読み取ることができる内容としてあやまっているものはどれですか，**ア**～**オ**から１つ選び，記号で答えなさい。

ア　1990年代以降は，社会保障給付費のうち年金給付費が医療費を上回っています。

イ　全期間を通じて，介護《かいご》対策と福祉《ふくし》その他を足した費用は，医療費を上回ることがありません。

ウ　65歳《さい》以上人口が20％を上回った時に，介護対策が実施《じっし》されるようになりました。

エ　2000年以降は，65歳以上人口が14歳以下人口を上回っています。

オ　1970年代後半は，15～64歳人口が60％を超《こ》えており，医療費が年金給付費を上回っています。

＜グラフ１＞

社会保障給付費の部門別推移

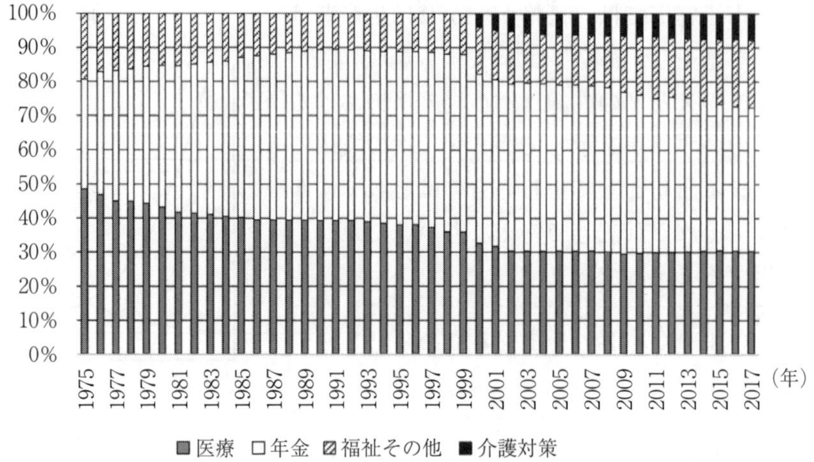

国立社会保障・人口問題研究所HP(http://www.ipss.go.jp)より作成

＜グラフ２＞

年齢《ねんれい》(３区分)別の人口推移

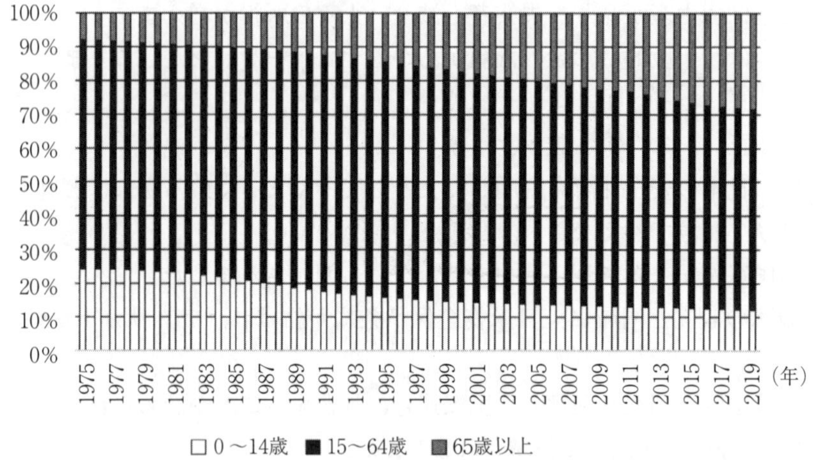

総務省統計局統計ダッシュボードHP(https://dashboard.e-stat.go.jp)より作成

問５　下線**E**について，日本国憲法第25条に保障された権利にもとづいて社会保障が認められました。第25条に示された権利を何といいますか，漢字で答えなさい。

問６　下線**F**について，衆議院の比例代表選挙では，各政党の獲得《かくとく》票数に応じてドント式で議席を配分します。ドント式とは，各党が獲得した票数を１，２，３…と順番に整数で割っていき，その商(計算結果)が大きい順に議席を配分する方法です。今，**X**党が3600票，**Y**党が2700票，**Z**党が900票を獲得したとします。議席数が全部で８議席とすると，**Y**党は何議席獲得しますか，数字で答えなさい。

問７　下線**G**に関して，「地方自治は民主主義の学校である」といわれますが，学校にたとえられるのはなぜですか，地方自治体の仕事の特徴《とくちょう》に注目して説明しなさい。

問８　下線**H**について，政治を行う内閣の権限として正しいものはどれですか，**ア**～**カ**からすべて選び，記号で答えなさい。

ア　法律案を作成します。

イ　裁判官の弾劾裁判を行います。

ウ　政令を定めます。

エ　国の予算を決定します。

オ　天皇の国事行為を承認します。

カ　条約を承認します。

問９　下線**I**について，地球温暖化は国際社会が取り組むべき問題の１つと考えられています。京都会議(COP３)とパリ会議(COP21)での決定について説明した次の文章の(**５**)～(**７**)にあてはまる語句として正しいものはどれですか，それぞれ下の**ア**～**エ**から１つずつ選び，記号で答えなさい。

　1997年の京都議定書では，先進国の温室効果ガスの排出《はいしゅつ》制限が定められました。日本は1990年と比べて６％の削減《さくげん》を義務づけられましたが，2011年の(　**５**　)の影響もあり，実際の排出量は目標値を上回りました。

　2015年のパリ協定では，産業革命前からの世界の平均気温の上昇《じょうしょう》を(　**６**　)度未満にすることが目標とされました。これを受けて，日本は，2030年までに，2013年と比べて温室効果ガスの排出量を26％削減するという目標を掲《かか》げました。一方，アメリカは2017年に就任した(　**７**　)大統領のもとでパリ協定からの離脱《りだつ》を表明しました。

(**５**)　**ア**　リーマン・ショック　　**イ**　世界同時多発テロ
　　　ウ　バブル経済の崩壊《ほうかい》　　**エ**　東日本大震災

(**６**)　**ア**　0.1　　**イ**　１　　**ウ**　２　　**エ**　４

(**７**)　**ア**　トランプ　　**イ**　オバマ　　**ウ**　ブッシュ　　**エ**　クリントン

問10　本文第２段落以降で説明されている人間の安全保障について，それを高めていく上であてはまらないと考えられるものはどれですか，本文の趣旨《しゅし》(言おうとしていること)をふまえて，**ア**～**エ**から１つ選び，記号で答えなさい。

ア　先進国の企業《きぎょう》は積極的に発展途上国に進出し，貧困に悩《なや》む児童を雇《やと》って生活の糧《かて》を保障すること。

イ　コロナ・ウィルスの感染者が世界中で拡大するなかで，世界保健機関(WHO)が最新かつ信頼できる情報を発信すること。

ウ　原子力発電にともなう放射性廃棄《はいき》物の処理問題を先送りせず，国会で十分な議論をすること。

エ　派遣労働者などの非正規雇用《こよう》者は，正規雇用者よりも賃金が低く，雇用でも不安定で，労働組合の加入率も低いため，非正規雇用者を保護する法律を整備すること。

【理　科】〈第１回試験(一般・帰国生)〉（40分）〈満点：100点〉

【注意】 1．コンパス・定規は使用しないこと。

2．計算問題の答えは，整数または小数で答え，割り切れない場合は小数第２位を四捨五入して，小数第１位まで答えること。

1 **次の文章は，宮崎駿・亀岡修『小説　天空の城ラピュタ〈後編〉』の一部です。舞台は19世紀後半のヨーロッパです。パズーという少年とシータという少女が，タイガーモス号という飛行船からワイヤーでつながれたグライダー状の凧《たこ》に乗っています。二人はゴリアテという飛行船を警戒《けいかい》して，タイガーモス号よりも上空から見張りを始めたところです。なお，出題に際して，本文には表記を一部変えたところがあります。**

〔編集部注…課題文は著作権上の問題により掲載しておりません。作品の該当箇所につきましては次の書籍を参考にしてください〕

・宮崎　駿，亀岡　修 著『小説　天空の城ラピュタ〈後編〉』（徳間書店　1990年９月第29刷発行）

94ページ冒頭～97ページ15行目

(1) 下線部①について，日の出や日の入り頃《ごろ》の薄暗《うすぐら》い(薄明るい)状態を薄明《はくめい》といい，特に１等星が見える程度までの明るさを常用薄明《じょうようはくめい》といいます。夜明け時の常用薄明について正しいものはどれですか。

ア　日の出前の90分間くらい　　イ　日の出前の30分間くらい

ウ　日の出後の30分間くらい　　エ　日の出後の90分間くらい

(2) [1] に当てはまる方向はどれですか。

ア　右　　イ　左　　ウ　後ろ　　エ　正面　　オ　上

(3) 下線部②について，この雲は高度10km 程度にまで成長している積乱雲の一種です。積乱雲の内部や周辺の説明として正しいものはどれですか。

ア　空気が集まってきているので，この雲は高気圧の中心付近にある。

イ　この雲の厚さはうすく，常に中心部には空洞《くうどう》がつくられる。

ウ　この雲の中や周辺では，上から見て風が左回りに吹《ふ》いている。

エ　この雲の外側では，雷が発生しやすい。

オ　この雲の下では，風は強いが雨はあまり降らない。

(4) (3)の積乱雲のとき，タイガーモス号は高度3000mを維持《いじ》して飛行していました。パズー達《たち》の乗った凧は，タイガーモス号の真上で100mほど高い位置を飛行していたとします。パズーは，45°程度で雲を見上げたとき，この雲の頂上周辺を見ることができました。パズーから雲までの距離《きょり》はどのくらいになりますか。

ア　１～２km　　イ　３～５km　　ウ　７～10km　　エ　15～20km

(5) 下線部③について，船を立てるとは，水の流れなどを基準に，船首を一定の方向に向けて固定することを意味します。このときのタイガーモス号の状況について述べた，次の文の [2]，[3] に入る言葉の組み合わせとして，正しいものはどれですか。

タイガーモス号は [2] の風の中，東を向いており，[3] に雲から離れようとしている。

[2]　[3]　　[2]　[3]

ア　北寄り　北向き　　オ　東寄り　北向き
イ　北寄り　南向き　　カ　東寄り　南向き
ウ　南寄り　北向き　　キ　西寄り　北向き
エ　南寄り　南向き　　ク　西寄り　南向き

(6)　下線部④について，このときのタイガーモス号周辺の様子として正しいものはどれですか。ただし，タイガーモス号の向きや風向きは以下の通りとします。

ア
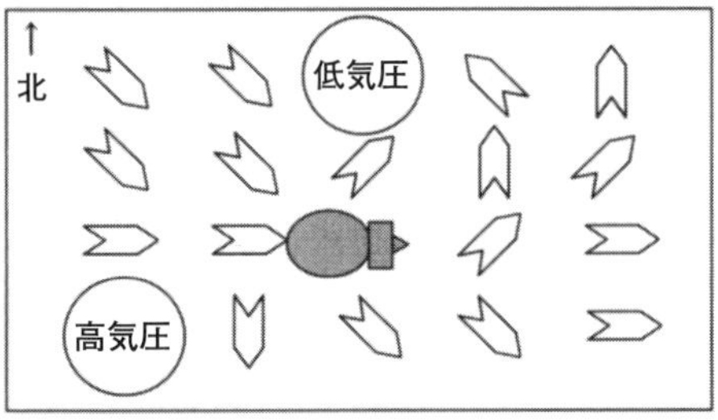

イ
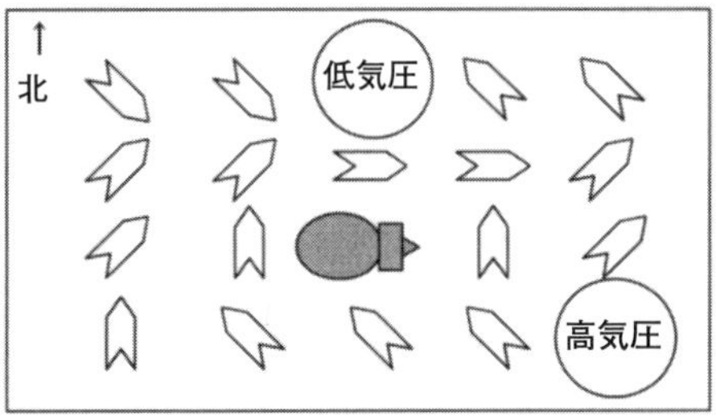

ウ
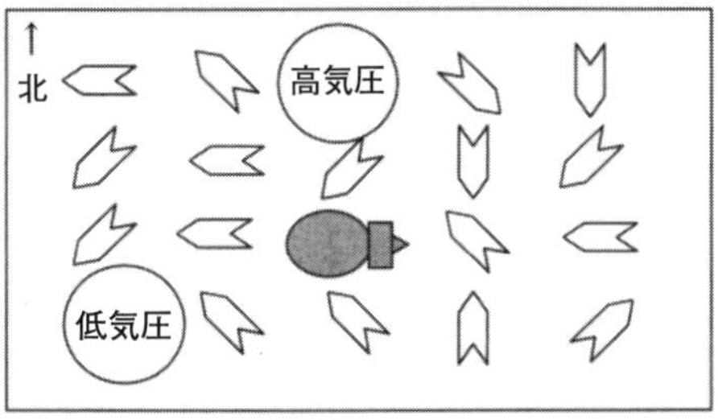

エ
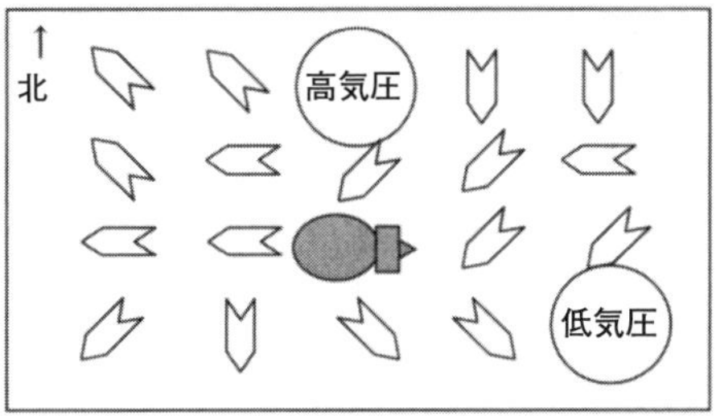

2　バッタは身近な①昆虫《こんちゅう》の一種です。草原や田んぼなどでは，②食物連鎖《しょくもつれんさ》でつながった生態系の一員として，古くから人々に親しまれてきました。

一方，ある環境《かんきょう》で大発生し，蝗害《こうがい》という災害を起こすこともあります。

2020年前半，③サバクトビバッタ(トビバッタ)がアフリカで大発生し，多くの地域に被害《ひがい》をもたらしたことが話題となりました。

(1)　下線部①について，昆虫の特ちょうについて述べた，次の文章の［１］～［３］に入る言葉の組み合わせとして，正しいものはどれですか。

成虫はからだが［　　１　　］に分かれ，羽は［　２　］のものが多い。幼虫から成虫になるまでに［　　３　　］。

	1	2	3
ア	頭部・胸部・胴部《どうぶ》	２枚	どれもさなぎになる
イ	頭部・胸部・胴部	２枚	さなぎにならないものもいる
ウ	頭部・胸部・胴部	４枚	どれもさなぎになる
エ	頭部・胸部・胴部	４枚	さなぎにならないものもいる
オ	頭部・胸部・腹部《ふくぶ》	２枚	どれもさなぎになる
カ	頭部・胸部・腹部	２枚	さなぎにならないものもいる

キ　頭部・胸部・腹部　４枚　どれもさなぎになる

ク　頭部・胸部・腹部　４枚　さなぎにならないものもいる

⑵　次のA～Dは，それぞれ，ある昆虫が好む植物の一部を示したものです。それぞれどの昆虫が好みますか。正しい組み合わせを選びなさい。ただし，図の大きさは実際とは異なります。

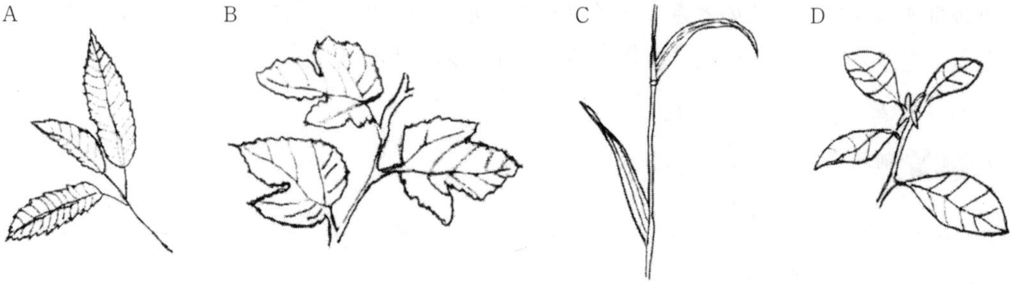

	A	B	C	D
ア	アゲハチョウ	カイコ	イナゴ	カブトムシ
イ	アゲハチョウ	イナゴ	カイコ	カブトムシ
ウ	カブトムシ	カイコ	イナゴ	アゲハチョウ
エ	カブトムシ	イナゴ	カイコ	アゲハチョウ

⑶　下線部②について，**図１**は，バッタをふくめた食物連鎖における個体数(生物数)の関係を表したものです。バッタの個体数が一時的に増加したとします。その後，FとGの個体数の変化は，それぞれどうなりますか。正しいグラフを選びなさい。ただし，グラフ中の点線は，バッタが増え始めた時期を表しています。

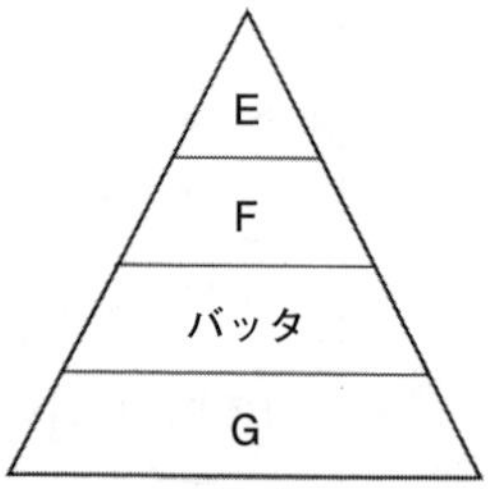

図１

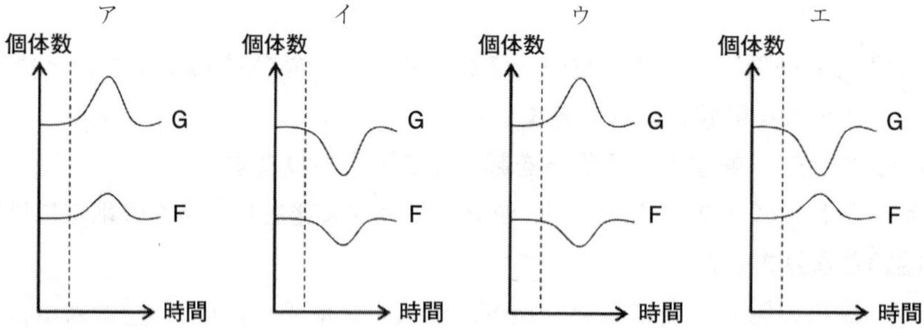

下線部③について，トビバッタの成虫は，１日で自分と同じ体重に近い量のエサを食べます。通常は単体で活動する「孤独相《こどくそう》」とよばれる形をしていますが，大発生したときには「群生《ぐんせい》相《そう》」とよばれる形をとります。この変化は，言わば④「密」という環境をさけるための適応である，と考えられています。

⑷　大発生したトビバッタの集団は，少なくとも約4000万匹からなるといわれています。ヒトの１日の食事量を1.6kgとしたとき，4000万匹のトビバッタは，１日でヒト何人分の食料に匹敵《ひってき》する量を食べてしまうことになりますか。ただし，トビバッタ１匹の体重は２ｇとします。

⑸　次のHとＩは，一方が群生相で，他方が孤独相のトビバッタです。群生相はH・Ｉのどちらですか。また，群生相は孤独相に比べて，どのような能力が高いといえますか。下線部④をふまえて，簡単に説明しなさい。

H

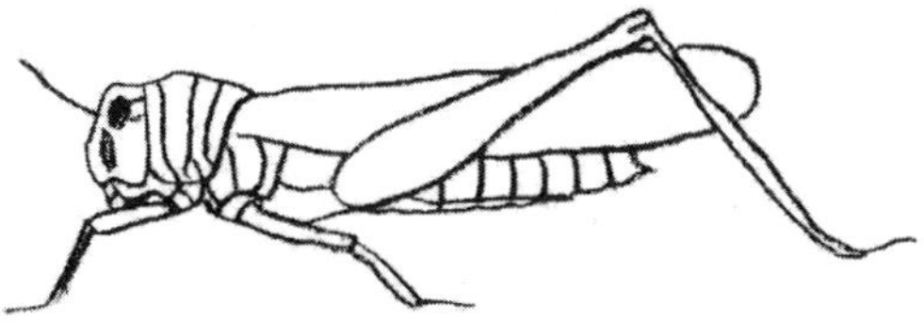

I

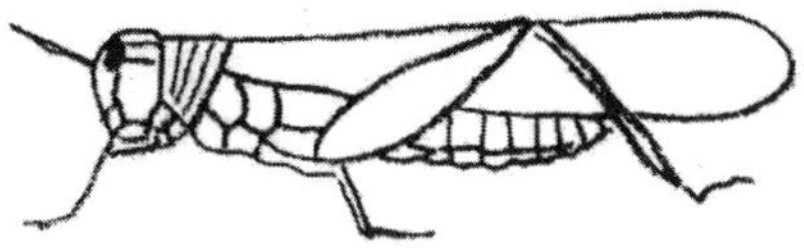

（ＨとＩは同じ縮尺で示してあります）

3　**表１は，物質Ａと物質Ｂが各温度で水100ｇに溶《と》ける最大の重さを示したものです。**

温度(℃)	10	20	30	40	50	60
物質Ａ(ｇ)	22.0	a	45.6	63.9	85.2	109
物質Ｂ(ｇ)	35.7	35.8	36.1	36.3	36.7	37.1

表１

(1)　70℃における物質Ａの飽和水溶液《ほうわすいようえき》177ｇには，102ｇの物質Ａが含《ふく》まれています。この飽和水溶液の温度を20℃まで下げたところ，78.3ｇの物質Ａが溶けきれなくなって出てきました。**表１のａの値はいくらですか。**

(2)　10℃の水400ｇに520ｇの物質Ａを加えました。その後よく振《ふ》り混ぜながら，少しずつ温度を上げると，物質Ａがすべて溶けるのは何℃の温度範囲《はんい》になったときですか。

ア　20℃以上，30℃未満　　イ　30℃以上，40℃未満　　ウ　40℃以上，50℃未満

エ　50℃以上，60℃未満　　オ　60℃以上，70℃未満　　カ　70℃以上

(3)　60℃の水200ｇに，54ｇの物質Ａと71ｇの物質Ｂを溶かしました。この水溶液から，物質Ａだけが10ｇ溶けきれなくなって出てくるようにするには，どのようにしたらよいですか。数値を示して述べなさい。ただし，物質Ａと物質Ｂを同時に溶かしても，それぞれの物質が水100ｇに溶ける最大の重さは変化しないものとします。

次に，実験１～実験３のように冷凍庫《れいとうこ》で氷をつくりました。

実験１：水道水100mL をコップに入れて凍《こお》らせた。

実験２：沸騰《ふっとう》させた水道水100mL をコップに入れて凍らせた。

実験３：沸騰させた水道水100mL をコップに入れ，図２のようにプラスチック容器に入れて凍らせた。

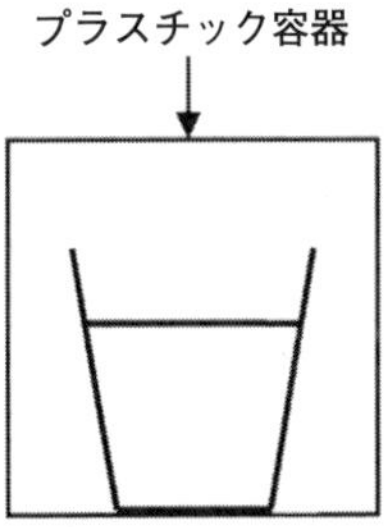

図２

(4)　できた氷をコップの横から見たときの様子はどれですか。ただし，点線は水を凍らせる前の水面の位置を表しています。

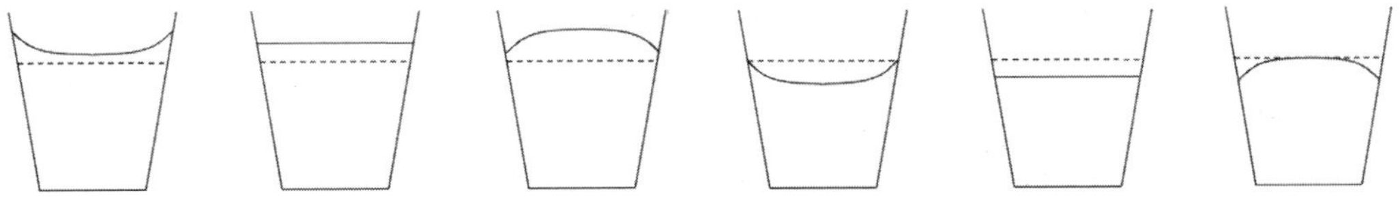

ア　　イ　　ウ　　エ　　オ　　カ

(5) すべての実験で，氷には白い部分が見つかりましたが，**実験１**よりも**実験２**の方が氷の白い部分が少なくなりました。この白い部分には何が含まれていますか。

(6) **実験２**よりも**実験３**の方が氷の白い部分が少なくなりました。白い部分が少なくなったのはなぜですか。

4 市川君は，先生に教わりながら電気の実験を行いました。

［先　生］ それぞれ同じ種類の電池，豆電球，プロペラ付きモーターをいくつか持ってきました。

［市川君］ 実験ですね。どんな実験をするのですか？

［先　生］ まずは，豆電球の性質を復習します。「ア」～「エ」のような回路をつくったとき，豆電球が両方ともつくのはどれでしょう。２つ選んでください。

ア　イ　ウ　エ

［市川君］ ［　1　］ です。

［先　生］ その通りです。よく理解できていますね。では，次に「オ」～「コ」のような回路をつくって，豆電球の明るさや，プロペラが回る速さの違《ちが》いを観察してみましょう。

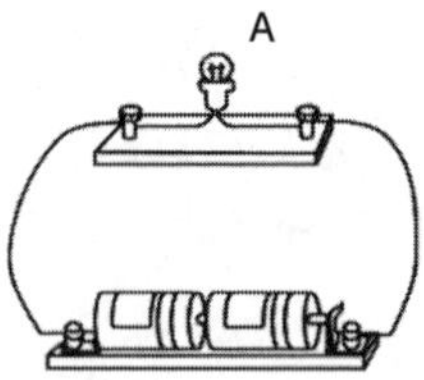

オ

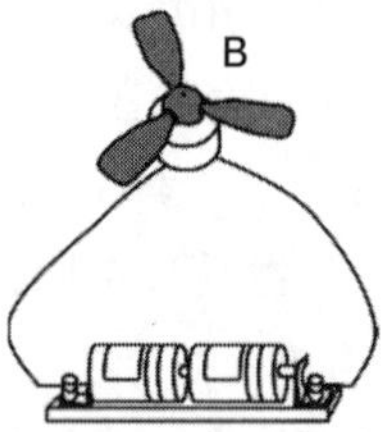

カ

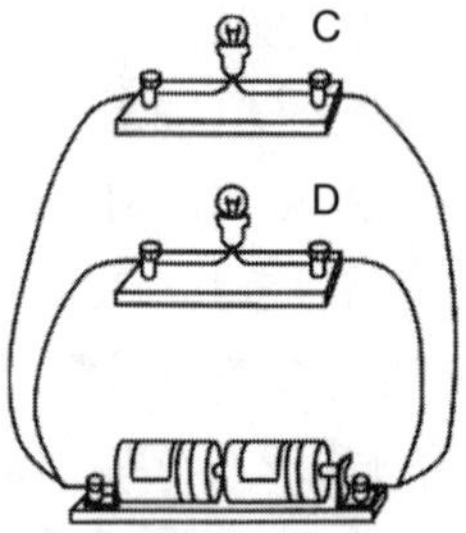

キ

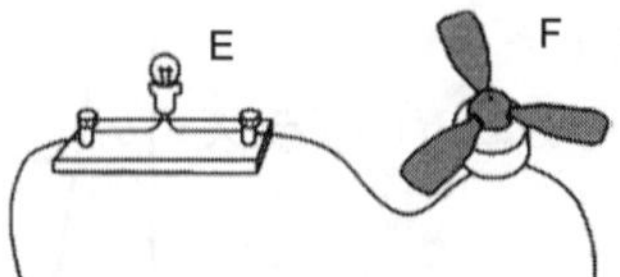

ク

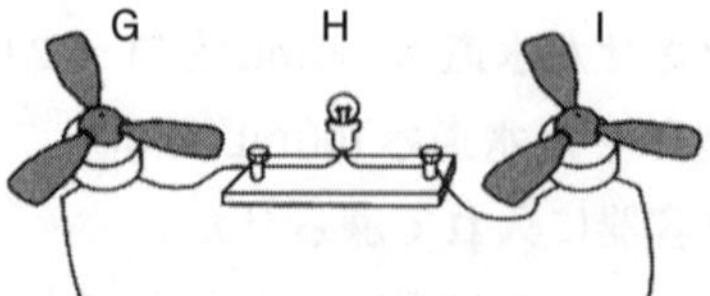

ケ

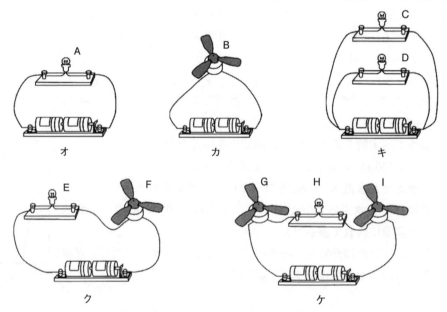

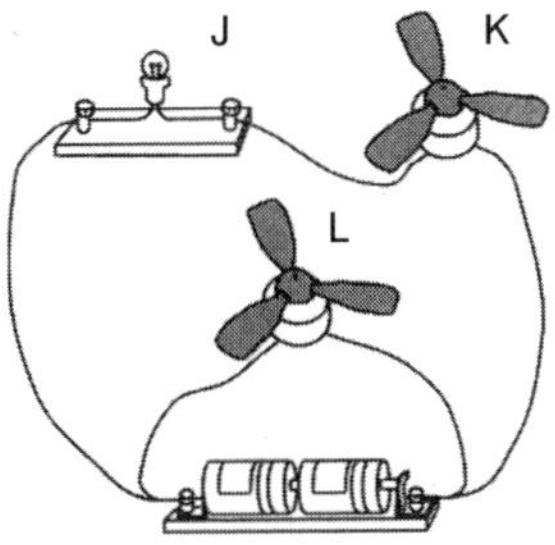

コ

［市川君］ ①豆電球Aと同じ明るさの豆電球がありますね。

［先　生］ そうですね。違う回路に見えても，同じ効果を生み出すつなぎ方があるのですね。家庭で使われている回路でもこのような工夫がされています。それぞれの回路で，②プロペラに流れる電流の大きさを測ってみましょう。

［市川君］ 電流の大きさを調べてみると，電流の大きさとプロペラの回転の速さには関係がありますね。プロペラＢとプロペラＬには同じ大きさの電流が流れているので，同じ速さで回転していることがわかります。

［先　生］ そうです。電流の大きさは，プロペラの回転以外にも，電池の消費に影響《えいきょう》しています。電池の消費が一番少ない回路は「オ」～「コ」のうちどれですか。

［市川君］ [2] です。

［先　生］ そうです。では，プロペラＦを手でおさえて回転を止めてみてください。

［市川君］ 手でおさえてしまっていいのですか？

［先　生］ はい。今日使っているプロペラは大丈夫《だいじょうぶ》です。

［市川君］ ではやってみます。[3]。

［先　生］ 回転を止める前のプロペラに流れる電流の大きさは25mAですが，回転を止めた後は120mAになっています。次は，プロペラＧを手でおさえてみてください。

［市川君］ [4]。

［先　生］ 最後に，豆電球Ｊをソケットから外してみてください。

［市川君］ [5]。

［先　生］ プロペラの回転について気づいたことはありますか？

［市川君］ はい。③電流を流すことで回転するプロペラは，手でおさえて回転を止めてしまうと，電流が流れやすくなります。

(1) [1]，[2] に当てはまる回路はどれですか。

(2) 下線部①について，豆電球Aと同じ明るさの豆電球はどれですか。すべて答えなさい。

(3) 下線部②について，プロペラＬの電流を測る場合，電流計をどのようにつなげばよいですか。解答らんの「•」を結んで回路を完成させなさい。

(4) [3] に入る文はどれですか。

ア　豆電球Ｅが明るくなりました

イ　豆電球Ｅが暗くなりました

ウ　豆電球Ｅの明かりが消えました

(5) [4] に入る文はどれですか。

ア　豆電球Hの明かりは消え，プロペラＩは回転が止まりました
イ　豆電球Hは明るくなり，プロペラＩの回転は遅《おそ》くなりました
ウ　豆電球Hは明るくなり，プロペラＩの回転は速くなりました
エ　豆電球Hは暗くなり，プロペラＩの回転は遅くなりました
オ　豆電球Hは暗くなり，プロペラＩの回転は速くなりました

(6)　**5** に入る文はどれですか。

ア　プロペラKの回転は止まり，プロペラLの回転も止まりました
イ　プロペラKの回転は止まり，プロペラLの回転は遅くなりました
ウ　プロペラKの回転は止まり，プロペラLの回転は変化がありませんでした
エ　プロペラKの回転は速くなり，プロペラLの回転も速くなりました
オ　プロペラKの回転は速くなり，プロペラLの回転は遅くなりました
カ　プロペラKの回転は速くなり，プロペラLの回転は変化がありませんでした

(7)　下線部③について，「**コ**」の回路と，回転を手でおさえて止めてしまったときの「**カ**」の回路を比べると，どちらの電池の消費が大きいですか。また，その理由を電流の大きさとともに説明しなさい。

エ　これまでは、清澄にはデザイナーとして失敗してみじめな生活を送っている全のようにはなってほしくないという思いから、手芸に興味を持つことに不満を抱《いだ》いていた。しかし、「母」と話したことをきっかけに、清澄が納得するのであれば失敗する人生でもよいのではないかと思うようになり、これからは清澄の考えに寄りそっていければと考えている。

オ　これまでは、清澄を立派な大人に育て上げることが母親としての当然の務めだと考えており、清澄の進むべき道を先回りして示すべきだと考えていた。しかし、「母」と話したことをきっかけに、子どもの成長にはあえて失敗を経験させることが大切であることに気づき、これからは清澄の判断に対して意見を言わないようにしていければと考えている。

問6　この文章についての説明として**適当でない**ものを次の中から二つ選び、記号で答えなさい。

ア　……線**a**「ぐるぐるぐるぐる、ねじりあめみたいになってどこまでも伸びていく」からは、「私」の頭の中でふたつの思いがからみあって、考えがまとまる様子のないことを読み取ることができる。

イ　……線**b**「熱くなっていた喉に、つめたくしみた」からは、「私」の体が酔いにより熱くなっていることだけでなく、「母」との口論により「私」が強いいかりを感じ、興奮していることをも読み取ることができる。

ウ　……線**c**「この茶碗で、この食卓で。この家で」からは、「私」の頭にこれまでの家族との思い出がひとつひとつ浮《う》かび、「私」が過去を回想している様子を読み取ることができる。

エ　……線**d**「今夜はものすごくひさしぶりに『お母さん』と呼んだ」からは、「私」が「母」と子どものころの思い出話をしたことで、「母」に甘える気持ちが生じていたことを読み取ることができる。

オ　……線**e**「清澄の上体が、ごくわずかに傾ぐ」からは、「私」の視点から清澄の行動が描《えが》かれることにより、清澄が「私」の様子に違和感《いわかん》を抱いたことを読み取ることができる。

カ　……線**f**「だけど明日の朝は今までとほんのすこしだけ違う朝になったらいいと、そうできたらいいと」からは、「私」の家族への関わり方が変化することへの願望を読み取ることができる。

三

一の榎本博明《えのもとひろあき》『「さみしさ」の力』の文章と、二の寺地《てらち》はるな『水を縫《ぬ》う』の文章を関連づけて、次の問いに答えなさい。

問　二の文章中に＝＝線**X**「あの子、どんどんあつかいづらくなっていくわ」とあるが、「青年期」の清澄《きよすみ》には成長段階においてどのようなことが起きていると考えられるか。一の文章における「青年期」の特徴《とくちょう》に基《もと》づいて50字以上90字以内で説明しなさい。

四

次の各文の――線のカタカナを漢字に直しなさい。

1　そんな気持ちはモウトウない。
2　話のコッシをみんなに説明する。
3　ゼンゴ策を考える。
4　ミレンがましいことを言うな。
5　ものすごいギョウソウでどなる。
6　暴力のオウコウは許せない。
7　仕事にシショウをきたす。
8　運命に身をユダねる。

ように感じているのか。その説明として最も適当なものを次の中から選び、記号で答えなさい。

ア　子どもを自由にさせてくれる「母」を素敵だと思う一方、子どもを甘《あま》やかしすぎるのはよくないとも思っている。

イ　身勝手な生き方を許してくれる「母」をがまん強いと思う一方、子どもに気をつかう姿を情けなくも思っている。

ウ　子どもに失敗させようとする「母」を疑問に思う一方、自分の人生を選び取ってきたことを満足にも思っている。

エ　子どもの意志を尊重してくれる「母」をありがたく思う一方、子どもに関心がないようでさびしくも思っている。

オ　やりたいようにさせてくれる「母」に感謝する一方、失敗ばかりの人生になったことをうらめしくも思っている。

問3　――線２「食べていかれへん、ってなんでわかるの、さつ子に」とあるが、なぜ「私」には清澄が食べていけないとわかるのか。その理由を80字以内で説明しなさい。

問4　――線３「私の人生、失敗でもなかったんかなあ」とあるが、ここでの「私」の気持ちはどのようなものか。その説明として最も適当なものを次の中から選び、記号で答えなさい。

ア　自分の人生はあまり幸せなものではないと考えていたが、子どもたちや「母」といっしょに過ごしてきた日々を考えると、他の人よりは恵《めぐ》まれた人生なのかもしれないと思い直している。

イ　あまりうまくいっていない人生であるように他人の目には映ったとしても、家族との多くの楽しい思い出のことを考えると、かけがえのない日々だったのかもしれないと思い直している。

ウ　全との結婚は自分の人生にとって失敗だったとしても、子どもたちと過ごしてきた日々については、だれから見ても幸せなものであったのかもしれないと思い直している。

エ　他人から見ればつまらない人生だったが、子どもたちを無事に成長させることができたことを考えると、自分の人生に自信を持ってもよいのかもしれないと思い直している。

オ　間違った選択《せんたく》ばかりしてきたと思っている人生だが、自分の好きなように生きてきた結果であることを考えると、そんな人生でも受け入れるべきなのかもしれないと思い直している。

問5　この文章全体を通して、清澄に対する「私」の考えはどのように変わったか。その説明として最も適当なものを次の中から選び、記号で答えなさい。

ア　これまでは、自分は母親だから清澄のすべてをわかっていると考え、そのため清澄を失敗しないように導くべきだと考えていた。しかし、「母」と話したことをきっかけに、清澄と自分は違う人間であり、清澄が何を失敗ととらえるかは自分にはわからないと考えるようになり、これからは清澄の選んだ生き方を見守っていければと考えている。

イ　これまでは、全のデザイナーとしての失敗を見ていたため、その息子である清澄も同様に才能がないに決まっていると考えていた。しかし、「母」と話したことをきっかけに、清澄と全は違う人間であり、清澄が全と同様才能がないとは限らないと考えるようになり、これからは清澄の才能を信じて夢の実現に力を貸していければと考えている。

ウ　これまでは、自分の判断を尊重してくれた「母」にかえって反発を感じ、自分の理想の人生観を清澄に押《お》しつけることが正しいと考えていた。しかし、「母」と話したことをきっかけに、自分が子どものころに自由にさせてくれた「母」の意図を理解し、これからは清澄の考えにも理解を示し、将来についてきちんと話し合っていければと考えている。

ちゃんの時だけだというのに。

「やめとき。こんな遅い時間にコーヒー飲んだら寝《ね》られへんようになるで」

言ってから、口に手を当てる。まただ。どうしても、先回りしてしまう。

「寝られへんように飲むんや、もうすぐテストやから」

清澄は不機嫌《ふきげん》そうにポットからお湯を注ぐ。

ドレスだの刺繍《ししゅう》だのと、そんなことばかり考えているのかと思っていたが、いちおう勉強もしているらしい。

失敗する権利。雨に濡れる自由。

マグカップを片手に、台所を出ていこうとする清澄の名を呼んだ。いつのまにかこんなに背が伸びて、私を見下ろすようになった息子。私にちっとも似ていない息子。こんな時でも、まっすぐにこっちを見つめてくる息子。

「……なんでもない。おやすみ」

e 清澄の上体が、ごくわずかに傾《かし》ぐ。動揺《どうよう》しているかのように。あるいは拍子《ひょうし》抜《ぬ》けしたかのように。

へその緒《お》でつながっている頃でさえ、私たちはひとつではなかった。ひとつの身体を共有していてもあなたと僕《ぼく》はべつの人でしょ、と言わんばかりに、自由気ままにふるまっていたではないか。

「おやすみ」

…〈中略〉…

二階からかすかな物音がする。浴室からも引き続き、湯を使う音が聞こえてくる。今は誰もいないダイニングテーブルに両手をついて、目を閉じた。まだすこし酔《よ》いが残っていて、世界がくるくるまわっているみたいだった。

あと数時間で朝になる。生まれてから四十数年、繰《く》り返しここで朝を迎《むか》えてきた。昨日は今日に続いていて、今日は明日に続いている。

f だけど明日の朝は今までとほんのすこしだけ違う朝になったらいいと、そうできたらいいと、そんなふうに思いながらゆっくり目を開けた。

※空手を習わせたい、と言っていた竹下さん…竹下さんは「私」の市役所の同僚《どうりょう》。息子が学校でいじめられないように空手か柔道《じゅうどう》を習わせたいと、「私」に話していた。

※『情熱大陸』…さまざまな分野で活躍《かつやく》する人物を紹介《しょうかい》するテレビ番組。

※オーラ…ある人物の持つ、独特な存在感や雰囲気《ふんいき》。

問1 〰〰線Ⅰ～Ⅲの本文中の意味として最も適当なものを後のア～オから選び、それぞれ記号で答えなさい。

Ⅰ「思いの丈」
ア 心の中にある深い悲しみ
イ 心の中にあることすべて
ウ 心の中にある強いいかり
エ 心の中にある秘めた思い
オ 心の中にあるくやしい思い

Ⅱ「すこぶる」
ア それとなく　イ 自信ありげに
ウ 少しばかり　エ 考えもなしに
オ とても

Ⅲ「無造作に」
ア 注意をはらわずに　イ 上の空で
ウ むだな動きをしながら　エ いらだたしげに
オ いつもと同じように

問2 ――線1「お母さんはさ、昔からすぐ『好きにしなさい』って言うやろ」とあるが、ここで「私」はこの「母」のことばをどの

「もー、ちーがーうー」

からかわれているのだろうか。ワイングラスはいつのまにか空っぽだった。しかたなく水をごくごく飲む。b熱くなっていた喉《のど》に、つめたくしみた。

「たしかに、食べていかれへんかもしれん。キヨは将来、好きな仕事に就《つ》くことにこだわって、貧乏《びんぼう》暮らしをするかもしれん」

母の言葉を聞いただけで、みじめな大人になった清澄の姿が想像できてしまう。家を持たず、インターネットカフェの個室でカップ麺《めん》をすする清澄。『食べられる野草』みたいな題名の本を図書館で借りる清澄。公園の水道で、持参したペットボトルに水を汲《く》む清澄。想像しただけで泣けてくる。

「わたしはそれを人生の失敗やとは思わへんけど、それを失敗って言うんなら、あの子には失敗する権利があるんちゃうの？」

「またそれ言うの」

失敗する権利。耳にするたび一抹《いちまつ》のさびしさのようなものをおぼえる。世間一般《いっぱん》の基準に照らし合わせればこの人はきっと素敵《すてき》な母親なのだろうけど。

「明日、降水確率が五十パーセントとするで。あんたはキヨが心配やから、傘《かさ》を持っていきなさいって言う。そこから先は、あの子の問題。無視して雨に濡《ぬ》れて、風邪《かぜ》ひいてもそれは、あの子の人生。今後風邪をひかないためにどうしたらいいか考えるかもしれんし、もしかしたら雨に濡れるのも、けっこう気持ちええかもよ。あんたの言うとおり傘持っていっても晴れる可能性もあるし。あの子には失敗する権利がある。雨に濡れる自由がある。……ところで」

ところで。下を向いていたから、その言葉を母がどんな顔で言ったのかは知らない。

「あんた自身の人生は、失敗やったのかしら？」

唐揚《からあ》げのパックはきれいに空になっていた。ご丁寧《ていねい》に洗って捨てるつもりらしく、水きりカゴに伏《ふ》せられている。茶碗《ちゃわん》はふたつあったから、水青も帰ってきて食事を済ませたのだろう。もうふたりとも自分の部屋に入っているらしく、居間の電気は消えている。

帰るなり、母はさっさと浴室に消えた。湯を使う音が台所まで聞こえてくる。

さっとふきんで拭《ふ》いて、茶碗を棚《たな》にしまった。くまちゃんの食器なんか、あの子たちはもう使わない。よっつ重なった茶碗は今ではもう、清澄のものがいちばん大きい。

何回も何回も、みんなでごはんを食べた。cこの茶碗で、この食卓《しょくたく》で。この家で。

もし過去に戻《もど》れたとしても、私はまた全と結婚するんだろう。だってそうじゃないと、水青や清澄に会えなくなってしまう。

3私の人生、失敗でもなかったんかなあ。さっきの母の質問に、ようやく心の中で答えることができた。

他人から見たら失敗だとしても、いいような気もする。

だって、うれしいことや楽しいことも、いっぱいあった。

背後で物音がして、振《ふ》り返ると清澄が立っていた。

「……おばあちゃんかと思った」

ぼやくように言って、私の脇《わき》を通り過ぎる。

「おばあちゃんはお風呂《ふろ》」

子どもたちがいる時、私は自然と母を「おばあちゃん」と呼んでいる。d今夜はものすごくひさしぶりに「お母さん」と呼んだ。

清澄はインスタントコーヒーの瓶《びん》からマグカップに直接粉を振り入れている。Ⅲ無造作に瓶を振る手つき。全もああやっていた。どうしてそんなへんなところが似るのだろう。一緒に暮らしていたのは、赤んだろう。

「だってさつ子には、さつ子の人生を選ぶ権利があるもの」

「それ、昔からよう言うよな」

子どもの頃《ころ》も、短大を受験する時も、全と結婚する時も、いつも母はそう言った。

「ありがたいなって思う時もあったけど、私は自分の子どもにはそういうふうに接したくない」

母を否定するようで、胸が痛んだ。だけど、それはほんとうのことだ。※空手を習わせたい、と言っていた竹下さんのほうが、実の母よりよほど私に近しい。

「お母さんはいつも『あんたには失敗する権利がある』って言うけど、私は失敗してほしくないもん。自分の子どもに」

「しっぱい」

しっぱい。しっぱい、しっぱい、ねえ……。母はほんのりと赤くなった耳たぶを引っぱって、口の中で呟《つぶや》いている。頭の中で「しっぱい」を漢字に変換《へんかん》できずに困っているように見えた。「しっぱい」は「失敗」しかないだろうに。

「さつ子の思い通りに育たへんかったら、失敗ってこと？」

「違うって、そんな子どもを自分の思い通りにしたいとか、そんなことは考えてへん。いくらなんでも」

なにも、東大に入れ、とか、オリンピックに出ろ、とか言っているわけではない。ほどよい進学と就職と結婚をしてほしい、ひとりで生きていかずに済むように、家族をつくってほしい、と思っているだけだ。

「ほどよい、ってなんなん。その基準はさつ子が決めるんやろ」

「それは……」

だいじょうぶよ、キヨは。母がⅡすこぶる無責任に言い放つ。いったいなにを根拠《こんきょ》に、そんな。

「ちゃんと好きなものがある。それがあの子の芯《しん》になる。どうにでも生きていける」

好きなもの。それが問題なのだ。

「好きなものがあるだけでは食べていかれへんから言うてるのよ」

「2食べていかれへん、ってなんでわかるの、さつ子に」

「そら、きびしい世界やもん。あの子に突出《とっしゅつ》したセンスとか才能とかあるわけないし」

「せやから、なんでさつ子にわかるの？　突出したセンスとか才能、あんたがちゃんと見抜《みぬ》けるの？　なんで？」

「母親やからや、あの子の」

声がすこし大き過ぎた。にぎやかだった店内が一瞬《いっしゅん》静まり返る。母はおだやかな表情で私を見つめている。

だって清澄は、私と全の子どもだ。なんの取り柄《え》もない私たちの。全がなし得なかったことを、どうして清澄なら可能だなんて言えるのだろう。

「いやいや、キヨはデザイナーになりたいとか、そんなんひとこともまだ言うてないからね。さつ子、ちょっと先回りし過ぎてるよ」

「この先言い出すかもしれへんし、言い出してからじゃ遅《おそ》い。ぜったいなられへんと思うし。お母さん※『情熱大陸』とか見たことあるやろ？　ああいうのに出てくる人ってなんかやっぱり違うで。なんかこう、全とかキヨとはぜんぜん※オーラが違う」

呂律《ろれつ》もまわらないし、だんだん考えもまとまらなくなってきた。ただ清澄は特別な子なんかじゃないという思いと、とにかく傷ついてほしくないという思いがaぐるぐるぐるぐる、ねじりあめみたいになってどこまでも伸《の》びていく。

「キヨに『情熱大陸』に出てほしいの」

問５　次のア～カは、中学一年生の太郎《たろう》くんと花子さんが、本文の内容について話したものである。本文の内容と**合致《がっち》していない**発言を次の中から一つ選び、記号で答えなさい。

ア　太郎くん　中学生になってから、小学校の頃にはあまり感じていなかった親と自分の価値観の違いをよく感じるようになったんだけれど、それは、心が育っている証《あかし》だとわかって、少し安心したなあ。

イ　花子さん　私の両親はまだ、「あなたのことを一番わかっているのは親である自分たちであなたはまだ何もわからない。」と決めつけて、勝手にいろんなことを決めてしまうことが多いわ。小学校の時は親の勝手な考えで習い事をさせられても不満を感じなかったけれど、それは私がまだ精神的に幼かっただけなのよね。

ウ　太郎くん　花子さんは、親に反抗的な態度を取ったことはないの？　ぼくは最近、親への鬱陶しさをどうしても抑えられなくて、ひどいことを言ってしまうこともあるよ。

エ　花子さん　私は、あからさまな反抗をしたことはないわ。でも親に知られたくない秘密はもちろんあるわよ。ばれないようにしているつもりだけど、親はやっぱり気づいているのかな？

オ　太郎くん　花子さんの両親は、今までも花子さんのことを何でも知っているつもりになっているから、世代間境界の設定がうまくいっていると思い込んでいるので、気づいていないんじゃないかな？

カ　花子さん　確かに気づいていなさそう。でも、私たちは成長して、大人に近づいている最中だから、親に秘密を持つことを後ろめたく思う必要はないわよね。

二　**次の文章は、寺地《てらち》はるな『水を縫《ぬ》う』の一部である。「私」（さつ子）は市役所に勤めており、「母」、娘《むすめ》の水青《みお》、息子《むすこ》の清澄《きよすみ》（キヨ）と一緒《いっしょ》に四人で暮らしている。清澄は高校一年生で、手芸に強い関心を持っている。また、「私」には全《ぜん》という夫がいたが、清澄が一歳《さい》のときに離婚《りこん》している。全には衣服のデザイナーを志しながらも失敗したという過去がある。以下の文章は、「私」と清澄が価値観の違《ちが》いで口論になった直後、「母」が「私」を外食に連れ出した場面である。これを読んで、後の問いに答えなさい。なお、出題に際して、本文には省略および表記を一部変えたところがある。**

親子げんかの仲裁《ちゅうさい》なんてまっぴらやフフン、と母が言うのだから、今夜は清澄の話はしないでおこう、と思ったのに気づけばべらべらとⅠ思いの丈《たけ》を喋《しゃべ》ってしまっていた。

「Xあの子、どんどんあつかいづらくなっていくわ。そう思わへん？」

母が胸に手を当てて、のけぞるような仕草をする。

「そうやろか。ちょっとめずらしいぐらい素直《すなお》な良い子やと思うけどね」

それはきっと、母が相手だからだ。母は誰《だれ》にたいしても、強い口調でものを言わない。だからみんな母の前ではおのずと素直になる。わかっているけど、私にはとても真似《まね》できない。

「ものわかりのええ人やからね、お母さんは。りっぱよ」

「そう？」

「でもそれって、ちょっとさびしくもあるよ。1お母さんはさ、昔からすぐ『好きにしなさい』って言うやろ。もうすこし心配してくれてもよかったんちゃう？　子どもに関心ないの？」

どうして、ピアノをやめたいと言った時、引きとめてくれなかった

問２　A ～ C に入る文章として最も適当なものを次の中から選び、それぞれ記号で答えなさい。

ア　そんな親子の間で起こっていることについて、亀井《かめい》はつぎのように言及《げんきゅう》している。

「専制的な権力は、考える人を極度に警戒《けいかい》するが、すべて政治的なるものは、考え深くあることに対して不断の危惧《きぐ》を抱《いだ》いているようにみうけられる。むろん少年の僕《ぼく》がこんな感想をもったのではない。少年にとって最も身近な専制的権力とは、家族である。考えるということは、まず家族に対する反逆であり、肉親の不満をかう。これを薄々感じはじめたのである。人間に孤独感《こどくかん》を抱かせる最初のものは家族であり、家族への呪《のろ》いが起《おこ》る。この経験のない精神はおそらくない。」

イ　生きがいや人生の意味についての探求で知られる精神科医神《かみ》谷美恵子《やみえこ》は、反抗期について、つぎのように述べている。

「親や教師にとっては頭の痛いことだが、反抗期を経ずに成長することは、必ずしもよろこぶべきことではない。あまりにも素直《すなお》に育ってしまった青年は、それだけひ弱い大人、あるいは個性のない大人になる可能性がある。」

「私が言いたいのは、反抗期がつよく現れるような子どもや青年は、あとでしっかり者になる確率が大きい、ということである。」

ウ　評論家の亀井勝一郎《かめいかついちろう》は、少年時代を振《ふ》り返って、つぎのように記している。

「人に隠《かく》れて、ひとり考え事をする。――考えるということは、すでに何ものかから己《おのれ》を隠すことであるらしい。」

問３　――線２「見えない壁があるのを感じるのだろう」とあるが、そのように感じるのはなぜか。その説明として最も適当なものを次の中から選び、記号で答えなさい。

ア　親は、反抗的なわが子の態度や言葉により、わが子の認知能力が発達し抽象的な思考が活発に動き出していることに気がつくが、子どもは親に気がつかれないように心の中でも親への反抗を行うため、親に心の中のすべてを理解されることはないから。

イ　子どもは、認知能力の発達により抽象的な思考が活発に動き出し、親と自分の価値観の違いに気がつき始めるが、その違いを親に気がつかれないようにしようとするので、親は、わが子が心の中で何を考えているかいつの間にかわからなくなってしまうから。

ウ　子どもは、認知能力の発達によって抽象的な思考が活発になることで、自分独自の世界が心の中にできあがってくるが、親は、わが子の心の成長過程を観察することはできないので、わが子の心を理解し、言うことを聞かせることが難しくなるから。

エ　子どもは、認知能力の発達により自分独自の世界を作り始め、抽象的な思考をその世界の中で活発に動かしていくが、親は、わが子の心の中を観察することはできないので、行動の変化に気づくことができず、心の中を理解することもできないから。

オ　親は、わが子の反抗的な態度や言葉から、わが子をコントロールすることの難しさに悩《なや》むが、子どもは、認知能力の発達により、抽象的な思考を活発に動かし、自分独自の世界を作り始めているので、親の心を理解しながらも、親のことを遠ざけようとするから。

問４　D にあてはまる最も適当なものを次の中から選び、記号で答えなさい。

ア　積極　　イ　典型　　ウ　計画　　エ　間接　　オ　日常

とになる。自分なりの考えをしっかりもっていないため、親の言いなりで平気なのである。その方が間違《まちが》いがなく楽だという者もいるが、それは自分というものがまだ育っていない証拠《しょうこ》とも言える。

　反抗というと、親に対して怒鳴《どな》るように言い返したりするなど、激しいやりとりを連想するかもしれない。たしかに親と怒鳴り合ったり、取っ組み合いになったりするような激しい反抗をしたという者もいる。だが、多くの場合、そこまで激しいものではなく、もっと D 的な反抗の形を取るものである。

　僕《ぼく》の場合も、「うるさいなあ」と言うようなことはあっても、あからさまに親に激しく反抗した覚えはない。ただ、小学校高学年の頃から、親に対して秘密をもつようになった。

　たとえば、友だちとどこで何をして遊んだのかを言わなくなった。親が子どもにはわからない仕事の世界を生きているように、僕は親にはわからない遊びの世界を生きるようになった。もちろん学校の世界のこともほとんど話さなくなった。

　また、数人の友だちと秘密基地をもつようになった。大きな鉄筋コンクリートのアパートの土台部分の空間の片隅《かたすみ》だ。一階の住宅のベランダの下の四角い小さな穴の鉄柵《てっさく》を外して潜《もぐ》り込《こ》むと、薄暗《うすぐら》くて広い空間が広がっている。その片隅に陣地《じんち》をつくり、宝物を持ち寄った。宝物といっても、大人からすればただのがらくただ。だが、そこはワクワクする場所だった。三人の仲間しか知らない僕たちの秘密基地だった。

　家族心理学では、親と子の間に世代間境界を設定することが大切だと言われる。親に対して秘密をもつことは、世代間境界の設定とも言える。

　たとえば、母子密着の場合は、母親も子どももお互《たが》いに対して秘密をもたず、何でもあけすけに話すため、世代間境界がないのである。秘密をもつことによって、親の侵入《しんにゅう》を許さない自分の領域を確保することができ、親から心理的に分離独立《ぶんりどくりつ》した存在になっていく。それは心理的自立の典型的な道筋である。

　健全な親子関係においては、世代間境界がはっきりとしているものであり、子どもが親に対して秘密をもつようになるのは当然のことであり、心が順調に発達していることの証拠とも言える。

　ゆえに、親に秘密をもつようになったからといって、自分は悪い子だと自分を責める必要はない。頼《たの》もしい大人への道を歩み始めたのだ。

問１　――線１「中学生くらいになると、親に何か言われるたびに鬱陶しく感じ、反発したくなる」とあるが、それはなぜか。その説明として最も適当なものを次の中から選び、記号で答えなさい。

ア　中学生くらいになり心と身体が急に成長すると、心身のバランスを保つことが難しくなり、親のちょっとした小言に対していらだつ気持ちを抑《おさ》えづらくなるから。

イ　中学生くらいになり心が大人へと成長し始めると、自分の意見だけが正しいと思い込み、親の意見は間違っていると考えるようになるから。

ウ　中学生くらいになり心が順調に育っていくと、親の考え方とは違った自分独自の考え方が生まれたり、自分で行動してみたいという意思が生まれたりするから。

エ　中学生くらいになり心が発達すると、親の価値観と自分の価値観の違いに気がついたり、親よりも優位な立場にいたいと考えるようになったりするから。

オ　中学生くらいになり心が不安定になると、これまで親に任せていたことも自分で行わなければ心配になり、何でも自分で取り組みたいと考えるようになるから。

二〇二一年度　市川中学校

【国　語】〈第一回試験（一般・帰国生）〉（五〇分）〈満点：一〇〇点〉

【注意】解答の際には、句読点や記号は一字と数えること。

一　**次の文章は、榎本博明《えのもとひろあき》『「さみしさ」の力』の一部である。これを読んで、後の問いに答えなさい。なお、出題に際して、本文には省略および表記を一部変えたところがある。**

小学生の頃《ころ》は、

「いつまでゲームやってるの！　宿題やったの？」

などと親から言われて、

「今、やろうと思ってたのに、いちいちうるさいな」

などと反発することはあっても、何かと親に頼《たよ》り、手伝ってもらったりアドバイスをしてもらったりするのをありがたく思うことが多かったはずだ。ところが、1中学生くらいになると、親に何か言われるたびに鬱陶《うっとう》しく感じ、反発したくなる。

いわゆる反抗期《はんこうき》になったのだ。親からすれば、子どものためを思って言っているのに、なんでわからないんだと言いたくもなるだろうが、心の発達という観点からすれば、これはむしろ歓迎《かんげい》すべきことなのである。

「親と価値観が合わないから、言われることすべてが納得いかない」

という人もいるが、それは親の価値観とは異なる自分なりの価値観ができつつあることを暗に示している。

「親の言うとおりにすればうまくいくかもしれないけど、それはどうしても抵抗《ていこう》があるんです。自分の思うようにやってみたいんです」

という人もいるが、それは心の中に主体性が育ってきていることのあらわれと言える。

A

たしかに行動は外から観察可能だが、心の中で何を考えているかは外からはわからない。反抗的な態度や言葉は親にあからさまに伝わってしまうが、心の中で反抗していても親に即座《そくざ》に見透《みす》かされることはない。

認知能力の発達により、抽象的《ちゅうしょうてき》思考《しこう》が活発に動き出す青年期には、親にも窺《うかが》い知れない自分独自の世界ができてくるのだ。だから、青年期に突入《とつにゅう》した子をもつ親は、「ウチの子は、この頃、何を考えてるんだか、さっぱりわからない」などと言うわけだ。自分にはコントロールできない存在になりつつあるわが子との間に、2見えない壁《かべ》があるのを感じるのだろう。

B

今どきの親は、「ほめて育てる」とか「叱《しか》らない子育て」といった標語に惑《まど》わされ、子どもに対してやたらと迎合《げいごう》することがあり、そのような親に接する者は、とくに反抗すべき対象として親を意識することはないかもしれない。

だが、自分の考えを理不尽《りふじん》に押《お》しつけてくる親ではなくても、こちらが何を考えているのかわからず腫《は》れ物に触《さわ》るようにしている親であっても、そんな親の言葉や態度を鬱陶しく感じる。それが一般的《いっぱんてき》な青年期の感受性なのではないだろうか。

C

結局、反抗というのは、親の言いなりになることに抵抗を示し、自分の思うようにしたいと自己主張すること、つまり自分の意思を押し通そうとすることである。

したがって、反抗しない者には押し通すような意思がないというこ

2021年度

市川中学校　▶解説と解答

算数 ＜第１回(一般・帰国生)試験＞（50分）＜満点：100点＞

解答

$\boxed{1}$ (1) 37　(2) 300g　(3) 17日目　(4) 130度　$\boxed{2}$ (1) $2\frac{3}{4}$秒　(2) 21m/秒　(3) 1169m^2　$\boxed{3}$ (1) (例) 解説の図１を参照のこと。　(2) 688.16cm^2　(3) 622.4cm^2　$\boxed{4}$ (1) 68個　(2) 45　(3) 88個　$\boxed{5}$ (1) **テープＡ**…S，□，b，G／NG　**テープＢ**…S，□，□，□，□，G／OK　(2) (例) 解説の図③を参照のこと。　(3) (例) aとbの個数が等しいテープ。

解説

$\boxed{1}$ 計算のくふう，消去算，仕事算，角度

(1) $A\times B+A\times C=A\times(B+C)$となることを利用すると，$\underline{13}\times17+36\times24+19\times\underline{13}-35\times37=\underline{13}\times(17+19)+36\times24-35\times37=13\times\underline{36}+\underline{36}\times24-35\times37=\underline{36}\times(13+24)-35\times37=36\times\underline{37}-35\times\underline{37}=\underline{37}\times(36-35)=37\times1=37$

(2) テニスボール１個の重さを$\boxed{1}$とすると，バレーボール１個の重さは$\boxed{5}$となるから，テニスボール15個とバレーボール７個の重さの合計は，$\boxed{1}\times15+\boxed{5}\times7=\boxed{50}$となり，テニスボール５個とバレーボール５個の重さの合計は，$\boxed{1}\times5+\boxed{5}\times5=\boxed{30}$となる。よって，バスケットボール１個の重さを①として式に表すと，右の図１のア，イのようになる。次に，アの式の等号の両側を７倍，イの式の等号の両側を５倍してバスケットボールの重さをそろえると，$\boxed{350}-\boxed{150}=\boxed{200}$にあたる重さが，42000－30000＝12000(g)とわかる。よって，$\boxed{1}$＝12000÷200＝60(g)なので，バレーボール１個の重さは，60×５＝300(g)となる。

図１

$\boxed{50}$＋⑤＝6000(g)…ア
$\boxed{30}$＋⑦＝6000(g)…イ
⬇
$\boxed{350}$＋㉟＝42000(g)…ア×７
$\boxed{150}$＋㉟＝30000(g)…イ×５

(3) 仕事全体の量を20と25と50の最小公倍数である100とすると，Ａ君，Ｂ君，Ｃ君が１日に行う仕事の量はそれぞれ，100÷20＝５，100÷25＝４，100÷50＝２となる。また，Ａ君は，１＋２＝３(日)ごと，Ｂ君は，２＋１＝３(日)ごと，Ｃ君は，３＋１＝４(日)ごとに同じ仕事の仕方をするから，３と４の最小公倍数である12日を周期と考える。上の図２から，１周期で行う仕事の量は，Ａ君が，５×４＝20，Ｂ君が，(４×２)×４＝32，Ｃ君が，(２×３)×３＝18とわかるので，全部で，20＋32＋18＝70と求められる。よって，100÷70＝１余り30より，仕事が終わるのは，２周期目の30の仕事が終わったときとなる。11＋６＋２＋９＝28，28＋６＝34より，30の仕事をするのに５日かかるから，仕事が終わるのは，12＋５＝17(日目)である。

図２

Ａ君	5	0	0	5	0	0	5	0	0	5	0	0
Ｂ君	4	4	0	4	4	0	4	4	0	4	4	0
Ｃ君	2	2	2	0	2	2	2	0	2	2	2	0
合計	11	6	2	9	6	2	11	4	2	11	6	0

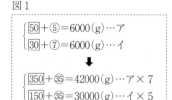

(4) 右の図3で，角あと角うの大きさは等しいので，角あと角いの大きさの和を求めるには，三角形AFEの内角の和から角EAFの大きさをひけばよい。はじめに，角Cの大きさは60度であり，CD＝CGだから，三角形CGDは正三角形である。よって，角GDC＝角ABC＝60度より，ABとEDは平行とわかるから，角ADEの大きさは40度になる。また，三角形DEAは二等辺三角形なので，角EADの大きさは，(180－40)÷2＝70(度)と求められる。さらに，角CADの大きさは，60－40＝20(度)だから，角EAFの大きさは，70－20＝50(度)とわかる。したがって，角あ(角う)と角いの大きさの和は，180－50＝130(度)である。

図3

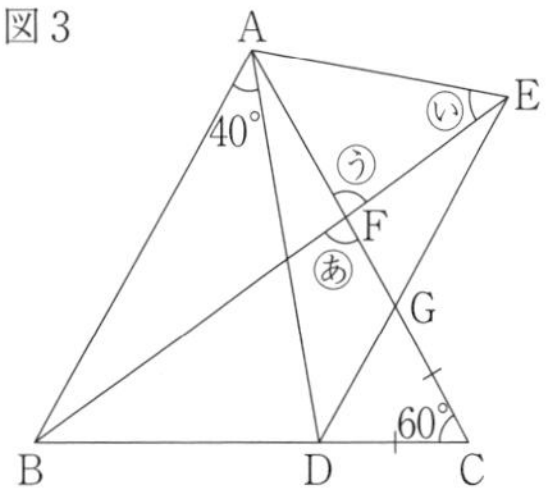

2 平面図形，立体図形―相似，面積

(1) バスBが右の図①のように動く時間を求めればよい。図①で，斜線《しゃせん》の三角形はどちらも直角二等辺三角形だから，かげの三角形も直角二等辺三角形になり，アの長さは，6＋3＋6＝15(m)，イの長さは，15＋3＝18(m)とわかる。よって，バスBの最《さい》後尾《こうび》が走る距離《きょり》は，15＋18＝33(m)なので，その時間は，33÷12＝$2\frac{3}{4}$(秒)である。

図①

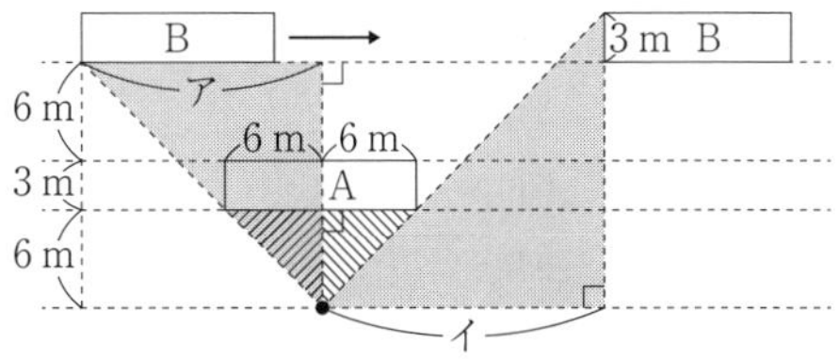

(2) 下の図②で，斜線の三角形とかげの三角形は相似であり，相似比は，(6＋3)：(6＋3＋6)＝3：5だから，ウの長さは，45×$\frac{3}{5}$＝27(m)である。また，バスBは1秒間で12m動くので，下の図③のエの長さは，45＋12＝57(m)，オの長さは，57－12＝45(m)になる。さらに，図③の斜線の三角形とかげの三角形は相似であり，相似比は，6：(6＋3＋6)＝2：5だから，カの長さは，45×$\frac{2}{5}$＝18(m)，キの長さは，18－12＝6(m)と求められる。よって，バスAの先頭は1秒間で，27－6＝21(m)動いたので，バスAの速さは毎秒，21÷1＝21(m)とわかる。

図②(初期状態)

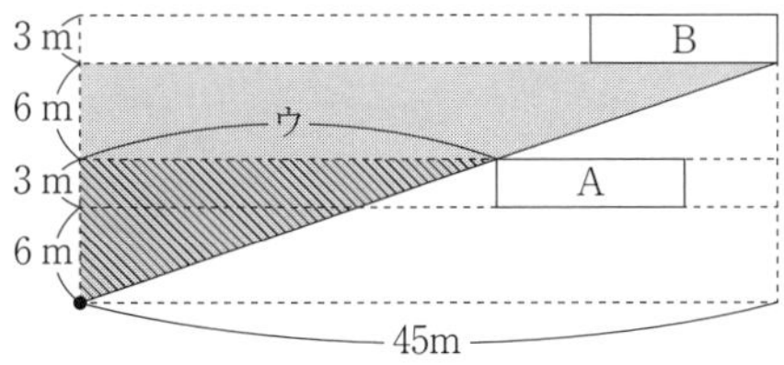

図③(1秒後)

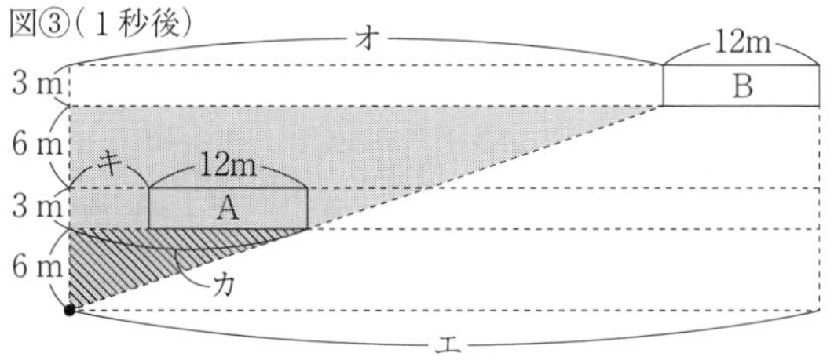

(3) はじめに，バスAの影《かげ》を上から見た図だけを考える。下の図④で，斜線の三角形の底辺と高さの比は，45：(6＋3＋6)＝3：1なので，かげの三角形の底辺は，6×$\frac{3}{1}$＝18(m)となり，クの長さは，18－12＝6(m)とわかる。よって，太線の三角形の底辺と高さの比は，6：(3＋6)＝2：3だから，ケの長さは，(6＋3＋6＋3＋12)×$\frac{2}{3}$＝30×$\frac{2}{3}$＝20(m)と求められる。ほかの部分についても同様にして求めると下の図⑥のようになり，太郎君から見て手前の側面の影は□と□の間に，太郎君から見て奥《おく》の側面の影は△と△の間にできることがわかる。次に，バスAの影を横から見た図だけを考える。下の図⑤で，a：b＝6：(3＋6＋3＋12)＝1：4より，手前の側面が壁《かべ》に作る影の高さは，3×$\frac{1+4}{1}$＝15(m)とわかる。同様に，c：d＝(6＋3)：(6＋3＋12)＝3：7より，奥の側面が壁に作る影の高さは，3×$\frac{3+7}{3}$＝10(m)と求められる。このこと

図④

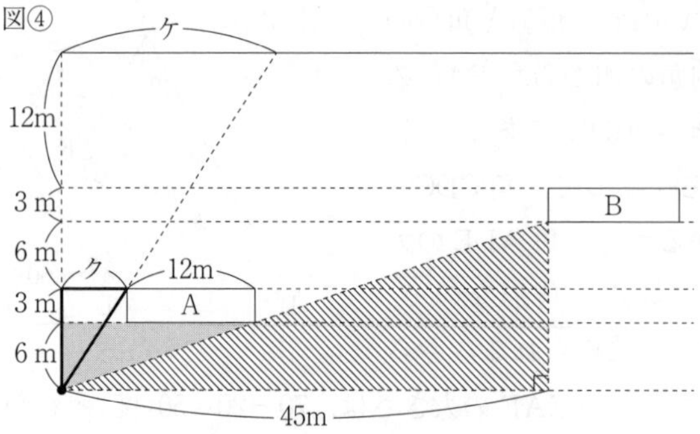

図⑤

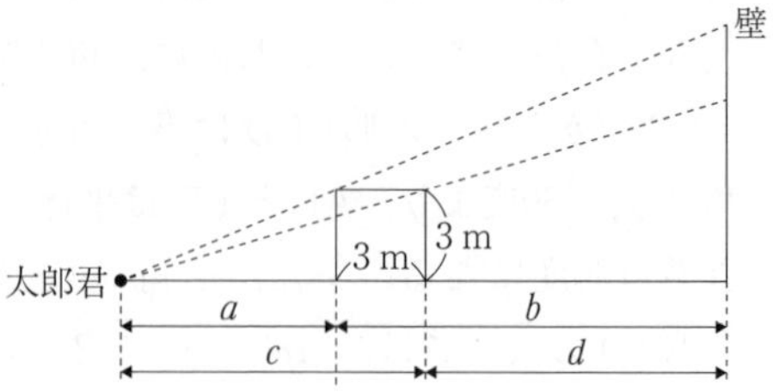

図⑥

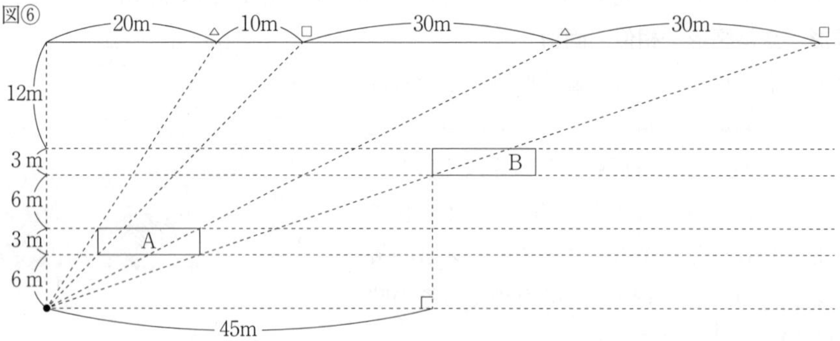

図⑦

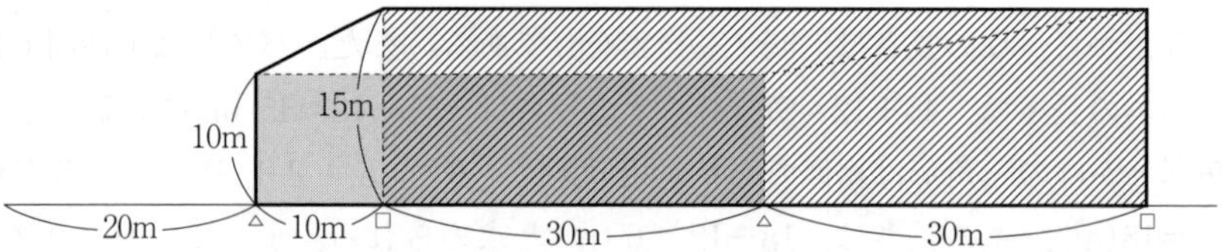

図⑧

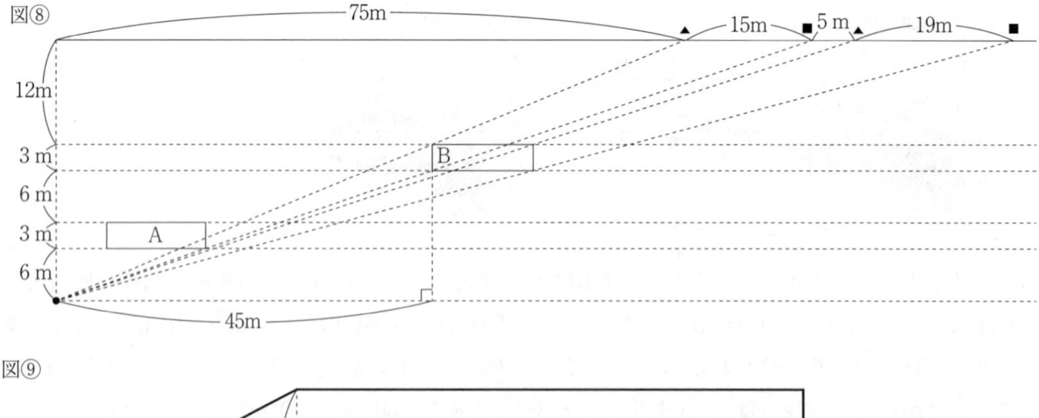

図⑨

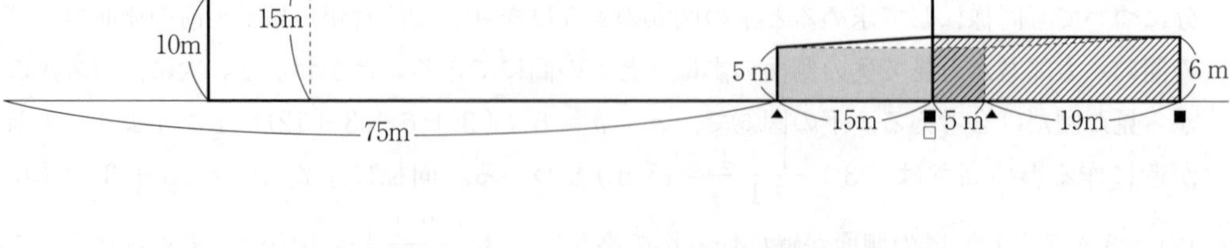

と図⑥から，バスＡが作る影は上の図⑦のようになることがわかる。図⑦で，手前の側面が作る影は斜線，奥の側面が作る影はかげの長方形であり，バスＡが作る影は太線部分になる。同様にしてバスＢについて考えると，真上から見た図は上の図⑧のようになる。また，バスＢを横から見ると，図⑤で，a ： b ＝（６＋３＋６）：（３＋12）＝１：１より，手前の側面が壁に作る影の高さは，$3\times\frac{1+1}{1}=6$（m）とわかり，c ： d ＝（６＋３＋６＋３）：12＝３：２より，奥の側面が壁に作る影の高さは，$3\times\frac{3+2}{3}=5$（m）と求められる。よって，図⑦にバスＢが作る影をかき加えると，上の図⑨のようになる（■と□が一致《いっち》することに注意）。図⑦で，バスＡによってできる影の面積は，(10＋15)×10÷２＋15×(30＋30)＝1025(m^2)である。また，図⑨の斜線の長方形の面積は，６×（５＋19）＝144(m^2)だから，バスＡ，バスＢによってできる影の面積は，1025＋144＝1169(m^2)と求められる。

3 平面図形―移動，作図，面積

(1) たとえば，はじめに下の図１のように，BA と AD をそれぞれ延長する。次に，Ａを中心として，半径が AD の長さに等しい円の一部をかく。この曲線が BA を延長した直線と交わる点が移動後の点 D′ になる。同様に，Ａを中心として，半径が AB の長さに等しい円の一部をかく。この曲線が AD を延長した直線と交わる点が移動後の点B′ になる。さらに，点 D′ を中心として，半径が DC の長さに等しい円の一部をかく。同様に，点 B′ を中心として，半径が BC の長さに等しい円の一部をかく。この２つの曲線が交わる点が移動後の点 C′ になる。最後に，B′，C′，D′ を順に結ぶと，移動後の台形 AB′ C′ D′ になる。

図１

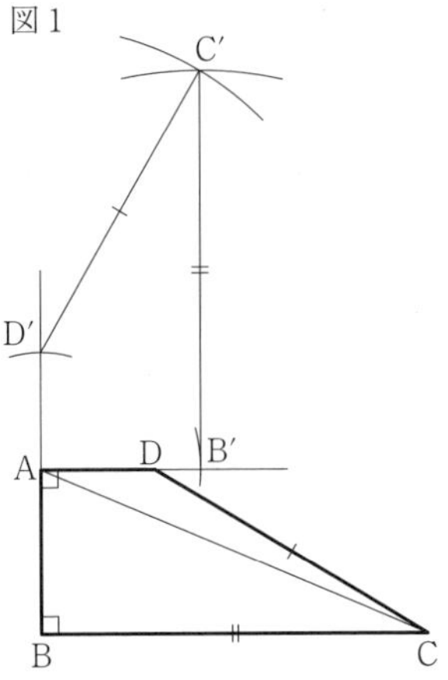

図２

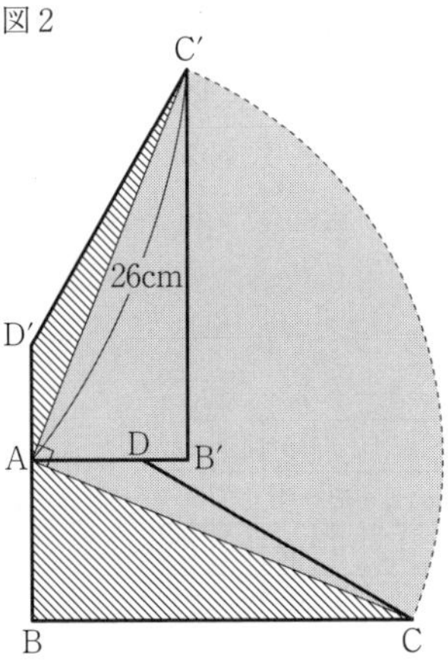

図３

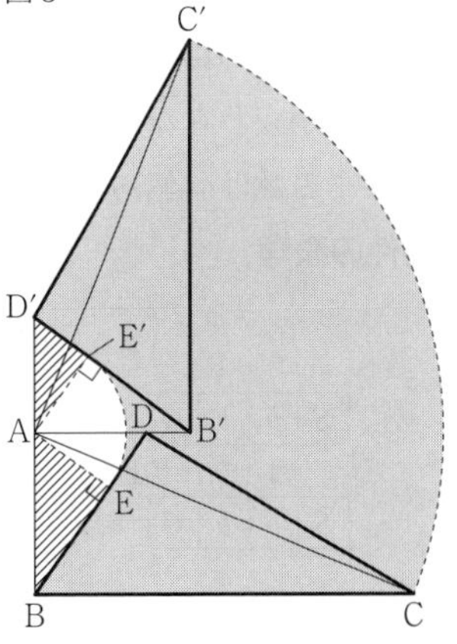

(2) 台形 ABCD が通過したのは，上の図２の斜線部分とかげをつけた部分である。斜線部分のうち，三角形 AC′ D′ は三角形 ACD と合同だから，斜線部分の面積の合計は，台形 ABCD の面積と等しく157.5cm^2になる。また，かげをつけた部分は半径が26cmの四分円なので，面積は，$26\times26\times3.14\times\frac{1}{4}=530.66$($cm^2$)とわかる。よって，台形 ABCD が通過した部分の面積は，157.5＋530.66＝688.16(cm^2)である。

(3) 三角形 BCD が通過したのは，上の図３のかげをつけた部分である。ここで，Ａから BD と直角に交わるように引いた直線 AE の長さを□cmとすると，BD の長さは12.5cm，三角形 ABD の面積は37.5cm^2だから，12.5×□÷２＝37.5(cm^2)と表すことができる。よって，□＝37.5×２÷12.5＝６(cm)なので，四分円 AEE′ の面積は，$6\times6\times3.14\times\frac{1}{4}=28.26$($cm^2$)と求められる。また，三角形AE′ D′ と三角形AEDは合同だから，図３の斜線部分の面積の合計は，三角形ABDの面積と等しく37.5cm²になる。したがって，三角形BCDが通過しない部分の面積は，28.26＋37.5＝65.76(cm²)なので，三角形BCDが通過した部分の面積は，688.16－65.76＝622.4(cm²)である。

4 約束記号，整数の性質，正比例と反比例

⑴ 2021を□で割ったときの商が５以上６未満になる。そこで，□は，2021÷５＝404.2以下で，2021÷６＝336.8…より大きいことがわかる。よって，□は337以上404以下の整数なので，404－337＋１＝68(個)ある。

⑵ $\frac{2021}{\square}-\frac{2021}{\square+1}=\frac{2021\times(\square+1)-2021\times\square}{\square\times(\square+1)}=\frac{2021\times\square+2021-2021\times\square}{\square\times(\square+1)}=\frac{2021}{\square\times(\square+1)}$ となるから，$\frac{2021}{\square\times(\square+1)}<1$ の□にあてはまる最小の整数を求めればよい。この式は，2021＜□×(□＋１)となるので，□に順に整数をあてはめて調べると，44×(44＋１)＝1980，45×(45＋１)＝2070より，□にあてはまる最小の整数は45とわかる。

⑶ 44×44＝1936，45×45＝2025より，44×44＜2021＜45×45となるから，☆が１以上44以下の場合と45以上2021以下の場合に分けて考える。☆が１以上44以下の場合は，右の図１のようになる。図１で，☆を１ずつ増やすのにともなって□は減っていくが，減る数は次々と小さくなる。このとき，最後に減る数は２なので，それまでに減る数は２以上であり，□の値はすべて異なることになる。つまり，☆が１以上44以下の場合，それぞれに対応する□の値はすべて異なり，□にあてはまる数は44個あることがわかる。次に，☆が45以上2021以下の場合は右上の図２のようになる。図２では，☆を１ずつ増やすのにともなって，□は１減るか変わらないかのどちらかになる。すると，□には44から１までの数が現れるから，□にあてはまる数は44個ある。したがって，全部で，44＋44＝88(個)と求められる。

図１

☆	1	2	3	…	43	44
□	2021	1010	673	…	47	45

－1011　－337　－2

図２

☆	45	46	47	…	2020	2021
□	44	43	43	…	1	1

－1　－0　－0

5 条件の整理

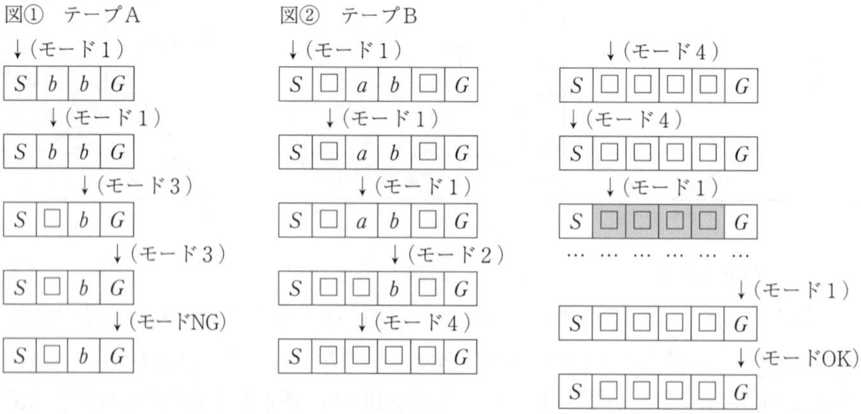

⑴ 上の図①で，はじめ，機械はテープの左《ひだり》端《はし》の S にいて，モードは１になっている。そこで，説明書２のモード１の処理にしたがって，S の記号を S のままにし，テープのマス目を１つ右に移動する。また，このとき機械のモードは１のままである。次に，モード１の処理にしたがって，左から２番目の b の記号を□に変え，テープのマス目を１つ右に移動する。このとき機械のモードは３になる。さらに，モード３の処理にしたがって，左から３番目の b の記号を b のままにし，テー

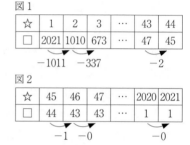

プのマス目を１つ右に移動する。このとき機械のモードは３のままである。最後に，モード３の処理にしたがって，Gの記号をGのままにし，その場所に止まる。このとき機械のモードはNGになる。よって，機械が止まったとき，左から順に，S，□，b，Gとなり，機械のモードはNGである。テープＢについても同様に考えると，上の図②のようになる（かげをつけた部分では機械の位置だけが１つずつ右に移動することになる）。したがって，機械が止まったとき，左から順に，S，□，□，□，□，Gとなり，機械のモードはOKである。

(2)　機械が止まったときにモードOKになるためには，機械がGの位置にきたときにモード１になっている必要がある。また，Sのとなりのマス目がaの場合は，（a，□，右）の指示にしたがってモード２に変わるが，この後モード１にもどるためには，（b，□，左）の指示にしたがってモード４を経由する必要がある。同様に，Sのとなりのマス目がbの場合は，（b，□，右）の指示にしたがってモード３に変わるが，この後モード１にもどるためには，（a，□，左）の指示にしたがってモード４を経由する必要がある。つまり，aとbが少なくとも１個ずつ必要であり，モード１にもどるまでにaとbが１個ずつ□に変わる。これをくり返すことでモード１にもどることができるから，機械が止まったときにモードOKになるのは，aとbが３個ずつある場合である。よって，たとえば右の図③のような例が挙げられる。

図③

S	a	a	a	b	b	b	G

S	a	b	a	b	a	b	G

(3)　(2)より，機械が止まったときにモードOKになるのは，aとbの個数が等しいテープである。

社　会　＜第１回（一般・帰国生）試験＞（40分）＜満点：100点＞

解　答

1 **問１**　大宰府　**問２**　白村江の戦い　**問３**　聖武天皇　**問４**　分国法　**問５**　イ，エ　**問６**　オ　**問７**　カ　**問８**　ア，ウ　**問９**　①（例）交通手段として船が広く使われ，寄航場と内陸が鉄道で結ばれたことで，人の移動が活発になった。　②（例）各地で学校や工場がつくられ，人が密集する機会が増えた。　**問10**　エ　**問11**　イ，オ　**問12**　オ　**問13**　ウ　**2** **問１**　エ　**問２**　(1)　千曲川　(2)　ア　**問３**　棚田　**問４**（例）周辺の市町村などとの合併が行われたため。　**問５**　オ　**問６**（例）2015年に長野から金沢まで北陸新幹線が開通したため，それまで上越新幹線や在来線で新潟県に入ったあと，乗りかえて金沢へ向かっていた旅行客などが，ここを通らなくなった。そのため，乗りかえ駅であった越後湯沢駅や六日町駅の定期外の乗車人員が激減した。　**問７**　伝統的工芸品
3 **問１**　**1**　ア　**2**　イ　**3**　ウ　**4**　ア　**問２**　ウ　**問３**　イ，ウ　**問４**　ウ　**問５**　生存権　**問６**　３（議席）　**問７**（例）地方自治体は住民の生活に密着した仕事をになっているので，地方自治が適切に行われれば，住民にとって政治や民主主義を学ぶよい機会となるから。　**問８**　ア，ウ，オ　**問９**　**5**　エ　**6**　ウ　**7**　ア　**問10**　ア

解　説

1　各時代の歴史的なことがらについての問題

問１　古代，北九州は朝鮮半島や中国との外交・防衛上の重要拠点《きょてん》とされ，律令制度のもとで朝廷

の出先機関として大宰府《だざいふ》が置かれた。大宰府は現在の福岡県太宰府市に置かれ，外交・防衛だけでなく九州の行政も担当し，「遠《とお》の朝廷《みかど》」とよばれた。

問２　660年，朝鮮半島南部にあり，日本と友好関係にあった百済《くだら》が新羅《しらぎ》によって滅《ほろ》ぼされると，中大兄《なかのおおえの》皇子はこれを復興しようと朝鮮半島に出兵したが，663年，新羅・唐(中国)の連合軍に大敗した。これを白村江《はくすきのえ》の戦いという。この戦いに敗れた日本は，朝鮮半島における足場を失った。

問３　奈良時代前半には貴族どうしの争いが続いたほか，飢饉《ききん》や疫病《えきびょう》も広がり，藤原四兄弟(不比等の息子たち)が天然痘《とう》のためあいついで亡くなるなど，社会不安が広がっていた。仏教を厚く信《しん》仰《こう》した聖武天皇は，仏教の力で社会の混乱をしずめ，国を安らかに治めようと願い，地方の国ごとに国分寺と国分尼《に》寺を建てさせ，都の平城京には東大寺と大仏をつくらせた。

問４　戦国時代に各地を領有した戦国大名は，家臣を統制し，領国を統治するために独自のきまりである分国法を定めた。分国法としては，今川氏が定めた「今川仮名《かな》目録」や，武田信玄が定めた「甲州法度之次第《こうしゅうはっとのしだい》(信玄家法)」などがよく知られる。

問５　豊臣秀吉は1585年に関白，翌86年には太政《だいじょう》大臣に任じられている。これは，全国統一事業をすすめやすくするために朝廷の権威《けんい》を利用しようと考えたからである。また，キリスト教の広がりが全国統一事業のさまたげになると考えた秀吉は，1587年にバテレン(キリスト教宣教師)追放令を出して宣教師を国外追放とした。しかし，南蛮《なんばん》貿易は続けさせたため，禁教は徹底《てってい》しなかった。よって，イとエがあやまっている。

問６　①は1722年，②は1862年，③は1839年，④は1774年，⑤は1685年(最初の法令が出された年)のできごとなので，年代の古い順に⑤→①→④→③→②となる。

問７　1858年に欧米５か国と修好通商条約を結んで貿易が始まると，貿易相手国はイギリス，貿易港は横浜港が中心となり，日本からはおもに生糸が輸出された。一方，輸入品の中心は，当時の日本の技術では大量生産が難しかった反面，イギリスでは工場での大量生産が可能となっていた，毛織物や綿織物などの製品であった。

問８　アとウは，第一次世界大戦の時期の日本を正しく説明している。なお，イは「遼東《リャオトン》半島」ではなく「山東《シャントン》半島」が正しい。エについて，1918年７月，富山県の漁村で主婦たちが米の安売りを求めて米屋に押しかけた。これが新聞で報じられると，同じような騒《さわ》ぎが全国各地に広がり，米騒動《そうどう》とよばれた。寺内内閣はこれを鎮圧《ちんあつ》するために軍隊まで出動させたが，その責任をとって総辞職した。オについて，第一次世界大戦で戦勝国となった日本は，1920年に発足した国際連盟に常任理事国として参加した。

問９　①　資料ハからは，川や湖の沿岸に多くの寄航場が設けられていることと，多くの寄航場と内陸が鉄道でつながっていることが読み取れる。また，資料ニは河川を航行する蒸気船で，こうした船によって人や貨物が寄航場を行き来していたと推測できる。ここから，明治期には船や鉄道を使った人の移動がそれまでよりも速く，広範囲《はんい》におよぶようになったため，感染症《しょう》が拡大しやすくなったのだと考えられる。　②　資料ホは明治初期の小学校のようす，資料へは明治期の製糸場のようすである。こうした学校や工場では集団生活が営まれていたので，感染症が発生すると拡大する可能性が高かったと考えられる。また，製糸場などの工場では工員たちが寄宿舎で生活することも多かったので，そうした環境も拡大につながりやすかったと考えられる。

問10　農地改革は農村を民主化するための政策で，地主の土地を一定面積だけ残して政府が強制的に買い上げ，土地を持たない小作農に安く売りわたすことで，多くの自作農を生み出した。よって，エがあやまっている。

問11　太平洋戦争(1941～45年)開戦当初，大学生は兵役が免除されていたが，戦局が悪化してきた1943年，文系の学生が徴兵《ちょうへい》されるようになり，その多くが戦場に送られた。これを学徒出陣《しゅつじん》という。また，太平洋戦争末期の1945年８月８日，ソ連は一方的に日ソ中立条約の破棄《はき》を通告すると，翌９日から満州や樺太《からふと》などへの侵攻《しんこう》を開始した。よって，イとオがあやまっている。

問12　ａは新潟(第二)水俣《みなまた》病が発生した新潟県の阿賀野《あがの》川流域，ｂはイタイイタイ病が発生した富山県の神通《じんずう》川流域，ｃは四日市ぜんそくが発生した三重県四日市市，ｄは水俣病が発生した熊本県の八代《やつしろ》海沿岸を指している。

問13　明治時代，足尾銅山(栃木県)の工場から流された鉱毒で渡良瀬《わたらせ》川流域の田畑が汚染され，流域の人びとが大きな被害を受けた。この足尾銅山鉱毒事件は1890年ごろから深刻な問題となり，栃木県選出の衆議院議員であった田中正造はこれを議会で取り上げて政府にその対策をせまった。しかし，政府の対応は誠意を欠くもので被害がやまなかったため，1901年，正造は議員を辞職して天皇に直訴《じきそ》を試みるなど，問題解決のために一生をささげた。

２　新潟県の自然や産業，交通などについての問題

問１　新潟市は，冬の降水(雪)量が多いことを特徴《とくちょう》とする日本海側の気候に属しているので，冬季の平均日照時間が短いエだと判断できる。なお，最も日照時間が長いイは前橋市(群馬県)，最も平均気温が低いウは長野市で，残るアが福島市である。

問２　(1)　関東山地の甲武信ケ岳《こぶしがたけ》を水源とする信濃川は，長野県内では千曲《ちくま》川とよばれ，長野市で最大の支流である犀《さい》川と合流して北東に流れる。その後，新潟県に入って信濃川と名を変え，越後平野を流れて日本海に注ぐ。　(2)　流域面積が最も広いウには，流域面積が全国第１位の河川である利根川があてはまる。表２中で利根川についで流域面積が大きく，流域関係都道府県数が１つとなっているイは，北海道を流れ，全国で２番目に流域面積が広い石狩川である。残る２つのうち，流域に政令指定都市の新潟市や，長野県の県庁所在地である長野市がある信濃川は，流域内人口が約96万人では少なすぎると判断できるので，アが信濃川だとわかる。信濃川の流域面積は全国第３位である。なお，エには最上川があてはまる。

問３　写真のように，斜面《しゃめん》につくられた水田は棚田《たなだ》とよばれる。各地の山間部で見られるが，機械を使用しづらく農作業が大変であるため，減少傾向《けいこう》にある。しかし，雨水をためることで土砂災害を防ぐなど，環境保全に役立っている点が注目され，近年，これを保持していこうとする動きも広まっている。

問４　2005年から2006年にかけて，総人口が増えている一方で人口密度は減っている。これは，合《がっ》併《ぺい》により市域が広がった反面，人口の少ない市町村が加わったことにより，人口密度が低下したのだと考えられる。2000年代には「平成の大合併」とよばれる，政府主導による市町村合併がすすみ，2005～06年にピークをむかえた。この流れの中で，長岡市も2005年に中之島町，越路町，山古志村，小国町，三島町と，2006年に栃尾《とちお》市，寺泊《てらどまり》町，与板町，和島村と合併した。

問５　図３は正距方位図法で描かれた世界地図で，中心からの距離と方位が正しく表される。一方，図２はミラー図法による世界地図で，緯線と経線が直角に交わるが，方位や距離，面積などは正しく表されない。図３は東京が中心になっていると考えられ，これを用いれば日本からａの都市までの距離が最も遠いとわかる。

問６　図５と図６より，2014年と2015年で，長岡方面の時刻表に大きな変化はない一方，直江津方面の時刻表からは，定期的に運行されていた金沢行きの特急列車が2015年には廃止されているとわかる。これは，2015年３月に長野－金沢間で北陸新幹線が開業したためである。それまで，東京方面から金沢に向かう場合，上越新幹線で越後湯沢まで行き，そこからほくほく線経由の特急金沢行きに乗ったり，在来線で六日町まで行き，そこからほくほく線に乗ったりすることができた。しかし，北陸新幹線の開業によってこのルートを通らなくても金沢まで行けるようになったため，グラフ２とグラフ３からわかるように，定期外，つまり旅行などでこの２つの駅を利用する人が激減したのである。

問７　各地でつくられる工芸品のうち，指定された要件を満たしたものは経済産業大臣によって伝統的工芸品に指定され，検査に合格した製品には図７の「伝統マーク」を使用した証紙が貼《は》られる。

３ **日本の政治と国際社会についての問題**

問１　Ｘは需要《じゅよう》曲線，Ｙは供給曲線である。価格がａのときは供給量が需要量を大きく上回っているため，そのままでは商品が売れ残ってしまう。そのため，生産者は供給量を減らす。一方，商品が売れ残るような状態になれば価格は下がっていくので，需要量は増えていく。

問２　①　景気がいいときはものがよく売れるので，企業は生産を増やす。　②　景気が悪いときはものが売れず価格は下落するが，市場にお金が出回らなくなるので，お金の価値はあがる。この状態をデフレーション(デフレ)という。よって，正しい。

問３　1951年，日本はアメリカとの間で日米安全保障条約を結び，アメリカ軍が日本に駐留《ちゅうりゅう》することを認めた。自衛隊は，1950年に創設された警察予備隊が1952年に保安隊となり，これを改組・改称して1954年に発足した。また，1956年10月，日ソ共同宣言の調印によってソ連との国交が回復した。これにより，それまで国際連合の安全保障理事会で日本の加盟に反対していたソ連が賛成に転じたことで，同年12月，日本の国際連合加盟が実現した。日本と中国の国交は，1972年に結ばれた日中共同声明によって正常化した。よって，イとウがあやまっている。

問４　グラフ１より，介護《かいご》対策は2000年から実施されるようになったと判断できる。グラフ２より，2000年時点の65歳以上人口は20％を下回っているので，ウがあやまっている。

問５　日本国憲法第25条が保障する「健康で文化的な最低限度の生活を営む権利」は生存権とよばれ，この権利を保障するためにさまざまな社会保障制度が整備されている。

問６　各党の獲得《かくとく》票数を１，２，３，４…で割った商は，Ｘ党が3600，1800，1200，900…，Ｙ党が2700，1350，900，675…，Ｚ党が900，450，300，225…となる。下線をつけた数値が当選となるから，各党の当選人数は，Ｘ党４名，Ｙ党３名，Ｚ党１名になる。

問７　地方自治体は学校や公園の運営，警察，消防など，住民にとって生活に身近なたくさんの仕事をになっている。そのため，住民自身がこれにかかわり，地方自治を適切にすすめていくことは，住民にとって政治や民主主義について学ぶよい機会となる。これをイギリスの政治学者・政治家であるブライスは，「地方自治は民主主義の学校である」とたとえた。

問８　イ，エ，カはすべて国会の権限である。なお，法律案は内閣または国会議員によって作成される。また，予算は内閣が作成し，国会の議決を経て決定される。

問９　**５**　2011年３月に発生した東日本大震災の影響で日本経済が停滞《ていたい》した結果，温室効果ガスの排出量も減少した。　**6**　2015年にパリで開かれた気候変動枠組《わくぐみ》条約第21回締約《ていやく》国会議(COP 21)において採択《さいたく》されたパリ協定では，産業革命前からの世界の平均気温の上昇を２度未満にすることが目標とされた。　**7**　2017年１月に就任したアメリカのトランプ大統領は，自国の経済に悪影響をあたえるとして，パリ協定から離脱《りだつ》することを表明した。なお，2021年１月に就任したバイデン大統領は，パリ協定に復帰することを表明している。

問10　イは第４段落で説明されている「国際的な主導力」に，ウは第３段落で説明されている「寛容な民主主義」や「国民に開かれた議論」などに，エは第２段落で説明されている「経済セーフティネット」に，それぞれあてはまる。本文では，企業活動と人間の安全保障のかかわりについては述べられておらず，児童を雇うこと(児童労働)は「基礎教育」に反すると考えられるので，アがあてはまらない。

理　科　＜第１回(一般・帰国生)試験＞（40分）＜満点：100点＞

解　答

1 ⑴ イ　⑵ ア　⑶ ウ　⑷ ウ　⑸ エ　⑹ イ　**2** ⑴ ク　⑵ ウ　⑶ エ　⑷ 50000人分　⑸ **記号**…Ｉ　**能力**…(例)　からだが小さいため，飛行する能力が高い。　**3** ⑴ 31.6　⑵ オ　⑶ (例)　水溶液の温度を10℃まで下げる。　⑷ ウ　⑸ 空気　⑹ (例)　ゆっくり凍ったため，水に溶けていた空気が逃げたから。

4 ⑴ １　アとウ　２　ケ　⑵ Ｃ，Ｄ　⑶ 右の図　⑷ ア　⑸ ウ　⑹ ウ　⑺ **記号**…カ　**理由**…(例)　ほかに電流を流しにくくするものがなくなり，大きな電流が流れるから。

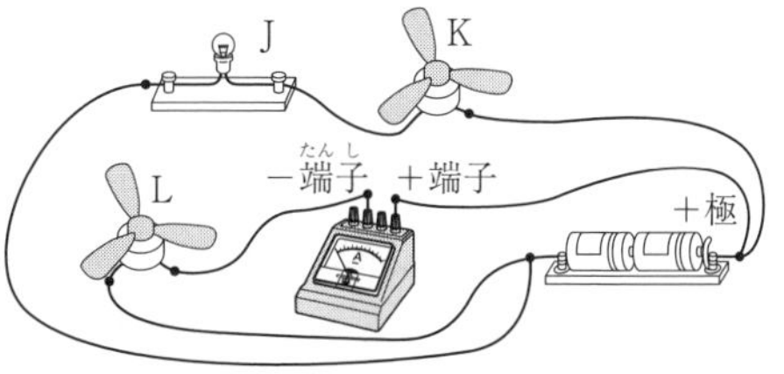

解　説

1 **文章中の天候のようすを考察する問題**

⑴　薄明《はくめい》は日の出の直前や日の入りの直後の，空がうす明るいようすをいう。特に，照明がなくても屋外で活動できるくらいの明るさの状態を常用薄明(市民薄明)といい，日の出の直前や日の入りの直後のおよそ30分間にあたる。

⑵　夜明けがくるのは東の空からであるが，「おそらく凧《たこ》は北に向き」とあるので，北を向いて右側から夜明けがきたのである。

⑶　パズーのいう「雲」に対し，ドーラは「そいつは低気圧の中心だ」といっている。低気圧では，中心に向かって周りから風が反時計回りに吹《ふ》きこんでいる。

⑷　⑶の問題文より積乱雲の頂上周辺の高度は10km程度とわかり，凧の高度は，(3000＋100)÷1000＝3.1(km)なので，右の図のように考えることができる。図中の三角形は直角二等辺三角形なので，パズー(凧)から雲までの距離《きょり》は，10－3.1＝6.9より，約７kmと求め

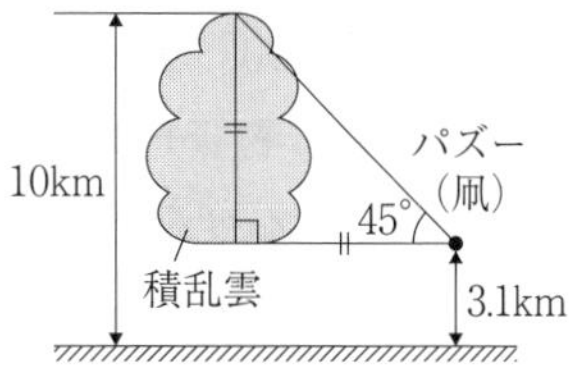

られる。

(5)　「船は東を向いたまま北に流されている」とあることから，タイガーモス号は南寄りの風を受けていると考えられる。また，「船を風に立て」るとは風上に向かって船首を向けること，「面舵《おもかじ》」とは進行方向(船の向き)を右に転じることなので，東に向いている船の先を南に向けようとしている。

(6)　北向きの凧の眼前に雲のかたまり，つまりタイガーモス号の北に低気圧の中心があること，そしてタイガーモス号は南寄りの風を受けていることから考える。

2　昆虫《こんちゅう》の特ちょうについての問題

(1)　昆虫は，からだが頭部・胸部・腹部の3つに分かれている。羽は胸部に4枚(2対)もつものが多いが，ハエは2枚(1対)しかもたず，トビムシやノミのように羽がないものもいる。また，卵→幼虫→さなぎ→成虫の順に育つ(完全変態)ものもいるが，さなぎの時期がない(不完全変態)ものなどもいる。

(2)　Aはカブトムシが樹液をなめに集まるクヌギの葉である。Bはクワの葉で，カイコのエサとなる。Cはイネで，イナゴはイネを食いあらす害虫である。Dはミカンのなかまの葉で，アゲハチョウの幼虫の食草である。

(3)　食物連鎖《れんさ》では，食べる側の生物の方が食べられる側の生物より個体数が少ない。よって，図1では，Gはバッタに食べられ，バッタはFに食べられ，FはEに食べられるという関係になる。ここで，バッタの個体数が一時的に増加すると，バッタのエサであるGは減少し，バッタをエサとしているFは増加するので，エのグラフが適切である。

(4)　4000万匹《びき》のトビバッタの1日の食事量は，2×4000万÷1000＝8万(kg)となるので，8万÷1.6＝5万より，50000人分の食料に匹敵する量を食べてしまうことになる。

(5)　トビバッタが大発生すると，今居る地域のエサを食べつくし，このままではエサ不足になって群れ全体が死んでしまうおそれがある。そのため，エサを求めて群生相となり，ほかの地域に飛んで移動する。よって，群生相は孤独《こどく》相に比べて飛行能力が高くなっている。Iは，羽以外の大きさがHより小さく，からだの大きさに比べて羽の大きさが大きくなっており，それだけ飛行するのに適したからだになっている。

3　ものの溶《と》け方，水のすがたについての問題

(1)　物質Aは70℃の水，177－102＝75(g)に102gまで溶ける。また，20℃の水75gには，102－78.3＝23.7(g)まで溶ける。よって，20℃の水100gには，$23.7\times\frac{100}{75}=31.6$(g)まで溶ける。

(2)　水100gあたり，$520\times\frac{100}{400}=130$(g)の物質Aがすべて溶ける温度を考える。(1)より，70℃の水100gには，$102\times\frac{100}{75}=136$(g)まで溶け，60℃の水100gには109gまで溶けるから，60℃以上70℃未満の範囲《はんい》と考えられる。

(3)　10℃の水200gに物質Aは，$22.0\times\frac{200}{100}=44$(g)まで溶けるから，60℃の水200gに54gの物質Aを溶かし，10℃まで温度を下げると，54－44＝10(g)が溶けきれなくなって出てくる。一方，10℃の水200gに物質Bは，$35.7\times\frac{200}{100}=71.4$(g)まで溶けるから，60℃の水200gに71gの物質Bを溶かして10℃まで温度を下げたとき，物質Bは出てこない。

(4)　水は凍《こお》ると体積が約1.1倍になる。また，コップの中の水は周りから中心に向かって凍ってい

くので，真ん中が盛り上がった形になる。

(5)　実験１と実験２のちがいは，水道水を沸騰《ふっとう》させているかどうかである。水道水には空気が溶けこんでいるが，沸騰させるとそれがぬけるので，氷の白い部分は水道水に溶けている空気と考えられる。水道水が凍っていくと，それに溶けている空気が追い出され，気泡《きほう》となって氷の中に閉じこめられる。この気泡が白い部分となって見える。

(6)　ゆっくり凍らせると，凍る前に溶けている空気がにげていくので，白い部分が少なくなる。実験３ではコップをプラスチック容器に入れたので，実験２よりも冷たさがコップの水に伝わりにくく，凍るのに時間がかかる。

4　電流回路についての問題

(1)　1　豆電球のフィラメントは，一方は下方の出っ張り，もう一方は側面の口金につながっている。アとウは，電池と２個の豆電球の直列つなぎになっており，豆電球は両方ともつく。イでは両方ともつかない。エでは上の豆電球はつかないが，下の豆電球はつく。　2　豆電球やプロペラは電流を流しにくくするもの(抵抗《ていこう》という)で，これらを直列に多くつなぐほど，電流は流れにくくなり，電池の消費が少なくなる。よって，ケの回路が選べる。

(2)　キの回路は豆電球２個の並列つなぎなので，豆電球Ｃと豆電球Ｄは豆電球Ａと同じ明るさになる。豆電球Ｅ，豆電球Ｈ，豆電球Ｊは，プロペラと直列つなぎになっているので，豆電球Ａより暗くつく。

(3)　電流計は測りたい部分に対して直列につなぐので，電流計とプロペラＬを直列につないだ部分と，豆電球Ｌとプロペラ Kの直列つなぎの部分を並列につなぐ。

(4)　クの回路で，回路に流れる電流の大きさが，プロペラＦの回転を止める前は25mA，回転を止めた後は120mAになった。よって，プロペラＦと直列につながっている豆電球Ｅは，プロペラの回転を止めると明るくなる。

(5)　ケの回路で，プロペラＧの回転を止めると，回路に流れる電流が大きくなるので，豆電球Ｈは明るくなり，プロペラＩの回転は速くなる。

(6)　コの回路で，豆電球Ｊをソケットからはずすと，これと直列につながっているプロペラＫは電流が流れなくなるため回転が止まる。しかし，プロペラＬは，豆電球ＪとプロペラＫの直列つなぎの部分とは並列つなぎになっているため，回転に変化はない。

(7)　コの回路での電池の消費は，カの回路とクの回路で消費する量の合計である。一方，カの回路でプロペラの回転を止めると，ほかに電流を流しにくくするものがなくなってしまうので，非常に大きな電流が流れてしまう。

国　語　＜第１回(一般・帰国生)試験＞（50分）＜満点：100点＞

解　答

一　**問１**　ウ　**問２**　Ａ　ウ　Ｂ　ア　Ｃ　イ　**問３**　ウ　**問４**　エ　**問５**　オ

二　**問１**　Ⅰ　イ　Ⅱ　オ　Ⅲ　ア　**問２**　エ　**問３**　(例)　デザイナーを志しながらも失敗した全との子どもである清澄に，デザイナーというきびしい世界で成功するために必要な，突出したセンスや才能があるとは思えなかったから。　**問４**　イ　**問５**　ア　**問６**　イ，

エ　　三　(例)　心の発達にともなって，親とは異なる自分なりの価値観や主体性が育ちはじめ，親にも窺い知れない自分独自の世界ができたために，自分の意思を押し通そうとすることが起きている。　　四　下記を参照のこと。

●漢字の書き取り

四 1　毛頭　　2　骨子　　3　善後　　4　未練　　5　形相　　6　横行　　7　支障　　8　委

解　説

一　**出典は榎本博明《えのもとひろあき》の『「さみしさ」の力―孤独《こどく》と自立の心理学』による。**中学生くらいのころにおとずれる「反抗《はんこう》期」は，順調に心が発達している証拠《しょうこ》だと述べている。

問１　続く部分で，「親に何か言われるたびに鬱陶《うっとう》しく感じ，反発したくなる」のは，「反抗期」に入った状態だとしたうえで，それは「親の価値観とは異なる自分なりの価値観」，つまり「心の中に主体性」が育ちはじめたことの表れだと述べられている。よって，ウがふさわしい。

問２　**A**　ウを入れると，「考えるということは，すでに何ものかから己《おのれ》を隠《かく》すことであるらしい」という亀井勝一郎《かめいかついちろう》氏の言葉を受けて，「たしかに行動は外から観察可能だが，心の中で何を考えているかは外からはわからない」と筆者が述べる形になり，文意が通る。　**B**　アを入れるのがよい。心の中で何を考えているかわからない子と，それをコントロールできないと感じ始めた親との間にあるものを「見えない壁《かべ》」と表現したうえで，亀井氏は「考えるということは，まず家族に対する反逆であり，肉親の不満をかう」ことだと述べ，「この経験のない精神はおそらくない」と指摘《してき》している。これを受けた筆者は，たとえコントロールしようとしてくるわけではなくても，親の言葉や態度を鬱陶しく思うのは，「一般《いっぱん》的な青年期の感受性なのではないだろうか」と述べている。　**C**　イがふさわしい。筆者は，今どきの親は「子どもに対してやたらと迎合《げいごう》することがあり，そのような親に接する者は，とくに反抗すべき対象として親を意識することはないかもしれない」と述べている。そのうえで「反抗期を経ずに成長すること」は，「それだけひ弱い大人，あるいは個性のない大人になる可能性がある」から，「必ずしもよろこぶべきことではない」とする神谷美恵子《かみやみえこ》氏の考えを引用し，「反抗しない者には押《お》し通すような意思」がなく，自分が「まだ育っていない証拠」だという自身の主張を裏づけている。

問３　親が子に対して「見えない壁」を感じてしまうのは，「認知《にんち》能力」の発達で抽象《ちゅうしょう》的思考が活発に動き出した子の内面に，「親にも窺《うかが》い知れない自分独自の世界」が生まれ始めたことによる。その結果，親は子が「何を考えてるんだか，さっぱりわから」ず，「自分にはコントロールできない」と感じてしまうのだから，ウが選べる。

問４　「反抗」は，「多くの場合」が「親と怒鳴《どな》り合ったり，取っ組み合いになったりするような」あからさまなものではないと述べられているので，「間接」があてはまる。

問５　本文では「親に対して秘密をもつことは，世代間境界の設定とも言える」と示し，「何でも知っているつもりになっている」ような「母子密着の場合」には，「世代間境界がない」と述べられている。よって，オの「花子さんの両親は，今までも花子さんのことを何でも知っているつもりになっているから，世代間境界の設定がうまくいっていると思い込《こ》んでいる」という部分が誤り。

二　**出典は寺地《てらち》はるなの『水を縫《ぬ》う』による。**価値観の違《ちが》いから「私」（さつ子）は長男の「清澄《きよすみ》」と口論になってしまったが，徐々《じょじょ》に考え方を変えていくようすが描《えが》かれている。

問１　Ⅰ「思いの丈《たけ》」は，“心の中で思っていることのすべて”という意味。　Ⅱ「すこぶる」は，程度がはなはだしいようす。　Ⅲ「無造作」は，さして注意をはらうことなく，気軽にやること。

問２　母親から「好きにしなさい」と言われてきたことに対し，「私」は「ありがたいなって思う時もあった」が，「子どもに関心」がないようにも思えて「さびしく」，「もうすこし心配してくれてもよかったんちゃう？」と話している。よって，エが選べる。

問３　続く部分に，「全《ぜん》がなし得なかったことを，どうして清澄なら可能だなんて言えるのだろう」と書かれている。「清澄」は，過去に「衣服のデザイナーを志しながらも失敗した」全と自分という，「なんの取り柄《え》もない」二人の間に生まれた子どもなので，彼《かれ》に「突出《とっしゅつ》したセンスとか才能」といったものがあるはずはないと，「私」は決めつけているのである。

問４　前の部分で，「私」は，「水青《みお》」や「清澄」とともに過ごしてきた過去のことを回想している。「うれしいことや楽しいことも，いっぱいあった」のであれば，たとえ，「他人から見たら失敗だとしても」，実はそうでもなかったのではないかと「私」は考えたのだから，イがふさわしい。

問５　「あの子に突出したセンスとか才能とかあるわけない」とあるように，以前の「私」は，「清澄」のことは「母親」である自分がすべてわかっていると思いこんでいた。また，子どもに「失敗してほしくない」という思いから，ドレスや刺繍《ししゅう》のことばかり考えている「清澄」と「口論」になってしまったものと考えられる。しかし，「母」と話したことで，「清澄」には「失敗する権利」があると気づかされたことに加え，「へその緒《お》でつながっている頃《ころ》」でさえ「ひとつではなかった」ことに思い至り，「私」は彼を自分とは「違う人間」として，その生き方を見守っていこうという心境になったのである。

問６　イ「『私』が『強いいかりを感じ』ている」という部分が合わない。興奮はしているが，「私」は「母」の言葉にしっかりと耳を傾《かたむ》けている。　エ「『私』が『母』と子どものころの思い出話をした」という部分がふさわしくない。二人の会話のほとんどは「清澄」のことについてである。

三　一と二の文章を関連づけて答える問題

「清澄」が「あつかいづらくなっていく」というのは，文章一の「反抗期」について述べられた，「親からすれば，子どものためを思って言っているのに，なんでわからないんだと言いたくもなる」という内容に重なる。文章一の筆者は，その点について「心の発達という観点からすれば」，「親の価値観とは異なる自分なりの価値観ができつつ」あり，「心の中に主体性が育って」きたことの表れだと述べている。そして，「認知能力の発達により，抽象的思考が活発に動き出す青年期には，親にも窺い知れない自分独自の世界ができてくる」とし，「結局，反抗というのは，親の言いなりになることに抵抗を示し，自分の思うようにしたいと自己主張すること，つまり自分の意思を押し通そうとすること」だと説明している。文章二における「清澄」にはこのようなことが起こっているので，「私」は彼を「あつかいづら」く感じたものと想像できる。

四　漢字の書き取り

１　少しも。全然。　**２**　ものごとや文章などの中心となることがら。　**３**「善後策」は，事態の後始末をうまくつけるための方法。　**４**　あきらめきれずに心残りとなること。　**５**　おそろしい顔つき。　**６**　よくないことが，勝手気ままにはびこっていること。　**７**　さしさわること。　**8**　音読みは「イ」で,「委員」などの熟語がある。

2021年度　市 川 中 学 校

〔電　話〕（047）339－２６８１
〔所在地〕〒272-0816　千葉県市川市本北方２－38－１
〔交　通〕JR線－「本八幡駅」，「市川大野駅」などからバス

【算　数】〈第２回試験〉（50分）〈満点：100点〉

【注意】１．コンパス・直線定規などは利用してはならない。
２．円周率は3.14とする。
３．比を答える場合には，最も簡単な整数の比で答えること。

1　次の問いに答えなさい。

(1)　$\left\{1-\left(7-\frac{2}{3}\right)\times\frac{1}{7}\right\}+3\div3\frac{1}{2}$ を計算しなさい。

(2)　クラスの生徒にボールを配ります。１人８個ずつ配ると36個余り，10個ずつ配ると８個足りません。このとき，ボールの個数を求めなさい。

(3)　あるチケット売り場では開店前に2100人が並んでいて，開店後も毎分15人ずつ増えていきます。窓口３つで対応すると140分で行列がなくなるとき，窓口５つで対応すると何分で行列がなくなるか求めなさい。

(4)　１辺の長さが64cmである正方形に対し，各辺を３：１に分ける点を頂点とする正方形を作ることを繰《く》り返し行います。初めの正方形を１番目の正方形とするとき，５番目の正方形の面積を求めなさい。

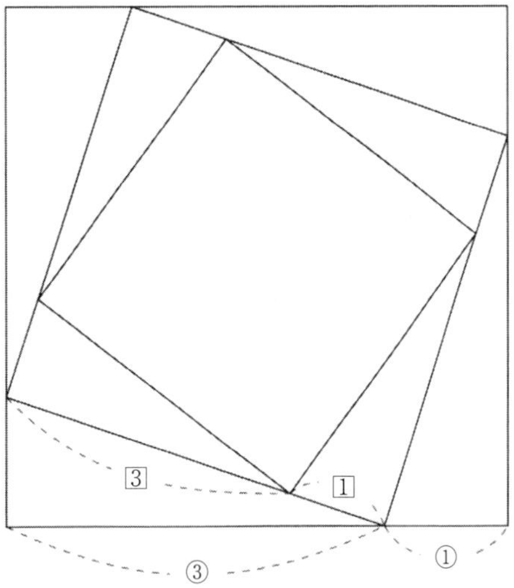

2　周りの長さが180cmの円Ｏの周上に３点Ａ，Ｂ，Ｃがあり，角AOBの大きさは120°，角BOCの大きさは90°です。３点Ｐ，Ｑ，Ｒは円周上を反時計回りにそれぞれ以下のように進むこととします。

- ＰはＡから５cm/秒で進む
- ＱはＢから９cm/秒で進む
- ＲはＣから12cm/秒で進む

３点Ｐ，Ｑ，Ｒが同時に動き始めるとき，次の問いに答えなさい。

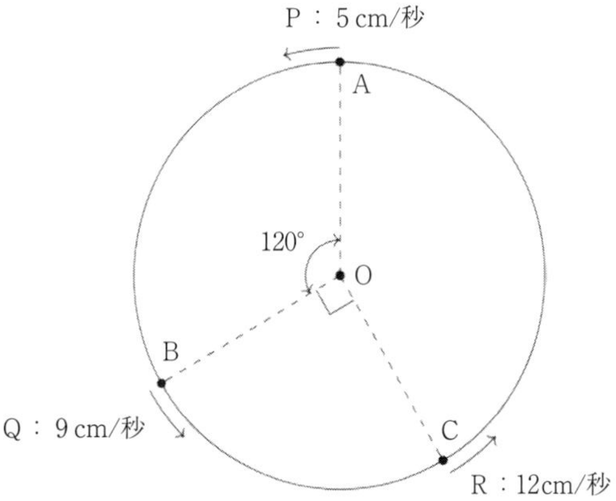

(1)　２点Ｐ，Ｑが初めて重なるのは何秒後か求めなさい。

(2)　３点Ｐ，Ｑ，Ｒが初めて重なる地点をＤとするとき，角AODの大きさは何度か求めなさい。ただし，角AODの大きさは180°以下とします。

3　図１は AB：BC＝1：2 の直角三角形であり，図２は直角三角形 ABC を12枚貼《は》り合わせたものです。図２において PQ と RS の交わる点を X，RS と TU の交わる点を Y とするとき，次の問いに答えなさい。

⑴　角 XYO の大きさは何度か求めなさい。

⑵　RX：SY を求めなさい。

⑶　RS：OY を求めなさい。

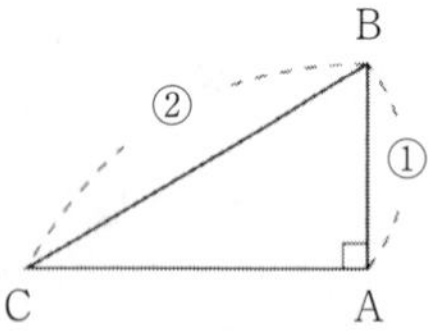

図１：直角三角形ABC

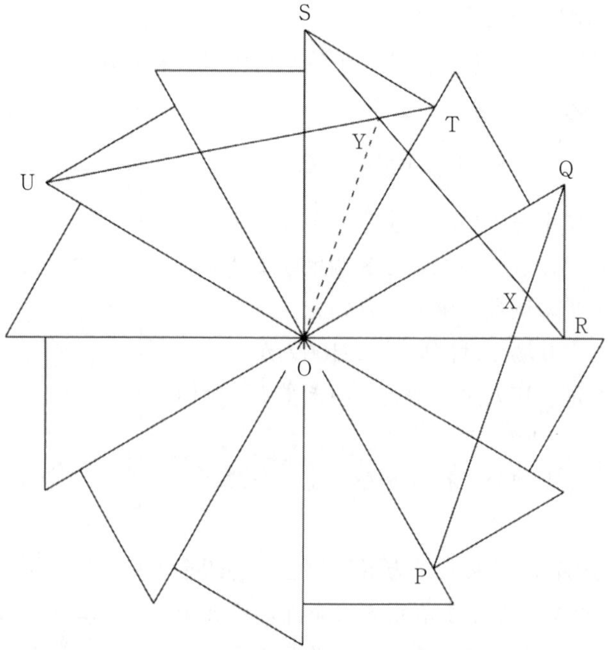

図２：直角三角形ABCを貼り合わせた図形

4　図のように，正方形の各頂点に数がかかれており，各辺の真ん中の点に，隣《とな》り合う頂点にかかれている数の和を入れ，次の正方形を作ることを繰り返します。また，奇数《きすう》番目の正方形の頂点の数の配置は上から順に反時計まわりにかき表すこととし，偶数《ぐうすう》番目の正方形の頂点の数の配置は左上から順に反時計まわりにかき表すこととします。例えば，図の１番目の正方形の頂点の数の配置は（**3**，**5**，**2**，**1**），２番目の正方形の頂点の数の配置は（**8**，**7**，**3**，**4**）と表します。このとき，次の問いに答えなさい。

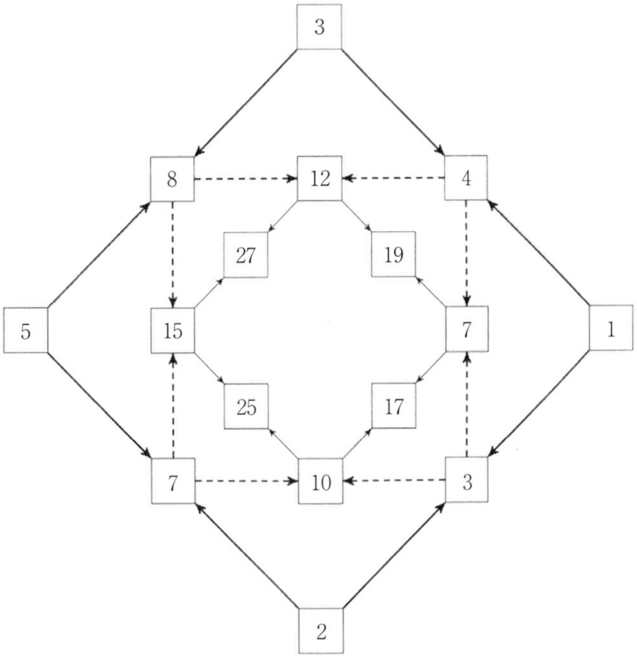

(1)　１番目の正方形の頂点の数の配置が（**1**，**2**，**3**，**4**）であるとき，５番目の正方形の頂点の数の和を求めなさい。

(2)　１番目の正方形の頂点の数の配置が（**1**，**2**，**3**，**4**）であるとき，10番目の正方形の頂点の数の配置を求めなさい。

(3)　８番目の正方形の頂点の数の配置が（**488**，**512**，**536**，**512**）であるとき，１番目の正方形の頂点の数の配置をすべて求めなさい。

5　右の図のような，１辺の長さが２cm の立方体６個を組み合わせた立体があります。この立体を３点Ａ，Ｂ，Ｃを通る平面で切断するとき，点Ｄを含《ふく》む立体をＸ，切断面をＹとします。このとき，次の問いに答えなさい。

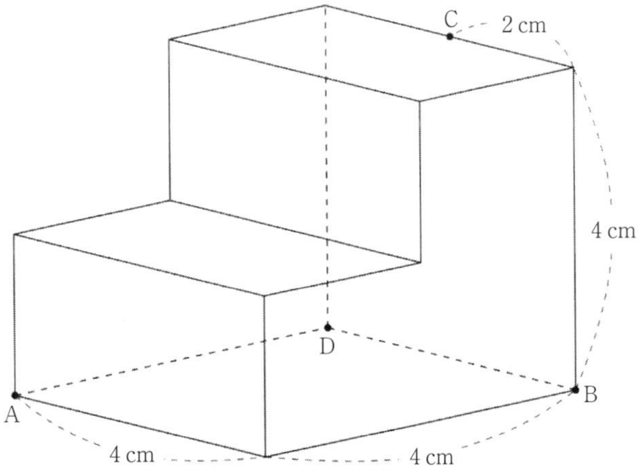

(1)　立体Ｘの体積を求めなさい。

(2)　切断面Ｙを，解答用紙の方眼紙に格子《こうし》点（縦線と横線が交わる点）を結ぶことで作図しなさい。ただし，方眼紙の間隔《かんかく》は１cm とします。

(3)　立体Ｘの表面積を求めなさい。

【社　会】〈第２回試験〉（40分）〈満点：100点〉

【注意】 解答の際には，句読点や記号は１字と数えること。

1　**次の＜図１＞～＜図３＞は，鎌倉時代・室町時代・江戸時代のいずれかの時代の幕府のしくみを示したものです。これらの図とそれに関して説明した文章を読んで，あとの問いに答えなさい。**

＜図１＞

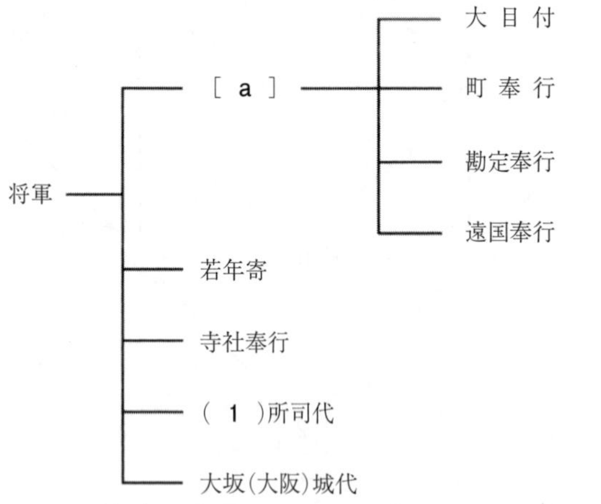

＜図２＞

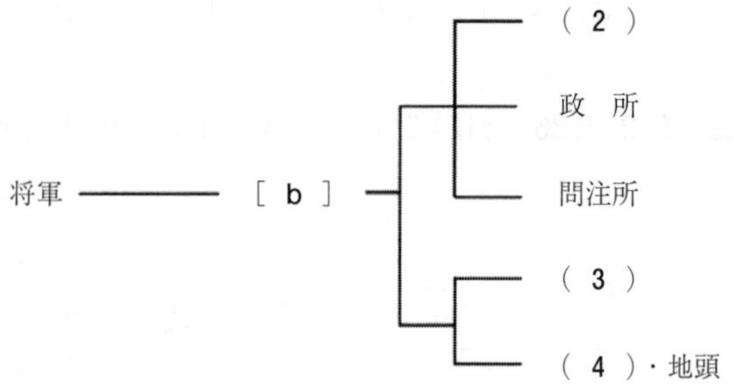

＜図３＞

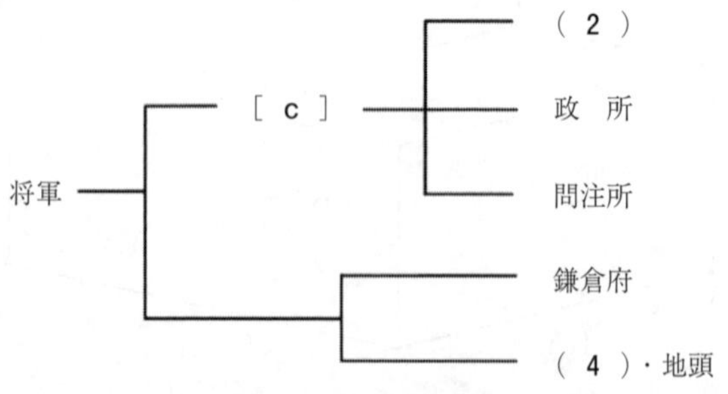

＜図１＞の幕府は，３代将軍の［　あ　］のころまでに政治体制の基礎《きそ》が固まり，重要な政務は，平時には［ a ］が交代でつかさどることになりました。大名は，将軍から「御恩」を与《あた》えられるかわりに，それぞれの石高や家柄《いえがら》に応じた「奉公」を果たす義務がありました。また，A幕府の法令によってきびしい統制を受け，処罰《しょばつ》されることもありました。B8代将軍のときには，財政の建て直しを基本とした本格的な政治改革が行われました。

＜**図2**＞の幕府では，はじめ将軍の独裁が行われましたが，後に特定の一族が[**b**]とよばれる地位につき，武士の話し合いによって政治や問題の解決を進めていくようになりました。3代将軍の【い】が亡くなると，**C**朝廷が兵をあげましたが，これを破った後に幕府が設けた(**3**)は，朝廷を監視《かんし》し西日本の武士をとりまとめるなど重要な役割を担いました。

＜**図3**＞の幕府は(**1**)に置かれました。3代将軍の【う】のとき「花の御所」とよばれる壮大《そうだい》な邸宅《ていたく》がつくられて，ここで政治が行われました。[**c**]は，(**2**)や政所を管理していました。(**4**)は，自分の支配地を家臣に管理させ，自身は(**1**)にいて幕府の政治に参加しましたが，その発言力はしだいに将軍を上回ることも多くなりました。**D**8代将軍のあとつぎ問題をきっかけに大きな戦乱が起こると，その後，幕府の支配体制は無力化していくこととなりました。

問1　(**1**)～(**4**)にあてはまる語句をそれぞれ漢字で答えなさい。

問2　[**a**]～[**c**]にあてはまる職名をそれぞれ漢字で答えなさい。

問3　【あ】～【う】にあてはまる人物の組み合わせとして正しいものはどれですか，**ア**～**ケ**から1つ選び，記号で答えなさい。

ア　**あ**　源実朝　**い**　足利義満　**う**　徳川家光
イ　**あ**　源実朝　**い**　足利義満　**う**　徳川吉宗
ウ　**あ**　源実朝　**い**　徳川家光　**う**　足利義満
エ　**あ**　足利義満　**い**　徳川家光　**う**　源実朝
オ　**あ**　足利義満　**い**　源実朝　**う**　徳川家光
カ　**あ**　足利義政　**い**　源実朝　**う**　徳川吉宗
キ　**あ**　徳川家光　**い**　源実朝　**う**　足利義満
ク　**あ**　徳川家光　**い**　源実朝　**う**　足利義政
ケ　**あ**　徳川家光　**い**　足利義満　**う**　源実朝

問4　下線**A**について，大名を統制する目的で，将軍の代替《だいが》わりごとに発布された法令を何といいますか，漢字で答えなさい。

問5　下線**B**について，8代将軍が行った政治改革として正しいものはどれですか，**ア**～**ク**から2つ選び，記号で答えなさい。

ア　徳政令を出して，御家人たちの借金を帳消しにしようとしました。
イ　収穫《しゅうかく》高にかかわらず年貢率を一定にして，財源を確保しようとしました。
ウ　調とよばれる特産物を全国から集めて，財源にしようとしました。
エ　収穫された稲《いね》の3％を納めさせ，地方政治に必要な費用にあてようとしました。
オ　株仲間を解散させ物価を引き下げて，財政の支出を減らそうとしました。
カ　都市に出稼《でかせ》ぎに来ていた農民を強制的に村に帰らせて，農村人口を維持《いじ》しようとしました。
キ　俵物を長崎から中国に輸出して，収入を増やそうとしました。
ク　大名に石高の1％程度の米を幕府に納めさせて，収入を確保しようとしました。

問6　下線**C**について，このできごとを何といいますか，答えなさい。

問7　下線**D**について，この戦乱ののちに，家臣が実力で主君にとってかわろうとする風潮が強まりました。この風潮を何といいますか，漢字で答えなさい。

問８　鎌倉幕府が成立するよりおよそ500年前に，律令とよばれる法律に基づいて政治を行うしくみが整えられました。これについて，次の問いに答えなさい。

(1)　政治の方針を決める太政官のもとで，税の使いみちや貨幣《かへい》の管理といった財務を分担する役所を何省といいますか，漢字で答えなさい。

(2)　全国の行政区分は畿内《きない》と七道に分けられたうえで，それぞれに国が置かれていました。朝廷からそれぞれの国に派遣《はけん》されて，統治を行った役人を何といいますか，漢字で答えなさい。

2　**学校教育について述べた次の文章を読んで，あとの問いに答えなさい。**

昨年，新型コロナウイルスの感染拡大を受けて，政府が全国の小中学校と高校，特別支援《しえん》学校に臨時休校を要請《ようせい》し，多くの子どもたちが学校に通えなくなりました。今まで当たり前に行われていた教室での一斉《いっせい》授業ができなくなったのです。

学校における集団での一斉授業は，日本では1872年の（　1　）の公布から始まりました。江戸時代には藩校や寺子屋で個別に教育が行われていましたが，明治新政府は，全国各地にA小学校を設置して，６歳《さい》以上の男女すべてに，身分に関係なく同じ教育を受けさせるよう教育を義務化することを決めました。大日本帝国憲法が発布されると，憲法と並んで国民教育の根本を明らかにすべきであるという動きが高まりました。これを受けて（　2　）が発布され，忠君愛国の思想や父母への孝行などの国民道徳の規準が，学校教育を通じて一律に国民に広められました。

他方，B高等教育では国立の東京大学のほか，独自の校風を持つ私立学校も発展しました。教育の広まりを背景に，C医学や科学で世界に認められる研究成果を出す学者も現れました。芸術の面でも，すぐれた多数の作品が残されています。

大正時代になると，高等学校・大学といった高等教育機関が増設されました。高等教育機関への進学者も増え，「インテリ」とよばれた知識層が拡大する中で，民主主義，自由主義の思想が普及《ふきゅう》し，D大正デモクラシーの風潮も広がりました。

昭和に入りE世界恐慌が起こると，日本も大きな打撃《だげき》を受けました。特に農村での不況《ふきょう》がひどく，家庭の貧困のため学校に弁当を持参できない（　3　）が社会問題となりました。不況に対して有効な解決策を打ち出せない政党政治に，国民の不満と不信が広がる一方で，武力を用いてでも日本の権益を守ろうとする軍部の発言力が強まりました。このような中で，教育の現場でも個人よりも国家を優先させる思想が強くなり，戦時体制化が進んでいきました。1941年に小学校は「国民学校」に改められ，教科書には戦意を高揚《こうよう》させるような教材が取り入れられるなど，軍国主義的な教育が進められるようになりました。戦争が激しくなると，学童疎開《そかい》や，軍需《ぐんじゅ》生産などのために生徒が工場に送られる（　4　）が行われるなど，学校教育よりも戦時下の要請に応えることの方が重視されるようになりました。

1945年に敗戦を迎《むか》えると，GHQにより教育改革の基本方針が示され，教育の民主化が目指されました。理念の面では，日本国憲法にF教育に関する条文が新しく設けられ，（　2　）が廃《はい》止《し》されました。制度の面では，義務教育が小学校６年間と中学校３年間の９年間に延長され，その後に高等学校が３年間，大学が４年間続く形となりました。しかし，学校における一斉授業という形は，明治以来変わらないまま現在まで継続《けいぞく》してきたのです。感染症の拡大という事態を受けて，こうした授業形態も考え直す時期に来ているのかもしれません。

問１　(**1**)～(**4**)にあてはまる語句をそれぞれ漢字で答えなさい。

問２　下線**A**について，次の**グラフ**は小学校の就学率の推移を示したものです。＜**グラフ**＞から読み取れる内容としてあやまっているものはどれですか，下の**ア**～**オ**から２つ選び，記号で答えなさい。

＜グラフ＞

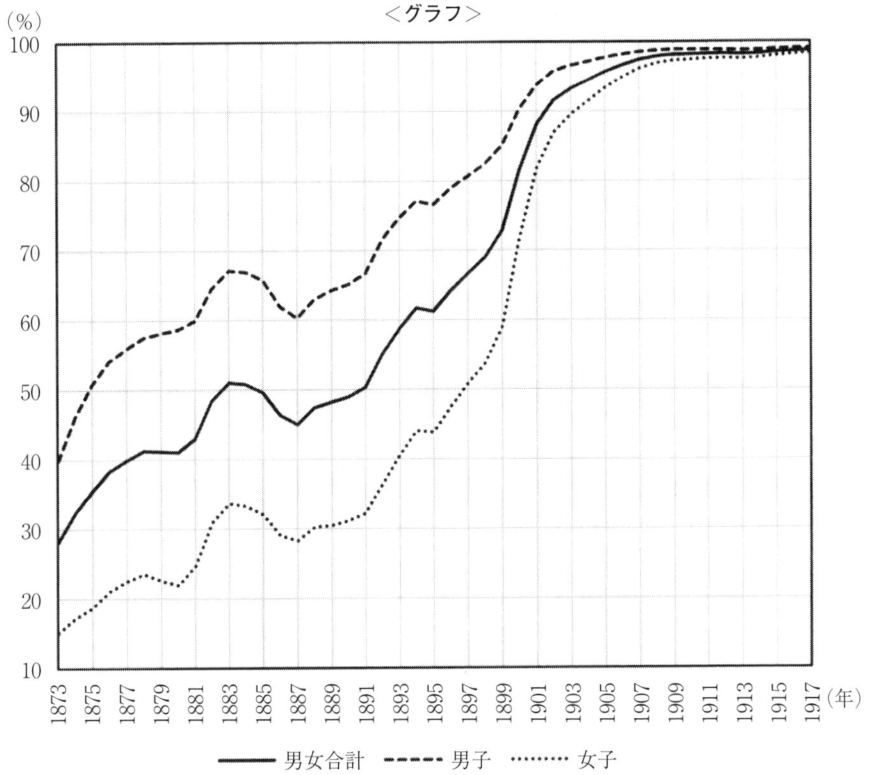

出題の都合上，出典を省略

ア　民撰議院設立建白書が提出された年には，男女合計の就学率は30％程度でした。

イ　関税自主権を完全に回復した年には，男女とも就学率は95％を超《こ》えていました。

ウ　日清戦争が終結した年には，男子の就学率は女子の２倍以上でした。

エ　日英同盟が結ばれた年には，男女の就学率の差は約10％になっていました。

オ　大日本帝国憲法が発布された年には，男女合計の就学率は50％を超えていました。

問３　下線**B**について，明治時代に設立された学校とその創設者についての説明として正しいものはどれですか，**ア**～**エ**から１つ選び，記号で答えなさい。

ア　慶應義塾(現在の慶應義塾大学)は，『社会契約論』を翻訳《ほんやく》した福沢諭吉によって設立されました。

イ　東京専門学校(現在の早稲田大学)は，自由党を結成した大隈重信によって設立されました。

ウ　女子英学塾(現在の津田塾大学)は，岩倉使節団に女子留学生として参加した津田梅子によって設立されました。

エ　札幌農学校(現在の北海道大学)は，お雇《やと》い外国人として日本にやってきたモースによって設立されました。

問４　下線**C**について，明治時代の学問・文化についての説明としてあやまっているものはどれですか，**ア**～**カ**から２つ選び，記号で答えなさい。

ア　伝染病研究所をつくった北里柴三郎は，黄熱病の研究に取り組みました。

イ　細菌《さいきん》学者であった志賀潔は，赤痢菌を発見しました。

ウ　軍医もつとめた森鷗外は，小説『浮雲』を発表しました。

エ　教師もつとめた夏目漱石は，小説『吾輩は猫である』を発表しました。

オ　西洋画を学んだ黒田清輝は，「湖畔」を描《か》きました。

カ　西洋音楽を学んだ滝廉太郎は，「荒城の月」を作曲しました。

問５　下線**D**について，大正デモクラシーの時期に起こったできごとの説明としてあやまっているものはどれですか，**ア**～**エ**から１つ選び，記号で答えなさい。

ア　吉野作造は，国民の意見に基づいた政治を大日本帝国憲法の枠内《わくない》で実現していくべきだとする民本主義を説きました。

イ　藩閥の内閣が倒《たお》れると，立憲政友会の原敬を首相とする初めての本格的な政党内閣が成立しました。

ウ　平塚らいてうは，市川房枝らとともに新婦人協会をつくり，女性の地位向上をめざしました。

エ　加藤高明内閣は，満20歳以上のすべての男子に選挙権を与《あた》える普通選挙法を成立させました。

問６　下線**E**について，世界恐慌が発生した年よりも後のできごととして正しいものを**ア**～**カ**から選び，それらを古い方から年代順に並べたとき，２番目と４番目にくるのはどれですか，記号で答えなさい。

ア　海軍の青年将校らによって，犬養毅が暗殺されました。

イ　北京郊外《こうがい》での衝突《しょうとつ》をきっかけに，中国との全面戦争が始まりました。

ウ　全国に広がった米騒動が，軍隊の力で鎮圧《ちんあつ》されました。

エ　陸軍の青年将校らが中心となって，東京の中心部を一時占拠《せんきょ》しました。

オ　関東大震災の混乱の中で，多数の中国人や朝鮮人が弾圧《だんあつ》されました。

カ　関東軍が南満州鉄道の線路を爆破《ばくは》し，これを中国側のしわざとして攻撃《こうげき》を始めました。

問７　下線**F**について，次の問いに答えなさい。

(1)　次の条文は，日本国憲法第26条です。[X]・[Y]にあてはまる表現を答えなさい。

> 第26条
>
> ①　すべて国民は，法律の定めるところにより，その能力に応じて，ひとしく教育を[X]を有する。
>
> ②　すべて国民は，法律の定めるところにより，その保護する子女に普通教育を[Y]を負ふ。義務教育は，これを無償《むしょう》とする。

(2)　新型コロナウイルスの感染拡大に対して，教室での一斉授業ではなく，動画配信や双方《そうほう》向《こう》型ウェブ授業などといったオンラインでの取り組みが広がりました。それらの利点が評価される一方で，様々な課題も明らかになってきています。どのような課題が明らかになってきましたか，日本国憲法第26条の理念をふまえて，具体的に説明しなさい。

3　**日本の工業について述べた次の文章を読んで，あとの問いに答えなさい。**

日本では，高度経済成長の時代にA九州の北部から関東地方にかけての臨海部で重化学工業が発達しました。戦前から発展してきた北九州・阪神・中京・京浜の四大工業地帯に加えて，新たな工業地域が海沿いにつくられ，B工業のさかんな地域が帯状に連なる(　1　)が形成されました。

北九州工業地帯は製鉄を中心に発展し，かつては鉄鋼などの金属工業の割合が高い地域でした。今ではC自動車の組み立て工場や電子部品工場が進出したため，機械工業の割合が高くなっています。しかし，製造品出荷額は全国の約３％にすぎず，四大工業地帯から外れて北九州工業地域とよばれるようになっています。

北九州以外の三大工業地帯では，D輸送用機械の生産がさかんな中京工業地帯が製造品出荷額で１位を占《し》め，かつて日本最大の工業地帯だった京浜工業地帯は現在３位になっています。京浜工業地帯では，1960年代以降，周辺地域に重化学工業の関連工場が移転するようになり，関東内陸工業地域やE京葉工業地域が形成されました。特に関東内陸工業地域は，1970年代以降(　2　)などの交通網《もう》が整備されたことにより自動車や電気機器などの工場が建設されたため，機械工業が発達しています。周辺地域に重化学工業が拡大した一方，東京23区は日本の政治・経済の中心地であり，さまざまな文化の発信地でもあることから，(　3　)業が発展しました。

大規模な工業地帯・工業地域以外に，各地に長い間受け継《つ》がれてきた技術を用いる伝統工業が根づいています。後継者《こうけいしゃ》不足などの問題に悩《なや》まされながらも，地域ならではの文化を伝承するため，F伝統工芸品のよさを広める活動が行われています。

問１　(**1**)～(**3**)にあてはまる語句をそれぞれ答えなさい。

問２　下線**A**について，九州に被害《ひがい》をもたらした平成以降の災害の説明として正しいものはどれですか，**ア**～**オ**から２つ選び，記号で答えなさい。

ア　内陸を震源《しんげん》とする地震が発生し，最大震度７を観測し，江戸時代につくられた城の天守閣も屋《や》根瓦《ねがわら》が崩《くず》れるなどの被害を受けました。

イ　海底を震源とする地震が発生し，最大震度７を観測したほか，沿岸部に津波《つなみ》が押《お》し寄せ，原子力発電所の事故も発生しました。

ウ　大都市のすぐ近くを震源とする地震が発生し，最大震度７を観測し，日本有数の貿易港も大きな被害を受けました。

エ　遠浅の海に面した半島で火山が噴火し，大規模な火砕流によって多くの人命が奪《うば》われました。

オ　大型で強い勢力の台風が上陸し，河川のはんらんによって新幹線の車両基地も浸水《しんすい》の被害を受けました。

問３　下線**B**について，右の**表１**は日本の工業における従業者規模別の事業所数，従業者数，製造品出荷額等を示しています。＜**表１**＞の説明として，正しいものはどれですか，次の**ア**～**カ**から２つ選び，記号で答えなさい。なお，従業者規模が299人以下の

＜**表１**＞

従業者規模(人)	事業所数	従業者数(人)	製造品出荷額等(億円)
4～49	162639	2365353	470276
50～99	15004	1043127	318797
100～199	7904	1091664	398824
200～299	2390	580537	256534
300～499	1857	706643	383457
500～999	1058	725298	379167
1000以上	487	1058747	813301
全国	191339	7571369	3020356

二宮書店『データブック オブ・ザ・ワールド 2020年版』より作成

事業所を中小工場，300人以上の事業所を大工場といいます。

ア　従業者数，製造品出荷額等は大工場が3分の2以上を占めていますが，事業所数は中小工場が全体の9割以上を占めています。

イ　従業者数，製造品出荷額等は中小工場が3分の2以上を占めていますが，事業所数は大工場が全体の9割以上を占めています。

ウ　事業所数，従業者数は大工場が3分の2以上を占めていますが，製造品出荷額等は中小工場が全体の半分以上を占めています。

エ　事業所数，従業者数は中小工場が3分の2以上を占めていますが，製造品出荷額等は大工場が全体の半分以上を占めています。

オ　従業者規模50～99人の工場は，事業所数では500～999人の工場の15倍以上ですが，従業員1人当たりの出荷額では半分以下になっています。

カ　従業者規模100～199人の工場は，事業所数では1000人以上の工場の15倍以上ですが，従業員1人当たりの出荷額では半分以下になっています。

問4　下線**C**について，次の＜**グラフ**＞は，1965年から2015年までのアメリカ，インド，韓国，中国，ドイツ，日本の自動車生産台数の推移を示したものです。**a**～**e**にあてはまる国の組み合わせとして正しいものはどれですか，下の**ア**～**カ**から1つ選び，記号で答えなさい。なお，ドイツについては，1990年以前は西ドイツのデータを用いて作成しています。

＜グラフ＞

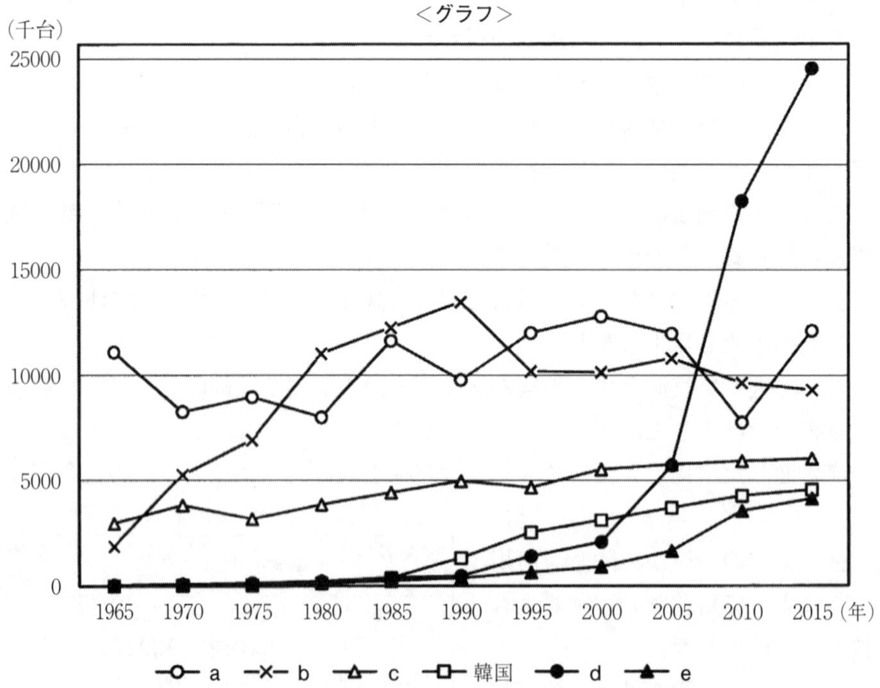

矢野恒太記念会『数字で見る日本の100年改訂第7版』より作成

ア	a	ドイツ	b	アメリカ	c	日本	d	中国	e	インド
イ	a	日本	b	アメリカ	c	ドイツ	d	インド	e	中国
ウ	a	日本	b	アメリカ	c	ドイツ	d	中国	e	インド
エ	a	アメリカ	b	日本	c	ドイツ	d	インド	e	中国

オ　a　アメリカ　b　日本　c　ドイツ　d　中国　e　インド

カ　a　アメリカ　b　ドイツ　c　日本　d　インド　e　中国

問５　下線**D**について，次の＜**表２**＞は輸送用機械器具の出荷額上位５県と，その県の化学工業，鉄鋼業，パルプ・紙・紙加工品の出荷額および製造品出荷額等の総計を示したものです。a～cにあてはまる県の組み合わせとして正しいものはどれですか，下の**ア**～**カ**から１つ選び，記号で答えなさい。

＜**表２**＞

輸送用機械器具の出荷額上位５県（十億円）			化学工業（十億円）	鉄鋼業（十億円）	パルプ・紙・紙加工品（十億円）	製造品出荷額等の総計（十億円）
１位	愛知	25202	1191	2040	428	44909
２位	a	4025	1726	209	817	16132
３位	b	3894	1877	571	215	16288
４位	c	3579	563	235	81	8699
５位	広島	3457	403	1088	105	9941

二宮書店『データブック オブ・ザ・ワールド 2020年版』より作成

ア　a　神奈川　b　静岡　c　群馬

イ　a　神奈川　b　群馬　c　静岡

ウ　a　福岡　b　神奈川　c　群馬

エ　a　福岡　b　神奈川　c　静岡

オ　a　静岡　b　神奈川　c　群馬

カ　a　静岡　b　群馬　c　福岡

問６　下線**E**について，京葉工業地域の説明として正しいものはどれですか，**ア**～**オ**から１つ選び，記号で答えなさい。

ア　塩田や軍用地のあと地などを利用して工場が建設されました。

イ　製鉄所や石油化学コンビナートなどの大規模な工場が多くみられます。

ウ　掘《ほ》り込《こ》み式の人工港がつくられました。

エ　製造品出荷額では関東内陸工業地域を上回っています。

オ　製造品出荷額において金属工業の占める割合がもっとも高くなっています。

問７　下線**F**について，次のページの＜**図**＞中の**１**～**６**は伝統工芸品の生産地を示しています。伝統工芸品と生産地の組み合わせとして正しいものはどれですか，下の**ア**～**カ**から１つ選び，記号で答えなさい。

＜図＞

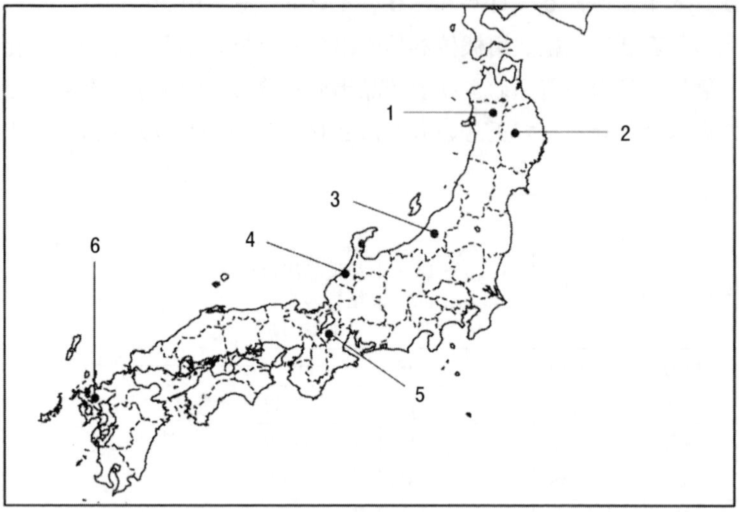

ア　小千谷つむぎ－1　大館曲げわっぱ－2　九谷焼－4　信楽焼－6
イ　小千谷つむぎ－1　大館曲げわっぱ－3　九谷焼－5　信楽焼－4
ウ　小千谷つむぎ－1　大館曲げわっぱ－3　九谷焼－4　信楽焼－5
エ　小千谷つむぎ－3　大館曲げわっぱ－1　九谷焼－4　信楽焼－5
オ　小千谷つむぎ－3　大館曲げわっぱ－1　九谷焼－5　信楽焼－4
カ　小千谷つむぎ－3　大館曲げわっぱ－2　九谷焼－5　信楽焼－6

4　**次の文章は『ちくま評伝シリーズ〈ポルトレ〉長谷川町子─「サザエさん」とともに歩んだ人生』（筑摩書房）の抜粋《ばっすい》です。これを読んで，あとの問いに答えなさい。なお，出題に際して，本文には省略および表記を一部変えたところがあります。**

町子がよく取り上げたテーマに「婦人週間」がありました。

> 波平さんがおフネさんに「婦人週間だ。ゆっくりおしよ」と声をかけると，マスオさんもサザエさんに同じように優しく声をかけます。でも，波平さんもマスオさんも家事を手伝う気はゼロ。何もしない男たちに，A いつものように家事に追われているおフネさんとサザエさんは「結局，私たちがやんなきゃならない」と愚痴《ぐち》をこぼします。（1956年４月12日，朝日新聞朝刊）

婦人週間とは，女性の地位向上のために1949（昭和24）年から B 当時の労働省が始めたもの。日本で C 女性が初めて参政権を行使した1946年４月10日にちなんで，その日から一週間を婦人週間と定めて，女性の地位向上のための※1啓蒙《けいもう》活動を全国的に展開していきました。その50年後には「女性週間」と名前を変えますが，D 2000年には役割を終えたとして廃止《はいし》されています。

サザエさんもおフネさんもいわゆる（　1　）です。日本でも古来女性は有力な働き手でしたが，E 昭和30年代に始まる高度経済成長時代になると「夫が外で働き，女性は（　1　）となって家庭を守る」という※2ステレオタイプな男女の役割分担に賛同する人が増えてきます。冒頭《ぼうとう》の作品を見ると波平さんとマスオさんもそんな価値観から抜《ぬ》け出せないようですが，磯野《いその》家の長男カツオくんは率先して庭掃除《そうじ》や子守り，食事の後片付けなどの家事を手伝い，男女同権時代の新しい男性像を予見させます。

『サザエさん』の連載《れんさい》は1974(昭和49)年に終わりますが，その後の日本では女性の地位向上が目覚ましく進んだように思えます。

1986年からは，職場での男女平等を保障し，F家庭と仕事の両立を促進《そくしん》するための「（　**2**　）法」が施行《しこう》されました。＜中略＞　このように制度は整っているのですが，他の先進諸国と比べると女性が子育てをしながら働くための環境《かんきょう》の整備はまだまだ遅《おく》れているのが現状です。

果たして『サザエさん』が続いていたら町子は一体どんな作品を残したでしょうか。

※１　啓蒙…人々に新しい知識を教え，導くこと。

※２　ステレオタイプ…行動や考え方が固定的・画一的であり，新鮮味《しんせんみ》のないこと。

問１　（**1**）・（**2**）にあてはまる語句をそれぞれ漢字で答えなさい。ただし，（**1**）は４字で答えなさい。

問２　下線**A**について，高度経済成長にともない，1960年代になると女性の家事にかける時間に変化が生じます。どのように変化しましたか，その理由とともに説明しなさい。

問３　下線**B**に関して，労働省は2001年１月の中央省庁再編によって厚生省と統合され，厚生労働省となりました。厚生労働省の主な仕事についての説明としてあやまっているものはどれですか，**ア**～**エ**から１つ選び，記号で答えなさい。

ア　予防接種や乳幼児健診《けんしん》，幼稚園《ようちえん》や小学校の設置など，子どもの成長に関するサポートをしています。

イ　適正な労働条件の確保や安全で健康に働くための職場づくり，失業者への再就職支援《しえん》など，労働に関するサポートをしています。

ウ　産前・産後の休暇《きゅうか》や仕事と家庭の両立支援など，結婚《けっこん》・出産や子育てに関するサポートをしています。

エ　定年後の再就職支援や老齢《ろうれい》年金の支給など，定年後や老後の暮らしに関するサポートをしています。

問４　下線**C**について，次の問いに答えなさい。

(1)　女性が初めて参政権を行使してから74年経った2020年４月の時点でも，日本では女性が内閣総理大臣になったことはありません。2020年４月の時点で女性が大統領もしくは首相をつとめていた国として正しいものはどれですか，**ア**～**エ**から１つ選び，記号で答えなさい。

ア　アメリカ　　**イ**　ロシア　　**ウ**　ドイツ　　**エ**　インド

(2)　現在の日本の参政権に関する説明として正しいものはどれですか，**ア**～**エ**から１つ選び，記号で答えなさい。

ア　国会議員などを選ぶ選挙では，20歳《さい》以上のすべての国民に選挙権が認められています。

イ　国会議員などを選ぶ選挙では，参議院議員は25歳以上，衆議院議員は30歳以上のすべての国民に被選挙権が認められています。

ウ　裁判官として適しているかどうかを審査《しんさ》する国民審査では，最高裁判所と下級裁判所の裁判官を対象に18歳以上のすべての国民に投票が認められています。

エ　日本国憲法の改正の手続きにおける国民投票では，18歳以上のすべての国民に投票が認められています。

問５　下線**D**について，2000年から導入された，高齢《こうれい》化の進展に対応するための新しい制度として正しいものはどれですか，**ア～エ**から１つ選び，記号で答えなさい。

ア　医療保険制度　　**イ**　介護保険制度

ウ　雇用保険制度　　**エ**　年金保険制度

問６　下線**E**について，高度経済成長が経済や人々の生活に与《あた》えた影響《えいきょう》として正しいものはどれですか，**ア～エ**から１つ選び，記号で答えなさい。

ア　大阪万国博覧会開催《かいさい》に合わせて，同年に東京と大阪の間で東海道新幹線が開通するなど，交通網《もう》の発達が進みました。

イ　国民総生産(GNP)が，アメリカ合衆国，中華人民共和国に次いで世界第３位となりました。

ウ　新潟県の阿賀野川流域で，上流の化学工場の排水《はいすい》に含《ふく》まれていたカドミウムによりイタイイタイ病が発生するなど，公害問題が表面化しました。

エ　東京・名古屋・大阪などの大都市圏《けん》では急激な人口流入で過密化が進む一方，農村では若者が労働者として都市へ流出したため過疎《かそ》化や高齢化が進みました。

問７　下線**F**について，現在日本では，家庭と両立しながら働き続けることのできる組織や社会を形成するために，仕事と生活の調和を図ろうという理念が広まってきています。この理念を何といいますか，カタカナで答えなさい。

【理　科】〈第2回試験〉（40分）〈満点：100点〉

【注意】　1．コンパス・定規は使用しないこと。

2．計算問題の答えは，整数または小数で答え，割り切れない場合は小数第2位を四捨五入して，小数第1位まで答えること。

1　**てこの原理を用いた身近な道具について，以下の各問いに答えなさい。**

(1)　次のア～カの道具のうち，作用点が，力点と支点の間にあるものはどれですか。

ア　ピンセット

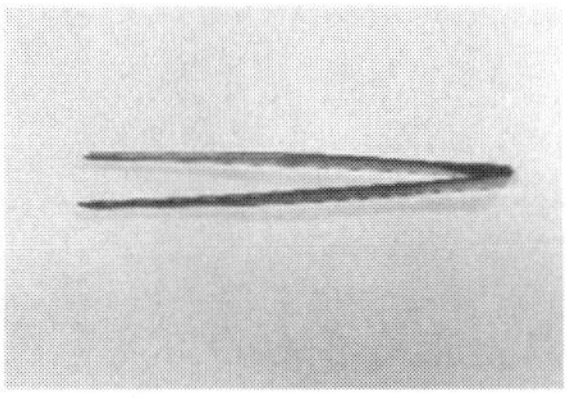

イ　せんぬき

ウ　ペンチ

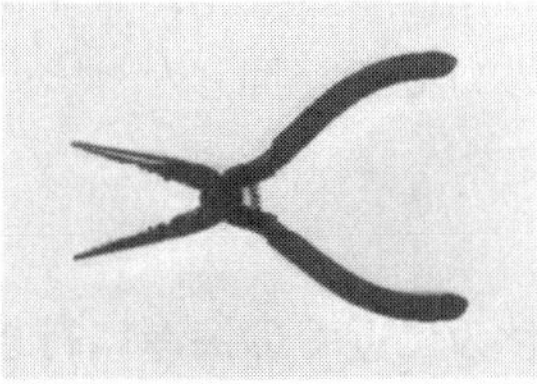

エ　(※)プルタブ

オ　バール

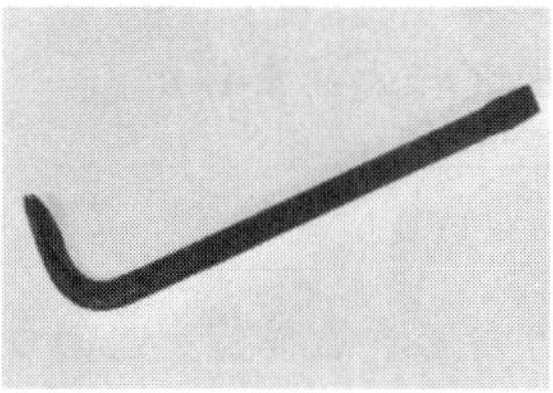

カ　トング

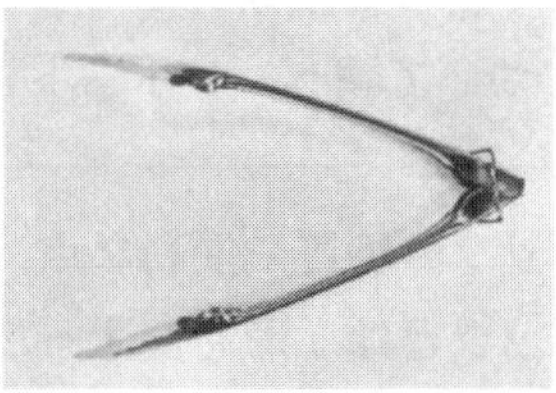

※プルタブ…缶《かん》のふたのつまみ

(2)　**図1**の洗濯《せんたく》ばさみを使ってものをはさみます。洗濯ばさみを開くときと，ものをはさむときの力点，作用点，支点はそれぞれどこですか。**図2**の例にならってそれぞれ[解答らん]の図にかき入れなさい。

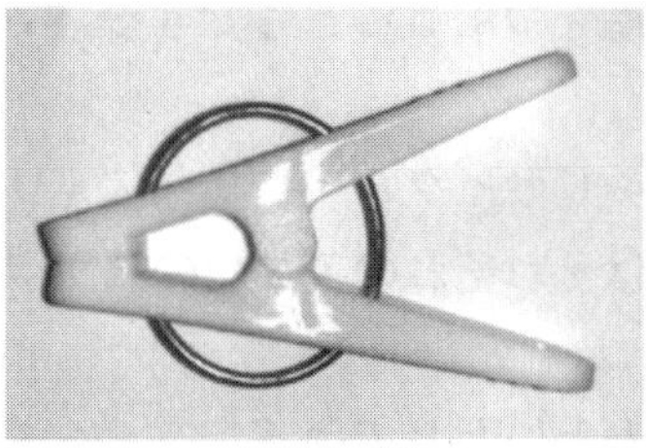

図1

例　はさみの場合

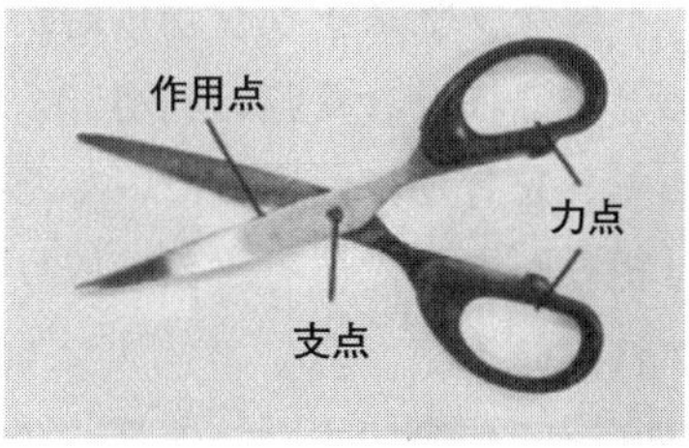

図2

図3はつめ切りです。つめ切りは，てこのしくみを2つ使ってつめを切る道具です。

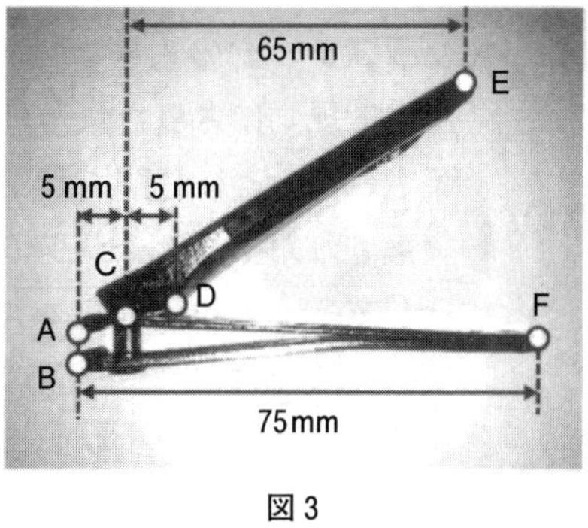

図3

(3)　(1)のア～カの道具の中から2つ選んで組み合わせることで，つめ切りと同じてこのしくみをつくることができます。次の①～⑤の中から適切な組み合わせを答えなさい。

①　アとイ　　②　イとウ　　③　ウとエ

④　エとオ　　⑤　オとカ

つめを切るときには，図3のEとF付近を手で持って使用します。しかし，ここではB，Fが下になるように机の上につめ切りを置いて，Eの部分だけを押してつめを切ることを考えます。

いま，図3のEを1.2kgの力で右手で押したところ，左手の親指のつめが切れました。

(4)　Dの位置にはたらく力は何kgですか。

(5)　左手の親指のつめにはたらく力は何kgですか。ただし，AからFと，BからFの金属部分をしならせるために，3kgの力が必要であったとします。

(6)　Dの位置がCにもっと近づくようにつめ切りを加工し，つめを切りました。加工する前と後で同じ大きさの力でEを押したとき，つめにはたらく力の大きさはどうなりますか。

ア　大きくなる　　イ　小さくなる　　ウ　変わらない

2　市川君は夏休みに近くの海岸に行き，そこで浜辺《はまべ》に打ち上げられたたくさんのゴミを目にしました。よく観察すると，私たちが日常よく利用しているポリ袋《ぶくろ》やペットボトルが含《ふく》まれていました。そこで夏の自由研究として図書館でいろいろなプラスチックや，それらが環境《かんきょう》におよぼす影響《えいきょう》について調べ，レポートとしてまとめました。

＜プラスチックの性質や便利な点＞

・プラスチックとは「形を変えることができる物質」という意味の言葉である。

・多くのプラスチックは加熱すると軟化《なんか》(液体のようにやわらかくなること)し，冷めると再び硬化《こうか》(固体のように硬《かた》くなること)する。

※プラスチックの中には加熱しても軟化しないものもあるが，この調査では加熱によって軟化するプラスチックだけを対象にした。

・原料のペレット(粒状《つぶじょう》や角状にした小さなかたまり)を加熱して軟化させ，金型《かながた》に入れて冷ますと，その形のまま固めることができ，様々な形状の製品をつくることができる。この性質を利用して，不要なプラスチックから新たな製品をつくることもできる。

＜プラスチックをはじめとする様々な資源の利用＞

・限りある資源やエネルギーを有効に活用していくために「リサイクル・リユース・リデュース」の3つの取り組みが重要である。この取り組みはそれぞれの英単語の頭文字をとって「3R」とよばれている。

・最近では3Rに「リフューズ」を加えた「4R」が大切だといわれている。

＜プラスチックに関する環境問題＞

・プラスチックの大きな特徴《とくちょう》の一つは自然界での安定性が高いという点である。これは屋外で風雨にさらされたり土がかぶさったりしても腐《くさ》らないという面では利点だが，廃《はい》棄《き》されたときに分解されず，環境中に残りやすいという欠点にもなる。

・廃棄されたプラスチックの一部は非常に細かい粒子《りゅうし》になって，自然環境中に長く残る。そして①その粒子を魚や貝などが体内に取りこむことによって，生態系(生物などの環境)に悪い影響をあたえるのではないかと考えられている。

＜生分解性プラスチック＞

・プラスチックの利用における環境問題の解決策の一つとして，微生物《びせいぶつ》によって分解される「生分解性プラスチック」の開発や利用が進められている。

・すでにポリ乳酸などの生分解性プラスチックがゴミ袋や農業用シートなどの様々な場面で利用されている。

＜ポリ乳酸のつくり方や性質＞

・トウモロコシやサトウキビなどが太陽の光を受けて，空気中の二酸化炭素や水分を吸収して育ち，デンプンやショ糖(砂糖)をつくり出す。

・デンプンやショ糖を発酵《はっこう》させることによって乳酸が得られ，これを化学的に処理してポリ乳酸がつくられる。

・ポリ乳酸をはじめとする生分解性プラスチックは，微生物によって分解されることで，最終的には燃やしたときと同じ量の二酸化炭素と水を排出《はいしゅつ》する。

市川君はこのレポートを発表したときに，次のような質問を受けました。

「生分解性プラスチックは環境中に残りにくいので『生態系の保護』としては望ましい。しかし従来のプラスチックは燃やさずにうめてしまえば二酸化炭素を排出しないが，生分解性プラスチックは微生物によって分解されると二酸化炭素を排出するので，地球温暖化抑制《よくせい》という観点からは望ましくないのではないか。」

そこで，このことについてくわしく調べてみると，②トウモロコシやサトウキビからつくられる生分解性プラスチックは，微生物によって分解されても地球温暖化に悪影響をおよぼさないことがわかりました。トウモロコシやサトウキビからつくられるプラスチックは，枯渇《こかつ》が心配されている石油資源にたよらずにつくることができ，「バイオマスプラスチック」ともよばれています。

(1)　A：リサイクル，B：リユース，C：リデュース，D：リフューズ　それぞれの説明として正しいものはどれですか。

ア　ビールやジュースのびんを，洗って再び使う。

イ　回収したペットボトルから，衣料品をつくる。

ウ　マイバッグを持参して，紙袋やビニール袋をもらうことを断る。

エ　シャンプーを買うときに，新しい容器ごとでなく，つめかえ用を選ぶ。

(2)　A：リサイクル，B：リユース，C：リデュース　について，一般的にゴミの最少化という観点から望ましいと言われている順番を，A～Cの記号で答えなさい。

(3)　下線部①は，□プラスチック問題とよばれています。□にあてはまる言葉は何ですか。

(4)　下線部②の理由を説明しなさい。

市川君は，生分解性プラスチックについてさらにくわしく調べました。

市川君は通常の温度で土にうめておくだけで分解されるプラスチックX，Yの性質を調べました。表１はX，Yそれぞれ100ｇを土にうめて時間が経った後の重さ，表２はX，Yそれぞれ100ｇを完全に燃焼させたときに発生する二酸化炭素の重さをまとめたものです。

	土にうめたプラスチックの重さ（g）				
	初め	１週後	３週後	６週後	９週後
X	100	98	92	78	60
Y	100	98	95	87	52

表１

	発生する二酸化炭素の重さ（g）
X	204
Y	232

表２

(5)　**X**25gが土の中で完全に分解されたときに発生する二酸化炭素は何gですか。

(6)　**X**30gと**Y**25gを土にうめて９週が経過しました。分解されたプラスチックは合計で何gですか。ただし，分解は**表１**の通りに進んだものとします。

3　市川さんは，お母さんの料理のお手伝いをしながら，身近な野菜であるキャベツについて調べました。

お母さん　今日のご飯は焼きそばよ。八百屋さんで買ってきたキャベツを使いましょう。

市川さん　外側のかたい葉は取り除くの？

お母さん　①一番外側の葉は，かたくて青臭《あおくさ》いからと捨てる人がいるけれど，もったいないわ。甘《あま》みはないけれど，色がきれいでシャキシャキしていて，焼きそばなどの炒《いた》め物《もの》によく合うのよ。

市川さん　そうなんだ。②内側の葉は，どんな料理に使うの？

お母さん　③内側の葉は甘くて，煮《に》ればやわらかくなるから，ロールキャベツなどによく使われるのよ。そして，甘くてやわらかいのが中心の葉で，せん切りキャベツや漬《つ》けものなど，生で食べると美味しいところよ。また，煮込《にこ》むと甘みが強くなるので，味噌汁《みそしる》に使うのもいいわね。

市川さん　葉のひらひらした部分からはがそうとすると破れやすいんだけど，どうしたら１枚１枚うまくはがせるのかな？

お母さん　底の方から葉をゆっくりとはがすんだけど，キャベツの底を上にして④芯《しん》をくり抜《ぬ》いて，そのくり抜いた穴に水を注ぎこむと，葉の間に入った水の重みで葉が開き，はがしやすくなるのよ。

市川さん　そうなんだ。ところでどうしてキャベツは葉が丸まって，玉になるのかなあ…。

お母さん　そうね。ずいぶんとふしぎな形をしているわね。

市川さん　そういえば，理科の授業で，植物の葉は，⑤太陽の光に対して重ならないようについていると習ったわ。キャベツは内側の葉は真っ白だし，どうして重なり合っているのかな？

お母さん　キャベツは１年中いつでも購入《こうにゅう》することができて，料理には欠かせない野菜なのに，意外と知らないことが多いわね。

市川さん　そうだね。キャベツについてもっと調べてみよう。

調べ学習　＜葉のつき方＞

植物は茎《くき》の先端《せんたん》に成長する部分があり，そこから葉が次々とできてくる。茎のまわりに葉がどのようにつくかは植物によって異なる。キャベツ（図４）は，茎の１か所に葉がらせん状に１枚ずつ等間隔《とうかんかく》でついている。このらせんは５枚の葉をつけて，６枚目の葉が最初の葉の真上に重なる位置にくるまでに2周する。
　キャベツはアブラナ科の植物である。最初に生える葉は外側に広がっているが，新しく生えてくる葉は立ち上がり，1枚1枚の葉の内側に比べて外側が太陽の光を良く受けて早く成長し，内側に折れ曲がることで，葉が巻き始める。外側の葉が反り返ったりずれたりしないので，葉の枚数が増えるほど中は密に詰《つ》まって，丸まった形になる。

図4

(1)　下線部①の葉と下線部②の葉では，どちらが濃《こ》い緑色をしていますか。番号で答えなさい。

(2)　下線部③について，内側の葉が甘いのはなぜですか。理由を15字以内で答えなさい。

(3)　下線部④について，「キャベツの芯」は，植物の体のどの部分ですか。

(4)　下線部⑤について，一般的な植物の葉が太陽の光に対して重ならないようについているのは，ある働きを効率よく行うためと考えられています。その働きとは何ですか。漢字で答えなさい。

(5)　**調べ学習**より，キャベツの隣接《りんせつ》する葉と葉は，何度ずつずれて茎についていると考えられますか。

4　市川中学校がある千葉県市川市は，奈良《なら》時代に作られた『万葉集』にも登場する歴史ある街です。

　葛飾《かつしか》の真間《まま》の入江《いりえ》にうちなびく玉藻《たまも》刈《か》りけむ手児名《てこな》し思《おも》ほゆ

（『万葉集』3－433　山部赤人《やまべのあかひと》）

「葛飾」とは，市川市を含《ふく》む江戸川《えどがわ》の河口周辺の地域名です。

「真間」とは，関東地方の古い方言で崖《がけ》のことで，市川市北部にある崖のことを「まま」と呼んでいました。

「手児名」とは，奈良時代に葛飾にいたとされる美しい女性のことです。手児名があまりにも美しかったため，まわりの男性たちは彼女《かのじょ》を奪《うば》い合うようになり，それに心を痛めた手児名は「真間の入江」に飛び込《こ》んで死んでしまったという伝説が残っています。

(1)　**図5**は市川市北部の地形図です。地形図中の実線は等高線で，数値は標高(m)を示しています。地形図中に引かれた線①の断面は**ア**～**エ**のうちどれですか。ただし，地形図の北が断面図の左側になるように作成してあります。

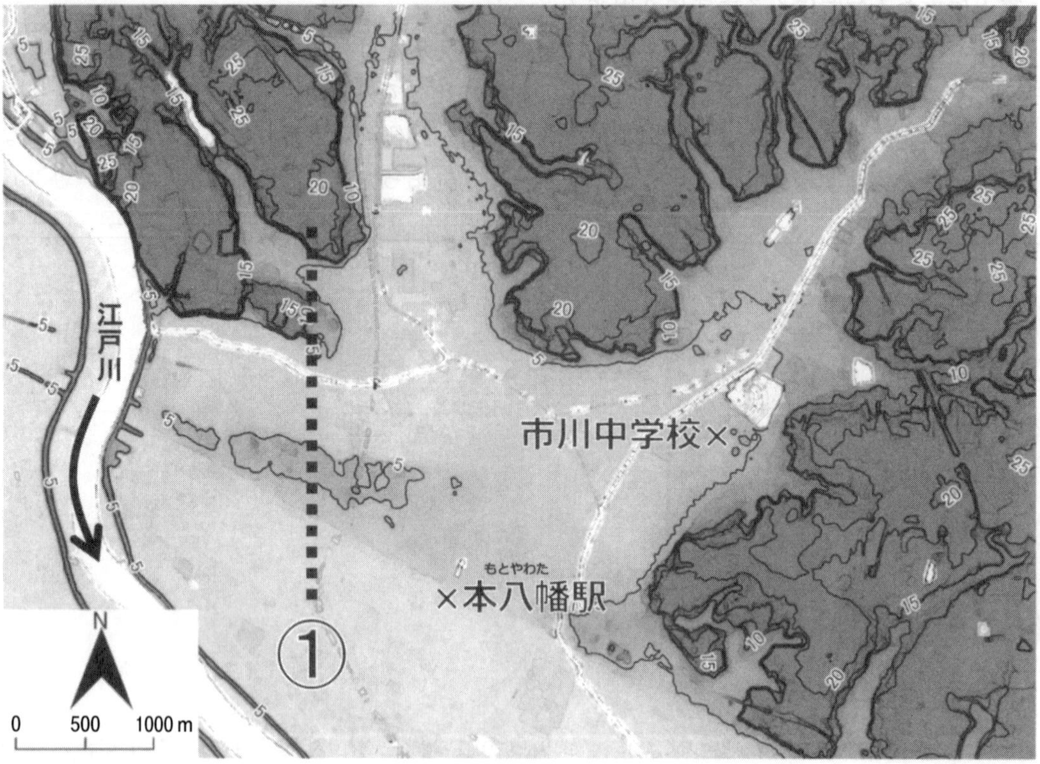

図５

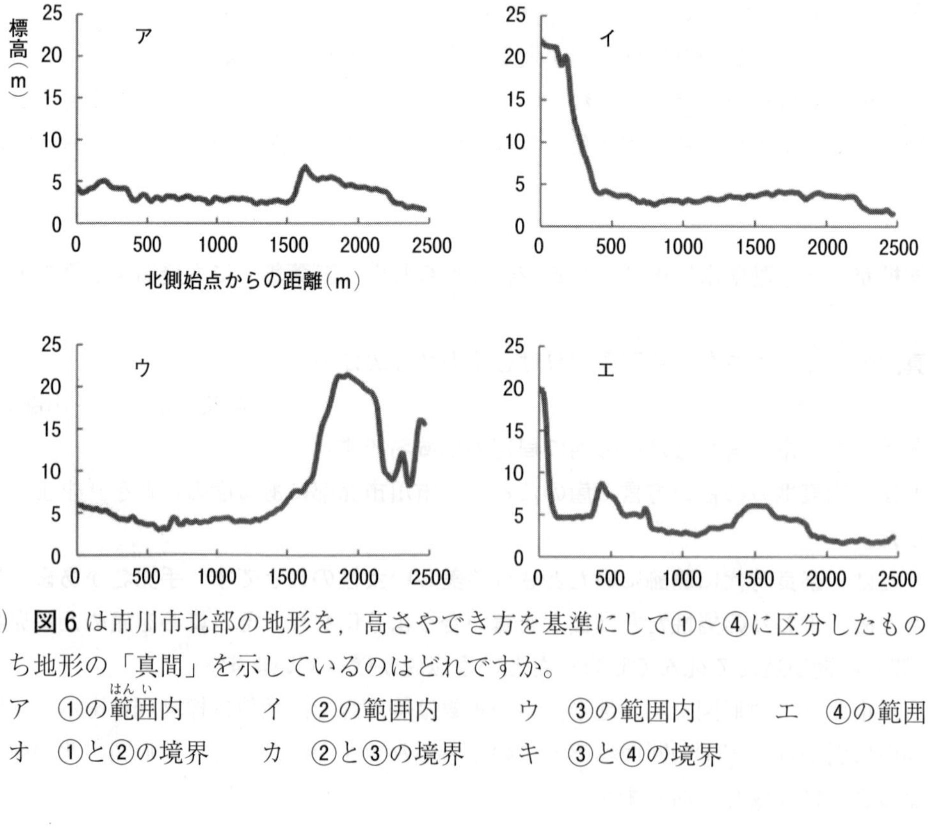

(2)　**図６**は市川市北部の地形を，高さやでき方を基準にして①～④に区分したものです。このうち地形の「真間」を示しているのはどれですか。

ア　①の範囲《はんい》内　　イ　②の範囲内　　ウ　③の範囲内　　エ　④の範囲内

オ　①と②の境界　　カ　②と③の境界　　キ　③と④の境界

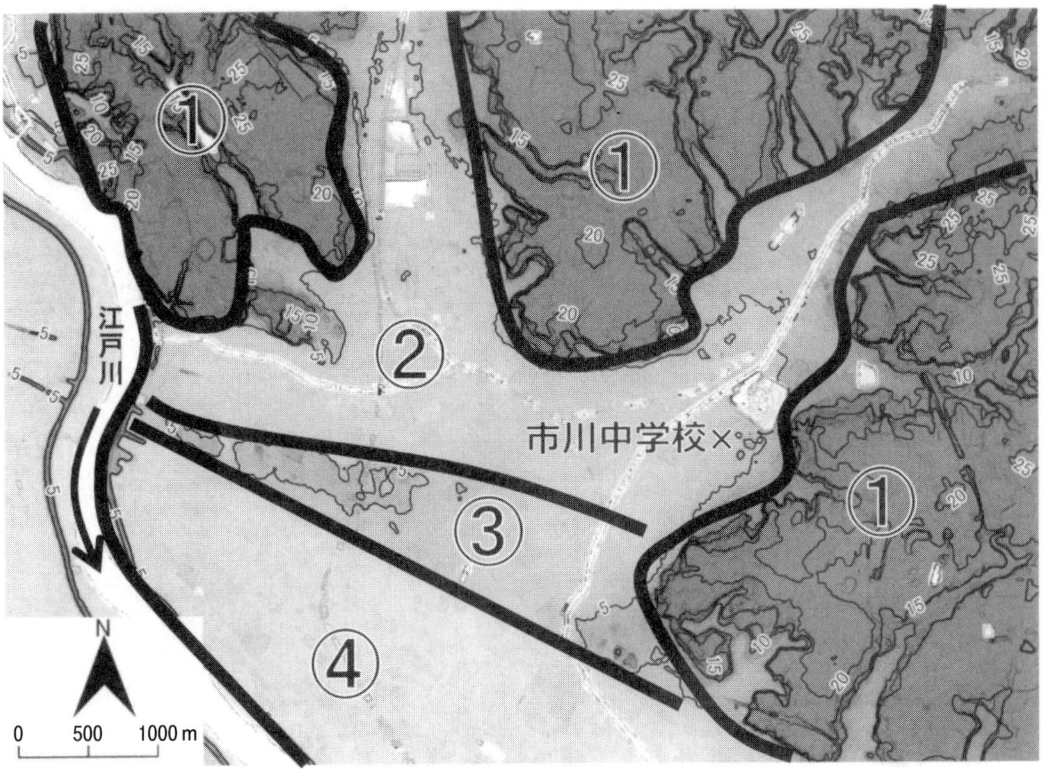

図6

(3) **図7**は市川市が発行しているハザードマップです。地図の中で色が濃《こ》くなっている部分は江戸川が氾濫《はんらん》したときに，浸水《しんすい》が予想されている範囲です。図の点線で示された範囲が浸水しにくい理由はどれですか。

ア かつて「真間の入江」があった場所だから。

イ 江戸川が西に曲がっているところだから。

ウ 江戸川から運ばれてきた砂が堆積《たいせき》してできた土地で，水はけが良いから。

エ 海の作用で運ばれた砂が堆積してできた土地で，まわりより少し高いから。

オ 江戸時代以降に市川の人口が増えたので，盛土をして住宅地や道路を整備したから。

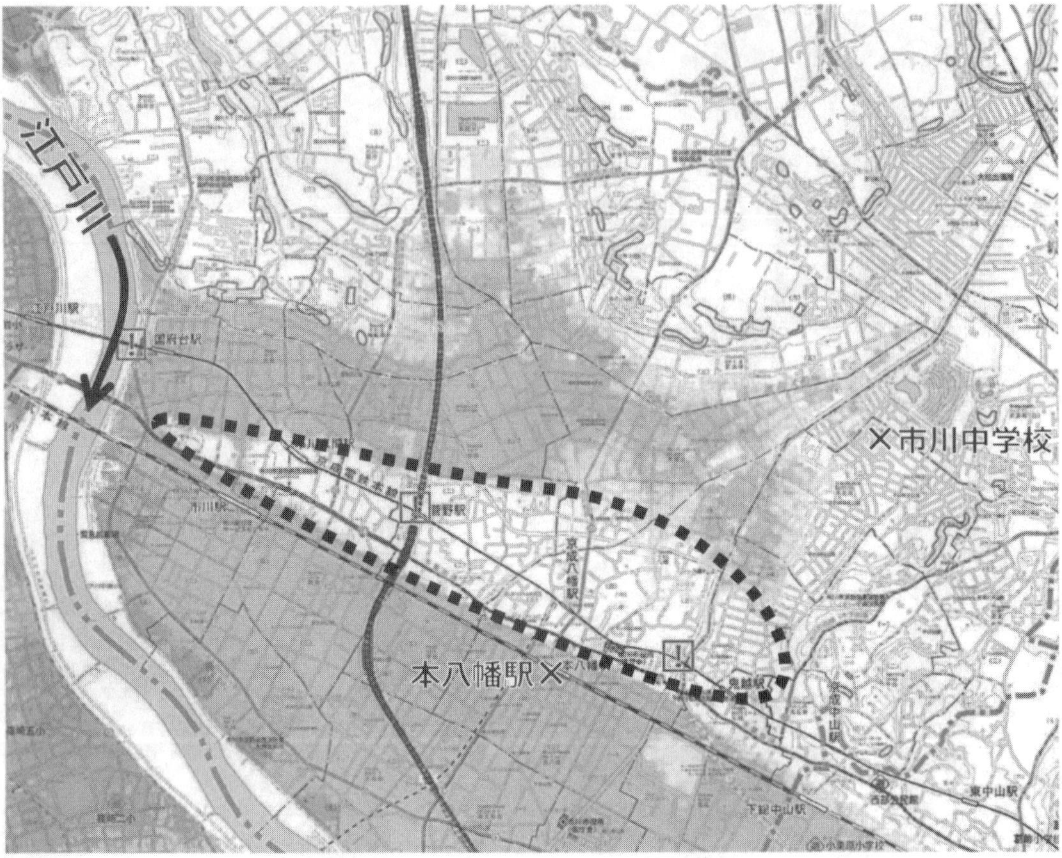

図７　市川市水害ハザードマップ「江戸川氾濫」

(4)　**図８**は水流によって運ばれる粒《つぶ》の大きさと流れの速さの関係を表したグラフです。グラフより，水流のない状態から水の流れを速くしていったとき，最初に動き始める粒の大きさとその名前の組み合わせとして正しいものはどれですか。

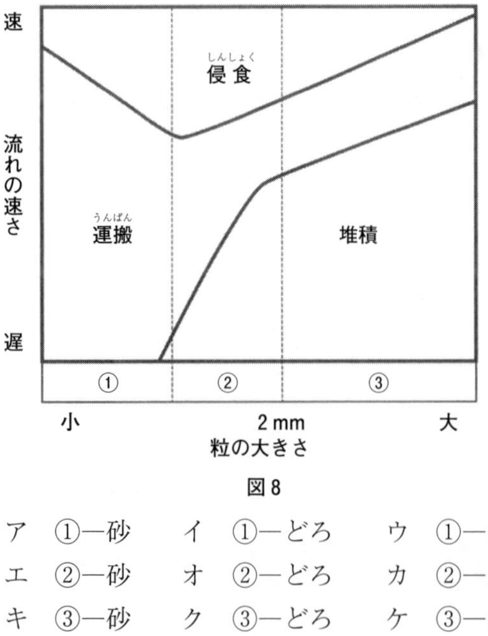

侵食：堆積している粒子が動き始める。
運搬：移動する粒子は移動をつづけ，堆積している粒子は堆積をつづける。
堆積：動いている粒子が堆積する。

図８

ア　①―砂　　イ　①―どろ　　ウ　①―れき
エ　②―砂　　オ　②―どろ　　カ　②―れき
キ　③―砂　　ク　③―どろ　　ケ　③―れき

(5) 万葉集の「玉藻刈りけむ」の「玉藻」とは砂地に生息するコアマモなどの海草のことだとする説があります。このことから万葉集の「真間の入江」はどんな環境《かんきょう》だったと考えられますか。

ア 川の中流域で，水流の遅《おそ》い場所。

イ 川の中流域で，水流の速い場所。

ウ 水深の深い海底で，水流の遅い場所。

エ 水深の深い海底で，水流の速い場所。

オ 海水と真水が混ざり合う，水流の遅い場所。

カ 海水と真水が混ざり合う，水流の速い場所。

問4 ——線**3**「荻野先生が間違ってる」とあるが、咲良がこのように考えたのはなぜか。その理由を70字以内で説明しなさい。

問5 [4]に入る最も適当な漢字を1字で答えなさい。

問6 本文全体から「橋本先生」はどのような人物だと読み取れるか。その説明として最も適当なものを次の中から選び、記号で答えなさい。

ア　生徒からは会議を混乱させるだけの頼《たよ》りにならない先生だと思われているが、困っている生徒のためなら自分より経験豊富な先生に対しても異議をとなえる人物。

イ　生徒からは弱々しくて頼りにならず的外れな先生だと思われているが、生徒のさまざまな事情を受け止め、事態を好転させるようなアドバイスをする人物。

ウ　生徒からは弱々しくて的外れな先生だと思われているが、生徒の意見を公平な立場で聞き、さまざまな立場の生徒が納得できる意見を示す人物。

エ　生徒からは的外れで頼りにならない先生だと思われているが、生徒の多様なあり方を受け止め、生徒が思いもつかないような考えを自身の経験をふまえて話す人物。

オ　生徒からは弱々しくてやる気がなく会議を混乱させる先生だと思われているが、問題に直面している生徒一人ひとりを理解し、誠実に対応する人物。

問7 本文について説明したものとして**適当でないもの**を次の中から一つ選び、記号で答えなさい。

ア　＝線**A**「学校に向かう、一将の足は重かった」では、一将が将人の欠席をひどく気にしながら登校している様子が表現されている。

イ　＝線**B**「咲良は確か、あっち側の人間、つまり、青春の大縄跳び組だ」では、一将が咲良のような大縄跳びの選手に強くあこがれていることが表現されている。

ウ　＝線**C**「矢のような言葉が飛んできた」では、比喩《ひゆ》表現を用いることで、梨沙が一将たちに対していら立ちをこめてすばやく言い返す様子が表現されている。

エ　＝線**D**「で、では、これで代表委員会を終わります！」では、無難に終わると思っていた代表委員会が、予想外の発言によってまとまらず、困っている議長の様子が表現されている。

オ　この文章は最初から最後まで一将の視点を中心として書かれており、生徒たちや先生とのやり取りにおける一将の心情がていねいに表現されている。

三

次の1～4は、矢印に従って読むとそれぞれ二字の熟語になる。あてはまる漢字を答えなさい。

時
↓
情 → [1] → 道
↓
告

祝
↓
固 → [2] → 退
↓
書

以
↓
乗 → [3] → 雨
↓
参

仮
↓
工 → [4] → 目
↓
相

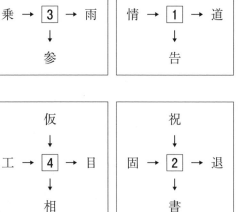

校から入学を希望する学校へ提出される書類。

問1 [a]～[d]に入る最も適当なものを次の中から選び、それぞれ記号で答えなさい。ただし、同じ記号は一度だけしか使えないものとする。

ア　どんどん　　イ　いそいそ　　ウ　もやもや
エ　すらすら　　オ　ゆらゆら

問2 ――線1「あ～、やっぱり話さなければよかった……と、一将は後悔した」とあるが、なぜ一将は「後悔」したのか。その理由を説明したものとして最も適当なものを次の中から選び、記号で答えなさい。

ア　将人が学校を休んでいることに関して、幼なじみの咲良にだけは話したいと思って伝えたところ、咲良は事情をあまり理解していないにもかかわらず、将人のことを代表委員会の議題にすると強く言い出したから。

イ　将人が学校に通えるようになる方法が思いつかず、思わず咲良に話をしたところ、学校全体の問題として代表委員会の議題にするとは言ってくれたが、咲良自身は解決方法を考えてくれなかったから。

ウ　将人が学校を休んでいることに関して、だれかに話したい気持ちがおさえられず咲良に相談したところ、想像以上に咲良は正義感が強く、将人のことを学校全体の問題として代表委員会の議題にすると強引《ごういん》に進めようとしたから。

エ　将人が学校に通えるようになる方法を、だれかに相談したくて咲良に打ち明けたところ、母親にもまだ内緒にしていて大ごとにしたくないのに、咲良が代表委員会の議題にすると強引に進めようとしたから。

オ　将人が学校を休んでいることに関して、一人でかかえていることができなくて咲良に伝えたところ、母親にも内緒にしている個人的なことなのに、咲良が学校全体の問題として代表委員会の議題にすると強く言い出したから。

問3 ――線2「一将は、ひざの上のこぶしをにぎりしめた」とあるが、なぜ一将は「こぶしをにぎりしめた」のか。その理由を説明したものとして最も適当なものを次の中から選び、記号で答えなさい。

ア　一将たちは、将人が正当な理由もなく荻野先生に怒られたことを問題としているのに、委員の人たちが、将人と荻野先生のどちらにも悪いところがあると考え、将人を笑い者にしたので、一将の胸に怒りがこみ上げているから。

イ　一将たちは、将人が正当な理由もなく荻野先生に怒られたことを問題としているのに、委員の人たちが、将人を怒った荻野先生をかばい、怒られたことを将人のせいにしたので、一将の胸に怒りがこみ上げているから。

ウ　一将たちは、将人が正当な理由もなく荻野先生に怒られたことを問題としているのに、委員の人たちが、将人が怒られたことを将人のせいにし、将人を笑い者にしたので、一将の胸に怒りがこみ上げているから。

エ　一将たちは、将人が正当な理由もなく荻野先生に怒られたことを問題としているのに、委員の人たちが、将人には大会に出る資格がないと判断し、怒られたことを将人のせいにしたので、一将の胸に怒りがこみ上げているから。

オ　一将たちは、将人が正当な理由もなく荻野先生に怒られたことを問題としているのに、委員の人たちが、学校を休んだ将人を気が小さいとさげすみ、将人を笑い者にしたので、一将の胸に怒りがこみ上げているから。

聞いていたのか……と、だれもが思い、咲良もうろたえながらうなずく。

「はい……。見ててかわいそうなほど、将人くんを怒っていました」

名前を出さないという約束も忘れ、咲良はあわてたように答えた。

ハシケン先生は、「うーん」とうなって首をかしげると、こきっと骨を鳴らした。

「教師は叱《しか》るもので、怒ってはいけないって、教わったんだけどな」

そのとぼけた言い方に、何が言いたいのかわからなかった。そんな様子を見て、ハシケン先生は、咲良からみんなに視線をうつした。

「叱ると怒るの違いが、わかる？」

その場にいる全員が、催眠《さいみん》術にかけられたように首をふった。

「〝叱る〟は、その子のために教え諭《さと》すこと。でも、〝怒る〟は、ただ感情をぶつけること……って、実習に行った先の先生に教えられたんだよなぁ」

ハシケン先生は、独り言のようにつぶやいている。

「もし、荻野先生が我を忘れて怒ったなら、それは指導とは違うと思うけど……」

みんなが互《たが》いの顔を見た。ハシケン先生が、こんなにしゃべるところを見たこともない。

「あの、それって、3荻野先生が間違ってるっていうことですか？」

おそるおそる咲良が問いかけると、ハシケン先生は「あ、いや、それは……」と、手をふった。

「やはりここは、荻野先生に直接言ってみてはどうでしょう？」

「直接……」

一将と咲良は、顔を見合わせた。

「もしかして、ハシケン先生、ついてきてくれますか？」

咲良がうかがうように聞くと、ハシケン先生は、小さい子のように首をふった。

だよな……という空気が、教室に満ちていく。

先生たちを見ていると、その力関係も自然とわかってくる。荻野先生はどの先生よりも強く見えたし、校長先生からも一目置かれている。ハシケン先生のような軟弱《なんじゃく》な先生が、太刀《たち》打ちできる相手ではない。だったらよけいなことを言うなよと、一将は腹立たしい気持ちになった。

やっぱり、ハシケンはハシケンだ。

少しだけ期待した一将は、最後は逃《に》げるハシケンに落胆《らくたん》した。

みんながまた動きはじめたとき、教室を出ようとしていたハシケン先生が、思い切ったように「あの……」と振り向いた。

まだ何か言い足りないのかと、みんなの視線が集まる。

一秒、二秒、三秒……。

あまりにも間があって、言うことを忘れたんだろうとだれもが思ったとき、唐突《とうとつ》に口を開いた。

「学校は、だれのものかって……考えたことはありませんか？」

一瞬、教室の空気が［ d ］した。全員が、困ったような顔をする。

「ぼくは……みんなくらいのとき、いつも考えてました。でも、わからなかったから、大人になっても、また学校に戻ってきたのかもしれません」

ガッコウハ、ダレノモノカ……。

それは、静かな湖面に投げ入れられた小石のように、波紋《はもん》を起こし、じわりと教室じゅうに広がっていった。

「Dで、では、これで代表委員会を終わります！」

これ以上引っかき回されたらたまらないというように、議長はあわてて［ 4 ］を下ろした。

※内申書…生徒の成績や学校生活の様子などが書かれていて、現在の学

「出るからには、勝ちたいって思うんじゃない？　ぼくだったら、足を引っ張る人がいたら迷惑《めいわく》だって思うけどなぁ。それとも、勝ちは目指すなってことですかぁ？」

一将は、博樹をにらんだ。家が近所だから、一時期よく遊んだことがあるけど、明るくておもしろいやつだった。こんな嫌味っぽい言い方をするやつじゃなかったのにと、腹が立つ。

一将が怒《いか》りで口を閉ざすと、咲良が割りこんできた。

「そんなことは言ってません。でも、勝つことだけを目指すのは、なんだか違うと思います。そしたらだれかが失敗したとき、みんなに責められることになるでしょう？　それじゃあ、なんのための大会なんだろうって思います」

さすが、咲良は弁が立つ。一将の思いを、［b］と言葉にしてくれた。

でも次の瞬間《しゅんかん》、「それで、何がしたいの？」という、C矢のような言葉が飛んできた。声のしたほうを見ると、六年二組の石井梨沙《いしいりさ》だった。

「荻野先生に文句《もんく》を言いたいわけ？　だったら、勝手に言えばいいじゃない」

イライラした感情を投げつけてくる。

話が［c］ずれていくのを感じたけれど、一将も勢いを止められなかった。

「文句ってなんだよ！」

一将が身を乗り出す。

「これは、一人だけの問題じゃないと思う」

咲良がさえぎって、梨沙をにらんだ。

「わたしはそう思わないし、荻野先生も悪くないと思う。文句があるなら、直接言えばいい。なんなら、親に言いつけたら？」

ケンカを売るような言い方で、ぎりっと刺《さ》すようににらみ返してきた。そして、まゆを寄せて壁《かべ》の時計を見る。

「わたし、忙《いそが》しいから」

そう言って梨沙は、席を立って教室を出ていこうとした。

「オレも塾《じゅく》があるし……」

「荻野先生に歯向かうなんて、おっかないもんね」

「だよなぁ……。今、何かやらかして、※内申書《ないしんしょ》に変なことを書かれたら……」

そんな声まで、ちらっと聞こえた。

議長がおろおろして、ハシケン先生を見る。ハシケン先生は、相変わらず目を閉じて、頭をゆらしていた。

「もしやりたいなら、代表委員会じゃなくて、六年生でやってください」

薄《うす》く笑いながら博樹が立ち上がると、五年生の全員がつられるように立ち上がった。

「あの、じゃあ、この件は、来月の代表委員会でもう一度ということで……ハシケン先生、それでいいですか？」

議長があわてて聞いても、ハシケン先生の目は閉じたままだ。やっぱり寝ている。

「ハシケン先生！」

大きな声でもう一度言うと、ハシケン先生はイスからずり落ちそうになって、目をぱちくりした。みんながあきれて苦笑する。

「ん？　ああ……」

目をしょぼしょぼさせながら、大きなあくびをひとつした。

「で、そのとき荻野先生は、怒ったんですか？」

いきなり咲良のほうを見て問いかけるから、咲良も帰りかけていたみんなも、動きを止めてきょとんとした。

「それでは、これから代表委員会をはじめたいと思います。はじめに……」

議長は六年生が交替《こうたい》で、決まっている議題をあげて進行する。代表委員は各クラス、男女一名ずつ。五年生と六年生、三クラスずつだから、全部で十二人だ。

ロッカーの整理整頓《せいりせいとん》ができてないとか、給食のかたづけがどうとか、飼育小屋のうさぎにちょっかいを出すやつがいるとか、いつもどおりに話が進み、無難に決まっていく。

みんな早く終わりたいから、反対意見も出ずに、話し合いが進んでいった。

「では、これで本日の代表委員会を終わりたいと……」

議長がしめの言葉を言いかけて、一将もふっと気がゆるみそうになったとき。

「はいっ」

咲良が、勢いよく手をあげた。

忘れてなかったか……。

咲良は立ち上がり、歯切れのいい声で言った。

「昨日の朝、二年生の男子が荻野先生に、みんなの前でひどく怒られていました。その子は、自由参加の朝練に出なかったことを注意されたんです。そのせいでその男子は、大縄跳びのチームの子たちから大会に出るなと言われ、今日は欠席しているそうです」

教室がざわつく。

おいおい、ちょっと待てよ、と一将は焦《あせ》った。

二年生なんて言ったら、調べればすぐに将人のことだとわかってしまう。

「でも、怒られるようなことをしたんだろ？」

だれかが言って、カチンときたけれど、咲良がすかさず言い返した。

「みなさんも知っているとおり、朝練は自由参加です。それなのに荻野先生は『下手《へた》なのに、どうして来ないの』と、その子に対して激しく怒っていました」

「下手なら、怒られてもしょうがないよな」

ちゃかすようなだれかのひと言に、どっと笑いが起きた。

2 一将は、ひざの上のこぶしをにぎりしめた。

「荻野先生は、その子に来なさいと言っていたわけじゃありません。それに、みんなの前で怒ることはないと思います」

咲良は、ゆるぎない口調できっぱりと言った。

「でも、下手なんだろ？」

「それじゃあなぁ」

咲良の勢いを無視するように、仕方ないじゃないかという空気が教室に満ちていく。

だから、嫌だったんだ。

もう十分嫌な思いをしたはずなのに……どうして、さらにこんなふうに言われなきゃいけないんだと、一将の体は熱くなった。

「だったらはじめから、下手なやつは大縄跳び大会に出るなって言えばいいじゃないか！」

気がついたら、立ち上がっていた。

みんなに注目される。もう、後には戻《もど》れない。

「あれって、だれでも出ていいんだろ？ 勝つことがそんなに大事なのか？ だったら、予選でもやって、うまいやつだけ出ればいいじゃないかっ」

ムキになる一将に、しらっとした視線が集まる。

「その話、おもしろいけど……」

声をしたほうを見ると、五年生の梶尾博樹《かじおひろき》が、にやにやしながら言った。

「今日、寝坊《ねぼう》しちゃった」

そう言って、ぺろっと舌を出す。咲良は運動神経がいいから、練習なんてしなくても許されるんだろうな。そう思ったら、ますます将人が哀《あわ》れに思えてきた。

「そういえば将人くんは？　今日は、練習に出てるの？」

咲良が、校庭に向かって目を細める。

「いや、休み。もう大縄跳び大会も出たくないってさ。あいつが不登校になったら、荻野先生のせいだよ……」

思わず、やけぎみに口をすべらせた。

「どういうこと？」

すかさず咲良が聞いてきて、まずいかもって思ったけれど、止めることはできなかった。腹の底にたまった思いを、どこかに吐《は》き出さずにはいられない。

昨日《きのう》からのことを話すと、咲良は思い切りまゆを寄せた。

「それって大問題じゃない！」

「まぁ……」

咲良が激しく怒ると、逆に一将の気持ちはすっと引いた。嫌《いや》な予感がして、足早に校門をくぐる。咲良も後を追ってきた。

「ねぇ、それ、今日の代表委員会で話し合わない？」

「はぁ？」

予感的中で、一将はうわばきに履《は》き替《か》えながら顔をしかめた。そういえば、今日は委員会活動の日だ。

「いや、いいよ」

思わずあわてる。母さんにも内緒《ないしょ》にしていることを、そんなところで話し合われても困る。

「今日の議題は決まってるだろ」

「大丈夫《だいじょうぶ》だよ。あたしが提案するから」

「で、でも、そんな個人的なこと……」

我《わ》が家のことが議題になるなんて、考えただけでゾッとする。

「じゃあ、名前は出さないから」

咲良の強い目にじっと見つめられ、それ以上言い返せなかった。

「これは、一将たちだけの問題じゃないと思う」

有無《うむ》を言わせない迫力《はくりょく》に、ぐいぐい押《お》される。

1 あ～、やっぱり話さなければよかった……と、一将は後悔《こうかい》した。

……〈中略〉……

代表委員会の先生は、橋本健太《はしもとけんた》という若い先生だ。みんなから、ハシケン先生と呼ばれている。

ひょろっと背が高くて、いつも眠《ねむ》そうな顔をしてて、やる気がなさそうに見える。代表委員会で、一将たちが何を話していても関心なさそうで、ときどき寝《ね》ていた。たまに意見を聞いても、とんでもなく的外れなことを言って、会議をかき乱す。

たとえば、給食の残しをどうやって減らせばいいかっていう議題があがったとき、

「ぼくも嫌《きら》いなものがあるよ。体の大きさだって、食欲だって、人それぞれなんだから、食べたいものを、食べたいだけ食べればいいと思うんだけど」

なんて言うし、席に座《すわ》らないで歩き回る子がいるっていうときだって、

「歩きたいなら、仕方ないと思うんだけどなぁ」

なんて答えて、ちっとも前に進まない。そのたびに、みんなは「はぁ？」と首をかしげて振り回されるから、眠っていてくれたほうがマシなくらいだ。

今日は、目をつぶったまま体が［ a ］とゆれているから、眠っていたのだろう。

うに感じられる」とあるが、それはなぜか。その理由を60字以内で説明しなさい。

二

次の文章は、工藤純子《くどうじゅんこ》『あした、また学校で』の一部である。小学六年生の滝川一将《たきがわかずまさ》には、二年生の弟、将人《まさと》がいる。将人は大《おお》縄《なわ》跳《と》び大会に向けて練習していたが、ある日、荻野《おぎの》先生に怒《おこ》られてしまう。一将の幼なじみで同級生でもある新美咲良《にいみさくら》は将人が怒られる姿を見かけて、そのことを一将に伝えた。心配した一将が将人に事情をたずねると、将人は大縄跳び大会には出場しないと言った。以下の文章はそれに続く部分である。これを読んで、後の問いに答えなさい。なお、出題に際して、本文には省略および表記を一部変えたところがある。

まずいな……。

A 学校に向かう、一将の足は重かった。

今朝《けさ》、将人は「お腹が痛い」と言って、起きてこなかった。

母さんは、「じゃあ休む？」なんて言って、連絡帳《れんらくちょう》を書いて一将によこした。

もしかしたら、ずる休みかもしれないと思ったけれど、母さんに事情を言えなくて……。

きっと明日《あした》になれば、将人も学校に行く……に違《ちが》いないと自分に言い聞かせ、一将は重い足を引きずった。

でも、このまま不登校にでもなったら……。

そんな思いを振《ふ》り払《はら》って歩く。

学校の校庭が、金網《かなあみ》の向こうに見えた。

「イーチ、ニー、サーン、シー！」

大縄跳びの朝練をしているグループがいくつもある。大会に向けて、どの学年も練習に熱が入っている。

そんな姿を、一将は冷ややかに見つめた。

「ほら、もっと速く跳んで！」

荻野先生の声が、ひときわ大きく響《ひび》いていた。五分間で、いちばん多く連続で跳べた回数が記録になる。それにはできる限り速く縄を回し、そのスピードにのって、次々跳ばなくてはいけない。だれかが引っかかったら、一からやり直しだ。のんびりマイペースな将人には合わないと、ひと目でわかる。

六年生ともなると、神業《かみわざ》みたいなスピードで……。つくづく、大縄跳びの選手にエントリーしなくてよかったと思った。

でも……本当は、うらやましい気持ちも少しある。

みんな真剣《しんけん》で、記録を更新《こうしん》するとハイタッチして……青春してるよなぁって感じ。金網のあっちとこっちとでは、まるで別世界だ。あっちには、一生懸命《いっしょうけんめい》やった人しか味わえない達成感がある。

将人は、あっちの世界でがんばろうとしてたんだよな……。

そう思うと、やりきれない気持ちになった。将人をあの輪の中に入れてやりたかった。

そんなことを思いながらぼーっとしていると、バンッとランドセルをたたかれた。

「おっはよ！」

振り向くと、咲良が立っていた。

「うわ、なんだよ」

見られたくないところを見られたようで、うろたえた。

「何をぼーっとしてるの？」

一将の視線を追って、咲良も校庭を見る。

「あれ？　そういや、咲良も朝練じゃねーの？」

B 咲良は確か、あっち側の人間、つまり、青春の大縄跳び組だ。

エ　社会において地図とはどのような存在で、地図と社会がどのように影響しあっているかという問い。

オ　地理的な事象を考察して客観的に表現するためには、どのような地図を作成するべきかという問い。

問2　――線**2**「このような再構成」とあるが、それはどういうことか。その説明として最も適当なものを次の中から選び、記号で答えなさい。

ア　現実の環境を、一定の比率に縮小するとともに、必要な情報だけを選び単純な記号を用いて表現すること。

イ　現実の環境を、情報の選択によって簡略化するだけでなく、目的に沿った情報を平面化して表現すること。

ウ　現実の環境を、一定の比率に縮小して不要な情報を取り除き、必要な情報のみ単純な記号を用いて表現すること。

エ　現実の環境を、情報の選択によって簡略化したうえで、目的に沿った情報を目立つように記号化して表現すること。

オ　現実の環境を、一定の比率に縮小して平面化し、目的に応じて必要な情報だけを記号化して表現すること。

問3　――線**3**「地図が現実の見え方を規定している」とあるが、それはどういうことか。その説明として最も適当なものを次の中から選び、記号で答えなさい。

ア　人間は情報の密度が低い地図だけでは都市全体を把握できないため、現実の再構成に必要な身体感覚の拡張を行い、現実を把握しているということ。

イ　人間は複雑な現実世界をそのまま把握することができないため、単純な記号で客観的に描いた地図を参考にすることで、現実を把握しているということ。

ウ　人間は複雑な現実世界をそのままでは理解できないため、現実をわかりやすく再構成した地図に沿って、現実を理解しているということ。

エ　人間は情報量が多いと情報を選り分けられないため、現実世界を分割して直接的に見わたすことで都市の意味を解読し、現実を理解しているということ。

オ　人間は情報量が多い都市の複雑さに混乱するため、地図のような単純化された都市を設計することで、現実を認識しやすくしているということ。

問4　――線**4**「地図の世俗化」とあるが、それはどういうことか。その説明として最も適当なものを次の中から選び、記号で答えなさい。

ア　科学的な知識にもとづいた地図だけでなく、その時どきに人々が信じている宗教や神話の考え方にもとづいて描かれた地図も受容されるようになったということ。

イ　社会において人々が共有していたキリスト教的な世界認識にもとづいて描かれていた地図が、科学的な方法で正しく描かれ受容されるようになったということ。

ウ　大航海時代を経て探検者だけが世界地理を理解するのではなく、世界中の人々が客観的な地図を受容して世界地理を理解するようになったということ。

エ　キリスト教的な想像力のみにもとづいた地図に加えて、それぞれの時代や地域で受容されている宗教の影響を受けた地図も描かれるようになったということ。

オ　神話にもとづいた空想的な地図ではなく、キリスト教の影響を受けて現実世界を客観的に表現した地図が人々に受容されるようになったということ。

問5　――線**5**「この地図を見た人には、それがどこかに実在するよそれを排除《はいじょ》しようとする科学的な視点によって世界が意味づけられるようになる。同時に、大航海時代を経て、探検者によって世界地理が「発見」されたことで、その成果にもとづく科学的な世界地図がつくられ、人びとに受容されるようになった。それは、いわば「4地図の世俗化《せぞくか》」とも呼びうる現象であった。以降、科学的な地図の普及とともに、地図は科学的な方法で正確に描かれるものであるという常識が広まっていったのである。

しかし、現代においても、実は「空想地図」なるものが存在する。2013年、今和泉隆行《いまいずみたかゆき》『みんなの空想地図』(白水社)という書籍《しょせき》が刊行され、テレビやインターネットで話題を呼んだ。これには今和泉が描いた「中村市」という架空《かくう》の都市の地図が掲載《けいさい》されている。そんな都市は現実にはどこにも存在しないのだが、5この地図を見た人には、それがどこかに実在するように感じられることだろう。それは、この地図がわたしたち現代人にとって、きわめて「リアル」に描かれているからである。対象は架空のものであっても、現実の都市計画を参照しながら「ありそうでない」都市が緻密《ちみつ》に設計され、市販《しはん》の都市地図そっくりのフォーマットで描かれている。均質で精密な表現がなされていることにくわえて、たとえば、淡《あわ》いトーンで色分けされた町ごとの区画、駅周辺や国道沿いに点在するコンビニやファーストフード店のアイコンなどに、読み手は※既視感《きしかん》を覚えるわけである。

このことは、わたしたちがこのような地図の描き方になじみ、現実よりも先に地図に触れ、それをとおして、現実の都市をイメージしていることのあらわれといえよう。たとえ架空の都市でも、地図の描き方をその時代や社会のあり方に合わせることで、リアルに見せかけることが可能なのである。そして、どんな地図表現を「リアル」とみなすかは、時代や社会によって変わってくるのだ。

このように、地図のあり方は、その社会における文化や制度のあり方を反映する。端的《たんてき》にいえば、時代や社会が変われば、地図の表現も、その受容のされ方も変わるということである。地図は恣意的に描かれるものであるが、たとえその作者が個人であっても、そうした社会的影響を少なからず受けることになる。その社会の文化に適合する地図を、いわば「つくらされる」わけである。したがって、地図はたんに個人の恣意によってつくられるのではなく、社会によってつくられているのである。地図の社会学は、まずこうした側面に着目しなければならない。

※GIS…地理情報システム(Geographic Information System)。地形・地質の状態から観光・交通情報まで、さまざまな地理情報をデータベース化し、地図上に表示するコンピュータシステムのこと。

※ジオラマ模型…実際の風景に似せて配置された、小型の模型。

※鳥瞰、俯瞰…いずれも、高いところから広い範囲《はんい》を見おろしてながめること。

※歪曲…事実などを、いつわってゆがめること。

※恣意的な…その時どきの思いにまかせた。

※既視感…それまでに一度も見たことがないのに、かつて見たことがあるように感じること。

問1 ――線1「こうした問い」とあるが、それはどのような「問い」か。その説明として最も適当なものを次の中から選び、記号で答えなさい。

ア　人々が地理的な事象をどのように地図に表現し、地図はどのような変化をしてきたのかという問い。

イ　特定の地域における地理的事象や特徴が、人口や産業の形成にどのように影響したのかという問い。

ウ　それぞれの時代における地図の描かれ方が、科学技術の発展にどのように作用したのかという問い。

から、描くものと描かないものを取捨選択しなければならないところに、地図という表現の固有性があるといえよう。航空写真はそこから見えるものをすべてありのままに写し取っているが、それではむしろ情報量が多すぎて、必要な情報を読みとりづらい。そこで、地図は目的に応じて必要な情報だけを選択し、単純な記号を用いて表現するのである。

以上のように、地図とは、現実を縮小し、平面化し、記号化した空間表現である。すなわち、地図は現実をありのままに写し取ったものではなく、縮小・平面化・記号化という方法によって「再構成」したものなのである。

2このような再構成がなされるのは、そうすることによって現実が見えやすくなるからだ。

個人は、現実の世界を本当の意味ですみからすみまで歩きつくすことはできないし、自分の目で直接的に見わたすこともできない。もちろん、タワーや飛行機から都市を※鳥瞰《ちょうかん》することはできる。だが、それとて広い世界の一部にすぎない。また、航空写真と同じで情報の密度があまりにも高く、そこから必要な情報とそうでない情報をみずから選り分けるのはむずかしい。それに、タワーからの※俯瞰景《ふかんけい》や航空写真には、地名や境界線などの記号がないため、たしかに都市は広くつぶさに見えていても、その都市に付与《ふよ》された意味を解読できない場合がある。

そこで、そのままではあまりに広大で複雑すぎる現実世界を、個人が把握《はあく》するのに最適な状態へと縮減し、再構成するのが、地図の役割である。そして、わたしたちは現実を再構成した地図を見て、それにもとづいて現実を理解している。人間にとって、地図は現実よりも先にあり、3地図が現実の見え方を規定しているということである。

その意味で、地図は、送り手が情報を再構成＝編集して、受け手に伝達し、共有させる「メディア」の一種である。あるいは、メディア論の大家であるM・マクルーハン流にいえば、地図も人間の身体感覚を拡張し、自己と世界・他者を仲立ちする「メディア」である。つまり、地図というメディアを介《かい》することで、人間はみずからの身体を超《こ》えて他者と同じように世界を見わたすことができるようになるわけである。

いずれにせよ、地図が現実の再構成なのだとすれば、それは客観的な表現などではなく、多かれ少なかれ誇張《こちょう》や省略、※歪曲《わいきょく》をともなう※恣意的《しいてき》な表現といえる。地図の主題(目的)に沿ってさえいれば、何をどのように描くかはほとんど作り手の裁量に委ねられている。たとえば、市役所へのアクセスマップであれば、市役所に面する道路を太く強調したり、市役所にアクセスするうえでとくに意味のないカーブを直線的に描いたりしても問題はない。市役所以外に何を載《の》せるかも基本的には自由である。もちろん、そんな地図にも一定の正しさは必要であり、たとえば市役所があるはずの場所にガソリンスタンドが記載《きさい》されていれば、それは誤った地図ということになる。

しかし、そうした正確性を重視する地図のあり方は、近代以降に確立されたものにすぎない。たとえば、中世ヨーロッパでは、「マッパ・ムンディ」と総称《そうしょう》される世界地図が普及《ふきゅう》したが、これはキリスト教的世界観にもとづいて表現された空想的な絵地図であった。そこでは、聖地エルサレムが世界の中心に、そして、エデンの園があるとされる東の方角が上方向に位置づけられ、聖書に登場する想像上の動物や民族の絵が描きこまれていた。しかし、人びとが世界地理についての科学的な知識をもたず、宗教や神話が人びとの世界認識を強く規定していた当時の社会においては、それこそが「正しい地図」であり、共有されるべき社会的現実だったのである。

ただ、近代になると、そうした宗教的・神話的な想像力ではなく、

二〇二一年度　市川中学校

【国語】〈第二回試験〉（五〇分）〈満点：一〇〇点〉

【注意】解答の際には、句読点や記号は一字と数えること。

一　次の文章は、松岡慧祐《まつおかけいすけ》『グーグルマップの社会学　ググられる地図の正体』の一部である。これを読んで、後の問いに答えなさい。なお、出題に際して、本文には表記を一部変えたところがある。

あなたが初めて本格的に地図に触《ふ》れたのはいつだろうか。それはおそらく小学校の社会科の授業ではないだろうか。「地図の社会学」というと、そうした社会科における地理の学習の延長と考える人も少なくないはずだ。ただでさえ社会科と混同されやすい社会学という学問に、「地図」という言葉がくっつけば、ますます社会科のイメージが強くなるのもやむをえないだろう。

あるいは、地図の研究というと、地理学という学問を真っ先に思い浮《う》かべる人も多いかもしれない。たしかに、これまで地図は地理学の専売特許であった。ただし、地理学において、地図はあくまで地理的な事象を記述したり分析《ぶんせき》したりするための道具として用いられることが多い。たとえば、近年は※ＧＩＳと呼ばれる技術によってデジタル化された地図データを用いた空間分析が盛《さか》んである。また、社会科においても、地図は世界や国土に関する地理的知識を習得するための教材として位置づけられている。

他方で、地図そのものを対象とする地図学（cartography）と呼ばれる分野もある。そのなかにもさまざまなアプローチがあり、たとえば地図の歴史を扱《あつか》う「歴史地図学」なども含《ふく》まれるが、もともと地図学は地図製作法を研究する学問として成立したものである。

もちろん社会学では、このように地図をつくる技術を追究することはしない。また、地図の読図や分析をとおして社会の地理について学んだり、考えたりするわけでもない。

では、地図の社会学とは何か。一言でいえば、それは「地図と社会の関係」について考えるものである。すなわち、「地図とは社会や人間にとってどのような存在であるか」「地図と社会のあり方が相互《そうご》にどう影響《えいきょう》し合っているか」といったことが基本的な問いとなる。

1こうした問いに向き合うためには、まず、地図とは何かを明らかにしておく必要があるだろう。地図学の権威《けんい》であるＡ・Ｈ・ロビンソンらは、地図を定義する条件として、以下の三点を挙げている。

1.「縮尺」によって距離《きょり》・方向・面積などがある秩序《ちつじょ》をもって示される。
2. 通常は平面上に描《えが》かれる。
3. ある程度一般《いっぱん》化された地理的事象から選択《せんたく》したものしか表せない。

一点目は、地図は現実の環境《かんきょう》をそのままの大きさであらわすのではなく、一定の比率に「縮小」したものであるということだ。しかし、環境を縮小して表現するだけであれば、※ジオラマ模型なども同じである。

そこで、二点目に、三次元の立体的な現実を二次元の平面に展開するというところに、地図の大きな特徴《とくちょう》がある。ただ、現実を平面化した表現としては、空から撮影《さつえい》された航空写真などもある。

したがって、三点目にあるように、縮小・平面化された現実のなか

2021年度

市 川 中 学 校 ▶解説と解答

算 数 ＜第２回試験＞（50分）＜満点：100点＞

解 答

1 (1) $\frac{20}{21}$ (2) 212個 (3) 60分 (4) 625cm^2 2 (1) 30秒後 (2) 150度 3 (1) 60度 (2) 1：2 (3) 7：4 4 (1) 160 (2) (1248, 1280, 1312, 1280) (3) (0, 5, 3, 8), (1, 4, 4, 7), (2, 3, 5, 6), (3, 2, 6, 5), (4, 1, 7, 4), (5, 0, 8, 3) 5 (1) $18\frac{1}{3}$cm^3 (2) (例) 解説の図２を参照のこと。 (3) 51cm^2

解 説

1 四則計算，差集め算，ニュートン算，面積，辺の比と面積の比

(1) $\left\{1-\left(7-\frac{2}{3}\right)\times\frac{1}{7}\right\}+3\div3\frac{1}{2}=\left\{1-\left(\frac{21}{3}-\frac{2}{3}\right)\times\frac{1}{7}\right\}+3\div\frac{7}{2}=\left(1-\frac{19}{3}\times\frac{1}{7}\right)+3\times\frac{2}{7}=\left(1-\frac{19}{21}\right)+\frac{6}{7}=\left(\frac{21}{21}-\frac{19}{21}\right)+\frac{6}{7}=\frac{2}{21}+\frac{18}{21}=\frac{20}{21}$

(2) １人８個ずつ配るのに必要な個数と１人10個ずつ配るのに必要な個数の差は，36＋８＝44(個)である。これは，10－８＝２(個)の差が生徒の人数だけ集まったものだから，生徒の人数は，44÷２＝22(人)とわかる。よって，ボールの個数は，８×22＋36＝212(個)，または，10×22－８＝212(個)と求められる。

(3) 右の図１のように，140分で行列に並ぶ人数は，15×140＝2100(人)なので，窓口３つで140分で売る人数は，2100＋2100＝4200(人)となる。よって，１つの窓口で１分間に売る人数は，4200÷３÷140＝10(人)とわかる。すると，窓口５つの場合は１分間に，10×５＝50(人)に売ることができるから，１分間に，50－15＝35(人)の割合で行列が減る。したがって，2100人の行列がなくなるまでの時間は，2100÷35＝60(分)である。

図１

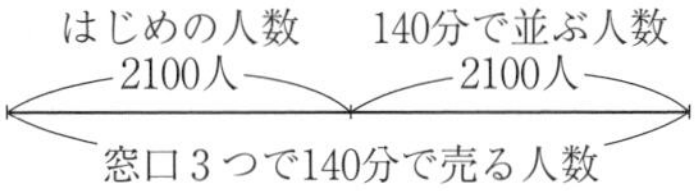

(4) 右の図２で，１番目の正方形の１辺の長さを，３＋１＝４とすると，１番目の正方形の面積は，４×４＝16となる。また，かげをつけた三角形１個の面積は，３×１÷２＝1.5なので，２番目の正方形の面積は，16－1.5×４＝10と求められる。よって，２番目の正方形の面積は１番目の正方形の面積の，$\frac{10}{16}=\frac{5}{8}$(倍)になることがわかる。その後も同じことが繰《く》り返されるから，５番目の正方形の面積は１番目の正方形の面積の，$\frac{5}{8}\times\frac{5}{8}\times\frac{5}{8}\times\frac{5}{8}$(倍)になる。また，１番目の正方形の面積は(64×64)cm^{2}なので，５番目の正方形の面積は，$64\times64\times\frac{5}{8}\times\frac{5}{8}\times\frac{5}{8}\times\frac{5}{8}=625$(cm^2)と求められる。

図２

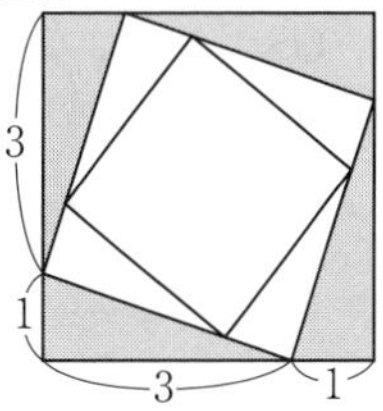

2 平面図形―図形上の点の移動，旅人算，角度

(1) 下の図１で，弧《こ》ABの短い方の長さは，$180\times\frac{120}{360}=60$(cm)だから，初めのＰとＱの間(弧AB

の長い方)の長さは，180－60＝120(cm)である。また，ＰとＱの間の長さは毎秒，９－５＝４(cm)の割合で短くなるので，初めてＰとＱが重なるのは，120÷４＝30(秒後)である。

図１

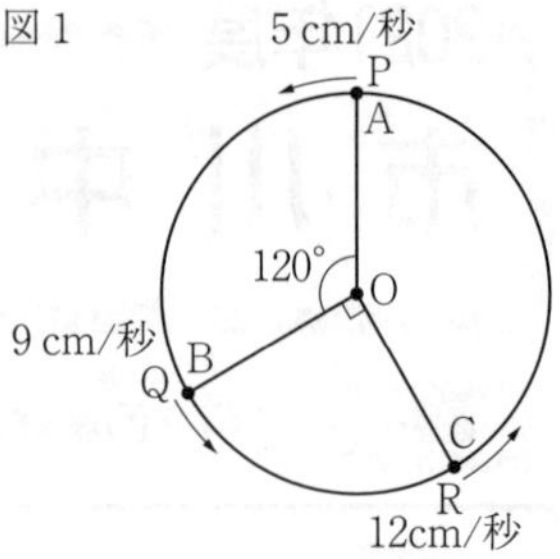

図２

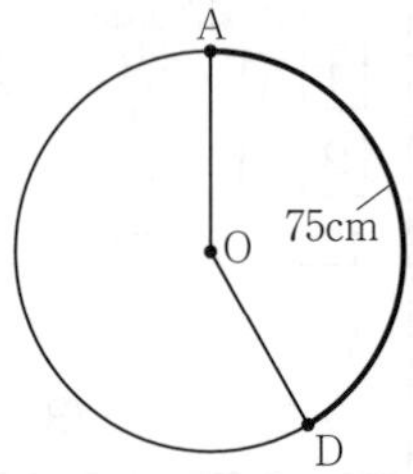

⑵　⑴の後はＰとＱは，180÷４＝45(秒)ごとに重なるから，ＰとＱが重なるのは{30，75，120，165，…}秒後となる。次に，弧BCの短い方の長さは，180×$\frac{90}{360}$＝45(cm)だから，初めのＱとＲの間(弧BCの長い方)の長さは，180－45＝135(cm)である。また，ＱとＲの間の長さは毎秒，12－９＝３(cm)の割合で短くなるので，初めてＱとＲが重なるのは，135÷３＝45(秒後)である。さらに，その後はＱとＲは，180÷３＝60(秒)ごとに重なるから，ＱとＲが重なるのは{45，105，165，…}秒後となる。よって，３つの点が初めて重なるのは165秒後とわかり，その間にＰが動く長さは，５×165＝825(cm)とわかる。825÷180＝４余り105より，これは４周と105cmとわかるので，点Ｄは右上の図２の位置で，弧ADの短い方の長さは，180－105＝75(cm)となる。したがって，角AODの大きさは，360×$\frac{75}{180}$＝150(度)と求められる。

3　平面図形─角度，相似，辺の比と面積の比

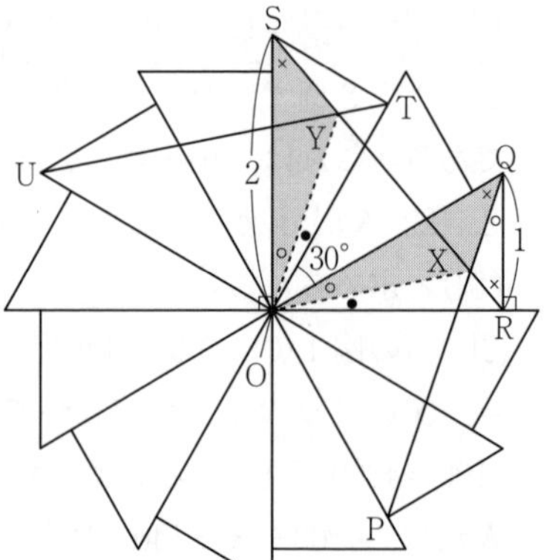

⑴　右の図で，三角形OPQを反時計回りに60度回転すると三角形ORSに重なり，三角形ORSを反時計回りに60度回転すると三角形OTUに重なるから，かげをつけた２つの三角形は合同であり，○印と×印をつけた角の大きさはそれぞれ等しくなる。すると，●印をつけた角の大きさも等しくなり，○＋●＝30(度)になる。よって，三角形OXYは，OX＝OY，角XOY＝30＋○＋●＝30＋30＝60(度)なので，正三角形とわかる。したがって，角XYOの大きさは60度である。

⑵　角XYOの大きさが60度だから，三角形OYSに注目すると，○＋×＝60(度)となる。また，角RQO＝60度なので，角RQXの大きさも○になる。さらに，SOとQRは平行だから，角OSRと角SRQの大きさは等しく，角SRQの大きさも×になる。よって，三角形QXRと三角形OYSは相似であり，相似比は，QR：OS＝１：２なので，RX：SY＝１：２とわかる。

⑶　⑵より，RX＝１とすると，SY＝２となる。また，かげをつけた三角形は合同だから，QX＝２となる。さらに，三角形QXRと三角形OYSは相似であり，相似比は１：２なので，OY＝２×$\frac{2}{1}$＝４となる。よって，正三角形OXYの１辺の長さが４だから，XY＝４とわかる。したがって，RS：OY＝(１＋４＋２)：４＝７：４と求められる。

4　条件の整理

⑴　４番目まで調べると，下の図１のようになる。１番目の和は，１＋２＋３＋４＝10，２番目の和は，３＋５＋７＋５＝20，３番目の和は，８＋８＋12＋12＝40，４番目の和は，16＋20＋24＋20＝80だから，和は次々と２倍になることがわかる。よって，５番目の和は，80×２＝160である。

⑵　２番目の配置を(A，B，C，D)とすると，下の図２のようになる(ABはAとBの和を表す)。

図１

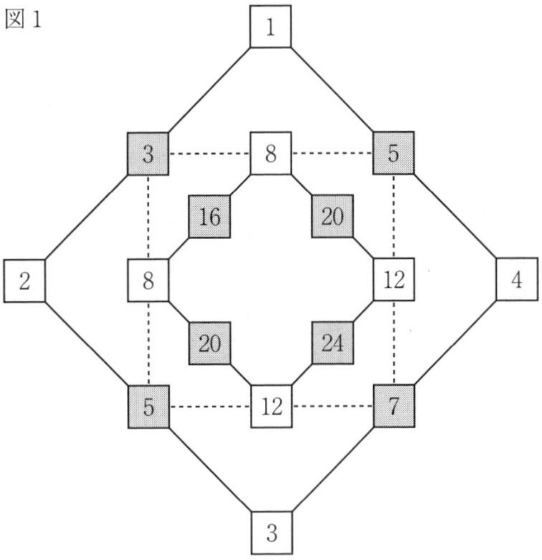

図２

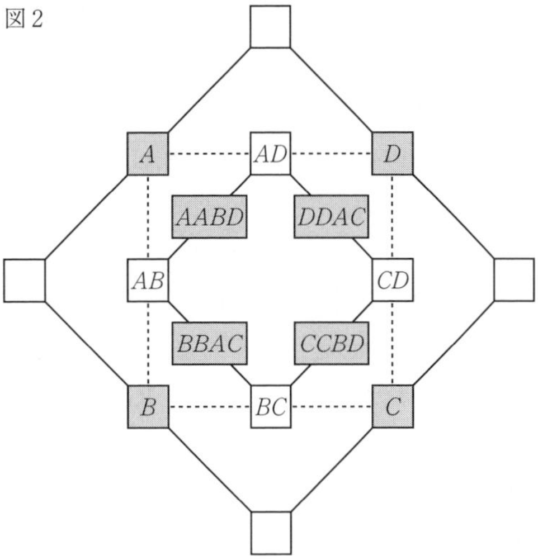

図２から，向かい合う数の和($AB+CD$と，$AD+BC$など)は常に等しくなることがわかるので，$B+D=A+C$となる。また，１番目の配置が(１，２，３，４)のとき，BとDは等しいから，４番目の左下の数($BBAC$)は，$B+B+A+C=B+B+B+B=B\times4$となる。同様に，右上の数($DDAC$)は，$D+D+A+C=B+B+B+B=B\times4$となる。さらに，右下の数と左上の数の差($CCBD$と$AABD$の差)は，$(C+C+B+D)-(A+A+B+D)=C\times2-A\times2=(C-A)\times2$となる。つまり，偶数《ぐうすう》番目の左下の数と右上の数は次々と４倍になり，右下の数と左上の数の差は次々と２倍になることがわかる。よって，４番目の左下の数と右上の数はどちらも20であることから，10番目の左下の数と右上の数は，$20\times4\times4\times4=1280$である。また，４番目の右下の数と左上の数の差は，$24-16=8$なので，10番目の右下の数と左上の数の差は，$8\times2\times2\times2=64$となる。さらに，10番目の右下の数と左上の数の和は，$1280\times2=2560$だから，左上の数は，$(2560-64)\div2=1248$，右下の数は，$1248+64=1312$となり，10番目の配置は(1248，1280，1312，1280)と求められる。なお，図２から，(1)で求めた４つの数の和は次々と２倍になることがわかる。

(3)　図２を５～８番目の正方形と考えると，８番目の左下の数($BBAC$)と右上の数($DDAC$)がともに512なので，$B+B+A+C=D+D+A+C$より，$B=D$とわかる。つまり，８番目の左下の数と右上の数が等しいとき，６番目の左下の数と右上の数も等しくなるから，(2)と同様に考えることができる。よって，２番目の左下の数と右上の数は，$512\div4\div4\div4=8$とわかる。また，８番目の右下の数と左上の数の差は，$536-488=48$なので，２番目の右下の数と左上の数の差は，$48\div2\div2\div2=6$と求められる。さらに，２番目の右下の数と左上の数の和は，$8\times2=16$だから，左上の数は，$(16-6)\div2=5$，右下の数は，$5+6=11$である。したがって，１番目の配置を(ア，イ，ウ，エ)とすると，右の図３のようになる。図３で，ア＝０とすると，イ＝５－０＝５，ウ＝８－５＝３，エ＝11－３＝８と順に決まる。同様にしてアに順に整数をあてはめると，考えられる１番目の配置は，(０，５，３，８)，(１，４，４，７)，(２，３，５，６)，(３，２，６，５)，(４，１，７，４)，(５，０，８，３)とわかる。

図３

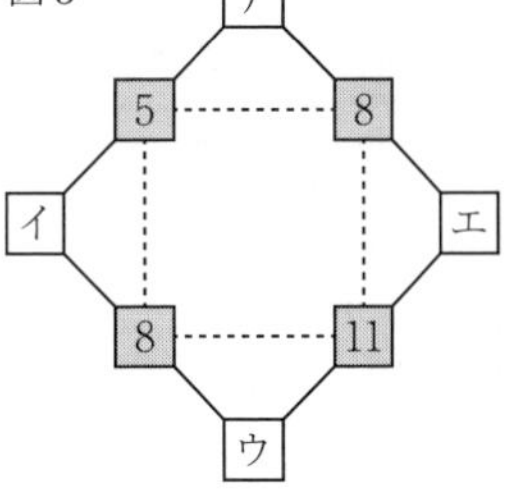

5 立体図形―分割，体積，表面積

(1) 右の図1のように，AとB，BとCはそれぞれ同じ面上にあるから，直接結ぶことができる。次に，Cを通りBAに平行な直線を引くと，頂点Eを通る。さらに，Eを通りCBに平行な直線EF，Fを通りBAに平行な直線FGを引くと，切断面は六角形CEFGABになる。このとき，EI：IF＝4：2＝2：1より，IF＝$2\times\frac{1}{2}=1$(cm)とわかる。また，AとEを結ぶ直線はGを通る。次に，DH，BC，AEを延長して交わる点をOとすると，立体Xは，三角すいO－DABから2つの三角すいO－HECとE－IGFを取り除いた立体になる。これらの3つの三角すいは相似であり，相似比は，DB：HC：IF＝4：2：1なので，体積の比は，(4×4×4)：(2×2×2)：(1×1×1)＝64：8：1となる。よって，立体Xの体積は三角すいE－IGFの体積の，(64－8－1)÷1＝55(倍)で，三角すいE－IGFの体積は，$1\times1\times\frac{1}{2}\times2\times\frac{1}{3}=\frac{1}{3}$($cm^3$)だから，立体Xの体積は，$\frac{1}{3}\times55=\frac{55}{3}=18\frac{1}{3}$($cm^3$)と求められる。

図1

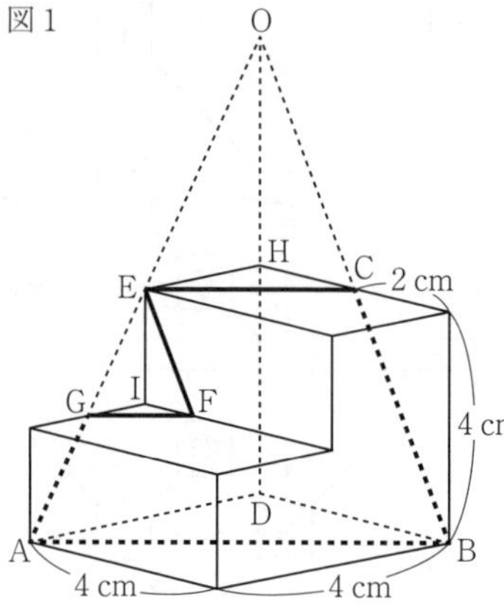

(2) 直線ABは，直角をはさむ2辺の長さが4cmと4cmの直角三角形の斜《なな》めの辺である。また，直線BCは，直角をはさむ2辺の長さが2cmと4cmの直角三角形の斜めの辺である。同様に考えると，切断面Yは右の図2のようになる。

図2

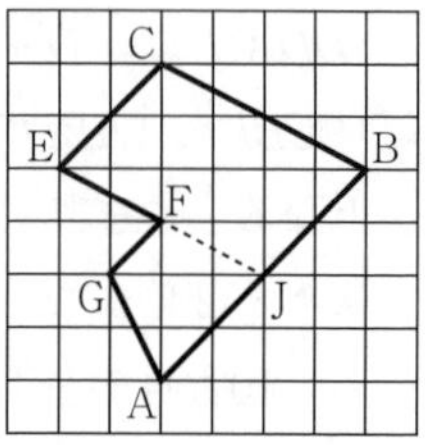

(3) 右下の図3で，かげをつけた3つの三角形の面積の和は，2×2÷2＋1×1÷2＋4×4÷2＝10.5(cm^2)であり，台形CHDBの面積は，(2＋4)×4÷2＝12(cm^2)となる。また，六角形EIGADHと三角形EIFを合わせると台形CHDBと合同になるので，面積の和は12cm^2とわかる。次に，図2で，三角形CEBと三角形JBEは底辺が6cmで高さが2cmだから，面積の和は，6×(2＋2)÷2＝12(cm^2)，また，三角形FGJと三角形AJGは底辺が3cmで高さが1cmと2cmなので，面積の和は，3×(1＋2)÷2＝4.5(cm^2)と求められる。よって，切断面Yの面積は，12＋4.5＝16.5(cm^2)だから，立体Xの表面積は，10.5＋12＋12＋16.5＝51(cm^2)である。

図3

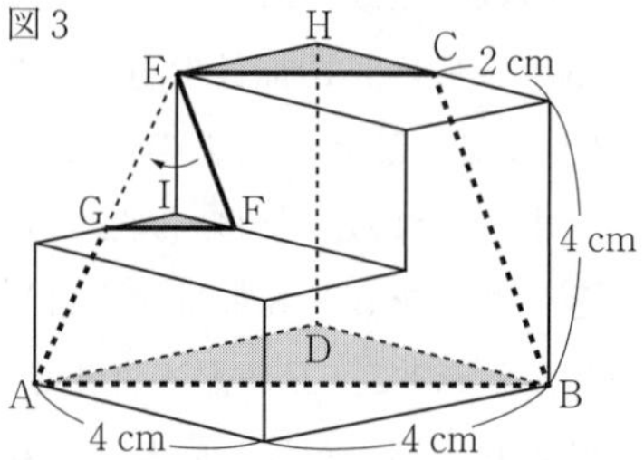

社　会　<第2回試験>（40分）<満点：100点>

解　答

1 **問1** 1　京都　2　侍所　3　六波羅探題　4　守護　**問2** a　老中　b　執権　c　管領　**問3** キ　**問4** 武家諸法度　**問5** イ，ク　**問6** 承久の乱　**問7** 下剋上　**問8** (1) 大蔵省　(2) 国司　**2** **問1** 1　学制　2　教育勅語　3　欠食児童　4　勤労動員　**問2** ウ，オ　**問3** ウ　**問4** ア，ウ　**問5** エ　**問6** 2番目…ア　4番目…イ　**問7** (1) X　受ける権利　Y　受けさせる義務　(2)

(例)　パソコンやタブレット端末などの機器がないなど，オンラインの環境が整っていない家庭の児童・生徒には，教育を受ける権利が保障されない可能性がある。　[3]　**問１**　**１**　太平洋ベルト　**２**　高速道路　**３**　印刷(出版・印刷)　**問２**　ア，エ　**問３**　エ，カ　**問４**　オ　**問５**　オ　**問６**　イ　**問７**　エ　[4]　**問１**　**１**　専業主婦　**２**　男女雇用機会均等　**問２**　(例)　洗濯機や掃除機などの家電製品が普及したことにより，女性の家事労働にかかる時間は短縮されていった。　**問３**　ア　**問４**　⑴　ウ　⑵　エ　**問５**　イ　**問６**　エ　**問７**　ワークライフバランス

解　説

[1]　各時代の政治のしくみを中心とした問題

問１　**１**　政務を行う機関としていくつもの奉行《ぶぎょう》が置かれている図１には，江戸幕府があてはまる。江戸幕府では，朝廷や西国の大名の監視《かんし》などを行う機関として，京都所司代が置かれた。
２　鎌倉で幕府の土台づくりを始めた源頼朝は1180年に侍所《さむらいどころ》を設置し，1184年には問注所，1191年には政所《まんどころ》を設置した。これらの機関は，行う仕事に多少の違いはあるものの，室町幕府にも引きつがれた。　**３**　幕府の出先機関として「鎌倉府」があり，政治が「花の御所」で行われたことなどから，図３が室町幕府のしくみで，図２は鎌倉幕府のしくみとわかる。鎌倉幕府では，西国の御家人の監視などのため，京都に六波羅《ろくはら》探題が置かれた。　**４**　1185年，源頼朝は朝廷から，国ごとに守護を，荘園・公領ごとに地頭を置くことを認められた。室町幕府では守護の権力が強化されて地頭を支配下に置くようになり，やがて一国を支配するほどまでに成長して守護大名とよばれるようになった。

問２　**a**　江戸幕府では，幕府の政治をまとめる最高職として４～５名の老中が置かれ，有力譜代《ふだい》大名が交代でその職についた。　**b**　鎌倉幕府では，将軍を補佐する役職として執権《しっけん》が置かれ，源氏の将軍がとだえたあとは，代々執権をつとめた北条氏が実際に政治を動かした。　**c**　室町幕府では将軍を補佐する役職として管領《かんれい》が置かれ，源氏の一族である細川・斯波《しば》・畠山《はたけやま》の３氏が交代でその職についた。

問３　あ　江戸幕府の第３代将軍は徳川家光で，大名・公家統制や鎖国体制を強化し，幕府の支配体制を確立した。なお，吉宗は第８代将軍である。　い　鎌倉幕府の第３代将軍は源実朝《さねとも》で，実朝が1219年に暗殺されたことで，源氏の将軍がとだえた。　う　室町幕府の第３代将軍は足利義満で，分裂していた南北朝を合一し，日明(勘合《かんごう》)貿易を始めるなど，幕府の全盛期を築いた。なお，義政は第８代将軍である。

問４　武家諸法度《しょはっと》は江戸幕府が大名統制のために定めた法令で，1615年，第２代将軍秀忠の名で初めて出された。その後，原則として将軍の代替《だいが》わりごとに新しいものが出され，1635年に家光が改定したさいには，参勤交代が制度化された。

問５　ア　徳政令は，鎌倉幕府や室町幕府によって出されたことはあるが，江戸幕府では出されていない。　イ　年貢の徴収《ちょうしゅう》法は，その年の作柄《さくがら》など農村の状況を役人が調べたうえで年貢率を決める検見《けみ》法であったが，吉宗はこれを改め，過去数年間の収穫量の平均をもとに税率を決め，一定期間その税率で年貢を徴収する定免《じょうめん》法を採用した。よって，正しい。　ウ，エ　いずれも律令制度のもとで，奈良時代ごろに実施された税制である。なお，エの税は「租」とよばれる。

オ，カ　いずれも老中の水野忠邦が天保の改革(1841〜43年)の中で行った政策である。　キ　老中の田沼意次《おきつぐ》が行った政策について説明している。　ク　吉宗は享保《きょうほう》の改革(1716〜45年)の中で上米の制を定め，大名に対して領地１万石につき100石の米を幕府に納めさせた。よって，正しい。

問６　源実朝が暗殺されて源氏の将軍が３代でとだえたのをきっかけに，1221年，後鳥羽《ごとば》上皇は政権を朝廷の手に取りもどそうとして全国の武士に鎌倉幕府打倒を命じ，承久《じょうきゅう》の乱を起こした。しかし，上皇に味方して集まる者は少なく，結束を固めた幕府の大軍の前にわずか１か月で敗れ，上皇は隠岐《おき》(島根県)に流された。

問７　1467年，室町幕府の第８代将軍足利義政のあとつぎ争いに有力守護大名の勢力争いなどがからみ，応仁の乱が起こった。11年におよぶ戦乱で主戦場となった京都は焼け野原となり，幕府や将軍の権威《けんい》は失われた。こののち，位の低い者が位の高い者を実力で倒して上にのしあがる下剋上《げこくじょう》の風潮が強まり，各地に戦国大名が出現して領地争いをくり広げる戦国時代に入っていった。

問８　(1)　律令制度のもと，朝廷には，祭りごとをあつかう神祇《じんぎ》官と，政務を担当する太政《だいじょう》官という２官が置かれ，２官の下に，政務に応じて８省が置かれた。このうち，財務を担当したのが大蔵省で，明治時代以降も財務を担当する役所としてその名称が受けつがれてきたが，2001年の中央省庁再編のさいに財務省に改められた。　(2)　律令制度では地方の国ごとに国司が置かれ，国司に任命された中央の貴族は任地におもむき，郡司などを統率して統治を行った。

2　学校教育を題材とした問題

問１　**１**　明治政府は1872年に学制を公布して近代的な学校教育制度の整備に着手し，全国に小学校を設置するなどした。　**２**　1890年，政府は教育勅語《ちょくご》を発布し，忠君愛国などを柱とする教育の基本理念を示した。　**３**　昭和時代初期に起きた経済恐慌《きょうこう》は，特に農村部に深刻な影響を与えた。当時は学校給食の制度がなく，小学校の児童は弁当を持参していたが，家計が苦しいため弁当を持参できない者も多く，「欠食児童」とよばれて社会問題となった。　**４**　太平洋戦争(1941〜45年)中には多くの若い男性が徴兵されたため，戦争が長引くにしたがって労働力不足が深刻となった。これを補うため，太平洋戦争後期の1944年からは，中学生や女学生を軍需《ぐんじゅ》工場などで働かせる勤労動員が各地で行われた。

問２　ア　民撰《みんせん》議院設立建白書が提出された1874年の男女合計の就学率は，30％程度となっている。　イ　関税自主権を完全に回復した1911年には，男女とも就学率が95％を超《こ》えている。　ウ　日清戦争が終結した1895年の女子の就学率は45％程度，男子の就学率は80％弱なので，女子の２倍以上にはなっていない。よって，あやまっている。　エ　日英同盟が結ばれた1902年の就学率は，男子が95％程度，女子が85％程度で，その差は10％程度である。　オ　大日本帝国憲法が発布された1889年の男女合計の就学率は40％台後半なので，あやまっている。

問３　ア　フランスの思想家ルソーの『社会契約《けいやく》論』を『民約訳解』として翻訳《ほんやく》し，日本に紹介《しょうかい》したのは中江兆民である。　イ　自由党は板垣退助が中心となって1881年に結成された政党で，大隈重信は1882年に立憲改進党を結成した。　ウ　津田梅子と女子英学塾(現在の津田塾大学)について正しく説明している。　エ　アメリカの教育家クラークは，お雇《やと》い外国人の１人として1876年に来日し，札幌農学校の開校に協力，みずからは教頭をつとめ，新渡戸稲造《にとべいなぞう》など多くの人材を育てた。モースは，大森貝塚の発見などで知られるアメリカの動物学者である。

問４　北里柴三郎《しばさぶろう》はペスト菌《きん》の発見や破傷風の血清療法《りょうほう》の発見などで知られる細菌学者で，黄熱病の研究で知られるのは野口英世である。また，『浮雲』は1887～89年に刊行された二葉亭四迷《ふたばていしめい》の小説で，日本の近代文学のさきがけとなった。

問５　1925年，加藤高明内閣のもとで普通選挙法が成立し，満25歳以上のすべての男子に選挙権が与えられた。男子，女子とも満20歳以上で選挙権が与えられるようになったのは，1945年に衆議院議員選挙法が改正されたときのことである。

問６　アは1932年の五・一五事件，イは1937年の盧溝橋《ろこうきょう》事件と日中戦争の開戦，ウは1918年の米騒動《そうどう》，エは1936年の二・二六事件，オは1923年の関東大震災，カは1931年の満州事変開始について述べている。世界恐慌は1929年に発生したので，それよりあとのできごとを古い順に並べると，カ→ア→エ→イとなる。

問７　(1)　日本国憲法第26条１項は，すべての国民が教育を受ける権利を有することを，２項ではすべての国民が，その保護する子女に普通教育を受けさせる義務を負うことを定めている。　(2)　オンラインによる授業を受けるためには，パソコンやタブレット端末などの機器や，配信される動画を快適に見られる通信環境が必要になる。また，家庭の状況によっては，授業が行われている時間に，授業に集中するのが難しくなることも考えられる。機器や環境がそろわず，オンラインでの授業が受けられない場合，日本国憲法第26条１項が保障する教育の権利が保障されないことになるため，これを解決することが課題となる。

3　日本の工業を中心とした問題

問１　**1**　関東地方南部から東海・近畿・瀬戸内の各地方をへて九州地方北部にいたる帯状の地域は太平洋ベルトとよばれ，大都市や工業地帯・地域が集中している。　**2**　埼玉・群馬・栃木の各県では，1970年代以降，高速道路などの交通網《もう》の整備が進んだことから，安い地価や豊富な労働力を求めて首都圏《けん》から多くの企業が進出し，工場が建設されたため，関東内陸工業地域が形成された。　**3**　首都である東京は，情報や文化の発信地であることから，出版・印刷業が発達した。なお，現在，出版業は第３次産業に分類されているので，工業としては印刷業のみがあてはまる。

問２　アは2016年４月に発生した熊本地震，イは2011年３月に発生した東日本大震災，ウは1995年１月に発生した阪神・淡路大震災，エは1991年に起きた雲仙普賢岳《うんぜんふげんだけ》(長崎県)の噴火と同年６月に発生した火砕流《かさいりゅう》，オは2019年10月に上陸し，東日本各地に大きな被害を出した台風19号について述べている。したがって，九州地方に大きな被害をもたらした災害としては，アとエがあてはまる。

問３　従業者数が299人以下の中小工場は，事業所数で約98.2％，従業者数で約67.1％を占《し》めているが，製造品出荷額等に占める割合は約47.8％となっている。したがって，ア，イ，ウはあやまりでエが正しい。また，製造品出荷額等を従業者数で割った従業者１人あたりの出荷額は，従業者規模50～99人の工場で約3056万円，100～199人の工場で約3653万円，500～999人の工場で約5228万円，1000人以上の工場で約7682万円となる。したがって，オはあやまりで，カが正しい。

問４　自動車生産台数は，1950年代後半から1970年代初めまでの高度経済成長期をへて，日本がそれまで世界第１位だったアメリカをぬいたが，1990年代前半にバブル経済が崩壊《ほうかい》したのち，再びアメリカにぬかれた。その後，2000年代には中国がめざましい工業化・経済発展をとげ，自動車生産台数を急激にのばして世界第１位となった。よって，ａにアメリカ，ｂに日本，ｄに中国があてはまる。なお，ｃはドイツ，ｅはインドである。

問５　ａ～ｃのうち，パルプ・紙・紙加工品の出荷額が最も多いａには，県東部の富士市や富士宮市で製紙業がさかんな静岡県があてはまる。製造品出荷額等の総計が静岡県よりも多く，臨海部を中心に行われる化学工業の割合が比較《ひかく》的高いｂには，川崎市で鉄鋼業や化学工業，横浜市や横須賀市などで輸送用機械器具の生産がさかんな神奈川県があてはまる。ｃは群馬県で，内陸部にあるため，化学工業や鉄鋼業の割合は低く，輸送用機械器具を中心とする機械工業の割合が高い。なお，福岡県の輸送用機械器具の出荷額は，広島県についで第６位である。

問６　ア　瀬戸内工業地域にあてはまる説明である。　イ　京葉工業地域は東京湾東部沿岸の埋《うめ》立《たて》地を中心として形成された工業地域で，市原市や袖ヶ浦《そでがうら》市，君津市などに製鉄所や石油化学コンビナートなどの大工場が見られる。よって，正しい。　ウ　掘《ほ》り込《こ》み式の人工港は，鹿島臨海工業地域などで見られるが，京葉工業地域にはつくられていない。　エ　関東内陸工業地域は近年，中京工業地帯や阪神工業地帯につぐ出荷額をあげており，京葉工業地域の製造品出荷額等はこれにおよばない。　オ　ほとんどの工業地帯・地域では機械工業の占める割合が高いが，京葉工業地域は化学工業の占める割合が最も高い。また，日本の工業地帯・地域で，金属工業が最も大きな割合を占めているところはない。

問７　１は秋田県大館《おおだて》市で木工品の「大館曲げわっぱ」，２は岩手県盛岡市で鉄工品の「南部鉄器」，３は新潟県小千谷《おぢや》市で織物の「小千谷つむぎ」，４は石川県小松市周辺で焼き物の「九谷焼」，５は滋賀県甲賀《こうか》市信楽《しがらき》町で焼き物の「信楽焼」，６は佐賀県有田町で焼き物の「有田焼」の産地である。

４　政治のしくみや女性の地位向上についての問題

問１　**１**　結婚後，家庭に入って家事に専念する女性は，専業主婦とよばれる。　**２**　1986年，職場における男女平等の実現をめざすため，男女雇用《こよう》機会均等法が制定された。その後の改定をへて，給与や昇進《しょうしん》，定年などにおける男女差別も禁止されるようになった。

問２　高度経済成長期の前半にあたる1950年代後半以降，白黒テレビとともに「三種の神器」に数えられる電気洗濯《せんたく》機や電気冷蔵庫，電気掃除《そうじ》機といった家電製品が家庭に普及《ふきゅう》していった。これらの家電製品は女性の家事の負担を減らし，女性が家事にかける時間も短くなった。

問３　幼稚園や小学校の設置は，文部科学省の管轄《かんかつ》のもとで地方自治体などが行う仕事なので，アがあやまっている。

問４　(1)　2020年４月時点で，ドイツでは2005年に同国初の女性の首相となったアンゲラ・メルケルが引き続き首相をつとめていた。　(2)　ア　2015年の公職選挙法改正により，選挙権の年齢はそれまでの20歳以上から18歳以上に引き下げられた。　イ　参議院議員の被選挙権は30歳以上，衆議院議員の被選挙権は25歳以上で認められる。　ウ　国民審査の対象となるのは，最高裁判所の裁判官だけである。　エ　2007年に制定された国民投票法（日本国憲法の改正手続に関する法律）により，憲法改正を承認するかどうかを決める国民投票には18歳以上のすべての国民が参加できる。

問５　高齢化の進展にともない，おもに家族に任されてきた高齢者の介護《かいご》を社会全体で支えることを目的として，2000年に介護保険制度が導入された。この制度では，40歳以上の人が被保険者としてその費用を負担し，65歳以上の介護を必要とする高齢者が介護にかかる費用の一部を負担することで，必要な介護サービスを受けられる。

問６　ア　東海道新幹線は，1964年の東京オリンピック開催に合わせて開通した。大阪で万国博覧会が開かれたのは，1970年のことである。　イ　1968年，日本の国民総生産(GNP)が西ドイツをぬき，アメリカ(合衆国)について世界第２位となった。　ウ　カドミウムを原因とするイタイイタイ病が発生したのは富山県の神通《じんずう》川流域で，阿賀野《あがの》川流域で発生したのは新潟(第二)水俣《みなまた》病である。　エ　高度経済成長期には，若者を中心に多くの人が仕事を求めて地方から大都市圏に流入したことで，大都市では過密化が，地方の農山村では過疎化と高齢化が進んだ。よって，正しい。

問７　仕事とそれ以外の生活の調和を図ることで，より人間らしい暮らしを実現しようとする考え方をワークライフバランスという。近年，日本では長時間労働の改善や男女共同参画社会の実現が課題となっており，ワークライフバランスを達成するため，政府は労働時間の見直しや男性の育児休暇《きゅうか》取得などを推進している。

理科　＜第２回試験＞(40分)＜満点：100点＞

解答

[1] (1) イ　(2) 解説の図Ⅰ，図Ⅱを参照のこと。　(3) ①　(4) 15.6kg　(5) 10.92kg　(6) ア　[2] (1) A イ　B ア　C エ　D ウ　(2) C→B→A　(3) マイクロ　(4) (例) 微生物が生分解性プラスチックを分解したときに排出される二酸化炭素は，もともと植物の光合成のはたらきによって取りこまれた空気中の二酸化炭素をもとにしているから。　(5) 51g　(6) 24g　[3] (1) ①　(2) (例) 養分を多くたくわえているから。　(3) 茎　(4) 光合成　(5) 144度　[4] (1) エ　(2) オ　(3) エ　(4) エ　(5) オ

解説

[1] てこの原理を用いた道具についての問題

(1) ピンセットとトングは，力点が支点と作用点の間にある。せんぬきは，一般《いっぱん》的な使い方では，作用点が支点と力点の間になるようにして用いる。ペンチ，プルタブ，バールは支点が作用点と力点の間にある。

(2) 洗濯《せんたく》ばさみの支点はプラスチック製の上下の留め具のつなぎ目になる。開くときは，右の図Ⅰのように C の字になっている金具を広げるので，指でつまんで力を加えるところが力点，金具と上下の留め具の接点が作用点となる。ものをはさむときは，右の図Ⅱのように金具のもとの形にもどろうとする力を利用してものをはさむので，金具と上下の留め具の接点が力点，留め具とはさむものの接点が作用点になる。

図Ⅰ

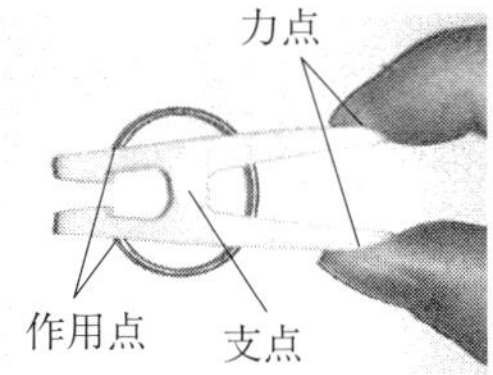

図Ⅱ

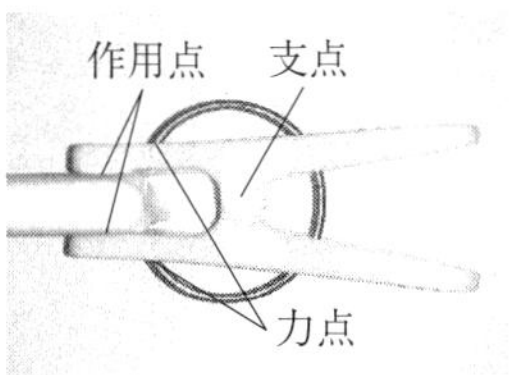

(3) 図３で，つめ切りの上の部分は，Eに加えた力がCを支点としてDを押《お》し下げる力として現れるしくみなので，作用点が力点と支点の間にあるてことなっている。これはせんぬきと同じである。また，下の部分は，Fを支点として，上の部分からDに力が加えられ，DとともにAが押し下げられてつめを切る。よって，力点はD，作用点はAで，これは力点が支点と作用点の間にあるピンセ

ットやトングと同じしくみである。

⑷　てこのつりあいは，支点を中心としたてこを回そうとするはたらきで考える。このはたらきの大きさは，(加わる力の大きさ)×(支点からの距離《きょり》)で求められ，左回りと右回りで等しいときにてこはつりあう。よって，Ｄにはたらく力は，1.2×65÷５＝15.6(kg)と求められる。

⑸　Ｄに加えた力によってＡにはたらく力を□kgとすると，金属部分をしならせるのに３kg使われるから，(15.6－３)×(75－５×２)＝□×75が成り立つ。よって，Ａにはたらく力(左手の親指のつめにはたらく力)は，12.6×65÷75＝10.92(kg)となる。

⑹　つめ切りの上の部分では，支点のＣから作用点のＤまでの距離を短くすると，Ｄにはたらく力は大きくなる。そして，つめ切りの下の部分では，支点のＦから力点のＤまでの距離が長くなることから，Ａにはたらく力はさらに大きくなる。

２　プラスチックについての問題

⑴　**A**　リサイクルは，ゴミとなるものを資源として再利用することである。ペットボトルのリサイクルは，再利用する技術が発達し，自治体を中心に広く行われている。　**B**　リユースは，ゴミとなるものを再使用することである。飲料用のびんを回収し，きれいに洗って再び飲料をつめて出荷することは，昔から行われている。　**C**　リデュースはゴミを減らすことである。近年はシャンプーや洗剤《せんざい》などでつめかえ用製品の販売《はんばい》が普及《ふきゅう》している。　**D**　リフューズは，ゴミとなるものを断ることである。不必要な包装や，そのとき限りの持ち運びにしか使わないレジ袋《ぶくろ》の利用を断るなどの例があげられる。

⑵　ゴミ自体を減らすこと(リデュース)が最も効果が大きく，くり返し使うことでゴミになる機会を減らすこと(リユース)がその次にくる。リサイクルは，一度ゴミとして出されたものを資源として再利用することなので，ゴミ自体を減らすことには直結しにくい。

⑶　プラスチックは，日光にふくまれる紫外《しがい》線や温度変化などによってもろくなり，だんだん小さくなっていく。非常に細かい粒子《りゅうし》となったプラスチックはマイクロプラスチックとよばれ，近年は海洋に流れ出たプラスチックのゴミがマイクロプラスチックとなり，それを魚や貝が体内に取りこむことで，それらの生物に悪い影響《えいきょう》をあたえていることが問題となっている。このような問題は一般にマイクロプラスチック問題とよばれ，海にあるプラスチックによって引き起こされる問題をまとめて海洋プラスチック問題という。

⑷　生分解性プラスチックが微生物《びせいぶつ》に分解されるさいに排出《はいしゅつ》される二酸化炭素は，原料のトウモロコシやサトウキビなどが光合成によって取りこんだ二酸化炭素なので，大気中の二酸化炭素を増加させないと見なすことができる。

⑸　生分解性プラスチックが微生物によって完全に分解されると，燃やしたときと同じ量の二酸化炭素が発生するから，Ｘ25ｇが土の中で完全に分解されたときに発生する二酸化炭素は，$204\times\frac{25}{100}=51$(ｇ)である。

⑹　９週後に分解された重さは，それぞれ100ｇの場合，Ｘが，100－60＝40(ｇ)，Ｙが，100－52＝48(ｇ)である。よって，Ｘ30ｇとＹ25ｇの場合は，$40\times\frac{30}{100}+48\times\frac{25}{100}=24$(ｇ)となる。

３　キャベツのつくりと成長についての問題

⑴　キャベツは芽生えはじめると，地面に広がるように成長する。この葉は日光を葉の全体で受けて光合成をおこなうので緑色が濃《こ》くなる。一方，内側の葉は立ち上がって成長して中心を包みこむ

ようになるので，日光があたりにくくなり，葉の緑色はうすくなる。

⑵　内側の葉は甘《あま》いので，光合成によってつくられた養分(糖分)を多くたくわえていると考えられる。

⑶　キャベツを縦に半分に切ったときの断面を見るとわかるように，キャベツの葉は芯《しん》から出ている。つまり，芯は茎《くき》にあたる。芯をくり抜《ぬ》くと葉がはがしやすいのは，芯(茎)から葉を切りはなしているからである。

⑷　太陽の光に対して重ならないように葉がついていると，下の方にある葉にも太陽の光があたりやすくなり，それだけ光合成をよりさかんにおこなうことができる。

⑸　最初の葉の位置から２周，つまり，360×２＝720(度)回って６枚目の葉が最初の葉の真上に重なる位置にくるとき，葉と葉の間かくは，６－１＝５(つ)だから，720÷５＝144(度)ずつずれてついている。

4　市川市北部の地形についての問題

⑴　線①の北端《ほくたん》は標高20ｍより少し高く，そこから南に進むと，一気に標高５ｍより少し低い高さまで下がるものの，さらに進むと標高10ｍほどのところと標高５ｍほどのところを通る。したがって，エが選べる。

⑵　真間とは崖《がけ》のことであり，地形図上では等高線の間かくがきわめてせまく表現される。図６で，①は標高10～25ｍほどの高台，②は標高10ｍ以下の低地であり，それらの境目は等高線の間かくがせまいので，崖のようになっていると考えられる。

⑶　図７の点線の範囲《はんい》は図６では③にあたるが，水は低いところからたまるので，ここが浸水《しんすい》しにくいのはまわりより標高が高いからである。真間の入江《いりえ》は図６の②のあたりを指し，昔はこのあたりが海岸線で，③は海岸線より少し沖合《おきあい》に位置する。よって，江戸川の河口から流れ出た土砂が海流に流されて堆積《たいせき》した，引き波により海岸から運び出された土砂が堆積したなどの理由で，③の付近の標高が高くなったと推測される。

⑷　図８で，①には粒《つぶ》が最も小さいどろ，②には砂，③には粒が最も大きいれきがあてはまる。侵《しん》食《しょく》と運搬《うんぱん》の境目のグラフに着目すると，流れの速さをしだいに速くしていったとき，侵食されはじめるのが最も早いのは②の範囲，つまり砂の粒である。

⑸　真間の入江は江戸川の河口周辺であり，コアマモなどの海草が生息する砂地なので，海水と真水が混ざりあう場所とわかる。また，⑷より，砂地なので水流が遅《おそ》いということもわかる(水流が速いと，砂が運び出されてしまうため，砂地になりにくい)。

国語　＜第２回試験＞（50分）＜満点：100点＞

解答

一　**問１**　エ　**問２**　オ　**問３**　ウ　**問４**　イ　**問５**　(例)　架空の都市とはいえ，現実の都市計画を参照しながら緻密に設計され，市販の都市地図そっくりのフォーマットで描かれているから。　**二**　**問１**　**a**　オ　**b**　エ　**c**　ア　**d**　ウ　**問２**　オ　**問３**　ウ　**問４**　(例)　将人のことを教え諭すために叱るのではなくて，我を忘れて，ただ感情をぶ

つけて怒るのであれば，それは教師の指導とは違うと思ったから。　**問５**　幕　**問６**　エ
問７　イ　三　下記を参照のこと。

●漢字の書き取り

三　１　報　２　辞　３　降　４　面

解説

一　出典は松岡慧祐《まつおかけいすけ》の『グーグルマップの社会学　ググられる地図の正体』による。地図の社会学とはどのような学問であるかを説明したうえで，地図の定義や歴史について解説している。

問１　「こうした問い」とは，具体的には「地図とは社会や人間にとってどのような存在であるか」や，「地図と社会のあり方が相互《そうご》にどう影響《えいきょう》し合っているか」という問いを指しているので，エがふさわしい。

問２　地図は「現実をありのままに写し取ったものではなく」，一定の「縮小」率のもと，「目的に応じ」た「必要な情報だけ」を「記号化」し，「二次元の平面」に表現したものだと述べられている。よって，オが合う。なお，アとウは「平面化」についてふれられていないので誤り。イとエは「縮小」についてふれられていないので正しくない。

問３　少し前で，「現実の世界を本当の意味ですみからすみまで歩きつくすこと」に加え，「自分の目で直接的に見わたすこと」もできず，「必要な情報」の取捨選択《せんたく》さえ困難な個人にとって，「地図」がその理解のための一助となってきたと述べられていることをおさえる。つまり，「広大で複雑すぎる現実世界」が「最適な状態へと縮減」・「再構成」された地図にしたがい，人々はそれを理解するのだから，ウが合う。

問４　中世ヨーロッパで普及《ふきゅう》した，「キリスト教的世界観にもとづいて表現された空想的な絵地図」である「マッパ・ムンディ」は，「宗教や神話が人びとの世界認識《にんしき》を強く規定していた当時の社会」では「正しい地図」とされていた。しかし，近代になると，「科学的な方法」によって正確に描《えが》かれた地図が，広く人々に受容されるようになったのだから，イが選べる。なお，「世俗化」とは，宗教が独占《どくせん》・支配していた教育・芸術などが，宗教の力が弱体化していくにつれて，科学的世界観のもとで国家や一般《いっぱん》市民へと開放されていくさま。

問５　「この地図」とは，「『中村市』という架空《かくう》の都市の地図」を指す。現実にはない都市なのに，「どこかに実在するように感じられる」のは，「中村市」が現実の都市計画を参照しつつ「緻密《ちみつ》に設計され」たうえに，どこか「既視感《きしかん》を覚える」ようなしかけがちりばめられた「リアル」なものであるため，読み手が「それをとおして，現実の都市をイメージ」するからだと述べられている。

二　出典は工藤純子《くどうじゅんこ》の『あした，また学校で』による。小学校六年生の一将《かずまさ》は，弟の将人《まさと》が学校で荻野《おぎの》先生に厳しく怒《おこ》られたことを苦にして，登校を拒否《きょひ》するようになってしまったことを心配している。そのことを同級生の咲良《さくら》に話すと，この問題を代表委員会で話し合うことを提案してきた。

問１　**a**　「体」が「ゆれている」のだから，ものがゆっくりとゆれ動くようすの「ゆらゆら」が入る。　**b**　直前に「咲良は弁が立つ」とあるので，よどみなく話すことをいう「すらすら」があてはまる。なお，「弁が立つ」は，“話し方がうまく，聞き手をひきつけるような話ができる”という意味。　**c**　一将と咲良は，将人が正当な理由もなく荻野先生に怒られたことを問題視しているのに対して，ほかの委員は「下手なら，怒られてもしょうがない」とか，「荻野先生に文句を

言いたいわけ？」などと話し，論点がずれていっている。よって，ものごとが勢いよく進んでいくさまの「どんどん」が合う。　**d**　ハシケン先生の一言で，「全員が，困ったような顔」をしたのだから，「教室の空気」はすっきりしない雰囲気《ふんいき》に包まれたものと想像できる。よって，わだかまりがあってさっぱりしないようすを表す「もやもや」が入る。

問２　「腹の底にたまった思いを，どこかに吐《は》き出さずにはいられない」と思った一将は，咲良に将人のことを話したところ，「大問題」だと受け止めた彼女《かのじょ》から，「それ，今日の代表委員会で話し合わない？」と提案されている。それに対し，一将は「母さんにも内緒《ないしょ》にしていることを，そんなところで話し合われても困る」と思い，あわてて止めようとしたものの，最後は咲良の勢いに押《お》し切られてしまったため，「話さなければよかった」と「後悔《こうかい》した」のである。よって，オがふさわしい。

問３　代表委員から，将人がきっと「怒られるようなことをしたんだろ？」と言われたばかりでなく，「下手なら，怒られてもしょうがないよな」とちゃかすような言葉までぶつけられ，一将は怒《いか》りがこみあげている。自由参加であるはずの朝練に参加しなかっただけで「下手なのに，どうして来ないの」かと怒る荻野先生の理不尽《りふじん》さを問題にしているのに，代表委員はいかにも将人に責任があるような口ぶりだっただけでなく，笑い者にまでしたので，一将は怒りのあまり「こぶしをにぎりしめた」のだから，ウがふさわしい。

問４　少し前で，ハシケン先生が「教師は叱《しか》るもので，怒ってはいけないって，教わった」と話した後，「“叱る”は，その子のために教え諭《さと》すこと。でも，“怒る”は，ただ感情をぶつけること」で，「もし，荻野先生が我を忘れて怒ったなら，それは指導とは違《ちが》うと思う」と伝えていることをおさえる。「勝つことだけを目指す」あまり，朝練が自由参加であることも忘れて将人を「みんなの前で怒」ったのではないかと，咲良は荻野先生のあり方に疑問を抱《いだ》いていたが，ハシケン先生の言葉によって，荻野先生が将人にしたことは「指導」ではないと思ったため，「それって，荻野先生が間違ってるっていうことですか？」とたずねたと想像できる。

問５　「幕を下ろす」は，“一連のものごとを終わりにする”という意味の慣用句。

問６　ハシケン先生は，「やる気がなさそうに見え」たり「たまに意見を聞いても，とんでもなく的外れなことを言って，会議をかき乱」したりする人物であり，将人のことを「荻野先生に直接言ってみてはどうでしょう？」と一将と咲良に提案しながらも，自分が同行することは拒否している。そんな態度を見た一将が，最終的に逃《に》げるハシケンに「落胆《らくたん》した」ことをおさえる。一方，代表委員会で給食についての議題があげられたときには，「体の大きさだって，食欲だって，人それぞれなんだから，食べたいものを，食べたいだけ食べればいいと思う」と話したり，席に座《すわ》らないで歩き回る子がいるというときにも「歩きたいなら，仕方ない」と発言したりするなど，「生徒の多様なあり方を受け止め」るような姿勢も見られるので，エが選べる。

問７　一将は，「一生懸命《けんめい》やった人しか味わえない達成感」のある「あっちの世界」を少しうらやんでいるものの，「大縄《おおなわ》跳《と》びの選手にエントリーしなくてよかった」と思っているのだから，イの「大縄跳びの選手に強くあこがれている」という部分がふさわしくない。

三　漢字のパズル

１　「報」を入れると，上から時計まわりに「時報」「報道」「報告」「情報」という熟語ができる。

２　「辞」を入れると，上から時計まわりに「祝辞」「辞退」「辞書」「固辞」という熟語ができる。

3 「降」を入れると，上から時計まわりに「以降」「降雨」「降参」「乗降」という熟語ができる。

4 「面」を入れると，上から時計まわりに「仮面」「面目」「面相」「工面」という熟語ができる。

Dr.福井の
入試に勝つ！ 脳とからだのウルトラ科学

寝る直前の30分が勝負！

みんなは，寝る前の30分間をどうやって過ごしているかな？　おそらく，その日の勉強が終わって，くつろいでいることだろう。たとえばテレビを見たりゲームをしたり——。ところが，脳の働きから見ると，それは効率的な勉強方法ではないんだ！

実は，キミたちが眠っている間に，脳は強力な接着剤を使って海馬《かいば》(脳の，知識をためる倉庫みたいな部分)に知識をくっつけているんだ。忘れないようにするためにね。もちろん，昼間に覚えたことも少しくっつけるが，やはり夜——それも“寝る前”に覚えたことを海馬にたくさんくっつける。寝ている間は外からの情報が入ってこないので，それだけ覚えたことが定着しやすい。

もうわかるね。寝る前の30分間は，とにかく勉強しまくること！　そうすれば，効率よく覚えられて，知識量がグーンと増えるってわけ。

では，その30分間に何を勉強すべきか？　気をつけたいのは，初めて取り組む問題はダメだし，予習もダメ。そんなことをしても，たった30分間ではたいした量は覚えられない。

寝る前の30分間は，とにかく「復習」だ。ベストなのは，少し忘れかかったところを復習すること。たとえば，前日の勉強でなかなか解けなかった問題や，１週間前に勉強したところとかね。一度勉強したところだから，短い時間で多くのことをスムーズに覚えられる。そして，30分間の勉強が終わったら，さっさとふとんに入ろう！

ちなみに，寝る前に覚えると忘れにくいことを初めて発表したのは，アメリカのジェンキンスとダレンバッハという２人の学者だ。

Dr.福井(福《ふく》井《い》一成《かずしげ》)…医学博士。開成中・高から東大・文Ⅱに入学後，再受験して翌年東大・理Ⅲに合格。同大医学部卒。さまざまな勉強法や脳科学に関する著書多数。

Memo

2020年度　市　川　中　学　校

〔電　話〕　(047) 339―２６８１
〔所在地〕　〒272-0816　千葉県市川市本北方２―38―１
〔交　通〕　JR線―「本八幡駅」,「市川大野駅」などからバス

※　一般・帰国生は算数・社会・理科・国語を，英語選択は算数・英語Ⅰ・英語Ⅱ・国語を受験します。

【算　数】〈**第１回試験(一般・英語選択・帰国生)**〉(50分)〈満点：100点〉

【注意】　1．コンパス・直線定規を利用してもよい。
2．円周率は3.14とする。
3．比を答える場合には，最も簡単な整数の比で答えること。

1　次の問いに答えなさい。

(1)　$2-\left\{1\frac{2}{5}-\left(0.7+\frac{1}{3}\right)\right\}\div 0.4\times\frac{6}{13}$ を計算しなさい。

(2)　７で割ると５余り，４で割ると２余るような数のうち，500に最も近い整数を求めなさい。

(3)　兄と弟が持っているえんぴつの本数の比は３：２です。兄が弟に６本あげると，その比は７：８となりました。はじめに兄が持っていたえんぴつの本数を求めなさい。

(4)　下の図１のような平行四辺形ABCDがあります。辺AB上に点E，辺AD上に点Fをとり，点Cと点E，点Bと点Fをそれぞれ結びました。その２本の線の交点をGとしたところ，EG：GC＝5：12，BG：GF＝8：9となりました。このとき，AF：FDを最も簡単な整数の比で求めなさい。

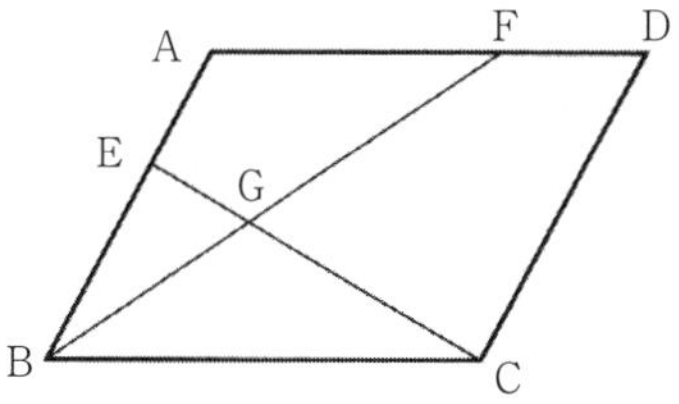

図１

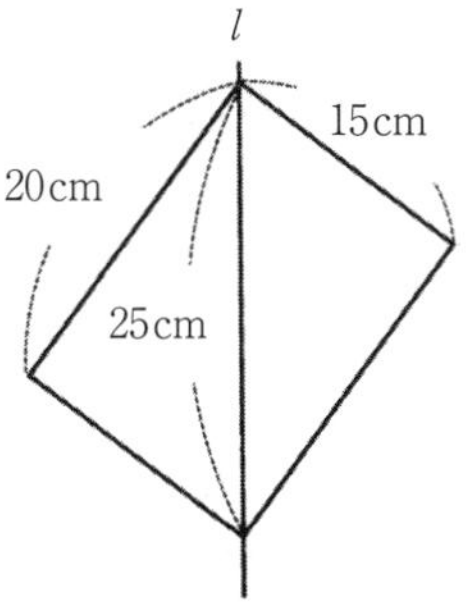

図２

(5)　上の図２のように，l を軸《じく》として長方形を180°回転させてできる立体の体積を求めなさい。

2　◎，▲を１以上の整数として，◎を▲回かけた数を[◎，▲]，◎を▲で割ったときの余りを(◎，▲)で表します。例えば，

[2，3]＝8，(13，5)＝3

です。このとき，次の問いに答えなさい。

(1)　次の式の □ にあてはまる数をすべて求めなさい。

([3，4]，□)＝5

(2)　次の計算をしなさい。

([5，2]，8)＋([5，3]，8)＋([5，4]，8)＋……＋([5，2020]，8)

(3) 次の計算をしなさい。

([5, [5, [5, [5, 2020]]]], 8)

3 池の周りをA，B，Cの３人が走ります。３人は同じ地点を出発し，A，Bは時計回りに，Cは反時計回りに走ります。A，B，Cの速さの比を５：３：４として，次の問いに答えなさい。

(1) ３人が同時に出発したとき，AとCが初めて出会ってから10分後にBとCが初めて出会いました。このとき，Aがこの池を一周するのに何分かかるか求めなさい。

(2) A，Bが同時に出発し，その５分後にCが出発したとき，AとCが初めて出会ってから10分後にBとCが初めて出会いました。このとき，Aがこの池を一周するのに何分かかるか求めなさい。

4 図のように，床《ゆか》に置いた紙に１辺の長さが10cmの正方形ABCDがかかれていて，その紙の上に底面の半径が４cmで高さが６cmの円すいが置かれています。このとき，次の問いに答えなさい。

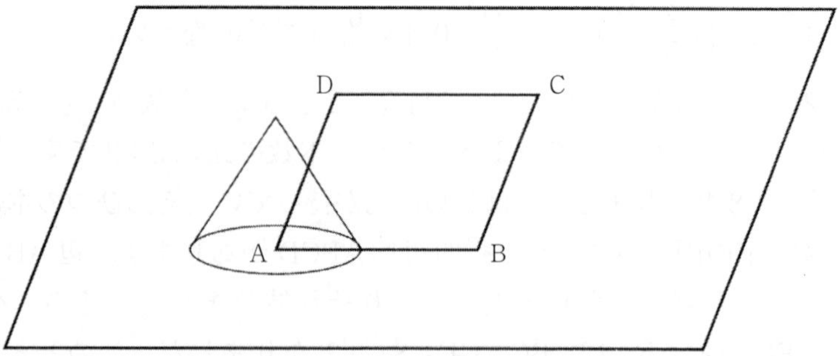

(1) 円すいの底面の中心が正方形の辺上をAからBまで動くとき，円すいが通過してできる立体をQとします。立体Qの体積を求めなさい。

(2) 円すいの底面の中心が正方形の辺上をAからBまで動き，さらにCまで動くとき，円すいが通過してできる立体をRとします。

① 立体Rを床から高さ３cmのところで切りました。このときにできた切断面を定規とコンパスを用いて[解答らん]にかきなさい。

② 立体Rの体積を求めなさい。

5 ８個の電球が円形に並んでいます。次のルールにしたがってすべての電球が１秒ごとに点いたり消えたりします。

・電球Aが点いているとき

① 両隣《りょうどなり》の電球がともに点いている場合は，Aは１秒後に消える。

② 両隣の電球が１個または２個消えている場合は，Aは１秒後も点いたままである。

・電球Bが消えているとき

① 両隣の電球が１個または２個消えている場合は，Bは１秒後も消えたままである。

② 両隣の電球がともに点いている場合は，Bは１秒後に点く。

以下では，電球の状態を次のように表します。

○：点いている電球　　●：消えている電球

例えば，次のページの図１のような電球の状態のとき，１秒後には図２のような電球の状態

に変化します。

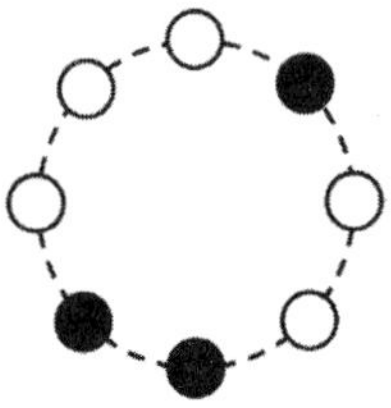
図１

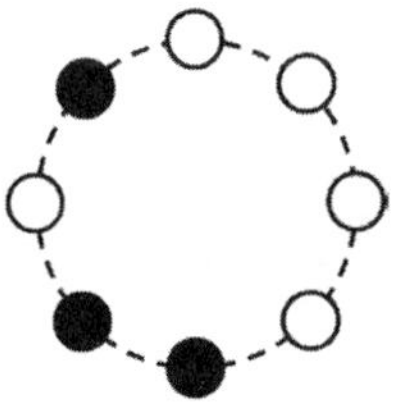
図２

　このとき，次の問いに答えなさい。

(1)　図３のような電球の状態のとき，１秒後の電球の状態をかきなさい。

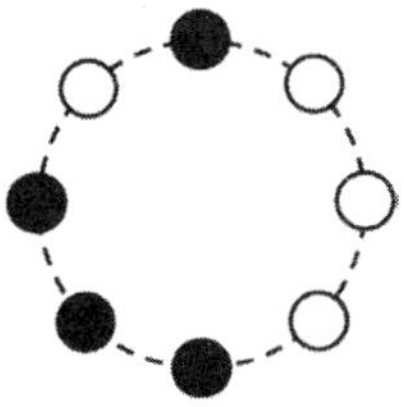
図３

(2)　何秒たっても位置も含《ふく》めて電球の状態が変化しないとき，考えられる最初の電球の状態をすべてかきなさい。ただし，最初の電球の状態については，回転して同じ電球の状態になるものを１つとして考えなさい。また，［解答らん］の使わなかった図には右の図４のように×をつけなさい。

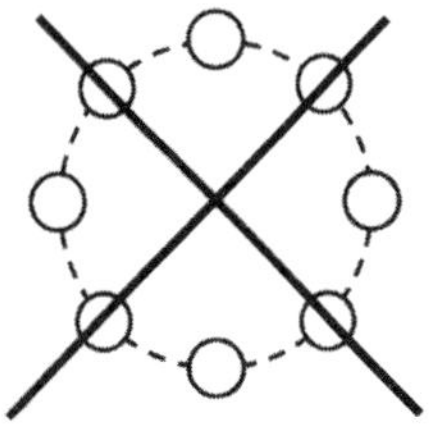
図４

(下書き用)

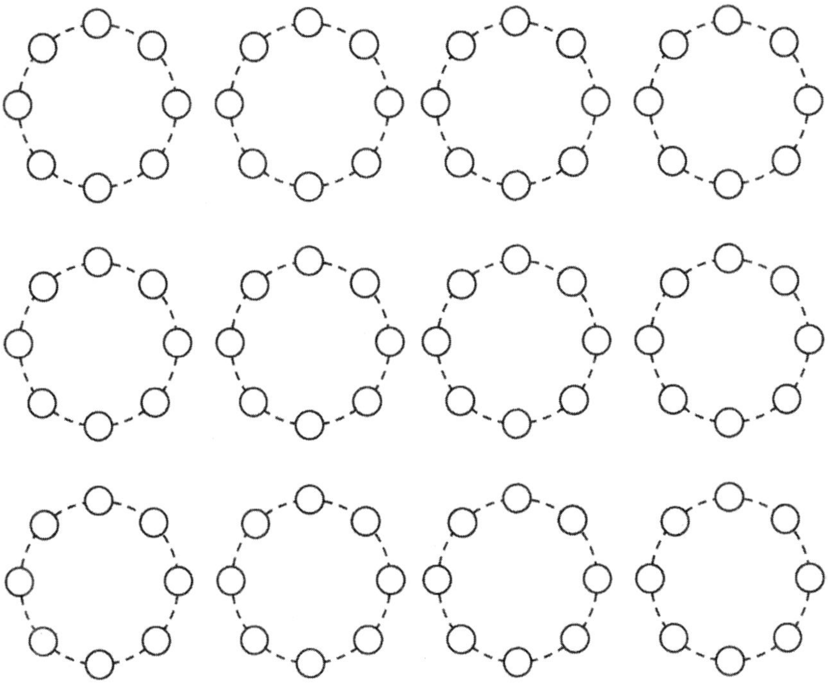

【社　会】〈**第１回試験(一般・帰国生)**〉（40分）〈満点：100点〉

【注意】　1．解答の際には，句読点や記号は１字と数えること。

2．コンパス・定規は使用しないこと。

１　**市川さんは，歴史上のできごとが起こった場所を地図で確認し，そのできごとについて調べ，カードにまとめました。これらのカードについて，あとの問いに答えなさい。**

＜地図１＞

＜カード＞

①	この場所に，A幕末に築造された（　1　）があり，戊辰戦争最後の戦いが行われました。この戦いで，榎本武揚《えのもとたけあき》率いる旧幕府軍が降伏《こうふく》し，新政府による全国支配が完成しました。
②	この場所から，８世紀初めに銅が産出しました。これをきっかけに，（　2　）という貨幣《かへい》が発行され，当時の都に設けられた東市や西市でも使用されるなど，都や畿内で流通しました。
③	この場所に，B幕府に反発する御家人の軍勢が攻《せ》め込《こ》みました。幕府の実権をにぎっていた北条氏一門が自害して，天皇がみずから政治を行うようになりました。
④	この場所に，現在のC10円硬貨《こうか》のデザインに使われている阿弥陀堂が，（　3　）によって建てられました。浄土教が地方に広まる中で，この寺院は奥州藤原氏の寺院建築にも影響《えいきょう》を与《あた》えました。
⑤	この場所に，16世紀以降に多くの銀が産出した（　4　）銀山があります。ここから産出した銀は品質が高く，重要な輸出品としてD貿易に利用され，海外にも広く流通しました。
⑥	Eこの場所に，原子爆弾が投下され，多くの犠牲《ぎせい》者がでました。1952年に原爆死没《しぼつ》者慰霊碑《いれいひ》が建てられ，1955年には第１回の原水爆禁止世界大会が開かれました。
⑦	この場所で，首相の伊藤博文や外務大臣の（　5　）らが出席して，講和条約が結ばれました。この条約で，日本に有利なFさまざまな取り決めがなされ，日本の国際的地位が向上するきっかけとなりました。
⑧	この場所に，G白村江の戦いをきっかけとして，水城とよばれる土塁《どるい》が約1.2kmにわたって築かれました。防人とよばれる兵士も配置され，外国からの攻撃《こうげき》に対する防衛力が高まりました。

問１　(**１**)～(**５**)にあてはまる語句を，それぞれ漢字で答えなさい。

問２　下線**Ａ**について，幕末から明治初期に起こった**ア**～**オ**のできごとを古い方から年代順に並べたとき，２番目と４番目にあたるものはどれですか，記号で答えなさい。

ア　地租改正条例が出されました。　　**イ**　五箇条の御誓文が出されました。

ウ　王政復古の大号令が出されました。　　**エ**　桜田門外の変が起こりました。

オ　廃藩置県が行われました。

問３　下線**Ｂ**について，この軍勢を率いていた幕府の御家人は誰《だれ》ですか，漢字で答えなさい。

問４　下線**Ｃ**について，＜**グラフ１**＞は，現在使用されている１円・５円・10円・50円・100円・500円硬貨の年ごとの製造枚数の合計(記念硬貨は含《ふく》まれていません)と，そのうちの１円硬貨の製造枚数を示しています。時期を２つに分け，硬貨製造枚数の変化の特徴《とくちょう》とその背景を説明しなさい。

＜**グラフ１**＞

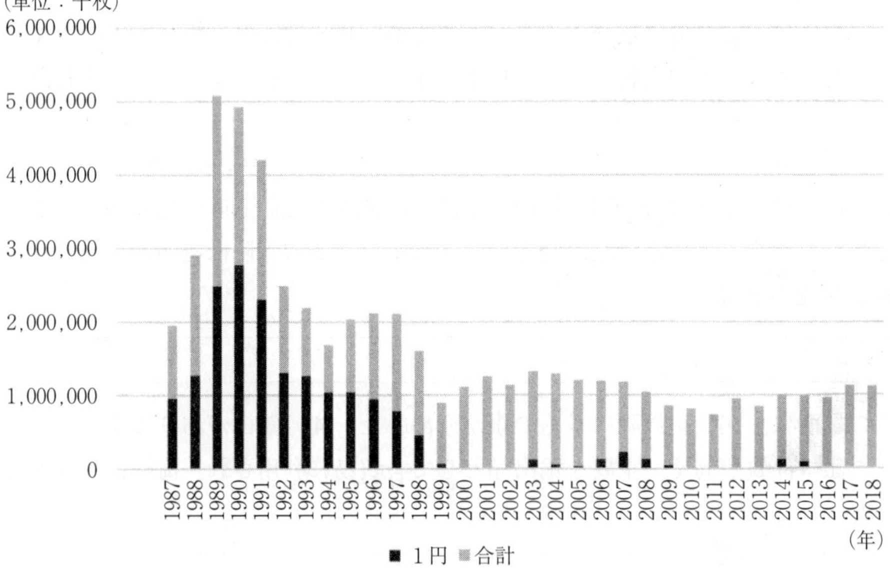

造幣局HP(https://www.mint.go.jp/)「年銘《めい》別貨幣製造枚数(平成30年銘)」より作成

問５　下線**Ｄ**について，江戸時代の長崎貿易を説明した文としてあやまっているものはどれですか，**ア**～**エ**から１つ選び，記号で答えなさい。

ア　幕府は，オランダの商館を平戸から長崎の出島に移し，貿易を行いました。

イ　幕府は，中国と正式に外交関係を結び，長崎の唐人屋敷で貿易を行いました。

ウ　田沼意次は，幕府の財政を立て直すため，長崎での貿易を奨励《しょうれい》しました。

エ　新井白石は，金銀の海外流出を防ぐため，長崎での貿易を制限しました。

問６　下線**Ｅ**について，次の問いに答えなさい。

(1)　いつのできごとですか，西暦《せいれき》年月日を答えなさい。

(2)　この後に起こったできごととして正しいものはどれですか，**ア**～**カ**からすべて選び，記号で答えなさい。

ア　日本の同盟国であったドイツが連合国に降伏しました。

イ　ポツダムで，日本の無条件降伏を求めた宣言が発表されました。

ウ　ソ連が日ソ中立条約を破り，日本に宣戦布告をしました。

エ　アメリカ軍が沖縄本島に上陸し，地上戦がはじまりました。

オ　連合国軍の最高司令官として，マッカーサーが日本に到着《とうちゃく》しました。

カ　アメリカ軍のＢ29爆撃《ばくげき》機によって，東京大空襲が行われました。

問７　下線**Ｆ**について，その内容を説明した文として正しいものはどれですか，**ア～カ**から１つ選び，記号で答えなさい。

ア　朝鮮が日本の植民地と認められ，遼東半島は日本から返還《へんかん》されました。

イ　朝鮮が独立自主の国と認められ，遼東半島は日本から返還されました。

ウ　朝鮮での日本の優越《ゆうえつ》権が認められ，遼東半島は日本から返還されました。

エ　朝鮮が日本の植民地と認められ，遼東半島は日本に割譲《かつじょう》されました。

オ　朝鮮が独立自主の国と認められ，遼東半島は日本に割譲されました。

カ　朝鮮での日本の優越権が認められ，遼東半島は日本に割譲されました。

問８　下線**Ｇ**について，この時の中国・朝鮮半島を表した地図として正しいものはどれですか，**ア～エ**から１つ選び，記号で答えなさい。

ア

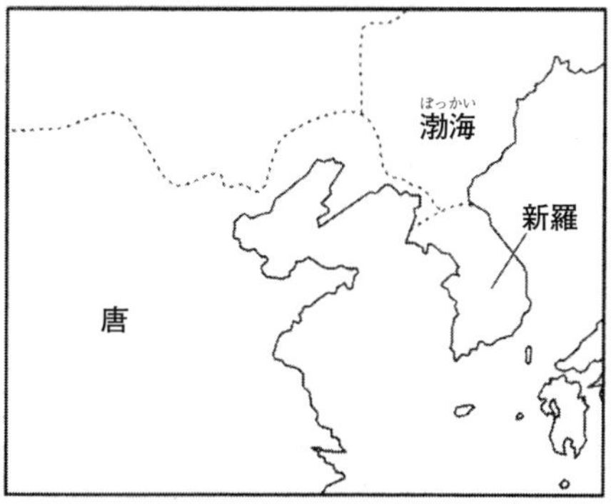

イ

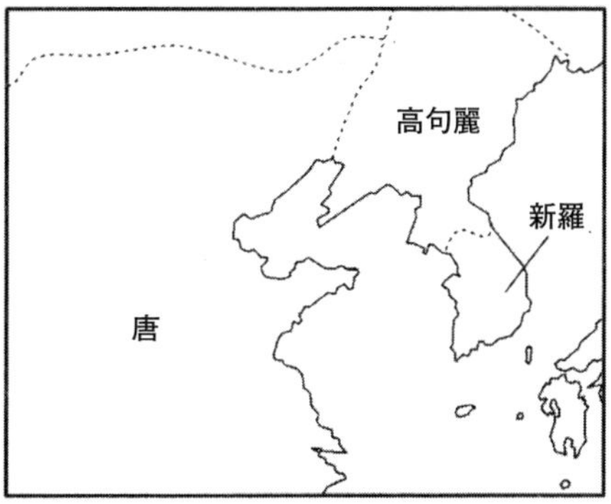

ウ

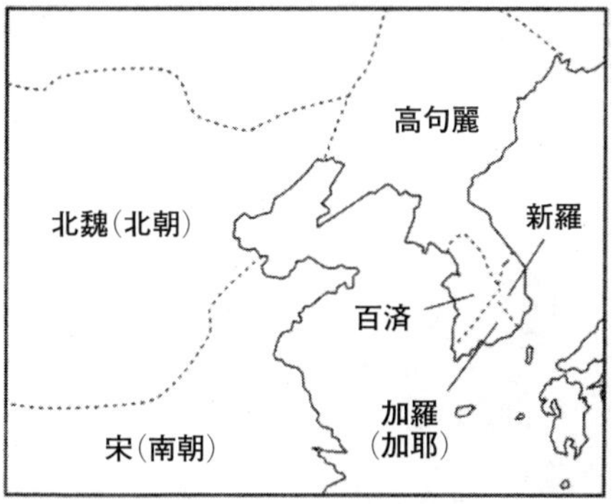

エ

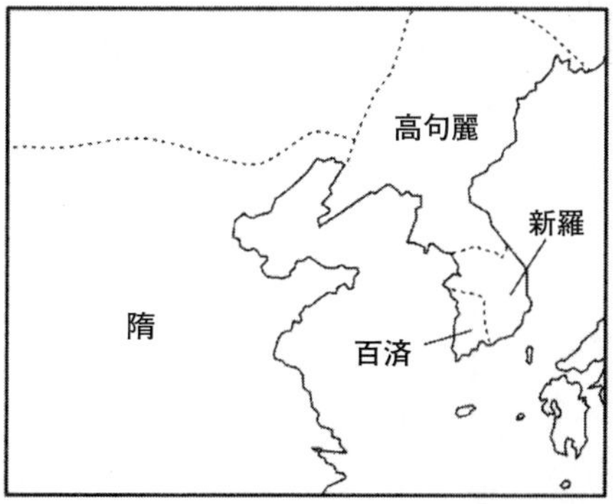

問９　＜**地図１**＞の⑨について，市川さんの＜**カード**＞を参考にし，16世紀にこの場所で起こった歴史上のできごとについて，⑨の＜**カード**＞を作成しなさい。

問10　＜**カード**＞⑩について，次の問いに答えなさい。

⑩	この場所には，幕末に結ばれた条約によって1868年に開かれた港があります。H諸外国との貿易が開始されると，さまざまな問題が起こり，社会不安が広がっていきました。

(1)　＜**カード**＞⑩が示す場所はどこですか，＜**地図２**＞の**ア**～**カ**から１つ選び，記号で答えなさい。

＜**地図２**＞

(2)　下線**H**について，＜**グラフ２**＞～＜**グラフ５**＞から読み取ることができる内容としてあやまっているものはどれですか，下の**ア**～**カ**からすべて選び，記号で答えなさい。

＜**グラフ２**＞

貿易額(輸入)の港別割合(1865年)

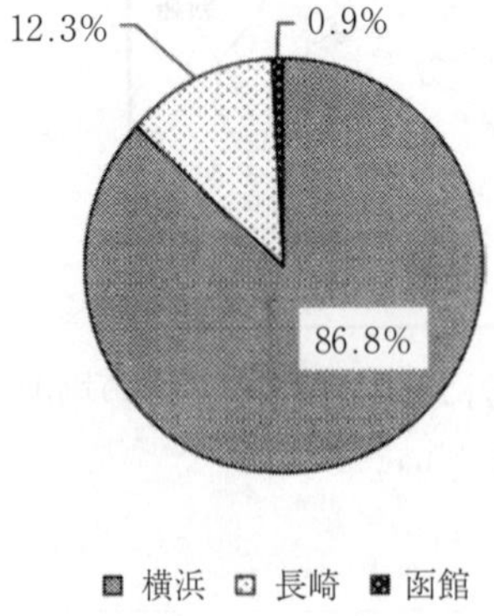

＜**グラフ３**＞

横浜での貿易額の国別割合(1865年)

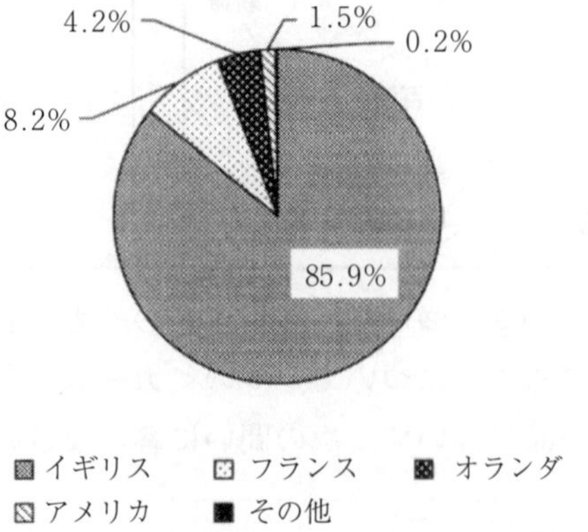

浜島書店『つながる歴史』より作成

＜グラフ4＞
幕末の主要輸出品の割合と輸出総額

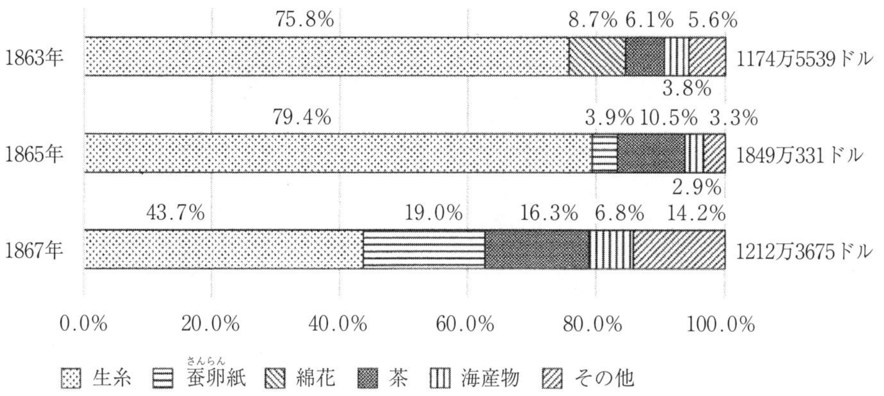

浜島書店『新詳日本史』より作成

＜グラフ5＞
幕末の主要輸入品の割合と輸入総額

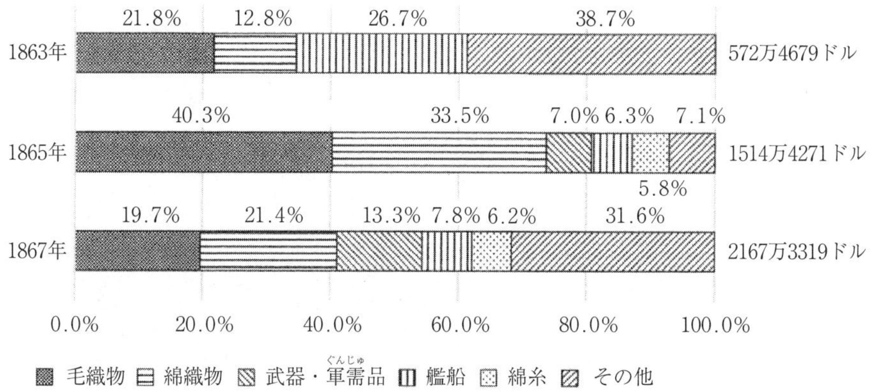

浜島書店『新詳日本史』より作成

ア 1865年の日本の主要な貿易港(輸入)は横浜で，その取引額が最も多いのはアメリカとなっています。

イ 1865年には，横浜で約92万ドルの武器・軍需品を輸入しています。

ウ 日本の生糸輸出額は，1863年から1867年にかけて増え続けています。

エ 1867年の毛織物輸入額は，1863年の毛織物輸入額より増加しています。

オ 1867年の輸出額，輸入額をあわせた貿易総額は，1863年の貿易総額の約2倍となっています。

カ 日本は1863年と1865年が輸出超過《ちょうか》でしたが，1867年には輸入超過となっています。

2 **私たちは，社会科を学ぶ際に，さまざまな地図や統計を利用しています。こうした地図や統計について，あとの問いに答えなさい。**

＜地図１＞

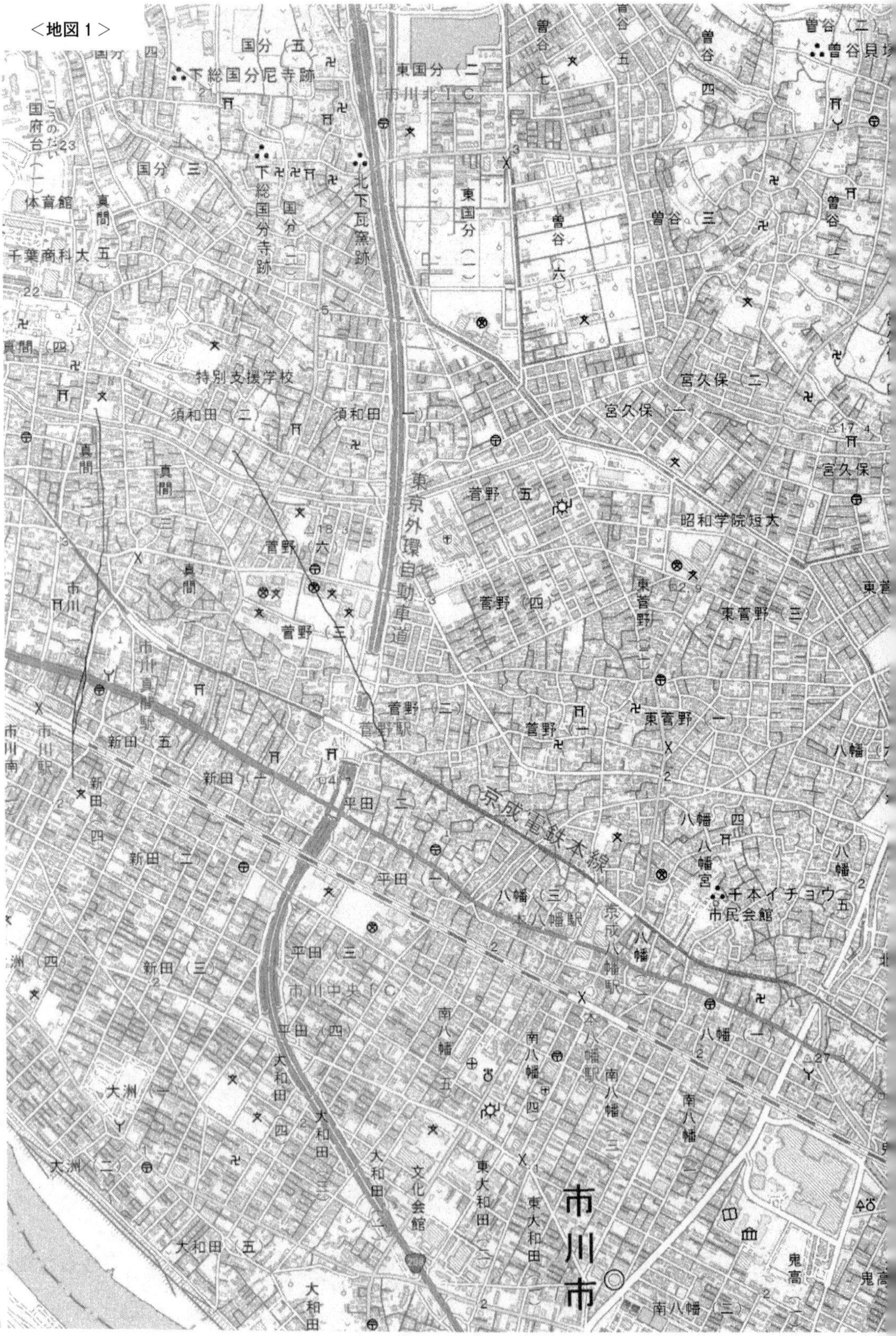
国分（五）
下総国分尼寺跡
東国分（二）
市川北ＩＣ
曽谷（七）
曽谷（五）
曽谷（四）
曽谷（二）
国府台（一）
こうのだい
国分（三）
下総国分寺跡
国分（二）
北下瓦窯跡
東国分（一）
曽谷（六）
曽谷（三）
曽谷（一）
体育館
真間（五）
千葉商科大
真間（四）
特別支援学校
須和田（二）
須和田（一）
宮久保（二）
宮久保（一）
東京外環自動車道
菅野（五）
昭和学院短大
真間（三）
菅野（六）
真間（二）
市川
菅野（四）
東菅野（二）
東菅野（三）
菅野（三）
市川真間駅
菅野（二）
菅野駅
菅野（一）
東菅野（一）
市川駅
新田（五）
新田（一）
京成電鉄本線
新田（四）
平田（二）
八幡（四）
八幡宮
新田（二）
平田（一）
八幡（三）
千本イチョウ
市民会館
本八幡駅
京成八幡駅
八幡（五）
平田（三）
新田（三）
市川中央ＩＣ
平田（四）
南八幡（五）
南八幡（四）
本八幡駅
南八幡（三）
八幡（一）
南八幡（一）
大和田（四）
大洲（一）
大洲（二）
大和田（三）
大和田（二）
文化会館
東大和田（二）
東大和田（一）
市川市
大和田（五）
大和田
鬼高（一）
南八幡（二）

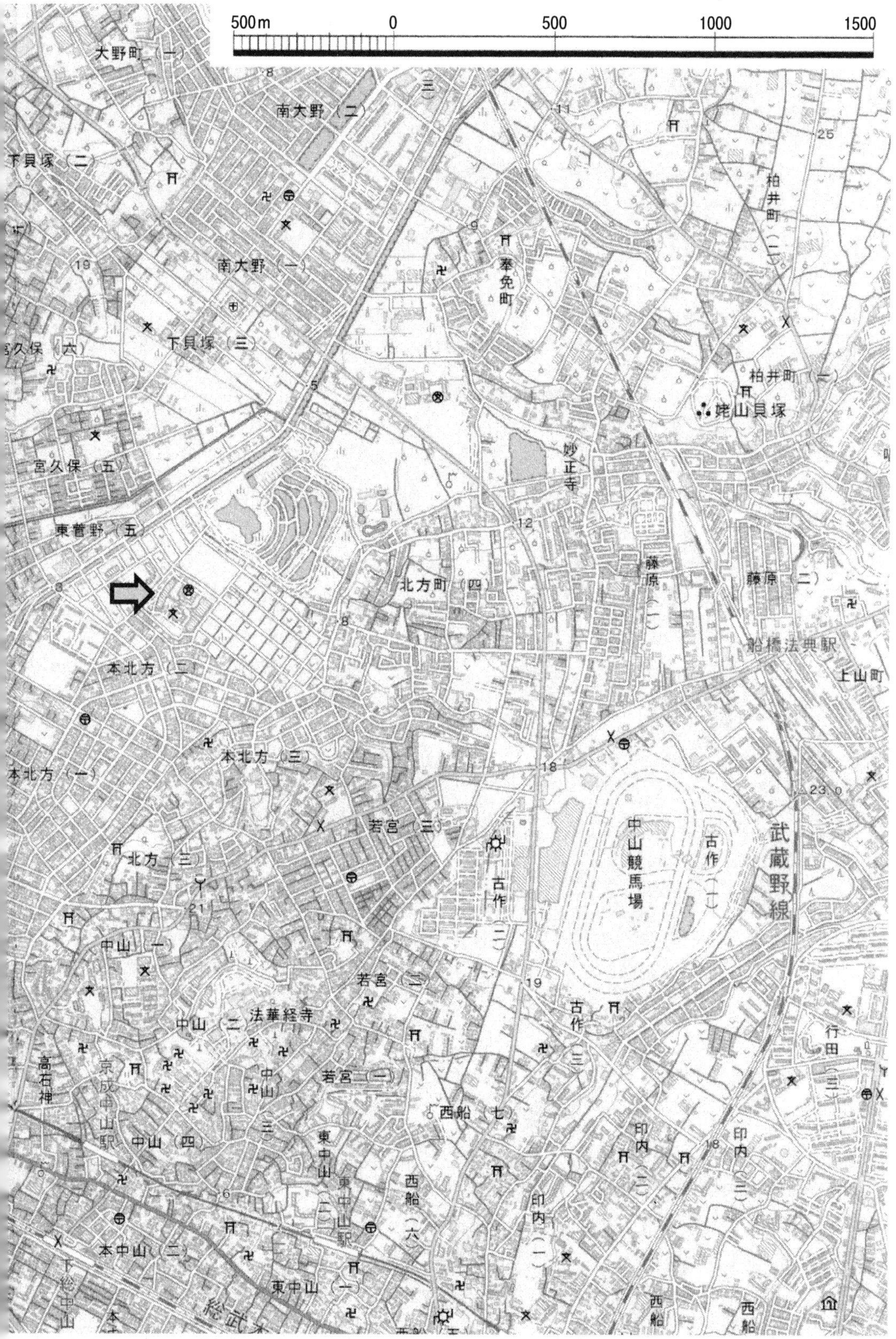

国土地理院電子地形図「船橋」２万5000分の１地形図。なお，問題作成上の都合により実際の地図を加工しています。）

問１　前のページの＜**地図１**＞は市川中学校を含《ふく》む地図で，矢印は市川中学校の場所を示しています。この地図から読み取れる内容を説明した**ア～カ**の文を読み，正しいものには○，あやまっているものには×の記号で答えなさい。

ア　東京外環《がいかん》自動車道の西側に，奈良時代に建立された寺の史跡《しせき》がみられます。

イ　市川中学校の周辺には，水田が多くみられます。

ウ　京成電鉄本線の南側に，市役所や博物館，裁判所がみられます。

エ　標高が20m以上の場所があります。

オ　市川中学校の南東の方角に，老人ホームがみられます。

カ　京成電鉄本線の駅のうち，市川中学校から直線距離《きょり》で最も近い駅は京成中山駅です。

問２　縄文時代には市川中学校のあたりには海があったと考えられます。そのように考えられる理由を＜**地図１**＞から探して，説明しなさい。

問３　＜**地図１**＞の大野町周辺にみられる地図記号()のあるところでは，日本なしの栽培《さいばい》が盛んに行われ，市川市の日本なしは「市川のなし」というブランドにもなっています。＜**表１**＞は，市川市をはじめ農業が盛んな千葉県が全国で収穫《しゅうかく》量の上位に入っている，大根・キャベツ・きゅうり・日本なしを示しています。①～④の組み合わせとして正しいものはどれですか，下の**ア～オ**から１つ選び，記号で答えなさい。

＜**表１**＞

	１位	２位	３位	４位	５位
①	千葉	茨城	栃木	福島	鳥取
②	千葉	北海道	青森	鹿児島	神奈川
③	群馬	愛知	千葉	茨城	神奈川
④	宮崎	群馬	埼玉	福島	千葉

二宮書店『データブック オブ・ザ・ワールド 2019』
矢野恒太記念会『日本国勢図会 2018/19』より作成

ア　①　日本なし　②　大根
　　③　きゅうり　④　キャベツ

イ　①　大根　②　日本なし
　　③　キャベツ　④　きゅうり

ウ　①　日本なし　②　きゅうり
　　③　大根　④　キャベツ

エ　①　大根　②　キャベツ
　　③　日本なし　④　きゅうり

オ　①　日本なし　②　大根
　　③　キャベツ　④　きゅうり

問４　地図には多くの地図記号が使われていますが，社会の変化にあわせて新しい地図記号が作られることがあります。平成の期間に新しく作られたものとして，風車()や自然災害伝承碑《ひ》()などがあります。これについて，次の問いに答えなさい。

(1)　北海道における風車のある市町村を示した次のページの＜**地図２**＞，および北海道の月別風力発電量を示した＜**グラフ１**＞から読み取ることができる，風車を設置するのに適している条件を説明しなさい。

＜**地図２**＞

国立研究開発法人新エネルギー・産業技術総合開発機構HP(https://www.nedo.go.jp/)より

＜**グラフ１**＞

2018年度　北海道の月別風力発電量

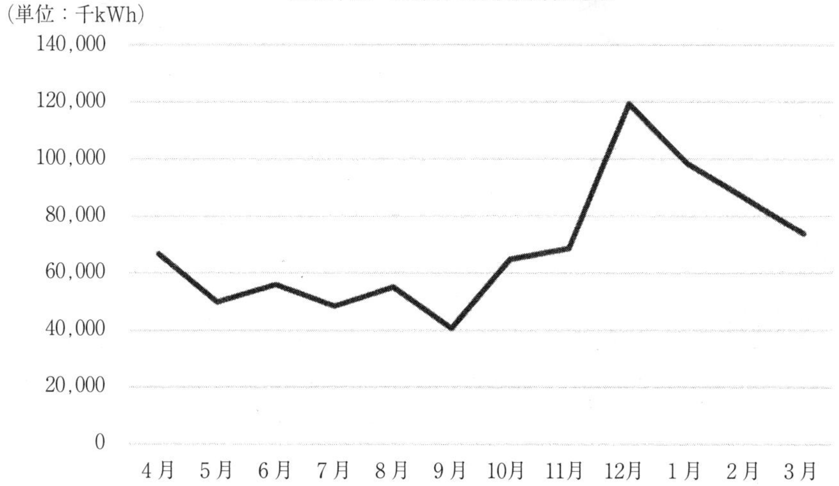

経済産業省資源エネルギー庁HP(https://www.enecho.meti.go.jp/)より作成

(2)　次のページの＜**図１**＞は，風車により発電を行う風力をはじめ，再生可能なエネルギーである水力・地熱・太陽光の都道府県別発電量の上位５位の都道府県を黒くぬったものです。①～④の組み合わせとして正しいものはどれですか，下の**ア**～**カ**から１つ選び，記号で答えなさい。

＜図１＞

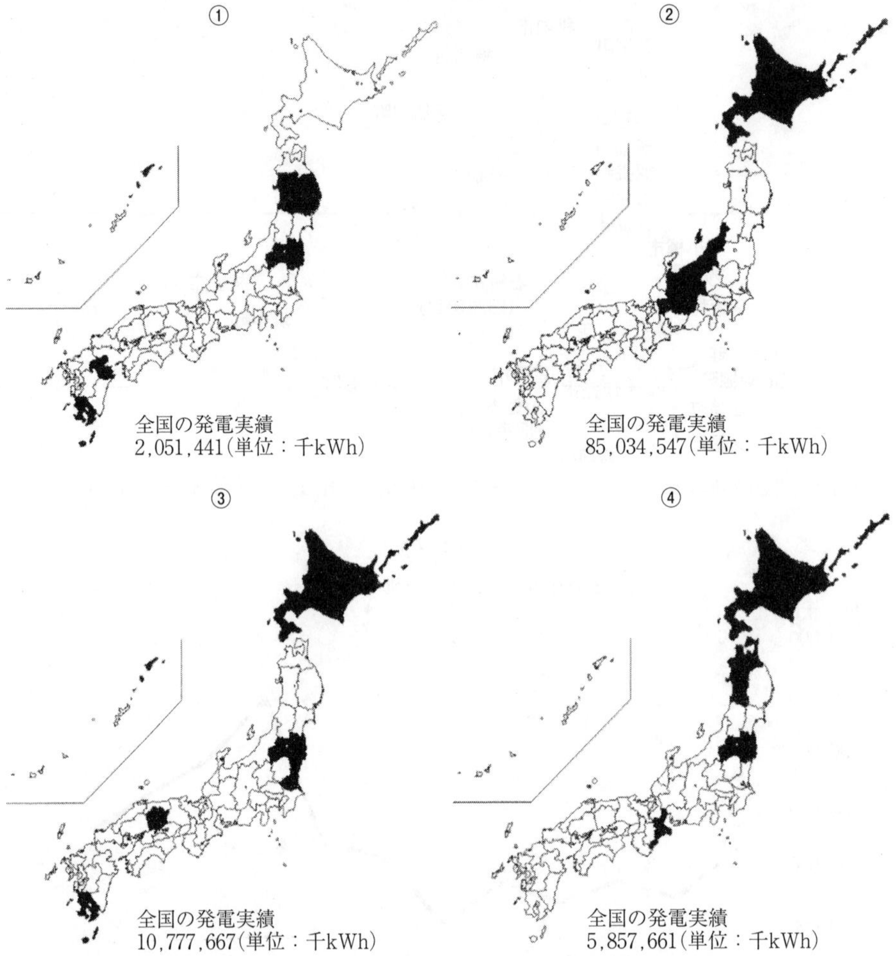

経済産業省資源エネルギー庁HP(https://www.enecho.meti.go.jp/)「電力調査統計(2018年度)」より作成

ア　①　地熱　②　風力
　　③　太陽光　④　水力

イ　①　太陽光　②　水力
　　③　地熱　④　風力

ウ　①　地熱　②　風力
　　③　水力　④　太陽光

エ　①　地熱　②　水力
　　③　太陽光　④　風力

オ　①　太陽光　②　水力
　　③　風力　④　地熱

カ　①　風力　②　太陽光
　　③　地熱　④　水力

(3)　自然災害伝承碑という地図記号は，過去の自然災害の教訓を地域の人々に伝えるとともに，教訓をふまえた的確な防災行動による被《ひ》害《がい》の軽減をめざして作られました。自然災害伝承碑の地図記号に登録された自然災害について説明した文の下線部にあやまりがあるものはどれですか，**ア**～**オ**から２つ選び，記号で答えなさい。

ア　宮城県東松島市では，2011年の東日本大震災の際，津波でリアス式海岸の湾《わん》に面した集落に被害がでました。

イ　広島県広島市では，2014年の８月豪雨《ごうう》の際，土石流で家屋が流出するなどの被害がでました。

ウ　長野県王滝村では，2014年の御嶽山の噴火《ふんか》の際，噴煙《ふんえん》で太陽光がさえぎられて冷害の被害がでました。

エ　長崎県島原市では，1991年の雲仙普賢岳の噴火の際，高熱の火砕流《かさいりゅう》で田畑や家屋に被害がでました。

オ　神奈川県寒川町では，1923年の関東大震災の際，高潮で相模川沿いの低地に浸水《しんすい》の被害がでました。

問５　＜**表２**＞は市川中学校のある市川市，幕張メッセのある千葉市美浜区，豊洲市場のある東京都江東区，日本橋や銀座など繁華《はんか》街のある東京都中央区の昼間人口，夜間人口，※昼夜間人口比率を示しています。①～④の組み合わせとして正しいものはどれですか，下の**ア**～**カ**から１つ選び，記号で答えなさい。

※昼夜間人口比率…夜間人口100人に対する昼間の人口。

＜**表２**＞

	昼間人口(人)	夜間人口(人)	昼夜間人口比率
①	608,603	141,183	431.1
②	358,614	459,626	78.0
③	608,532	498,109	122.2
④	172,891	148,718	116.3

市川市 HP(http://www.city.ichikawa.lg.jp/)
東京都の統計 HP(http://www.toukei.metro.tokyo.jp/)
『平成27年度版　千葉市統計書』より作成

ア　①　東京都江東区　②　東京都中央区
　　③　市川市　④　千葉市美浜区

イ　①　東京都中央区　②　東京都江東区
　　③　千葉市美浜区　④　市川市

ウ　①　東京都江東区　②　市川市
　　③　東京都中央区　④　千葉市美浜区

エ　①　千葉市美浜区　②　東京都江東区
　　③　東京都中央区　④　市川市

オ　①　東京都中央区　②　市川市
　　③　東京都江東区　④　千葉市美浜区

カ　①　千葉市美浜区　②　東京都中央区
　　③　市川市　④　東京都江東区

問６　＜**図２**＞は，千葉県が全国で上位10位以内に位置する人口・農業産出額・第３次産業人口比率・人口密度について，上位10位の都道府県を黒くぬったものです。第３次産業人口比率にあてはまるものはどれですか，**ア**～**エ**から１つ選び，記号で答えなさい。

＜**図２**＞

ア

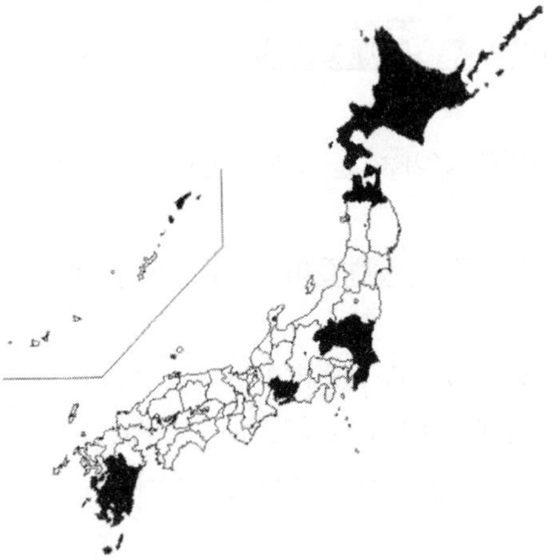

イ

ウ

エ

二宮書店『データブック オブ・ザ・ワールド 2019』より作成

問７　千葉県は京葉工業地域を中心に製造業が盛んです。次のページの＜**グラフ２**＞は，京葉・京浜・中京・阪神・関東内陸のそれぞれの工業地帯・地域の製造品総※出荷額，およびそれぞれの工業地帯・地域における金属・機械・化学・食品・繊《せん》維《い》・その他の各製造品出荷額の割合を示しています。京葉工業地域と中京工業地帯の組み合わせとして正しいものはどれですか，下の**ア**～**オ**から１つ選び，記号で答えなさい。

＜グラフ2＞

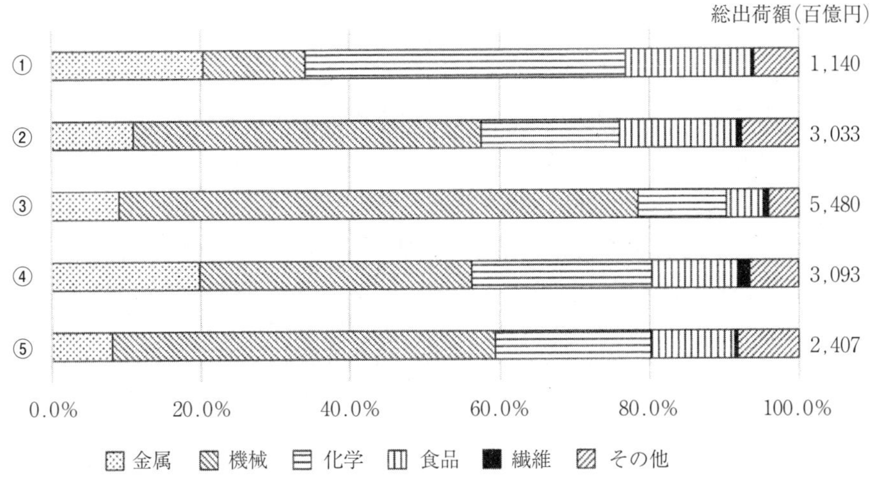

二宮書店『データブック オブ・ザ・ワールド 2019』より作成

※出荷額…ここでは，京葉は千葉県，京浜は東京都・神奈川県，中京は愛知県・三重県，阪神は大阪府・兵庫県，関東内陸は栃木県・群馬県・埼玉県の統計をあらわします。

ア　京葉工業地域―①　中京工業地帯―②
イ　京葉工業地域―①　中京工業地帯―③
ウ　京葉工業地域―②　中京工業地帯―④
エ　京葉工業地域―④　中京工業地帯―③
オ　京葉工業地域―⑤　中京工業地帯―③

3　次の会話文を読んで，あとの問いに答えなさい。

生徒：先生，お札が新しくなるみたいで，楽しみですね。

先生：1万円札の肖像《しょうぞう》画は2024年に福沢諭吉から渋沢栄一に変わるみたいだね。お札の肖像は，歴史上の文化人など，A国民の間で知名度が高い人物が選ばれているんだ。

生徒：そうなんですね。お札は，どこで発行しているんですか。

先生：元々は，政府がお札を発行していたんだ。だけど，19世紀後半，政府は戦争の費用を調達するために大量のお札を発行してしまい，Bインフレーションが起こってしまったんだ。

生徒：C自由にお札を発行し，D予算を立てればよいというわけではないんですね。

先生：そうだね。だから現在は，政府がお札を発行することはできないよ。

生徒：では，E現在，お札はどこが発行しているんでしょうか。

先生：その答えは，実はお札に書いてあるんだよ。見てみよう。

生徒：なるほど，これですね。書いてありました。

先生：ではここで問題だよ。この1万円札，いくらだと思う。

生徒：どういう意味ですか。1万円札ですから，「1万円」ではないのですか。

先生：実は，1万円札はおよそ20円くらいで作ることができるんだよ。その20円で作られた紙切れに，私たちは「1万円」という価値を見出しているだけなんだ。

生徒：そうなんですね。Fお金に対する意識が少し変わりました。大事なのは，お金そのものの価値だけではなく，お金に対する認識をみんなが共通してもっているかどうかということですね。

先生：そうだね。例えば最近はGインターネットで買い物をする人がかなり増加しているね。インターネットにつながっていれば，どこにいても商品を買うことができるし，支払《しはら》いは，お互《たが》いに確認できる形であれば何でもよい。お金というものが，財布の中にあるような目に見えるものから，目に見えなくても支払ったことがお互いに了解《りょうかい》できるようなH信用に変わってきているんだ。

問１　下線**A**について，国民の権利を規定した日本国憲法第13条の条文中の(**X**)には，「社会全体の幸福や利益」という意味をもつ語句が入ります。その語句は何ですか，答えなさい。

すべて国民は，個人として尊重される。生命，自由及《およ》び幸福追求に対する国民の権利については，（　**X**　）に反しない限り，立法その他の国政の上で，最大の尊重を必要とする。

問２　下線**B**について，インフレーションを具体的に説明した文として正しいものはどれですか，**ア**～**エ**から１つ選び，記号で答えなさい。

ア　インフレーションとは，同じ金額で買えるものの個数が多くなることを指します。例えば，商品の値段が１つ100円から120円になります。

イ　インフレーションとは，同じ金額で買えるものの個数が多くなることを指します。例えば，商品の値段が１つ100円から80円になります。

ウ　インフレーションとは，同じ金額で買えるものの個数が少なくなることを指します。例えば，商品の値段が１つ100円から120円になります。

エ　インフレーションとは，同じ金額で買えるものの個数が少なくなることを指します。例えば，商品の値段が１つ100円から80円になります。

問３　下線**C**について，日本国憲法で国民に保障されている「自由権」を説明した文として正しいものはどれですか，**ア**～**エ**から１つ選び，記号で答えなさい。

ア　子女に普通《ふつう》教育を自由に受けさせる権利。

イ　健康で文化的な生活を自由におくることができる権利。

ウ　住む場所や仕事を自由に選ぶことができる権利。

エ　人種や性別などによって差別されない自由をもつ権利。

問４　下線**D**について，日本の国の予算に関して説明した文として正しいものはどれですか，**ア**～**カ**から２つ選び，記号で答えなさい。

ア　予算は，先に衆議院で審議《しんぎ》されます。

イ　予算は，先に参議院で審議されます。

ウ　予算は，先に両院協議会で審議されます。

エ　予算は，国会が作成し，内閣に提出します。

オ　予算は，内閣が作成し，国会に提出します。

カ　予算は，国会が作成し，そのまま決定されます。

問５　下線**E**について，わたしたちが普段使っているお札に，その答えが書いてあります。次のページの＜**図**＞の左側の上と下の○○○○の部分には同じ語句が入ります。○○○○に入る語句は何ですか，漢字４字で答えなさい。

＜図＞

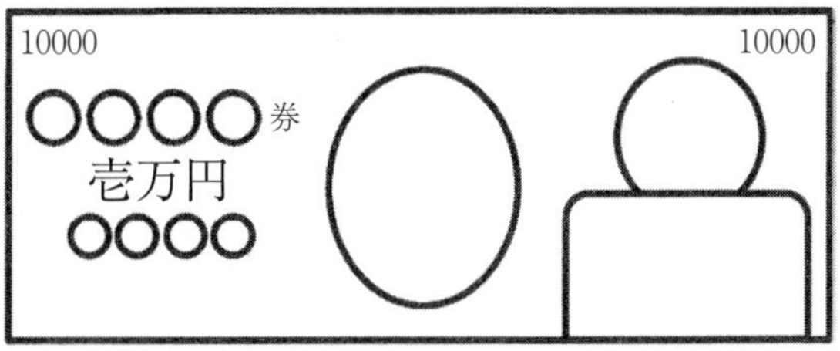

問６　下線**Ｆ**について，＜**グラフ１**＞・＜**グラフ２**＞はそれぞれ小学生低学年・高学年に「お金についての意識」を※調査した結果です。２つの**グラフ**から読み取ることができる内容として正しいものはどれですか，下の**ア**～**エ**から１つ選び，記号で答えなさい。

＜**グラフ１**＞

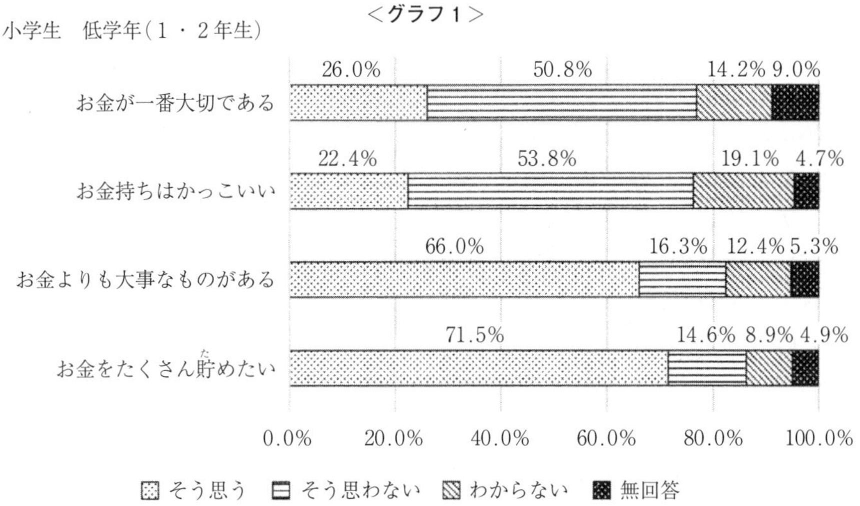

＜**グラフ２**＞

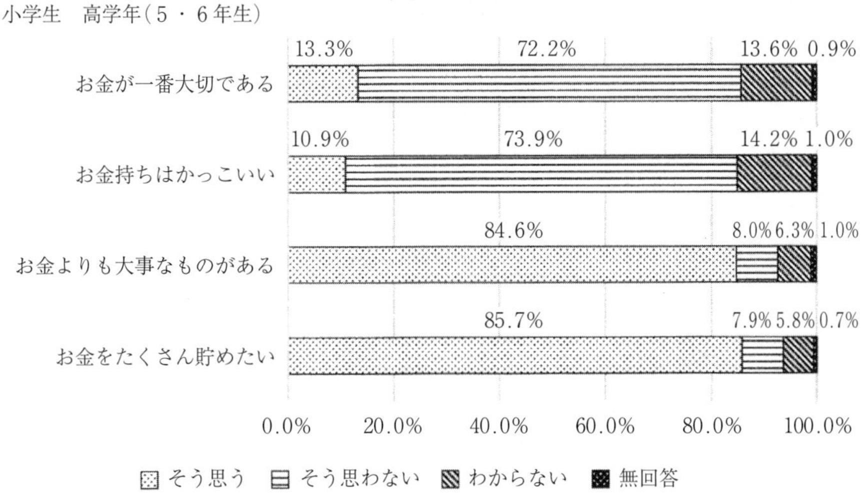

知るぽると「子どものくらしとお金に関する調査」（第３回）2015年度調査より作成

※各回答の割合は四捨五入された数値のため，合計が100にならないこともあります。

ア　小学生高学年がお金をたくさん貯めたい理由は，小学生低学年だったときよりも，お金が大切だと考えるようになったからです。

イ　小学生高学年がお金をたくさん貯めたい理由は，小学生低学年だったときよりも，お金をたくさん持つことがかっこいいと思うようになったからです。

ウ　小学生低学年は，小学生高学年に比べて，お金持ちになれるかどうかはわからないため，お金をたくさん貯めたいとは考えていないようです。

エ　小学生高学年は，小学生低学年に比べて，お金をたくさん貯めたいと思っていますが，お金が必ずしも一番大事だとは思っていないようです。

問７　下線**G**について，2013年に公職選挙法が改正され，選挙運動をインターネット上で行うことが可能になるなど，選挙を取り巻く制度は大きく変わってきています。投票率を上げるために2003年に導入された制度を説明した文として正しいものはどれですか，**ア**～**エ**から１つ選び，記号で答えなさい。

ア　有権者は誰《だれ》でも投票日前に投票できるようになりました。

イ　選挙権年齢《ねんれい》が満20歳《さい》から18歳に引き下げられました。

ウ　政治家が有権者宅に訪問して投票を依頼《いらい》できるようになりました。

エ　企業《きぎょう》や団体が政治家個人へ献金《けんきん》できるようになりました。

問８　下線**H**について，「先生」の最後の発言における「信用」と同じ意味で使われているものはどれですか，**ア**～**エ**から１つ選び，記号で答えなさい。

ア　昔使われていた貨幣《かへい》の中には，重さに価値があるものがあった。たとえ目をつぶっていても，その貨幣が重ければ価値が高いのだと信用された。

イ　金や銀は，野菜や果物とちがってくさらない。だから，人々はいつでも使用できる金や銀を信用した。

ウ　紙幣は，刷れば刷るほど景気がよくなるという信用を得ている。なぜなら，たくさん刷ったお金を国民に配れば，自然と消費が増えるからだ。

エ　店員がいない店で商品をかごに入れ，その場でお金を支払わなかったとしても，後で支払いをするという約束が信用されていれば，その商品を持ち帰ることができる。

【理　科】〈**第１回試験(一般・帰国生)**〉　(40分)　〈満点：100点〉

【注意】　１．コンパス・定規は使用しないこと。

２．計算問題の答えは，整数または小数で答え，割り切れない場合は小数第２位を四捨五入して，小数第１位まで答えること。

1　図１のように，太さがどこも同じ筒《つつ》，押《お》し棒，２つの玉(前玉《まえだま》，後玉《あとだま》)を用意し空気でっぽうを作りました。筒には，１cmごとに目盛りがついており，２つの玉は，この筒にすき間なく入ります。後玉を押し棒で押すと前玉が飛び出し落下します。

いま，後玉を入れる位置を変えると，前玉が飛び出す直前の後玉の位置がどう変わるか，を調べる実験を行い，その結果を表１にまとめました。ただし，この実験では，つねに前玉を筒の０のところに入れ，前玉と後玉の空間を「空間Ａ」とします。また，筒はつねに水平な台の上に置き，床《ゆか》から同じ高さになるようにします。後玉を入れる位置を変えても，押し棒で同じようにゆっくりと押すと，前玉は筒から水平に飛び出して床に落下するものとします。

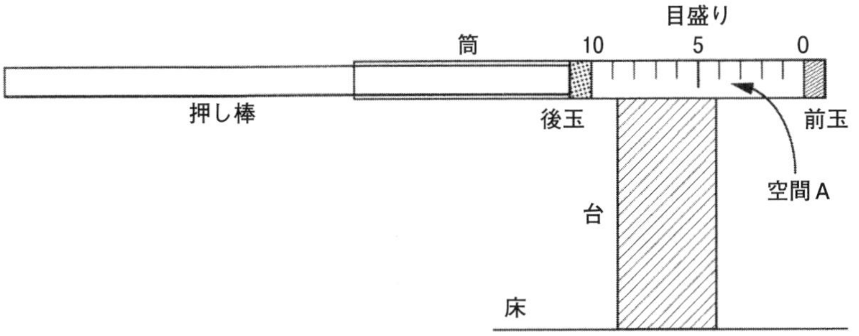

図１　後玉が10の位置の場合

後玉の位置	目盛り						
押す前	10	9	8	7	6	5	4
前玉が飛び出す直前	7	6	5	5	4	3.5	3

表１

右の図２のように，前玉を０の位置に，後玉を10の位置に入れ，空間Ａに空気が10目盛り分入るようにしました。そして後玉を押したところ，前玉は後玉の位置が７の位置にきたときに筒から水平に飛び出して，筒の先から2.3m離《はな》れたところに初めて落下しました。

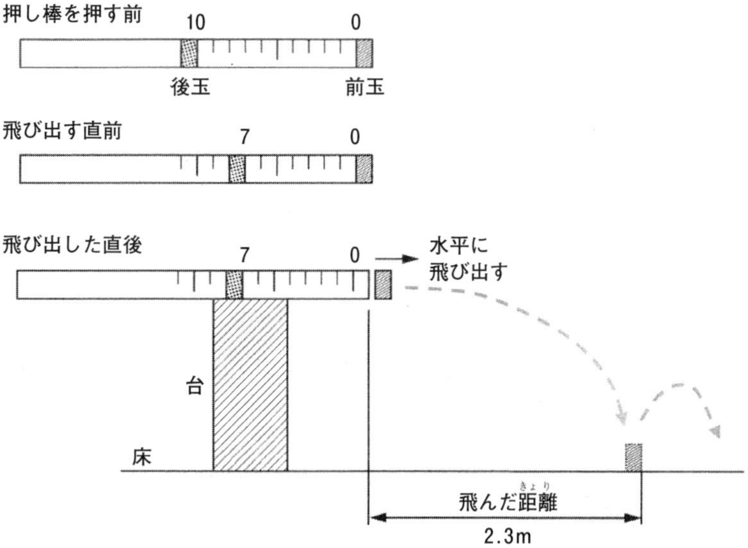

図２

(1)　後玉を押したとき，前玉が飛んだのは閉じ込《こ》めた空気のある特徴《とくちょう》のためです。次のうち，この特徴が最も大きくあらわれるものはどれですか。

ア　粘土《ねんど》　　イ　油

ウ　コンクリートブロック　　エ　バネ

⑵　前玉が飛び出す直前の**空間Ａ**の体積は，後玉を押す前の体積のおよそ何％ですか。

ア　30％～45％　　イ　45％～60％

ウ　60％～75％　　エ　75％～90％

⑶　前玉が飛び出すまでの間，押し棒を押していくにつれて，押し棒の手ごたえはどうなりますか。

ア　大きくなる

イ　小さくなる

ウ　変わらない

⑷　**図２**の**空間Ａ**を水で満たし，同じように実験を行いました。ただし，後玉を押しているとき，水は２つの玉にしみ込むこともなく，筒からもれることもないものとします。前玉が飛んだ距離はどうなりますか。

ア　2.3mより飛ばない

イ　2.3mより飛ぶ

ウ　変わらない

図３のように，空間Ａに空気と水が同じ体積になるように水を入れ，後玉を押します。前玉が飛び出す直前の後玉の位置は，表１より8.5と予想できました。そして，実験を行ったところ，予想通りの結果が得られました。ただし，後玉を押しているとき，水は２つの玉にしみ込むこともなく，筒からもれることもないものとします。

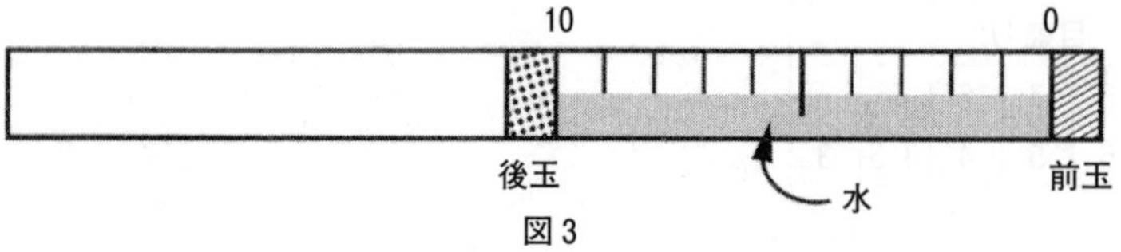

図３

⑸　**図４**のように，後玉の位置を８にして，**空間Ａ**に空気と水が同じ体積になるように水を入れました。前玉が飛び出す直前の後玉の位置の目盛りはいくつになりますか。

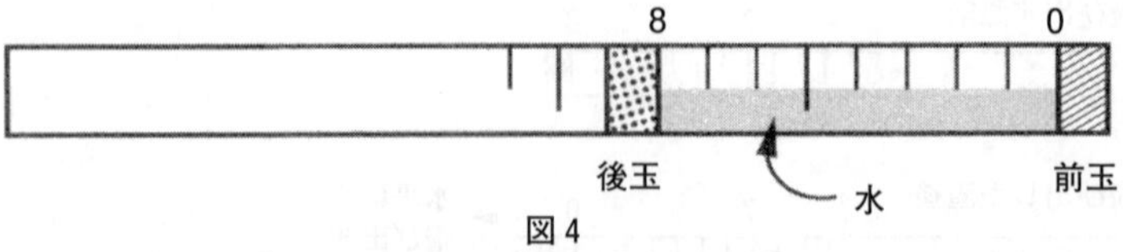

図４

右の図５のように，空間Ａを水で満たし，その中に空気を入れた風船を入れました。そして，前玉が飛び出さないように，筒を机の上に押しつけながら後玉を押しました。ただし，水は２つの玉にしみ込むこともなく，筒からもれることもないものとします。

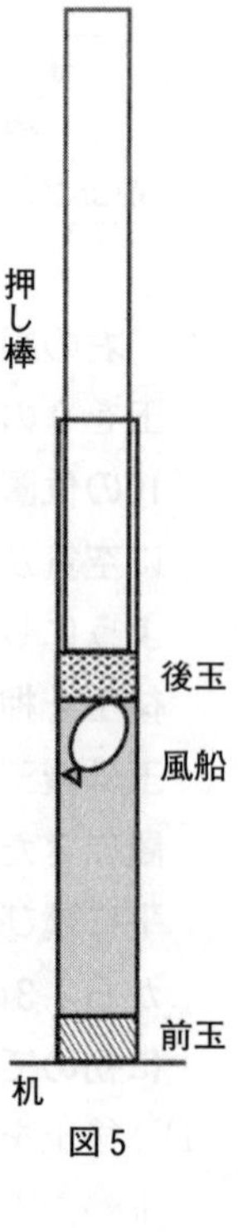

図５

⑹　このとき，風船の大きさと水の体積はどうなりますか。それぞれ答えなさい。

2　市川くんは夏休みを利用して，日本よりも北にあるＣ国(北緯《ほくい》50度付近)に出かけました。到《とう》着《ちゃく》後，夕食までの間，乾《かわ》いた心地よい風を感じながら浜辺《はまべ》を歩いていると，遠くに水平線が見えました。海の向こうには日本があるのだな，と思いながら水平線を眺《なが》めていると，陸に近づいてくる大きな船が先端《せんたん》からだんだん見え，地球が丸いことを実感しました。夕食後にレストランを出ると，20時なのにまだ日が出ており，日本との違《ちが》いに驚《おどろ》きました。日没《にちぼつ》後には満天の星空を眺めました。

次の日はＲ山に登りました。Ｒ山は標高が4000ｍあり，山頂には夏でも雪が残っています。市川くんは標高2500ｍ地点までａ～ｃの３ヵ所で気温を測りながら登り，その結果を表２にまとめました。標高1000ｍのｂ地点には湿度《しつど》計が設置されていて，74％でした。ｂ地点を過ぎてから，標高2500ｍ付近までは，下から吹《ふ》き上げるような風を感じていました。標高2500ｍ地点に着いたときには，あたりは雲におおわれていました。※飽和《ほうわ》水蒸気量(g/m^3)は空気の温度によって決まっていて，飽和水蒸気量に対する実際の水蒸気量の割合を湿度(％)といいます。雲は結露《けつろ》のように水蒸気が冷えて集まってできた水滴《すいてき》の集まりなので，雲が発生していた標高2500ｍ地点の湿度は100％だとわかりました。

帰国後，水平線までの距離について気になった市川くんは，近くの湖に出かけて実験を行いました。岸に立って対岸の建物を見たときに，立っていると見えた白い建物(図６)が，しゃがむと見えなくなる(図７)ことに気づきました。このことから水平線までの距離は想像しているよりも近いのだと実感しました。

※飽和水蒸気量…空気が含《ふく》むことのできる最大の水蒸気量

地点	a	b	c
標高(ｍ)	500	1000	1200
気温(℃)	20	17	15

表２

図６

図７

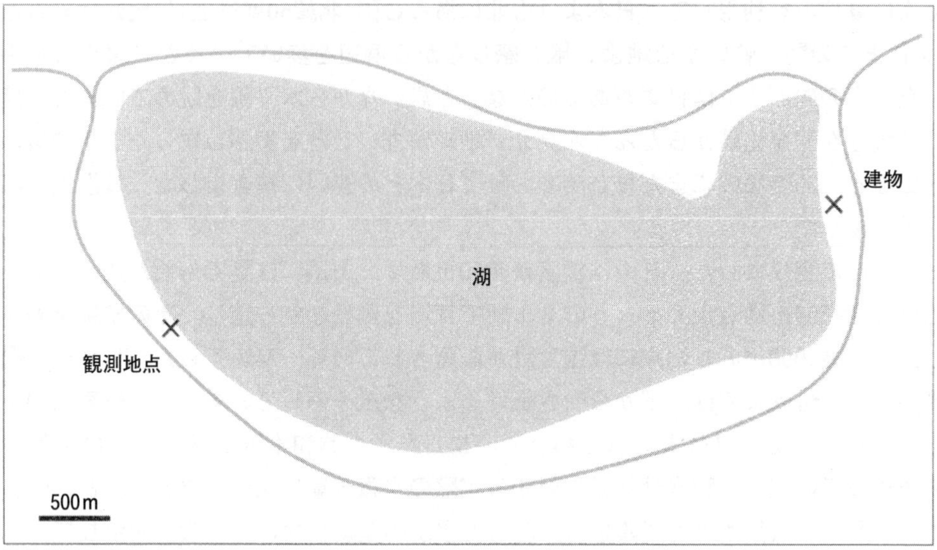

図８

⑴　Ｃ国の夜空で見える北極星の高さは，日本と比べてどうなりますか。理由とともに25字以内で説明しなさい。

⑵　Ｃ国の夏の日の入り時刻が日本より遅《おそ》いのはなぜですか。解答に必要な**図**と**説明文**をそれぞれ選びなさい。

図　ア

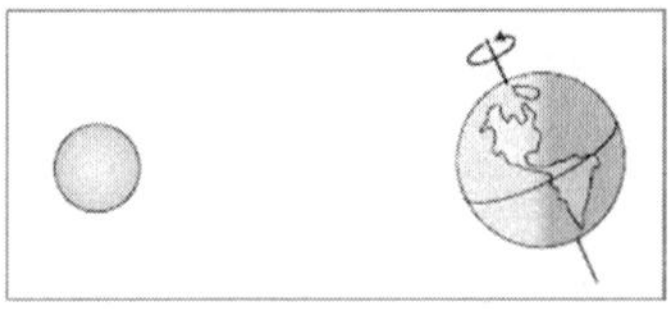

イ

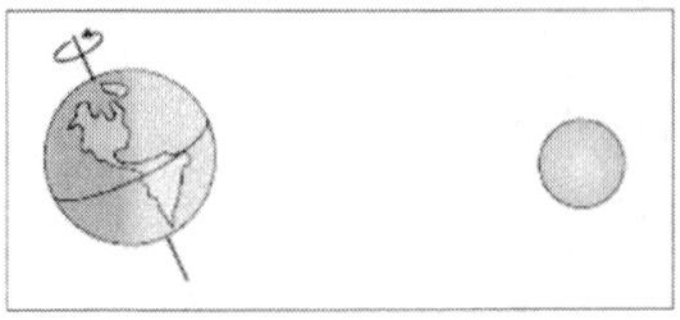

説明文

ウ　Ｃ国の自転が日本より遅いから。

エ　Ｃ国の緯度が日本より高いから。

オ　緯度によらず海に近い地域では日が沈むのがよく見えるから。

カ　緯度によらず海に近い地域では夏は昼の時間が長いから。

⑶　**図８**より，身長160cmの市川くんが浜辺に立って眺めたときに見える水平線までの距離として最も近いものはどれですか。

ア　4km　　イ　12km　　ウ　40km　　エ　120km

⑷　身長160cmの市川くんが浜辺に立って眺めたときに水平線はどう見えますか。見える水平線の形を，解答らんの２点(●)を結んで示しなさい。

⑸　Ｒ山のふもと(標高100m)から**b地点**の気温変化の割合が一定であるとすると，同じ時間のふもとの町での気温は何℃ですか。**表２**を参考にして答えなさい。

⑹　雲ができ始めたのはおよそ標高何mですか。**表２**と次のページの**図９**を参考にして答えなさい。ただし，**b地点**を過ぎてから雲ができるまでの間，気温変化の割合は一定で，山を吹き上げる風(空気)に含まれている水蒸気の量も一定であるとします。

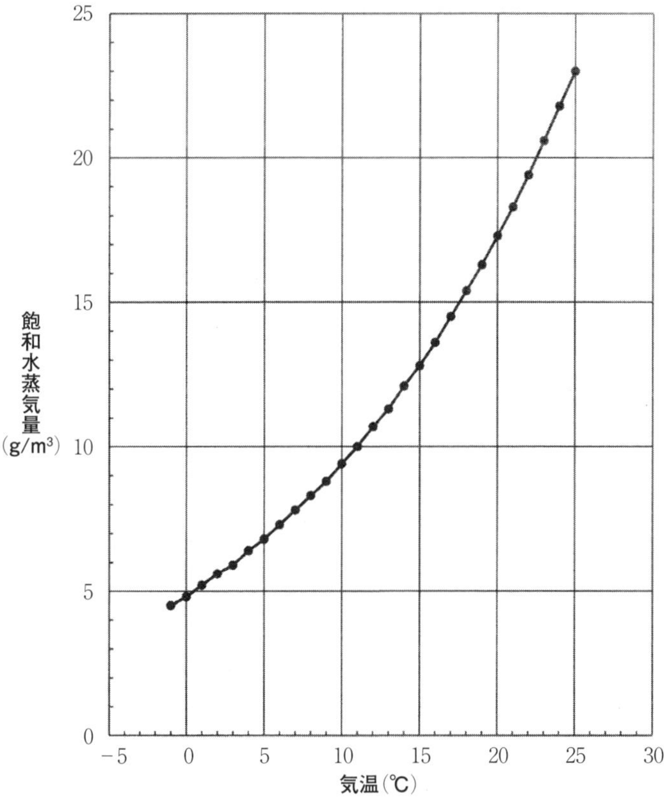

図９　気温の変化と飽和水蒸気量の関係

3　市川さんとなずなさんは，「南極のペンギンは，どうして氷の上でも暮らせるのか」について，調べ学習を行いました。

［市　川］　ペンギンはどのようにして体温を保っているのだろう。ヒトとペンギンのからだのつくりを比べてみよう。

［なずな］　まず，ヒトは哺乳類《ほにゅうるい》で，ペンギンは鳥類だよね。

［市　川］　そうだね。①周りの温度に対する体温の変化について調べたところ，哺乳類と鳥類には違いはなかったよ。

［なずな］　体表について調べてみたら，ペンギンの足は（　A　）におおわれていることがわかったよ。

［市　川］　なるほど。心臓のつくりや②血液の流れはどうかな。

［なずな］　ちょっと見て市川さん！　ペンギンの足の付け根に③奇網《きもう》と呼ばれる血管の構造があるみたい！

［市　川］　どれどれ…なるほど！　だから，ペンギンの体温は下がりにくくて，寒いところでも生きていけるのね。

(1)　下線部①について，哺乳類や鳥類のように，周りの温度が変わっても，体温をほぼ一定に保つことができる動物を何といいますか。

(2)　一部の哺乳類において，分類上近い関係にあるものどうしでは，生息地の気温とからだの大きさやつくりに，ある傾向《けいこう》がみられます。これは，表面積が増えれば，からだから逃《に》げていく熱の量が増えるが，体積が増えれば，からだでつくられる熱の量も増えるという関係があるから，といわれています。生息地の気温とからだの大きさやつくりには，どのような傾向がみられますか。正しいものをすべて選びなさい。

ア　寒冷地に生息する動物ほど，からだ全体が大きくなる。

イ　寒冷地に生息する動物ほど，からだ全体が小さくなる。

ウ　からだ全体の大きさは変わらない。

エ　寒冷地に生息する動物ほど，耳や尾《お》などが長くなる。

オ　寒冷地に生息する動物ほど，耳や尾などが短くなる。

カ　耳や尾などの大きさは変わらない。

(3)　(**A**)にあてはまる語句はどれですか。

ア　粘液《ねんえき》

イ　こうら

ウ　うろこ

エ　毛

オ　羽

(4)　下線部②について，次の文章は，血液の働きについて市川さんがまとめたものです。文章中の(**B**)・(**C**)にあてはまる語句を漢字で答えなさい。

血液に多く含まれる赤血球はヘモグロビンという色素を含み，(　B　)を運ぶ。血しょうは糖やタンパク質などの養分を全身に運び，からだの各部で生じた(　C　)を肺に送る。その後，(　C　)は，肺からからだの外に出される。また，血液は，体温を調節する役割もある。

(5)　**図10**は，ヒトの心臓の４つの部屋**ア**～**エ**と器官，血管を示したものです。図中の**ア**と血管**オ**の名称《めいしょう》を漢字で答えなさい。

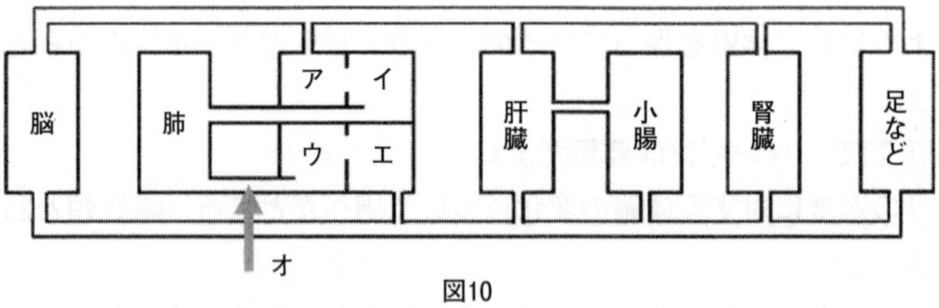

図10

(6)　下線部③について，次の文章は，ペンギンの奇網について述べたものです。また次のページの**図11**は，氷の上に置いたヒトの足の血液の流れを示しています。奇網を構成する動脈と静脈は，どのようになっていると考えられますか。**動脈**，**静脈**という語句をもちいて説明しなさい。また，補助的に絵をもちいてもかまいません。

図12のように，ペンギンには奇網という，動脈と静脈からなる特殊《とくしゅ》な構造が足の付け根にある。奇網がないと，氷で冷やされた血液がからだに戻《もど》って体温を下げるが，奇網によってからだに温かい血液が戻ってくるので，体温が下がりにくくなる。

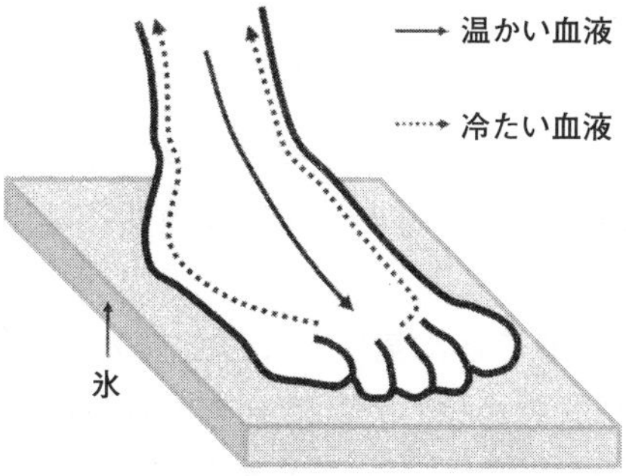

図11

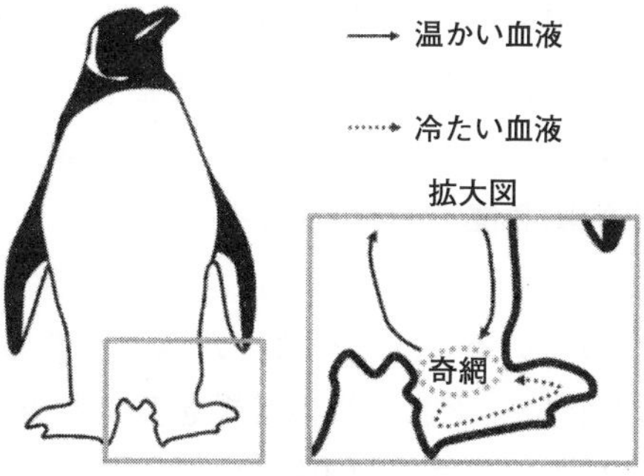

図12

4　塩酸と水酸化ナトリウム水溶液《すいようえき》を，ある一定の割合で混ぜ合わせると，食塩水ができます。食塩水は，塩酸や水酸化ナトリウム水溶液とは性質の違う水溶液です。このように「もとの物質とは異なる物質ができる変化」を化学変化といいます。ある濃《こ》さの塩酸(溶液Ｘ)と，それとは異なる濃さの水酸化ナトリウム水溶液(溶液Ｙ)をもちいて【実験１】を行い，結果を表３にまとめました。

【実験１】

操作１　ビーカーＢ，Ｃ，Ｄ，Ｅを準備し，溶液Ｘの体積(cm^3)と溶液Ｙの体積(cm^3)を変え，それらをビーカー内で混ぜ合わせた。また，溶液を混ぜ合わせない「溶液Ｘのみ(Ａ)」と「溶液Ｙのみ(Ｆ)」のビーカーも準備した。

操作２　リトマス紙をもちいて，それぞれのビーカー内の溶液の液性(酸性・中性・アルカリ性)を調べた。

操作３　溶液の入ったビーカーＣとＦをガスバーナーで加熱し，水を完全に蒸発させた後，残った固体の重さ(ｇ)を測定した。

	A	B	C	D	E	F
溶液Ｘの体積(cm^3)	100.0	80.0	60.0	40.0	20.0	0.0
溶液Ｙの体積(cm^3)	0.0	20.0	40.0	60.0	80.0	100.0
水溶液の液性	酸性			中性	アルカリ性	
固体の重さ(ｇ)	あ	い	2.32		う	4.00

表３

(1)　水酸化ナトリウム水溶液と食塩水の性質の違いを確認できる操作はどれですか。

ア　水溶液のにおいを手であおいでかぐ。

イ　水溶液につけたガラス棒を青色リトマス紙に触《ふ》れさせる。

ウ　水溶液を蒸発皿に取り，ガスバーナーで加熱する。

エ　水溶液にスチールウール(鉄)を入れる。

オ　水溶液にアルミニウム箔《はく》を入れる。

(2)　化学変化をすべて選びなさい。

ア　飽和砂糖水を冷却《れいきゃく》すると，白い固体が沈んだ。

イ　石灰水に二酸化炭素を通じると，白い固体が沈んだ。

ウ　氷水を入れたコップを空気中においておくと，外側に水滴がついていた。

エ　ピカピカの10円玉を空気中においておくと，表面が黒ずんでいた。

オ　１つのビーカーに水とエタノール消毒液を入れると，無色透明の液体が得られた。

(3)　**ビーカーA，B，E**に**操作３**を行ったとき，**表３のあ，い，う**の固体の重さは何ｇだと考えられますか，**小数第２位**まで答えなさい。ただし，**操作２**における水溶液の体積変化は無視できるものとします。

【実験１】を行っていると，ビーカーが温かくなっていることに気づきました。そこで【実験２】と【実験３】を行い，それぞれの結果を表４と表５にまとめました。混ぜ合わせる前の溶液Ｘと溶液Ｙおよび水の温度は20.0℃でした。ただし，化学変化によって溶液全体の体積は変化しないものとします。

【実験２】

操作１　**熱が逃げにくい発泡《はっぽう》スチロール容器Ｇ，Ｈ，Ｉを準備し，溶液Ｘの体積(cm^3)と溶液Ｙの体積(cm^3)を変え，容器内でそれらを混ぜ合わせた。温度計をもちいて溶液の温度変化を調べ，温度計が示した最も高い温度を記録した。**

操作２　**混ぜ合わせた溶液をビーカーに移してガスバーナーで加熱し，水を完全に蒸発させた後，残った固体の重さを測定した。**

	G	H	I
溶液Ｘの体積(cm^3)	60.0	120.0	180.0
溶液Ｙの体積(cm^3)	40.0	80.0	120.0
溶液の温度(℃)	25.2	25.2	25.2
固体の重さ(ｇ)	2.32	4.64	6.96

表４

【実験３】

操作１　**発泡スチロール容器Ｊ，Ｋを準備し，60.0cm^3の溶液Ｘと40.0cm^3の溶液Ｙおよび水を容器内で混ぜ合わせた。温度計をもちいて溶液の温度変化を調べ，温度計が示した最も高い温度を記録した。**

操作２　**混ぜ合わせた溶液をビーカーに移してガスバーナーで加熱し，水を完全に蒸発させた後，残った固体の重さを測定した。**

	J	K
溶液Ｘの体積(cm^3)	60.0	60.0
溶液Ｙの体積(cm^3)	40.0	40.0
水の体積(cm^3)	100.0	300.0
溶液の温度(℃)	22.6	21.3
固体の重さ(ｇ)	2.32	2.32

表５

(4)　20.0cm^3の**溶液Ｘ**と80.0cm^3の**溶液Ｙ**を混ぜ合わせると，溶液の温度は何℃まで上がりますか。

(5)　50.0cm^3の**溶液Ｘ**と100.0cm^3の**溶液Ｙ**および50.0cm^3の水を混ぜ合わせました。

①　この実験で溶液の温度は何℃まで上がりますか。

②　この実験で生じる固体の重さは何ｇですか。**小数第２位**まで答えなさい。

【英語Ⅰ】〈**第１回試験（英語選択）**〉（40分）〈満点：100点〉

問１　Read the conversation. Then complete the missing information in a logical way. You can write more than one sentence if necessary. One example has been given.

A : Hi. What are you up to?

B : Nothing much. I've just been reading this article about a woman who won millions of dollars.

A : Cool. [Example] *What did she do?*

B : She went on a trip round the world and then ①__________

A : Interesting. If ②__________

B : First off, a house, I think. Then I ③__________

A : That's very generous of you!

B : Well, I believe ④__________ is important.

A : I agree. ⑤__________

B : Right! I hope we win some money soon.

問２　Look at the following opening to a newspaper article. Use your imagination and finish the article. Write *in English*, and demonstrate a wide range of vocabulary. Write 80～100 words. Count your words and write the total in the space provided.

Tech bosses limit their kids' time on smartphones: should we?

We've all seen it—teenagers glued to their phones, not even glancing up when their parents talk to them; kids immersed in tablets at airports; young friends around restaurant tables staring at their phones instead of each other.

As children and young people spend an increasing amount of time with screens—more than six hours a day according to one US survey—tech bosses of many of the major companies have begun to limit their kids screen time. Now many parents have begun to wonder if they should do the same.

問３　You see the following advertisement in an international English magazine for young people. Read the instructions carefully. Write *in your own words in English,* and demonstrate a wide range of vocabulary. Write 100〜120 words. Count your words and write the total in the space provided.

MONTHLY WRITING CONTEST

Calling all budding film critics!

We want to know what you would choose for the title of ‘best film of all time’. Tell us what you would choose, what it is about (no spoilers!) and why everyone should see it in an interesting article of 100 to 120 words.

Remember to be clear, catchy and imaginative!
The most interesting articles will be published in the next issue of the magazine.

【英語Ⅱ】〈第１回試験(英語選択)〉（40分）〈満点：100点〉

Ｉ　次の英文を読んで，各問いに答えなさい。なお，出題に際して本文には省略および表記を一部変えたところがあります。

There are five basic types of taste receptor, or, in other words, nerves that receive information, but they do not explain the huge variety of flavours of food. The difference between a raspberry and a strawberry, between lamb and chicken, between a cinnamon roll and an almond croissant, are very largely unrelated to the differences in these five kinds of taste. This is because flavour includes a combination of the taste detected on the tongue and aromas detected with the nose. Hence people often report that food loses its flavour [　①　].

②Simple home 'experiments' can reveal the roles of taste and aroma in creating flavour. The flavour of chewing gum is a result of its mint aroma and its sweet taste, generated either by sugar or by a sugar mimic such as aspartame that triggers the same receptor. When chewing gum loses its flavour is it the sugar, the mint, or both, that has 'run out'? The answer is that it is the sugar: adding a small amount of sugar to the mouth causes the mint flavour to reappear. Alternatively, breathe in, and then pinch your nose while (　③　) on a banana. While you hold your nose the banana is flavourless, but when you release your nose and breathe out you experience a flood of banana flavour, showing that this is an aroma and not a taste detected on the tongue.

This experiment also reveals that the aroma of banana is detected when you breathe *out*. This is because the smell that contributes to flavour is so-called retronasal scent, that is to say it is detected not by (　④　) scent-laden air through your nostrils, but because the scent moves to the rear of your nasal passages from the back of the mouth where the two passages connect. The banana aroma, (　⑤　) up of more than 300 volatile chemicals, is detected by receptors in the nasal cavity.

It is often said that ⑥the human sense of smell is not as rich or acute as that of many other mammals, because we are visual, while most mammals are nocturnal and rely much less on vision. Our sense of smell is nevertheless pretty impressive. We have just five kinds of taste receptor, but around 400 different kinds of receptor for smell. While this is fewer than the 1,000 found in rats, the neurobiologist Gordon Shepherd has argued that the greater complexity of the human brain for synthesizing and combining information from different receptors may well compensate for the smaller number of distinct kinds of reception.

In detecting a particular odour the 400 receptors work in combinations and permutations, so that the number of different odours we can, in theory, distinguish is enormous. [　A　] Look at the duty-free shop at a major airport: there are likely to be more than 500 varieties, and this is only a small proportion of the total. Our ability to distinguish a vast number of different odours is sometimes likened to our ability to recognize a very large number of colours. Colour is a creation of the brain, based on inputs from just three kinds of receptors, for red, green, and blue wavelengths, very loosely analogous to the creation of the illusion of a very large number of colours in a pointillist painting. [B]

Receptors, for taste or smell, are located in the membrane that surrounds a cell. [C] Each receptor type is able to detect a particular molecule, and when the appropriate molecule fits into the receptor, the result is a cascade of molecular changes in the cell membrane and inside the cell itself, the end result of which is an electrical signal transmitting information to the brain or other parts of the nervous system. The taste for salt and acid results from specific kinds of change in molecule-sized pores called ion channels in the cell membrane, again producing a cascade of chemical changes that eventually produce an electrical signal. The receptors involved in scent detection are able to detect a range of different, related, chemicals, just as a particular kind of receptor in the eye involved in colour vision can detect a range of wavelengths of light.

But there is much more to the flavour of food than taste and smell. The brain integrates input from different senses, including sight, sound, temperature, pain, and mechanical sensations in our mouth such as crunchy or chewy, to create the overall sensory experience of eating food. When stimulation of one sensory pathway elicits a response in another, the phenomenon is called synaesthesia. ⑦<u>For instance, some people when hearing a sound or a number experience the sensation of a particular colour.</u> The interactions between different senses that determine flavour may be a kind of synaesthesia. Seeing a red strawberry may elicit a sensation of sweet taste. There is a debate among sensory psychologists as to whether 'flavour' should be treated as a separate sensory modality or a kind of perceptual system that integrates many different kinds of sensory information to create the equivalent of a picture.

Psychologists have investigated the ways in which different senses affect our experience of food. In one study, participants had to bite into 180 potato crisps (potato chips in North America) and rate them for crispness and freshness. The participants wore headphones through which they heard crisp-eating noises, and they rated the crisps as crisper and fresher when the noise was louder or emphasized higher frequencies. This vindicates an old cartoon in which a dejected inventor is standing in front of the boss's desk with the caption 'I am sorry, Smith, [D].' Background music, too, affects the experience of flavour. When volunteers ate toffee while listening to low-pitched, sombre brass music, they rated the toffee as more bitter than (the same) toffee eaten with a background of higher-pitched piano music. The colour, weight, and shape of cutlery also affects the perceived flavour of food.

Although it is obvious that part of our assessment of food is its visual appearance, it is perhaps surprising how visual input can override taste and smell. ⑧<u>【correctly identify / it / people / very difficult / fruit-flavoured / find / to / drinks】</u> if the colour is wrong, for instance an orange drink that is coloured green. Perhaps even more striking is the experience of wine tasters. One study of Bordeaux University students of wine and wine making (oenology) revealed that they chose tasting notes appropriate for red wines, such as 'prune, chocolate, and tobacco,' when they were given white wine coloured with a red dye. Experienced New

Zealand wine experts were similarly tricked into thinking that the white wine Chardonnay was in fact a red wine, when it had been coloured with a red dye.

These kinds of finding have been put into practice both by the food industry to enhance the attractiveness of their products and by chefs who call themselves 'molecular gastronomists.' Oysters, for instance, are reported to be more enjoyable when accompanied by seaside sounds such as waves crashing on the beach than when accompanied by farmyard chicken sounds, and this has led the English chef Heston Blumenthal to develop a seafood dish in which the diner listens to seaside sounds through headphones while eating.

Which parts of the brain are involved in integrating all the information that creates a flavour? The answer is that many different parts are involved, including regions that process information from the different sensory inputs such as taste, smell, texture, sound, colour, temperature, and pain, areas of the brain concerned with memory, emotion, language, and hunger or satiety.

問1　[①]に入る最も適切なものを選び，記号で答えなさい。

ア．when they are eating something with extremely hot soup

イ．when they are having coffee and a cinnamon roll at the same time

ウ．when they are suffering from a bad cold and have a blocked nose

エ．when they are enjoying the taste of ice cream and getting brain freeze

問2　下線部②において，ミント味を復活させるために行ったことを，日本語で15字以内で説明しなさい。

問3　(③)～(⑤)に入る最も適切な語をそれぞれ選び，適切な形になおしなさい。

【reproduce / inhale / chew / examine / make】

問4　下線部⑥について本文の内容に合っているものを1つ選び，記号で答えなさい。

ア．多くのほ乳類は夜行性で視覚よりも嗅覚《きゅうかく》が鋭《するど》いが，人間は目で見える情報にたより，さらに嗅覚も発達している。

イ．多くのほ乳類は夜行性のため嗅覚が発達しているが，人間は目で見える情報にたよるため，他のほ乳類に比べ嗅覚は鋭くない。

ウ．人間は，他のほ乳類に比べて嗅覚よりも視覚が発達しているが，それは人間が夜行性でないためである。

エ．人間は夜行性ではないが，他のほ乳類に比べ視覚にたよることが少なく，嗅覚が鋭い。

問5　A～C に入る最も適切な文をそれぞれ選び，記号で答えなさい。

ア．Tourists tend to purchase a lot of bottles of perfumes.

イ．Aroma is similarly a creation of the brain.

ウ．It is now known that this variation involves at least twenty-five different genes.

エ．Three of the five taste receptors—bitter, sweet, and umami—act like a lock and key.

オ．This is a great boon to the perfume industry.

問6　下線部⑦を日本語になおしなさい。

問7　D に入る最も適切な文を選び，記号で答えなさい。

ア．but the world is not ready for the silent crisp

イ．but you must invent as fresh crisp as possible

ウ．but you should stop making noises when you eat chips

エ．but the study is not suitable for the invention

問８　下線部⑧を意味が通じるように並べかえなさい。ただし文頭の単語も小文字になっている。

問９　本文の内容に合うものを２つ選び，記号で答えなさい。

ア．Taste and smell receptors can detect an electrical signal from the brain which tells them about flavour.

イ．Human beings overcome deficiency in their sense of smell by using information from different receptors.

ウ．A range of different, related, chemicals can be detected by a kind of receptor in the eyes involved in colour vision.

エ．The brain experiences some biological difficulties when it receives information from many senses at the same time.

オ．Diners feel what they eat more tasty when they hear the appropriate accompanying sound.

カ．In the experiment, experienced wine tasters could reliably tell real red wine from white wine.

Ⅱ　次の英文を読んで，各問いに答えなさい。なお，出題に際して本文には省略および表記を一部変えたところがあります。

Mabel slipped her feet into her boots, put on one of Jack's wool coats, and found a hat and some mittens.

Outside the air was clean and cool against her face, and she could smell the wood smoke from the chimney. Around her feet the snow deepened. Snowball snow. [A] She clenched a fistful in her bare hand. The snow compacted and held the shape of her fingers. She pulled on her mittens and balled together some snow, patting and forming it.

She heard Jack's footsteps and looked up to see him coming toward the cabin. He squinted at her. She so rarely came outside, and never at night. His reaction spurred in her an unpredictable, childish desire. She patted the snowball a few more times, watched Jack and waited. As he neared, she threw it at him, and even as the snowball left her hand, she knew it was an outlandish thing to do and she wondered what would happen next. The snowball thumped into his leg, just above his boot.

He stopped, looked at the circle of snow on his pant leg and then up at Mabel, a mix of irritation and confusion on his face, and then even as his brow stayed furrowed a little, a small smile appeared at the corner of his lips. He bent, and quicker than Mabel could react, he scooped up a handful of snow and tossed a perfectly formed snowball at her. [B] And she laughed.

'Wait,' she said. 'Let's make a snowman.'

'What ?'

'A snowman. It's perfect. Perfect snow for a snowman.'

He hesitated. He was tired. It was late. [C]

'All right,' he said. There was a reluctance in the hang of his head, but he pulled off his leather work gloves.

The snow was perfect. It stuck in thick layers as they rolled it into balls along the ground. Mabel made the last smallest one for the head, and Jack stacked them one atop the other. The figure barely stood above his waist.

'It's kind of small,' he said.

She stepped back and inspected it from a distance.

'It's just fine,' she said.

They patted snow into the cracks between the snowballs, smoothed the edges. He walked away from the light of the lantern and cabin window into a stand of trees. He came back with two branches, and he stuck one into each side of their creation. Now it had arms.

'A girl. Let's make a girl,' she said.

'All right.'

She knelt and began shaping the bottom into a skirt that spread out from the snow girl. She slid her hands upward, shaving away the snow and narrowing the outline until it looked like a little child. When she stood up, she saw Jack at work with a pocketknife.

'There,' he said. He stepped back. Sculpted in the white snow were perfect, lovely eyes, a nose and small, white lips. She even thought she could see cheekbones and a little chin.

'Oh.'

'You don't like it ?' He sounded disappointed.

'No. Oh no. She's beautiful. ①I just didn't know . . .'

How could she speak her surprise ? Such delicate features, formed by his calloused hands, a glimpse at his longing. [D] They had talked about it so often when they first married, joking they would have a dozen but really planning on only three or four. . . . How could they have known that twenty years later they would still be childless, just an old man and old woman alone in the wilderness ?

'She needs some hair,' he said.

'Oh. I've thought of something, too.'

Jack went toward the barn, Mabel to the cabin.

'Here they are,' she called across the yard when she came back out. [E] He returned with a bundle of yellow grass from near the barn. He stuck individual strands into the snow, creating wild, yellow hair, and she wrapped the scarf around its neck and placed the mittens on the ends of the branches. She picked a handful of frozen berries and carefully squeezed the juice onto her lips. The snow there turned a gentle red.

She and Jack stood side by side and gazed at their creation,

'She's beautiful,' she said. 'Don't you think ?'

'She did turn out (②), didn't she ?'

Standing still, she became aware of the cold through her damp clothes and trembled.

'Chilled ?'

She shook her head.

'Let's go inside and warm up.'

She nodded.

. . . . . .

Jack woke to the cold. In the few hours he'd slept the weather had changed. He propped himself on an elbow and grabbed at the nightstand until he found a match and lit the candle. ③Not far from the pillow where Mabel slept, frost crept between the logs with its feathery crystals. He pulled the quilt up over her shoulder.

As he reached for his boots, through the window he saw a flicker. He stood at the frost-edged glass and peered out.

④Fresh snow blanketed the ground and glittered and glowed silver in the moonlight. The barn and trees beyond were muted outlines. There, at the edge of the forest, he saw it again. A flash of blue and red. He was groggy with sleep. He closed his eyes slowly, opened them again and tried to focus.

There it was. [F] Was that a skirt about the legs ? A red scarf at the neck, and white hair trailing down the back. Slight. Quick. Running at the edge of the forest. Then disappearing into the trees.

Jack rubbed his eyes with the heels of his hands. Not enough sleep—that had to be it. Too many long days. He left the window and stepped into his boots, leaving the laces untied. He opened the door and the chill air sucked the breath out of him. The snow crunched beneath his boots as he walked to the woodpile. It was only when he was returning with an armload of split birch that he noticed their little snow girl. He set the wood on the ground and with empty arms went to where it had stood. In its place was a small, broken heap of snow. The mittens and scarf were gone.

問1 Choose the most appropriate options from ア～カ below to fill in blanks [A]～[F].

ア. It smacked her in the forehead.

イ. Surely, he too, had wanted children.

ウ. She kicked at it lightly, and it clumped, wet and heavy.

エ. A little figure dashed through the trees.

オ. "Mittens and a scarf for a little girl."

カ. They were too old for such nonsense.

問2 What made Mabel decide to throw a snowball ? Choose the most appropriate option from ア～エ below.

ア. the thick snow　　　　イ. the look on Jack's face

ウ. the beauty of the evening　　エ. seeing Jack bend down

問3 Why is Mabel so surprised by Jack's face carving ? Choose the most appropriate option from ア～エ below.

ア．It is full of tenderness.

イ．It is technically excellent.

ウ．He is usually careless with his hands.

エ．She felt it lacked some details.

問４　Which is the best ending for Mabel's unfinished sentence '①I just didn't know . . .'? Choose the most appropriate option from ア～エ below.

ア．. . . that you cared so much.　　イ．. . . what you wanted to make.

ウ．. . . that you were so talented.　　エ．. . . that you could do delicate things.

問５　Choose a word from the following choices to fill blank (②). Choose the most appropriate option from ア～エ below.

ア．happy　　イ．well　　ウ．gently　　エ．late

問６　Which figurative language technique is being used in ③Not far from the pillow where Mabel slept, frost crept between the logs with its feathery crystals? Choose the most appropriate option from ア～エ below.

ア．onomatopoeia　　イ．simile

ウ．personification　　エ．comparison

問７　Why does Jack go outside during the night? Choose the most appropriate option from ア～エ below.

ア．He thinks he has glimpsed movement outside.

イ．He wants to make the house warmer.

ウ．The moonlight is too bright.

エ．He wants to get the scarf to keep Mabel warm.

問８　Which word best describes the atmosphere created in ④Fresh snow blanketed the ground and glittered and glowed silver in the moonlight? Choose the most appropriate option from ア～エ below.

ア．festive　　イ．empty　　ウ．frightening　　エ．peaceful

問９　How does Jack explain what he has seen? Choose the most appropriate option from ア～エ below.

ア．He thinks he must have been working too hard.

イ．He believes a child has run off with the clothes.

ウ．He puts it down to dreaming of his lost child.

エ．He is emotional after an extraordinary day.

問10　Which of the following is NOT true about the setting of the story? Choose the appropriate option from ア～オ below.

ア．It is not set in contemporary society.

イ．There are no children around.

ウ．Their house is small and made of wood.

エ．They live in a harsh environment.

オ．They live in a built up area.

問11　The following sentences follow on from the last paragraph of the text. Put them in the correct order.

ア．As he turned away, he caught sight of the tracks.

イ．Maybe a moose had stumbled through.

ウ．Wild birds had been known to snatch things.

エ．He pushed at the snow with the toe of his boot.

オ．The prints ran through the snow. Human foot prints.

カ．But the scarf and mittens ?

三　次の各文の――線のカタカナを漢字に直しなさい。

1　カキュウの用事ができた。
2　タビジの景色を味わう。
3　ヘンキョウの地におもむく。
4　カゼのチョウコウが現れる。
5　ネンキの入った職人技におどろく。
6　質問への回答をリュウホする。
7　試合を前にチームのキセイが上がる。
8　彼は文学界のキシュだ。

エ　母が不快になることを期待して母の顔を誇張して描いたが、感心されたので不思議に思いながらも、あらためて自分の絵を見てみると、おもしろく描こうとすることによって普段《ふだん》よりいい絵が描けており、上手に描くことにこだわらなくてもよいとわかったような気がしたということ。

オ　母が喜ぶことを期待して母の顔を見た目より若く描いたが、嫌がられたので不思議に思う一方で、あらためて自分の絵を見てみると、おもしろく描こうとすることによってとても美しい絵が描けており、他人の評価を気にしなくてもよいとわかったような気がしたということ。

問4　[4] に入る最も適当なものを次の中から選び、記号で答えなさい。

ア　考える力を鍛《きた》える　　イ　見る力を磨《みが》く
ウ　評価する力を育《はぐく》む　　エ　楽しむ力を高める
オ　想像する力を養う

問5　小学校六年生の市川さんは、学校の課題で身近な動物を「写生」することになり、自宅で飼っているネコの眠《ねむ》っている姿【A】を描くことにした。市川さんはネコを「上手」に描こうとし、できあがったのが【B】の絵である。【B】の絵では、ネコの描き方にどのようなことが起きていると考えられるか、本文の内容にしたがって70字以内で説明しなさい。ただし、絵の中から具体的な例を一つあげること。

【A】

【B】

問１　――線１「人間の場合も、子どものころから美を求めて描くわけではない」とあるが、なぜ「美を求めて描くわけではない」といえるのか。その理由として最も適当なものを次の中から選び、記号で答えなさい。

ア　人間もチンパンジーと同じように、絵に興味を持ち始めた時期は、実物と描いた絵の関係を探る過程をおもしろがっているにすぎないから。

イ　人間もチンパンジーと同じように、なぐりがきをしている時期は、筆の持ち方と動かし方の関係を探る過程をおもしろがっているにすぎないから。

ウ　人間もチンパンジーと同じように、でたらめに絵を描いている時期は、筆の動作と描いたときの感覚の関係を探る過程をおもしろがっているにすぎないから。

エ　人間もチンパンジーと同じように、描いた絵の完成度を気にする時期は、描いた絵とそれに対する大人の反応の関係を探る過程をおもしろがっているにすぎないから。

オ　人間もチンパンジーと同じように、見た物を描き写すだけの時期は、筆を使った感覚と描いた跡の関係を探る過程をおもしろがっているにすぎないから。

問２　――線２「写実的に描くのがむずかしい」とあるが、それはどういうことか。その説明として最も適当なものを次の中から選び、記号で答えなさい。

ア　人間がありのまま見ていると思っているものは、目に入る視覚情報を大まかに知覚したものであるため、目に写るものを詳細《しょうさい》に描くことは困難であるということ。

イ　人間がありのまま見ていると思っているものは、頭の中にある認知された「知っているもの」であるため、視覚情報を記号的に描くことは困難であるということ。

ウ　人間がありのまま見ていると思っているものは、たくさんの情報の中から自分が描きたいと思って選んだものであるため、目に写るものを正確に描くことは困難であるということ。

エ　人間がありのまま見ていると思っているものは、網膜に写った光の配列を知覚したものであるため、目に写るものを複雑に描くことは困難であるということ。

オ　人間がありのまま見ていると思っているものは、「なにか」として知っている言葉に置き換えて認知したものであるため、視覚情報をそのまま描くことは困難であるということ。

問３　――線３「怪訝に思いながらも、なにか少し枠をこわせたような気がした」とあるが、それはどういうことか。その説明として最も適当なものを次の中から選び、記号で答えなさい。

ア　母が驚《おどろ》くことを期待して母の顔を内緒《ないしょ》で描いたが、平然としていたので不思議に思いながらも、あらためて自分の絵を見てみると、おもしろく描こうとすることによって満足のいく絵が描けており、描く技術が向上したような気がしたということ。

イ　母が嫌《いや》がることを期待して母の顔をこっそりと描いたが、良い反応だったので不思議に思いながらも、あらためて自分の絵を見てみると、おもしろく描こうとすることによって生き生きとした絵が描けており、新たな発見ができたような気がしたということ。

ウ　母が怒《おこ》ることを期待して母の顔を大げさに描いたが、褒《ほ》められたので不思議に思う一方で、あらためて自分の絵を見てみると、おもしろく描こうとすることによって迫力《はくりょく》のある絵が描けており、これまでより完成度の高い絵を描く方法がわかったような気がしたということ。

とことんおもしろく、変な絵にしちゃえ、と思った。無造作な髪《かみ》に、ぎょろっとした目、鼻の穴や顔のしわもありのまま、むしろ誇張《こちょう》するぐらいに描いた。

本人に見せたら、そんな変な顔じゃないといやがるはず、と期待したのに、すっかり肩《かた》すかしを食ってしまった。母はわたしがこっそり描いていることなどお見通しで、むしろ上手に描くなあと感心して、横目で見ていたというのだ。

そういわれてみると、たしかにいつもより生き生きとして、いい絵だった。皮肉にも「上手く」ではなく「おもしろく」描こうと思ったことがよかったのだろう。3※怪訝《けげん》に思いながらも、なにか少し枠をこわせたような気がした。

漢字では「面白い」と書くように、目の前が明るくなることが「おもしろい」の語源だとされる。それまでの枠組みがこわされて光がさしこみ、見えていなかったものが見えるようになる。「おもしろい」は、見る人のこころのなかでおこる作用であり「！」なのだ。

だから、子どもの絵を評価する言葉も「上手」より「おもしろい」がいいと思っている。

「おもしろい」は絶対的な評価ではなく、あくまで個人の感想だ。人によって、そしてテーマや色合い、構図などの視点によって、多様な「おもしろい」がありうる。そのぶん見る方も主体的に向きあう努力が必要だ。いいかげんな言葉のようで「上手」よりずっと誠実で、アートに適した評価ではないか。

ただし「上手」に、というか写実的に描こうとすることを否定するわけではない。

※芸大の美術解剖学《かいぼうがく》研究室にいたころ、毎週水曜は人物デッサンの日だった。解剖学なので、モデルさんの隣《となり》には骨格標本と筋肉模型も並ぶ。同じ研究室の仲間《なかま》たちは、難関の実技入試を突破《とっぱ》してきただけあって、さすがに「上手い」。最初は少し気後れしてしまったが、鉛筆を動かすのは楽しかった。

朝から数枚の※クロッキーとデッサンを終えて、お昼に外に出ると、いつも不思議と目がよくなったような気がした。ふだんよりも緑が鮮《あざ》やかにきらめき、葉っぱの一枚一枚もはっきり見える。世界は光と影《かげ》で構成されているんだなあ、などと感慨《かんがい》にふけったりもした。

写実的に描くことは、［４］ことなのだ。

※学部生のころに生物学の実習でスケッチをしたときも、似たことを感じた。記録をとるためだけなら、写真の方が手っ取りばやい。でも時間をかけてスケッチをすることで、はじめて構造が見えてきたりする。

デッサンやスケッチは、概念の枠組みをいったんはずして、世界をありのまま知覚的にとらえる訓練になる。だから多くの画家が、一度写実的な表現を究《きわ》めてから、独創的な表現を見出していくのだろう。

※アート…芸術。
※アイ、パン…チンパンジーの名前。
※パッチ…小さな四角や丸を形どったもの。
※モチベーション（動機づけ）…意志の決定や、行動を起こさせるきっかけとなるもの。
※ダリ…スペインの画家。
※網膜…眼球の中にある、光を感じる膜《まく》。
※概念…言葉が表している大まかな意味やイメージ。
※ジレンマ…二つのことに板挟《いたばさ》みになっている状態。
※怪訝…不思議で納得がいかないさま。
※芸大…東京藝術《げいじゅつ》大学。
※クロッキー…対象を短時間で大まかに描くこと。
※学部生…大学生。

1人間の場合も、子どものころから美を求めて描くわけではない。はじめてペンを握《にぎ》るとき、ふりまわしたペン先がたまたまコツンとあたって痕跡が残るだけで、あ、とうれしそうに歓声《かんせい》を上げたりする。なぐりがきをしている時期は、チンパンジーと同じように、探索する過程をおもしろがって描くのだ。

　やがて三歳《さい》ごろに「なにか」を表した絵、つまり表象を描くようになると、※モチベーション(動機づけ)も変わってくる。自分の描いた線にさまざまな物の形を発見することがおもしろい。頭のなかにあるイメージを紙の上に生み出すことがおもしろい。そして、それを他者に伝えられることがうれしい。つまり個人的な動機づけに社会的な動機づけがくわわるので、他者の反応が気になりはじめる。

　この時期には、絵を介《かい》した言葉のコミュニケーションも頻繁《ひんぱん》におこる。「これ、アンパンマン」と子どもが説明しながら描いたり、まわりのおとなが「なに描いたの?」と問いかけたりもする。

　そのとき、なにげなくつかってしまうのが「上手《じょうず》」という言葉ではないか。上手だね。上手いね。子どもの絵に対してだけではないかもしれない。美術館でも、※ダリの絵を前に「上手」という声が聞こえてきて、びっくりしたりする。

　自分も「上手」という一元的な評価にさらされてきたからだろう。それ以外に絵をほめる言葉を知らないのだ。そして、これこそ絵が苦手という人を生み出してしまう最大の要因なのではないかと思っている。

　「上手」といわれるのは、見た物の形を写し取った写実的な絵のことが多い。子どもの絵でも、やはり物の形をとらえた絵の方がほめられやすいし、子どもらしいのびのびとした絵であるとなお「上手」とされる。

　そうすると、上手に描けないから絵が苦手、という子が出てきてしまう。おとなになると、上手な絵を描くには、特別な才能や絵心《えごころ》なるものが必要で、自分にはそれがないから描けないと思い込《こ》んでいる人も少なくない。

　でも、2写実的に描くのがむずかしいのはしかたがない。人間ならではの認知的な特性が、そしてじつは表象を描くために必要な認知的な特性が、写実的に描くときには邪魔《じゃま》になるのだと考えている。

　小さな子どもが描くのは、丸だけで顔を描くような記号的な絵だ。「顔には、輪郭《りんかく》があって、目が二つあって、口がある」という、頭のなかにある表象スキーマ、つまり「認知」された「知っている物」を描いている。

　いっぽうで見た物を描く写実的な絵では、※網膜《もうまく》に写る光の配列、つまり物を「なにか」として「認知」する前の「知覚」を描こうとする。

　ところが言葉をもった人間は、目に入る視覚情報を「知覚」すると、つねに「なにか」として言葉に置き換《か》えて、※概念的《がいねんてき》に「認知」してしまう癖《くせ》がある。そこで、見えているつもりなのに描けないという※ジレンマが生まれるわけだ。

　小学校の高学年のころ、写生で木を描くのに悩《なや》んだ記憶《きおく》がある。木の枝一本一本が目ではちゃんと見えているのに、描こうとするとうまくいかない。見れば見るほど、たくさんの情報があふれていて、すべてを描き写すのはとうてい不可能に思えた。結局、左右に適当な枝分かれをつくってごまかしてしまった。記号的な表現に逃《に》げたのだ。

　学校ではいつも、上手に描こう、きれいに描こうという気持ちがどこかにあった。その結果、より複雑な描き方の記号を探し、こぢんまりとした絵になっていたように思う。

　そのころ、家で新聞を読んでいる母の姿を、こっそりスケッチしたことがあった。このとき、なぜかいたずらごころのスイッチが入って、

＝線A～Eの表現について話し合ったものである。ア～オのうち本文の内容と**合致《がっち》していない**発言を一つ選び、記号で答えなさい。

ア 太郎くん 「おれ」は本文前半ではメアリーのことを＝線A「先生に怒られるのとぬいぐるみが見つからないの、どっちが嫌なんだ」というように、メアリーをただの「ぬいぐるみ」と考えているね。

イ 花子さん でも、＝線B「彼女はついにおれの目の前にその小さな姿を現した」では「彼女」と変わっていて、ぬいぐるみではなく人のように扱《あつか》っているわ。

ウ 太郎くん そうだね。＝線E「おれはメアリーを救出する」でも「救出する」という言葉を使っているし、捜しているうちに、うさぎのぬいぐるみにどんどん愛着がわいてきたということがわかるね。

エ 花子さん ＝線C「海に流出した重油にまみれた海鳥のよう」という表現からは、メアリーがあまりにもひどい状況に置かれていることが読者に伝わるけれど、「救出」という言葉を使ったのにも同じような効果があるわ。

オ 太郎くん ＝線C「海に流出した重油にまみれた海鳥のよう」みたいな表現の工夫によって、鳴沢が大切にしていたメアリーのひどい状況が読者に伝わり、＝線D「クラスの誰かの悪意に対する怒り」がより共感しやすいものになっているね。僕も読んでいるうちにどんどん怒りがわいてきたよ。

二

次の文章は、齋藤《さいとう》亜矢《あや》「上手《うま》い、おもしろい」の一部である。これを読んで、後の問いに答えなさい。なお、出題に際して、本文には省略および表記を一部変えたところがある。

「おもしろい」は、いいかげんなようで、じつは万能《ばんのう》で、深い言葉だ。研究でも、一番のほめ言葉は「おもしろい」だ。新しい着眼点、新しい手法、意外な結果、新たな説を導く考察など、それまでの枠組《わくぐ》みを大きく変えるような研究こそ「おもしろい」。

※アートの起源について研究するうえでも「おもしろい」がだいじなキーワードだと考えている。鑑賞者《かんしょうしゃ》の視点からは「美しい」についての議論に集中しがちだが、表現者の視点からはむしろ「おもしろい」が重要なのではないかと。

根拠《こんきょ》は、やはりチンパンジーだ。(中略) チンパンジーが描《か》くとき、芸として教えるのとは違《ちが》って、ごほうびのリンゴは必要ない。筆やペンを動かして描く行為《こうい》がなんだか「おもしろい」らしいのだ。

ただしチンパンジーたちの興味は、描く過程にあって、描かれた結果としての絵にはあまり興味を示さない。絵筆を動かすことであらわれる、さまざまな痕跡《こんせき》。画用紙に絵筆をふりおろせば、てんてんが描けるし、筆先をつけたまま水平に動かせば、しゅーっと長い線があらわれる。手を動かしながら、出力(行為)と入力(感覚)の関係を探索的《たんさくてき》に理解していく。その過程をおもしろがっているように見える。

おとなのチンパンジーには「画風」があって、絵を見ればだれが描いたかがわかるほどだ。※アイならくねくねした曲線を画用紙全体に広げるし、※パンなら短い線を並べて色ごとに※パッチをつくる。でたらめに絵筆を動かすだけではなく、自分好みの描き方ができてくる。それぞれの美を求めての画風というより、こう描こうという自分のルールをつくって、それを実行するのが「おもしろい」のだろう。

イ　目にするのをやめて
ウ　目にするとすぐに
エ　目にするのをきっかけにして
オ　目にすることもなく

問2　――線1「ないじゃないー！　教室にないじゃないー！」とあるが、これに対して「おれ」はどのように思っているのか。その説明として最も適当なものを次の中から選び、記号で答えなさい。

ア　ぬいぐるみのある場所を知っているとは言っていないのに、ぬいぐるみが教室になかったことを鳴沢から責められ続けたので、自分を責めるのは見当違いだと怒ってもよいはずだが、あまりにも鳴沢が不機嫌になっているため、黙っていようと思っている。
イ　ぬいぐるみをせっかく一緒に捜してあげているのに、教室にぬいぐるみがなかったことを鳴沢から一方的に責められるので、その失礼な態度に怒ってもよいはずだが、ぬいぐるみを隠されたことはかわいそうなので、助けてあげたいと思っている。
ウ　ぬいぐるみが教室に必ずあるとは言っていないのに、教室にぬいぐるみがなかったことをあまりにも鳴沢から責められるので、その理不尽《りふじん》さに怒ってもよいはずだが、鳴沢の文句を言ってくる態度があまりに幼く見えたため、あきれてしまっている。
エ　ぬいぐるみが見つかるまで一緒に捜すつもりもないのに、教室にぬいぐるみがなかったことを全て自分の責任のように鳴沢から言われるので、その面倒臭さからもう帰りたいと思うが、あまりにも鳴沢が取り乱しているので、もう少し待とうと思っている。
オ　ぬいぐるみを捜す鳴沢を初めからずっと助けてあげていたのに、教室にぬいぐるみがなかっただけで鳴沢からあまりにも責められるので、不機嫌になってもよいはずだが、鳴沢があまりにも子どもっぽい怒り方をしているので、もうどうでもよくなっている。

問3　――線2「おれはここにきていままでとは別の種類の苛立ちを覚えた」とあるが、何への「苛立ち」なのか。45字以内で説明しなさい。

問4　――線3「そんなおれの柄にもない願い」とあるが、なぜ「おれ」は「柄にもない」と思ったのか。その理由を説明したものとして最も適当なものを次の中から選び、記号で答えなさい。

ア　最後まで物事を自分の力だけでやり抜《ぬ》きたいと考えている「おれ」が、ぬいぐるみを何としてでも自分で見つけたいと願っているから。
イ　物事を現実にそって考えることができる「おれ」が、ぬいぐるみが自分から出てくるという現実には起こらないはずのことを願っているから。
ウ　他人に対して共感をせず冷たい態度をとる「おれ」が、ぬいぐるみの発見によってクラスのわだかまりが解決するように願っているから。
エ　他人の気持ちを自分のこととして考えることができる「おれ」が、ぬいぐるみを必死に捜す鳴沢の様子を見て早く見つかってほしいと願っているから。
オ　誰とも関わりを持ちたくないと考える「おれ」が、鳴沢の大切にしているぬいぐるみを自分が発見することで鳴沢と仲良くなれるように願っているから。

問5　――線4「思わず舌打ちする」とあるが、このときの「おれ」の気持ちを40字以内で説明しなさい。

問6　次のア～オは、本文を読んだ太郎くんと花子さんが、本文中の少は薄汚れていたはずだが、いまおれの目の前にあるぬいぐるみの汚れ方は、それとは比べ物にならなかった。その姿はまるで、社会科の資料集か何かに載《の》っていた、C海に流出した重油にまみれた海鳥のようだ。

どうして？

そんな純粋《じゅんすい》な疑問が、胸に浮かぶ。

なんで、ここまでやる必要があった？　見つからないことが前提だった、というのはあるだろう。でも、ここまでするほど鳴沢のことがX気に食わなかったのか？

そうしたDクラスの誰かの悪意に対する怒りが、表情に出ていたのだろう。おれと同じようにごみを漁り続けていた鳴沢が、ふっと顔を上げて尋《たず》ねてきた。

〈どうしたの？〉

訊《き》かれても、おれはただ苦い顔つきのまま視線を彼女に向けることしかできない。

当然、彼女は訝《いぶか》しむような顔つきでこちらに近づいてくる。そのままおれの手元を覗き込むようにして、開かれたごみ袋の中を見た。

〈……うう〉

その中で、あまりに変わり果てた姿になっているメアリーをY目にするや否《いな》や、

〈ふっ、うっ、ふぐぅ……〉

泣き声を堪《た》えるように下唇《したくちびる》を噛《か》みながら、涙《なみだ》をぽろぽろと流し始めてしまった。ああ、ああ……目を擦《こす》るなよ。そんなごみを触りまくった雑菌《ざっきん》だらけの手で、目を擦るんじゃない。

泣きじゃくる鳴沢の横で、Eおれはメアリーを救出する。意識して、汚いものを指先でつまむようにではなく、きちんと手で掴《つか》むようにして。粘性《ねんせい》の高い、ぬるりとした感触《かんしょく》が掌《てのひら》に伝わってくる。わずかにためらったものの、鼻を近づけて軽く臭いをかぐ。無臭《むしゅう》ではなかった。覚えのある臭いだ。ただ意外にも、不快感はあまり……いや、ほとんどなかった。なんだろう、どこかでかいだことのある臭いだけれどはっきりとは思い出せない。

ただ、こうして触った感じからすると、まだ汚れは定着していないようだ。

これならきっと、まだなんとかなる。そう思えた。

〈うう、はやく、はやく洗ってあげないと……〉

泣きながら、鳴沢が手を差し出してくる。けれどおれはかぶりを振り、メアリーを地面にそっと置いた。これは、水洗いなんかしたらダメだ。そんなことをしたら余計に汚れが落ちなくなってしまう。

汚れた手をハンカチで拭《ふ》いてからそう説明すると、鳴沢は縋《すが》るような目をして、

〈じゃあ、どうすればいいの……？〉

大丈夫。

鳴沢の問いに、おれははっきりとひとつ頷《うなず》いてから、彼女を少しでも安心させるために口の端《はし》を上げて、おどけるように伝えてやる。

おれの家には、魔法《まほう》を使えるじいさんがいるのだと。

問1　……線X・Yの本文中の意味として最も適当なものを後のア～オの中から選び、それぞれ記号で答えなさい。

X　「気に食わなかった」

ア　気になっていた　　イ　さけられなかった

ウ　気がかりだった　　エ　上手《うま》く行かなかった

オ　不満だった

Y　「目にするや否や」

ア　目にするよりも早く

単なことが、どうしてわからないのか。確かに十二歳《さい》のおれ達はまだまだ子どもだ。けれど、それでもこんなのは幼すぎると思う。右も左も良いも悪いもわからない赤ん坊《ぼう》では、もうないはずなのに。

傘《かさ》を差していたとはいえ春雨《はるさめ》を存分に浴びた鳴沢の服は、まだずいぶん湿《しめ》っている。いつまでもこのままでいたら、風邪《かぜ》を引いてしまうかもしれない。

もう帰ったほうがいいと、素直な想《おも》いで鳴沢に帰宅を促す。けれど鳴沢は、その提案に小刻みに首を横に振るばかり。仕方がないので、あとはおれが捜しておくからと付け加えても、鳴沢はやはりかぶりを振って、

〈まだどこか、捜すところある？〉

どうやら、諦《あきら》めるという選択肢《せんたくし》はないらしい。鳴沢にとって、自分が風邪を引くことよりも、ぬいぐるみが見つからないことのほうが耐《た》えがたいようだ。

そんな鳴沢の根性《こんじょう》に敬意を示して、おれは彼女を学校の裏門の脇《わき》にあるごみ置き場へと導いた。

目前のごみ置き場には、おれが想像していた通り、ごみがぱんぱんに詰《つ》まった透明《とうめい》なごみ袋がうずたかく積まれていた。この場所に業者が回収に来るのが水曜と土曜の朝なので、その前日この場所はこうしてごみで溢《あふ》れるのだ。まあ、ものを捜しているのだからすでに回収されて空っぽというのよりは、こっちのほうがマシなのかもしれないけど。

正直、ここをいの一番に捜すべきだとはわかっていた。ただ、山ほどあるに違《ちが》いないごみ袋をひとつひとつ調べるのが嫌だったのだ。何せ臭《くさ》いし、汚《きたな》いし。

でもこのごみ置き場以外に、もう捜すべきところは思いつかない。もしここになければ、本当に本当のお手上げだ。

早速《さっそく》、どちらからともなく手分けしてごみ袋をひとつひとつ開いていく。教室から出たものがほとんどなので、さすがに生ぐさい臭《にお》いを発しているようなものは少ない。しかしそれでも、他人のごみを素手《すで》でごそごそやるというのは、正直なところかなり不快だ。衛生的にというよりは、精神的に色々とくるものがある。

ただ、服に汚れがつくことも厭《いと》わず、すぐ隣《となり》で鳴沢が少しも迷うことなくごみに手を突《つ》っ込んでいくのを見せられては、おれだって弱音を吐《は》くことはできない。

きっと、よほど大切なものなのだろう。おれの目には単なるくたびれたぬいぐるみに見えようとも、そのうさぎのメアリーとやらは。

なあ、メアリーやい。

おまえ、本当に愛されてるぞ。

だから早く、出てきてやんなさいよ。

果たして３そんなおれの柄《がら》にもない願いが、メアリーに通じたわけではないだろうけれど。

ごみ袋でできたピラミッドの六割ほどを、鳴沢と二人で崩《くず》した頃《ころ》、ほとんど機械的に手にした新しいごみ袋の口を開くと同時に、 Ｂ彼女はついにおれの目の前にその小さな姿を現した。

瞬間、おれは思わず驚《おどろ》きと喜びから目を見開いたが、そうした喜びを浮かべることができたのは束《つか》の間だった。

４思わず舌打ちする。

ごみ袋の中で声もなく横たわるうさぎのぬいぐるみは、いつかおれが目にしたときとは、その姿がずいぶんと異なっていた。

……油、だろうか。

なんだろう、正体はよくわからない。

けれどとにかく、ごみ袋の中で横たわるメアリーは、そんな油にも汚水《おすい》にも見える少し粘《ねば》り気のある液体でひどく汚れていた。元から多

ばたとして、まるでメアリーの紛失《ふんしつ》がおれの責任であるかのように声を荒《あら》らげてくる。仮にも手伝ってやっているというのに、こんなことを言われたら不機嫌《ふきげん》になるのが当たり前だが、ここまで子どもっぽいと怒《いか》りすら覚えないのだから不思議だ。

　というか、別に教室に絶対あるなんて断言したつもりはない。体育のとき、着替《きが》えは男女ともにここでするから、ここにある可能性が高いかもと考えていただけだし。

　しょうがない。

　気は進まないが、次はトイレを捜すか。悪意による失《う》せ物と言えば、トイレで発見されるのが相場というものだ。どこの相場かまでは、よく知らないけど。

〈捜したもん！　トイレも、もう捜したもん！〉

　ホントにもう、文句ばっかりだな、おい。

　捜したって、男子トイレもか？　教員用のトイレも、ひとつ残らず全部捜したのか？

　鳴沢は一瞬《いっしゅん》怯《ひる》んだが、対抗しているつもりなのかすぐに顔を赤くしながら前のめりになって、叫ぶ。

〈わたし、女の子だもん！　先生でもないもん！〉

　学校中のありとあらゆるトイレを、男女ともに捜した。

　グラウンドの倉庫の中も捜した。そこにある跳《と》び箱《ばこ》も全て中まで確認した。うさぎ小屋も確かめた。本物のうさぎしかいなかった。水を張っていないプールの底も金網《かなあみ》をよじ登って覗いてみた。落とし物としての届けもなかった。体育館にも、図書室にも、理科室にも、図工室にも、パソコン室にも、放送室にも校長室にもなかった。

　鳴沢は途中《とちゅう》からずっとめそめそしていた。メアリーいないよー、メアリーどこー。メアリー返してよー。メアリーメアリー、そればっかり。

けれど、そんなメアリー連呼にもさすがに疲《つか》れたのか、言葉数が明らかに少なくなってきたところに、

「もうすぐ五時になります。学校に残っている児童は、すみやかに下校しましょう」

　そんな、下校を促す校内放送がスピーカーから流れてくる。腕時計《うでどけい》を見れば、時刻はちょうど五時だった。確か六時になったら、用務員さんが門を完全に締《し》めてしまうはずだ。

　見れば、鳴沢はなんとも疲れきった顔をしている。考えてみればうさぎのメアリーがなくなったのは昨日のことなのだから、こいつはたぶん昨日も同じように遅《おそ》くまで捜していたのだろうと、今さらながら想像がついた。

　おれがそんなことを考えつつ立ち止まっていると、鳴沢は思わずといった感じでその場に座り込む。

　彼女《かのじょ》の膝《ひざ》についていた泥《どろ》は乾燥《かんそう》して薄《うす》い土の膜《まく》となり、ひび割れのようになっている。おれの視線で鳴沢もそれに気づいたのか、乾《かわ》いた土を指先で払《はら》った。その指先も、草か何かで切ったのだろうか、少し血がにじんでいるのがなんだか痛々しい。

　そんな鳴沢イリスを前にして、2おれはここにきていままでとは別の種類の苛立《いらだ》ちを覚えた。

　ほんの軽い気持ちだっただろう、やったほうは。

だって、単なる薄汚《うすよご》れたぬいぐるみだ。

なくなったところで、どうにかなるわけじゃない。断定はできないが、それほど高価なものでもないだろう。それに、本当なら学校に持ってきてはいけないようなものだしな。

　気に食わない、社交性の足りない転校生への、ささやかな悪意だ。

　気持ちはわからないでもない。でも、指先にほんの少しつけただけのような悪意ですら、他人に痛みを与《あた》えるには十分なんだ。そんな簡

二〇二〇年度　市川中学校

【国語】〈第一回試験（一般・英語選択・帰国生）〉

（五〇分）〈満点：一〇〇点〉

【注意】解答の際には、句読点や記号は一字と数えること。

一　**次の文章は、八重野統摩《やえのとうま》『ペンギンは空を見上げる』の一部である。「おれ」のクラスに、アメリカから鳴沢《なるさわ》イリスという転校生がやってきた。ある日の放課後、「おれ」は鳴沢がうさぎのぬいぐるみを捜《さが》しているところに出くわし、一緒《いっしょ》に捜すことになった。うさぎのぬいぐるみは、クラスメイトが隠《かく》したようである。〈　〉の鳴沢の台詞《せりふ》は英語であり、「おれ」は英語ができるため、二人は英語でやり取りをしている。これを読んで、後の問いに答えなさい。なお、出題に際して、本文には表記を一部変えたところがある。**

六年二組の教室は、校舎の最上階である四階にある。

時刻はもう四時過ぎということもあって、教室には誰《だれ》もいなかった。ありがたい。誰か他のやつがいたら色々と面倒《めんどう》だったろうから。

教室の後ろにはスチール製のロッカーが壁《かべ》に沿ってずらりと並んでいて、生徒一人一人に割りふられている。そのロッカーには扉《とびら》はあるけれど、鍵《かぎ》はついていない。

おれは机の中を捜すから、おまえは全員のロッカーを調べるように促《うなが》すと、鳴沢は不安げな顔つきで、

〈他人のロッカー触《さわ》って、怒《おこ》られない？〉

……Ａ先生に怒られるのとぬいぐるみが見つからないの、どっちが嫌《いや》なんだ。

すると鳴沢は、口を引き結んでむっとした表情を浮《う》かべながら、

〈ぬいぐるみじゃないもん、メアリーだもん！〉

反抗《はんこう》のつもりなのか全くもって意味のないことを叫《さけ》んでから、クラスメイトのロッカーをひとつひとつ漁《あさ》り始めた。

おれのほうも、四十脚《よんじっきゃく》近くある机の中を調べ始める。

ほとんどの生徒の机は、ひょいと中を覗《のぞ》くだけでぬいぐるみなんて入っていないとわかる。けれど、プリントやら教科書やらをぎゅうぎゅうに押《お》し込《こ》んでいるやつも少なからずいたし、その少なからずの中にはカビかけた給食のレーズンパンをそのままにしている馬鹿《ばか》もいた。

ちなみに心優《こころやさ》しいおれは、それをそいつの机の中に入っていたプリントの中でも、特に重要そうな〝授業参観のお知らせ〟でくるんでゴミ箱に捨ててやった。いつの日か母親に怒られるがいい。

しかし、最後の机の中を確認しても、うさぎのぬいぐるみは見当たらなかった。

おれに少し遅《おく》れて鳴沢イリスもロッカーを調べ終わったみたいだけれど、その青い瞳《ひとみ》をおれに向けるなりすぐに首を横に振《ふ》った。どうやら、向こうも空振りらしい。

その後、教室の壁にかけられているクラスメイト達《たち》の給食袋《きゅうしょくぶくろ》の中も捜したが、こちらも空振りに終わった。というか、今日は金曜日なんだから家に持ち帰って洗濯《せんたく》するのが当然なのに、いくつも残っているのはどうかと思う。何週間も放置しているやつもいそうでぞっとする。

他にも、掃除用具《そうじようぐ》入れの中やら教壇《きょうだん》の中やら、思いつく限りの場所を捜してみるも、うさぎのメアリーちゃんは見当たらなかった。

〈１ないじゃないー！　教室にないじゃないー！〉

さて次はどうしたものかと悩《なや》んでいたところ、鳴沢はその場でじた

2020年度

市川中学校　▶解説と解答

算数　＜第１回(一般・英語選択・帰国生)試験＞（50分）＜満点：100点＞

解答

[1] (1)　$1\frac{15}{26}$　(2)　502　(3)　27本　(4)　5：3　(5)　3768cm^3　[2] (1)　19，38，76　(2)　6055　(3)　5　[3] (1)　63分　(2)　59分　[4] (1)　340.48cm^3　(2)　①　解説の図３を参照のこと。　②　573.6cm^3　[5] (1)　解説の図②を参照のこと。　(2)　解説の図③を参照のこと。

解説

[1] 四則計算，整数の性質，倍数算，相似，体積

(1)　$2-\left\{1\frac{2}{5}-\left(0.7+\frac{1}{3}\right)\right\}\div0.4\times\frac{6}{13}=2-\left\{\frac{7}{5}-\left(\frac{7}{10}+\frac{1}{3}\right)\right\}\div\frac{2}{5}\times\frac{6}{13}=2-\left\{\frac{7}{5}-\left(\frac{21}{30}+\frac{10}{30}\right)\right\}\div\frac{2}{5}\times\frac{6}{13}=2-\left(\frac{7}{5}-\frac{31}{30}\right)\div\frac{2}{5}\times\frac{6}{13}=2-\left(\frac{42}{30}-\frac{31}{30}\right)\div\frac{2}{5}\times\frac{6}{13}=2-\frac{11}{30}\times\frac{5}{2}\times\frac{6}{13}=2-\frac{11}{26}=\frac{52}{26}-\frac{11}{26}=\frac{41}{26}=1\frac{15}{26}$

(2)　7で割ると5余る数は，7の倍数よりも，7－5＝2小さい数と考えられる。同様に，4で割ると2余る数は，4の倍数よりも，4－2＝2小さい数と考えることができる。よって，両方に共通する数は，7と4の公倍数よりも2小さい数である。また，7と4の最小公倍数は，7×4＝28だから，このような数は28の倍数よりも2小さい数となる。500÷28＝17余り24より，500に近い数は，28×17－2＝474，または，474＋28＝502となるが，このうち500により近いのは502である。

(3)　兄が弟に6本あげる前と後で，2人が持っている本数の和は変わらない。そこで，兄が弟に6本あげる前と後の2人の比の和をそろえると，下の図1のようになる。すると，そろえた比の，9－7＝2にあたる本数が6本とわかるので，そろえた比の1にあたる本数は，6÷2＝3(本)となり，はじめに兄が持っていた本数は，3×9＝27(本)と求められる。

図1

	兄 弟		兄 弟
前	3：2	＝	9：6
	和5	×3	和15
後	7：8	＝	7：8
	和15	×1	和15

図2

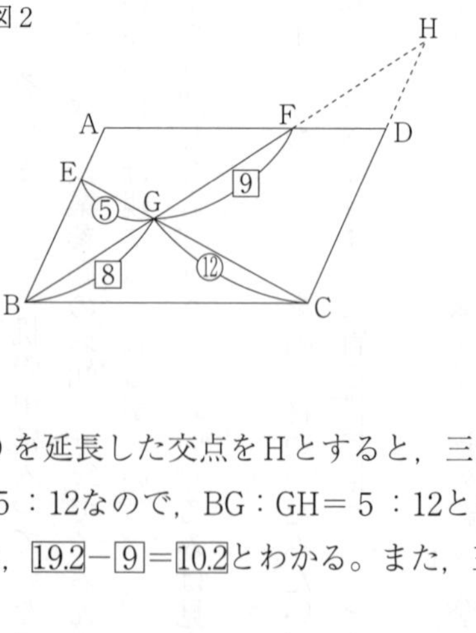

図3

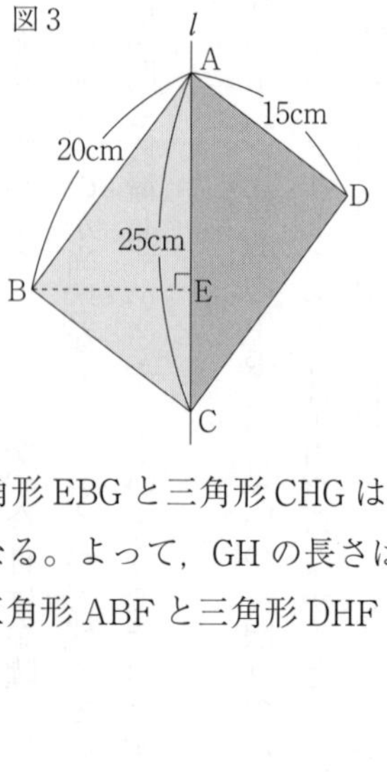

(4)　上の図2のように，BFとCDを延長した交点をHとすると，三角形EBGと三角形CHGは相似であり，相似比は，EG：CG＝5：12なので，BG：GH＝5：12となる。よって，GHの長さは，$\boxed{8}\times\frac{12}{5}=\boxed{19.2}$だから，FHの長さは，$\boxed{19.2}-\boxed{9}=\boxed{10.2}$とわかる。また，三角形ABFと三角形DHFも

相似であり，相似比は，BF：HF＝(８＋９)：10.2＝５：３なので，AF：FD＝５：３と求められる。

(5) 上の図３で，三角形ABCと三角形CDAは合同なので，三角形ABCだけを１回転させてできる立体の体積を求めればよい。これは，三角形ABEを１回転させてできる円すい㋐と，三角形BCEを１回転させてできる円すい㋑を組み合わせたものである。ここで，三角形ABCの３辺の比は，15：20：25＝３：４：５だから，これと相似な三角形AEBの３辺の比は３：４：５になる。よって，BE＝$20\times\frac{3}{5}$＝12(cm)，AE＝$20\times\frac{4}{5}$＝16(cm)，CE＝25－16＝９(cm)より，円すい㋐の体積は，12×12×3.14×16÷３＝768×3.14(cm^3)，円すい㋑の体積は，12×12×3.14×９÷３＝432×3.14(cm^3)とわかる。したがって，求める体積は，(768＋432)×3.14＝1200×3.14＝3768(cm^3)となる。

2 約束記号，周期算

(1) ３×３×３×３＝81より，［３，４］＝81となるから，(81，□)＝５と表せる。そこで，81を割ると５余る数を調べると，これは，81－５＝76の約数のうち５よりも大きい数なので，76＝１×76，２×38，４×19より，{19，38，76} とわかる。

(2) 右の図の計算から，(［５，N］，８)の値は１と５をくり返すことがわかる。２から2020までの整数の個数は，2020－２＋１＝2019(個)だから，2019÷２＝1009余り１より，１と５を1009回くり返し，最後に１個余る。よって，全部で，(１＋５)×1009＋１＝6055と求められる。

［５，２］＝５×５＝25	➡	25÷８＝	３余り１
［５，３］＝25×５＝125	➡	125÷８＝	15余り５
［５，４］＝125×５＝625	➡	625÷８＝	78余り１
［５，５］＝625×５＝3125	➡	3125÷８＝	390余り５

(3) ５は何回かけても奇数《きすう》になるので，問題文中の式は，５を奇数回かけた数を８で割ったときの余りを表している。よって，(2)でNが奇数の場合にあたるので，この式の値は５とわかる。

3 旅人算

(1) 出発地点をO，AとCが出会った地点をP，そのときBがいた地点をQとして直線上の図に表すと，下の図１のようになる。また，A，B，Cの速さをそれぞれ毎分５，３，４とすると，PQ間の道のりはBとCが10分で走った道のりの和に等しいから，(３＋４)×10＝70になる。これはAとBが□分で走った道のりの差でもあるので，□＝70÷(５－３)＝35(分)とわかる。つまり，AとCが出会ったのは出発してから35分後である。よって，一周の道のりは，(５＋４)×35＝315だから，Aが一周するのにかかる時間は，315÷５＝63(分)と求められる。

図１

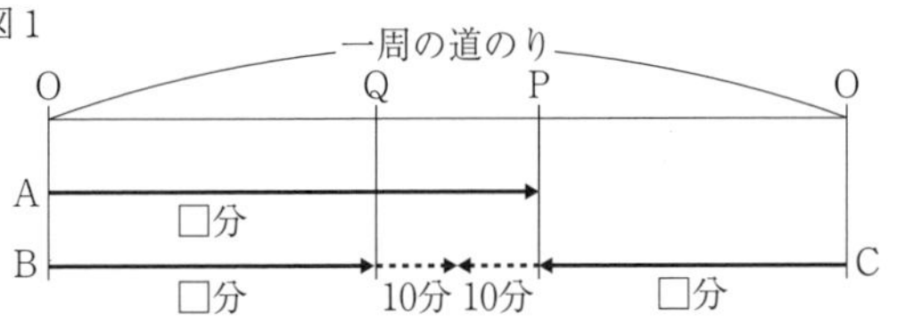

図２

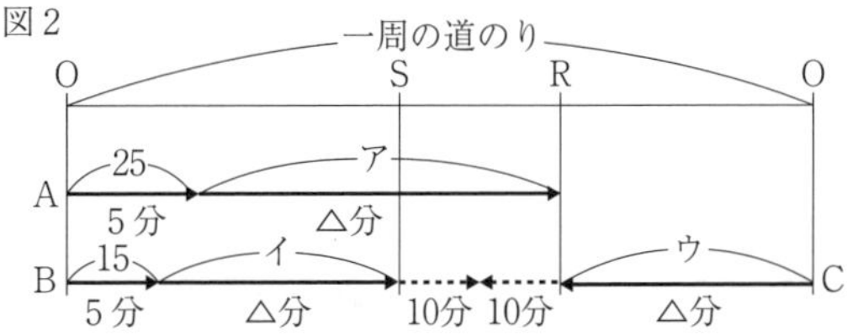

(2) Cが出発するまでに，Aは，５×５＝25，Bは，３×５＝15走ったので，AとCが出会った地点をR，そのときBがいた地点をSとして図に表すと，上の図２のようになる。(1)と同様に考えるとRS間の道のりは70になるから，AとBが(５＋△)分で走った道のりの差が70なので，５＋△＝35(分)となり，△＝35－５＝30(分)である。よって，アとウの和は，(５＋４)×30＝270だから，

一周の道のりは，25＋270＝295となり，Ａが一周するのにかかる時間は，295÷５＝59(分)とわかる。

4 立体図形─図形の移動，体積

⑴　立体Ｑは右の図１のようになる。これは，円すいを半分にした形の立体２個と，三角柱１個に分けることができる。円すいを半分にした形の立体２個を合わせると１個の円すいになり，その体積は，４×４×3.14×６÷３＝32×3.14＝100.48(cm^3)となる。また，三角柱は底面積が，４×２×６÷２＝24(cm^2)だから，体積は，24×10＝240(cm^3)とわかる。よって，立体Ｑの体積は，100.48＋240＝340.48(cm^3)と求められる。

図１

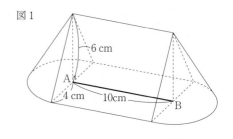

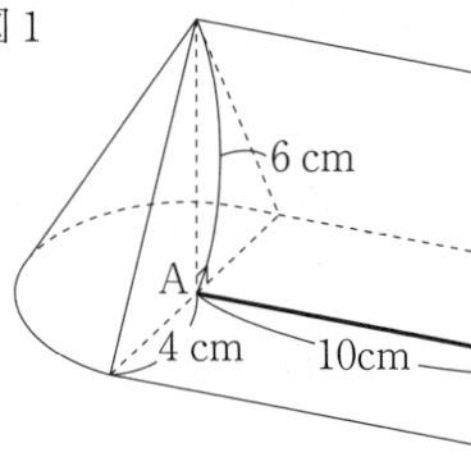

⑵　①　円すいを底面から３cmのところで切ると，下の図２のように，切断面は半径が，４÷２＝２(cm)の円になる。よって，立体Ｒを床から３cmのところで切ったときの切断面を真上から見ると，半径２cmの円の中心がＡ→Ｂ→Ｃと動いた図になるから，下の図３のかげをつけた部分になる。　②　立体Ｒの体積は，円すいの底面の中心がＡからＢまで動いてできる立体Ｑの体積と，ＢからＣまで動いてできる立体(…ア)の体積の和から，その２つが重なる部分の立体(…イ)の体積をひいて求められる。⑴より，立体Ｑの体積は340.48cm^{3}で，アは立体Ｑと合同だから，体積も等しくなる。また，イは下の図４のように，Ｂを底面の中心とした半径４cmで高さ６cmの円すいの$\frac{3}{4}$と，かげをつけた部分の四角すいを合わせた形になる。よって，イの体積は，100.48×$\frac{3}{4}$＋４×４×６÷３＝107.36(cm^3)とわかる。したがって，立体Ｒの体積は，340.48×２－107.36＝573.6(cm^3)と求められる。

図２

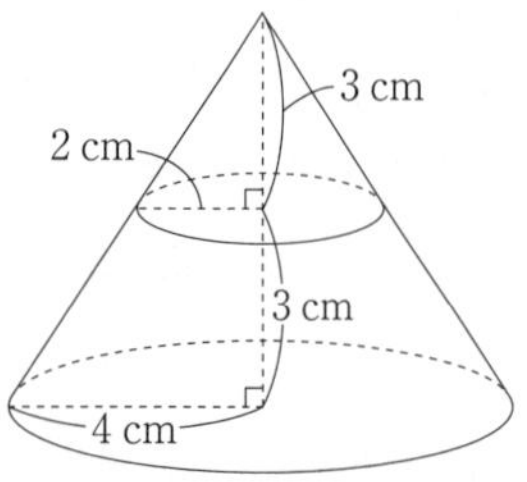

図３

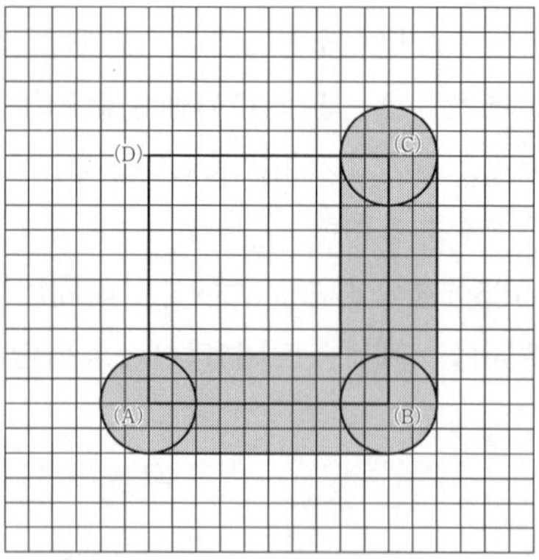

図４

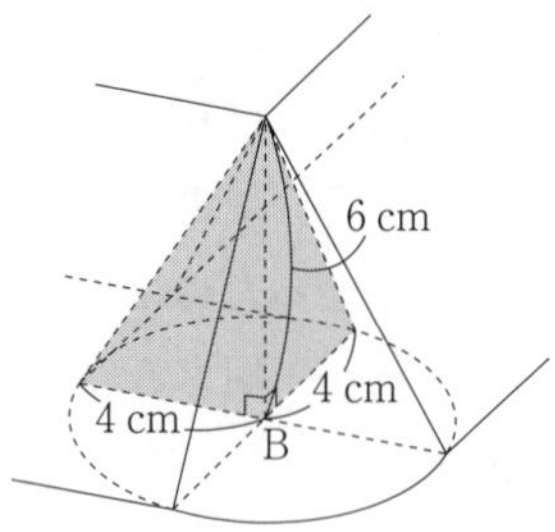

5 条件の整理

⑴　○○○→○●○，○●○→○○○のように，両隣《りょうどなり》が点いているとき，その間の電球の状態が１秒後に変わる。すると，下の図①で電球の状態が変わるのは矢印をつけた２個だから，１秒後には下の図②のようになる。

⑵　⑴より，○○○，または，○●○とならないようにすればよい。よって，○の個数で場合分けをして調べると，下の図③のようになる。

図①

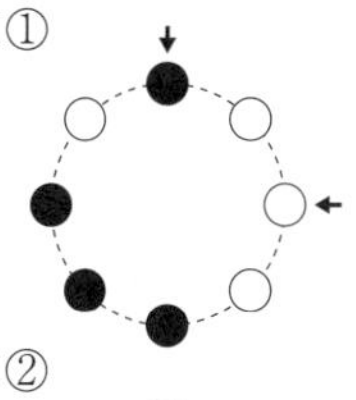

図②

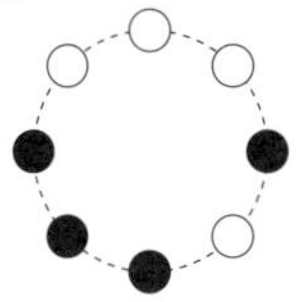

図③

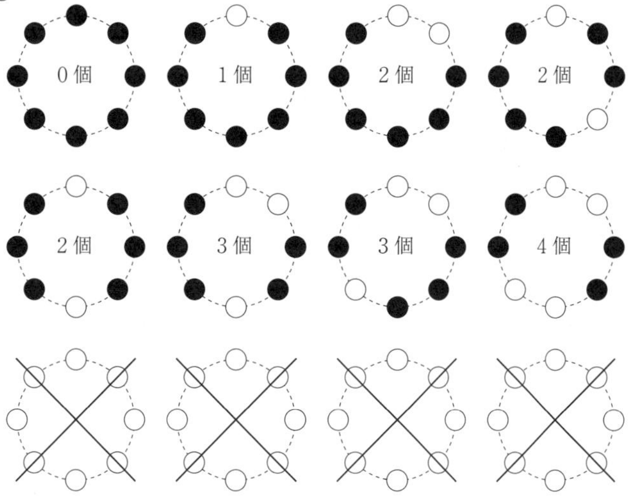

社会　＜第１回(一般・英語選択・帰国生)試験＞（40分）＜満点：100点＞

解答

1 **問１**　**１**　五稜郭　**２**　和同開珎　**３**　藤原頼通　**４**　石見　**５**　陸奥宗光　**問２**　**２番目**…ウ　**４番目**…オ　**問３**　新田義貞　**問４**　(例)　1989年に消費税が税率３％で初めて導入されたのにともない，硬貨の製造枚数が多くなった。しかしその後，消費税率の変更や電子マネーの普及によるキャッシュレス化の進行などのため，2000年代には硬貨の製造枚数が減った。　**問５**　イ　**問６**　(1)　1945(年)８(月)６(日)　(2)　ウ，オ　**問７**　オ　**問８**　イ　**問９**　(例)　この場所に，ポルトガル人が漂着して日本に鉄砲が伝わると，鉄砲は急速に普及し，戦国の世の統一を早めることになりました。　**問10**　(1)　イ　(2)　ア，イ，ウ　**2** **問１**　**ア**　○　**イ**　×　**ウ**　○　**エ**　○　**オ**　○　**カ**　×　**問２**　(例)　地図１の東と北の端に貝塚があり，貝塚は縄文時代に海岸近くに形成された遺跡だから。　**問３**　オ　**問４**　(1)　(例)　北海道は冬の寒さが厳しく，冬は暖房などで使用電力量が増える。これに対応するには，冬の北西の季節風が吹きつける日本海側が風車の設置場所として適している。　(2)　エ　(3)　ウ，オ　**問５**　オ　**問６**　ウ　**問７**　イ　**3** **問１**　公共の福祉　**問２**　ウ　**問３**　ウ　**問４**　ア，オ　**問５**　日本銀行　**問６**　エ　**問７**　ア　**問８**　エ

解説

1 **各時代の歴史的なことがらについての問題**

問１　**１**　①の函館(北海道)にある五稜郭《ごりょうかく》は江戸時代末に築かれた星型の西洋式城郭で，幕府の箱館奉行《ぶぎょう》所として建てられた。完成後まもなく旧幕府軍の榎本武揚《えのもとたけあき》らがここを占領して立てこもったが，明治新政府軍の攻撃を受けて降伏《こうふく》し，旧幕府軍と明治新政府軍の一連の戦いである戊辰《ぼしん》戦争(1868～69年)が終わった。　**２**　708年，②の武蔵国秩父《ちちぶ》郡(埼玉県西部)から和銅(自然銅)が

朝廷に献上《けんじょう》されたことを記念して，和同開珎《かいちん》という貨幣《かへい》が発行された。平城京に設けられた東西の市などで用いられたが流通は限定的で，朝廷は貨幣の使用をすすめる法令を出すなどした。

３　④は京都府宇治市をさしている。藤原頼通《よりみち》は，父の道長からゆずり受けたこの地の別荘を1052年に平等院という寺院に改め，翌53年には定朝《じょうちょう》のつくった阿弥陀如来《あみだにょらい》像を安置するための阿弥陀堂として鳳凰《ほうおう》堂を建てた。　**４**　石見銀山は⑤の島根県大田市大森にあった銀山で，16世紀初めに発見され，江戸時代には天領(幕府の直轄《ちょっかつ》地)として世界有数の銀の産出量をほこったが，1923年に閉山した。2007年，石見銀山は「石見銀山遺跡とその文化的景観」としてユネスコ(国連教育科学文化機関)の世界文化遺産に登録された。　**５**　1895年，⑦の山口県下関市において，日清戦争(1894～95年)の講和条約である下関条約が結ばれた。戦勝国となった日本からは伊藤博文首相と外務大臣陸奥宗光《むつむねみつ》が日本の全権として出席し，条約調印を行った。

問２　アは1873年，イは1868年，ウは1867年，エは1860年，オは1871年のできごとなので，古いほうから年代順にエ→ウ→イ→オ→アとなる。

問３　新田義貞《よしさだ》は上野《こうずけ》(群馬県)出身の武将で鎌倉幕府の御家人であったが，1333年５月，後醍醐《ごだいご》天皇の皇子である護良《もりよし》親王のよびかけにこたえて倒幕の兵をあげた。義貞の軍は上野から南下して分《ぶ》倍河原《ばいがわら》の戦い(東京都府中市)などで鎌倉幕府の軍勢を破り，海から③の鎌倉へと侵入《しんにゅう》してこれを攻略した。同時期に足利尊氏が京都の六波羅《ろくはら》探題を攻《せ》め落としたことで，鎌倉幕府は滅亡《めつぼう》し，義貞は後醍醐天皇が始めた建武の新政で重用されたが，尊氏と対立してやぶれ，1338年に戦死した。

問４　グラフ１において，1989～91年の硬貨《こうか》の製造枚数が急増している。これは，1989年に消費税が税率３％で初めて導入され，１円硬貨の需要《じゅよう》が増えたためである。その後，1997年に消費税の税率が５％に引き上げられたり，電子マネーによるキャッシュレス化が進んだりしたことで，2000年代には１円硬貨の製造枚数が激減し，硬貨全体の製造枚数も減少傾向《けいこう》となった。

問５　江戸時代の鎖国中に長崎の唐人屋敷で行われていた清(中国)との貿易は，清の皇帝と江戸幕府が正式な国交を結んで行っていたものではなく，中国商人との間の私的なものであった。

問６　(1)　太平洋戦争末期の1945年８月６日，人類史上初めてとなる原子爆弾の投下がアメリカ軍によって行われ，投下地となった⑥の広島は壊滅《かいめつ》的な被害を受けた。　(2)　1945年７月26日，連合国側はポツダム宣言を発表して日本の無条件降伏を勧告《かんこく》した。日本はこれを無視していたが，８月６日に広島に原子爆弾が投下され，８日にはソ連が日ソ中立条約を破って参戦，９日には長崎に原子爆弾が投下されたことで，14日にポツダム宣言を受け入れて無条件降伏した。翌15日には天皇がこれを国民にラジオ放送で伝え，日本は敗戦した。その後，日本を占領統治するため，８月30日にGHQ(連合国軍最高司令官総司令部)のマッカーサーが来日した。よって，ウとオが選べる。なお，アは1945年５月７日，エは1945年４月１日，カは1945年３月10日のできごと。

問７　下関条約では，清が朝鮮の独立を認めること，日本へ２億両《テール》の賠償《ばいしょう》金を支払うこと，台湾・遼東《リャオトン》半島などを日本にゆずり渡すことなどが取り決められた。しかし，遼東半島はその後，ロシア・フランス・ドイツの三国干渉《かんしょう》によって，賠償金の増額と引きかえに返還することとなった。

問８　660年，朝鮮半島南部にあり，日本と友好関係にあった百済《くだら》が新羅《しらぎ》に滅《ほろ》ぼされると，663年，中大兄《なかのおおえの》皇子(のちの天智天皇)は百済を復興させるため朝鮮半島に水軍を派遣した。日本軍は新羅と唐(中国)の連合軍に大敗し，日本は朝鮮半島における足場を失った。新羅はその後，唐との連合軍で朝鮮半島北部にあった高句麗《こうくり》を滅ぼし，676年に朝鮮半島を統一した。よって，イが正しい。

問９　地図１の⑨は，鹿児島県の種子島をさしている。1543年，この島に中国船が漂着《ひょうちゃく》し，船に乗っていたポルトガル人によって日本に鉄砲が伝えられた。日本は戦国時代だったため，新兵器の鉄砲は急速に広がって戦法や築城法に変化をもたらし，戦国の世の統一を早める結果となった。

問10　(1)　幕末の1858年，江戸幕府はアメリカ・イギリス・オランダ・フランス・ロシアと修好通商条約(安政の五か国条約)を結んで，貿易を始めることにした。これにもとづき，すでに開港地となっていた箱館に加え，新潟・神奈川(横浜)・兵庫(神戸)・長崎の５港が貿易港として開港されることになった。なお，新潟は港湾の整備の遅れなどから開港が遅れ，1868年にようやく開港された。また，地図２のアは由利本荘(秋田県)，ウは富山，エは金沢(石川県)，オは鳥取，カは松江(島根県)の位置。　　(2)　ア　グラフ３より，1865年の取引額が最も多いのはイギリスだとわかる。よって，あやまっている。　　イ　グラフ５から，1865年の武器・軍需品の輸入額は求められるが，横浜でそれをどの程度輸入していたかは読み取れないので，あやまっている。　　ウ　グラフ４で1865年と1867年を比べると，輸出総額も生糸の割合も減っていることがわかる。よって，1865年から1867年にかけて生糸輸出額は減ったと判断できるので，「増え続けている」というのはあやまっている。　　エ　グラフ５から，1863年の毛織物輸入額を１万ドル単位のがい数で計算すると，572×0.218＝124.696(万ドル)となる。同様に計算すると，1867年は426.899万ドルとなるので，正しい。　　オ　グラフ４とグラフ５で1863年と1867年の貿易総額を求めると，1863年はおよそ1747万ドル，1867年はおよそ3380万ドルなので，1867年は1863年の約２倍になったといえる。よって，正しい。　　カ　グラフ４とグラフ５でそれぞれの年の輸出入額を比べると，1863年と1865年は輸出額のほうが多く，1867年は輸入額のほうが多い。よって，正しい。

2　地形図の読み取り，エネルギー，日本の産業などについての問題

問１　**ア**　地図１の左上をみると，東京外環《がいかん》自動車道の西側に「下総国分尼《に》寺跡」と「下総国分寺跡」がある。国分寺と国分尼寺は，奈良時代に聖武天皇が地方の国ごとに建てさせた寺なので，正しい。　　**イ**　市川中学校の周囲に水田(‖)はみられず，住宅街のほかには畑(∨)や荒地(ı|ı)がみられる。よって，あやまっている。　　**ウ**　地図１の下の中央からやや左にかけて，市役所(◎)，博物館(🏛)，裁判所(⍋)がみられ，これらはすべて京成電鉄本線の南側に位置しているので，正しい。　　**エ**　地図１の右上の「柏井町(二)」には，標高25mを示す標高点がみられる。よって，正しい。　　**オ**　地図１の右下に老人ホーム(⌂)がみられ，これは市川中学校の南東にあたるので，正しい。　　**カ**　京成電鉄本線の駅のうち，直線距離で市川中学校に最も近いのは「鬼越《おにごえ》駅」なので，あやまっている。

問２　地図１の右に「姥山《うばやま》貝塚」，上に「曽谷《そや》貝塚」がある。貝塚は縄文時代の人々のごみ捨て場で，人々が海から貝をとって食べ，そのあとに捨てたと考えられる貝がらなどが層をなしてみつかる。貝塚は縄文時代の海岸線に沿って点在しており，貝塚のあった場所がかつては海の近くだったことを示している。

問３　キャベツなどを高原野菜として栽培・出荷している群馬県が第１位の③がキャベツ，温暖な気候を生かした夏野菜の促成栽培がさかんな宮崎県が第１位の④がきゅうりだとわかる。①と②のうち，果実栽培のさかんな福島県や，千葉県でつくられた品種である「二十世紀」の生産で知られる鳥取県がふくまれる①に日本なしがあてはまる。②は大根で，千葉県や北海道の生産量が多い。

問４　(1)　地図２から，風力発電の風車の設置場所は日本海側に多いとわかる。また，グラフ１によると，月別風力発電量は夏より冬のほうが多い。北海道は冬の寒さが厳しく，暖房による電力需要量が増える。また，日本列島周辺では冬に北西の季節風が吹《ふ》く。冬に増える電力需要に対応するためには冬の発電量を増やす必要があるので，北西の季節風をいかせる日本海側の海岸部が，風車を設置するのに適しているといえる。　(2)　鹿児島県や大分県のような火山の多い県がぬられている①は地熱，日本アルプスのそびえる長野県や富山県がぬられている②は水力だとわかる。③と④のうち，瀬戸内海に面する岡山県がふくまれている③は風力ではないと判断できるので，③が太陽光，④が風力を示したものだとわかる。　(3)　2014年９月27日，長野県と岐阜県にまたがる御《おん》嶽《たけ》山が水蒸気噴火を起こした。晴天にめぐまれた行楽シーズンのお昼時だったこともあり，多くの登山客が訪れていたが，噴石に当たるなどして58名が死亡，５人が行方不明という戦後最悪の火山災害となった。ふもとの長野県王滝村でも降灰が確認されたが，冷害とよべるような被害は出なかった。よって，ウはあやまっている。また，高潮は台風や強い低気圧の接近によって海面が上昇する現象で，地震によって発生するものではない。よって，オもあやまりである。

問５　昼夜間人口比率が極端に大きい①には，東京都中央区があてはまる。また，問題文にあるように，東京都江東区には豊洲市場など，千葉市美浜区には幕張メッセなど，昼間に人が訪れたり通勤・通学したりする施設が多いが，市川市にはそうした施設が比較《ひかく》的少ない。よって，昼夜間人口比率が表中で唯一《ゆいいつ》100を下回る②に市川市があてはまるとわかる。③と④のうち，いずれの人口も多い③が東京都江東区で，④に千葉市美浜区があてはまる。

問６　サービス業や商業などの第３次産業は都市部のほか，観光業のさかんな地域で高くなる傾向にあり，沖縄県は全国でも第３次産業人口比率が高い県として知られている。沖縄県がぬられているのはイとウだが，工業などの第２次産業がさかんで，第２次産業人口比率が比較的高い愛知県がふくまれていないウに，第３次産業人口比率があてはまる。なお，東京・名古屋・大阪という三大都市圏《けん》と福岡県がふくまれているイとエのうち，面積の広い北海道がぬられているエが人口で，イは人口密度を表している。また，北海道や宮崎県，鹿児島県など，畜産がさかんな県がふくまれているアに，農業産出額があてはまる。

問７　京葉工業地域では，千葉や市原に立地する石油化学コンビナートを中心として化学工業がさかんに行われており，機械工業よりも化学工業の出荷額が多いことが特徴《とくちょう》となっている。よって，①にあてはまる。中京工業地帯は全国の工業地帯・地域の中で出荷額が最も多く，そのおよそ３分の２を，輸送用機械機器を中心とした機械工業が占《し》めている。よって，③にあてはまる。なお，②は関東内陸工業地域，④は阪神工業地帯，⑤は京浜工業地帯のグラフ。

３　お金を題材とした政治や経済のしくみなどについての問題

問１　日本国憲法は基本的人権について，第11条で「侵《おか》すことのできない永久の権利」としてこれを国民に保障している。しかし，第12条や第13条では基本的人権が「公共の福祉」のために制限されることも明記している。公共の福祉とは国民全体の幸福や利益のことで，これに反する権利の主張は認められないことがある。

問２　「インフレーション」とは，貨幣の流通量が増えることで貨幣価値が下がり，物価が上昇する現象で，一般に景気がよいときに起こりやすい。よって，ウが正しい。

問３　ア　養育する子女に普通教育を受けさせることは，国民の義務とされている。　イ　社会権の１つである生存権について説明している。　ウ　居住移転や職業選択の自由は，自由権のうちの「経済の自由」にふくまれているので，正しい。　エ「差別されない」とあるので，平等権を説明した文だとわかる。

問４　予算は内閣が作成して国会に提出するが，国会では衆議院に先議権がある。よって，アとオが正しい。

問５　お札(紙幣)は日本銀行が発行するもので，正式には「日本銀行券」とよばれる。なお，硬貨は政府が発行するが，製造は独立行政法人の造幣局が行っている。

問６　グラフ１とグラフ２から，小学生高学年は「お金をたくさん貯《た》めたい」と思う人の割合が小学生低学年より高いが，「お金が一番大切である」と思う人の割合は小学生低学年より低い。また，「お金よりも大事なものがある」と思う人の割合は小学生低学年より高い。よって，エが正しい。

問７　ア　2003年に期日前投票制度が導入され，投票日当日に仕事やレジャーなどで投票できない有権者が，投票日前に投票を行えるようになった。よって，正しい。　イ　2015年に選挙権年齢が満20歳から満18歳へと引き下げられ，国政選挙としては2016年の参議院選挙で初めて適用された。　ウ，エ　立候補者の戸別訪問や，企業・団体による政治家個人への献金は禁止されている。

問８「先生」は最後の部分で，「信用」を「支払ったことがお互《たが》いに了解できる」ようなものだと説明している。これは，「その場でお金を支払わなかったとしても，後で支払いをするという約束」ができている，ということと同じ意味になる。よって，エが正しい。

理　科　＜第１回試験＞（40分）＜満点：100点＞

解　答

1 (1)　エ　(2)　ウ　(3)　ア　(4)　ア　(5)　7　(6)　(例)　風船の大きさは小さくなるが，水の体積は変わらない。　2 (1)　(例)　日本より緯度が高いので，北極星の高さは高くなる。　(2)　**図**…ア，**説明文**…エ　(3)　ア　(4)　右の図　(5)　22.4℃　(6)　1500m　3 (1)　恒温動物　(2)　ア，オ　(3)　オ　(4)　**B**　酸素　**C**　二酸化炭素　(5)　**ア**　右心房　**オ**　肺静脈　(6)　(例)　からだに戻る血液が冷えないように動脈と静脈がからみあい，静脈血を動脈血があたためている。　4 (1)　オ　(2)　イ，エ　(3)　**あ**　0.00g　**い**　1.16g　**う**　3.74g　(4)　23.9℃　(5)　①　24.875℃　②　5.35g

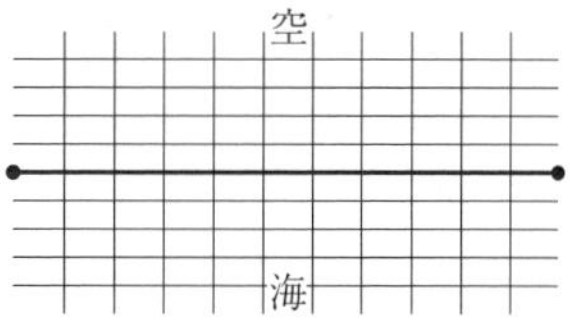

解　説

1　空気でっぽうについての問題

(1)　空気でっぽうでは，後玉を押《お》したさいに押し縮められた空間Aの空気が，もとの体積にもどろうとして前玉を押すため，前玉が飛び出す。バネにも押して縮めたり引っ張って伸《の》ばしたりすると，もとの長さにもどろうとする性質がある。

(2)　表１のそれぞれの場合について，(前玉が飛び出す直前の目盛り)÷(押す前の目盛り)×100を求めると，得られる値は62.5～75の範囲《はんい》内になるので，ウが選べる。

(3)　前玉が飛び出すまでの間，押し棒を押していくにつれて，押し縮められた空気がもとの体積にもどろうとする力が大きくなっていくので，押し棒の手ごたえは大きくなる。

(4)　水は空気のように押し縮められることがないので，前玉には後玉を押し棒でゆっくりと押したときの力がそのまま伝わる。その力は前玉を勢いよく飛び出させるほどのものではない。

(5)　図３の場合，空間Aには水が５目盛り分，空気が５目盛り分入っており，表１より，その５目盛り分の空気が3.5目盛り分まで押し縮められると前玉が飛び出すと考えられる。よって，前玉が飛び出す直前の後玉の位置が，５＋3.5＝8.5(目盛り)になると予想できたのである。図４の場合も同様に考えていくと，空間Aに入っている水と空気はそれぞれ４目盛り分で，表１より，その４目盛り分の空気が３目盛り分まで押し縮められると前玉が飛び出すといえるから，前玉が飛び出す直前の後玉の位置は，４＋３＝７(目盛り)と求められる。

(6)　風船(空気)は水中にあっても押し縮められるので，風船の大きさは小さくなる。一方，水は押し縮められないので，水の体積は変わらない。

2　地球と宇宙についての問題

(1)　北極星は地軸《ちじく》を北の向きに延長した先に位置しているので，北極星の高さはその土地の緯度《いど》に等しくなる。そのため，日本より緯度の高いC国では，北極星が日本から見るよりも高い位置に見える。

(2)　夏は，地球が地軸の北極側を太陽の方に傾《かたむ》けて自転しており，右の図のように，緯度の高い地域ほど昼の範囲にいる時間の方が長くなる。つまり，日の出が早く，日の入りが遅《おそ》くなる。

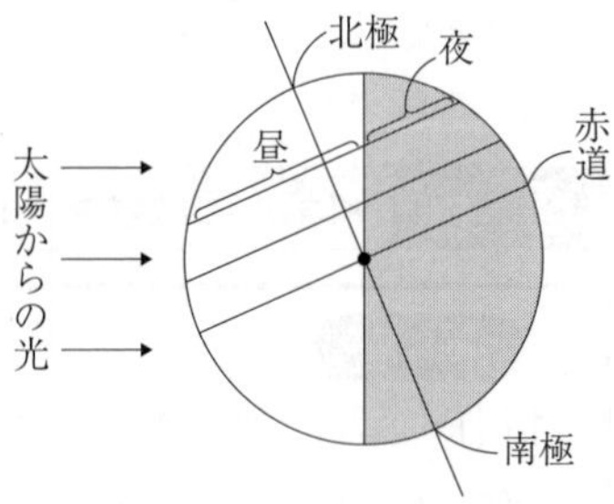

(3)　図８で，観測地点から建物までの距離《きょり》は約５kmと求められる。身長160cmの市川くんが立っているときは約５km先の建物が見えるものの，しゃがむと見えなくなる(水平線の下にかくれる)ことから，市川くんが浜辺に立って眺《なが》めたときに見える水平線までの距離としては，アの４kmが選べる。なお，観察者の目の位置，水平線の位置，地球の中心の３点を結んでできる直角三角形をもとに水平線までの距離を計算すると４～５kmになる。

(4)　浜辺に立ったときに見える水平線は約４km先にあるが，それは地球の大きさに比べればごく小さな値なので，水平線はまっすぐにしか見えない。

(5)　ふもとからa地点を経てb地点まで登る間，標高が100m上がるごとに気温は，$(20-17)\div\frac{1000-500}{100}=0.6$(℃)ずつ下がる。したがって，b地点で17℃のとき，ふもとの気温は，$17+0.6\times\frac{1000-100}{100}=17+5.4=22.4$(℃)である。

(6)　b地点は気温17℃，湿度《しつど》74％で，図９より，気温17℃のときの飽和《ほうわ》水蒸気量は約14.5g/m^3と読み取れるので，空気１m^3に含《ふく》まれる水蒸気の量は，14.5×0.74＝10.73(g)である。そして，図９で飽和水蒸気量が10.73g/m^3となる気温を調べると，およそ12℃とわかる。b地点を過ぎてから雲ができるまでは，標高が100m上がるごとに気温が，$(17-15)\times\frac{1200-1000}{100}=1$(℃)ずつ下がるため，標高，1000＋100×(17－12)＝1500(m)のあたりで，空気１m^3に含まれる水蒸気の量と飽和水蒸気量が等しくなって湿度が100％となり，水滴《すいてき》が発生して雲ができ始めたと考えられる。

3 ペンギンのからだのつくりについての問題

⑴　哺《ほ》乳類や鳥類は，周りの温度に左右されず体温をほぼ一定に保つことができる。このような動物を恒温《こうおん》動物という。

⑵　たとえば，１辺の長さが２の立方体は１辺の長さが１の立方体に比べて，表面積は，$(2\times2\times6)\div(1\times1\times6)=4$（倍）だが，体積は，$(2\times2\times2)\div(1\times1\times1)=8$（倍）もあり，表面積の増え方よりも体積の増え方の方が大きいことがわかる。このことから，からだ全体が大きいほど体温を保ちやすく，寒冷地でくらすのに有利と考えられる。また，寒冷地に生息する動物には，からだから熱が逃げにくくなるように，耳や尾などが短いといった，表面積が少しでも小さくなるようなからだのつくりが見られる。

⑶　ペンギンは鳥類なので，からだが羽（羽毛）でおおわれている。

⑷　肺で取り入れた酸素は赤血球によって全身に運ばれる。また，全身で生じた二酸化炭素は血しょうに溶《と》けて肺まで運ばれる。

⑸　小腸に入る血液は門脈を通って肝臓《かんぞう》に向かうので，図10では，下側の血管が動脈，上側の血管が静脈とわかる。よって，アは全身から戻《もど》った血液が入る右心房《ぼう》，オは肺から心臓へ戻る血液が流れる肺静脈である。

⑹　足に向かう動脈の周りを足から戻《もど》る静脈がコイル状に囲んで，足から戻る静脈血の温度を動脈血によってあたためている。つまり奇網《きもう》は熱交換《こうかん》の役目を果たしており，からだに戻る血液を冷やさないようにしている。

4 塩酸と水酸化ナトリウム水溶液《すいようえき》の中和についての問題

⑴　水酸化ナトリウム水溶液にアルミニウム箔《はく》を入れると，泡《あわ》を出しながらアルミニウム箔が溶けるが，食塩水にアルミニウム箔を入れても変化しない。

⑵　イで生じた白い固体は，石灰水（水酸化カルシウムの水溶液）と二酸化炭素が化学変化を起こして生じた炭酸カルシウムである。また，エは金属がさびる現象で，金属に酸素が結びつき，もとの金属とは異なる物質となるため，色が変化したのである。なお，アは砂糖の一部が溶けきれなくなり固体となってあらわれた現象，ウは空気中の水蒸気が水になった現象で，オは水にエタノール消毒液を溶かしこんだだけである。

⑶　**あ**　塩酸（溶液X）は塩化水素という気体の水溶液なので，加熱して水を完全に蒸発させたときに固体は何も残らない。　**い**　Dでは溶液Xと溶液Yが完全中和しているので，A～Dの間では溶液Yがすべて反応している。また，反応後に溶液Xがあまっても，それは加熱後に固体を残さない。よって，A～Dの間では残った固体の重さが溶液Yの体積に比例する。したがって，Bで残った固体の重さは，$2.32\times\frac{20.0}{40.0}=1.16$（g）となる。　**う**　Eでは，溶液X20.0cm^3と溶液Y，$60.0\times\frac{20.0}{40.0}=30.0$（$cm^3$）が中和し，溶液Yが，$80.0-30.0=50.0$（$cm^3$）あまる。中和によりできた固体の重さは，$2.32\times\frac{30.0}{40.0}=1.74$（g）である。また，Fより，溶液Y100.0$cm^3$に溶けている固体（水酸化ナトリウム）の重さは4.00gとわかるので，あまった溶液Y50.0cm^3から生じる固体の重さは，$4.00\times\frac{50.0}{100.0}=2.00$（g）になる。したがって，Eで残る固体の重さは，$1.74+2.00=3.74$（g）と求められる。

⑷　Gでは，混ぜ合わせた溶液の体積が，$60.0+40.0=100.0$（cm^3）となり，その溶液の温度が，$25.2-20.0=5.2$（℃）上がっている。よって，20.0cm^3の溶液Xと80.0cm^3の溶液Yを混ぜ合わせると，体

積がＧと同じ，$20.0+80.0=100.0(\mathrm{cm}^3)$になり，$20.0\mathrm{cm}^3$の溶液Ｘと反応する溶液Ｙは，$60.0\times\frac{20.0}{40.0}=30.0(\mathrm{cm}^3)$なので，温度は，$5.2\times\frac{30.0}{40.0}=3.9$(℃)上がり，$20.0+3.9=23.9$(℃)になる。

(5)　①　$50.0\mathrm{cm}^3$の溶液Ｘと反応する溶液Ｙは，$60.0\times\frac{50.0}{40.0}=75.0(\mathrm{cm}^3)$で，この反応により，混ぜ合わせた溶液$100.0\mathrm{cm}^3$を，$5.2\times\frac{75.0}{40.0}=9.75$(℃)上げるだけの熱が発生する。ここで，Ｇ，Ｊ，Ｋを比べると，反応した溶液Ｙの体積が同じとき，混ぜ合わせた溶液の体積は$100.0\mathrm{cm}^3$，$200.0\mathrm{cm}^3$，$400.0\mathrm{cm}^3$，上がった温度は5.2℃，2.6℃，1.3℃となっていて，両者は反比例の関係にあることがわかる。よって，ここでは混ぜ合わせた溶液の体積が，$50.0+100.0+50.0=200.0(\mathrm{cm}^3)$と$100.0\mathrm{cm}^3$の２倍なので，温度は，$9.75\times\frac{1}{2}=4.875$(℃)上がり，$20+4.875=24.875$(℃)になる。　②　反応によってできる固体が，$2.32\times\frac{75.0}{40.0}=4.35(\mathrm{g})$，反応しなかった溶液Ｙ，$100.0-75.0=25.0(\mathrm{cm}^3)$から生じる固体が，$4.00\times\frac{25.0}{100.0}=1.00(\mathrm{g})$なので，合わせて，$4.35+1.00=5.35(\mathrm{g})$となる。なお，ここでは各実験と同様に，溶液を加熱して水を完全に蒸発させた後に残った固体の重さを求めるものと見なした。

英語Ⅰ　＜第１回（一般・英語選択・帰国生）試験＞（40分）＜満点：100点＞

※解説は編集上の都合により省略させていただきました。

解答

問１　①　(例)　happened to get very precious calligraphy works in a flea market in China.　②　(例)　you won millions of dollars, what would you buy?　③　(例)　would donate at least one million dollars to environmental groups.　④　(例)　protecting the natural environment and passing it on to future generations　⑤　Considering the recent abnormal weather, it's urgent to help people fighting climate change.　**問２**　(例)　Maria Peterson, a 41-year-old mother in Texas, is among those parents. Her junior-high son's performance at school has been worsening since she gave him a smartphone. She said,"It seems he spends too much time on his smartphone. I'm afraid he's addicted." Some researchers, however, argue against simply imposing time restrictions. Paula O'Neil, a psychology professor, suggests using parental control apps to control what they can do. "Some children use their smartphone for many hours in a meaningful way, such as visiting educational websites." said O'Neil, adding that parents should lead their children to use digital devices effectively. (98 words)　**問３**　(例)　I would recommend a 2001 movie *Spirited Away*, a masterpiece of Japanese animation. This is a surreal story of a little Japanese girl named Chihiro. She strays into a different world filled with strange creatures like demons and sprits. Then she finds her parents turned into pigs by a witch. She tries to survive and break the curse. Her experiences in this bizarre place make her mature and independent. Her singular adventures are depicted with eye-catching visuals. The Asian-style buildings are dreamingly beautiful in a golden glow at night. The lively descriptions of the monsters are both comical and frightening. After watching this

Hayao Miyazaki movie, you would definitely know why it won an academy award. (116 words)

英語Ⅱ　＜第１回（一般・英語選択・帰国生）試験＞（40分）＜満点：100点＞

※解説は編集上の都合により省略させていただきました。

解 答

Ⅰ **問１**　ウ　**問２**　（例）　口に少量の砂糖をふくむこと。　**問３**　③　chewing　④　inhaling　⑤　made　**問４**　イ　**問５**　Ａ　オ　Ｂ　イ　Ｃ　エ　**問６**　（例）　例えば，音や数字を聞いて，特定の色を感じる経験をする人たちがいる。　**問７**　ア　**問８**　People find it very difficult to correctly identify fruit-flavoured drinks　**問９**　イ，オ

Ⅱ **問１**　Ａ　ウ　Ｂ　ア　Ｃ　カ　Ｄ　イ　Ｅ　オ　Ｆ　エ　**問２**　イ　**問３**　イ　**問４**　エ　**問５**　イ　**問６**　ウ　**問７**　ア　**問８**　ア　**問９**　ア　**問10**　オ　**問11**　エ→イ→カ→ウ→ア→オ

国 語　＜第１回（一般・英語選択・帰国生）試験＞（50分）＜満点：100点＞

解 答

一 **問１**　Ｘ　オ　Ｙ　ウ　**問２**　ウ　**問３**　（例）　気に食わないという理由で，他人の大切なものを隠すという幼すぎる悪意に対しての苛立ち。　**問４**　イ　**問５**　（例）　やっと見つけたぬいぐるみが油のような液体でひどく汚されていたことに苛立つ気持ち。　**問６**　ウ

二 **問１**　ウ　**問２**　オ　**問３**　イ　**問４**　イ　**問５**　（例）「知覚」したものを「なにか」として言葉に置き換えて，概念的に「認知」してしまった結果，実際には見えていないネコの顔半分を記号的に描いている。　三　下記を参照のこと。

●漢字の書き取り

三 １　火急　２　旅路　３　辺境　４　兆候（徴候）　５　年季　６　留保　７　気勢　８　旗手

解 説

一 **出典は八重野統摩《やえのとうま》の『ペンギンは空を見上げる』による。**「おれ」のクラスに鳴沢《なるさわ》イリスという少女が転校してきたが，彼女《かのじょ》の大切にしていたうさぎのぬいぐるみがだれかに隠《かく》されてしまったため，「おれ」は彼女とともにぬいぐるみを捜《さが》し始める。

問１　Ｘ　「気に食わない」は，自分の気持ちに合わず，不満を感じるようす。　Ｙ　「～するや否《いな》や」は，“～するとすぐに”という意味。

問２　前後から読み取る。教室中を捜してもぬいぐるみは見つからなかったが，鳴沢はその「紛失《ふんしつ》がおれの責任であるかのように声を荒《あら》らげて」きている。ぬいぐるみ捜しを「仮にも手伝ってやっている」にもかかわらず，子どもっぽく「じたばたとして」大声で責め立ててくる鳴沢に対し，「おれ」は不機嫌《きげん》になるどころか，そのあまりの幼さにあきれてしまったのだから，ウがふさわし

い。

問３　続く部分に注目する。「気にくわない，社交性の足りない転校生への，ささやかな悪意」として鳴沢のぬいぐるみを隠したのだろうが，そんな「指先にほんの少しつけただけのような悪意ですら，他人に痛みを与《あた》えるには十分」だということが「どうしてわからないのか」と「おれ」は思っている。前日も遅《おそ》くまでぬいぐるみを捜していたであろう鳴沢のいじらしい姿を見て，「おれ」は彼女に向けられた「幼すぎる」悪意への苛立《いらだ》ちを覚えはじめたのである。

問４　鳴沢が大切にしていたぬいぐるみに対して「早く，出てきてやんなさいよ」と呼びかけていることに着目する。実際には，ぬいぐるみが自分から現れるはずはないのに，服に汚《よご》れがつくことも厭《いと》わず必死にぬいぐるみを捜す鳴沢のようすを見ていた「おれ」は，思わずそんな非現実的な願いをしてしまったのだから，イが選べる。

問５　ごみ置き場でようやくぬいぐるみを見つけ，「おれ」は「驚《おどろ》きと喜び」を感じたものの，それが「油にも汚水《おすい》にも見える少し粘《ねば》り気のある液体でひどく汚れていた」のを見て，「ここまでやる必要があった」のかと，「クラスの誰《だれ》かの悪意」に対して怒《いか》りを覚えたのである。

問６　「おれ」は鳴沢が大切にしているぬいぐるみについて，「単なる薄汚《うすよご》れたぬいぐるみ」「単なるくたびれたぬいぐるみ」だと考えているが，それでも捜し続けたのは「鳴沢の根性《こんじょう》に敬意を示し」，彼女の願いをかなえてあげたいと思い始めたからなので，ウの「うさぎのぬいぐるみにどんどん愛着がわいてきた」という部分がふさわしくない。

二　**出典は齋藤亜矢《さいとうあや》の「上手い，おもしろい」による。**絵を描《か》くことを話題に取りあげ，表現者の視点として重要なのは「上手い」ではなく「おもしろい」だと説明している。

問１　前後から読み取る。「チンパンジー」は，「絵筆を動かすこと」で「さまざまな痕跡《こんせき》」があらわれること，つまり，「手を動かしながら，出力（行為《こうい》）と入力（感覚）の関係を探索《たんさく》的に理解していく」過程を「おもしろがっている」が，「なぐりがきをしている時期」の「人間」の子どもでも同様だと述べられている。よって，ウが選べる。

問２　続く部分からわかるように，「写実的に描く」というのは，「物を『なにか』として『認知《にんち》』する前の『知覚』」を描くことである。しかし，「人間は，目に入る視覚情報を『知覚』すると，つねに『なにか』として言葉に置き換《か》えて，概念《がいねん》的に『認知』してしまう癖《くせ》」がある。その結果，「頭のなかにある」「知っている物」を描いてしまうというのだから，オがふさわしい。

問３　「母の姿を，こっそりスケッチした」とき，筆者は「誇張《こちょう》するぐらい」，「とことんおもしろく，変な絵にしちゃえ」と考えた。その絵を「本人に見せたら，そんな変な顔じゃないといやがるはず，と期待した」が，実際には「いつもより生き生きとして，いい絵」になっており，よい反応だったというのである。この体験を通して，筆者は「『上手く』ではなく『おもしろく』描こうと思った」ことで，「こぢんまりとした絵」にならず，「少し枠《わく》をこわせたような気がした」のだから，イが選べる。

問４　筆者は，クロッキーやデッサンなど「写実的に描く」作業を終えた後は「いつも不思議と目がよくなったような気がし」，「葉っぱの一枚一枚もはっきり見える」ようになったと述べている。そのうえで，写実的に描くことは，「世界をありのまま知覚的にとらえる訓練になる」と述べているのだから，イがふさわしい。

問５　「市川さんはネコを『上手』に描こうとし」とあるので，見た物の形を写し取った写実的な絵を描こうとしたものとわかる。しかし，問２でみたように，「人間は，目に入る視覚情報を『知覚』すると，つねに『なにか』として言葉に置き換えて，概念的に『認知』してしまう」ため，「市川さん」は実際には見えていないネコの顔半分を，「記号的」に描いてしまったのである。

三 漢字の書き取り

1　さしせまっていて非常に急ぐこと。　**2**　旅をしていく道筋。　**3**　国の中心から遠くはなれた土地。　**4**　あることが起こりそうな前ぶれ。　**5**「年季が入る」は，“長い年月修練を重ねることで，一つの仕事や技に熟練する”という意味の慣用句。　**6**　その場で決めずに，残しておくこと。　**7**　意気ごむ気持ち。　**8**　ある活動や運動を，先頭に立って引っ張る人物。

Memo

Memo

Memo

当社発行物の無断使用は固くお断りいたします。御使用の前はまずご相談ください。

当社発行物には500点余の首都圏中・高過去問をはじめ、６点の学校案内、そのほかいくつかの情報誌などがございます。その多くが年度版で、限られたスタッフが来るべき受験シーズン前に余裕を持って受験生へ届けられるよう、日夜作業にあたり出版を重ねております。

その中で、最近、多くの印刷物やネット上において当社発行物からの無断使用が見受けられ、一部で係争化しているところもございます。事例といたしましては、当社の新刊発行を待ち、それを流用して毎年ネット上に新改訂として掲載していたＡ社、当社過去問から三百箇所をはぎ合わせ「自社制作につき無断転載禁止」とし、集客材としてホームページに掲載していたＢ社、当社版誌面を無断スキャンし、記述式解答は一部殆ど丸取りして動画を制作していた家庭教師グループＣ社、当社発行物の表紙を差し替え、内容を複製し配布していた塾のＤ社などほか数社がございます。

当社発行物の全部もしくは一部を無断使用することは固くお断りいたします。

当社コンテンツの中にはリーズナブルな設定でご提供している事例もたくさんございますので、ご利用されたい方はまずは、お気軽にご相談くださいますようお願いします。同時に、当社発行物を無断で使用している媒体などにつきましての情報もお寄せいただければ幸いです（呈薄謝）。

株式会社 声の教育社

2025年度用
中学スーパー過去問

■編集人 声の教育社・編集部
■発行所 株式会社 声の教育社
〒162-0814 東京都新宿区新小川町8-15
☎03-5261-5061(代) FAX03-5261-5062
https://www.koenokyoikusha.co.jp

本書の内容についての一切の責任は当社にあります。内容・解説・解答・その他は当社ホームページよりお問い合わせ下さい。

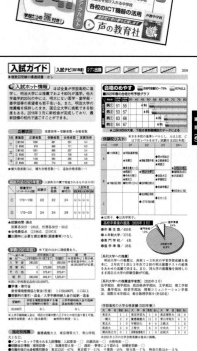

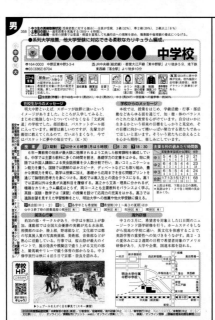

よくある解答用紙のご質問

01
実物のサイズにできない

拡大率にしたがってコピーすると，「解答欄」が実物大になります。配点などを含むため，用紙は実物よりも大きくなることがあります。

02
A3用紙に収まらない

拡大率164％以上の解答用紙は実物のサイズ（「出題傾向＆対策」をご覧ください）が大きいために，Ａ３に収まらない場合があります。

03
拡大率が書かれていない

複数ページにわたる解答用紙は，いずれかのページに拡大率を記載しています。どこにも表記がない場合は，正確な拡大率が不明です。

04
１ページに２つある

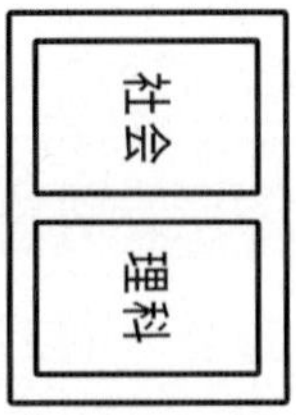

１ページに２つ解答用紙が掲載されている場合は，正確な拡大率が不明です。ほかの試験回の同じ教科をご参考になさってください。

市川中学校

【別冊】入試問題解答用紙編

解答用紙は本体からていねいに抜きとり、別冊としてご使用ください。

※　実際の解答欄の大きさで練習するには、指定の倍率で拡大コピーしてください。なお、ページの上下に小社作成の見出しや配点を記載しているため、コピー後の用紙サイズが実物の解答用紙と異なる場合があります。

●入試結果表

年度	回	項目		国語	算数	社会	理科	4科合計	合格者
2024	第１回	配点(満点)		100	100	100	100	400	最高点
		受験者平均点	男	55.4	46.2	62.6	56.6	220.8	男 336　女 319
			女	58.5	40.4	59.5	53.6	212.0	最低点
		キミの得点							男 227　女 227
	第２回	配点(満点)		100	100	100	100	400	最高点
		受験者平均点	男	68.7	54.6	59.5	57.8	240.6	男 340　女 320
			女	76.3	54.5	55.2	53.9	239.9	最低点
		キミの得点							男 285　女 285
2023	第１回	配点(満点)		100	100	100	100	400	最高点
		受験者平均点	男	56.5	51.4	53.4	80.8	242.1	男 316　女 306
			女	60.7	46.6	49.5	78.2	235.0	最低点
		キミの得点							男 255　女 255
	第２回	配点(満点)		100	100	100	100	400	最高点
		受験者平均点	男	63.0	45.4	61.9	82.5	252.8	男 326　女 331
			女	67.7	40.9	60.3	81.1	250.0	最低点
		キミの得点							男 282　女 282
2022	第１回	配点(満点)		100	100	100	100	400	最高点
		受験者平均点	男	60.2	56.8	47.1	71.2	235.3	男 337　女 329
			女	63.4	51.6	44.0	69.6	228.6	最低点
		キミの得点							男 241　女 243
	第２回	配点(満点)		100	100	100	100	400	最高点
		受験者平均点	男	57.4	56.7	53.0	66.6	233.7	男 308　女 322
			女	61.9	54.9	51.1	64.7	232.6	最低点
		キミの得点							男 270　女 270
2021	第１回	配点(満点)		100	100	100	100	400	最高点
		受験者平均点	男	66.8	34.2	58.7	58.1	217.8	男 321　女 327
			女	71.4	30.6	55.4	55.9	213.3	最低点
		キミの得点							男 223　女 230
	第２回	配点(満点)		100	100	100	100	400	最高点
		受験者平均点	男	63.3	43.3	56.0	54.7	217.3	男 291　女 290
			女	67.4	39.4	53.0	52.5	212.3	最低点
		キミの得点							男 253　女 253
2020	第１回	配点(満点)		100	100	100	100	400	最高点
		受験者平均点	男	53.2	54.3	56.8	55.0	219.3	男 335　女 322
			女	56.8	47.1	53.7	51.0	208.6	最低点
		キミの得点							男 226　女 226
	〔参考〕第１回英語選択入試：満点(合格者最低点)　400(非公表)								

(注) 合格者平均点は非公表です。

※　表中のデータは学校公表のものです。ただし、４科合計は各教科の平均点を合計したものなので、目安としてご覧ください。

声の教育社

２０２４年度　市川中学校　第１回（一般・帰国生）

算数解答用紙　No.1

番号		氏名		評点	／100

1	(1)		(2)	g
	(3)	組	(4)	通り
	(5)	あ		い

2	(1)	場所		整数
	(2)	個	(3)	個

3	(1)	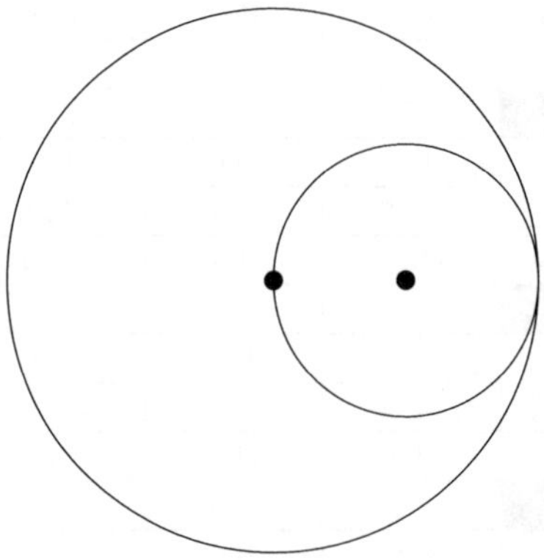		
	(2)	cm^2	(3)	：

２０２４年度　　市川中学校　第１回(一般・帰国生)

算数解答用紙　No.２

4	(1)	分後
	(2)	
	(3)	分後

5	(1)	牛　　kg　　豚　　kg
	(2)	
	(3)	

(注) この解答用紙は実物を縮小してあります。Ｂ５→Ａ３(163%)に拡大コピーすると、ほぼ実物大の解答欄になります。

〔算　数〕100点(推定配点)

1　各６点×5＜(5)は完答＞　2　各５点×3＜(1)は完答＞　3, 4　各６点×6＜4の(2)は完答＞　5 (1), (2)　各６点×2＜各々完答＞　(3)　７点

２０２４年度　市川中学校　第１回(一般・帰国生)

社会解答用紙

番号		氏名		評点	／100

1	問1	1	2			
	問2		問3			
	問4					
	問5	→ → →	問6		問7	
	問8					

2	問1	1	2		
	問2				
	問3		問4	い	う
	問5		問6		

3	問1		問2		問3	(1)	(2)
	問4		問5				
	問6						

4	問1						
	問2		問3		問4	(1)	(2)
	問5	(1)	(2)	問6			

(注) この解答用紙は実物を縮小してあります。Ｂ５→Ａ３(163%)に拡大コピーすると、ほぼ実物大の解答欄になります。

〔社　会〕100点(推定配点)

1　問１　各２点×２　問２～問８　各３点×７＜問５は完答＞　2　問１　各３点×２　問２　５点　問３～問６　各３点×５　3　問１～問５　各３点×６　問６　５点　4　問１　５点　問２～問６　各３点×７

２０２４年度　市川中学校　第１回(一般・帰国生)

理科解答用紙

番号		氏名		評点	／100

1

(1)	(2)		
(3)			
(4)	(5)	(6)	
(7)			(8)

2

(1)	(2)	
(3)		
(4)	(5)	
(6) ①	(6) ②	(7)

3

(1)	(2)	
(3)	(4)　川　m	(5)　cm

(6)										

4

(1)	(2)	(3)	(4)
(5)			
(6)			

(注) この解答用紙は実物を縮小してあります。Ｂ５→Ｂ４(141%)に拡大コピーすると、ほぼ実物大の解答欄になります。

〔理　科〕100点(推定配点)

1　(1)，(2)　各３点×2＜(2)は完答＞　(3)　5点　(4)～(6)　各３点×3＜(4)は完答＞　(7)，(8)　各４点×2＜(7)は完答＞　2　(1)，(2)　各３点×2　(3)　5点　(4)～(6)　各３点×4　(7)　4点　3　(1)　3点　(2)　4点　(3)　3点　(4)，(5)　各４点×2＜(4)は完答＞　(6)　5点　4　(1)～(4)　各３点×4　(5)，(6)　各５点×2

２０２４年度　市川中学校　第一回(一般・帰国生)

国語解答用紙

番号　　氏名　　評点 /100

一－一

問1

問2　ア　イ　ウ　エ　オ

問3

問4

一－二

問1

問2

二

問1

問2

問3

問4

問5

三

1　2　3　4　5

6　7　8

（注）この解答用紙は実物を縮小してあります。B5→B4（141%）に拡大コピーすると、ほぼ実物大の解答欄になります。

〔国　語〕100点(推定配点)

一－一　問1　5点　問2　各2点×5　問3　5点　問4　12点　一－二　問1　5点　問2　6点　二　問1，問2　各5点×2　問3　11点　問4　各3点×2　問5　6点　三　各3点×8

2024年度　市川中学校

算数解答用紙　第2回　No.1

番号		氏名		評点	／100

1	(1)		(2)	
	(3)	時　　　分	(4)	匹
	(5)	度		

2	(1)	粒	(2)	粒

3	(1)	通り	(2)	通り
	(3)	通り		

4	(1)		(2)	
	(3)			

２０２４年度　市川中学校

算数解答用紙　第２回　No.２

5	(1)	通り
		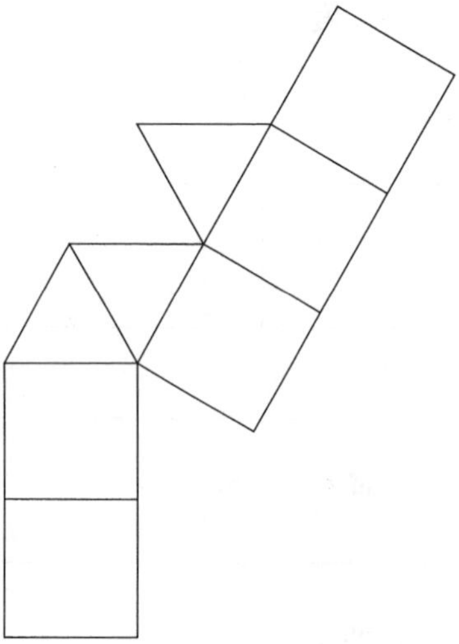
	(2)	ア　　イ
	(3)	

（注）この解答用紙は実物を縮小してあります。Ｂ５→Ａ３(163%)に拡大コピーすると、ほぼ実物大の解答欄になります。

〔算　数〕100点(推定配点)

1～4　各６点×13＜4の(2)は完答＞　5　(1)　各５点×２　(2)，(3)　各６点×２＜各々完答＞

２０２４年度　市川中学校

社会解答用紙　第２回

番号		氏名		評点	／100

1

問1		問2		問3	
問4					
		問5		問6	
問7		問8			
問9	③と④の間	⑤と⑥の間			

2

問1		問2		問3	
問4		問5		問6	
問7		問8	→　→		
問9					

3

問1	(1) 千葉県	茨城県	(2)	
問2		問3	b	d
問4	(1)	(2)		
問5				

4

問1		問2		問3	
問4		問5			
問6		問7			

（注）この解答用紙は実物を縮小してあります。Ｂ５→Ａ３(163%)に拡大コピーすると、ほぼ実物大の解答欄になります。

〔社　会〕100点(推定配点)

1　問1～問3　各2点×3　問4　4点　問5～問9　各3点×6　2　問1～問3　各2点×3＜問2は完答＞　問4～問8　各3点×5＜問8は完答＞　問9　5点　3　問1　(1)　各2点×2　(2)　3点　問2　3点　問3　各2点×2　問4　各3点×2　問5　5点　4　各3点×7

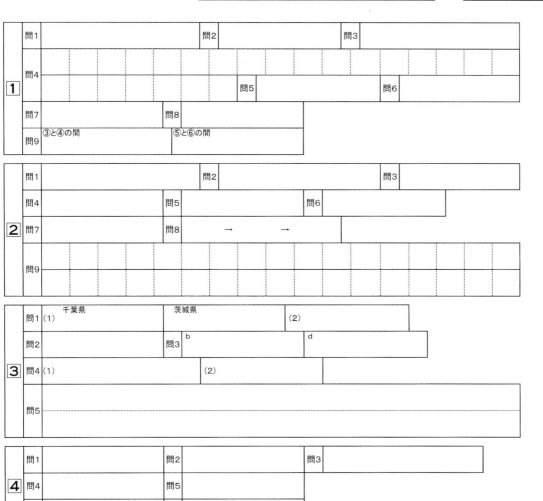

２０２４年度　　市川中学校

理科解答用紙　第２回

番号		氏名		評点	／100

1

(1) 倍	(2) m	(3) m	(4)
(5) 3 倍	(5) 4 倍	(5) 5 倍	(6)

2

(1) 倍	(2)	(3) 操作１	(3) 操作２
(4)			
(5)			

3

(1) １	(1) ２	(2)
(3)		(4)
(5) ペプシン	(5) トリプシン	(6)

4

(1)	(3) 回	(4)	(5)

(2)

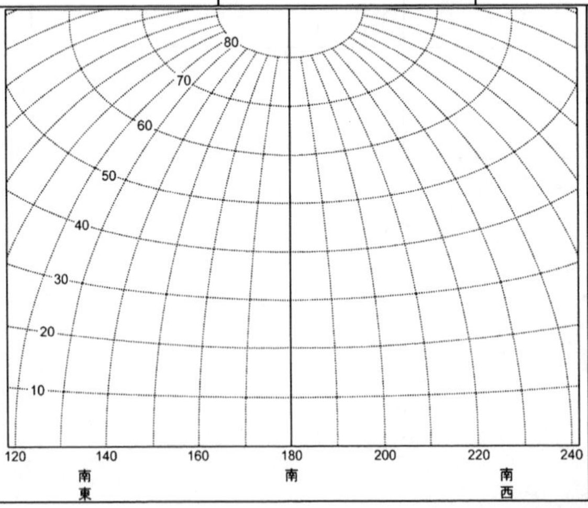

(6)

(7)

（注）この解答用紙は実物を縮小してあります。Ｂ５→Ｂ４(141%)に拡大コピーすると、ほぼ実物大の解答欄になります。

〔理　科〕100点(推定配点)

1　各４点×6＜(5)は完答＞　**2**　(1)〜(3)　各４点×3＜(2), (3)は完答＞　(4), (5)　各５点×2　**3**　(1), (2)　各４点×2＜(1)は完答＞　(3)　５点　(4), (5)　各４点×2＜(5)は完答＞　(6)　５点　**4**　各４点×7＜(4)は完答＞

2024年度　市川中学校

国語解答用紙　第二回

番号　　氏名　　評点　／100

一

問1

問2

問3

問4

問5

二

問1

問2

問3

問4

問5

問6　(1)　(2)

三

1　2　3　4

5　6　7　8

(注) この解答用紙は実物を縮小してあります。Ｂ５→Ｂ４(141%)に拡大コピーすると、ほぼ実物大の解答欄になります。

〔国　語〕100点(推定配点)

一　問1～問3　各6点×3　問4　12点　問5　6点　二　問1　5点　問2　10点　問3～問6　各5点×5　三　各3点×8

2023年度　市川中学校　第1回(一般・帰国生)

算数解答用紙　No.1

番号		氏名		評点	／100

1	(1)		(2)	歳
	(3)	本	(4)	：

2	(1)	分	(2)	：
	(3)	分後		

3	(1)	回	(2)	秒間
	(3)	度		

２０２３年度　　市川中学校　第１回（一般・帰国生）

算数解答用紙　No.２

4

(1)

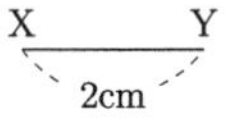

(2)	cm	(3)	cm^2

5

(1)

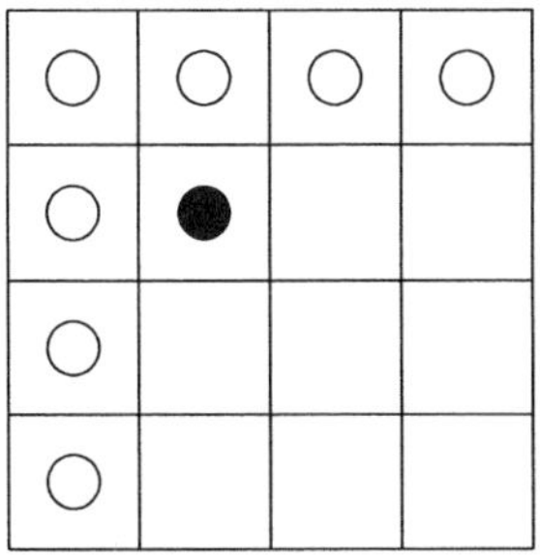

(2)	個	(3)	

（注）この解答用紙は実物を縮小してあります。Ｂ５→Ａ３（163%）に拡大コピーすると、ほぼ実物大の解答欄になります。

〔算　数〕100点（推定配点）

1～3　各６点×10　4　(1)　６点　(2)，(3)　各７点×２　5　(1)　６点　(2)，(3)　各７点×２

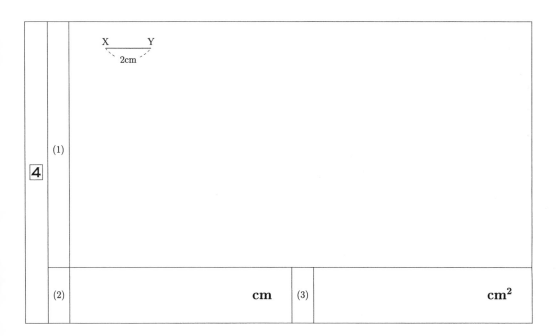

2023年度　市川中学校　第1回(一般・帰国生)

社会解答用紙

番号		氏名	

評点	／100

1

問1	1	2	3				
問2							
問3							
問4		問5		問6		問7	
問8		問9	(1)	(2)			

2

問1	1	2	3	
問2				
問3	(1)2番目	3番目	(2)資料1	資料2
	(3)時期	状況		

3

問1		問2		問3	
問4		問5		問6	
問7	福岡市	仙台市			

4

問1	(1)						
	(2)						
問2		問3		問4		問5	

（注）この解答用紙は実物を縮小してあります。B５→A３(163%)に拡大コピーすると、ほぼ実物大の解答欄になります。

〔社　会〕100点(推定配点)

1　問1，問2　各2点×4　問3　5点　問4～問9　各3点×7　2　問1，問2　各2点×4　問3　(1)，(2)　各3点×2<各々完答>　(3)　時期…3点，状況…5点　3　各3点×8<問2，問3は完答>　4　問1　(1)　3点　(2)　5点　問2～問5　各3点×4<問5は完答>

２０２３年度　市川中学校　第１回(一般・帰国生)

理科解答用紙

番号		氏名		評点	／100

1

(1)	(2)	(3)	(4)
(5)			(6) ①
			(6) ②

2

(1)	(2)	(3)
(4) km^2	(5) km^3	(6)

3

(1) g	(2)	(3) g
(4) 最小 g	(4) 最大 g	(5) g

4

(1)	(2)
(3) ①	(3) ②
(4) g	(5) mm
(6)	

(注) この解答用紙は実物を縮小してあります。Ｂ５→Ｂ４(141%)に拡大コピーすると、ほぼ実物大の解答欄になります。

〔理　科〕100点(推定配点)

1 (1) 3点 (2), (3) 各4点×2＜各々完答＞ (4) 3点 (5) 4点 (6) 各3点×2 2～4 各4点×19

二〇二三年度　市川中学校　第一回（一般・帰国生）

国語解答用紙

番号		氏名		評点	/100

一

問1	
問2	
問3	
問4	
問5	
問6	

二

問1	A		B
問2			
問3			
問4			
問5			
問6			

三

1		2		3		4		5	
6		7		8					

（注）この解答用紙は実物を縮小してあります。B5→B4（141%）に拡大コピーすると、ほぼ実物大の解答欄になります。

〔国　語〕100点（推定配点）

一　問1～問4　各4点×4　問5　12点　問6　4点　二　問1　各4点×2　問2　11点　問3　4点　問4　13点　問5，問6　各4点×2<問5は完答>　三　各3点×8

２０２３年度　市川中学校

算数解答用紙　第２回　No.1

番号		氏名		評点	／100

1	(1)		(2)	人
	(3)	Bさんの自転車：分速　m ，時間：　時　分　秒		
	(4)	通り	(5)	度

2	(1)	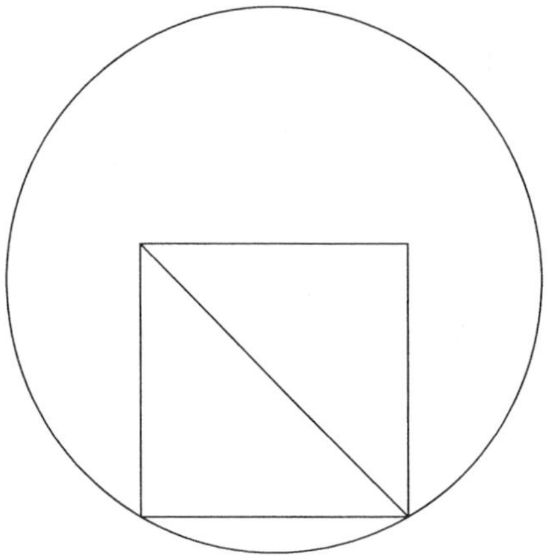
	(2)	cm^2

２０２３年度　　市川中学校

算数解答用紙　第２回　No.２

3	(1)	日目	(2)	最短　　日目，最長　　日目
	(3)	日目		

4	(1)	3回目の操作後　　4回目の操作後		
	(2)	回目の操作後	(3)	

5	(1)	cm	(2)	cm

（注）この解答用紙は実物を縮小してあります。Ｂ５→Ａ３（163%）に拡大コピーすると、ほぼ実物大の解答欄になります。

〔算　数〕100点（推定配点）

1　各６点×5＜(3)は完答＞　2　各７点×2　3，4　各６点×7＜3の(2)は完答＞　5　各７点×2

2023年度　　市川中学校

社会解答用紙　第2回

番号		氏名		評点	／100

1

問1					
問2					
問3		問4		問5	
問6		問7			

2

問1	1		2	問2	
問3	(1)		(2)	問4	
問5		問6		問7	
問8		問9	う		え

3

問1		問2	(1)	
問2	(2)①	②	③	
問3		問4		
問5	(1)	(2)	(3)	
問6	1	2		

4

問1		問2			
問3	X	Y		問4	
問5					
問6					
問7		問8			

（注）この解答用紙は実物を縮小してあります。Ｂ５→Ａ３（163%）に拡大コピーすると、ほぼ実物大の解答欄になります。

〔社　会〕100点（推定配点）

1　問１　３点　問２　５点　問３〜問７　各３点×5＜問６，問７は完答＞　2　問１〜問４　各２点×6　問５〜問９　各３点×5＜問９は完答＞　3　問１〜問５　各２点×10＜問２の(1)は完答＞　問６　各３点×2　4　問１〜問４　各２点×5＜問４は完答＞　問５　３点　問６　５点　問７，問８　各３点×2

２０２３年度　市川中学校

理科解答用紙　第２回

番号		氏名		評点	／100

1

(1)	(2)	(3)
(4)化石	(4)理由	(5)

2

(1)		(2)	(3)	(4)
(5)	(6)	(7)		

3

(1)	(2)	(3)2	(3)3
(4)	(5)		

4

(1)1	(1)2	(1)3	(2)	
(3)	(4)			
(5)電磁石A	(5)電磁石B	(5)電磁石C		

（注）この解答用紙は実物を縮小してあります。Ｂ５→Ａ３(163%)に拡大コピーすると、ほぼ実物大の解答欄になります。

〔理　科〕100点(推定配点)

1　各４点×６　2　(1)～(3)　各３点×３＜(1)は完答＞　(4)～(7)　各４点×４　3　各４点×６　4　各３点×９＜(2)は完答＞

二〇二三年度　市川中学校

国語解答用紙　第一回

番号　　氏名　　評点 /100

一

問1 a　b　c

問2

問3

問4

問5

問6

問7

問8

二

問1

問2

問3

問4

問5

問6

三

1　2　3　4

5　6　7　8

(注) この解答用紙は実物を縮小してあります。B5→B4（141%）に拡大コピーすると、ほぼ実物大の解答欄になります。

〔国　語〕100点(推定配点)

一　問1　各2点×3　問2～問4　各4点×3　問5　10点　問6　8点　問7　各3点×2　問8　4点　二　問1～問3　各4点×3　問4　10点　問5，問6　各4点×2　三　各3点×8

２０２２年度　　市川中学校　第１回(一般・帰国生)

算数解答用紙　No.1

番号		氏名		評点	／100

1	(1)		(2)	円
	(3)	L	(4)	度

2	(1)	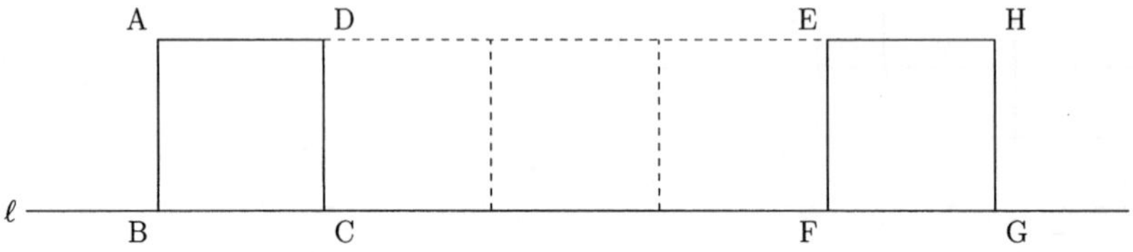
	(2)	cm^2

3	(1)	%	(2)	
	(3)			

２０２２年度　市川中学校　第１回（一般・帰国生）

算数解答用紙　No.２

4	ア		イ	
	ウ		エ	
	オ		カ	
	キ		ク	

5	(1)	(i)	(ii)	
	(2)	個	(3)	個

（注）この解答用紙は実物を縮小してあります。Ｂ５→Ｂ４（141%）に拡大コピーすると、ほぼ実物大の解答欄になります。

〔算　数〕100点（推定配点）

1～3　各６点×9　4　各３点×8＜ア，イ，ウは完答＞　5　(1)　各５点×2　(2)，(3)　各６点×2

２０２２年度　市川中学校　第１回(一般・帰国生)

社会解答用紙

番号		氏名		評点	／100

1

問1　問2 2番目　4番目

問3 5　6　問4

問5　問6　問7

問8

問9　問10

2

問1　問2　問3 (1)

問3 (2)　のに乗じ

問4　問5 2番目　4番目　問6

問7

3

問1 (1)　(2)　問2　問3

問4　問5 大根　ぶた

問6

4

問1　問2　問3

問4 (1)　(2)　問5

問6

問7 (1)

(2)　問8　問9

(注) この解答用紙は実物を縮小してあります。Ｂ５→Ｂ４(141%)に拡大コピーすると、ほぼ実物大の解答欄になります。

〔社　会〕100点(推定配点)

1　問１～問７　各２点×８＜問２，問４は完答＞　問８　５点　問９，問10　各２点×２　2　各３点×８＜問２，問５，問７は完答＞　3　問１～問５　各３点×６＜問５は完答＞　問６　５点　4　問１～問６　各２点×７＜問３，問５，問６は完答＞　問７　(1)　８点　(2)　２点＜完答＞　問８，問９　各２点×２

２０２２年度　　市川中学校　第１回(一般・帰国生)

理科解答用紙

番号		氏名	

評点	／100

1

(1) 発電	(2) 度		
(3)	(4)	(5)	(6)

2

(1)		(2)
(3)②	(3)③	(4)
(5)		

3

(1)	(3)	
(2) 	(4)(a) g	(4)(b) g
	(5)	

4

(1)	(2)	(3)	(4)
(5)			
(6)	(7)		

(注) この解答用紙は実物を縮小してあります。B５→B４(141%)に拡大コピーすると、ほぼ実物大の解答欄になります。

〔理　科〕100点(推定配点)

1 各４点×6　2 (1), (2) 各４点×2＜(2)は完答＞ (3) 各２点×2 (4) ４点 (5) ５点　3 (1) ４点 (2), (3) 各５点×2 (4), (5) 各４点×3　4 (1)～(4) 各４点×4 (5) ５点 (6), (7) 各４点×2＜(6)は完答＞

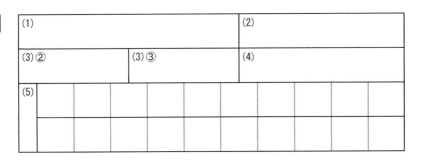

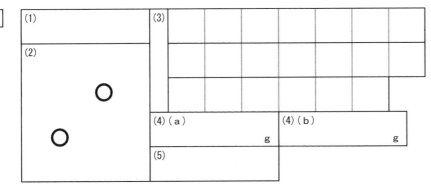

二〇二三年度　市川中学校　第一回(一般・帰国生)

国語解答用紙

番号　　氏名　　評点　/100

一
問1　X　Y
問2
問3
問4
問5
問6

二
問1
問2
問3
問4
問5

三
問

四
1　2　3　4　5
6　7　8

(注) この解答用紙は実物を縮小してあります。B5→B4(141%)に拡大コピーすると、ほぼ実物大の解答欄になります。

〔国　語〕100点(推定配点)

一 問1，問2　各4点×3　問3　13点　問4～問6　各4点×3　二 問1　4点　問2　13点　問3，問4　各4点×2　問5　10点　三 4点<完答>　四 各3点×8

２０２２年度　　市川中学校

算数解答用紙　第２回　No. 1

番号		氏名		評点	／100

1	(1)		(2)	
	(3)	個		
	(4)	AD : DE : EC = 　: 　:		
	(5)	cm^3		

2	(1)	%	(2)	g
	(3)			

3	(1)	秒速　cm	(2)	秒後
	(3)	cm		

２０２２年度　　市川中学校

算数解答用紙　第２回　No.２

4

(1)

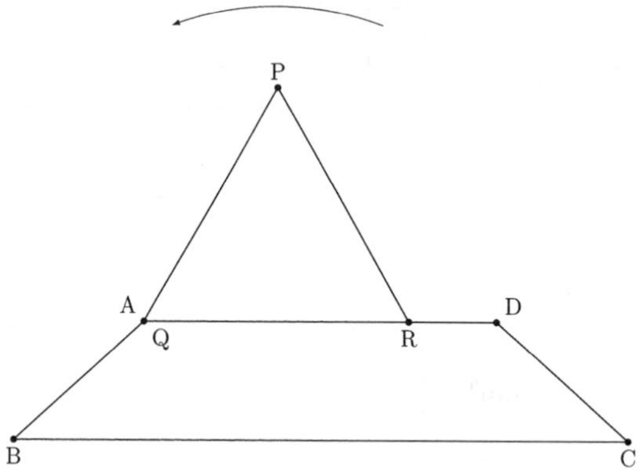

4	(2)	cm

5	(1)	
	(2)	2番目　　　　5番目
	(3)	通り

(注) この解答用紙は実物を縮小してあります。Ｂ５→Ａ３(163%)に拡大コピーすると、ほぼ実物大の解答欄になります。

〔算　数〕100点(推定配点)

1～3　各６点×11　4　(1)　６点　(2)　７点　5　各７点×３＜(2)は完答＞

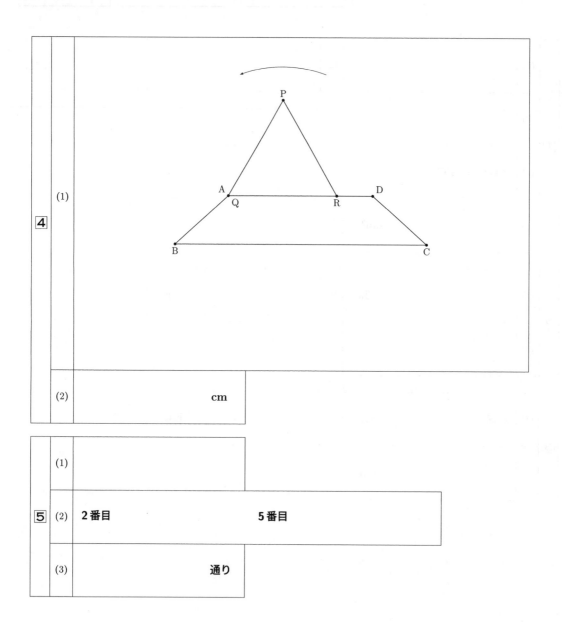

２０２２年度　市川中学校

社会解答用紙　第２回

番号		氏名		評点	／100

1

問1	1	2	3
問1	4		
問2	(1)		
問2 (2)	問3	問4	問5	問6

2

問1	(1)	(2)領土 / 地図	問2
問3	(1)		
問3	(2)		
問4	問5	問6	
問7	問8	問9	

3

問1	問2	問3		
問4				
問5	問6	問7 インド	ロシア	問8
問9	(1) 国名	(2) 国名		

4

問1	1	2	問2 (1)	
問2	(2)	問3	問4 (1)	(2)
問5	(1)	(2)	問6	問7

（注）この解答用紙は実物を縮小してあります。Ｂ５→Ａ３（163%）に拡大コピーすると、ほぼ実物大の解答欄になります。

〔社　会〕100点(推定配点)

1　問１　各２点×４　問２　(1)　５点　(2)　２点　問３～問６　各２点×４　2　問１　(1)　２点　(2)　３点＜完答＞　問２　２点　問３　(1)　２点　(2)　５点　問４～問９　各２点×６＜問４は完答＞　3　問１～問３　各２点×３　問４　７点　問５～問８　各２点×５　問９　各３点×２＜各々完答＞　4　各２点×11＜問５の(2)は完答＞

２０２２年度　　市川中学校

理科解答用紙　第２回

番号		氏名	

評点	／100

1

(1)	(2)	(3)	(4) cm
(5) 1	2	3	4
(6)			

2

(1)	(2)		
(3)			
(4)	(5) A	D	(6)

3

(1) 動物	(2)	(3)
(4)	(5)	(6)

4

(1)				
	(2) ℃			
(3)	(4)	(5)	(6)	
(7) 日　時				

（注）この解答用紙は実物を縮小してあります。Ｂ５→Ａ４（115%）に拡大コピーすると、ほぼ実物大の解答欄になります。

〔理　科〕100点（推定配点）

1 各４点×6＜(5)は完答＞ 2 (1)～(4) 各４点×4 (5) 各２点×2 (6) ４点 3, 4 各４点×13＜3の(2), (6)は完答＞

二〇二三年度　市川中学校

国語解答用紙　第二回

番号		氏名		評点	/100

一

問1	a		b		c		d		e	
問2										
問3										
問4										
問5										
問6										

二

問1	
問2	
問3	
問4	
問5	
問6	

三

1		2		3		4	
5		6		7		8	

(注) この解答用紙は実物を縮小してあります。B5→B4(141%)に拡大コピーすると、ほぼ実物大の解答欄になります。

〔国　語〕100点(推定配点)

一 問1　各2点×5　問2，問3　各4点×2　問4　15点　問5，問6　各4点×2　二 問1　4点　問2　11点　問3～問6　各4点×5　三 各3点×8

2021年度　市川中学校　第1回(一般・帰国生)

算数解答用紙　No.1

番号		氏名		評点	／100

1	(1)		(2)	g
	(3)	日目	(4)	度

2	(1)	秒	(2)	m / 秒
	(3)	m^2		

3	(1)	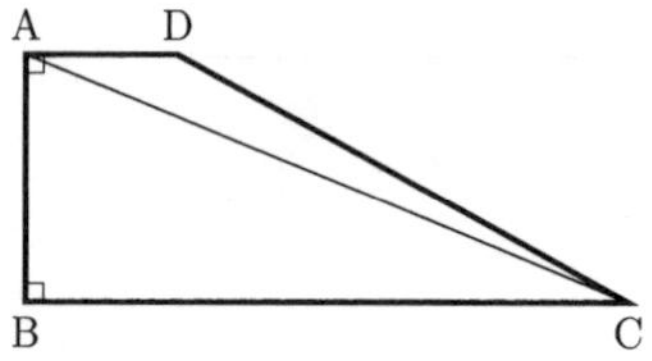		
	(2)	cm^2	(3)	cm^2

4	(1)	個	(2)	
	(3)	個		

２０２１年度　　市川中学校　第１回(一般・帰国生)

算数解答用紙　No.２

5

(1)

テープA

S	b	b	G

↓

最後にモード ＿＿＿＿＿ に変更される

テープB

S	□	a	b	□	G

↓

最後にモード ＿＿＿＿＿ に変更される

(2)

S							G

(3)

(注) この解答用紙は実物を縮小してあります。Ｂ５→Ｂ４(141%)に拡大コピーすると、ほぼ実物大の解答欄になります。

〔算　数〕100点(推定配点)

1～4　各６点×13　5　(1)　各５点×２<各々完答>　(2)，(3)　各６点×２

２０２１年度　市川中学校　第１回(一般・帰国生)

社会解答用紙

番号		氏名	

評点	／100

1								
	問1		問2		問3			
	問4							
	問5		問6		問7		問8	
	問9	①						
		②						
	問10		問11		問12		問13	

2							
	問1		問2	(1)	(2)	問3	
	問4					問5	
	問6						
	問7						

3									
	問1	1	2	3	4	問2			
	問3		問4		問5		問6	議席	
	問7								
	問8		問9	5	6	7	問10		

(注)　この解答用紙は実物を縮小してあります。Ｂ５→Ｂ４(141%)に拡大コピーすると、ほぼ実物大の解答欄になります。

〔社　会〕100点(推定配点)

1　問１～問８　各２点×８＜問５，問８は完答＞　問９　各６点×２　問10～問13　各３点×４＜問11は完答＞　2　問１～問３　各３点×４　問４　４点　問５　３点　問６　８点　問７　３点　3　問１　３点＜完答＞　問２～問５　各２点×４＜問３は完答＞　問６　３点　問７　６点　問８～問10　各２点×５＜問８は完答＞

2021年度　市川中学校　第1回(一般・帰国生)

理科解答用紙

番号		氏名		評点	／100

1

(1)	(2)	(3)	(4)	(5)	(6)

2

(1)	(2)	
(3)	(4) 人分	
(5) 記号	能力	

3

(1)	(2)	
(3)		
(4)	(5)	
(6)		

4

(1) 1 と	2	(2)

(3)

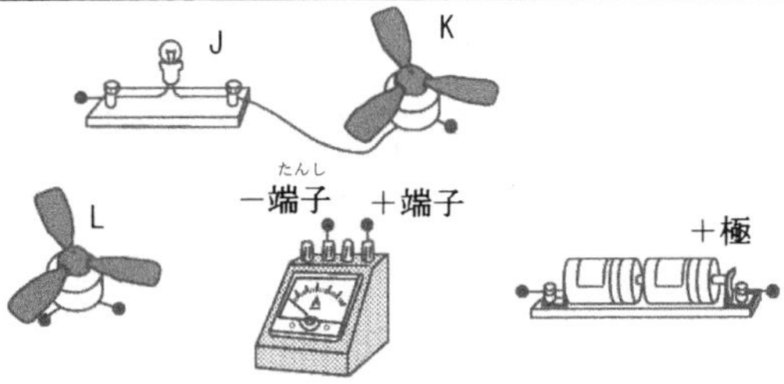

(4)	(5)	(6)
(7) 記号		
理由		

(注) この解答用紙は実物を縮小してあります。Ｂ５→Ｂ４(141%)に拡大コピーすると、ほぼ実物大の解答欄になります。

〔理　科〕100点(推定配点)

1　各４点×６　2　(1)～(4)　各４点×４　(5)　各２点×２　3　各４点×６　4　(1)～(6)　各４点×７＜(1)の１，(2)は完答＞　(7)　各２点×２

二〇二二年度　市川中学校　第一回(一般・帰国生)

国語解答用紙

番号		氏名		評点	/100

一
- 問1
- 問2　A　B　C
- 問3
- 問4
- 問5

二
- 問1　Ⅰ　Ⅱ　Ⅲ
- 問2
- 問3
- 問4
- 問5
- 問6

三
- 問

四
- 1　2　3　4　5
- 6　7　8

(注) この解答用紙は実物を縮小してあります。B５→B４(141%)に拡大コピーすると、ほぼ実物大の解答欄になります。

〔国　語〕100点(推定配点)

一　問1　4点　問2　各3点×3　問3～問5　各4点×3　二　問1　各3点×3　問2　4点　問3　12点　問4, 問5　各4点×2　問6　各3点×2　三　12点　四　各3点×8

2021年度　　市川中学校

算数解答用紙　第2回　No.1

番号		氏名		評点	／100

1	(1)		(2)	個
	(3)	分	(4)	cm^2

2	(1)	秒後	(2)	度

3	(1)	度	(2)	**RX : SY** = :
	(3)	**RS : OY** = :		

4	(1)		(2)	
	(3)			

２０２１年度　　市川中学校

算数解答用紙　第２回　No.２

5	(1)	cm^3
	(2)	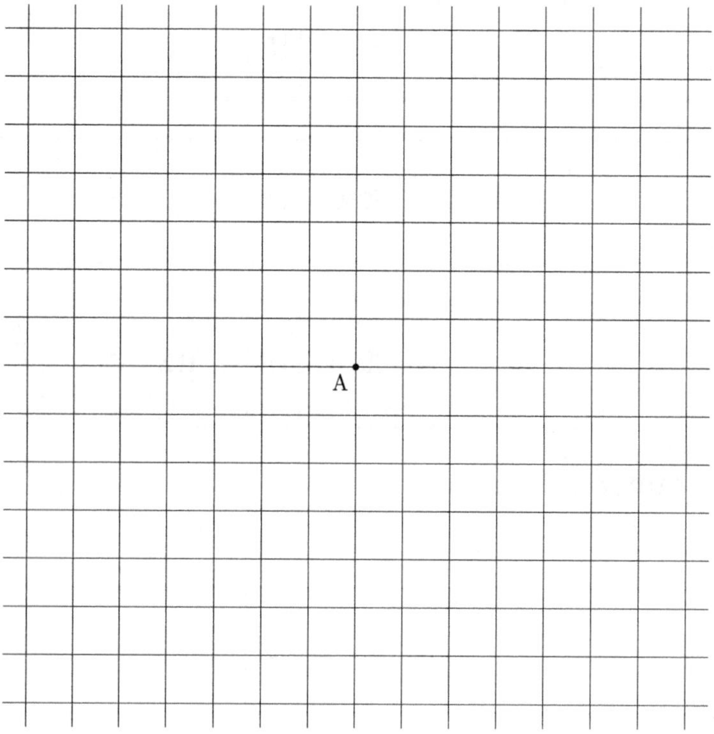
	(3)	cm^2

（注）この解答用紙は実物を縮小してあります。Ｂ５→Ｂ４（141%）に拡大コピーすると、ほぼ実物大の解答欄になります。

〔算　数〕100点(推定配点)

1　各７点×４　2，3　各６点×５　4，5　各７点×６<4の(3)は完答>

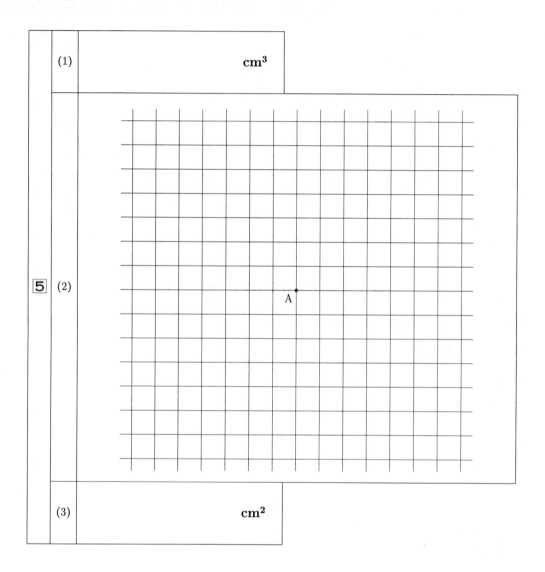

２０２１年度　市川中学校

社会解答用紙　第２回

番号		氏名		評点	／100

1

問1	1	2	3
	4		
問2	a	b	c
問3		問4	問5
問6		問7	
問8	(1)	(2)	

2

問1	1	2		3	
	4	問2		問3	
問4		問5		問6	2番目 / 4番目
問7	(1)X		Y		
	(2)				

3

問1	1	2	3		
問2		問3		問4	問5
問6		問7			

4

問1	1	2			
問2					
問3		問4 (1)	(2)	問5	問6
問7					

（注）この解答用紙は実物を縮小してあります。Ｂ５→Ａ３(163%)に拡大コピーすると、ほぼ実物大の解答欄になります。

〔社　会〕100点(推定配点)

1 問１〜問３　各２点×８　問４，問５　各３点×２＜問５は完答＞　問６〜問８　各２点×４ 2 問１　各２点×４　問２　３点＜完答＞　問３　２点　問４　３点＜完答＞　問５，問６　各２点×２＜問６は完答＞　問７　(1)　各２点×２　(2)　４点 3 問１　各２点×３　問２，問３　各３点×２＜各々完答＞　問４〜問７　各２点×４ 4 問１　各２点×２　問２　４点　問３〜問５　各２点×４　問６，問７　各３点×２

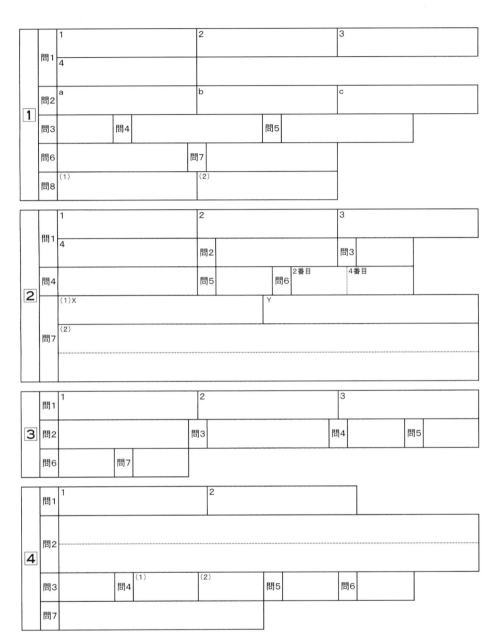

２０２１年度　　市川中学校

理科解答用紙　第２回

番号		氏名		評点	／100

1

(1)

(2)

開くとき

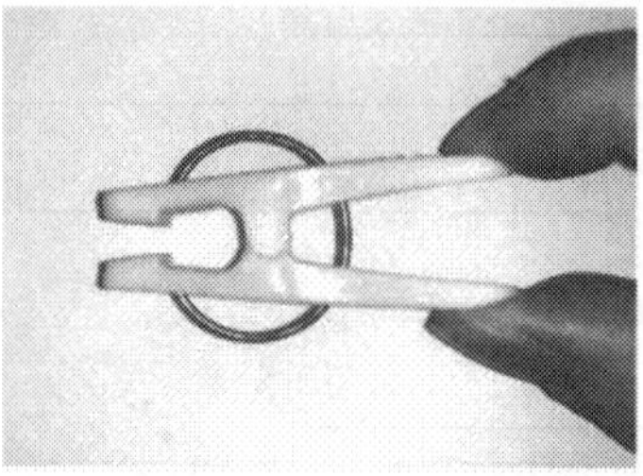

はさむとき

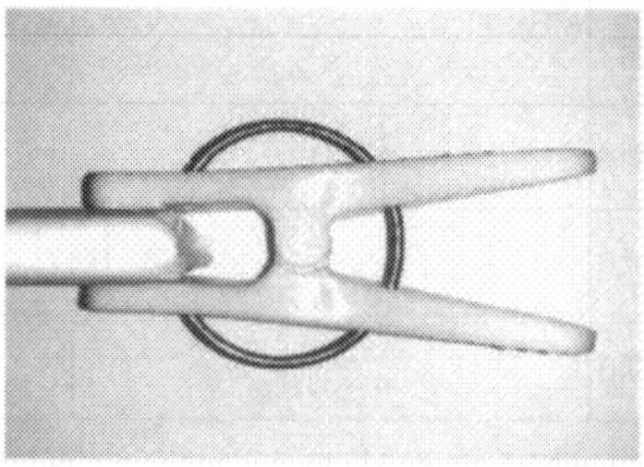

(3)	(4)	(5)	(6)
	kg	kg	

2

(1)	A	B	C	D

(2)	(3)
→　　→	

(4)

(5)	(6)
g	g

3

(1)

(2)									

(3)	(4)	(5)
		度

4

(1)	(2)	(3)	(4)	(5)

（注）この解答用紙は実物を縮小してあります。Ｂ５→Ｂ４(141%)に拡大コピーすると、ほぼ実物大の解答欄になります。

〔理　科〕100点(推定配点)

1　各４点×7　2　(1)　各３点×4　(2)～(6)　各４点×5＜(2)は完答＞　3, 4　各４点×10

二〇二二年度　市川中学校

国語解答用紙　第二回

番号　　氏名　　評点　/100

一

問1

問2

問3

問4

問5

二

問1　a　b　c　d

問2

問3

問4

問5

問6

問7

三

1　2　3　4

（注）この解答用紙は実物を縮小してあります。B５→B４（141%）に拡大コピーすると、ほぼ実物大の解答欄になります。

〔国　語〕100点(推定配点)

一　問1～問4　各6点×4　問5　10点　二　問1　各3点×4　問2，問3　各6点×2　問4　12点　問5～問7　各6点×3　三　各3点×4

２０２０年度　市川中学校　第１回（一般・英語選択・帰国生）

算数解答用紙　No.1

番号		氏名		評点	／100

1	(1)		(2)	
	(3)	本	(4)	AF : FD＝　　：
	(5)	cm^3		

2	(1)		(2)	
	(3)			

3	(1)	分	(2)	分

4	(1)		cm^3
	(2)	①	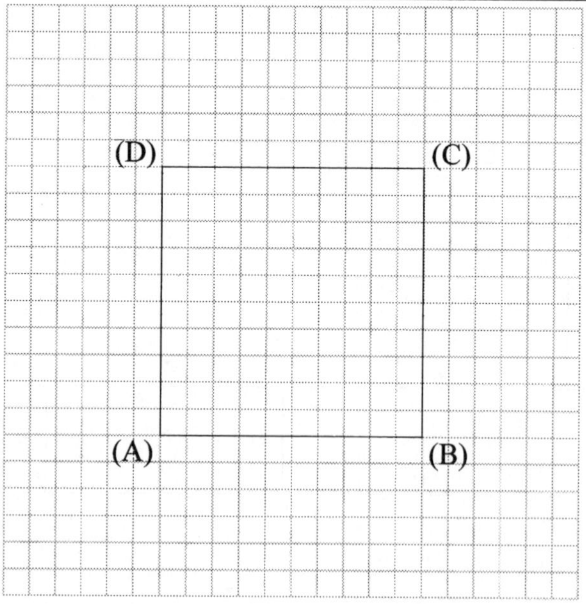
		②	cm^3

（注）この解答用紙は実物を縮小してあります。Ｂ４用紙に141％拡大コピーすると、ほぼ実物大で使用できます。（タイトルと配点表は含みません）

2020年度　　市川中学校　第１回（一般・英語選択・帰国生）

算数解答用紙　No.２

5	(1)	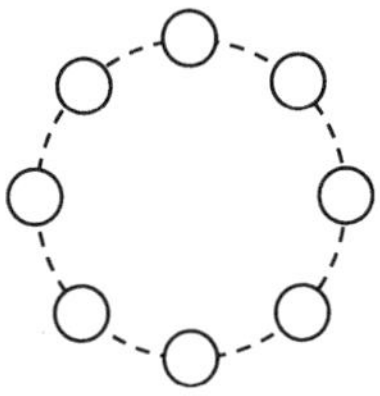
	(2)	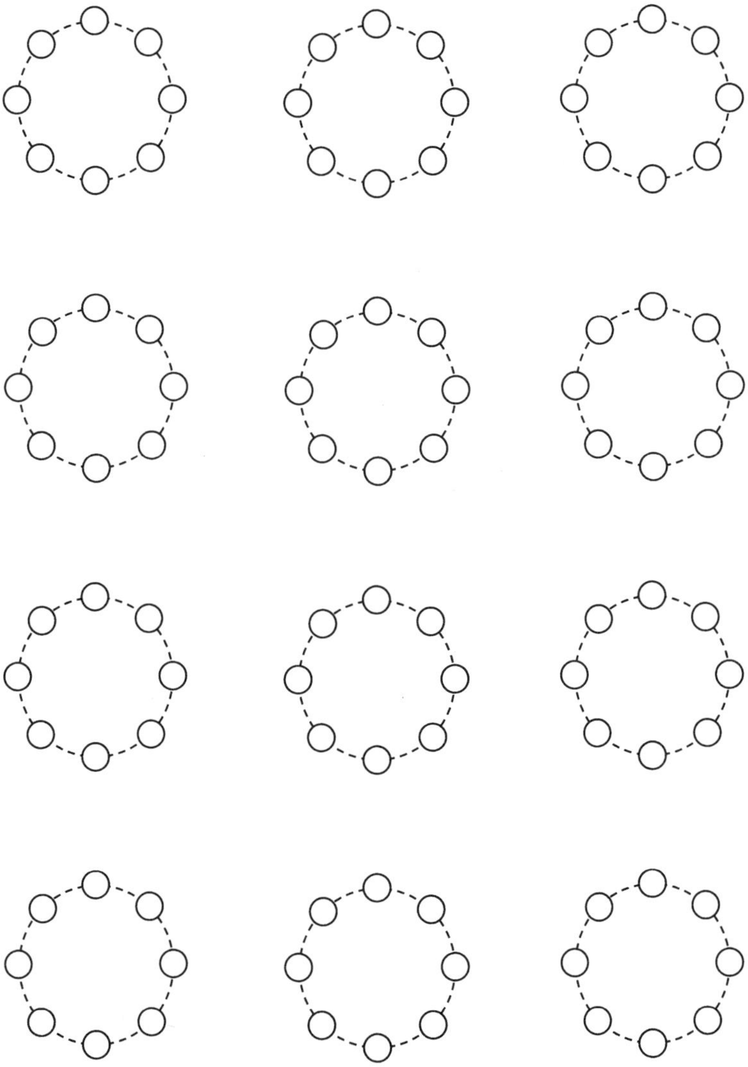

〔算　数〕100点（推定配点）

1　各６点×５　2～5　各７点×10＜2の(1)，5の(2)は完答＞

２０２０年度　市川中学校　第１回(一般・英語選択・帰国生)

社会解答用紙

番号		氏名		評点	／100

1

問1	1	2	3
	4	5	
問2	2番目　4番目	問3	
問4			
問5		問6	(1)　年　月　日 (2)
問7		問8	
問9			
問10	(1)	(2)	

2

問1	ア	イ	ウ	エ	オ	カ
問2						
問3						
問4	(1)					
	(2)	(3)				
問5		問6		問7		

3

問1		問2		問3		問4	
問5		問6		問7		問8	

(注) この解答用紙は実物を縮小してあります。Ｂ４用紙に137%拡大コピーすると、ほぼ実物大で使用できます。(タイトルと配点表は含みません)

〔社　会〕100点(推定配点)

1 問1　各2点×5　問2, 問3　各3点×2＜問2は完答＞　問4　7点　問5～問8　各3点×5＜問6の(2)は完答＞　問9　4点　問10　各3点×2＜(2)は完答＞　2 問1　各1点×6　問2　4点　問3　3点　問4　(1)　4点　(2), (3)　各3点×2＜(3)は完答＞　問5～問7　各3点×3　3 問1～問4　各2点×4＜問4は完答＞　問5～問8　各3点×4

２０２０年度　　市川中学校　第１回(一般・英語選択・帰国生)

理科解答用紙

番号		氏名		評点	／100

1			
	(1)	(2)	
	(3)	(4)	(5)
	(6)		

2				
	(1)			
	(2)図	説明文	(3)	(4)
	(5) ℃		(6) m	

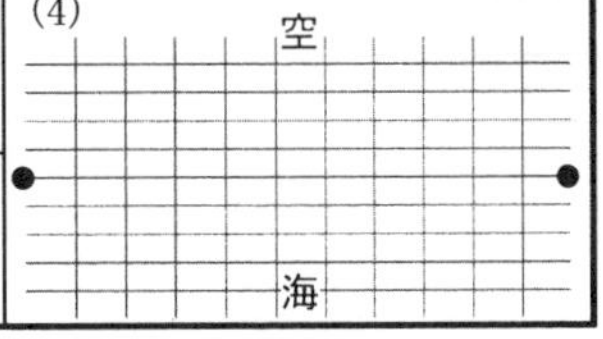

3				
	(1)	(2)	(3)	
	(4) B	C	(5) ア	オ
	(6)			

4			
	(1)	(2)	
	(3) あ　g	い　g	う　g
	(4) ℃	(5) ① ℃	② g

(注) この解答用紙は実物を縮小してあります。B４用紙に132%拡大コピーすると、ほぼ実物大で使用できます。(タイトルと配点表は含みません)

〔理　科〕100点(推定配点)

1　(1)～(5)　各４点×5　(6)　5点　2　(1)　5点　(2)～(6)　各４点×5＜(2)は完答＞　3　(1)～(5)　各３点×7＜(2)は完答＞　(6)　4点　4　(1)～(3)　各３点×5＜(2)は完答＞　(4)　4点　(5)　各３点×2

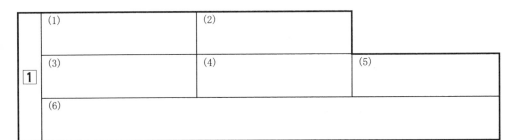

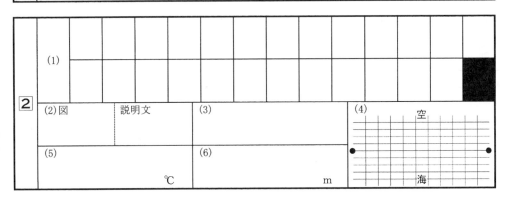

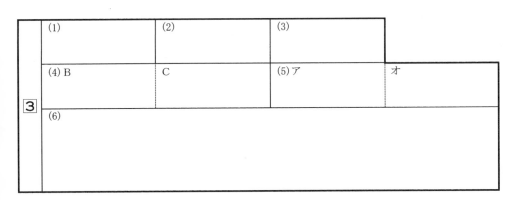

2020年度　市川中学校　第1回(一般・英語選択・帰国生)

英語Ⅰ解答用紙　No. 1

番号		氏名	

評点	／100

問1

①	
②	
③	
④	
⑤	

問2

(　　　　　words)

2020年度　　市川中学校　第１回（一般・英語選択・帰国生）

英語Ⅰ解答用紙　No.２

問３

(　　　　　words)

（注）この解答用紙は実物を縮小してあります。Ａ３用紙に154%拡大コピーすると、ほぼ実物大で使用できます。（タイトルと配点表は含みません）

〔英語Ⅰ〕100点(推定配点)

問１　各４点×５　問２，問３　各40点×２

2020年度　市川中学校　第１回（一般・英語選択・帰国生）

英語Ⅱ解答用紙

番号		氏名		評点	／100

Ⅰ	問1	
	問2	
	問3	③　④　⑤
	問4	
	問5	A　B　C
	問6	
	問7	
	問8	
	問9	

Ⅱ	問1	A　B　C　D　E　F
	問2	
	問3	問4　問5　問6　問7
	問8	問9　問10
	問11	⇒　⇒　⇒　⇒　⇒

〔英語Ⅱ〕100点（推定配点）

Ⅰ 問1，問2　各4点×2　問3　各3点×3　問4　4点　問5　各3点×3　問6　5点　問7　4点　問8　5点　問9　各3点×2　Ⅱ 問1，問2　各2点×7　問3～問11　各4点×9<問11は完答>

二〇二〇年度　市川中学校　第一回（一般・英語選択・帰国生）

国語解答用紙

番号		氏名		評点	／100

一	問1	X　Y
	問2	
	問3	
	問4	
	問5	
	問6	

二	問1	
	問2	
	問3	
	問4	
	問5	

三	1	2	3	4	5
	6	7	8		

〔国　語〕100点（推定配点）

一 問1　各4点×2　問2　5点　問3　11点　問4　5点　問5　8点　問6　5点　二 問1～問4　各5点×4　問5　14点　三 各3点×8